Annual Report of
Overseas Humanities
and Social Sciences, 2016

海外人文社会科学发展
年度报告
2016

 武汉大学中国高校哲学社会科学发展与评价研究中心 组编

韩 进 主编

WUHAN UNIVERSITY PRESS
武汉大学出版社

图书在版编目(CIP)数据

海外人文社会科学发展年度报告.2016/武汉大学中国高校哲学社会
科学发展与评价研究中心组编.—武汉:武汉大学出版社,2016.12
ISBN 978-7-307-19114-3

Ⅰ.海…　Ⅱ.武…　Ⅲ.社会科学—研究报告—世界—2016
Ⅳ.C11

中国版本图书馆 CIP 数据核字(2016)第 323394 号

责任编辑:黄金涛　　　责任校对:汪欣怡　　　版式设计:马　佳

出版发行:**武汉大学出版社**　　(430072　武昌　珞珈山)
　　　　　(电子邮件:cbs22@whu.edu.cn　网址:www.wdp.com.cn)
印刷:虎彩印艺股份有限公司
开本:720×1000　　1/16　　印张:37.75　　字数:542 千字　　插页:2
版次:2016 年 12 月第 1 版　　　2016 年 12 月第 1 次印刷
ISBN 978-7-307-19114-3　　　定价:135.00 元

海外人文社会科学发展年度报告 2016

编　委　会

目　　录

1

英语世界的易学研究述评

丁四新　吴晓欣　邹啸宇*

　　《周易》是我国一部十分重要的经典，不但对中国哲学、思想和文化产生了深远的影响，而且在英语世界也受到了广泛的关注。据爱德华·海克尔（Edward Hacker）、史蒂夫·摩尔（Steve Moore）以及罗琳·派特斯克（Lorraine Patsco）合编的《〈易经〉文献书目提要》所载，1950 年至 2000 年期间，用英文撰写的易学研究著作、学位论文多达 502 种，相关论文、书评等也有 486 篇。① 由此可见 20 世纪下半叶英语世界《周易》研究的盛况。关于英语世界的易学研究，国内学术界已做了一些概述，甚至有专门的综述和研究著作面世。②

　　＊ 作者简介：丁四新，武汉大学哲学学院、国学院教授，长江学者特聘教授；吴晓欣，武汉大学哲学学院博士生；邹啸宇，湖南师范大学公共管理学院哲学系讲师。本文由邹啸宇搜集资料，吴晓欣、邹啸宇负责综述，丁四新负责审订全文及撰写部分评论。

　　课题资助：武汉大学海外人文社会科学发展年度报告 2016 研究计划。

　　① Edward Hacker, Steve Moore, and Lorraine Patsco. *I Ching*: *An Annotated Bibliography*. New York and London: Routledge, 2002. 这部书有中文介绍，参见蒋树勇：《〈易经〉文献书目提要——为一门宏大学问所编的书》，《中国索引》2007 年第 4 期。

　　② 参见杨宏声：《二十世纪西方〈易经〉研究的进展》，《学术月刊》1994 年第 11 期；黄德鲁：《国内外英译〈周易〉的现状与几点建议》，《安阳大学学报》2003 年第 2 期；吴钧：《论〈易经〉的英译与世界传播》，《周易研究》2011 年第 1 期；赵娟：《问题与视角：西方易学的三种研究路径》，《周易研究》2011 年第 4 期；李伟荣：《英语世界的〈易经〉研究》，2012 年四川大学博士学位论文；杨平：《〈易经〉在西方的翻译与传播》，《外语教学与研究（外国语文双月刊）》2015 年第 6 期。

不过，以往的论述主要关注 2000 年以前《周易》在西方的翻译与传播，对于 21 世纪以来、尤其是近十年中西方英语世界的易学研究动态，则少有问津。因此，综述近十年来英语世界的易学研究，这是大有必要的。当然，我们的工作不尽于此，在综述的基础上，我们力图作一些简要的评论。这样做的目的，其一，在于比较充分地展示当今西方英语世界的易学研究概况及其贡献；其二，指出其不足，甚至谬陋之处。

一、《周易》在西方英语世界的翻译与传播

西方世界对《周易》真正感兴趣始于 17 世纪来华传教士的传教活动，代表人物是法国耶稣会士白晋（Joachim Bouvet，1656-1730）和傅圣泽（Jean-François Foucquet，1665-1741）。① 他们致力于寻求《圣经》与传统儒家经典之间的相通性，因而承担着"双重民族化"（Double Domestication）的使命，即通过传教活动，一方面使《圣经》被更多的中国人了解，另一方面使西方对《易经》的熟悉度有所增加。② 虽然白晋在莱布尼茨（Gottfried Wilhelm Leibniz，1646-1716）沟通六十四卦与二进制的过程中起到了重要的媒介作用，但是在整个十七、十八世纪，《易经》在西方的影响还是非常有限的，而且当时还处于宗教传播的框架之下，完整的《易经》译本与专门的研

---

① 16、17 世纪之际，虽然以利玛窦（Mattheeus Ricci，1552-1610）、龙华民（Nicolaus Longobardi，1559-1654）、艾儒略（Julius Aleni，1582-1610）以及卫匡国（Martini Martino，1614-1661）为代表的意大利传教士对《易经》中诸如"太极之辨"的问题进行过讨论，但此一时期的研究非常有限。利玛窦的弟子、法国传教士金尼阁（Nicolas Trigault，1577-1628）曾经把《易经》翻译成拉丁文，但最终散佚。详见杨宏声：《明清之际在华耶稣会士之〈易〉说》，《周易研究》2003 年第 6 期。

② Richard J. Smith. How the *Book of Changes* Arrived in the West. *New England Review*. Vol. 33，No. 1，2012，pp. 25-26.

究著作极少。① 不过，到 19 世纪下半叶，西方世界接连涌现出了
多部翻译著作，② 其中最具代表性的是理雅各（James Legge，1815-
1897）的《易经》英译本。③ 这个译本使用得非常广泛，直至 20 世纪
中期仍被视为标准的英语译本。1950 年，卫礼贤（Richard
Wilhelm，1873-1930）的德文《易经》译本被贝恩斯（Cary F.
Baynes，1883-1977）转译成英文本（除了英译本，卫氏本还被转
译为意大利语和荷兰语等版本），这个译本取代了理雅各本，成
为西方英语世界最为流行的标准《易经》译本。值得一提的是，在
翻译的过程中，理雅各本和卫礼贤本均得到了中国学者的帮助，
如王韬（1828-1897）曾协助理雅各作翻译，劳乃宣（1843-1921）协
助卫礼贤作翻译。这两位中国学者因深谙程朱理学，并深受程颐
《程氏易传》和朱熹《周易本义》的影响，从而间接地导致理氏和卫
氏本都打上了程朱理学的印记。此外，卫氏还在翻译和注解中加入
了荣格心理学的因素，这一点是卫氏译本与理氏译本不同的地方。
卫氏英译本第一版以两卷的形式出版，1961 年则以一卷的形式再
版，1967 年出第三版，这一版本在形式上进行了适当调整，并且
加入了由卫德明（Hellmut Wilhelm，1905-1990）写作的序言和一个

---

① 今存且被后世广泛认可的最早译本是由雷孝思（Jean-Baptiste Regis，
1663-1738）撰作的《〈易经〉：用拉丁文译出的最古老的书籍》（*Y-king*，
antiquissimus Sinarum liber quem ex latina interpretatione），但直到 1834-1839 年期间，
才由莫耳（Julius Mohl，1800-1875）整理成两卷本的形式，在德国斯图加特和蒂宾
根两地出版。

② 这些译本有：Canon Thomas McClatchie：*A Translation of the Confucian Yi-
king*（1876）；Angelo Zottoli：volume 3 of the *Cursus Litteraturae Sinicae neo-missionariis
accomodatus*（Course of Chinese Literature Appropriate for New Missionaries）（1880）；
Paul-Louis-Felix Philastre：*Tscheou Yi*（1885-1893）and Charles de Harlez：*Le Yih-king*：
texte primitif rétabli，traduit et commenté（1889）.（详见 Richard J. Smith. How the B*ook
of Changes* Arrived in the West. *New England Review*. Vol. 33，No. 1，2012，p. 27）

③ James Legge trans. *The Yi King*，Vol. 5 of *The Sacred Books of China*（*The
Texts of Confucianism*）. New York：Scribner，1899.

索引。①

1. 近十年来的《易经》英译情况

近十年来，《易经》文本的翻译仍然是西方易学研究的关注点。总体来看，《易经》的翻译与研究包括两个大的方面：其一，《易经》文本得到直接英译，且出现了几种视角新颖的翻译；其二，对来华传教士的《易经》译本做研究，其中既有对不同传教士译本的比较研究，也有对传教士译介过程中的某些特点所作的深度阐述。

在这一阶段出现的《易经》英译本数量虽然不多，但是他们都颇富特色，且译者采用了新颖而独特的解读视角。无论是玛格丽特·皮尔森(Margaret J. Pearson)以两性平等的视角对王弼阴阳对待说的反驳，闵福德(John Minford)借用道家内丹学对易道的体认，大卫·辛顿(David Hinton)对《易经》文本的诗意解读，还是史蒂芬·菲尔德(Stephen L. Field)对《周易》作为预测之书的详细阐述，都为《易经》的翻译增添了不少亮丽的色彩。

皮尔森是西方翻译《易经》的第一位女学者。② 皮氏译本的最大特点是以两性平等的视角来解读《易经》，旨在突出女性在中国古代社会中的地位以及她们与占筮活动的关联。首先，皮尔森对翻译的对象作了界定。她认为，后世层出不穷的各种注解遮蔽了《易经》文本的原始内涵，只有摆脱各种《传》、《注》的束缚才能还原《易经》的真正面貌。有鉴于此，她将后出的《易传》文本予以搁置，未作翻译，而直接翻译六十四卦文本，即六十四卦的卦画、卦名、卦辞和爻辞。其次，皮尔森虽然承认王弼《周易注》在易学发展史上的重要作用，但是她同时指出，王氏的注解在某种程度上曲解了《易经》的本意，最明显的例子见于王弼对"阴"、"阳"二概念的解释。在王弼看来，卦画中的实线(—)代表阳，虚线(– –)代表阴。阳表示力量、善、男性，而阴则与身体、道德上的弱势，或者女性

① Richard Wilhelm and Cary F. Baynes. *The I Ching*, or, *Book of Change* (3th impression of 3th edition). London：Routledge & Kegan，1970.

② Margaret J. Pearson. *The Original I Ching*：*An Authentic Translation of the Book of Changes*. Tokyo, Rutland, Singapore：Tuttle Publishing，2011.

相联系。王弼这种以性别差异来解释阴阳的视角，得到唐代经学家孔颖达的进一步发挥，孔氏甚至认为《易经》中像"大"这一类的词语，一旦应用于女性，就都含有"淫荡"的意思。这种贬低女性的解读方式在中国易学发展史上长期处于支配地位。虽然已有学者注意到这种偏见，但没有对这一问题做系统的考察。皮尔森则将此作为翻译中的核心问题，力图在英译《易经》的过程中揭示其原始旨意，重新审视女性在古代社会中的地位。在方法上，她立足于《易经》原始文本，同时参照《诗经》、《书经》等典籍来作论证。具体来说，在原始的《易经》文本中根本不见"阳"字，而"阴"只在《中孚》九二爻辞（"鸣鹤在阴，其子和之"）中出现过一次。然而，这一"阴"字仅仅交代了鹤巢所在的位置，无法由此判断它是否与性别有关系。由甲骨文等文字可知，"阴"最早的形象是一只鸟或一座山，而《诗经》、《书经》中的"阴"字则指冰窖或者古代君主为亡父守丧的棚舍。因此，她认为，王弼将两种不同的爻画分别称为"阴"与"阳"，完全背离了《易经》的本意。此外，皮尔森认为，出土文献中的某些内容亦可证明女性在古代社会中具有一定的地位，甚至有可能参与了占筮活动。出土帛书《易经》的马王堆三号汉墓的墓主是一位女性，这足以证明古代女性与占筮并非处于隔绝的状态。其他一些文献也可以证明，商代贵族出身的女性同样参与了卜筮活动，周代的不少女性还负责解读卜筮的结果。通过以上两个方面的论证，皮尔森克服了男尊女卑的偏见，使得她以两性平等的视角来看待和翻译《易经》的文本。在她看来，只有抛弃阴阳二分这种不合理的观念，才能更加准确地参透《易经》文本的深层意涵。

2014 年，英国文学翻译家闵福德历经十二年翻译的《易经》在美国出版。① 这个《易经》译本长达九百多页，主要由两大部分构成，也可以看做两个译本。第一部分是"智慧之书"（Book of Wisdom），包括对《周易》经传（《序卦》和《杂卦》除外，而《系辞》

---

① John Minford. *I Ching* (*Yijing*)：the *Book of Change*. New York：Viking，2014.

和《说卦》也只选取部分文本，且散入相应的卦中）的文本翻译。在译文各部分的注解中，闵福德列举了中国自汉代以来的相关注解与诗作，同时引用了国外某些翻译家和评论家的见解，最后陈述了自己的看法。第二部分为"青铜器时代的卜卦"（Bronze Age Oracle），是对伏羲所作六十四卦、文王所作卦辞以及周公所作爻辞的翻译。① 这一部分旨在回归《易经》最初的用途——青铜器时代的占卜手册。每一卦都从廖新田（中国台湾学者）用甲骨文、金文或篆书书写的卦名开始，接下来是他结合高本汉（Bernhard Karlgren）和许思莱（Axel Schuessler）的音韵学著作而对卦名读音的大致拟构。在卦爻辞的译文之后，闵氏还列举了各家不同见解。大致说来，该译本有如下特点：（1）在注解部分，杂列多家解说和观点，这其中既有程颐、朱熹、王夫之等中国古代学者，又有理雅各等西方学者，此外还有陈鼓应等当代学者的观点。其中，最引人关注的是，闵福德直言不讳地表示，他最欣赏一个叫做刘一明的注释者。刘一明为全真教派道士，他认为《易经》的符号体现了内丹修身术中的某些阶段，而阅读《易经》就是"探究自然最基本的原则，并且达至生命的真谛"。闵福德认为，《易经》的"真正之道"是无法言说的，而刘一明对自然之道的体认与自己的看法不谋而合，因此闵氏在译本中大量引用了他的观点，这使得其译本具有道家风格；（2）在该书的序言中，闵福德引用陶渊明、孟郊以及阮籍等人的诗作来描述易道的不可言说性，一方面这使得其著作显得丰富多彩，给人一种"诗意"的印象，但是另一方面这在某种程度上掩盖了《易经》的哲理内涵，而将其放置在通俗的层次上来理解。这一特点主要源于闵福德文学翻译家的身份特征。他自己也说，他的这本译注不是为汉学家或专业学者而写作的，它不是一种学术型的翻译，而是一种经典式的翻译（scriptural translation）；（3）在表达上，闵福德在很多地方加

---

① 闵福德将"卦辞"翻译为 Hexegram/Oracular Judgment，"彖传"翻译为 On the Judgment，但在用拼音标注名称时，则称"卦辞"为 Tuan，"彖传"为 Tuanzhuan，他没有使用 Guaci 这一名称。（详见 John Minford. Introduction. *I Ching (Yijing)*: the *Book of Change*. New York: Viking, 2014, pp. xiv.

入了拉丁词汇，此外，一者，对于第一、二部分的同一卦名，他部分地采用了不同的翻译；二者，对占筮的实际操作有详细的介绍；等等。

2015年又有两个新的《易经》英译本出版，译者分别为辛顿（David Hinton）和菲尔德（Stephen L. Field）。辛顿的译本非常简短，除去导言和末尾的注释外，主体部分由《易经》文本的翻译和介绍占筮的操作步骤两个部分组成。① 其每一卦的翻译顺序为：卦辞→彖→象→爻辞。该译本的主要特点有：（1）突出《易经》文本的诗意特色，辛顿认为，早期阶段关于卦画的解释既原始又神秘，从而使《易经》成为一种深刻的诗性和哲理文本。后世关于《易经》的注解可以看作二次注解，他们以儒家道德为解读视角，为原始文本添加了诸如伦理和政治等层面的意涵，这也促使《易经》成为儒家的重要经典，这一情形同样适用于《诗经》等其他经典文本。然而，深藏在文本中的诗意内涵并未随着时间的推移而磨灭，他们是中国哲学、诗学与绘画等艺术形式得以生发的根源。基于此，辛顿翻译《易经》的出发点就是透过后世的各层注解，直面其诗意的文本内容，和重现存在于原始文本中的抒情化形式；（2）增大了《易经》英译本的解释空间，起源的神秘性决定了这个文本的结构在某种程度上具有神秘的色彩，这也意味着对这一文本作出统一的解读绝非易事。不同的读者，对于这种诗化的文字，完全可能作出不同的理解，而文本所用语法的灵活性也使解释的空间进一步增大。仅《乾卦》卦辞"元亨利贞"，辛顿就举出了五种可能的不同解读方法。以上两点决定了辛顿的译本更像是一部文学作品，其翻译的灵活性和丰富性给人留下了深刻的印象。然而，过度的"诗意化"也导致《易经》的哲学、政治以及伦理等层面的内涵被遮蔽。辛顿将周公视为古代伟大的哲学家和诗人，这样，就从来源上规定了卦爻的诗学特征，不过这忽略了周公作爻辞时的政治背景和考虑。

菲尔德明确地区分了"周易"和"易经"这两个概念。他认为，

---

① David Hinton. *I Ching*: *the Book of Change*. New York: Farrar, Straus and Giroux, 2015.

作为《易经》的祖本，前一概念是指西周早期的统治者创作出来并加以利用的占筮手册，后一概念则将孔子的注解包含在内。① 菲尔德的目的是，通过对《周易》原始文本的翻译来揭示其创作的时代背景，因此译本的第一部分是"《周易》的起源"。在这一部分，作者首先梳理了从史前文明到周公时代的古代历史及其演变；然后列举了古代的三种卜筮形式(Portents，Augury 及 Oracles)；接下来从祖先神、伏羲、女娲、八卦的发明以及河图、洛书等方面追溯了《易经》的神秘来源；最后考察了《易经》的作者与命名等问题。译本的第二部分是对六十四卦的翻译和解读。菲尔德以孔子之前的文献资料作为解读《周易》文本的主要参照，希望借此避免各种注解的不利影响，而这些注解使《周易》从一本占筮之书演变为哲理之书。菲尔德译本的主要特点有：(1)依据卦辞和爻辞的内容为它们分别贴上不同的标签，如征兆(omen)、策略(counsel)或者预测(prognostication)等，从而使其在占筮中的功能清晰化；(2)对每一卦的每一爻都作了注解，从而对文本背后的知识性内容提供了详细的说明，并阐述了隐喻性的语言和技术性的语法。这样，既可以使一般的读者欣赏注解叙述的连贯性，又可以使附录中的汉语文本大受专业人士的欢迎。既然他强调《周易》一书原始的占筮功能，那么菲尔德不可能不对实际的占筮步骤非常关注，因此该译本的第三部分就是讨论《周易》的实际应用。

总之，皮尔森、闵福德和辛顿的《易经》翻译各有优点和缺点，下面主要就他们各自的缺点作一简短的批评。其一，在《易经》翻译的指导思想上，皮尔森使用男女平等(性别平等)的观念来解读和翻译《易经》文本，这虽然符合现代价值和观念，并在字面上似乎恢复了它的原意，但是这未必合乎中国古人的观念，甚至可以说在很大程度上曲解了中国古人的思想。诚然，《易经》在西周至春秋时期没有直接应用阴阳观念，六十四卦文本没有出现"阳"字，"阴"字也仅出现过一次(表示鹤巢所在的位置)；并且，《易经》被

---

① Stephen L. Field. *The Duke of Zhou Changes*：*A Study and Annotated Translation of the Zhouyi* 周易. Harrassowitz Verlag；Tra Ant Edition，2015.

广泛用于贞问男女婚媾的占筮，甚至在春秋后期被某些贵族妇女所熟悉，但是不能由此否定《易经》的存在背景及其在历史性的解释中存在着严重的男女性别差异和歧视。其一，从西周至春秋的封建制、父权制及先秦典籍存在的大量贬损女性的言论来看，应当说彼时对于《易经》的解释很难摆脱性别歧视的观念。其二，从目前的资料来看，中国古代的筮人和占人均为男性，而女性在整个占筮活动中始终处于被解释和决定的状态。据《左传》筮例的记载，有个别女性在春秋后期才开始熟悉《易经》，但她们也只在解释上作了间接的参与。其三，阴阳对待观念的产生和应用有其历史性根源、过程和合理性，这既来源于中国古人对现象世界的概括和提炼，反过来也可以推广于对现象世界的解释。从这一角度看，《易经》文本接受阴阳对待观念的解释乃是迟早的事情。而王弼、孔颖达等人在此基础上对女性作价值贬损性的解释和评价，也是合乎历史实际的。不过，从现代性的角度看，确实应当避免将"阴——女"作固定的搭配，及相应地作所谓天道观的论证，应当在一定程度上消解和限定崇阳抑阴的价值解释。皮尔森将对《易经》的解释单纯限定在男女性别是否平等的观念上，这是有很大局限的。其四，顺便指出，皮尔森对于"阴"字的解释是错误的。《说文·雲部》曰："霒，雲覆日也。"同部又说"侌"为"霒"字的省或体。《阜部》曰："阴（陰），暗也。"甲骨文有"阳（陽）"字，而无"阴（陰）"字。山南有阳光照射故谓之阳，山北受山体障蔽、缺乏阳光照射故谓之阴，这是"阴"字的本意。可知"阴"字，绝非如皮尔森所云，是一只鸟或一座山的象形。其次，从翻译标准来看，闵福德译本具有杂糅的特征，富有个性。他喜好道士刘一明的注释和观点，于是他在译本注释中就大量引用了刘道士的观点，使得注释带有浓厚的道家色彩；他是一个文学翻译家，于是他的翻译带有诗化和通俗化的色彩，有别于学术型的翻译。这反映出，他的《易经》译本带有很强的主观性，不能供学术界使用。最后，辛顿将《易经》看作诗性加哲理的双重文本，在一定程度上来说是具有意义的；不过，从古到今，中国古人从未将《易经》当作一个诗性的文本来看待；而《易经》常常被当作哲学文本来看待，则是从解释的角度来说的。实际上，正如朱子所说,"《易》本卜筮之书",但由于这个文本是由"筮、卦爻、卦名、卦爻辞和解占"构成的,在言、象、意三者之间就会产生解释的复杂性和歧义性,同时为解释的深化提供了可解释的前提条件。所以《易经》本身既不是诗性文本,也不是哲理文本,而是可哲理化解释的文本。

2. 对西方来华传教士《易经》翻译之研究

除了对《易经》或《周易》文本的英译,过去十余年中,西方英语世界还涌现出了不少对西方翻译与传播《易经》之历史过程的研究。其中,既有对理雅各和卫礼贤《易经》译本的比较研究,也有对 17 世纪、18 世纪法国耶稣会士翻译与传播《易经》某些问题的专门研究。

韩子奇(Tze-ki Hon)教授(美国纽约州立大学历史系)在《"生生之谓易":比较理雅各与卫礼贤的〈易经〉翻译》一文中,对西方《易经》翻译史上著名的两位学者——理雅各和卫礼贤做了比较研究。① 韩氏首先指明,比较二者的目的不是为了判定他们在翻译中国典籍时的精确性,而是为了突出他们为西方读者译介中国典籍所体现出的非凡才能和创造力。理雅各和卫礼贤的相同点有:二人都有在中国多年传教的经历;在翻译《易经》的过程中,他们都得到了中国学者的协助;他们都试图利用《易经》解决所处时代面临的各种问题。除了这些相似点之外,两者的不同表现在很多方面:其一,尽管两者都将《易经》的原始文本(六十四卦的卦辞、爻辞部分)与后来的注解(《十翼》)相分离,但侧重点有所不同。理雅各将《十翼》作为附录来处理,认为六十四卦是文王和周公建立新的社会——政治秩序的历史记录,其中的原理对于维多利亚时期的英格兰同样适用。而卫礼贤则非常看重《十翼》,认为孔子将《易经》从占筮之书转变为一部哲理之书,其贡献远胜文王和周公。对于《系辞》中的宇宙生成论,理雅各完全无法理解,而卫礼贤则赞同宇宙是在阴阳

---

① Tze-ki Hon. Constancy in Change: A Comparison of James Legge's and Richard Wilhelm's Interpretations of the *Yijing*. *Monumenta Serica*. Vol. 53 (2005), pp. 315-336.

的相互作用中产生出来的。其二，理雅各认为，作为历史文献，六十四卦必须按照他们在《易经》中的排列顺序来阅读。而卫礼贤则认为，只要读者利用《易经》来反思人生，六十四卦的阅读顺序就可以任意调整。其三，理雅各强调卦与卦之间的内在联系，而卫礼贤则认为每一卦都是单独的个体，且都体现了《易经》所谓"变"的原则。当然，对于二人翻译中的局限性，韩氏也予以论及。一者，理雅各以六十四卦中的前十卦为例，论明《易经》是对西周历史的记录，但是在韩氏看来，此后五十四卦的卦画并不符合这一特征。再者，当面对包含丰富宇宙论的《十翼》，尤其是《系辞》时，理雅各的观点所面临的困境更加突出，这即是基督教上帝存在的观点使理雅各无法接受儒家的宇宙论。而卫礼贤关于东西方的严格二元区分，在韩子奇看来，可能与当今流行的全球化与文化多元化相背离，但在卫氏所处的时代，它却是挑战欧洲中心主义的一个有效途径。

德国学者柯兰霓（Claudia von Collani）对法国耶稣会士白晋及其创立的"索隐派"（Figurism）有非常深入的研究。她以18世纪法国传教士与《易经》的相遇为切入点，研究这些传教士如何将《易经》翻译为拉丁文的问题，及白晋用拉丁文写作的有关《易经》的文献等，由此从宏观上把握索隐派在中西方的形成、发展和衰落的过程，并对"中国礼仪之争"这一历史事件及来华耶稣会士各团体之间的交流与斗争等做了客观的还原。① 在此基础上，柯兰霓首先梳理了17世纪、18世纪来华传教士研习中国经典的历史，列举多位传教士及其与中国经典的关联，其次论述了所谓中国礼仪之争以及《易经》在此阶段的遭遇，最后清理了索隐派的《易经》研究。柯兰霓首次将白晋《易经大意》（*Idea Generalis Doctrinae libri Ye Kin*）的完整本、白氏的信件及手稿等集合起来，加以刊印。《易经大意》长

---

① Claudia von Collani. The First Encounter of the West with the *Yijing*: Introduction to the Edition of Letters and Latin Translations by French Jesuit from the 18th Century. *Monumenta Serica*. Vol. 55 (2007), pp. 227-387.

久以来被误认为是白晋对其中文手稿《古今敬天鉴》①（*De Cultu Celesti Sinarum Veterum et Modernorum*）所作的双语注解，柯兰霓对该文献的研究旨在消除这一误解。为了与索隐派相抗衡，法国反索隐派的耶稣会士雷孝思将《易经》译成了拉丁文本，它是现存最早的拉丁文《易经》。柯兰霓在本文的另一个关注点即是雷孝思的拉丁文本《易经》。总之，柯兰霓的相关研究，对于全面了解《易经》在西方的传播过程及其历史是有积极意义的，值得高度重视。长期以来，卫礼贤译本的巨大成功也带来了一个负面影响，即很多人误以为《易经》在西方的流传始于 20 世纪，而遗忘了它曾经在 18 世纪受到了法国耶稣会士的高度重视。

与柯兰霓有所不同，魏伶珈（Wei, Sophie Ling-chia）的博士学位论文《耶稣会传教士〈易经〉语内翻译中的跨文本对话》则主要研究了耶稣会索隐派写作的关于《易经》的中文著作。② 仅在 1710 至 1712 的三年间，白晋用中文撰写了八部关于《易经》的论著。索隐派借助翻译、解读以《易经》为代表的中国经典著作来寻找中西方之间的互通性，并试图使天主教在中国国教化。这一运动虽然以失败告终，但他们对中西方经典中的数字、图象等的比较，仍然值得继续关注。其中，他们的中文手稿因包含丰富的相关内容，理应得到人们的重视。魏氏的研究目的，是通过发掘索隐派被遗忘的中文著作来全面探讨 18 世纪《易经》在西方传播的特点。而这，对于了解索隐派的易学研究理路具有重要的作用。

总之，韩子奇、柯兰霓和魏玲佳的研究是非常有益的，对于我们深入认识理雅各和卫礼贤译本的区别，弄清耶稣会士白晋及其建立的索隐派的《易经》研究是有很大帮助的。三氏的研究非常扎实，

---

① 中国学者如徐宗泽、郑安德以及刘耘华等，在关于明清之际耶稣会士的资料汇编或研究著作中，均对《古今敬天鉴》进行了不同程度的关注和研究。上海师范大学的李强在其硕士学位论文《〈古今敬天鉴〉抄本研究》（2014 年）中对该著的研究状况进行了详细介绍，可参看。

② Wei, Sophie Ling-chia. Trans-textual Dialogue in the Jesuit Missionary Intralingual Translation of the *Yijing*. Doctoral dissertation defended at the University of Pennsylvania, 2015.

他们的论文颇值一读。

二、《周易》经传研究

1950 年，贝恩斯将卫礼贤的德文本《易经》转译为英文本，这开启了英语世界研究《易经》及易学的热潮。① 最近十余年英语世界对《周易》经传的研究，主要体现在对六十四卦的卦名、卦爻辞、卦爻画、卦爻象、卦序及对《周易》的哲学思想和诠释方法的研究上。

1. 对六十四卦的卦序、卦名、卦爻辞、卦爻画、卦爻象的研究

曲理查(Dr. Richard Sterling Cook)所撰的《〈周易〉卦序诠解》(下文简称《诠解》)，是近年西方英语世界研究《易经》六十四卦的代表性专著。② 该著凝结了曲氏二十余年的易学研究心得。在该书中，曲氏充分吸收和利用了数学、逻辑学等学科的知识与原理，以阐明六十四卦的排布顺序、内在结构及其规律和成因。

从《诠解》可知，曲氏的卦序观主要体现在如下六点：其一，六十四卦分属于三十六卦类，其中二十八个为反覆卦，八个为不可反覆的正卦。这种分类方式同"贾宪三角形(又称杨辉三角形或帕斯卡三角形)"中的二项式系数的第七排相当；其二，根据卦爻类数的差异，六十四卦可分别拟属三种卦性，即阴卦、阳卦和中性卦。这三种性质的卦和一串隐含于三十六卦类首尾序列图中的数列，共同构成了卦序的基本架构。沿着一个十八行三列(阳、阴、中)的矩阵来回移动后，我们可在每行中得到一对三十六卦类序列中的卦位。由此，卦性和卦位便可完美地达到一致(即阴卦奇、阳卦偶)，并且可以使在中性层各元素的间距反映出卦分类模式中

---

① Steven Moore. "The *I Ching* in Time and Space" in Edward Hacker, Steve Moore, and Lorraine Patsco. *I Ching: An Annotated Bibliography*. New York and London: Routledge, 2002, p. xiv.

② Richard Sterling Cook. *Derivation of the Book of Changes Hexagram Sequence*. STEDT Monograph 5, November 2006.

"线性递归数列"起始的几个数字；其三，在三十六卦类首尾序列图中，斜率的变化明确地标示出"中末比（即"黄金分割无理数"）"及内嵌在中性层中用来计算"中末比"的数列。归纳分析六十四卦的深层次结构形式（互体）后，可以得到一组未经排序的子集合，依据八卦序类成分所发展出的矩阵，将子集合进行排列后即可得到排好次序的子集合。这些子集合再根据反复出现的卦分类模式排列后，便组成了排好次序的超集合。在反覆卦类中，那些反覆互体的卦根据"线性递归数列"中的比率排序后，便得到了六十四卦的卦序；其四，《易经》的卦序以及卦爻的组合表明，"线性递归数列"会收敛到"中末比"。《易经》的卦序在曲氏看来排布得十分周密、巧妙，这可以彰显出"线性递归数列"与"中末比"之间的关系。对此数学关系的认知，源于"卦学"中的组合分析，这早就体现在上古中国和早期欧洲及印度的数学传统中。因此某些被公认为起源于宋代的卦学观点，实际上也是在传统的基础上发展出来的；其五，《易经》的卦序完全可能在周文王时代就已经产生。换言之，人类对于"线性递归数列"和"中末比"之间数学关系的认知，应大大早于一般所知的欧洲文艺复兴时期；其六，曲氏在结论当中，不仅证明传统"六、七、八、九"四个爻类名具有二进制数的基础，而且透过传统意义元素和基本隐喻来分析八卦，并证明六十四卦卦序、卦名和卦爻辞是由同一人所创制的。最后，曲氏还通过比较中西方数学史来为卦序衍生原理提供重要背景。而在附录中，他又借助电脑原始码来分析六十四卦之卦序的生成。[1]

拉里·舒尔茨（Larry J. Schulz）所撰的《〈易经〉卦序中的结构性因素》，也是近年研究卦序问题的力作。[2] 舒尔茨是一名拥有中国思想史博士学位的自由学者，其研究专长为《易经》卦序和明代

---

[1] Richard Sterling Cook. "Abstract" in *Derivation of the Book of Changes Hexagram Sequence*. STEDT Monograph 5, November 2006, pp. ix-xi.

[2] Larry J. Schulz. Structural Elements in the *Zhou Yijing* Hexagram Sequence. *Journal of Chinese Philosophy*. 38：4 (December 2011), pp. 639-665.

易学。舒氏早在 1990 年即撰文探讨过《易经》六十四卦的排序问题,① 近作《〈易经〉卦序中的结构性因素》乃是对其早期研究成果的丰富和深化。舒氏写作此文的主旨在于阐明一种"整体性观念"(consolidated view)以解决卦序问题,并揭示影响《易经》卦序编排的十大结构性要素。

首先,舒氏简要地分析了上海博物馆楚简《周易》和马王堆帛书《周易》中的卦序,并介绍了汉至宋代易学家探讨卦序问题的基本情况。其次,他着重考察了明代易学家来知德的卦序思想。在他看来,来氏已明确地认识到反对卦、覆卦在卦序编排中的重要作用,并跳出《序卦传》的局限而洞察到一种隐藏在《易经》中的合理的卦序结构,进而揭示出包含在这种结构中的几大要素,即阴阳爻数、卦以及卦的位置在上下经中的对应关系。但是,来氏止步于此,在卦序的结构关系的探讨中并没有进一步的发现。舒氏还指出,来氏卦序理论中的首要因素是卦,而非由一对卦构成的统一体(unit or station)。接着,他对来知德将六十四卦视为三十六个卦组(对卦、覆卦)单元的整体性观念作了进一步的分析,由此推展出一个更加完整的《易经》卦序图谱。在此基础上,舒氏精详地分析了影响卦序编排的十大因素,即覆卦对、正卦与反卦对、正卦作为卦序编排的基础、阳爻与阴爻的奇偶组合、依据阴阳爻数而定的相对卦组单元、非正卦单元的对立面、消息卦、诸卦的重心、一爻决定论和上下经的对应。前三者在来氏的卦序思想中已被揭示出,而后七者则是舒氏对卦序理论的创发。最后,舒氏得出结论,将六十四卦归结为三十六个卦组单元的整体性观念表明,卦序完全是在《易经》的上下经之间以及各卦组单元之间的关系网络当中被设定的。那些卦组单元蕴含着十种结构性的要素,这些要素必须以整体性的观念才能把握到,否则就会被遮蔽。在他看来,来知德卦序理论的问题在于,没有将这样一种整体性的观念贯彻到底,如果贯彻

---

① Larry J. Schulz. Structural Motifs in the Arrangement of the 64 *Gua* in the *Zhouyi. Journal of Chinese Philosophy*. Vol. 17 (1990), pp. 345-358.

到底，那么可以充分揭示出卦序结构中的十大要素。①

除了卦序问题，《周易》的卦名、卦爻象、符号、语言等也是海外易学研究的重要考察对象。如顾明栋(Mingdong Gu)即对《易经》的符号或表象系统作了颇为详细的考察。② 他主要通过对八卦和六十四卦的卦爻象和卦爻辞的分析来论证《易经》是一个对知识和思想传承最为重要的表象系统，是一部极具开放性和生命力的经典。所谓"表象"是就《易经》的"象""辞"等符号性因素而言，所谓"开放性"主要是从文本分析和诠释学的角度而言，指《易经》文本具有无限丰富的解释空间。在顾氏看来，《易经》之所以具有无限的诠释可能，是因为它本身就是一个开放的系统。这种开放性是由其独特的表象原理和表象要素决定的。具体而言，这主要取决于如下五个因素：第一，它是一个由视觉符号(象)和语言符号(辞)相互交织在一起的复杂网络系统；第二，每一个符号都表征着多重意义；第三，符号与符号之间的关系是复杂多样的和不确定的；第四，这一复杂的网络系统可经受不同但具有同等效力的解释策略；最为重要的是，这个系统具有极大的包容性，能够吸收和接纳诸多新的观念。所有这些因素使得《易经》成为一个开放的表象系统，从而为新的诠释提供了无限的机会和可能性。顾氏从符号学和诠释学的角度论证《易经》是一个开放的表象系统，这既凸显了象、辞等符号性因素在《易经》中的作用和意义，又彰明了《易经》文本的重要特质。

同样，鲁晓鹏(Sheldon Lu)亦借助当代符号学理论来分析《易经》中的"象"观念，以彰显《易经》所蕴含的丰富的符号学思想。③

---

① Larry J. Schulz. Structural Elements in the *Zhou Yijing* Hexagram Sequence. *Journal of Chinese Philosophy.* 38：4（December 2011）. pp. 642-663.

② Mingdong Gu. The *Zhouyi*（*Book of Changes*）as an Open Classic：A Semiotic Analysis of Its System of Representation. *Philosophy East and West.* Vol. 55, No. 2,（April 2005）, pp. 257-282.

③ Sheldon Lu. *I Ching* and the origin of the Chinese semiotic tradition. *Semiotica*：*Journal of the International Association for Semiotic Studies.* Vol. 170（1-4）,（July 2008）, pp. 169-185.

在他看来，《易经》是中国传统符号学理论的重要来源，它的一个核心观念即是"象"（sign 或 image）。鲁氏从"象"或"符号"的定义、分类、诠释和认识论意义这四个方面对《易经》作了精细的论析。他认为，"象"在《易经》中是一个一般性的范畴，可以囊括各种不同性质或类型的符号，实象和虚象是其两种基本类型。他指出，诠释学的任务不是消解用作指称意义的符号，而是进入以符号解释符号的动态过程之中；符号本身即是意义的构成，整个世界就是通过各种符号构筑起来的。此外，他还通过中西方符号学理论的比较来探讨人的存在与符号世界的关系这一重要的认识论问题，由此展示"象"或"符号"的认识论意义。在他看来，《易经》的符号学思想表明人本身就是一个解释符号、运用符号和创造符号的存在，或者更准确地说，人是一个被符号所规定的存在，而整个世界对人而言即是一个由符号所构成的世界。当鲁氏把《易经》中的"象"观念看作是人和世界的一种基本的存在方式的时候，"象"或"符号"的意义就被大大凸显了，同时也被深化了。

另外，海因利希·盖格（Heinrich Geiger）也撰文探讨了《易经》中的符号、卦象和语言问题。在《〈易经〉的符号、卦象、语言》一文中，盖格不仅对八卦和六十四卦原理作了一定程度的阐释，而且着重探讨了语言意义的解释与客观存在的关系，以及语言或文字表达的社会性等问题。盖格特别强调，他的研究奠基在以下观念上：《易经》的八卦和六十四卦不可能以一种纯粹表象性的方式被理解，因为他们所表象的事物都是与人的需求或意识密切相关联的。在《易经》中，自然与人文之间，符号、卦象、语言与事实之间，以及符号世界与其他世界之间，并不存在实质性的界限。通过对语言、符号和卦象的使用，《易经》所要证明的是，符号世界所意指的是天、地、人三才的现实世界。① 盖格的研究旨在表明，《易经》中的语言、符号等一切表现形式都是指向现实生活世界的，并非脱离人伦日用的纯智构作或符号游戏。

---

① Heinrich Geiger. Sign, Image and Language in the *Book of Changes* (*Yijing*). *Frontiers of Philosophy in China*. 8：（4），2013，pp. 607-623.

此外，牟博(Bo Mou)从语言哲学的角度分析了《易经》卦名的双重意指特征。在《〈易经〉卦名的双重意指特征研究》一文中，牟氏试图通过对《易经》当中具有表意性的卦象名称之"双重指称"功能的"语义——句法"结构(semantic-syntactic structure)的分析，来考察语言哲学中指称如何可能的问题。他认为卦象名称正好可以代表作为意指名称之双重意指功能的"语义——句法"结构。基于此，他探讨了一些源于卦象名称之双重意指功能的一般道德法则，以及它如何克服弗雷格和克里普克两种有代表性的方式的缺陷，从而能够积极参与并辅助对指称问题(语言/思想与实在/对象的关系)的把握和处理。他的核心观点是，在陈述性的文本中，一个意指名称必须具有双重意指性，即语义整体的意指和上下文语境的意指。这两者之间是内在统一、不可分割的，因为语义之所指若缺乏语境之所指，则是不明的；而语境之所指若缺乏语义之所指，则是空洞的。这样一种观点既是对指称何以可能问题的一般看法，也是对《易经》卦名之"语义——句法"结构的特殊解释。① 牟氏从语言哲学的角度对《易经》卦名的双重意指特性作了深入的阐发，这有助于推进卦名意义问题的研究。

总之，曲理查和舒尔茨二氏在六十四卦卦序的生成原理上作出了新的探讨和努力，而这种探讨和努力是值得鼓励的。曲氏充分运用数学、逻辑学的知识和原理来分析六十四卦的组织法则及其成因，在卦序问题上提出了自己独到的见解，这是很不容易的。但是，他的数理分析仍不过是一种可能性的构想，试想，在卦序的设计上，那时中国古人有如此高的数学运算和逻辑推演能力吗？另外，由于过于重视数理分析，相对地，他忽视了对卦序所含哲理和人文精神的阐发。而舒尔茨讨论卦序的特点，在于他以来知德的三十六个卦组为基础，并以他所提出的整体性观念洞见到卦序中的十大相互关联和内在一致的结构性因素，从而给《易经》卦序作出了

---

① Bo Mou. On the Double-Reference Character of "Hexagram" Names in the *Yijing*：Engaging Fregean & Kripkean Approaches to the Issue of How Reference Is Possible. *Frontiers of Philosophy in China*. 9：(4)，2014，pp. 523-537.

合理的说明。而且，这些结构性因素既体现了儒家的哲学思想和预测观念，也说明了每一卦在六十四卦序列当中之所以如此定位和排序的缘由。应当说，从诠释的角度来看，舒氏对《易经》卦序问题的新见解是有意义的。另外，他始终紧扣易学发展史的内在脉络去讨论卦序问题和推阐卦序理论，这一点也是值得肯定的。但是，他的论证以来知德的三十六个卦组为基础，及运用了一种他所谓整体性观念，在很大程度上我们应当持保留，甚至批评的态度。

顾明栋、鲁晓鹏、盖格和牟博四氏则运用符号学和语言学的理论对《周易》的"象"、"辞"、"卦名"作了深入的分析，而这几种分析实质上都属于比较研究。毫无疑问，这几种比较研究有助于我们加深对"象"、"辞"、"卦名"的理解，同时他们也是一种诠释性的研究，是使《周易》解释现代化的必要手段。当然，这是一项长期的任务。另外，比较是否内在，也是一个需要不断追问的问题，而这一点，决定了某些比较只是一种暂时的借鉴和判断，随着时间的推移，某些观点和方法可能会遭到淘汰。

2.《周易》哲学思想及其诠释方法的研究

近年来，西方英语世界不仅对《周易》的象数问题有深入的关注和研讨，而且在《周易》的义理或哲学阐释方面也有进一步的丰富与推展。这主要体现在他们对《周易》的伦理思想、形上诠释学、认识论以及变革（或创新）观念、时间观念等的研究当中。

论及西方英语世界对《周易》哲学思想及其诠释方法的研究，不得不首先谈到国际著名易学研究专家、美国夏威夷大学哲学系的成中英（Chung-Ying Cheng）先生。成先生颇为重视对《易经》的哲学性阐释，其"本体诠释学"与"易学体用论"曾享誉海内外哲学界和易学界。① 成氏的"本体诠释"，主要是基于对中国哲学本体论的解释和西方方法论的批评所作出的一个创造性的工作。他的"本体诠释学"植根于中国哲学观念，尤其植根于包含能动地创生观念的

---

① 参见李翔海、邓克武编：《成中英全集》卷四《本体诠释学》，武汉：湖北人民出版社，2006年；成中英：《易学本体论》，北京：北京人民出版社，2006年。

《易经》哲学之中。毫无疑问，理解"本体诠释学"的关键在于对"本体"的把握，而成氏对"本体"的领会和相关诠释，是立足于《易经》的本体论思想而展开的。因此，《易经》哲学被他视为原始本体诠释学的雏形和重建中国哲学的基点。① 近些年来，成先生的易学研究仍主要是对其"本体诠释学"的进一步推阐和发明。

在《〈易经〉哲学：对作为生命智慧之太极与道的洞见》一文中，成先生对《易经》的本体宇宙论思想作了深入的考察。② 首先，他阐明了本体及其创造性问题的重要性，在他看来，这一问题关涉宇宙人生之根源及人的生命安顿，是任何哲学传统都无法回避的最为根本性的问题。而在中国哲学传统中，《易经》这部经典对此问题有着十分深刻的洞见和智慧。其次，他论述了《易经》中有关本体与创生性的思想。他认为，《易经》的本体论思想主要蕴含在"太极"与"道"这两个基本概念之中。他们源于人们对宇宙万物之形成及运化的内在体验和深刻洞见，即对变易之道的本质把握。"太极"是宇宙万有生化的根源，"道"为宇宙万有生化之过程，二者共同构成一创生性的实体，实则只是一体之两面（存有与活动）而已。在此意义上，太极即道，道即太极。所以，成氏以"太极—道"（taiji-dao）来指称宇宙万有的"创生性的本体"（the totality of reality of creativity）。最后，成氏对这一创生性本体（即"易"）的丰富内涵及其重要性作了深透的论析。他指出，易本体是无限创造性的根源，是辩证生成的过程，是对立互动中的和谐，是蕴含着实质差异的存有，是反复循环而又生化不已的终极实在，是一个有机的统一体。易本体思想不仅对宋明和现代新儒学的发展产生了重大影响，而且对整个人类文明的繁盛具有十分重要的意义。

在此基础上，成氏又撰文对《易经》所蕴含的本体观念及其对本体观念的理解和把握方式作了更为深入、细致的分析，并由此阐

---

① 参见赖贤宗：《成中英的本体诠释学和易学体用论》，《哲学门》总第 15 辑，北京：北京大学出版社，2007 年，第 273-293 页。

② Chung-Ying Cheng. Philosophy of the *Yijing*：Insights into *Taiji* and *Dao* as Wisdom of Life. *Journal of Chinese Philosophy*. 33：3（September 2006），pp. 323-333.

明《易经》是中国哲学创造性的根源。① 依成氏之见，《易经》所蕴含的"本体"观念融摄"本"和"体"两方面的义涵："本"即本源、根源，是生生不息、充满创造力的本源；"体"即整体、统一体，是《易经》当中包含差异性的有机统一体，它展示着太极的创生性，既是生成的基础，又是生成的结果。成氏强调，"本体"不是因果链条中的原因，也并非亚里士多德或柏拉图意义上的实体或本质，其最大的特征就是不已的能动性、生成性和创造性。由此，对于"本体"观念的理解和诠释，不能以一种僵化、封闭和对象化的方式进行，而必须是开放多元的、直契本根的、重内在体证和能动创造性的。这即是本体宇宙论的方式，或本体诠释学的方法。具体而言，《易经》通过"观"（observation）、"象"（symbolization）、"通"（systematization）、"卜"（divination）、"解"（interpretation）五个步骤或层面来理解和诠释"实在"或"本体"（reality）观念。而由此构造出的本体宇宙论模型——形上本体论，乃正是中国哲学的基石。成氏又进一步从"体用"的角度来分析《易经》中的本体观念。他认为，"用"是"体"的活动性，由此活动性便产生了万事万物，同时也实现了"体"的创造性和潜能，而这正是对立的阴阳两极交互作用的结果。通过"本—体—用"这一关键性的联结，我们便可以把握"易"之不易、变易、简易三层核心意涵。成氏还指出，《易经》的本体观念之所以重要，首先在于它产生了对宇宙和人类的本体宇宙论式的理解，进而也就产生了形上认识论、形上伦理学和形上美学。就此而言，《易经》乃是整个中国哲学创造性的源头。

与上述讨论密切相关的是成氏的另一篇文章，即《古典中国哲学中易之典范》。在该文中，成氏在中西哲学的比较视域中围绕着《易经》、《易传》、《道德经》三大经典，对先秦儒、道两家（尤其是儒家）的变易哲学作了系统而深入的考察。他着重探讨了以下五个方面的问题：其一，《易经》中的"易"（创造性的变化）在卦系统

---

① Chung-Ying Cheng. The *Yijing*（《易经》）as Creative Inception of Chinese Philosophy. *Journal of Chinese Philosophy*. 35：2（June 2008），pp. 201-218.

中是如何被理解、把握和明确表达的；其二，宏观的观察是如何为理解宇宙变化及植根于宇宙变化之人的变化奠基的；其三，应当如何理解世界秩序，这个世界是由作为变化之根源的"创造性"和"持续性"原则作用的结果；其四，变化哲学在《易经》当中是如何被赋予道德教化意义的；其五，《道德经》是如何把一个自生自化的"道"理解为创造性变化的原则和具有创造性的空无的。通过对这些问题的回答，成氏力图表明，作为变化过程的实在是如何产生一个开放的、持续更新的且能够自作主宰的多层次的对立统一体，并由此认识到人在参赞天地之化育的过程中的价值和作用。关于《易经》之变化哲学，他指出，一切变化的共同模式和基本结构即是"一阴一阳"，阴和阳是相反相成、不可分割的对立统一体，二者之间的交互运作产生了各种变化。要明达变化之道，仅仅把握阴阳两种基本因素是不够的，还必须通过对建立在阴阳交互原则之上的整个卦系统的认识才能实现。因为卦系统是一个无所不包的大全，囊括了所有阴阳的组合，表征着各种各样的变化，万事万物都被统摄于其中。此外，它还是一个无限开放、充满多重解释可能的系统。对此卦系统的认识，可以采取"观"和"感"的方式。通过"观""感"来把握卦系统的过程，其实也就是领会变化之道的过程。因此，"观""感"是理解变化的认识论基础和根源。成氏对"观"作了详尽的分析，他认为"观"以一种宽广的、整体的、综合的视域去把握万事万物，它是对整个世界的一种开放性的经验。透过"观"，整个世界最重要的变化原则，即一阴一阳的交互作用，就会被开显出来。在成氏看来，"观"还蕴含着实践性的目的，即人透过对宇宙万物的整体性观察，从而能确当地衡定其在整个世界中的位置，如此便可以指引其合理、得当地行事和作为。最后，成氏指出，在《易经》变化哲学的形成过程中，对各种变化的广泛性和综合性观察，为我们洞见人与世界的深层和谐统一（天人合一）提供了源泉和动力，这就使得儒家能够将自然法则转变为革新人类的道德法则。

基于易学本体论的深刻洞见，成氏还探讨了儒家伦理乃至整个中国哲学的根基问题。① 在他看来，由孔子、孟子和《中庸》所建构的儒家伦理系统植根于《易经》的本体宇宙论之中。换言之，《易经》的本体宇宙论是儒家伦理系统的来源和根据，而儒家伦理系统则是《易经》本体宇宙论的具体表现。正因为有此本体宇宙论的基础，儒家伦理可以通过吸收、融合道家与（中国）佛教的一些思想资源而得以发展和完善，并可以广泛地、完善地适应现代化的环境。对成氏而言，儒家从佛、道当中吸纳的并用以改进自身的思想资源，也是根源于《易经》的本体宇宙论。换句话说，儒、佛（中国本土化的佛教）、道三家共同发挥了《易经》中的本体宇宙论，这一本体论是整个中国哲学的根基。

此外，成氏还立足于《易经》的本体哲学来探讨儒家伦理在现代的开展及其对现代伦理建构的意义。他在《论〈易经〉作为中国商业伦理和管理思想的基础》一文中指出，当今中国社会仍然存在一套完整的儒家商业伦理。从本质上看，这是一套规范商业和经济活动的实践哲学，而且具有一个建基于《易经》思维模式上的复杂结构。如果没有《易经》本体宇宙论的指引，各哲学流派在中国商业伦理中的融合就不可能发生。《易经》的思维模式使得这一融合的过程既是理性的又是实践的。成氏还指出，通过整合责任伦理、公平正义伦理以及实用主义，可以促进传统儒家伦理的现代转变，从而发展出一套综合的儒家商业伦理。这对于推动当今社会经济与自然的和谐发展具有重要意义。②

借助成中英的本体诠释学方法，李可（Friederike Assandri）在《〈易经〉与重玄学：基于本体诠释学的视角》一文中通过比较成玄英与孔颖达对"道"（终极实在）的理解，论证了《易经》对建构重玄

---

① Chung-Ying Cheng. A Transformative Conception of Confucian Ethics: The *Yijing*, Utility, and Rights. *Journal of Chinese Philosophy*. Supplement to Vol. 38, (2011), pp. 7-28.

② Chung-Ying Cheng. On *Yijing* as Basis of Chinese Business Ethics and Management. *Handbook of the Philosophical Foundations of Business Ethics*. Springer (2013). pp. 1027-1049.

学的重要意义。① 在他看来，成玄英在《道德经义疏》与孔颖达在《周易正义》中对"道"的解释无论是在概念上，还是在语言学上都具有一致性。这主要表现在，二人都主张"道"超越语言和一切现象，是能够统摄一切存在者的"空无"或"非存在"；"神"（Shen, spirit）对于推动万物的生化过程具有关键作用。此外，成玄英在注解《老子》的过程中，充分吸收和利用了《易经》中的重要术语。这些都表明了《易经》哲学也是重玄学的重要思想来源。

另一位西方英语世界著名的易学研究专家，现任教于美国莱斯大学历史系的司马富（Richard J. Smith）先生对《易经》的哲学思想也有所探讨。如他在《知己知彼：〈易经〉的认识论和启发式价值》一文中，对《易经》的认识论意义作了一定程度的阐发。② 在他看来，《易经》乃是一部具有丰富认识论思想的经典，这正如成中英"本体诠释学"所指出的，它能够同时帮助人们理解现象世界和本体世界，并且通过《易经》的卦象系统，人们可以以一种知行合一的方式把握到蕴藏在整个世界中的动态交互作用和终极的圆融。这主要是因为《易经》的卦象系统并非以一种纯粹智性的方式被设定的，而是以一种能够领会真实存在性的方式、一种可以参赞天地之化育的方式被建构起来的。这种方式鲜明地体现在《易经》中的"省观"义。司马氏还借助北宋易学家邵雍的"省观"（reflective viewing, 反观）概念，分析了《易经》认识和解读世界的方式。他认为，"观"的概念强调以对象的观点，或他者的视角来把握事物，即以他者的视角来认识自我。这种"省观"的方式植根于《易经》的本体论、形上学和认识论中，其目的并不在于满足人的哲学好奇心，而在于将个体与整个宇宙关联起来，进而指引人的道德实践。因此，这种把握"他者"的"省观"实践，不仅有助于我们领会一些看似外在于己

① Friederike Assandri. The *Yijing* and *Chongxuan xue*: an Onto-Hermeneutic Perspective. *Journal of Chinese Philosophy*. 38：3 (September 2011), pp. 397-411.

② Richard J. Smith. Knowing the Self and Knowing the "Other": The Epistemological and Heuristic Value of the *Yijing. Journal of Chinese Philosophy*. 33：4 (December, 2006), pp. 465-477.

我的观念,而且同时能够增进对自身的理解。《易经》解释的核心即是这种知彼知己的关联性思维。

司马富不仅重视对《易经》的诠释理念、诠释方法的研究,也颇为注重《易经》的诠释传统。如在《探索〈易经〉:〈易经〉注释传统中一些专门术语之意涵及其解释策略的演变》一文中,他通过对《易经》有关"知命"、"立命"问题的一些专门术语,如"元"、"亨"、"贞"、"利"、"吉"、"凶"、"悔"、"吝"、"咎"、"无咎"、"亡"、"用"等的考察,精要地展示了《易经》解释的发展概况。① 在他看来,《易经》的占筮和注释传统,允许甚至鼓励广泛而多元的解释策略以及不同哲学观点的表达。长期以来,《易经》原始文本中一些基本术语的内涵发生了实质性的改变。历史上对《易经》的各种各样的注释便构成了《易经》的解释传统。他还指出,在《易经》研究中,"入门书"(为"初学者"所写的著作)对保持理解的统一性也具有重要作用。司马氏特别提到明代学者黄淳耀(1605—1645)所撰的《易经备旨一见能解》,他认为此书给读者提供了一个博大的、方便的、完全正统的理解《易经》的蓝本,同时也体现出了《易经》诠释的复杂性。

与上述几位易学研究专家的宏观进路不同,张文苏(Wonsuk Chang)则偏向于从细微处入手,注重对《易经》基本概念的分析。在《论〈易经〉的时间及其相关观念》一文中,他对《易经》中的时间及与时间相关的"几"、"天"、"阴阳"、"关联性思维"等观念作了深入的考察。② 他首先强调,对这些观念的解释,必须建立在准确反思中国古代"时机"(temporality)与"过程"(process)两大观念的基础之上,否则就会误入歧途。其次,他比较了中西哲学传统对"时间"和"变化"的一般看法。他认为,在中国哲学传统中,时间、空

---

① Richard J. Smith. Fathoming the Changes: The Evolution of Some Technical Terms and Interpretive Strategies in *Yijing* Exegesis. *Journal of Chinese Philosophy*. Supplement to Vol. 40, (2013), pp. 146-170.

② Wonsuk Chang. Reflections on Time and Related Ideas in the *Yijing*. *Philosophy East and West*. Vol. 59, No. 2, April 2009, pp. 216-229.

间、变化、事物是内在统一的，其中时间和变化构成万事万物的根本方面，而时间又是变化和万事万物的首要因素。《易经》也很重视"时"的观念。时间的首要性，使得过程与变化变得尤其重要。再次，他对《易经》中与时间密切相关的"几"、"天"、"阴阳"及"关联性思维"等观念作了精细的分析。在他看来，"几"是指事物演进过程中的最初发动处，对事物的演进起着关键性的作用。它并非抽象的逻辑概念，不能引发逻辑上可逆的因果关系，而只是当下不可逆的扩展的过程。同样，也不能从目的论的意义上去理解"几"，因为"几"作为任何过程的端始蕴含着多种可能性，是不确定的。"天"具有生生不已的创造性，乃是万事万物存在及运化的根源。但它并未超离于天地万物，而是内在于天地万物之中，其创生性就是通过天地万物的自我实现得以体现的。因此，天与万物必定是内在统一和不可分割的。"天"显然不是一个抽象的逻辑概念，而是不离于具体事物，始终处在活动过程中的真实的生化之源。"阴"和"阳"是事物运动变化过程中的两大基本要素，二者的交互作用构成了事物运动变化的基本动力。阴阳相反相成，既相互对比、相互区分，又相互依存、相互补充。"阴阳"不是抽象的分类概念，而应当被视为一切具体现象的根源，由此根源可以发展出在时空中相互关联的万事万物以及各种经验。显然，无论是对"几"、"天"的理解，还是对"阴阳"的把握，都强烈地渗透着一种关联性的思维，而这正是《易经》的基本思维模式。基于对《易经》中以上几大基本观念的分析，张氏最后批判了对"时间"观念所作的循环式或线性化的一般性理解。他指出，《易经》的"时间"作为永恒变化的根本方面是通过"阴阳不测"的神妙作用来体现的。它不仅意味着对过去的延伸，而且预示着新事物的出现。因此，"时间"是非对称性的，是具有创造性的，并且是不可逆的。在此意义上，"时间"应当被理解为一种螺旋式的发展轨迹（a spiral trajectory）。

安德烈亚斯·舒斯特（Andreas Schöter）撰文探讨了物理学与《易经》之形而上学的关系。在《〈易经〉：形而上学与物理学》一文中，他着重考察了量子论与《易经》之形而上学的关系，认为量子论的效用与从无极到太极的形上推演过程之间存在着极大的相似性。作者还通过《易传》和戴维·玻姆（David Bohm，量子物理学家和科学思想家）对天、地、人三才关系之认识的比较，揭示了现代物理学与《易经》哲学的关系。经过讨论，作者力求表明，古代的易道（变化智慧）与当代的思想之间存在着相通性和一致性。在他看来，《易经》既是抽象哲学的来源，又是实用的预测工具，从而为探索古人的原初洞见与我们当下生存状况之间的关联提供了一条捷径。①

总之，在以上对《周易》的哲学阐述中，成中英的论述最为值得注意，他的论著最富中国传统哲学的意味和内涵。成氏的主要贡献在于提出了本体诠释学和易学体用论两大理论。其中，成氏将"太极（道）""易（创生性的变化）"和西方哲学的"实在（reality）"结合起来，构成了新的"本体"概念。而如何理解"本体"？成中英通过"观"（observation）"象"（symbolization）"通"（systematization）"卜"（divination）"解"（interpretation）五个步骤或层面来进行，同时较为充分地吸纳和利用了中国传统易学的基本概念和基本理论结构。在当代《周易》哲学的重构和再释中，成氏的本体诠释学最富积极意义，它试图重新将《周易》文本整合为一个系统，从而发现和重构它在当代哲学中的价值。对于如何理解和诠释《周易》来说，其学术意义无疑超过了唐力权的场有哲学。除成中英以外，司马富等人也重视《周易》的诠释理论，其中特别重视"观"（来自邵雍）概念，并且是作为一种认识论概念来看待的。此外，张文苏论述了《易经》的时间观念，舒斯特探讨了《易经》的物理学含义；斯科特·戴维斯（Scott Davis）从文化学、人类学等视角对《易经》作了结构性的分析和精微的解释，力图揭示撰作《易经》的古代文化背景，以及阐明解读《易经》的哲学人类学的独特诠释理念和方法；② 伍安祖（On-cho Ng）和埃里克·尼尔森（Eric S. Nelson）等学者近年还对

---

① Andreas Schöter. The *Yijing*：Metaphysics and Physics. *Journal of Chinese Philosophy*. 38：3（September 2011），pp. 412-426.

② Scott Davis. *The Classic of Changes in Cultural Context*：*A Textual Archaeology of the Yi Jing*. New York：Cambria Press，2012.

《周易》经传的伦理思想、自然哲学和诠释理论等有所论述。① 虽然他们的研究和解释都带有他者的视角，甚至有些论述比较牵强，但是从总体上来说，它们仍然符合《周易》经学发展的历史思路，拓宽了《周易》在当代解释的路数。

三、易学史研究

易学是指通过对《易经》的解释或研究而产生出来的一门学问，它的形成与发展的历史即易学史。若从春秋时期算起，易学发展到今日已有两千多年的历史。对易学史的研究，涉及《易经》演变和传授的历史，不同时代和学派解经的倾向，经典注疏的概括和成就，典籍的辨伪和文字训诂考证，相关典籍和人物的易学思想等方面的内容。② 在易学史的研究方面，不仅国内易学界已取得了丰硕的成就，而且海外易学界也积累了不少成果。近年，英语世界对易学史既有通史式的叙述，也有断代史和个案研究，在这两个方面发表了不少的成果。

首先，让我们来看司马富先生《探寻宇宙和规范世界：〈易经〉及其在中国的演进》一书，该书是近年来西方英语世界易学史研究方面的代表作之一。③ 该书以现有的西方学术和大量中国文化中的思想资源为基础，对《易经》的产生以及易学自先秦至现代的演进

---

① On-cho Ng. Introduction: Rehearsing the Old and Anticipating the New. *Journal of Chinese Philosophy*. Vol. 36, 2009, pp. 3-10; On-cho Ng. Introduction: The *Yijing* (《易经》) and Its Commentaries. *Journal of Chinese Philosophy*. 35: 2 (June 2008), pp. 193-199; Eric S. Nelson. Introduction: Onto-hermeneutics, Ethics, and Nature in the *Yijing*. *Journal of Chinese Philosophy*. 38: 3 (September 2011), pp. 335-338.

② 参见朱伯崑：《易学哲学史(一)》，北京：昆仑出版社，2009 年，第 36-37 页。

③ Richard J. Smith. *Fathoming the Cosmos and Ordering the World: the Yijing* (*I-Ching, or Classic of Changes*) *and Its Evolution in China*. Charlottesville: University of Virginia Press, 2008.

历程作了系统、深入的梳理,以此展现《易经》在整个中国历史当中的发展脉络及其丰富性和复杂性,由此印证"有多少《易经》的读者和评注者,就有多少《易经》的版本"这一观点。具体说来,该书第一章考察了《易经》的来源和产生过程,第二章探讨了《易经》是如何成为儒家经典的问题。对此,作者充分利用马王堆帛书等出土文献,分析了《易经》如何从一本卜筮之书演变成为一部伦理学和哲学性的经典。他认为,在公认权威本子之外,还存在着一些其他的《易经》传统,或《易经》版本,而这非但没有减少通行本《易经》的权威性,反而表明它是对不同的《易经》版本和解释路径的精心筛选的结果。第三至七章主要考察了易学在汉、唐、宋、元、明、清诸朝代的发展历程。在此,他不仅对为人熟知的强调宇宙论的汉易和注重道德形上学的宋明易学作了详细的分析,而且还特别论述了有关汉代伪书、元代注疏以及道教和佛教的诠释对易学发展的重要贡献。第八章主要探讨了易学在中国近现代的演进历程。在这里,作者对易学在中国近现代的民族革命、文化运动以及全球资本主义化的过程中所经历的曲折命运,作了详细的论析。他指出,随着 1905 年科举制度的废除、1911 年封建专制制度的消亡以及 20 世纪 20 年代新文化运动的开展,《易经》的经典地位已经被严重消解,甚至被摧毁了。这就使得易学的发展不得不面临现代化的问题。由此,作者又阐述了易学在中国当代的复兴历程。他强调,易学在现代更新的过程中所面临的机遇与挑战是并存的。第九章主要探讨了《易经》是如何影响中国传统文化的问题,结语部分则对《易经》与《圣经》等其他世界经典作了相应的比较。

另外,司马富撰写了《〈易经〉:一部传记》的普及性读物。[1]在该书中,司马氏不仅论述了易学在中国的演进历程,还介绍了易学在海外的发展情况。具体来看,该书的上半部分主要论述了《易经》的起源、经典成因与过程及其解释三个方面的问题。该书的下半部分则对《易经》在东亚地区和西方世界的翻译、研究情况作了

---

① Richard J. Smith. The "I Ching": A Biography. Princeton University Press, 2012.

简要的概述。由此，司马氏充分展示了《易经》的复杂结构、其在不同文化中的多重功能以及持久的魅力，还阐明了日本、韩国等亚洲国家的本土信仰、文化与《易经》的融合性问题，并且揭示了《易经》被翻译成多种语言之后对整个西方世界的自然、科技、人文等方面所产生的重大影响。此外，他还反思了《易经》能否被比作《圣经》等宗教经典的问题。简言之，司马富通过该书为易学在海内外的发生和发展提供了一部简明的传记，回答了《周易》如何成为一部具有全球影响之经典的问题。

　　与司马富不同，韩子奇在易学断代史的研究上成绩斐然。他的《〈易经〉与中国政治：北宋时期（960—1127）的经典解释与文化激进主义》一书特别从政治的角度考察了易学在北宋的发展情况。①该书第一章分析了北宋时期的历史环境，第二章介绍了北宋时期的易学经典。这两章的目的，主要是为研究北宋易学提供一个历史和文本的基础。第三章探讨了胡瑗（993—1059）、李觏（1009—1059）、欧阳修（1007—1072）的易学思想，韩氏认为他们的易学体现了当时官员的历史使命。第四章对张载（1020—1077）、司马光（1019—1086）、邵雍（1011—1077）的易学思想作了分析，韩氏将他们的易学哲学视为规范世界秩序的内在根基。第五章考察了程颐（1033—1107）和苏轼（1037—1101）的易学思想，韩氏认为程、苏的易学观与当时政治派系之间的斗争密切关联。这三章是本书的主体部分，他们分别对应于作者划分的北宋三个分期，即 960—1022年，1023—1085 年，1086—1127 年。作者将胡瑗的《周易口义》、张载的《横渠易说》以及程颐的《伊川易传》视为这三段时期最有代表性的易学著作，并通过他们之间的相互比较，及其与王弼、孔颖达以及其他北宋学者之《易经》注释的比较，展示了北宋知识分子如何通过对《易经》的注解来回应当时的社会问题，以及在其回应的过程中对《易经》所作出的创造性诠释，并由此表明他们的《易

---

① Tze-ki Hon. *The Yijing and Chinese Politics：Classical Commentary and Literati Activism in the Northern Song Period*，960-1127. Albany：State University of New York Press, 2005.

经》注释是如何体现出当时政治和社会的重大变革的。韩氏认为，我们可以在北宋的易学研究中窥见当时士人在社会变迁中的心路历程，以及他们对建立一个有助于人类和平与繁荣的社会政治新秩序的共同期盼。最后，作者围绕历史与经典诠释之关系的主题，阐明了北宋易学的重要意义。在他看来，北宋儒者注解《易经》是为了回应社会变革和解决社会问题，因而对于民族政治的建立及其作用的发挥产生了重要影响。①

此外，韩子奇在《经典诠释与社会变迁：中华帝国晚期的宋代周易注》这篇论文中也采取了与此书相同的研究进路，不过视域有所扩大。② 在该文中，他通过对《伊川易传》、《周易传义大全》、《周易折中》三大经典《易经》注释的比较，展现了宋、明、清时期的社会变迁。当然，他关注的焦点在：《周易传义大全》与《周易折中》使用程颐与朱熹之《周易》注的顺序。通过比较，他指出，明代的《周易传义大全》将程颐的注释置于朱熹的注释之前，而清代的《周易折中》则刚好相反。在他看来，这不仅仅体现出一种注《易》策略的改变，而且也是清初社会变化的重要征兆。可见，韩氏对易学断代史的研究，侧重于思想史的考察而非哲学性的诠释，他颇为注重思想与环境、经典与历史之间的互动。这也是易学史研究的一种重要路径。不仅如此，韩氏还颇为重视中国历史上某些易学家及其著作的研究。例如，他对明代胡广等编著的《周易传义大全》(下称《大全》)的注《易》特征及其在易学史上的地位和意义作了深入的分析。③ 在他看来，《大全》规定了整个中华帝国晚期之

---

① Tze-ki Hon. *The Yijing and Chinese Politics*: *Classical Commentary and Literati Activism in the Northern Song Period*, 960-1127. Albany: State University of New York Press, 2005. pp. 1-14.

② Tze-ki Hon. Classical Exegesis and Social Change: The Song School of *Yijing* Commentaries in Late Imperial China. *Sungkyun Journal of East Asian Studies*. Vol. 11 (1), 2011, pp. 1-15.

③ Tze-ki Hon. A Precarious Balance: Divination and Moral Philosophy in *Zhouyi Zhuanyi Daquan*, Journal of Chinese Philosophy, 35: 2 (2008), pp. 254-271.

《易经》注释的目的、范围、框架和方法，且主要是通过"提要（compendium）"的方式来实现的。"提要"以一种经过选择的顺序和特殊的格式来呈现相关的解释信息，从而成为一种传达客观事实消息的策略。它通过重新编排和融合相关的注释材料，刻意使阅读者采取某种特殊的视角或解释。《大全》的主旨在于融会程颐和朱熹的《易》注。由于程、朱二人对《易经》这部经典的性质有不同的看法，前者视《易经》为道德和政治性的文本，而后者则视其为占筮之书，所以他们对《易经》的注释就存在着很大的差异。为了成功地融合程、朱的《易》注，《大全》的编纂者有意筛选了一些关键性信息，借此凸显二者的一致性，而掩盖其差异。这就不仅制造出一种程、朱《易》注相通一致的印象，而且创造了一种新的解释框架。这种新的解释框架既强调卦象、占筮，又十分重视政治领导者的道德行为。由此，《大全》也就在《易经》的象数与哲理之间达到了一种不太稳固的平衡。韩氏对《大全》在易学史上的地位给予了较高评价，他认为该书取代了《周易正义》作为科举考试教材的地位，结束了持续六个世纪的易学"王弼时代"（Wang Bi epoch）。韩子奇对《大全》的注《易》理路作了精微的考察，并且彰显了《大全》在易学史中的应有地位和作用，这是值得肯定的。但是，在对程、朱二人易学思想之关系的看法上恐怕有待商榷，他似乎夸大了程、朱之易学观的差异性。

与司马富、韩子奇的进路不同，伍安祖（On-cho Ng）教授（宾夕法尼亚大学历史系）则以哲学诠释，尤其以成中英的"本体诠释学"为基本方法，在《宗教性的诠释：新儒家〈易经〉阅读中的文本与真理之关系探析》一文中围绕朱熹、王船山等宋明清新儒家对《易经》所作的解读，深入地考察了这一文本与终极真理（道、天或理）之领会间的关系问题。① 伍氏指出，真理往往融摄于且内在于经典的文本之中。就此而言，儒家的真理观念是通过文本来传递和表达的。《易经》与其他经典之所以能作为儒家反思自我与社

---

① ON-CHO NG. Religious Hermeneutics：Text and Truth in Neo-Coufucian Readings of the *Yijing*, *Journal of Chinese Philosophy*, 34：1(2007), pp. 5-24.

会问题的基础，主要是因为他们有古代圣贤之个体生命与价值来证实。当古代经典进入儒家诠释者的视野中，时空的间隔必然要通过一些中介来勾连，其中最重要的体现是对文本的注释。这就必然引申出一个诠释的过程，亦即追求（普遍的、永恒的）超越真理的过程。由此，对古代经典的诠释，很可能被视为具有宗教性的诠释。当然，伍氏不仅探讨了《易经》的诠释与理解及其对儒家学者之意义的问题，还考察了当代作者与读者之辩证关系的问题。

总之，司马富、韩子奇与伍安祖的易学史研究是不同的，前二者以思想史的方法为主要进路，目的在于弄清易学的发生、发展及其在某个具体时段如何演进和开展的问题，而后者则站在本体诠释学的方法论上重新评论某一段之易学史或某一易学家之易学研究的。前一种是学者通常使用的研究方法，而后一种则具有很强的批判性。司马富是一位对中国易学深有研究和把握的学者，在《探寻宇宙和规范世界：〈易经〉及其在中国的演进》一书中，他全面、详实地梳理了中国易学的发展史，展现了易学发展的差异性、多元性和复杂性，这是非常难得的。不过，由于过分关注差异性，司马富在一定程度上忽视了中国易学发展中的内在逻辑和一般规律，他的著作在整体上缺乏必要的主导线索和统系。韩子奇的论著最具思想史研究的特征，他的研究让我们看到了《易经》的注释性作品（《周易口义》、《横渠易说》、《伊川易传》，或《伊川易传》、《周易传义大全》、《周易折中》）如何与时代因素相互作用的问题。这种研究，既与司马富的研究有较大区别，同时也与伍安祖的研究在方法论上正相反对。思想史的研究方法，实质上是将研究对象放在时代脉络中来作思想的比较和定位，从而彰显研究对象的特定内涵及其时代作用，但是它很容易忽视研究对象之思想架构和内涵的完整表达。而伍安祖使用的本体诠释学方法则容易流于高远，容易以特定概念为基本出发点，进而去推导整个思想体系。这样，读者很容易产生较大的疏离感，缩小其读者群体。同时，如果这一特定概念的设定出现问题，那么就会置研究者的观点、结论和论证于危险（学者的高度质疑）之中。此外，德国著名汉学家叶翰（Hans van Ess）教授对《程氏易传》当中的女性思想作了详细的梳理和论析。① 在叶翰看来，程颐虽然没有直接表达出对妇女的鄙视，但是伊川关于妇女应当如何作为，及她们应当处于何种地位的观点，在今天看来还是显得非常过时的。

四、出土易学研究

近半个世纪以来，在中国大陆出土了大量的《易》类文献，这包括多种《周易》经传古本和一些易筮材料。如上海博物馆藏战国楚竹书《周易》、王家台秦简《归藏》、阜阳汉简《周易》、长沙马王堆汉墓帛书《周易》，以及望山楚简、包山楚简和新蔡楚简等中的易筮材料。② 围绕这些《易》类出土文献，国内展开了迅猛的研究，目前有关成果十分丰富；而国外，如日本等地亦取得了不少研究成就。对于出土《易》类文献的诠释与考察，不仅有助于我们更为深入地了解《周易》文本的早期形态，而且能够深化我们对《周易》如何从卜筮之书转变为经典文本的认识。

西方英语世界研究出土易学的论著不多，其中芝加哥大学教授夏含夷（Edward L. Shaughnessy）的研究成果最值得重视。夏含夷在20世纪90年代出版了马王堆帛书《周易》的英译本，③ 是西方汉学界翻译《周易》出土文献的典范。近年来，夏氏又围绕占筮这个主题，对新近出土的几大《易》类文献作了系统的介绍、翻译和论析。在《〈易经〉的发掘：新近出土的〈易经〉及相关文本》一书中，夏氏首先详细地论述了《易经》的占筮背景。他从甲骨文入手，结合出土文物中的占卜材料、《易经》的语言以及占筮的实际操作，来分

---

① Hans van Ess. Cheng Yi and His Ideas About Women as Revealed in His Commentary to the *Yijing*. *Oriens Extremus*, Vol. 49（2010），pp. 63-77.

② 参见刘大钧编：《出土易学文献》（全四册），上海：上海科学技术文献出版社，2010年。

③ Edward L. Shaughnessy. *I Ching*：The Classic of Changes，The First English Translation of the Newly Discovered Second-Century B. C. Mawangdui Texts，New York：Ballantine Books，1997.

析如何从兽骨龟甲等上古的占卜发展到《易经》的筮占。在此基础
之上，他依次对上海博物馆战国楚竹书《周易》、王家台秦简《归
藏》、阜阳汉简《周易》的出土情况、文献内容、历史源流、相关研
究状况等方面作了详实的论析，并系统地翻译了这些《易》类出土
文献。① 夏氏的新著具有以下几个特点：其一，对新近出土的三种
《易》类文献之历史背景、出土状况、文献残存情形、研究过程等
方面的内容，作了全面、精细、翔实的介绍；其二，由于熟悉《周
易》的各种版本、诸多重要注解以及英语世界的译本，所以作者能
够大量引用各种文献材料来讨论相关的问题。其三，因作者受过良
好的中文和汉学的训练，从而使得其相关翻译较为严谨和精当。当
然，本书在翻译和解释等上也存在一些不足。② 然而瑕不掩瑜，夏
氏此著无疑具有较高的学术水准，对于出土易学研究具有很重要的
参考价值。

另外，朴慧莉(Haeree Park，汉堡大学写本文化研究所)以上
海博物馆楚简《周易》为中心，对战国时期的书写系统以及早期经
典文本演变的性质、特点和原因作了深入的考察。在《周代的书写
系统——以战国时期的竹简和铭文为证》一书中，③ 朴氏首先阐明
了本书的研究目的，介绍了本书使用的主要材料和上海博物馆楚简
《周易》的基本情况，并论述了《说文解字》所展示的早期中国书写
系统。其次对中国古代的音韵学作了相应的考察，包括阐述出土文
献对中国古代音韵学研究的意义，并提出重建中国古代音韵学系统

① Edward L. Shaughnessy. Unearthing the Changes：Recently Discovered Manuscripts of the *Yi Jing* (*I Ching*) and Related Texts, New York：Columbia University Press, 2014.

② 郑吉雄对夏含夷此书的贡献与不足作了详细论析，参见 Dennis Chi-hsiung Cheng. Unearthing the Changes：Recently Discovered Manuscripts of the *Yi Jing* (*I Ching*) and Related Texts (Review). *Journal of Chinese Studies*, No. 60 (January 2015), pp. 353-360.

③ Haeree Park . The Writing System of Scribe Zhou——Evidence from Late Pre-imperial Chinese Manuscripts and Inscriptions (5th-3rd Centuries BCE), De Gruyter Mouton, 2016.

的问题。然后从丰富多样的字形、修饰性的笔画、战国时期字体的简化及其发展以及中国早期书写系统的结构性变化这四个方面，对上海博物馆楚简《周易》所呈现的战国时期的书写系统作了探讨。接着她又围绕楚文字分别论述了战国时期五大地域的字体系统和共同的字体风格、楚地的字体风格、战国字体的地域化特征以及楚文字的识别问题。最后从符号学、音韵学的视角，探讨了作为能体现中国早期文字之主要拼写特征的同义字和通假字的变化问题。由此，朴氏认为，《周易》的早期版本与后出各版本的差异，是与决定早期字体书写可变性的法则密切相关的。在她看来，战国时期的汉字常常以多种样式或风格出现。这种可变性是由一些固定的模式和惯例所决定的。楚简《周易》因其颇具特色的规范化的文本，所以对于考察字体变化的模式是很好的素材。那些产生和规定异体字的模式，可被视为功能上相同的字体元素之间的相互转换。汉字的两大要素(字形和字音)常常展示了许多可以相互转化的字体，因而被分别称之为同义的字形和相通的音韵。存在于战国时期某个地域或地域间的多种字体，被视为可供选择的结构性的成分，这些成分奠基于同义字形和相通音韵这组要素。战国文献中的各种字体继承了西周时期的字体，并非战国时期每个地区的字体都拥有它自己独特的书写系统。此外，朴氏还指出两点：其一，当且仅当在一个文本相同位置的两个相应汉字的差异符合早期字体中已被发现的可变性的模式时，我们才会把这两个不同的汉字视为某个字的变体。这就给原始文本中的汉字识读提供了一个有原则性的选择。当然，这不同于习惯性地将一个古本中的汉字解释成与通行本相应的字；其二，楚简可以被用来促进古汉语的重建。西周时代与战国时代字体的一致性再次表明，某个书写系统一旦完全形成，尽管会发生一些音韵上的变化，但仍然属于同一个书写系统。显然，朴氏基于上海博物馆楚简《周易》，对战国时期的书写系统、书写模式和书写特征作了较为细致、深入的研究，并提出了一些独到的见解。

此外，曲理查在《〈周易〉卦序诠解》一书中，拉里·舒尔茨在《〈易经〉卦序中的结构性因素》一文中，都对上海博物馆楚简《周易》和马王堆帛书《周易》中的卦序作了精要的分析。① 司马富在《探寻宇宙和规范世界：〈易经〉及其在中国的演进》一书第二章中，则充分利用马王堆帛书《周易》等出土文献，来探讨《易经》如何从纯粹的卜筮之书演变成哲学性的经典文本。②

总之，英语世界对出土易学的研究主要集中在上海博物馆楚简《周易》和马王堆帛书《周易》上，并且偏重于文本分析和思想史的考察，夏含夷教授是其中的代表，朴慧莉的文本研究细致而扎实。但是，从总体上来看，西方对于出土易学的研究还是非常不足的，无论是在深度和全面性上，还是在成果的发表上都大大落后于汉语世界的研究。

五、对《易经》的借鉴与比较研究

西方人对《易经》的兴趣点之一，是在将它与自己所从事的研究领域之间建立某种联系。这方面的开创者是 18 世纪的德国的哲学家兼数学家莱布尼茨。莱布尼茨是二进制的发明者，他认为《易经》的卦画实际上是一种数学形式，与二进制系统遵循的模式相同。20 世纪，著名分析心理学家荣格（Carl G. Jung, 1875-1961）曾借助《易经》的阴阳互动理论来阐发他的"共时性"学说（doctrine of synchronicity），由此揭示了无意识层面心身的协调性问题。美国先锋派古典音乐作曲家约翰·凯奇（John Milton Cage Jr., 1912-1992）则利用《易经》的占筮原理创造出了以"机遇"为核心的音乐创作原则。经过不同领域的学者的解读与应用，《易经》与西方的数学、心理学以及音乐学等学科逐渐建立了内在的关联。这种研究潮流一

① DR. Richard Sterling Cook, Derivation of *the Book of Changes* Hexagram Sequence. STEDT, November 2006; Larry J. Schulz. Structural Elements in the *Zhou Yijing* Hexagram Sequence, *Journal of Chinese Philosophy*, 38: 4 (December 2011), pp. 639-665.

② Richard J. Smith. *Fathoming the Cosmos and Ordering the World: the Yijing (I-Ching, or Classic of Changes) and Its Evolution in China*. Charlottesville, VA: University of Virginia Press, 2008.

方面使《易经》在西方的影响更加广泛和深远，另一方面也导致了后世学者对这种研究现象的关注。他们或者考察莱布尼茨、荣格和凯奇诠释《易经》的独特视角，或者探讨他们沟通《易经》与自身研究领域的理论依据，或者对他们在利用《易经》的过程中所呈现出来的问题进行剖析。康德（Immanuel Kant）与怀特海（Alfred N. Whitehead）虽然没有对《易经》的直接应用，但他们各自的哲学思想与《易经》之间是否存在联系，亦是当今西方英语世界的研究热点之一。

1. 对莱布尼茨二进制与《易经》之关系的研究

莱布尼茨是二进制的发明者。在白晋赠送的邵雍《先天图》中，莱布尼茨从卦画的阴阳爻变化中看到了二进制的影子。他由此认为，《易经》的卦画是一种数学形式，他的二进制系统是对这一形式的再现。经过莱布尼茨的阐发，二进制与《易经》之间存在关联，逐渐被人们认为是一种可靠的事实。因此，西方不少学者在研究莱布尼茨的数学理论时都会涉及这一问题。总体来看，西方英语世界对莱布尼茨二进制与《易经》研究的关注，主要有二点：其一，对莱布尼茨"普遍性共识"（universal notion）这一观点的反思与讨论；其二，对莱布尼茨解读《易经》之方法的分析与评价。

"普遍性共识"是指，如果某种文化在不受西方影响的情况下，可以提出与西方某一观点相同的看法，这一观点就是一种普遍性共识。莱布尼茨认为《易经》的卦画是二进制数学的一种表现形式。这即是说，他的二进制数学与《易经》的卦画是同一理念的两种不同体现方式，又因为他们之间没有任何文化上的联系而独自发展，所以两者之间存在着普遍性共识。但是，伯纳德·塞普纽斯基（Bernard Paul Sypniewski）不同意莱布尼茨的普遍性共识观点，他从六个不同的方面揭示了《易经》卦画与二进制系统的不同。① 这六个论据分别是：（1）卦画由线条汇集而成，没有位值（place value），二进制则有位值；（2）卦组是一个封闭的系统，不能产生任何自然

---

① Bernard Paul Sypniewski. China and Universals: Leibniz, Binary Mathematics, and the *Yijing* Hexagrams, *Monumenta Serica*, Vol. 53 (2005), pp. 287-314.

数，二进制则是一开放系统，可以产生所有的自然数；（3）莱布尼茨认为《坤》卦代表数字 0，而《易经》初创时期根本没有 0 这一数字；（4）《易经》对数字的使用非常有限，而且所有的数字都不具有计算的含义；（5）《易经》的卦画有两个序列，伏羲序列和文王序列，而自然数只有一种组合方式；（6）如果一页纸上只有单独的一个数字，我们仍然可以获知它的意义，而卦画则需要以卦组为背景。依照上述六条证据，赛普纽斯基最后得出结论：《易经》的卦画与莱布尼茨的二进制数字之间没有实质性关联，所谓的"普遍性共识"自然无法成立。进一步，中国先民创作卦画的初衷并非使其成为某种数学系统的一部分。若要避免莱布尼茨的误解，他认为，必须从《易经》所针对的对象入手，小心谨慎地考察其文本内容。

莱布尼茨试图在二进制数学与《易经》卦画的基本结构中找到相似之处，这也就是说，他是用西方数学的研究视角对中国这一历史悠久的本文进行解读。针对他的这种解读方式，当今学者多有关注和评论。埃里克·纳尔逊（Eric S. Nelson）对莱布尼茨、黑格尔（G. W. F. Hegel）以及德里达（Jacques Derrida）三者诠释《易经》的方法作了综合研究。① 他首先指出，西方哲学家对《易经》的解读方式各有不同，甚至互相冲突。具体来说，莱布尼茨将《易经》视为"真正哲学"（genuine philosophy）的一种体现或来源，而且代表了一种新的逻辑和数学形式。黑格尔则认为它是一部由抽象且"幼稚"的图像思维所构成的著作，正如德里达在注解黑格尔关于中国语言的讨论时所指出的那样，这部著作太抽象化和形式化，同时又太经验化和自然化。对于三人解读《易经》时出现偏差的原因，纳尔逊归结为两点：其一，三者都没有注意到《周易》在初创时期的文本特征，它是周代的一本占筮之书；其二，他们不了解这一文本在中国传统中的演变历史，早期儒家的注解强调它的伦理特性，王弼以儒道融合的视角对其作了解读，而以邵雍和朱熹等为代表的宋明理

① Eric S. Nelson. The *Yijing* and Philosophy：From Leibniz to Derrida. *Journal of Chinese Philosophy*，38：3（September 2011），pp. 377-396.

学家则对其中的宇宙论和形而上学作了系统的阐释。以上三位哲学家的解读，体现了在西方文化背景下对《易经》的不同诠释路向，这其中涉及认识论、诠释学以及跨文化之间的交流方式等问题。鉴于自身与他者所处文化背景的差异性，对他者文化的诠释，往往被归结为如何解读由语言、历史及文化调和成的客观世界。

2. 对荣格心理学与《易经》之关系的研究

荣格心理学的核心是"共时性"原则，它强调人类无意识层面心身的和谐一致，这在心理的意识层面很难把捉到。换句话说，人类的某些体验在以科学理性与逻辑推理为基础的因果律中是无法解释的。1929年，荣格通过卫礼贤首次接触到《易经》。这部中国古老经典所蕴涵的智慧为荣格的共时性学说提供了充分的理论依据。所以，荣格的共时性学说及其与《易经》的关系是当今研究荣格心理学不可回避的一个话题。

在《荣格论共时性与〈易经〉：一种批评的方法》这一专著中，高英云(Young Woon Ko)详细探讨了荣格的共时性学说、支撑共时性原则的西方哲学来源以及《易经》对该理论的启发作用。① 荣格的共时性概念是其原型心理学的浓缩形式，在其中，人类心理的先在模式无意识自发地呈现出来，而在心理的意识层面则很难把捉到无意识的这些模糊性内容。因此，共时性现象不是有意识活动的逻辑确定性所展现出来的对错问题，而是在无意识过程中为回应自我意识而形成的事件。为了论证共时性原则的合理性，荣格参照了莱布尼茨、康德和叔本华的哲学体系。因为他们曾明确指出奠基于科学因果律和逻辑推理之上的人类知识的有限性。高英云说，在阐发共时性原则时，荣格只是零碎地吸收了以上哲学家的观点，这导致他的论据显得有些削足适履。此外，荣格在共时性原则中形成的时间观念可通过胡塞尔关于时间意识的现象学方法得到阐明。对于《易经》与共时性原则之间的关联，荣格首先将《易经》文本中的阴阳互动图式视为一个可读的原型，而它的象征性语言即受无意识原型的

① Young Woon Ko. *Jung on Synchronicity and Yijing*: *A Critical Approach*, Cambridge Scholars Publishing, 2011.

驱动。《易经》描述了自我意识无法把捉到的变化现象。在此，《易经》通过比自我意识先在的原型表象提出了共时性原则，即阴阳卦象共同体现了参与者精神世界与物理世界之间的共时性关联。荣格将其视为通过追寻意识与无意识间的平衡而得以自我实现的过程。其次，荣格认为，《易经》的最高主宰观念不能简单地归结为非宗教的传统。由无意识获知的上帝图像是一个将善恶（既对立又互补的关系）的两极包括在内的整体。这一观点对发掘《易经》的神性和宗教图式具有重要的类比作用，因为它通过阴阳之间的互动演变来体现对立面之间的平衡。对于荣格共时性理论与《易经》哲理的不同，高氏指出，荣格将原型视为人类心理的先天形式，这即是共时性的基础，而《易经》则强调时间和经验世界的变化和创造性原则。这种区别实际上是荣格所依据的柏拉图——康德之西方传统，与《易经》所代表的东方传统的不同。对后者来说，最高的原则在经验世界的动态过程中，而不是在先天层面被建构。因而，荣格对《易经》的认识受限于他的共时性理论，未能实现对它的真正融入。

高英云从《易经》的阴阳互动和最高主宰这两个方面来论述荣格共时性原则与《易经》的内在联系，而马雪莉（Shirley S. Y. Ma）则与之不同，她主要讨论中国道教传统中的内丹术对荣格无意识理论的启发。马氏认为，中国道教中的内丹术是一个将《易经》以及中国古代其他传统技艺或学说包括在内的理论体系。① 荣格心理学深受中国道教传统中的炼金术的影响，《太乙金华宗旨》这部内丹著作则直接启发了荣格对无意识的体验。具体来看，道家的炼金术（即内丹）传统奠基在这一前提之上，即关于道的心理体验可以通过心理和生理的双重途径获得。这些途径包括：呼吸和冥想的技巧、体操、饮食疗法（如禁食）、服食中药、吞食矿物质及性活动。这一传统将《易经》、中医等都包括进来。根据中医理论，心身并非完全对立，而是作为一种微妙的能量形式与血气一同流布于身体之中。中国炼金术对《易经》等的利用，充分说明心理过程只能通

---

① Shirley S. Y. Ma. The *I Ching* and the Psyche-body Connection, *Journal of Analytical Psychology*, No. 50, 2005, pp. 237-250.

过身体得以实现和经验。道家炼金术肯定肉体在自我实现过程中的首要地位。《易经》八卦的心理的和宇宙的内涵被蕴藏在身体的内部器官之中，并且是体验道的基础性材料，而中国传统中的"道"与荣格的"心物一元说"（unus mundus）相符合。总之，荣格将中国道教传统中的炼金术从形上的、神秘的世界中抽离出来，并且为其象征意义提供了科学的和心理的解释。因此，无论对东方还是西方来说，炼金术的符号都成为心理过程的象征。也就是说，从内在体验的层面来看，东西方遵循着相同的象征性路向。

谈及荣格心理学对《易经》的运用，还须提及另一位重要的人物——沃尔夫冈·泡利（Wolfgang Pauli，1900—1958）。泡利是1945年诺贝尔物理学奖的得主，他不仅对《易经》深感兴趣，还与荣格有很多相关的交流，特别是对出现在他梦境中的中国妇女作了讨论。贝弗莉·扎布里斯基（Beverley Zabriskie）即以共时性与《易经》的联系为中心，对荣格与泡利理解和运用《易经》的心理经验进行了详细的论述。① 扎布里斯基的有关论述与马雪莉相似，他认为《易经》之"道"与荣格的共时性理论具有相同的理论前提。对于泡利，他首先申明自己继承了莱布尼茨、老子以及叔本华的观点，并认为他们的影响是长久而深刻的。随着对《易经》数字与图式的不断了解，泡利认为《易经》（一本流行的数学著作）可以用来解释梦境，并将人从中唤醒。他甚至利用《易经》独特的东方敏感性将自己从西方僵化的科学理性中解放出来。除了单独介绍荣格与泡利的《易经》研究兴趣外，扎氏还以泡利梦境中的中国妇女为例，通过对泡利的亲身经验以及泡利与荣格对此经验的讨论，来探讨《易经》中的"心—身"统一意识对他们各自学术观点的影响。

3. 对约翰·凯奇"机会创作"及《易经》与音乐创作之关系的研究

约翰·凯奇是美国先锋派古典音乐作曲家，他对《易经》有浓厚的兴趣。通过对蓍草或硬币占筮原理的研究与借鉴，凯奇创作出

---

① Beverley Zabriskie. Synchronicity and the *I Ching*: Jung, Pauli, and the Chinese Woman, *Journal of Analytical Psychology*, No. 50, 2005, pp. 223-235.

了以"机遇"(chance，机会)为特征的概率音乐或机遇音乐。这一音乐类别以其独特的创作视角引起了西方世界的广泛关注。

马克·延森(Marc G. Jensen)认为，"机会操作"在凯奇的创作中起到了关键性作用。然而，对"机会"的使用始终是其创作中很有争议的一部分。延森从如下两个方面对凯奇的机遇创作进行分析与探讨。① 首先，《易经》对凯奇"机遇创作"的启发作用以及对凯奇创作方式的评价。《易经》的主要功能是预测，它通过占筮这种"随机性"的事件来阐明宇宙中微妙的存在状态或事态的变化趋势。在实际的占筮操作中，所得的一个卦会变为另一个卦(即之卦与变卦的关系)，而最后对占筮结果的解读需要综合参考这两个卦。凯奇的创作灵感虽源于此，却与此有所不同，因为他是用一种新的声音替换先前存在的另一种声音。对于凯奇的这种改编性创作，延森认为，尽管他的机遇创作从形式上看来源于《易经》，但将其视为西方式的改编，似乎更符合实情。从根本上看，凯奇的创作思路主要受阿诺德·勋伯格(Arnold Schönberg，1874—1951)系统创作视角的影响。其次，凯奇的机遇创作与"混沌游戏"(chaos game)是否相同。在关于凯奇利用《易经》创作的各种解释中，最有吸引力的一种看法是，这种创作在某种程度上是对迈克尔·巴恩斯利(Michael Barnsley)所提出的有规则依据的混沌系统——被他称作"混沌游戏"的艺术展现。在延森看来，凯奇的机遇创作与混沌游戏之间确实存在某些相似点，如在两者之中，空间的性质被探测，并且通过随机的过程形成图像，而在这一过程中，"随机"自身的性质最终走向歧途。然而，两者的区别主要体现在使用随机输入来探测系统的性质这一实际操作中。由此，延森认为，将凯奇的机遇创作视为一种混沌的音乐颇具浪漫色彩，但它与混沌毕竟有所不同，把握这种不同对于理解凯奇的音乐创作与"随机"本身的关联具有重要的意义。

---

① Marc G. Jensen. John Cage, Chance Operations, and the Chaos Game: Cage and the "*I Ching*", *The Musical Times*, Vol. 150, No. 1907 (Summer 2009), pp. 97-102.

除了研究《易经》对凯奇机遇创作所产生的作用外，还有学者注意到《易经》对打击乐五重奏创作的影响。杜鲁门州立大学的詹森·巴斯金（Jason Baskin）的硕士毕业论文就是对这一问题的专门研究。① 巴斯金以《易经》中的八个三画卦为研究对象，认为他们分别具有不同的属性和特征，并且可以用来为打击乐五重奏的创作提供灵感。具体来看，每一卦都代表一个基本实体，并具有各自的属性和特征。巴氏区分了先天八卦方位图和后天八卦方位图，并采用后者的八卦顺序来探究其与五重奏创作之间的关联。

4. 关于康德、怀特海哲学与《易经》的比较研究

将康德的先验哲学，尤其是"物自体"和范畴表与《易经》中的形上之道进行比较研究，是当今西方英语世界易学研究的关注点之一。庞思奋（Stephen R. Palmquist）致力于研究康德"建筑术式的推理"（architectonic reasoning）与《易经》之间的互动与融通，而他的论证又可以分为两个不同的视角。第一个视角是直接在《易经》之"道"与康德的"物自体"之间寻找内在关联，其论证思路为：《易经》虽然作为一种决策手册被使用，但六十四卦之间存在的逻辑关系可视为一个先天框架（a priori framework），而这一先天框架来源于一个根本性的统一体——"道"。而这个"道"即《道德经》"道生一，一生二，二生三，三生万物"之"道"，它揭示了统一性和多样性是一组相互协调的概念。我们既可以经验到作为连贯性整体的人生，又可以经验到人类个体的整体性与人生的多样性保持共存状态的人生，其根本原因即在于"道"。康德认为，哲学家不应该用亚里士多德的方式解释世界，即仅凭借我们对世界的观察来收集数据，或者依据不太可靠的结论进行归纳与分类，而应该通过分类的先验原则对主体施加命令。"道"本身就是对无差别整体的一个称呼，从而与康德的"物自体"相类似。尽管两者之间存在着这种相似性，但是正如庞思奋所指出的，我们不能忽视其中的差别。《易

---

① Jason Baskin. Pa Qua: A Composition for Percussion Quintet Based on the "*I Ching*", a Thesis Submitted for the Degree of Master of Arts, Truman State University, 2010.

经》的重要特征之一是它似乎以"机会"为基础；康德的范畴虽然并未否定我们日常经验的随机性和偶然性，但更加强调经验知识多样性背后的统一性。康德将范畴视为理解现代科学和宗教世界观的先天基础；《易经》则无此意，因为六十四卦系统被初创之时，经验科学还处于萌芽阶段，但这种思维方式毕竟与康德所云明显相似。康德在哲学中的先天划分（特别是范畴表）引导我们考察科学与宗教，而当随机选择的一组卦画被解释为描述64×64种人生情形的一组先天符号时，我们则被引导着去思考任何人生情形。① 第二个视角是用逻辑几何的方法对康德与《易经》两者的体系进行分层剖析，由此一一举例论证两者之间的相通性。庞氏认为，康德与《易经》的体系均由四层结构组成，用数学符号表示为：$0+4+12+(4×12)=64$。除了第一层为不可知层，且不可表象之外，其余的二、三、四层均由逻辑几何提供了完善的图式。第二层包括《易经》的四个基本卦，即《坤》、《未济》、《既济》、《乾》四卦，分别对应康德的四个范畴类别：量、质、关系、模态。第三层的十二个卦从逻辑上来源于第二层的四卦，分别对应康德的十二范畴。第四层代表剩余的四十八个卦（每组四个，共十二组），既与康德四个院系（哲学、神学、法学、医学）的理论相对应，又与构成其哲学系统的四个按照范畴组织在一起的领域相对应。对于《易经》与康德在体系结构上的相似性，庞氏认为，他们不可能源于某些未知的历史关系，而对于同康德一样偏好建筑术式推理的人来说，在这两种看似完全不同的思想体系之间建立深刻的关联，可以为将来《易经》的应用性研究提供强大的动力支持。②

以"过程"为其核心要素，通过"摄入理论"（doctrine of pre-

① Stephen R. Palmquist. Architectonic Reasoning and Interpretation in Kant and the *Yijing*, *Journal of Chinese Philosophy*, 38：4（December 2011），pp. 569-583.

② Stephen R. Palmquist. Mapping Kant's Architectonic onto the *Yijing* via the Geometry of Logic, *Journal of Chinese Philosophy*, Supplement to Volume 39（2012），pp. 93-111.

hension)，怀特海的过程哲学将宇宙整体描述为现实之实有间的相互联系和不断变化的过程。这一过程哲学是消解西方二元对立哲学传统的重要力量。当今时代，反思意识与存在之间的关系、走出主客对立的思维模式，从而为人类寻找最佳的生存状态是西方思想界的重要研究话题。怀特海哲学因其消解二元对立的思维特征自然是研究的重点对象，而《易经》这一具有丰富宇宙论内涵的东方经典，同样走进了西方人的研究视野，由此也引发了关于怀特海过程哲学与《易经》哲学的比较研究。陈宽华(Chen Kuan-huna)以宏观的视角对怀特海和《易经》的认知立场进行比较研究。他将怀特海的认知特征归结为如下四点：(1)不是二元对立的，而是全面的；(2)与社会背景密切相关并对其保持敏感性；(3)赞同表象主义(presentationism)，而不是表征主义(representationism)；(4)由社会共同组成的(socially co-constituted)。这四点特征与《易经》的认知立场完全契合。《易经》的象征主义(symbolism)与表象主义更接近，而不是表征主义；它建立在创造性过程的宇宙论基础和事物的互相穿透之上；它全面地关注宇宙大背景以及人与世界的关系。由此，以上两种以过程为基础的哲学系统将我们的注意力转移到一种不同于传统认识论的认知路向——它既非二元的，也不是表征主义的。尽管两者的认知立场存在不少相似性，但是陈氏指出，其中的区别同样不可忽视。其一，怀特海试图在过程宇宙论的基础上建立起哲学系统，但其主张仍未完全摆脱柏拉图思想的影响，比如对"永恒客体"这一概念的论述。因此，其哲学体系中的过程与非过程部分之间依然存在某种紧张性，而《易经》哲学完全没有这种紧张。因为它认为，永恒不变的是变化过程本身，宇宙中根本没有欧洲哲学那种永恒的客体存在。其二，尽管怀特海关于真理的立场随不同情形而变化，其关于真理的基本理论却没有明显的变化，这就导致他时刻担心表象主义有坍塌的危险。《易经》却不存在这样问题，因为它的关注点是优化关系而不是防止错误。这就可以解释"真理"概念对中国哲学的意义为什么远没有对西方哲学的意义那么重要。其三，怀特海坚持哲学分析的数学模型，这是一种特殊类型的表象主义，而《易经》透露出的哲学敏感性，其主旨在于从整体上把握研究的领域，因而更加强调以美学为中心。①

与陈宽华的宏观性比较不同，夏威夷大学的江文思（James Behuniak，JR）和顾林玉分别以"符号指称"（symbolic reference）和"时间"这两个不同的向度对怀特海与《易经》的相关内容作了分析和比较。江文思认为怀特海的"符号指称"与一种因果理论相关联，同时也与他称作"相关性"（relevance）的一个形上概念相联系。这种因果性思维是构成"符号指称"的基础。怀特海的这一观点与《易经》的宇宙论假设相一致。基于这一相似性，"符号指称"本身可用来理解中国古代占筮活动的特点。② 顾林玉认为，怀特海的过程形上学针对时间与情感提出了一种综合性观点，《易经》则强调时间与和谐的道德维度。在怀特海看来，我们对于时间最原始的经验是"身—心"二元世界之间的情感性和谐，而《易经》把时间表述为"生生"、"自强"，以达至"天人合一"之境。由此可见，虽然怀特海和《易经》都将时间视为和谐的创造过程，但怀特海并未将其当作人的自我转化过程，这是与《易经》明显不同的。总之，顾林玉认为，我们既要看到怀特海与《易经》哲学在宇宙论等方面的相通性，又不能忽视二者之间的根本区别。对《易经》来说，卦画所体现的宇宙论构成，主要为培养与提升人类的德性提供手段，而在怀特海那里，虽然他曾明确指出单独个体与社会背景之间的相互性关系，但没有为人类与其所处环境之间的和谐性作出努力的尝试。③

5. 对《易经》与宗教、天文学的关系之研究

在中国，《易经》与佛教学说之间的互诠互释具有较长的历史，有关报应与轮回的问题是其中的重要话题。明末时期的佛教徒藕益

① Chen Kuan-huna. Cognition, Language, Symbol, and Meaning Making：a Comparative Study of the Epistemic Stances of Whitehead and the *Book of Changes*, *Asian Philosophy*, Vol. 19, No. 3, November 2009, pp. 285-300.

② James Behuniak, JR. "Symbolic Reference" and Prognostication in the *Yijing*, *Journal of Chinese Philosophy*, 32：2（June 2005）, pp. 223-237.

③ Linyu Gu. Time as Emotion versus Time as Moralization：Whitehead and the *Yijing*《易经》, *Journal of Chinese Philosophy*, Supplement to Volume 36（2009）, pp. 129-151.

智旭(1599—1655)以佛教和《易经》的哲学整合为诠释对象，认为虽然二者各具其独特的表达方式，但在终极真理的认识上仍有相通性。由于理解的片面性，西方学者倾向于将智旭视为佛教融合论者（Buddhist Syncretist），然而他们对"融合论"的内涵知之甚少。中国学术界将智旭称为"融合论者"，主要考虑到他在儒释思想的比较中用佛教的术语来解释儒家思想，又或者因为他提出了儒、道、释三教同源这一观点。针对以上观点，劳悦强（Yuet Keung Lo）认为，虽然从某些方面来看，智旭具有融合论者的特点，但这不能证明他的一生只承担了一种角色，知识的变化、宗教的挣扎以及时代的变迁都对智旭的角色或身份产生了不同程度的影响。立足于这一立场，劳氏首先从智旭的人生经历来考察。智旭在其自传《八不道人传》中对儒释两家并未表现出明显的推崇，他喜欢生活在"真实"之中，这决定了他对自己的个人尊严和脾气等采取了决不妥协的态度，而他对区分不同学说之间的界限则丝毫不感兴趣。其次，劳悦强对智旭《周易禅解》中的诠释方法和动机作了探讨。劳氏认为，智旭研读《易经》的初衷与禅宗类似，只是作深入的了解，但没有刻意审察两者之间是否协调的问题；而且，他本人也完全没有想要成为一个儒释折衷者的打算。这里，有两条明显的证据：其一，他以严格的儒家术语注解《易经》；其二，在注解爻辞时，他只是偶尔引用源自佛教的评论，而且是以非常随意的方式进行的。综合以上两点分析，劳氏认为，将智旭视为融合论者，这缺乏充分的理由，我们应该从他本人的立场出发来评价其身份。①

在 1919—1921 年赴法勤工俭学的留学生中，一个叫刘子华（1899—1992）的学生于 1940 年完成了一篇题为《八卦宇宙论与现代天文——日月之胎时地位———颗新行星的预测》的博士学位论文。刘子华认为，《易经》的宇宙论是整个宇宙结构和变化的符号化表达。基于此，他通过综合运用现代西方天文学的成就与《易

---

① Yuet Keung Lo. Change beyond Syncretism：Ouyi Zhixu's（藕益智旭）Buddhist Hermeneutics of the *Yijing*（《易经》）. *Journal of Chinese Philosophy*，Volume 35，Issue 2，June 2008，pp. 273-295.

经》的八卦系统来证明太阳系中第十颗行星——"木王星"的存在。对于刘子华将两种根植于不同文化背景中的推理模式进行融合的做法，贺樊怡(Stéphanie Homola)指出，这种融合不仅没有突出两种科学之间的互补性，而且其粗糙的手法反而暴露了刘子华对现代科学的误解以及今人对类比推理的知之甚少。具体而言，一方面，刘子华将现代科学狭隘化地理解为数学运算，并认为它是获得官方认可的关键，因此在发掘八卦宇宙论与太阳系之间相似性的同时，刘子华不得不坚持做运算。另一方面，刘子华为法国读者介绍了一种"中国科学"(Chinese Science)，而这种科学既没有从测量的精确性中、也没有从假设的可证实性中获得合法性，而仅仅来源于对《易经》的"形式关联"(formal connections)"正确归纳"(correct generalizations)以及"合理解释"(proper interpretations)。此外，对于刘子华学说的影响，贺樊怡认为，在传统儒学逐渐丧失其影响力的民国时期，特别在"五四"新文化运动的冲击下，像刘子华这样通过现代科学范畴来重估中国传统文化价值的做法，自然在当时无法得到人们的重视；直到20世纪80年代儒学复兴，特别在21世纪之后，刘子华的思想才重新得到关注。①

　　总之，西方世界对《易经》的借鉴和比较研究很早就开始了，例如莱布尼茨的二进制、荣格的心理学、凯奇的"机遇音乐创作"理论，都与《易经》发生了一定的关系，这些理论都受到研究者的关注。这一方面说明《易经》确实对西方近现代文化产生了一定的影响，另一方面说明《易经》与西方近现代文化的关系有待更进一步的批评和理清。塞普纽斯基不同意莱布尼茨的普遍性共识观点，他从六个不同的方面揭示了《易经》卦画与二进制系统的不同，纳尔逊对莱布尼茨、黑格尔(G. W. F. Hegel)以及德里达(Jacques Derrida)三者诠释《易经》的方法作了综合研究，而高英云则探讨了《易经》对荣格心理学的启发作用，以及延森认为"机会"的使用始

　　①　Stéphanie Homola. The Fortunes of a Scholar: When the *Yijing* Challenged Modern Astronomy. *The Journal of Asian Studies*, Volume 73, Issue 03, August 2014, pp. 733-752.

终是凯奇音乐创作中颇具争议的一环等，这说明了英语世界的《易经》研究正在自我批评中而变得日益理性和日益深入。此外，西方哲学、宗教、天文学等与《易经》的比较研究，不但说明了《易经》在英语世界正产生着影响，而且表明这是一种较为普遍的研究方式。

六、《易经》与当代西方社会

《易经》本为占筮而作，所以从根源上来看，它是一本应用之书。与中国古代仅将《易经》用于预测吉凶不同，在当今社会《易经》则应用在非常广阔的领域。无论对东方还是西方来说，人们探索与研究《易经》的目的即在于将其中所蕴含的智慧运用于个人与社会生活的方方面面之中。过去十余年中，关于《易经》应用的理论在西方英语世界也呈现出丰富的特征。

首先，就《易经》与个人，约瑟夫·格兰奇（Joseph Grange）认为当今社会美国人的灵魂不断遭受各种消遣活动的侵蚀，结果导致美国人陷于消费主义、错误的价值观以及妄自尊大的扭曲心理之中。《易经》强调所有的存在都处于变化之中，而当变化发生时我们很有可能觉察到它的趋势和方向。从《易经》的卦辞、卦象、爻辞以及充满神秘和鼓励色彩的语言中，我们可以为饱受创伤的灵魂汲取营养。①

其次，就《易经》与人际关系，王江龙（Jianglong Wang）认为，《易经》将宇宙看作由阴阳两种既对立又统一的力量构成的整体，而阴阳之间的和谐关系通过"气"来实现并得以长久的维持。在《易经》关于和谐关系的辩证视角中，阴阳之间持续性的互动融通处于核心的地位，这是当今人类社会保持和谐人际关系的重要借鉴。②

---

① Joseph Grange. The *Yijing* and the American Soul, *Journal of Chinese Philosophy*，38：3（September 2011），pp. 368-376.

② Jianglong Wang. Relational Harmony in *Yi Jing*（*I Ching*）：A Dialectical Perspective on International Relationship, *International Journal of Arts & Sciences*，4（23），2011，pp. 131-137.

再次，就《易经》与领导力，哈佛大学商学院教授巴达拉科（Joseph L. Badaracco）提出了 NTE（nudge-test-escalate）的领导模式，《易经》则体现了 TAF（test-accelerate-forge）的领导方式。新加坡南洋理工大学的张雅敏（Yenming Zhang）和蔡萧（Siew Kheng Catherine Chua）认为，导致两种领导模式相区别的主要原因是指引领导所依据的哲学体系不同。西方强调"克制、谦虚与坚韧"三种品德在实行变革中的作用，中国则强调"谨慎、平衡与权威"三种德性。作者最后做出评价，哈佛的领导模式设计精良，且具有较强的实用性，而中国典籍中有关个人魅力型领导的论述与当今社会仍保持着联系。①

最后，就《易经》与世界，谢尔顿·古纳拉特纳（Shelton A. Gunaratne）利用《易经》的理论阐明"自然"（Nature）这一概念超越了人类智慧中的科学理性与直观创造，它绝不容许单一的政治系统来主宰整个世界体系。② 林金妮（Ginny S. Lin）以老子的"道"和《易经》的"阴阳"作为应对当今世界危机的重要手段。林氏认为，"道"是宇宙的本质、根源、原始推动者和支撑力量，是关于宇宙的非二元的、整体性的认识，它由阴阳两个看似对立，但实则相互关联和相互渗透的力量构成，由此体现了它的整体性。以现代的眼光来看，"道"与阴阳平衡这两个原则，对于把握和应对当今世界的危机具有重要的指导意义。③

---

① Yenming Zhang and Siew Kheng Catherine Chua. Influential Leadership：A Harvard Model vs an *I-Ching* Model, *Chinese Management Studies*, Vol. 3, No. 3, 2009, pp. 200-212.

② Shelton A. Gunaratne. A *Yijing* View of World-System and Democracy, *Journal of Chinese Philosophy*, 33：2（June 2006）, pp. 191-211.

③ Ginny S. Lin. The Tao of Lao Tzu and Yin-yang in the *I Ching*'s Ten Wings with Special Reference to Contemporary Crises, a Dissertation Submitted for the Degree of Doctor, California Institute of Integral Studies, 2008.

七、结　语

近十年来，英语世界的易学研究大致表现在如上六个方面，其中《周易》文本的翻译和传播、《周易》经传的研究、易学史特别是宋代易学的研究，及以西方哲学、思想和文化为比较视角的《易经》研究，得到了更多的关注，不但论著数量大幅提高，而且研究质量也有了较大的提升。从研究方法来看，从 17 世纪以来，西方的易学研究主要经历了（或表现为）如下五条路径：一是传教士汉学的宗教路径（以白晋为代表），二是分析心理学路径（以荣格为代表），三是考证学的路径，四是比较哲学、比较思想和比较文化的路径，五是科学解释的路径。① 而近十年来，研究路数更为多样，话题更为分散和复杂，涉及的学科领域更为众多。具体说来，相较于以前的情况，近十年来英语世界的易学研究呈现出如下几个主要特点：一，研究范围不断扩大。如对《周易》经传的研究，已经超出传世本的范围，而注意吸收出土材料来展开对新出土易学文献的研究；对易学史的研究不再局限于儒家学者对《易经》的诠释，而是扩展到佛教徒、道教徒对《易经》的解释，并且从关注某位易学家或某部易学经典的思想发展到对断代易学史的研究，乃至整个易学史的系统梳理。二，研究内容更为丰富。如探讨楚简《周易》的字体特征、书写模式，考察《周易》中蕴含的商业伦理和女性思想等，都丰富了西方英语世界的易学研究。三，问题意识更为多元。近十年英语世界的易学研究不仅注意探索《周易》的卦名、卦序、卦爻象、卦爻辞和哲学思想，以及《周易》对宇宙、社会、人生的意义，而且注意考察《周易》文本的演变、思想的诠释及其解释方法等问题。四，研究视角更为多样。如从哲学、数学、物理学、心理学、宗教学、文学、文化学、人类学、考古学、政治学、管理学、地理学、天文学、艺术等多个视角来探索《周易》的奥秘，且

① 对此问题，李娟有所归纳，见氏著：《问题与视角——西方易学的三种研究路径》，《周易研究》2011 年第 4 期，第 71-77 页。

各有所得。五，研究的开展更为内在化。如针对卦序等易学问题，有些研究者强调通过《易经》文本自身的证据，或者紧扣易学发展史的内在脉络来加以处理。这些特点表明，近年来英语世界的易学研究既有日益开放、多元和丰富的趋势，又有越发专深和内在的走向。这不仅对国内易学研究具有重要的参考价值，而且对于国际易学的发展也具有重大的促进作用。

总之，英语世界的易学研究不但是西方易学研究的继续，而且也是当代西方易学研究的主要承担者。西方易学研究的主要成绩，一是《周易》经传的翻译，其中产生了贝恩斯从卫礼贤德译本转译的权威英译本；二是《周易》文本的语文学和考证学研究，《周易》文本的语文学研究是多方面的，且往往与其翻译关系密切；三是易学史特别是断代史的研究；四是多学科、多视角的研究，这使得《周易》的含义变得空前丰富和深刻起来。对比中西方的研究，第一点和第二点成绩最为显著。近十年来，英语世界易学研究的成绩主要表现在，其一，《周易》文本的翻译更为细致和多样化，出版了多种学术和通俗译本；其二，增加了出土易学的研究，出土简帛《周易》和数字卦材料进入了英语世界的研究范围中；其三，宋代易学的研究得到了特别的关注；其四，多学科、多视角的研究在分量上变得愈来愈大，其价值也很大。

当然，西方英语世界的易学研究在当前还存在一些不足之处。其一，研究的指导观念过分倚重于利用多学科、多侧面的视角，而这样做虽然能够将《周易》的内涵尽可能多地释放出来和建构起来，但是毫无疑问这有时会导致对《周易》经传及易学思想的误读；其二，对中国传统文献和思想的掌握不够娴熟，有时比较生涩，不够内在，大多数研究者缺乏足够的训练；其三，英语世界的研究者对汉语世界的易学研究文献阅读不足，这是一个普遍现象。在近二三十年里，有大量研究《周易》经传和易学史的中文论著面世，但是很可能由于语言、圈子和视界的隔阂，这些研究成果很少被西方研究者所引用。情形正如同在中国一样，我们看到，研究中国传统学问的学者也很少引用英文论著；其四，学问是彼此关联在一起的，许多英语世界的易学研究者在中国古典问题上缺乏多学科的系统训练，这必然会导致错误的出现；其五，英语世界对于易学的研究还显得非常不足，看起来不够积极，而这种情况很可能是由于出土易学研究的难度导致的。以上五个方面，应当引起西方研究者的充分注意，同时它们也是需要英语世界的易学研究者大力改进的地方。

参考文献

一、中文文献

[1] 成中英：《易学本体论》，北京：北京人民出版社，2006 年。

[2] 黄德鲁：《国内外英译〈周易〉的现状与几点建议》，《安阳大学学报》2003 年第 2 期。

[3] 蒋树勇：《〈易经〉文献书目提要——为一门宏大学问所编的书》，《中国索引》2007 年第 4 期。

[4] 赖贤宗：《成中英的本体诠释学和易学体用论》，载《哲学门》总第 15 辑，北京：北京大学出版社，2007 年，第 273-293 页。

[5] 李强：《〈古今敬天鉴〉抄本研究》，上海师范大学 2014 年硕士学位论文。

[6] 李伟荣：《英语世界的〈易经〉研究》，四川大学 2012 年博士学位论文。

[7] 李翔海、邓克武编：《成中英全集》卷四《本体诠释学》，武汉：湖北人民出版社，2006 年。

[8] 刘大钧编：《出土易学文献》（全四册），上海：上海科学技术文献出版社，2010 年。

[9] 吴钧：《论〈易经〉的英译与世界传播》，《周易研究》2011 年第 1 期。

[10] 杨宏声：《二十世纪西方〈易经〉研究的进展》，《学术月刊》1994 年第 11 期。

[11] 杨宏声：《明清之际在华耶稣会士之〈易〉说》，《周易研究》2003 年第 6 期。

[12] 杨平：《〈易经〉在西方的翻译与传播》，《外语教学与研究（外国语文双月刊）》，2015 年第 6 期。

[13] 赵娟：《问题与视角：西方易学的三种研究路径》，《周易研究》2011 年第 4 期。

[14] 朱伯崑：《易学哲学史（一）》，北京：昆仑出版社，2009 年，第 36-37 页。

二、英文文献

[1] Assandri, Friederike. "The *Yijing* and *Chongxuan xue*: an Onto-Hermeneutic Perspective." *Journal of Chinese Philosophy*. 38：3 (September 2011), pp. 397-411.

[2] Baskin, Jason. "Pa Qua: A Composition for Percussion Quintet Based on the I Ching." Master thesis defended at the Truman State University, 2010.

[3] Chang, Wonsuk. "Reflections on Time and Related Ideas in the Yijing." Philosophy East and West. Vol. 59, No. 2, April 2009, pp. 216-229.

[4] Chen, Kuan-huna. "Cognition, Language, Symbol, and Meaning Making: A Comparative Study of the Epistemic Stances of Whitehead and the Book of Changes." Asian Philosophy. Vol. 19, No. 3, November 2009, pp. 285-300.

[5] Cheng, Chung-Ying. "Philosophy of the Yijing: Insights into Taiji and Dao as Wisdom of Life." Journal of Chinese Philosophy. 33：3 (September 2006), pp. 323-333. .

[6] Cheng, Chung-Ying. "The Yijing (《易经》) as Creative Inception of Chinese Philosophy." Journal of Chinese Philosophy. 35：2 (June 2008), pp. 201-218.

[7] Cheng, Chung-Ying, Dennis Chi-Hsiung Cheng, Bent Nielsen, Tze-Ki Hon, Yuet Keung Lo & Andreas SCHÖTER. "Studies of the Yijing and Its Commentaries." Journal of Chinese Philosophy, 35：2 (2008).

[8] Cheng, Chung-Ying. "A Transformative Conception of Confucian Ethics: The Yijing, Utility, and Rights." Journal of Chinese Philosophy. Supplement to Vol. 38, (2011), pp. 7-28.

[9] Cheng, Chung-Ying. "On Yijing as Basis of Chinese Business Ethics and Management." Handbook of the Philosophical Foundations of Business Ethics. Springer (2013), pp. 1027-1049.

[10] Cheng, Dennis Chi-hsiung. "Unearthing the Changes: Recently Discovered Manuscripts of the Yi Jing (I Ching) and Related Texts (Review)." Journal of Chinese Studies. No. 60, (January 2015), pp. 353-360.

[11] Collani, Claudia von. "The First Encounter of the West with the Yijing: Introduction to and Edition of Letters and Latin Translations by French Jesuit from the 18th Century." Monumenta Serica. Vol. 55 (2007), pp. 227-387.

[12] Cook, Richard Sterling. Derivation of the Book of Changes Hexagram Sequence. STEDT Monograph 5, November 2006.

[13] Davis, Scott. The Classic of Changes in Cultural Context: A Textual Archaeology of the Yi Jing. New York: Cambria Press, 2012.

[14] Ess, Hans van. "Cheng Yi and His Ideas About Women as Revealed in His Commentary to the Yijing." Oriens Extremus. Vol. 49, (2010), pp. 63-77.

[15] Field, Stephen L. The Duke of Zhou Changes: A Study and Annotated Translation of the Zhouyi 周易. Harrassowitz Verlag; Tra Ant Edition, 2015.

[16] Geiger, Heinrich. "Sign, Image and Language in the Book of Changes (Yijing)." Frontiers of Philosophy in China. 8: (4), 2013, pp. 607-623.

[17] Grange, Joseph. "The Yijing and the American Soul." Journal of Chinese Philosophy. 38: 3 (September 2011), pp. 368-376.

[18] Gu, Linyu. "Time as Emotion versus Time as Moralization: Whitehead and the Yijing《易经》." Journal of Chinese Philosophy. Supplement to Vol. 36, (2009), pp. 129-151.

[19] Gu, Mingdong. "The Zhouyi (Book of Changes) as an Open

Classic: A Semiotic Analysis of Its System of Representation. "
Philosophy East and West. Vol. 55, No. 2, (April 2005), pp. 257-
282.

[20] Gunaratne, Shelton A. "A Yijing View of World-System and
Democracy. " Journal of Chinese Philosophy. 33: 2 (June 2006),
pp. 191-211.

[21] Hacker Edward, Moore Steve and Patsco Lorraine. I Ching: An
Annotated Bibliography. New York and London: Routledge, 2002.

[22] Haeree Park. The Writing System of Scribe Zhou—Evidence from
Late Pre-imperial Chinese Manuscripts and Inscriptions (5th-3rd
Centuries BCE), De Gruyter Mouton, 2016.

[23] Hinton, David. I Ching: the Book of Change. New York:
Farrar, Straus and Giroux, 2015.

[24] Hon, Tze-ki. "Constancy in Change: A Comparison of James
Legge's and Richard Wilhelm's Interpretations of the Yijing. "
Monumenta Serica. Vol. 53 (2005), pp. 315-336.

[25] Hon, Tze-ki. The Yijing and Chinese Politics: Classical Commentary
and Literati Activism in the Northern Song Period, 960-1127.
Albany: State University of New York Press, 2005.

[26] Hon, Tze-ki. "A Precarious Balance: Divination and Moral
Philosophy in Zhouyi zhuanyi daquan. " Journal of Chinese
Philosophy. 35: 2, (2008), pp. 254-271.

[27] Hon, Tze-ki. "Hexagrams and Politics: Wang Bi's Political
Philosophy in the Zhouyi Zhu", in Philosophy and Religion in
Early Medieval China, edited by Alan K. L. Chan and Yuet-keung
Lo (Albany: SUNY Press, 2010), pp. 71-96.

[28] Hon, Tze-ki. "Classical Exegesis and Social Change: The Song
School of Yijing Commentaries in Late Imperial China. " Sungkyun
Journal of East Asian Studies. Vol. 11 (1), 2011, pp. 1-15.

[29] Hon, Tze-ki. "Fathoming the Cosmos and Ordering the World:
the Yijing (I-Ching, or Classic of Changes) and Its Evolution in

China (review)." Philosophy East and West. Vol. 62, No. 1, (January 2012), pp. 144-146.

[30] Jensen, Marc G. "John Cage, Chance Operations, and the Chaos Game: Cage and the I Ching." The Musical Times. Vol. 150, No. 1907, (Summer 2009), pp. 97-102.

[31] JR, James Behuniak. "Symbolic Reference and Prognostication in the Yijing." Journal of Chinese Philosophy. 32: 2 (June 2005), pp. 223-237.

[32] Ko, Young Woon. Jung on Synchronicity and Yijing: A Critical Approach. Cambridge Scholars Publishing, 2011.

[33] Legge, James trans. The Yi King. Vol. 5 of The Sacred Books of China (The Texts of Confucianism). New York: Scribner, 1899.

[34] Lin, Ginny S. "The Tao of Lao Tzu and Yin-yang in the I Ching's Ten Wings with Special Reference to Contemporary Crises." Doctoral dissertation defended at the California Institute of Integral Studies, 2008.

[35] Lu, Sheldon. "I Ching and the origin of the Chinese semiotic tradition." Semiotica: Journal of the International Association for Semiotic Studies. Vol. 170 (1-4), (June 2008), pp. 169-185.

[36] Ma, Shirley S. Y. "The I Ching and the Psyche-body Connection." Journal of Analytical Psychology. No. 50, 2005, pp. 237-250.

[37] Minford, John. I Ching (Yijing): the Book of Change. New York: Viking, 2014.

[38] Mou, Bo. "On the Double-Reference Character of 'Hexagram' Names in the Yijing: Engaging Fregean & Kripkean Approaches to the Issue of How Reference Is Possible." Frontiers of Philosophy in China. 9: (4), 2014, pp. 523-537.

[39] Nelson, Eric S. "The Yijing and Philosophy: From Leibniz to Derrida." Journal of Chinese Philosophy. 38: 3 (September 2011), pp. 377-396.

[40] Nelson, Eric S. "Introduction: Onto-hermeneutics, Ethics, and

Nature in the Yijing. " Journal of Chinese Philosophy. 38：3 (September 2011), pp. 335-338.

[41] Ng, On-Cho. "Religious Hermeneutics：Text and Truth in Neo-Coufucian Readings of the Yijing. " Journal of Chinese Philosophy. 34：1 (2007), pp. 5-24.

[42] Ng, On-cho. " Introduction：The Yijing (《易经》) and Its Commentaries. " Journal of Chinese Philosophy. 35：2 (June 2008), pp. 193-199.

[43] Ng, On-cho. "Introduction：Rehearsing the Old and Anticipating the New. " Journal of Chinese Philosophy. Vol. 36, (2009), pp. 3-10.

[44] Palmquist, Stephen R. "Architectonic Reasoning and Interpretation in Kant and the Yijing. " Journal of Chinese Philosophy. 38：4 (December 2011), pp. 569-583.

[45] Palmquist, Stephen R. "Mapping Kant's Architectonic onto the Yijing via the Geometry of Logic. " Journal of Chinese Philosophy. Supplement to Vol. 39 (2012), pp. 93-111.

[46] Pearson, Margaret J. The Original I Ching：An Authentic Translation of the Book of Changes. Tokyo, Rutland, Singapore：Tuttle Publishing, 2011.

[47] Schöter, Andreas. " The Yijing：Metaphysics and Physics. " Journal of Chinese Philosophy. 38：3 (September 2011), pp. 412-426.

[48] Schulz, Larry J. "Structural Motifs in the Arrangement of the 64 Gua in the Zhouyi. " Journal of Chinese Philosophy. Vol. 17 (1990), pp. 345-358.

[49] Schulz, Larry J. "Structural Elements in the Zhou Yijing Hexagram Sequence. " Journal of Chinese Philosophy. 38：4 (December 2011), pp. 639-665.

[50] Scott Davis. The Classic of Changes in Cultural Context：a Textual Archaeology of the Yi Jing. Amherst, N. Y. ：Cambria Press,

2012.

[51]Shaughnessy, Edward L. I Ching: The Classic of Changes, The First English Translation of the Newly Discovered Second-Century B. C. Mawangdui Texts. New York: Ballantine Books, 1997.

[52]Shaughnessy, Edward L. Unearthing the Changes: Recently Discovered Manuscripts of the Yi Jing (I Ching) and Related Texts. New York: Columbia University Press, 2014.

[53]Smith, Richard J. "Knowing the Self and Knowing the 'Other': The Epistemological and Heuristic Value of the Yijing. " Journal of Chinese Philosophy. 33: 4 (December, 2006), pp. 465-477.

[54]Smith, Richard J. Fathoming the Cosmos and Ordering the World: The Yijing (I-Ching, or Classic of Changes) and Its Evolution in China. Charlottesville: University of Virginia Press, 2008.

[55]Smith, Richard J. The I Ching: A Biography. Princeton: Princeton University Press, 2012.

[56]Smith, Richard J. "How the Book of Changes Arrived in the West. " New England Review. Vol. 33, No. 1, 2012, pp. 25-26.

[57]Smith, Richard J. "Fathoming the Changes: The Evolution of Some Technical Terms and Interpretive Strategies in Yijing Exegesis. " Journal of Chinese Philosophy. Supplement to Vol. 40, (2013), pp. 146-170.

[58]Sypniewski, Bernard Paul. "China and Universals: Leibniz, Binary Mathematics, and the Yijing Hexagrams. " Monumenta Serica. Vol. 53, (2005), pp. 287-314.

[59]Wang, Jianglong. "Relational Harmony in Yi Jing (I Ching): A Dialectical Perspective on International Relationship. " International Journal of Arts & Sciences. 4 (23), 2011, pp. 131-137.

[60]Wei, Sophie Ling-chia. "Trans-textual Dialogue in the Jesuit Missionary Intra-lingual Translation of the Yijing. " Doctoral dissertation defended at the University of Pennsylvania, 2015.

[61]Wilhelm, Richard, and Baynes, Cary F. The I Ching, or, Book

of Change (3th impression of 3th edition). London: Routledge & Kegan, 1970.

[62] Zabriskie, Beverley. "Synchronicity and the I Ching: Jung, Pauli, and the Chinese Woman." Journal of Analytical Psychology. No. 50, 2005, pp. 223-235.

[63] Zhang, Yenming, and Chua, Siew Kheng Catherine. "Influential Leadership: A Harvard Model vs an I-Ching Model." Chinese Management Studies. Vol. 3, No. 3, 2009, pp. 200-212.

2015 年度日本中国古代文学研究考察报

尚永亮　　汪　超[*]

引　言

世界范围内以"中国古代文学"为研究对象的学者主要有三大人群：一是以中文为母语的学者，主要分布在中国大陆、中国台湾、中国香港；一是历史上与中国有长期交流的地区，如日本、韩国、东南亚等地的学者；一是以英语国家为主的西方学者。中国本土学者之外，日本学者的"中国古代文学"研究是最值得关注的。一则中日两国有着源远流长的交流史，中国古代文学作家、作品植根日本文化土壤中由来已久。日本不但保留着众多汉文典籍，且其汉文学的话语系统也是建立在中国经典作家、作品之上的。二则日本深受中国文化影响，汉文化因子流淌在该国文化血液中。因而日本学者对中国古代文学的理解，较欧美学者具有天然的"不隔"优势。三则日本从事中国古代文学研究的学者队伍也相当庞大，且代际清晰，传承有序。仅日本中国学会就有会员近 2000 人，而 20 世纪以来仅研究中国诗学的日本学者就超过 500 人，研究其他文体的

　＊　尚永亮(1956—)，男，武汉大学文学院教授，长江学者特聘教授，研究方向为汉唐文学。

　　汪超(1980—)，男，武汉大学文学院讲师，武汉大学珞珈青年学者，研究方向为唐宋文学。

日本学者数量同样可观①。日本学者一方面较欧美学者具有研究中国古代文学的"同文化"优势；另一方面因其域外的学术传统与理论背景，又具有中国本土学者不能忽视的"异背景"长处，因此，也就成为我国学者借鉴海外中国古代文学研究的镜子和关注焦点。

客观说来，日本学者以"他者"的视角观察中国古代文学，时常能发现我们熟视无睹的话题；而中国古代文学也时常成为日本学者用以"注我"的"六经"。本文拟介绍 2015 年日本学界的中国古代文学研究概况，分析其关注的热点问题与学术创新，讨论其研究方法与典型特点。同时，站在 2015 年的时间节点，向上延伸探索此前的研究脉络，向下拓展研判今后的研究走向，以期为中国本土学者的研究提供参考。

需要指出的是，中国古代文学研究方向复杂、领域众多，日本学者的研究成果也相当可观，而我们的识见必有局限，因此不能对每个研究方向与领域平均用力。我们拟结合自身的研究兴趣、关注重点，将本课题分为上、下两篇呈现，上篇对 2015 年日本学界中国古代文学研究的整体情况略作综述，而下篇着重介绍其唐宋文学研究的成果与趋向。虽不免挂一漏万，但力求大致体现日本该年度的中国古代文学研究基本状况。

上篇 日本学界 2015 年中国古代文学研究总貌

日本学界的中国古代文学研究，向来以其细致入微的选题角度、扎实精审的文献功夫著称。除此之外，本年度日本学者也在东亚汉文学大格局基础上，立足日本自身需要，产出了一系列新成

---

① 日本中国学会网站中文简体版的"会长致辞"称："本学会创立于 1949 年 10 月，成立伊始，会员为 246 位，而今（2015 年 6 月）会员已近 2000 位。会员们来自北起北海道南至冲绳以至国外的研究、教育机关。"（http：//nippon-chugoku-gakkai. org/gb2312/index-c. html）胡建次、王乃清《20 世纪以来日本学者中国古典诗学研究的特征》统计指出："20 世纪以来，日本对中国古典诗学研究的学者总人数大致在 500 人以上，这些专业研究人员散布在日本全国各地，其中，主要以大学教员为主，少数为各类研究人员。"（《南昌大学学报》2010 年第 2 期）

果。本年度日本学界研究成果的总体情况如下：

一、持续深入的典籍译介工作

翻译中华典籍一直是日本学者进行中国古代文学研究的重要内容，相关成果的积累也十分丰富。本年度日本学界仍然有众多中华典籍的译介成果，且按时代先后胪列如次。

1. 唐前文献的译注成果

由于日本接触中华文化的时间久远，唐前传世文献数量有限，不少重要文献的翻译工作已基本完成，故本年度译介文献所涉及的范围较前广泛：

（1）考古文献。如石井真美子、村田进、山内贵合作完成的《〈银雀山汉墓竹简〔贰〕〉译注（1）》（《学林》第 60 号）和《〈银雀山汉墓竹简〔贰〕〉译注（2）》（《学林》第 61 号），便将视野转向出土竹简，综引先秦诸子文献，翻译注释了这批竹简"论政论兵之类"十一小节的内容。与此相类，"北朝石刻资料研究（II）班"集体译注的《北朝石刻资料选注 II（二）》（《东方学报》第 90 号），对《魏侍中黄钺大尉录尚书事孝宣高公翻碑》等四篇石刻文献进行了录文、语注的工作，并详载碑的外在形制、现存地点、历代著录等信息。

（2）六朝文学作品的译介。小川恒男连续在《中国中世文学研究》第 65 号、第 66 号刊发了《六朝乐府译注》两篇译稿，对《陇头水》、《钓竿》等多篇作品予以译介，深化了乐府诗在日本的传播。先坊幸子《中国六朝古小说译注》其四、其五分别刊于《安田女子大学纪要》第 43 号、第 44 号，翻译了六朝小说《列异传》中的作品。福井佳夫《关于刘勰《文心雕龙·序志》文》（《中京大学文学部纪要》第 49 卷第 2 号）、《关于萧纲《与湘东王书》文》（《中京大学文学部纪要》第 50 卷第 1 号）虽不直接以译注为名，但也翻译了刘勰与萧纲的文章，并逐条分析古今论者对文本理解的难点。

（3）与民俗、思想、宗教等内容相关的典籍、文献译介。道家春代《应劭《风俗通义》祀典篇译注稿（上）》（《名古屋大学中国语学文学论集》第 29 号），广泛参考吴树平、王利器、季嘉玲等两岸三地相关注本，将东汉应劭《风俗通义》第八《祭祀篇》译为日文并注释。《香川大学教育学部研究报告》所载池田恭哉所译《王通《中说》

译注稿（1）》，则是在该氏 2014 年所撰《王通与〈中說〉之受容和评价——其时代变迁的考察》（《东方学》128 号）的基础上，对最能体现王通思想的《中说》进行通译的成果。此外，佐野诚子发表了《陆杲〈系观世音应验记〉译注稿（一）》（《名古屋大学中国语学文学论集》第 29 号），以京都青莲院藏《观音应验记》为底本，详参众本进行译注，并于各篇下设"补说"一项，或考或论，阐发己意。这些典籍文献虽非纯文学的内容，但与彼时文学关联颇大，故其译注工作对文学的贡献同样不可轻忽。

（4）译介后人所阐发注释唐前典籍的成果。荒川悠《〈文选集注〉江淹〈杂体诗〉译注（7）》（《筑波中国文化论丛》第 34 号）一文，是筑波大学"《文选集注》江淹《杂体诗》2014—2015 年度演习"的成果之一，该文就江诗《许徵君》及其"自序"题注的相关解说予以译介探讨，涉及面不大，但较为深细。

2. 唐宋文献的译注

唐宋时期，中日交流密切。唐代文化在日本影响深远，终唐之世，日本向中国派出遣唐使 19 次，其中 12 次完成使行任务。自此以降，唐代文学最受日本学者关注，有唐文献也是最为日本学者熟悉的中华典籍。本年度唐代文学的翻译以拾遗补缺为重要特点，如泽崎久和等《〈河东记〉译注稿（三）》（《名古屋大学中国语学文学论集》第 29 号）、加藤聪译注《〈开元十三年禅社首山祭地祇乐章〉译注稿》（《中唐文学会报》第 22 号）、佐佐木聪等《京都大学人文科学研究所所藏〈天地瑞祥志〉第十四翻刻·校注》（《名古屋大学中国语学文学论集》第 29 号），译介对象选择多元，但多为普通研究者不甚熟悉的稀见文献，体现出有唐文献之日译走向深化的倾向。大泽正昭的《〈居家必用事类全集〉所收〈山居录〉研究译注稿（2）》（《上智史学》第 60 号），则从明代通俗日用类书《居家必用事类全集》中拈举唐玄宗时道士王旻所著《山居录》（即《山居要术》），加以译注。虽然该书以山居种植药材等植物为内容，但可视为广义的唐文。此外，针对原先没有完善日文译本的贾岛诗集《长江集》，京都女子大学按期举办的"东山之会"组织学者进行译注，并由爱甲弘志等人翻译了《长江集》卷二《怀郑从志》至卷三《送邹明府游灵武》等作品(2015年度2月22日至12月13日)。

宋代与五山禅僧的交流也在中日文化交流史上写下过重要的一
笔。欧阳修、苏轼、黄庭坚、陆游等人的诗歌传入日本后,久受关
注,影响到五山文学的面貌。其后续效应,至今不绝。山本和义、
蔡毅等在《学术·文学·语学编》第97号、第98号发表《苏轼诗注
解(十六)》、《苏轼诗注解(十七)》两篇译注,即是对此一影响源
的关注。生活在两宋之交的赵次公,曾经注释杜甫、苏轼的诗歌,
是研究杜诗和苏诗极为重要的古注本。筑波大学大学院人文研究科
博士生王连旺发表了《赵次公诗文汇校稿》(《筑波中国文化论丛》第
34号),为这位著名"注者"的研究提供了新材料。北宋禅僧圜悟克
勤的《碧岩录》传至日本,有古写本为石川县大乘寺所藏。本年度
发表的土屋太佑所译注之《一夜碧岩》即该写本,其文名《〈一夜碧
岩〉第一则译注》(《东洋文化研究所纪要》第167号)。

2015年,日本学者对朱熹论著的翻译极具热情,恩田裕正、
市来津由彦等六位学者和二松学舍大学宋明资料轮读会责任者翻译
了《朱子语类》的不同卷次。市来津由彦还翻译了朱熹《朱文公文
集》的相关跋文,为朱子学的拓新提供了文本材料。朱子后学陈普
拟作的《武夷棹歌》十首也进入学者译介的视野,林文孝发表了相
关成果。此外,日本词曲学会组织翻译龙榆生先生编选的《唐宋名
家词选》,涉及宋代若干词人词作;对宋代大型类书《太平广记》,
也有学者进行译注的工作。凡此,皆留待下篇详述。

3. 元明清文献的译注

元明清三朝通俗文学兴盛,引发学者关注,近百年来的文学史
涉及该阶段的研究例以小说、戏曲为重。近年来,元明清时期的传
统文体研究也渐入佳境。日本学者对元明清文献的译介,体现出通
俗文学与传统诗文分庭抗礼的新趋向。

从通俗文学的角度看,小说是2015年度日译元明清文献的重
头戏。大平桂一发表《西游补译注(第十三回~第十六回)》(《人文
学论丛》第33号),植田均、石亮亮等发表《〈儿女英雄传〉译注
[PART1]》(《文学部论丛》第106号),均是明清小说的译注成果。
日本与中国一衣带水,古代也有学人翻译过明清小说,2015年度

被翻刻、注解的《醒世恒言·卖油郎独占花魁》即其一例。日本文化甲戌年(1814)出版的淡斋主人所译《通俗古今奇观》收录了该篇，冈田袈裟男在《立正大学大学院纪要》第 31 号上发表的《翻刻·注解〈卖油郎独占花魁〉淡斋主人译》完成了对其录文与注解的工作。至于戏曲译注成果，则有《中国俗文学研究》第 23 号发表的《举案齐眉剧注释》。

2015 年度日译传统诗文也取得了一定的成绩，如元诗研究会发表了《戴表元诗译注(10)》(《琉球大学言语文化论丛》第 12 号)；林香奈、刘雨珍则撰有《黄遵宪〈日本杂事诗〉译注稿(20)》(《未名》第 33 号)。高濂《遵生八笺》是部知名的明人笔记，其中部分内容被汤谷祐三以《明代文人与西湖欣赏——高濂著〈四时幽赏〉试译(下)》(《名古屋外国语大学外国语学部纪要》第 48 号)译出。诗话同样属于笔记，只是其内容偏重文学批评，本年度"饮冰室诗话读书会"合作翻译了该诗话的部分篇章，并以《饮冰室诗话试释(4)》(《中国言语文化研究》第 15 号)为题公开发表。

除此之外，《四库全书总目提要》的诗序与词籍也均有学者译介。重野宏一《〈四库全书总目提要·诗序〉译注》(《筑波中国文化论丛》第 34 号)，翻译了《四库全书总目提要》卷十五《经部十五·诗类一》收录的《诗序》提要，并逐一注释文中涉及的人物、故事。日本词曲学会则组织学者翻译了《四库全书总目提要·词曲类》的若干词籍提要①。该学会还于 3 月 7 日至 8 日，在日本大学商学部举行了"词籍〈提要〉译注检讨会"，集中讨论译介中的问题。

4. 现当代中国学界研究经典的翻译

中国现当代学者的学术专著也引起日本学者译介的兴趣，如井上泰山、林雅清、后藤裕也等人合力翻译了《中国文学史新著(增订本)》(《关西大学中国文学会纪要》第 36 号)。甲斐胜二、东英寿

---

① 2015 年日本词曲学会会刊《风絮》第 12 号刊发了保苅佳昭译《晁无咎词》提要、池田智幸译《石林词》提要、村越贵代美译《漱玉词》提要、三野丰浩译《于湖词》提要、藤原祐子译《乐府雅词》提要、松尾肇子译《碧鸡漫志》提要、萩原正树译《唐词纪》提要。

在 2015 年合作发表了两篇王运熙先生论文的译作，即《王运熙〈从《文心雕龙·风骨》说到建安风骨〉译注》(《福冈大学人文论丛》第46 卷第 4 号)、《王运熙〈中国古代文论中的"体"〉译注》(《福冈大学人文论丛》第 47 卷第 2 号)。后者是《中国文学批评通史绪论译注》的附录。这说明，中国当代学者的研究已成为日本学者借镜的对象，此类译介有助于推动学术成果的传播，促进两国学术交流与交互影响。

检视 2015 年度日译中华典籍的成果，我们不难发现如下特点：

其一，译介工作的持续化。不少新发表的翻译成果标题后标注的数字序号告诉我们，这项工作已经持续多年，如小川恒男翻译注释六朝乐府，山本和义等人的《苏轼诗注解》，元诗研究会翻译戴表元诗；林香奈、刘雨珍翻译黄遵宪《日本杂事诗》等，均历时较久，发表的成果都在十篇以上，且仍在进行中。有些学者的译注成果正是研究的副产品，如冈田袈裟男对古代日本译者淡斋主人所译《卖油郎独占花魁》之翻刻与注释就是如此(2014 年，《立正大学人文科学研究所年报》第 51 号曾刊载该氏《白话小说〈卖油郎独占花魁〉翻译及其翻案史》)。这种情况表明，不少学者译介文献并非随机选择，其研究成果往往是前后相关的。

其二，新译文献的多元化。从新译作品的作者来看，除贾岛、苏轼、朱熹、戴表元、黄遵宪、梁启超等知名作家的作品被译介之外，陆皋、圜悟克勤、赵次公等非主流作家的作品也被译者关注。从文体上说，新译文献涉及中国古代诗、词、文、小说、戏曲等多种文体。再从新译文献的关注度看，陆皋等人并非举足轻重的作家，《西游补》也非重要的通俗小说，但这些内容也进入译者视野，由此足见日本学界对中国古代文学研究的深耕精作。

其三，译介群体的团队化。从发表成果的署名看，"北朝石刻资料研究(Ⅱ)班"集体译注《北朝石刻资料选注 Ⅱ(二)》、"东山之会"集体翻译贾岛诗歌、"日本词曲学会"集体翻译《唐宋名家词选》及《四库全书总目提要》词籍提要、"饮冰室诗话读书会"集体译介《饮冰室诗话》等。除此之外，还有不少译介成果是由多位翻译者完成的。凡此，均体现了日本学者集体合作的鲜明特点。

二、深入扎实的基础文献考辨工作

文献释读、考辨是进一步研究的前提条件，故日本学者在翻译中华典籍文本的同时，也认真地进行基础文献的考辨工作。2015年度相关成果主要如下：

1. 版本与辑佚

版本与辑佚是文献研究中的两个重要分支，日本学者对此项工作向来颇为重视。本年度的版本研究主要集中在戏曲方面。土屋育子《〈千金记〉版本考》（《集刊东洋学》第 113 号）、福满正博《〈白兔记〉版本研究初探》（《明治大学教养论集》第 505 号）即是此类研究成果。他如李由《东京国立博物馆法隆寺宝物馆藏〈史记·夏本纪〉断简》（《中国文学论集》第 44 号），则是对东京博物馆公藏《史记》断简所作考察。李由的另一篇文章《日本传存旧钞本〈史记〉的文献价值》（九州中国学会第 63 回大会，九州大学，5 月 16 日），也是基于版本考察的研究。户崎哲彦《〈增广注释音辩唐柳先生集〉〈朱文公校昌黎先生集〉合刊初考（上）》（《岛大言语文化》第 38 号），则对明代建阳韩柳二集合刊本之种类及其刊行年代作了周详考察。在学术研讨会上发表的版本考订成果，还有张剑《〈家世旧闻〉版本补议》（日本宋代文学学会第二回大会，東洋大学，5 月 30 日）、芳村弘道《明钞本〈新刊古今岁时杂咏〉》（中国艺文研究会合评会，立命馆大学，3 月 1 日）等。芳村先生的论文此前还曾以《关于明钞本〈古今岁时杂咏〉》为题，在京都女子大学东山之会（2 月 21 日）发表。富嘉吟《〈文苑英华〉及校记中的〈白氏文集〉诸本之利用状况》（中国艺文研究会，立命馆大学，9 月 5 日），则是在对勘白居易文集与《文苑英华》收录白文之后，对白集所作综合研究。此外，王连旺在中国文化学会大会（文教大学，6 月 27 日）上发表了《市立米泽图书馆藏〈增刊校正王状元集注分类东坡先生诗〉残卷考》。

辑佚成果则有永富青地《〈邹守益集〉未收诗辑佚（2）》（《人文社会科学研究》第 55 号）。邹守益是阳明弟子，国内已出版其文集①，

---

① 董平点校整理《邹守益集》（凤凰出版社 2007 年版），以清初刻本《东廓邹先生文集》、光绪刻本《东廓邹先生遗稿》为底本，重编为 26 卷。

永富氏据内阁文库所藏明万历元年刊本《邹东廓先生诗集》为之拾遗。《关西大学中国文学会纪要》第 36 号所刊前原あやの的《张衡佚文的考察》，同样体现了日本学者本年度辑佚学方面的努力。

2. 校勘研究

日本学者的文献功底向为学界称道，本年度校勘研究成果尤能体现此点。住吉朋彦《〈白氏文集〉卷十六〈东南行〉校记》（《国立历史民俗博物馆研究报告》第 198 号），是作者参加"以高松宫家传书籍为中心的汉籍阅读史及其文本研究"课题的研究成果。滨中仁《市河宽斋著〈陆诗意注〉校正卷三》（《未名》第 33 号）是继 2013 年作者发表卷一校记后的新成果。他如佐野诚子《〈天地瑞祥志〉所引志怪资料》（《名古屋大学中国语学文学论集》第 29 号）、种村和史《段昌武毛诗集解所引朱熹诗说考》（《中国研究》第 8 号）、田中一辉《〈太平御览〉所引〈玉玺谱〉》（《汲古》第 67 号）等，也都是此类成果。

还需提及的是，太田亨《日本中世禅林中的〈古文真宝〉解释》（《爱媛大学教育学部纪要》第 62 号）一文，从日本中世纪禅僧对诸葛亮《后出师表》中"刘繇、王朗各据州郡……今岁不战、明年不征，使孙策坐大，遂并江东"之下似有脱句的相关论述出发，探讨相关解释对中国学者的反影响，并认为承载禅僧研读汉籍成果的《古文真宝后集》之禅僧抄本数量巨大，有前人学术结晶，应予重视。而大桥由治对中华书局新旧版《搜神记》收录的小说进行对勘，发表了《中华书局刊行新旧〈搜神记〉收录说话的对照（2）》（《大东文化大学汉学会志》第 54 号）。由此可知，日本学者的校勘工作不仅仅针对旧刊古籍，近年出版的排印本也在他们的校勘范围。

3. 成书研究

成书过程的考述是本年度的研究热点，不同方向的研究者都有相关成果发表。东英寿《书简所见周必大〈欧阳文忠公集〉之编纂》（《日本宋代文学学会报》第 1 号）、原田爱《苏词集编纂考》（《中国文学论集》第 44 号）、小塚由博《张潮书简所见〈虞初新志〉之编集状况》（《大东文化大学汉学会志》第 54 号），均是日本学者本年度对相关文献成书过程的论证。王岚《对江湖派诗人小集编刊的初步考察》(《中国语中国文化》第 12 号)、查屏球《从抄本到版本之推移过程中的著述及出版特征——〈唐文粹〉编纂和流传过程考察》(渡部雄之译,《中国中世文学研究》第 65 号),则是中国学者发表与此话题相关的日语论文①。这些与唐宋时期相关的成果,将于本文下编详述。

4. 书志、提要、藏书、简帛等文献研究

在《实践国文学》第 88 号上,影山辉国发表了他的第 6 篇关于散佚《论语义疏》的日本抄本提要,题名《未见钞本〈论语义疏〉(6)》。在本文中,他追述了 2013 年访问南京图书馆,追寻姚文栋所藏《论语义疏》松本本、丁氏八千卷楼旧藏《论语义疏》松田本不遇的情况,补充了之前数篇因故未能查证的《论语义疏》日钞本之新进展。竹村则行于《东方学》第 130 号发表《关于弘治本〈西厢记〉所载明・张楷〈蒲东崔张珠玉诗集〉》一文,介绍了弘治本《西厢记》后所附《蒲东崔张珠玉诗集》,并对该诗集内容(收七言律诗 141 首)作了必要说明,对张楷生平仕履及《蒲东崔张珠玉诗集》与《西厢百咏》之关系加以讨论。神鹰德治《关于志田文库所藏〈书舶庸谭〉》(《图书之谱:明治大学图书馆纪要》第 19 号)以不长的篇幅,介绍了明治大学志田文库所藏两种董康《书舶庸谭》,并附书影 4 帧,使我们了解到四卷本为 1928 年的石印本,九卷本为董康 1939 年自印签赠本的情况。至于党武彦《关于方观承撰〈燕香集〉(下)》(《熊本大学教育学部纪要》第 64 号),则对乾隆时期直隶总督方观承之《燕香集》诗作按时间编次,诗凡 51 题。

追述图书馆所藏文库或资料的来源,其成果有浦志优理子、大渊贵之等的《关于九州大学附属图书馆藏樋口文库及其旧藏者樋口和堂》(《中国文学論集》第 44 号)一文。西一夫《藩文库汉籍资料一瞥》(《信大国語教育》第 25 号),介绍了信州大学教育学部附属图书馆所藏旧属信浓国各藩校的汉籍(该馆共藏此类和书、汉籍 124

---

① 虽然北京大学王岚、复旦大学查屏球两位教授是中国学者,但其文章在日本刊出,故而附录于此。本文此后再有类似现象,不论其文章以何种语言发表,均准此例。

种 1180 册），以及数目较大的高岛藩藏书情况（59 种 608 册）。

简帛研究是近年来先秦文献研究的热点问题，在这方面，日本学者也有可观的一系列成果。大阪大学"中国出土文献研究会"、"中国学会"不但组织学术研讨，还积极展开国际交流，汤浅邦弘、竹田健二、中村未来、曹方向等学者用力尤勤，其内容涉及清华简、上海博物馆简等新出土文献。在"中国出土文献研究会 57 回研究会"（大阪大学，7 月 4 日至 5 日）上，草野友子、福田一也、中村未来、竹田健二、曹方向分别发表了《清华简〈封许之命〉释读》、《清华简〈汤处于汤丘〉释读》、《关于清华简〈命训〉》、《清华简〈汤在啻门〉释读》、《清华简〈汤处于汤丘〉所见伊尹"割烹"故事初探》等论文。此后，该会第 58 回研究会于 2015 年 9 月 5 日在北京大学出土文献研究所召开，草野友子的《清华简〈封许之命〉解题》、竹田健二《清华简〈汤在啻门〉解题》等为会议交流论文。至第 59 回研究会在 9 月 22 日召开时，草野、竹田二位又发表了前次会议解题的修订版。日本学者钻探深井式的学术研究方法，于此可见。

大阪大学的简帛研究团队也非常重视国际学术交流，他们与中国简帛研究的三大重镇交往均很密切。2015 年 9 月 6 日，汤浅邦弘、福田哲之、竹田健二、草野友子、中村未来、曹方向等学者造访了中国国家图书馆、北京大学博物馆，实地观看北大所藏汉简、秦简牍，并与朱凤瀚、李零、陈侃等学者座谈。次日，他们又拜访了同方知网（北京）技术有限公司，在清华大学实地观察清华简，并与清华简整理者座谈。2015 年 11 月 22 日举办的第 60 次研究会，专门邀请武汉大学徐少华教授与诸位学者座谈。他们还参加了在日本神奈川及中国香港浸会大学、台湾大学等地举办的国际学术研讨会，针对《汤处于汤丘》、《汤在啻门》、《厚父》等清华简进行了循序渐进、不断深化的研究。相对于大阪大学，立命馆大学的简帛研究团队规模或许不大，但他们也对银雀山汉简进行了持续的研究，除前述翻译银雀山汉简的工作之外，石井真美子准教授还发表了《银雀山汉简〈论政论兵之类〉诸篇之关系》（《学林》第 60 号）。2015 年 11 月 28 日，中国艺文研究会围绕"汉字文献之现在"的议题，在立命馆大学举办了国际专题讨论会，中国学者田天、张立克、王亮等受邀参加了这次会议。

5. 作者生平、家世研究

此类研究是传统研究的一个继续，较具代表性的，有刘洁《〈千载佳句〉所收盛唐詩人僧貞幹·張謁·丁仙芝考》（《中国文学论集》第 44 号）、赫兆丰《刘宋孝武帝与竟陵王刘诞关系论考》（《中国古典文学研究：广岛大学中国古典文学项目研究中心研究成果报告书》第 12 号）、中村乔《南宋〈北行日录〉著者楼钥及其亲族系谱》（《学林》第 60 号）等。后二文分别研究了刘宋皇室的交互关系，以及赵宋作家楼钥的家族关系。因这类研究多属在文献考察基础上的实证之作，故在此一并划入文献研究之列。

本年度日本学者的基础文献研究，一方面体现了他们从材料出发的研究路径，以及坚实的文献功力；另一方面也可从中窥见日本所藏资料之丰富。前揭诸文所用资料如《天地瑞祥志》、《史记·夏本纪》断简、《邹东廓先生诗集》等，均是日本公藏机构的藏品。此外，我们也不难发现日本学者在研究中国古代文学过程中，站在自身立场选择、观照研究对象的现象。如太田亨的研究，是从日本禅林对《后出师表》的脱句判读经验出发，论述日本禅僧抄录《古文真宝后集》的价值。滨中仁《市河宽斋著〈陆诗意注〉校正》的论述主体，应该也是日本汉学史的一环。这样一种重视本体性的做法，对统合东亚汉学研究视野也不无裨益。

三、日本立场的综合比较研究

文献考证有自身立场，文学现象的阐释、作家作品的研究等也同样带有自我立场。在此基础上，统合中日两国文坛现象，进行综合讨论或比较研究的倾向较为突出。从早年"中国文学与汉文学研究属于两个完全不同的研究领域"，到近年来"中国文学与汉文学的研究交流逐渐紧密，日本中国学会也增设了汉文学部会，希望以此为契机，将中国学之研究学术视野扩大到整个东亚"①，展示了日本学界研究格局的变化。而就研究成果的呈现来看，综合比较的

---

① 陈翀：《东亚视野的扩展与古钞文献学的建构——近五年日本中国中世文学研究新动向》，《文史知识》2015 年第 2 期。

研究方法主要有以下几大类：

其一，立足于日本古代文坛的传播接受研究。接受美学兴起以来，在中国本土云蒸霞蔚，而日本学界采用此法的研究成果也不在少数。中国学界习用的"接受"概念，在日本学者笔下常写作"受容"。如山田尚子《司马相如传的受容和展开》(《成城国文学》第 31 号)、新间一美《嵯峨朝诗坛的中唐诗受容》(《亚细亚游学》第 188 号)、太田亨《日本中世禅林的杜诗受容——对忠孝的关心(中期)与诗文创作的样态》(《中国中世文学研究》第 65 号)、何美娜《子规汉诗和陶渊明的关系——从受容形态所见子规之陶渊明形象》(《比较文化研究》第 116 号)等，便都是采借接受美学的方法，考察日本文学史对中国文学之接受状况的。也有学者以"影响"为题，进行文学接受的研究，如清水彻《伊藤仁斋汉诗中〈詩人玉屑〉之影响》(《解释》第 61 号)、丹羽博之《苏轼〈澄迈驿通潮阁〉诗对日韩汉之影响——李氏朝鲜徐居正〈三田渡途中〉诗与日本汉诗》(《东亚比较文化研究》第 14 号)等。在这些文章中，山田尚子论文的内容，曾在 2014 年 10 月成城国文学会年度大会上发表，讨论了司马相如升仙桥题柱诗故事对平安朝句题诗的影响，但其时尚未形成正式的文章。新间一美以中唐诗为接受对象，嵯峨朝诗坛为接受主体，跨越的时间段较长，在日本学界属于较大的题目。太田亨本年度撰写的文章围绕日本中世纪禅僧的抄本展开讨论，该文专注于禅僧对杜甫思想、杜诗文本的接受考察。清水彻与何美娜的文章关注对象均是个体诗人、具体诗话之接受，重在"点对点"的影响视角；丹羽博之的研究则通观东亚诗坛，考察单首苏诗对韩日诗坛的影响，具有鲜明的综合研究色彩，而在具体论述上，则将着力点落实在日本诗坛。

另有两篇以中文发表的论文，从日本文学接受中国文学影响的角度展开。苏州大学钱锡生《论唐宋词对日本词的影响》(《爱知大学国际问题研究所纪要》第 144 号)与丹羽博之的研究类似，然而涉及的对象范围更广。《人文学论集》第 33 号所刊顾春芳《论古文辞学派如何接受明代后七子的文论》一文，讨论了日本古文辞学派对明代后七子文学主张的接受，认为获生徂徕提倡古文辞之时代背景与后七子当时极为相近，故反对宋儒理学成为双方的内在联系，也成为荻生徂徕全盘接受后七子复古文学主张的主要原因。

在学术会议上发表的相关论文则有黄柏宗《平安时代李白诗之受容——对菅原道真影响的可能性》（中国中世文学会例会，广岛大学，5 月 7 日）、小松建男《江户时代后期对中国白话小说之受容》（中国文化学会大会，文教大学，6 月 27 日）等。

同时，我们注意到，日本学者有些论文虽未明确标示"受容"或"影响"类字词，但实际考察的，仍与接受学相关。如《亚细亚游学》第 188 号发表的デーネーケ ヴィーブケ《品读〈国風〉——从唐之诗集观照嵯峨朝文学》①、长谷部刚《唐代长短句词〈渔歌〉的传入——嵯峨朝文学和中唐诗词》，以及《国学院杂志》第 116 卷第 1 号刊载的铃木道代《〈万叶集〉之桃花与中国文学——大伴家持〈桃李花之歌〉的形成》，均属此类。而牧野淳司《草与秋风——〈恨赋〉中的哀伤表现和佛事道场》（《文艺研究：明治大学文学部纪要》第 126 号）一文，则通过天台僧澄宪（1126-1203）用于讲经说法的《转法轮抄》中化用《恨赋》的句子，考察日本和歌、说话、物语等文学形式对江淹《恨赋》哀伤表现之法的接受，别具新意。文中提到的澄宪《转法轮抄》，今藏日本国立历史民俗博物馆。

其二，立足于中日文本关联的文学研究。考察中日文本关联的视角多站在"他者"的立场，发现对方文化与自身的区别与联系。"他者"在此处应有两个不同的解释，一是作为研究对象的"他者"，二是作为研究者的"他者"。人们面对与自身文化不同的现象，总是特别敏感。对日本学者来说，中国作家描述日本的内容是"他者"眼光看日本，是他们的研究对象；而以他们的眼光看待中国文学现象，则他们自身也就成了中国文学的"他者"。前者如钱国红在《文学》第 16 卷第 6 号上发表的《诗史交响的东洋狂想曲——清末文人黄遵宪的"日本"形象》，就是通过黄遵宪诗文讨论清人眼中

---

① デーネーケ ヴィーブケ（Wiebke Denecke）是波士顿大学准教授，致力于中世纪中日文学思想与比较文学的研究。本文是《亚细亚游学》第 188 号《日本古代的"汉"与"和"——源于嵯峨朝文学的思考》的开篇。

日本形象的成果。后者如《口承文艺研究》第 38 号所载横道诚《〈太平广记〉所收〈张云容〉——スタロスティナ论文之中国版〈眠姬〉与林罗山的〈怪谈全书〉》，则是从日本视角观看《太平广记》所收作品的。又如李春草《谷崎润一郎〈人成为猿的故事〉与〈白猿传〉之关联性的考察》(《同志社国文学》第 82 号)，重在考察日本现代作家作品与唐人小说之间的关联性。当然，本年度日本学人此类论著，其关注点不仅仅局限在中日作品文学文本之异同，也延伸至其他艺术形式。如今泉容子《白蛇传电影中的女性表象——在日本文化圈的发展》(《国际日本研究》第 7 号)、刘韵超《日本电影中之中国古典的受容和变容——以电影〈白夫人的妖恋〉与〈白蛇传〉为中心》(《国际文化研究》第 21 号)，其讨论的文本虽超越了单纯的文学范畴，但仍然涉及《白蛇传》的母题，因而同样是以日本之眼观察中国文学的论著。

另外，中日文学的交流也进入到学者的研究视野，《北大史学》第 55 号刊发的米谷均《中世日明关系中送别诗文的虚虚实实——对亡故宁波文人与生存遣明使臣之慰劳》，就是其中的代表。而稻森雅子《孙楷第〈中国通俗小说书目〉之编纂与当时的日中学术交流》(九州大学中国文学会中国文艺座谈会第 248 回，11 月 14 日)，则讨论了中日学者现代学术交流的状况。

其三，立足于日本前辈学者研究成果的再研究。今人的研究建立在前贤探索的基础之上，以学术史的眼光看前人的成果，分析他们的研究方法、路径，讨论其得失，有助于推进学术研究的新进展。本年度，中日学者在日本发表的相关论文着重分析了前人翻译与研究方面的情况。关于前人翻译的讨论，有井上浩一《〈西游记〉翻译史上伊藤贵麿的地位》(《国际文化研究》第 21 号)、宫本阳佳《从〈水浒传译解〉看冈白驹的〈水浒传〉研究——解释的方法及其继承》(《和汉语文研究》第 13 号)等文。长谷部刚则就日本学者堀辰雄以德语翻译杜甫诗歌的问题，发表了《德语中的杜甫——以堀辰雄之〈杜甫译诗〉及其关系为中心》(《关西大学东西学术研究所纪要》第 48 号)，视角更是探入西方非英语世界。

江户时代学者的汉学研究也受到研究者关注。如针对十七世纪浅见絅斋的楚辞研究、江户时代后期学者葛西因是的唐诗研究，石本道明、野泰央即分别发表了《浅见絅斋〈楚辞师说〉小考》(《国学院杂志》第 116 卷第 12 号)、《葛西因是〈通俗唐诗解〉中的寓意》(《国学院杂志》第 116 卷第 9 号)、《葛西因是〈通俗唐诗解〉与中国诗论》(《国语与国文学》第 92 卷第 10 号)等文，加以研讨。他如萩原正树《〈增续陆放翁诗选〉所收"词十九首"与村濑栲亭》(中国艺文研究会合评会及研究会，立命馆大学，3 月 1 日)、樊可人《远山荷塘的〈谚解校注古本西厢记〉》(中国中世文学会例会，广岛大学，10 月 22 日)，也是此类成果。

对现当代日本学人及其著述的观照，也渐次纳入研究者的视野。胡珍子《狩野直喜的中国小说研究》(《東亚文化交涉研究》第 8 号)以狩野直喜为对象，对这位京都学派创立人在小说研究方面的特点进行考察，兼及其生活的时代、日本学界研究中国小说风气之开展，并从小说的雅与俗、小说研究与社会文化研究之互动几个层面，探究狩野氏的小说观，梳理了狩野氏在《水浒传》成书年代、俗文学起源等问题上的看法，分析了他在《红楼梦》研究方面做出的贡献。此外，何玲玲《文学视阈中白川静的诗经学》(中国中世文学会例会，广岛大学，11 月 26 日)，重在考察日本学者白川静的《诗经》研究；门胁广文《川合康三氏二篇论著中对〈桃花源记〉之"外人"的理解》(《大东文化大学汉学会志》第 54 号)，则专门讨论了当代著名学者川合康三关于《桃花源记》研究的相关问题。

其四，立足于日本中学汉文教育的相关研究。汉语经典作为日本文化的重要组成部分，同样是日本基础教育需要系统学习的知识，因此相关研究也与中国古代文学有一定的联系。在日本高中教材中，分别载有白居易《长恨歌》和柳宗元的《江雪》，下定雅弘《白居易与柳宗元——混迷之世的生命赞歌》(岩波书店 2015 年版)从此出发，分别就白、柳二人的人生与诗作展开考察，而聚焦于二人对政治的参与、贬谪的生涯、与政治的关联、心理的轨迹等，最后就其文学之调和与崇高、广大与集中等特点予以总结。书后附有白、柳的简略年谱，便于初学者参照。又如《汉文教育》第 40 号本年度刊载岩冲和子《高等学校"古典"中的唐诗学习》、冈本惠子《中学一年生读杜甫〈绝句〉》、伊藤浩志《用于活跃汉文教材学习的研究》等，都是依据诗歌类型、活动场所进行探讨的教育实践研究。此外，羽田朝子《关于汉文教育中教材活用法的搭配——以女训书〈列女传〉为中心》(《秋田大学教育文化学部教育实践研究纪要》第37号)、古川末喜《杜甫年表(稿)——以教学为目的》(《佐贺大学文化教育学部研究论文集》第19卷第2号)等，也是面向日本中学汉文教育的论文或资料。这些研究立足于日本国内需求，具有现实意义，也为我们了解中华经典在日本当代的影响提供了窗口。

要之，此类研究中，中国文学并不是研究者关注的首要对象，学者们多站在日本立场，以中国文学为介质，讨论的是日本自身的教育问题、学术史与文学渊源。他们考察中国作家的"他者"眼光，探索中日文学交流的活动实例，发现中日文学文本的关联。虽然所持立场是日本本位的，但从广义的范围看，这些问题当然也属于中国文学的研究范围。其研究成果是中国文学跨境传播所产生的后续影响。

四、学科交叉视野下的文学研究路径

跨学科研究已日渐成为学术新的增长点，通过学科交叉碰撞，学者们往往会有新思路，产生新观点。其中立足于医疗疾病交叉视角的，有ヒンリクス T·J 所作，吉田真弓翻译的《洪迈〈夷坚志〉所见医疗知识》(《亚细亚游学》第181号)。与此相关，小田健太《关于李贺诗中的疾病表现》(《筑波中国文化论丛》第34号)，也是与诗人疾病相关的研究。

中国学人向有"文史不分家"的说法，本年度较有代表性的跨学科研究是《亚细亚游学》第181号发表的关于《夷坚志》研究的系列论文。如林嵩著，甲斐雄一翻译的《〈夷坚志〉中正统史学的突破与解构》、须江隆《作为社会史史料的〈夷坚志〉——对其魅力与宋代社会史研究的新尝试》等，均是站在史学立场考察《夷坚志》的例子。相似的成果还有板桥晓子《木兰故事与性别"越境"——五胡北朝期的社会考察》(《亚细亚游学》第191号)，该文通过木兰故事的性别跨界，考察五胡十六国与北朝时期的社会状况，具有文史交叉的性质。从其研究视角的选择上看，又受到西方性别理论的影响。

　　关于民俗学的交叉研究，则有盐卓悟《〈夷坚志〉所见宋代女性的饮食生活》(《亚细亚游学》第 181 号)，作者借《夷坚志》小说中提及的材料，着力探索宋代女性之饮食问题。上なつき的《〈金瓶梅〉节日宴会所见诸场所之意味——以正月元宵节和女性关系为中心》(《日本建筑学会计画系论文集》第 80 卷第 716 号)，从《金瓶梅》描写的女子在元宵节宴会等场合的活动，讨论小说中女子在内宅中的位置。《人文研究》第 186 号发表的《〈三言〉与江西省的地域文化——对水神信仰的关注》，则是从民俗学的角度，对"三言"小说所涉江西水神信仰的考察。

　　文学与法学的碰撞成果体现在《〈夷坚志〉和人间法——宋代的灵异案件》(《亚细亚游学》第 181 号)中。该文由柳立言著，山口智哉翻译。至于文学与艺术的交叉，则有成田健太郎《魏晋南朝文论·书论中的风格论和技法论》(《东方学》第 130 号)。事实上，前文提及的今泉容子《白蛇传电影中的女性表象——在日本文化圈的发展》与刘韵超《日本电影中之中国古典的受容和变容——以电影〈白夫人的妖恋〉与〈白蛇传〉为中心》两篇文章，也可视为影视艺术与文学的交叉研究。

　　地理与文学的交织成果，有加藤聪、下定雅弘《杜甫蜀中行迹调查报告——成都·阆州·绵州·梓州·射洪》(《中国文史论丛》第 11 号)，薄井俊二《〈徐霞客游记〉的基础性研究(二)——徐霞客游记全行程之江右游日记·楚游日记》(《埼玉大学纪要·教育学部》第 64 卷第 1 号)，二文都涉及古今地理之对应。而以植木久行为代表的一批日本学者更为关注中国诗歌地理遗迹的实地考察，于 2015 年度出版了《中国诗迹事典——汉诗的歌枕》(研文出版社 2015 年版)。编写组 11 人，围绕汉诗所咏史迹，多次到中国进行实地踏勘，编写出近 30 个省市自治区的大型诗迹事典共 628 项，其中每一条目均有相关诗歌与名胜的详细介绍，如诗迹之确定、形成之过程、诗之情趣、景物、主题、传承及诗迹的现状，颇为详明实用。内田誠一借在山西省运城学院访学之机，实地调查，撰写了《关于唐代诗人王维的衣冠墓》(《安田女子大学纪要》第 43 号)。文章考述了王维衣冠冢的来历，详述了实地考察的见闻，过录了当代人渠传福所撰《王维衣冠冢维修记》全文，并提供了三张实地拍摄的照片。

学科交叉碰撞尽管可以产生新的认知，但从上述论文看，不难发现研究者要纵横不同领域仍然有一定的困难。文学学者进行的交叉研究，大多数是在两个相邻领域展开，尤其以史学为多。且此类研究往往是以文学作品为资料来源，虽然拓展了文学作品的社会价值与意义，但也容易使得文学研究丧失主体性，所以在借鉴的过程中，仍应采取较为审慎的态度。

五、取径多元的其他研究成果

本年度日本学界与中国古代文学相关的研究成果还有不少，它们在研究方法的选择上各有不同。

有以文学文本为研究语料，进行语言文字或成语研究的，如孟子敏《〈儿女英雄传〉叙述和说话中"了₁"、"了₂"的分布》（《言语文化研究》第 35 卷第 1 号）、宫下尚子《汉语中"左右"之特异性与元曲元刊本中用例的关联性》（九州中国学会第 63 回大会，九州大学，5 月 17 日）、陈潮《〈论语〉中的汉语成语和格言》（《立教大学ランゲージセンター紀要》第 33 号）。也有以中国古诗为对象，进行声韵研究的，如陈翀《作为歌词的〈长恨歌〉——关于白居易歌诗之押韵》（《中国中世文学研究》第 65 号）、宫下尚子《元曲元刊本中庚青韵与真文韵的混押现象》（《九州中国学会报》第 53 号）。这方面的代表作，则是研文出版社本年度推出的水谷诚教授的《诗声朴学——中国古典诗用韵研究》。该书共十四章，分别对陶渊明、杜甫、白居易、韩愈、苏轼等人诗中用韵、换韵、韵字、避讳韵字、上去通押等现象，予以详细考察，别具新解。尽管此类研究更应归于语言学、声韵学的领域，但其成果也为文学研究提供了参考。对于俗文学文本，福满正博本年度有很好的贡献，他发表了系列论文《中国近世戏曲小说中的异体字研究》之第 7、8 两篇，分别题名《明成化本〈新刊全相唐薛仁贵跨海征辽故事〉》（《人文科学论集》第 61 号）、《元刊本大都新编关目公孙汗衫记》（《明治大学教养论集》第 508 号）。前者并有附录，考察薛仁贵征东故事的来源演变。

日本学者的中国小说研究，2015 年度也有新作推出。学者们在明清经典小说研究中各擅胜场，如王竹《宝玉的"三大病"与庄子——基于〈红楼梦〉第二十一回之脂评》（《人间文化研究》第 2号）、桥本夏树《容与堂本〈水浒传〉中李卓吾批评的意义》（广岛大学中国文学研究室研究会第 188 回发表会，2 月 13 日）、田中尚子《〈太平记〉·〈三国志演义〉·〈亚瑟王之死〉中的叙述者立场》（《爱媛大学法文学部论集·人文学科编》第 39 号）、渡边义浩《三国志之英雄与文学》（人文书院 2015 年版）、凌昊《浅析〈玉娇梨〉中的女性形象》（《千里山文学论集》第 93 号）、铃木弥生《从〈情史类略·吴江钱生〉与〈醒世恒言·钱秀才错占凤凰俦〉之比较看〈三言〉"虚"的创作技法》（《武藏大学人文学会杂志》第 47 卷第 1 号），虽选题各异，但均不乏新见。相比之下，《红楼梦》研究仍然是明清小说研究领域较受关注的热点。

在 2015 年度的研究中，有不少学者集中讨论文学观念及其流变。如牧角悦子《〈文选〉编纂中的"文"意识》（《二松学舍大学人文论丛》第 95 号），谷口洋《"作者"宋玉之诞生——六朝的"作者"意识》（《六朝学术学会报》第 16 号）。这两篇论文涉及的时代是魏晋六朝，正是士人文学意识蔚然兴起之时，故其探讨别具意义。渡部雄之《古文中的"奇涉"——以对宋祁的评价为中心》（《中国中世文学研究》第 66 号），其研究对象是北宋时期文学观念，而不只是局限于宋祁，作者希望通过观察宋祁文学观念的转变，讨论古文运动中宋人对古文创作风格要求的演变。渡部氏又有《古文家之"怪"与欧阳修批评——以与石介往复书简为中心》（中国中世文学会例会，广岛大学，10 月 22 日），对宋代古文运动中欧阳修批评古文家"怪"的审美趋向进行考察。此外，《集刊东洋学》第 113 号刊发丰岛ゆう子《黄宗羲的明文总集编纂和诗文观》一文，以"习气"之批判与"性情"之重视为中心，阐发了近世文学中明人的诗文观念。

对文学作品中重点词语和意象的研究，一直为日本学者所重视。诸如远藤宽朗《关于〈诗经〉中的"狐"、"狐裘"》（《二松学舍大学论集》第 58 号）、《〈诗经〉青蝇考——"蝇"字的意味》（《二松学舍大学东亚学术总合研究所集刊》第 45 号）、矢野光治《〈搜神记〉中的动物——"犬"的表象》（《立正大学文学部研究纪要》第 31

号）、增野弘幸《陶渊明〈归去来兮辞〉中的"松菊"表现》（《大妻国文》第 46 号），或注目于《诗经》之词语，或讨论陶潜作品之意象，其中有些论述，颇可醒人眼目。

此外，对单篇作品的研究在本年度也有不少，如田中正树《关于秦观的〈浩气传〉》（《二松学舍大学论集》第 58 号）、二宫美那子《庾信〈小园赋〉考》（东山之会研究发表，京都女子大学，2015 年 5 月 16 日）、荒川悠《刘禹锡〈秋词二首〉初考》（筑波中国学会例会，2015 年 5 月 21 日）等，即是对单篇作品的考察。还有学者更以某些诗句为对象，进行重点剖析。如宇贺神秀一《陶渊明〈拟古〉诗其二再考——关于"问君今何行，非商复非戎"》（筑波中国学会例会，2015 年 6 月 11 日）、土屋聪《关于〈代悲白头吟〉诗的"桑田变成海"句》（中国四国地区中国学会第 61 回大会，冈山大学，2015 年 6 月 13 日）等。这样一些文章，重点研究某篇作品或诗句，切入口小，文本解读易于深细，最能体现日本学者的学术传统。

关于传播接受的研究，前面重点提及日本文学接受中国作家作品的情况，实际上，还有一些学者致力于中国或他国不同作品间的传承考察，其落脚点不在日本，而在异国。如上野裕人《宋诗中曹植·曹丕诗的影响》（《語文と教育》第 29 号），即以陆游诗为中心，分析了曹丕、曹植诗歌对宋代诗家的影响。黑田谱美《崑腔传奇对代言体弹词的变容——以〈绣像一捧雪全传〉〈绣像十五贯〉〈绣像风筝误〉为中心》（《金泽大学中国语学中国文学教室纪要》第 14 号），即以《一捧雪》等传奇为例，分析其被代言体弹词接受的现象。这是文体之间影响、传播的考察，具有一定的创新意义。至于刘捷的《从〈天地瑞祥志〉看其对〈山海经〉的受容和传播》（《東亚研究》第 13 号）一文，则重点分析了七世纪中叶新罗编纂的《天地瑞祥志》之《禽惣载》、《兽惣载》两部分对《山海经》相关文献的引用与传播，将关注视线转向了异国文献，也值得重视。

本年度对文学本体的研究甚多，例如对特定诗文题材的研究，有宇贺神秀一的《陶渊明咏史诗试论——咏史诗中的"传体"及其特色》（《筑波中国文化论丛》第 34 号），该文通过对比陶渊明咏史诗与正史记载，考察陶氏对史诗的选择与表现，并以《咏二疏》、《咏荆轲》、《咏三良》等为例，对其"传体"咏史诗之特色予以揭示。在文教大学召开的中国文化学会大会(2015 年 6 月 27 日)上，宇贺氏还发表了《陶渊明〈拟古〉诗小考》。此外，郑月超的《"咏怀"与"言志"——阮籍詩何以称"咏怀"》(《六朝学术学会报》第 16 号)、蒙显鹏的《黄庭坚的挽词》(九州大学中国文学会中国文艺座谈会第 278 回，2015 年 1 月 31 日)等，也是此类成果。

讨论特定主题的论文也不少，如下田悠佳《关于白居易的咏梅诗》(《中国文史论丛》第 11 号)、渡边登纪《关于刘宋的七夕诗》(六朝学术学会第 19 回大会，二松学舍大学，2015 年 6 月 20 日)、山本浩史《鲍照诗赋中街的描写》(京都大学中国文学会第 30 回例会，2015 年 7 月 18 日)、高桥忠彦《白居易的茶与陆游的茶——茶诗对偶表现的线索》(《东京学艺大学纪要·人文社会科学系 I》第 66 号)等。其中高桥氏这篇论文不仅讨论了茶的主题，还就茶诗中的对偶问题加以讨论，涉及了文学技法的分析。与之相类，中元雅昭《白居易的对句论序说》(《国际文化表现研究》第 11 号)也讨论了诗歌中的对偶问题。胡兮《六朝"舞诗"中对句表现之变迁》(中国中世文学会例会，广岛大学，2015 年 12 月 17 日)、山田和大《关于韦应物〈冰赋〉的讽谕性》(《中国中世文学研究》第 65 号)、小野夏实《关于〈全唐诗〉中的诗语"娇无力"——对李白·白居易·無名氏作品的考察》(《筑紫语文》第 24 号)等，或注目于诗中技法表现，或探究作品思想意涵，或分析作品遣词造语，均别具胜意，引人关注。

还需重点介绍的，是浅见洋二教授新近推出的《有皇帝的文学史——中国文学概说》(大阪大学出版会 2015 年版)。该著分国家与个人、事实与空想两大部类，分别就言语和权力、私性文学、史书与小说、家族故事、人为与自然诸章展开论述，角度新颖，力图打破传统的文学史论述模式，表达了作者长期研读中国文学史的独特心得。他如中木爱《白居易的幸福世界》(勉诚出版社 2015 年版)，则以白居易为中心，分论白氏吟咏自然以及衣服、睡眠、酒、音乐等内容的诗歌，展现了白诗从思想意识到生理感官所构建的幸福世界。该著最后以姚合诗与白诗进行比较，讨论了白居易诗对姚诗的影响。

总上所述，日本学界 2015 年度中国古代文学研究所取得的成果内容丰富，选题视角多样，在操作层面颇为精细，并在整体上呈现出以下特点：

(1) 依托日本国内的丰富收藏，文献研究持续深入，一些中小诗人的作品价值也在文献考订基础上，被不断挖掘。较明显的例证是明人张楷，此人长期被中国文学史所忽略，却受到日本学界的重视。本年度至少有两篇论文以张氏诗歌为主题，一是前文提及的竹村则行的《弘治本〈西厢记〉所载明张楷〈蒲东崔张珠玉诗集〉》，另一篇是《中国中世文学研究》第 66 号发表的铃木敏雄《作为拟作诗的明人张楷"和唐诗"》。

(2) 通观"东亚汉文学"的研究格局与立足日本本位的自我观照。本年度的成果中，对《天地瑞祥志》的研究较能说明问题。该书是新罗所编，为古代朝鲜、日本文人所熟悉，其中引用了大量中国典籍，对之进行研究，势必要放开眼光，通观东亚。长谷部刚《德语中的杜甫》则以堀辰雄的"杜甫诗译"为中心，将研究重点转向了汉文化圈以外的德国学界，从中可见其研究视野的拓展。当然，类似研究虽已将眼光放开，但其立足点仍在日本。学者们以中国文学或他国文学为镜，照见的则是日本文坛的景象，是以解决日本国内文学、教育等问题为宗旨的。关于此点，前文多有论及，不赘。

(3) 研究工作的集团化推进。除前文提到的译注中国典籍时体现的集团化倾向外，本年度《亚细亚游学》组织学者发表的关于《夷坚志》、江湖诗派的研究成果，白居易研究会主办的《白居易研究年报》所刊专题论文，植木久行等人围绕古典诗迹在中国所作多次现地考察，都体现出日本学者进行学术研究时的团队合作意识。

下篇　日本学界 2015 年唐宋文学研究成果与动向

从上篇的匆匆巡览，已不难发现唐宋文学研究在日本的繁荣概貌。由于这方面的成果涉及范围广，研究水平高，我们特辟下篇，就其相关内容予以更具体的介绍和述论，以尽可能集中展示日本学界本年度唐宋文学的研究动向。

曾有网络戏言："想看中国历史，唐朝去日本，明朝去韩国。"此语虽不经，但从民间观感道出了唐代文化对日本的影响。据《日本中国学会信息》2016 年第 1 号《国内学会消息（平成二十七年）》，日本国内的 38 个中国学研究专业学会中，以中国朝代命名的即有六朝学术学会、中唐文学会、日本宋代文学学会、明清文人研究会。他如中国中世文学会、东山之会、日本词曲学会的主要研究范围也在唐宋阶段。另有若干未被介绍到的学术团体，如白居易研究会、刘禹锡读书会等，均保持着顺畅的学会活动。由此也可见唐宋文学在日本学界的地位。就此而言，本年度日本的唐宋文学研究取得丰硕成果，也正是情理中事。下面，我们试从研究对象与研究方法几个层面，对此一领域的相关成果略作陈述。

一、作家生平与文献学研究

在作家生平研究方面，刘洁《〈千载佳句〉所收盛唐诗人僧贞干·张谔·丁仙芝考》利用出土文献，考察《千载佳句》所收盛唐诗人的相关问题。作者从《大唐开元庆山之寺上方舍利塔记》题名考订贞干任"翰林内供奉"之职事，认为《宋高僧传》所载"唐吴郡嘉禾贞干传"传主与《千载佳句》所收诗僧贞干非同一人，又从《全唐文补遗》收录的另两通墓志铭对张谔、丁仙芝进行了考证。爱甲弘志《关于杜牧的〈李戡墓志铭〉（上）》（《人文论丛》第 63 号）同样借墓志铭展开考察，不仅翻译了杜牧所撰墓志全文，而且在征引其他文献的基础上，还原了自大和二年（828）至开成二年（837）共八年间，杜牧游幕江南的生活与交游情况。小二田章所撰《〈咸淳临安志〉的编者潜说友——南宋末期的临安与士人群体》（《亚细亚游学》第 180 号），介绍了《咸淳临安志》的主要内容，考察了潜说友的仕途升转贬谪，潜说友与王积翁的互动关系，对《咸淳临安志》反映的元军攻占前的繁华社会，以及宋末以江湖文人为代表的士人群体记忆作了勾勒。村越贵代美的《南宋文人交流一例——围绕姜夔的卒年》（《风絮》第 12 号），梳理相关资料，考察姜夔晚年及身后状况，展现了南宋市井文人的交流样态。中村乔《南宋〈北行日录〉著者楼钥及其亲族系谱》(《学林》第 60 号)所讨论的问题，也涉及作家生平。另外，《安田女子大学纪要》第 44 号还发表了内田诚一的译作《万德敬〈李白与河东裴氏的交游〉》。

将作家生平与诗文研究挂钩，是研究中常见的一种情形。黑田真美子《韦应物自然诗的变容(其一)——以洛阳时代为中心》(《法政大学文学部纪要》第 71 号)一文，首先就何为"自然"这一问题，回溯六朝以后"自然"所含《老子》道家意味、陶渊明诗境中大自然与现实空间的深刻联系，以及盛唐孟浩然诗中呈现的真实自然。随后依据对韦应物洛阳前期诗歌的分析，指出韦氏本期作品继承盛唐自然诗的要素较后期更多，歌行体较盛唐自然诗表现出更多的新变。类似研究，在秋田大学 5 月 23 日举行的秋田中国学会平成 27 年度春季第 160 回例会上，也有展示。如高桥彰三郎的《李白从军时的情况和诗的特色》、铃木长十郎的《边塞诗人岑参于凤翔行在所时期的动向和心情——围绕〈玉门关盖将军歌〉展开》等即是。在立命馆大学中国艺文研究会 9 月 5 日举行的研究会上，今场正美发表《滁州时期韦应物的境地》，先后讨论韦应物赴任滁州的心情、滁州刺史时的情况以及滁州西涧的闲居生活。该文后载于《学林》第 61 号。

以文献学之法研究唐宋文学的成果，大致可分如下几种情形：

1. 引书研究

富嘉吟关注白居易诗文在后世文献中的征引问题，除前文提及的《〈文苑英华〉及校记中的〈白氏文集〉诸本之利用状况》外，他还发表了《〈江谈抄〉所引白氏诗文考三则》(《学林》第 60 号)。至于砂山稔《〈上清变化七十四方经〉与〈上清经〉——作为〈上清众经诸真圣秘〉与〈太平御览〉之引用轴心》(《アルテス　リベラレス》第 95 号)、田中一辉《关于〈太平御览〉所引〈玉玺谱〉》(《汲古》第 67 号)诸文，均是对宋代大型类书引书的考证。前者虽以宗教学研究为落脚点，但从李商隐《碧城》其一之语典入手，全力分析《上清经》等道教经籍的内容与成书问题，认为《太平御览》所引《上清经》为通行《道藏》失收。他如种村和史《段昌武毛诗集解所引朱熹诗说考》(《中国研究》第 8 号)，文后附有《〈毛诗集解〉所引朱熹诗说一览》，通过比勘段著所引《诗集解》佚文，讨论朱熹诗经学与诗说的形成过程。

2. 辨伪、辑佚、校勘

《亚细亚游学》第 181 号发表陈翀《洪迈之死与〈夷坚志〉的伪书疑惑》一文，围绕《宋史·洪迈传》所记洪迈卒年，与《夷坚志》诸志的编成年代相对照，判定《夷坚志》甲志到庚志为洪迈所编，而辛志以下编纂者不明，或系伪托。该刊第 180 号发表卞东波《域外汉籍中所见南宋江湖诗人新资料及其价值》(《古典文献研究》第 16辑)，从《唐宋千家联珠诗格》中辑出 23 家 39 首诗作，兼及朝鲜文人的评论。作者又查考《新选分类集诸家诗卷》、《选诗演义》等域外汉籍，别有所获。该文由会谷佳光所译，或许是受限于刊物的普及性质，译文对原作有大量删减。滨中仁《市河宽斋著〈陆诗意注〉校正 卷三》(《未名》第 33 号)，以《陆诗意注》1910 年香雨书屋刊本为底本，进行校正(《陆诗意注》共六卷，第三卷所收为《剑南诗稿》卷八至卷十四的 95 首诗歌)。

3. 译注

前文曾提及东山之会组织学者译介贾岛《长江集》，相关刊物发表山本和义、蔡毅等的《苏轼诗注解》以及王连旺的《赵次公诗文汇校稿》，除此之外，本年度今场正美、尾崎裕还撰有《〈太平广记〉梦部译注》(中国艺文研究会 2015 年版)，分类翻译了《太平广记》的一百余条涉梦条目。至于唐宋诗词译注成果，另有林文孝《陈普〈武夷櫂歌注〉译注》(《山口大学哲学研究》第 22 号)。陈普(1244-1315)是福建出生的朱子后学，他注释朱熹《武夷棹歌》七言绝句十首，揭示了朱子对武夷九曲风光的描绘，及其所隐喻的修养实践进程。对于陈注，林文孝以日本国立公文书馆所藏、昌平坂学问所旧藏《佚存丛书》宽政十二年(1800)刊本为底本，以《丛书集成初编》本、《百部丛书集成》本等为参校本，兼参《朱子全书》本等，进行过录、校点、注释，同时，文章也简要回顾了该注本自宽政、文化间林述斋以来在日本的流传情形，为研究者提供了若干参考。

本年度朱熹著作的翻译成为热点，日本汉诗文学会组织的"朱子绝句研究部门"刊行了《朱子绝句全译注》第五册(汲古书院 2015

年版),并以早稻田大学和共立女子大学为主要场所,对《朱文公文集》卷七的内容进行集体研读。土田健次郎编著的《朱熹〈论语集注〉》全4卷本译注于2013年起由平凡社出版,到本年度全部完成。《日本思想史学》第47号发表该书刊行信息,予以介绍。与之相关,《东洋古典学研究》第39号发表了市来津由彦《朱熹〈文文公文集〉跋文译注稿(16)》,牛尾弘孝、森宏之《〈朱子语类〉卷一二二〈吕祖谦〉译注(5)》。该刊第40号发表了市来氏的《朱熹〈文文公文集〉跋文译注稿(17)》、牛尾氏等人的《〈朱子语类〉卷一二二〈吕祖谦〉译注·楠本本补遗》。关于《朱子语类》的译注成果,则有《阳明学》第25号所刊二松学舍大学宋明资料轮读会《〈朱子语类〉卷二六~卷二九译注(2)》、《明治大学教养论集》第510号所刊本间次彦《〈朱子语类〉卷六十二〈中庸一〉译注(3)》,以及《汲古》第67号、第68号所刊恩田裕正《〈朱子语类〉卷九十四译注(19)》、《〈朱子语类〉卷九十四译注(20)》。这些译注之外,垣内景子《如何读〈朱子语类·训门人〉》(《斯文》第126号)一文,则对如何阅读《朱子语类》的具体篇章发表见解,不无参考价值。

宋词译注方面,日本词曲学会《龙榆生编选〈唐宋名家词选〉译注稿》(《风絮》第12号),以上海古籍出版社1980年版为底本,在进行训读、标明韵字、解释词牌之后,对其中作品进行语句注释和通译。本期发表的译稿涉及张先、晏殊、柳永、晏几道、贺铸、朱敦儒、史达祖等七位词人的十二阕词作。由北真治、芳村弘道、藤原祐子、萩原正树、池田智幸、池田昌广、松尾肇子等人担当翻译。值得一提的是,身为公司职员的北真治并非专职研究人员,却也参加了这项工作,这在一定程度上反映了唐宋词在日本当代的普及情况。

针对日本刊物盛行一时的译注现象,王水照先生曾经指出:在日本学人的相关研究中,"译注占据了很大的比重,这固然可以称其为特色,但对于我们中国学者而言意义不大。因为,我们当然希望看到更多日本学者的研究论文和原始文献。"①我们部分同意王先

---

① 王水照、倪春军:《金汤生气象,珠玉霏谈笑——王水照先生词学访谈》,《词学》第34辑,华东师范大学出版社2016年版。

生的看法，因为各类典籍的日文译注对中国学者来说，确实难以派上大的用场，但对日本读者而言，却为接受中国文化打开了一个便利的通道。而且通过译注，也可使我们了解日本学界新近关注的作家作品，从文本解读和传播接受的角度活用日本译注成果，从中获得一些有价值的新的发现①。

二、文献生成与书籍史的影响

恰如陈翀先生总结值得关注的研究动态时所指出，近五年来，日本中世文学研究领域出现"以神鹰德治、静永健等先生为代表的日藏古钞本研究"②。无独有偶，中国学界近年来也颇为关注"'钞本文献''刻本典籍''文本演变'等问题"③。2015 年 5 月，《复旦学报》编辑部还主办过"周秦汉唐经典的形成与诠释"青年学者研讨会，以推动该领域的研究。事实上，这类研究重在通过钞本、刻本等考察文献的生成渊源和过程，与书籍史紧密相关。一般而言，书籍是作品的载体，作品通过何种途径形成现有形貌，以何种方式演变、传播，乃是文献生成研究所关心的要点所在，因而，与此相关的研究方法，无疑受到书籍变迁史的影响。

日本学者这方面的研究自有其特点。对文献钞本形态的考察，以伊藤美重子《关于敦煌写本〈丑女缘起〉——P. 3048 的特质》（《茶之水女子大学中国文学会报》第 34 号）、道坂昭广《关于日本流传的〈王勃集〉残卷——其书写形式与"华"字缺笔之意涵》（《东方学》第 130 号）为代表。二者均从写卷的形态特征分析钞本、写本时代文献的存在样貌。伊藤氏的论文列举 S. 2114 v、S. 4511 rv 等 5 种敦煌写本《丑女缘起》现存情况，分析 P. 3048《丑女缘起》的构成与

---

① 关于此点，汪超曾撰有《近百年来日译花间词定量分析》（中国韵文学会第八次年会会议论文，南开大学，2015 年 5 月）一文，从日本译介《花间词》的译者、出版者、所译作品等问题，展开讨论，并对日文译注成果的再利用提出了若干意见。

② 陈翀：《东亚视野的扩展与古钞文献学的建构——近五年日本中国中世文学研究新动向》，《文史知识》2015 年第 2 期。

③ 刘跃进：《中国早期文献稳定性与可信度的矛盾问题》，《复旦学报》2016 年第 1 期。

内容，并比较 P. 3048 与 S. 4511 的异同，得出 P. 3048 是为加深百姓佛教信仰，以世俗之人为对象的小说。相比之下，道坂氏的研究更接近于书籍史的分析方法，他结合内藤湖南、藏中进的先行研究，从钞本用纸、字体、书法风格、卷首卷尾、行款等方面，详细辨别日本所传各《王勃集》残卷的钞写年代。尤其值得注意的是，作者通过武则天祖父名字"华"之缺笔避讳、武则天所造文字的使用情况，指出上野本、东博本所藏，当是垂拱至永昌年间（685-689）中国钞本之一部分，而正仓院本则应为 698 年至 704 年之间的日本钞本。文末着重强调上野本、东博本钞成时代距《王勃集》编成在 6 年以内，是最接近王集原貌的钞本。在作者看来，唐时日本人对中土文坛的流行作品极为敏感，日传钞本也为再认识王勃在初唐文坛的地位提供了重要资料。在这股风潮影响下，中国学者查屏球所撰，由渡部雄之翻译的《从抄本到版本推移过程中的著述及出版特征——〈唐文粹〉之编纂和流传过程考察》（《中国中世文学研究》第 65 号），也鲜明地体现了类似特点。该文以《唐文粹》之编纂背景、成书过程为中心，特别拈出《唐文粹》收录的古文类作品进行分析，并在文章开头部分，明确指出钞本在向刊刻转型的过程中，对于著述、出版所发生的影响。此外，泷本弘之的《中国古版画散策（第 3 回）梅花喜神谱——为梅之"生涯"添加诗趣的书》（《东方》第 410 号），同样以讨论书籍物质形态为手段，探索图书背后的社会、思想问题。这些研究，多从文献本身出发，探讨相关文本的流传特点、表现形态及其所反映的文坛风气，由此构成书籍史研究的一个重要方向。

对欧阳修文集的成书过程，东英寿多有考述。他于本年度发表的《由书简看周必大〈欧阳文忠公集〉之编纂》（《日本宋代文学学会报》第 1 号）一文，详细考述了周必大编纂《欧阳文忠公集》时对欧阳修书简的处理方法，指出欧阳修晚年自编《居士集》时，仅收录十通书简。而周必大的编纂工作虽然有先行成果可以借鉴，但所编《居士外集》仍然漏收 96 通书简。这些书简近年由东英寿从天理大学附属天理图书馆藏《欧阳文忠公集》中发现，颇为学界瞩目。对这新发现的 96 篇书简，作者予以辨析，认为极有可能是因其内容过于私密，才被编者有意忽略的。与前文相似，汤浅阳子《〈集古录〉周边的人们》(《人文论丛》第 32 号)也是对欧阳修作品成书的考察，其中涉及《集古录跋文》的编集方针、金石考证及后人继承等相关问题。

关于苏轼作品结集刊行的情况，原田爱于本年度发表《洪迈对苏集编纂的关注视线》(《亚细亚游学》第 181 号)》、《苏词集编纂考》(《中国文学论集》第 44 号)两篇论文，予以考察，其中也显见书籍史的影响。前文概括了宋代苏集编纂的变迁过程，对苏轼子孙与苏集南宋刊本之关系，特别是苏轼曾孙苏峤知建宁府时所刊《东坡别集》一事予以重点考述。因苏峤刊本已经散佚，作者遂通过洪迈对该刊本的批评，推测其刊行情况；而对南宋苏轼后嗣编纂苏集过程的考察，则意在说明当时的出版文化及洪迈的编纂态度。后文以时代为序，缕述东坡词集的编纂史，总结各期苏词编纂之特点，着重指出南宋苏词出现再编本与注释本、金代诞生苏词选集、元代旧版之回归等现象。作者认为：南宋时期已经大量出现的苏轼诗集注释本为苏词的注释积累了知识，而金元时期出现的苏词选集、旧版回归现象，正反映了苏词为人喜爱的程度。作者还指出，在每次苏轼词集的编纂背后，都存在不可忽视的地缘、血缘因素。

《夷坚志》的成书过程也受到关注。大塚秀高所撰《〈夷坚志〉是如何完成的——洪迈三族在〈夷坚志〉编纂中发挥的作用》(《饕餮》第 23 号)一文，即对注目于此，而特别留意洪迈亲族在其中扮演的角色。甲斐雄一《洪迈和王十朋》(《亚细亚游学》第 181 号)则在生平交游考述之外，提供了一个与出版文化链接的视点。他在文中讨论了洪迈与王十朋的交游情况，以及《夷坚志》中王十朋的"登场"，通过以王十朋为主角的南戏、冠名"王状元"的四种宋编文集，分析了南宋出版者强调王十朋状元身份对书籍流传的意义。作者指出，在《夷坚志》编集过程中，洪迈自觉不自觉地强调故事提供者为王状元，由此推动了读者对该书的接受，促进了作品的流通。

此外，学者们还将视线投向宋人词集、诗集、文集等的传承流变，从不同角度对之予以考察。藤原祐子《〈草堂诗余〉的成书背景——宋末元初的词选集·分类注释本与福建》(《亚细亚游学》第

180 号)以词集成书为中心，一方面比对《草堂诗余》与其他分类选本、注释本之异同，一方面将该书置于福建出版业同时代、同地点刊刻的书籍中进行比较，由此见出时代文化背景对书籍编纂的深度介入。近藤一成《文天祥之书写与被书写》(《早稻田大学大学院文学研究科纪要》第 4 分册第 60 号)一文，历数文天祥文集的版本与流传，特别梳理了道体堂本及文天祥狱中作品的南传情况。作者此前曾检讨文天祥的评价问题，对文天祥在宋代历史文脉中的地位作出判断①。近藤氏在文中坦陈：其研究目的即在于考察文天祥"文集"之成立问题。与之相似，2015 年 5 月 30 日在东洋大学举行的日本宋代文学学会第二回大会上，内山精也《关于宋人诗集的生前刊行——士大夫与江湖诗人异同之意涵》、原田信《关于宋元〈诗经〉图解之形成》二文，也是对相关诗文集成书过程的考察，只是前者由此涉及士大夫与江湖诗人之异同及其意义，扩大了论题的范围。

本年度不少书籍编纂的研究都涉及文献生成问题，受到书籍史研究方法或研究观念的影响。书籍史研究在初起阶段，较为强调物质形态、稿费、印刷等书籍内容之外的问题，而近年来向阅读、传播等话题延伸，逐步拓展至出版文化、编辑观念等相关问题。这就与文献学研究的部分目的有所重叠，这些重叠的部分，也为文学研究者提供了新的学术生长点。上述论文虽然并不直接回应书籍史的关切，但一定程度上却受到其影响。

三、文史融通与历史学其他视角的采用

尽管我们一再强调文学学科的独立属性，但不可否认，其本质上仍然是一种历史研究，故而文学研究很难避免历史学的介入。除前文提到的书籍史之影响，历史学的研究视角也深度介入了古代文学的研究领域。本年度日本的宋代文学研究成果极能体现此一特点，如《亚细亚游学》第 180 号的《南宋江湖诗人群——中国近世文学拂晓》和第 181 号的《南宋隐藏的畅销书——〈夷坚志〉的世界》等

---

① 近藤一成《文天祥究竟为何而死——文天祥研究之课题与展望》，《早稻田大学大学院文学研究科纪要》第 4 分册第 59 号。

多篇论文，即呈现出文史融通的研究取向。该刊第 181 号有两篇关于《夷坚志》的研究论文，更明确地站在史学立场观察研究对象，其标题即直接突出史学概念：须江隆《作为社会史史料的〈夷坚志〉——对其魅力和宋代社会史研究的新尝试》和林嵩著、甲斐雄一译的《〈夷坚志〉对正统史学的突破和解构》。须江隆为日本大学教授，专治中国近世史，其学科背景影响着他观察《夷坚志》的角度。他举《夷坚丁志》卷五《威怀庙神》、《夷坚甲志》卷二《齐宜哥救母》等五例，具体说明《夷坚志》小说内容作为史料运用的方法。又从洪迈生活年代、《夷坚志》的内容与其史料性质等问题，进一步论证以小说证史之可能性。文末指出：《夷坚志》内容丰富，有必要对其展开多学科的研究。林嵩为北京大学副教授，其文首论《夷坚志》的史料价值，次从洪迈对传统史学的继承与突破进一步巩固前论。最后认为：《夷坚志》"全知型"的视角、洪迈对史学家身份束缚的解放、"志怪"题材的引入，使其完成了对传统史学的解构。

在《亚细亚游学》第 181 号中，采取历史学视角观察《夷坚志》的论文还有：盐卓悟《〈夷坚志〉中宋代女性的饮食生活》、ヒンリクス T・J（TJ Hinrichs）《洪迈〈夷坚志〉所见医疗知识》、高津孝《梦占和科举——〈夷坚志〉与梦之予兆》、柳立言《〈夷坚志〉与人间法——宋代的灵异案件》。从这四篇论文作者的身份看，古代文学专业的学者只有高津孝教授，其他三位都是历史学者。其中，盐卓悟是大阪市立大学研究员，从事中国饮食文化史和东亚文化交流史的研究，故其论文更重视《夷坚志》的饮食史史料，并据以讨论宋代女性的肉食与饮酒问题，最后得出《夷坚志》是"今后宋代饮食文化研究的最重要书籍之一"的结论。ヒンリクス TJ 是美国康奈尔大学准教授，以中国医疗史和民间信仰史为专长，以宋代为研究中心。在上揭论文中，他从社会、伦理方向考察疾病、治疗等相关问题，尤其注意到《夷坚志》记述的以呪术为治疗手段者的相关情况。作为史学大家，柳立言在其论文中借《夷坚志》故事，探讨官民对灵异事件的态度、信仰，以及司法所受影响、司法对巫觋、淫神的处理等问题。高津孝则通过分析与科举相关的《夷坚志》中的梦占故事，讨论其中反映的科举背景下宋人之社会心理结构。以上所述《亚细亚游学》的这些文章，既是专题考察，也为小说研究拓展了视野。

《亚细亚游学》第 180 号则较多刊载了史实梳理和介绍性的文章。如原田爱《江湖诗祸》、甲斐雄一《陈起与江湖诗人的交流》、饭山知保《金元交替与华北士人》等文即是。原田氏的文章介绍了在史弥远与济王废立背景下，涉事江湖诗人敖陶孙等的涉事作品，以及江湖诗祸的结局。甲斐氏的文章除介绍出版者陈起与江湖诗人交往、江湖诗人藏书和诗友交流等情况外，在书写视角上，偏向于史实呈现，力图再现江湖诗人与陈起之间的交游实态，而在资料的引述上，却偏向于文学，多引诗文为证。饭山氏是早稻田大学准教授，以华北社会史为研究重点，故《金元交替与华北士人》正是作者熟悉的话题。该文以单个士人赵秉文、元好问、郝经的经历为例，分析金元易代之际华北士人的生活，探索华北地区社会秩序的崩坏与重建。这一研究体现了有别于文学的旨趣，但又未离开对金元时期重要文学家的生活展现。与上述诸文相比，由保苅佳昭翻译的张宏生《南宋江湖诗人的生活与文学》一文，更倾向于宏观上的论述，展示了南宋中后期江湖诗人这一群体出现的文学史意义。文章一方面分析了谒客的生存方式、以"润匣"为中心的经济活动，一方面选取姜夔、范成大为例，讨论诗人职业化及其影响。作者在文末明确指出：对该群体的研究，既有益于宋代文学史研究，亦有益于对宋代社会文化史的理解。同期刊载的河野贵美子所译侯体健《晚宋的社会与诗歌》，则聚焦于晚宋的政局与诗人心理、地域文化与诗人集团、诗人身份与诗歌效用，为江湖诗人的生活背景提供了参考。

对社会生活史的关注仍在持续。池泽滋子的《丁谓与茶》(《中央大学论集》第 36 号)，重在探讨丁谓与北苑贡茶、建阳茶事之关系，其中通过对丁谓《北苑焙新茶诗》及贬谪海南后所作《茶》等诗歌的解析，深化了论题。作者认为：丁谓著有《建阳茶录》，精于茶道，是建阳茶文化的先驱。该文由作者 1999 年在中国巴蜀书社出版的《丁谓研究》第三章抽取译成，所采取的视角也是偏向史学的。

唐代文学研究中，有两篇以田野调查方法完成的论文。前文提及的内田诚一《关于唐代诗人王维的衣冠墓》即是其一。另一篇是加藤聪与下定雅弘合作的杜甫蜀中游踪之调查，文章发表于《中国文史论丛》(第 11 号)，题目是《杜甫蜀中行迹调查报告——成都·阆州·绵州·梓州·射洪》。考察作家遗踪，进行田野调查，更接近人类学或考古学的方法，但其对准确揭示史实，开拓研究思路，无疑是有助益的。前述《中国诗迹事典——汉诗的歌枕》，亦属此类情况。

四、作家作品分析与文学本位的坚守

相较而言，日本学者在唐代文学的研究方面，更加坚持文学本位。相关研究成果多立足于作者和文本，讨论文学内部问题。本年度，日本学者在创作观、作品分析、文体、主题、技法等方面，都做了较充分的讨论。

1. 文学观念的考察

围绕唐代诗人元结、白居易的诗歌创作和讽谕手法，加藤敏发表《元结、白居易诗中的风雅形态》(《千叶大学教育学部研究纪要》第 63 号)一文，通过对元、白二人采诗观、讽喻手法的分析，揭示了他们在文学风雅(讽喻)观念和实践上的差别。与此相似，山田和大的《关于韦应物〈冰赋〉的讽谕性》(《中国中世文学研究》第 65 号)也是探讨讽谕手法的，该文在比较韦应物《夏冰歌》、《冰赋》的基础上，追溯韦赋讽喻性的背景，一定程度上拓展了韦应物研究的范围。此外，泽崎久和《白居易"以诗为佛事"和〈维摩经〉——进入宋代的继承视野》(《白居易研究年报》第 16 号)、西山猛《唐宋小说称呼方式的历史演变》(《言语科学》第 50 号)等论文，也从从不同角度涉及文学观念。相比之下，文学观念在宋代文学研究中的体现更为明显。如东英寿《"鉴定士"刘克庄的诗创作观》(《亚细亚游学》第 180 号)即结合刘克庄书画鉴定家身份，梳理刘氏书法作品鉴定实践，逐步推导到其诗文创作观念与艺术品鉴赏标准的关系。作者特别注意到刘克庄对苏轼书法的鉴赏，拈出刘氏书法评判时强调的"力量"与"气魄"概念，及刘氏论诗文时使用这两个概念的情况。又从《后村诗话》中发现刘克庄借书画鉴赏经验以喻诗文创作的例证，解释了刘克庄诗文创作观中以书喻文的特点。杜道明《论北宋文字禅的言意观》(《言语文化研究》第 35 卷第 1 号)分析了文字禅对语言的看法、对言意矛盾的化解，文章最终落实于文字禅的美学转向上，认为文字禅创造了一系列"言有尽而意无穷"的策略与方法，诸如立象、修言等，而在文字使用上，又借鉴儒道两家而创造出一系列方法与技巧。在作者看来，这一切均指向文字禅的美学转向，即对审美直观、诗化语言的重视。

2. 诗文主题分析

《中国文史论丛》第 11 号发表下田悠佳《关于白居易的咏梅诗》，《亚细亚游学》第 180 号发表加纳留美子《江湖诗人的咏梅诗——花之爱好和出版文化》，从其标题即可看出文章的主题取向。前者使用的方法较为传统，文章首先交代论文动机与方法，综述先行成果，随后针对白居易梅花诗及其发展变化，概括出白诗以观梅陈述事件、用语生新的特点。加纳氏的论文事实上也受到书籍史视角的影响，她从宋人生活中多彩的花文化着手，接入宋人多元的咏花诗及咏梅诗的兴起，继而逐一分析南宋江湖诗人的《梅花百咏》、咏梅集句、咏梅花期小题组诗的创作，以及配合花谱的《梅花喜神谱》，最后将话题锁定在咏梅诗歌与南宋出版文化的关系上。这一研究不似下田氏论文单纯就诗歌主题论诗，而是有多元的发挥，在一定程度上加重了论文的宽厚度。此外，在 2015 年 7 月 16 日举行的名古屋大学中国文学研究谈话会上，发表了梅木风花的《白居易的寒食诗》；在 2015 年 7 月 24 日举行的广岛大学中国文学研究室研究会第 191 回会议上，发表了贾云飞的《元稹的"月"诗》；在 2015 年 6 月 13 日举行的四国地区中国学会第 61 回大会上，发表了藤原祐子的《柳永的游仙词》。这些文章，也程度不同地关涉到诗词主题研究。

另有一些文章，考察诗歌主题的倾向更为明显。如大山岩根《关于李商隐诗的"伤春"——以〈曲江〉诗为中心》(《集刊东洋学》第 112 号)，便重在讨论李诗的伤春主题。文章从下定雅弘解释李义山《曲江》诗为"自伤"的新说起笔，梳理了唐诗中"伤春"语词的意义、"曲江"地名的含义，以及李商隐《流莺》、《杜司勋》诗中所用"伤春"例证，否定了下定氏的说法，认为李商隐《曲江》等诗中之"伤春"仍当如前人所释，乃为国而忧伤。秋谷幸治《歌咏"式微"的诗人——解读王维〈渭川田家〉诗的线索》(《集刊东洋学》第 113号)一文，由《渭川田家》诗中"怅然歌式微"一句触发，追溯《诗经》毛传郑笺及鲁诗说对《式微》诗的解说，以及"怅然歌式微"的先行研究。而后分析"式微"作为归乡、归隐的涵义，"式微"与《归去来兮辞》的关系，得出结论：《渭川田家》较早以"式微"寓托归隐主题，该诗受到《归去来兮辞》的影响，是对此前归隐主题的接受。与此略有不同，橘英范《对天空的想望——刘禹锡诗的一个特质》(《中国文史论丛》第 34 号)重在梳理刘禹锡诗中对飞翔物体、飘扬浮游物体的印象式吟咏，以及仰望视线的运用，但其落脚点仍在表现主题的发掘，亦即通过剖析刘禹锡对飞行物的自觉关注及对飞翔的渴望，展示刘诗某一方面创作特质。市川清史的《从刘长卿到白居易——以诗语"隐吏"为线索》(《学苑》第 893 号)是对王维、杜甫等人"吏隐"用法及发展线索的考察，文章分析了刘长卿贬谪后的"吏隐"生活方式，及其对白居易左迁诗歌的影响，意在借此说明刘长卿"吏隐"主题对后世的影响。小田健太《关于李贺诗中的疾病表现》(《筑波中国文化论丛》第 34 号)则立足于病理学的角度，剖析李贺诗中针对不同对象的疾病叙述，试图说明疾病成为李贺诗歌沟通自身与他人的可变媒介。而对疾病主题的叙述，也造就了其诗歌特异的风格。

3. 文体研究

书简是具有一定私密性的文体，往往提供了作者的私人信息。东英寿《欧阳修书简所见季节应酬》(日本宋代文学学会第二回大会，东洋大学，5 月 30 日)注目于个人书简，借助此一文体来考察欧阳修的季节感及其用语特点。与书简不同，青词是一种与宗教相关的特殊文体，三田村圭子《唐宋时期的青词作者》(《专修人文论集》第 97 号)即以青词为中心，介绍了其文学属性、重要作者(如唐代崔致远、宋代真德秀等众多作手)及其作品。该文属于一般性介绍，但因青词文体本身不甚为学界重视，故此文仍具有一定的开拓性。丸桥充拓《唐代战争的记录与记忆——露布·史书·纪功碑·军乐》(《社会文化论集》第 11 号)一文虽不以文体研究为主要目的，但其中涉及露布、碑等文体，并在考察唐代纪功碑树立特点的同时，整理出一份纪功碑的附表，逐一载明其时间、作者、碑名、树立地点、事由、出处等信息。他如吉田早织《从敦煌变文看唐诗的歌唱性——七言绝句成立考》(《和汉语文研究》第 13 号)、吴相洲《李白古乐府学内涵探析》(《中国古典文学研究·广岛大学中国古典文学项目研究中心研究成果报告书》第 12 号)、加藤敏《元结的新题乐府》(中国文化学会例会，大妻女子大学，3 月 7 日)等论文，也是特定文体的考述成果。而《亚细亚游学》第 180 号发表的保苅佳昭《江湖诗人的词》，则是对特定文人群体之特定文体创作的研究。该文以姜夔、范成大、辛弃疾为例，说明姜夔等谒客与被谒者范、辛之间的词事活动。同书刊发的阿部顺子《谒客之诗》则讨论了谒客诗歌的几个特点，如壮大与卑小、称赞与批评、矛盾与愿望等的不同表现方式。

4. 其他问题研究

文学研究者的成果及其观察视角，如春天次第争放的花束，很难在几个镜头中全部网罗。下面试择其要者，从技法探讨、意象考察、文化关联诸方面再作胪列。

创作技法方面的探讨，有埋田重夫《白居易〈效陶潜体诗十六首〉的修辞技法》(《中国文学研究》第 41 号)、七户音哉《关于白居易〈效陶潜体〉诗》(中国文化学会大会，文教大学，2015 年 6 月 27 日)等文。其中埋田氏的文章较细密，具体分析了《效陶潜体诗十六首》中对陶诗偶对、连锁、数字、诗语等方面的借鉴，认为这组诗歌是白居易确立自我风格，扬弃当时文坛主流风气的关捩。斋藤茂《韩孟联句的继承——以欧阳修·梅尧臣·苏舜钦为中心》(东山之会研究发表，京都女子大学，2015 年 12 月 19 日)则从韩孟联句出发，对宋代欧、梅、苏诸人的有意效仿加以考察，其中涉及文学活动、诗歌创作以及文学接受等问题。陈翀所撰《作为歌词的〈长恨歌〉——关于白居易歌诗的押韵》(《中国中世文学研究》第 65 号)一文，逐句还原《长恨歌》的韵字韵部，认为该诗异于其他排律，其构成是以开头、结尾部分的七律和其他 23 部分的七绝构成。因七绝是唐人歌诗的主要形式，故《长恨歌》极有可能是歌词。此一观点，虽非定论，却能给人不少启发。高桥忠彦《白居易之茶与陆游之茶——以茶诗的对偶表现为线索》(《东京学艺大学纪要·人文社会科学系 I》第 66 号)瞄准唐宋两朝存诗最多的两位诗人的茶诗，整理出其作品中与"茶"相关的对语，分析其不同的对偶特点。作者的立足点虽是考察茶诗与茶文化，但从对偶运用的角度切入，便与艺术表现挂起钩来，同时，也体现了日本学者研究以小见大的特色。

　　文学意象、形象、语汇的考察，也是唐宋文学研究的一个热点。大桥贤一《关于杜甫诗中的舟》(《语学文学》第 54 号)、加藤文彬《陈子昂〈感遇〉诗试论——"黄雀"、"中山"的寓意性》(中国文化学会例会，大妻女子大学，2015 年 12 月 5 日)诸文，即属于文学意象的研究。前者考察了杜甫诗歌中的舟船意象及其象征性，后者通过对陈子昂诗中"黄雀"、"中山"内在寓意的探析，深化了对陈诗"感遇"的理解。阿部江莉子《李白和王维诗中的"白"与"素"》(东北シナ学会例会，2015 年 2 月 12 日)是关于诗歌用语的分析。石硕《贯休诗作与谢朓形象》(《早稻田大学大学院文学研究科纪要》第 2 分册第 60 号)则重在人物形象的考察，文中扣紧一个"清"字，从贯休人品之"清"到诗歌风格之"清"，均予以讨论，认为"清"的风格与其远承谢朓有关。作者还努力分析了贯休直接提到的谢朓《归东阳临岐上杜使君七首·其一》、《秋末寄上桐江冯使君》等五首诗歌，努力再现贯休诗歌所塑造的谢朓形象。福永美佳《从唐宋传奇到元杂剧的妓女形象变化》(《尚絅语文》第 4 号)注目于人物类型变迁的研究。作者分析了《李娃传》、《霍小玉传》等传奇，《曲江池》、《救风尘》等元杂剧中的妓女形象，指出了她们在出场、阶级差别等方面所存在的差异，认为相较于唐宋传奇，元杂剧中的妓女有更大的自由度，可以更自由地表达自我，而这一变化，应该是与元杂剧接受庶民文化影响分不开的。

　　也有学者试图研究宗教与文学的关系。加固理一郎的《李商隐的文学和佛教》(中国文化学会大会，文教大学，2015 年 6 月 27

99

日）通过作家的信仰，探查其作品的内在意蕴。傍岛史奈《中唐时期佛教结社的作用——对诗僧与诗人交流的考察》（《中唐文学会报》第 22 号）则以中唐佛教结社为中心，具体考察了具有宗教背景的作家与世俗作家之间的交往情形。

事实上，在文学本体研究方面，日本学者也在积极开拓新方法，而其分析资料的细致程度颇值得关注，诸如前揭埋田重夫、高桥忠彦等人的研究尤其能反映这一特点。本年度，日本学者的文学本体研究主要集中在几位重要诗人身上，如王维、杜甫、刘禹锡等诗人，但白居易依然是其关注的中心。这样一种对白居易的长期关注，实在是个非常有趣、值得深入思考的学术话题。

余　论

纵观 2015 年度日本中国古代文学的研究，我们发现以下问题值得关注或思考：

首先，汉文化圈整体文化研究的格局已然形成。日本学者站在日本立场研究中国古代文学，习惯于关注日本文学、日本文化与中国文学、中国文化之间的关系。如《亚细亚游学》第 180 号《南宋的江湖诗人群——中国近世文学的拂晓》专设《与日本的关系》部分。而该刊第 182 号《東亚之旅的表象——异文化交流的文学史》所收论文更是涉及整个东亚。当然，这并非《亚细亚游学》第一次发表相关论文，此前第 152 号的《东亚的短诗文学》、第 176 号的《东亚世界的"知"与学问》等，也是以东亚汉文化圈为观照对象的。整体考察汉文化圈诸国的古代文学情况，有助于拓展中国古代文学研究的视野，激发其生命力。实际上，我国学界近些年关于域外汉籍的研究，也一定程度地回应了汉文化圈整体研究的新趋向。中日学界在文学传播、文献考述等领域多有建树，而此方面的研究工作显然还有更多的开拓空间。

其次，盘活文献之书籍生成史及其周边研究的新趋向。传统文献研究一般以标点、校勘、考据等为主要手段，所做工作多为整理文献、辑佚编年，以考据方式尽可能地贴近文献的早期面貌或历史事实。而近年来，受西方书籍史研究思路的影响，日本学界对钞本的研究融入了文献生成过程的探索。中国学界也迅速回应，加入了相关领域的研究。本年度，文献学的研究方法仍然取得了一批成果，解决了不少问题，而活用文献，进行成书过程研究，或者通过文献周边研究以解决诗文集编纂、出版、传播等问题的新成果也批量涌现。因为钞本时代的汉唐文献数量上有限，传播媒介不固定，编纂传抄水平有差异，对其进行研究，有助于发现文献生成过程中作品面貌的更迭。道坂昭广《关于流传日本的〈王勃集〉残卷——其书写形式与"华"字缺笔之意涵》一文就很有代表性，而在我国学者中，浙江大学林晓光副教授关注文献生成问题有年，也发表过诸多有价值的成果。"周秦汉唐经典的形成与诠释"青年学者研讨会的一些学者同样多有贡献。宋代以来进入到刊本时代，文献数量浩如烟海，传播手段复杂多元，今后随着相关问题的不断深入，必能产生新的研究增长点。

其三，研究关注点过于集中的倾向值得反思。本年度，由于一些期刊的推动，江湖诗人群体、《夷坚志》等研究论文在产出量上远超以往。这虽非常态，但日本学界过度关注少数作家作品的倾向仍然值得反思。本年度唐诗领域关于白居易的研究成果，远远超过李白、杜甫等其他大诗人的研究。明清小说研究领域，则以《红楼梦》的研究成果称雄。这显然与白诗、《红楼梦》等在日本流传较广，对日本文化影响较深有关。但就如透镜反射太阳光，焦点过于集中，容易将研究对象"烤糊"。文学研究也是如此，过度集中地关注少数作家、作品，影响了研究力量的均衡分布。不过，日本学者在其他文学领域的研究中，反而能关注一些中小诗人，比较典型的是本年度关于宋代赵次公、明代张楷诗歌的研究。这一研究现象，也值得我们反思中国学界自身的情况。例如在唐宋文学研究中，关于李白、杜甫、苏轼、李清照、辛弃疾等人的研究叠床架屋，选题重复，冷饭新炒，而较少新的开拓。这种现象的长期持续，某种意义上预示着思维的钝化和研究的老化、狭隘化，实在令人忧虑。

总之，日本学者研究中国古代文学具有文化同源、视野异样的优势，提供了不少新观点和新方法，有助于拓展中国古代文学的研究畛域。近年来，中日学术交流频繁，两国学者在研究方式和内容等方面相互借鉴，产出了数量和质量均颇为可观的学术成果。从异域的眼睛观看中国文化、思考中国文学，无疑有助于拓展我们的学术视野，使相关研究更加深入，讨论更加细致。而其研究中过分琐碎、过度集中等现象，也值得我们反思。质言之，既借他山之石以攻玉，又自觉地避免其缺失，这或许才是中国古代文学研究能够保持鲜活生命力的重要途径，也是我们进行域外学术追踪的主要目的。

参考文献

[1]《愛知大学国際問題研究所紀要》第 144 号

[2]《アカデミア. 文学・語学編》第 97 号

[3]《アカデミア. 文学・語学編》第 98 号

[4]《秋田大学教育文化学部教育実践研究紀要》第 37 号

[5]《アジア遊学》第 181 号

[6]《アジア遊学》第 188 号

[7]《アジア遊学》第 191 号

[8]《愛媛大学教育学部紀要》第 62 号

[9]《愛媛大学法文学部論集》第 39 号

[10]《お茶の水女子大学中国文学会報》第 34 号

[11]《解释》第 61 号

[12]《香川大学教育学部研究報告》第 1 部第 43 号

[13]《学苑》第 893 号

[14]《学林》第 60 号

[15]《学林》第 61 号

[16]《金沢大学中国語学中国文学教室紀要》第 14 号

[17]《関西大学中国文学会紀要》第 36 号

[18]《関西大学東西学術研究所紀要》第 48 号

[19]《漢文教育》第 40 号

[20]《汲古》第 67 号

[21]《汲古》第 68 号

[22]《九州中国学会报》第 53 号

[23]《熊本大学教育学部紀要》第 64 号

[24]《言语科学》第 50 号

[25]《言語文化研究》第 35 卷第 1 号

[26]《口承文芸研究》第 38 号

[27]《語文と教育》第 29 号

[28]《语学文学》第 54 号語学文学

[29]《国学院雑誌》第 116 卷第 1 号

[30]《国学院雑誌》第 116 卷第 9 号

[31]《国学院雑誌》第 116 卷第 12 号

[32]《国語と国文学》第 92 卷第 10 号

[33]《国際日本研究》第 7 号

[34]《国際文化研究》第 21 号

[35]《国立历史民俗博物馆研究报告》第 198 号

[36]《埼玉大学紀要·教育学部》第 64 卷第 1 号

[37]《佐賀大学文化教育学部研究論文集》第 19 卷第 2 号

[38]《実践国文学学》第 88 号

[39]《斯文》第 126 号

[40]《社会文化论集》第 11 号

[41]《集刊东洋学》第 113 号

[42]《集刊东洋学》第 112 号

[43]《尚絅语文》第 4 号

[44]《上智史学》第 60 号

[45]《信大国語教育》第 25 号

[46]《人文科学論集》第 61 号

[47]《人文学論集》第 33 号

[48]《人文学论丛》第 33 号

[49]《人文研究》第 186 号

[50]《人文社会科学研究》第 55 号

［51］《人文論叢》第 32 号

［52］《人文論叢》第 63 号

［53］《成城国文学》第 31 号

［54］《專修人文論集》第 97 号

［55］《千里山文学论集》第 93 号

［56］《大東文化大学漢学会誌》第 54 号

［57］《筑紫語文》第 24 号

［58］《中央大学論集》第 36 号

［59］《中京大学文学部紀要》第 49 卷第 2 号

［60］《中京大学文学部紀要》第 50 卷第 1 号

［61］《中国研究》第 8 号

［62］《千葉大学教育学部研究紀要》第 63 号

［63］《中国言語文化研究》第 15 号

［64］《中国語中国文化》第 12 号

［65］《中国古典文学研究：広島大学中国古典文学プロジェクト研究センター研究成果報告書》第 12 号

［66］《中国俗文学研究》第 23 号中国俗文学研究

［67］《中国中世文学研究》第 65 号中国中世文学研究

［68］《中国中世文学研究》第 66 号中国中世文学研究

［69］《中国文学研究》第 41 号

［70］《中国文学論集》第 44 号

［71］《中国文史論叢》第 11 号

［72］《中国文史論叢》第 34 号

［73］《中唐文学会報》第 22 号

［74］《筑波中国文化論叢》第 34 号

［75］《東京学芸大学纪要・人文社会科学系 I》第 66 号

［76］《同志社国文学》第 82 号

［77］《島大言語文化》第 38 号

［78］《饕餮》第 23 号

［79］《東方》第 410 号

［80］《東方学》128 号

［81］《東方学》第 130 号

［82］《東方学報》第 90 号

［83］《東アジア研究》第 13 号

［84］《東洋古典学研究》第 39 号

［85］《東洋古典学研究》第 40 号

［86］《東洋文化研究所紀要》第 167 号

［87］《図書の譜：明治大学図書館紀要》第 19 号

［88］《名古屋外国語大学外国語学部紀要》第 48 号

［89］《名古屋大学中国語学文学論集》第 29 号

［90］《二松学舎大学人文論叢》第 95 号

［91］《二松学舎大学東アジア学術総合研究所集刊》第 45 号

［92］《二松学舎大学論集》第 58 号

［93］《日本宋代文学学会報》第 1 号

［94］《日本建築学会計画系論文集》第 80 卷第 716 号

［95］《日本思想史学》第 47 号

［96］《日本中国学会便り》2016 年第 1 号

［97］《大妻国文》第 46 号

［98］《人間文化研究》第 2 号

［99］《白居易研究年報》第 16 号

［100］《比較文化研究》第 116 号

［101］《東アジア文化交渉研究》第 8 号

［102］《東アジア比較文化研究》第 14 号

［103］《風絮》第 12 号

［104］《福岡大学人文論叢》第 46 卷第 4 号

［105］《福岡大学人文論叢》第 47 卷第 2 号

［106］《文学部論叢》第 106 号

［107］《文芸研究：明治大学文学部紀要》第 126 号

［108］《法政大学文学部紀要》第 71 号

［109］《未名》第 33 号

［110］《武藏大学人文学会杂志》第 47 卷第 1 号

［111］《明治大学教養論集》第 505 号

[112]《明治大学教養論集》第 508 号

[113]《明治大学教養論集》第 510 号

[114]《安田女子大学紀要》第 44 号

[115]《安田女子大学紀要》第 43 号

[116]《安田女子大学紀要》第 44 号

[117]《山口大学哲学研究》第 22 号

[118]《陽明学》第 25 号

[119]《六朝学術学会報》第 16 号

[120]《立正大学人文科学研究所年報》第 51 号

[121]《立正大学文学部研究纪要》第 31 号

[122]《琉球大学言語文化論叢》第 12 号

[123]《和汉语文研究》第 13 号和漢語文研究

[124]《早稻田大学大学院文学研究科纪要》第 2 分册第 60 号

[125]《早稻田大学大学院文学研究科纪要》第 4 分册第 60 号

[126]《国际文化表现研究》第 11 号

2015 年西方跨文化传播研究：
问题与方法

单　波　冯济海

本文通过检索与跨文化传播研究相关的英文学术期刊①，并对 292 篇当年文献进行解读，围绕问题与方法这样一条核心线索，就西方跨文化传播研究在概念、观点、理论、领域等层面的创新点进行提炼。总的来说，2015 年的跨文化传播研究聚焦于三重理论视野：第一，资本和媒介日益频繁的全球化流动使得跨文化传播的场景更为复杂，跨文化传播理论自身亟需获得反思，并要求在具体的语境化过程中寻找新的注解；第二，跨文化传播能力不对等的情况仍在加剧，研究者在延续对文化霸权主义的批判理路之余，开始更多地将目光投向少数族群自身的抵抗策略，细致把握文化自觉意识是如何被唤起；第三，跨学科交流的持续深入，为跨文化传播研究贡献了新的思想和方法，驱动着对文化心理要素的测量走向精致，也为探索各个变量的具体作用以及变量之间的共生关系提供了落

---

①　这些期刊包括《跨文化传播季刊》(*Journal of Intercultural Communication*)、《语言与跨文化传播》(*Language & Intercultural Communication*)、《国际跨文化关系杂志》(*International Journal of Intercultural Relations*)、《跨文化心理学刊》(*Journal of Cross-Cultural Psychology*)、《全球媒介与传播》(*Global media and Communication*)、《传播调查杂志》(*Journal of Communication Inquiry*)、《人类传播研究》(*Human Communication Research*)、《传播理论》(*Communication Theory*)、《欧洲传播学刊》(*European Journal of Communication*)、《媒介、文化与社会》(*Media，Culture & Society*)。

点。基于以上，2015 年西方跨文化传播的研究进路大体呈现在五个方面。

一、"跨文化传播能力"的反思

如果要给"跨文化传播"研究的使命赋予一种更贴近从实践层面去具体把握的表述，那么"跨文化传播能力"（Intercultural communication competence）则从一个重要方面，凝炼地概括了跨文化研究的趋势和原旨，而近年来相当数量的研究所发出的探问，最终也都落脚在理解与提升人类个体、社会组织和国家的跨文化传播能力。《国际跨文化关系杂志》在 1989 年曾推出一期"跨文化传播能力"专刊，2015 年，该杂志邀约包括当时那期部分作者在内的多位著名跨文化研究学者，再次推出这一专题研究。在澳大利亚阿尔法克鲁斯学院的阿拉萨拉特纳姆（Lily A. Arasaratnam）看来，重新集中审视"跨文化传播能力"的要意或在于，当今以跨文化传播能力为名的很多研究，其实称为"跨文化能力"（Intercultural competence）研究或许更适合，只因学者的视界早已不再拘束于传统意义上的传播能力，而是常常以心理学、传播学、管理学、教育学等跨学科、多学科视角在探讨广义上的跨文化能力。无论从个体还是宏观层面来说，既然"跨文化"是一个有着持续性的主题，那么"能力"的内涵自然应随之转变，由此才能真正推动一个彼此关心、互相同情的社会的培育。① 并且，鉴于西方社会环境的急剧变迁，杜克大学的迪尔多夫（Darla K. Deardorff）认为，当前围绕跨文化传播能力的研究至少可从定义、能力提升和测量等三个维度重新出发。②

然而，跨文化传播能力这一话题本身也变得更加难以捉摸。研

---

① Arasaratnam L A. Intercultural competence：Looking back and looking ahead [J]. International Journal of Intercultural Relations，2015，48(5)：2.

② Deardorff D K. Intercultural competence：Mapping the future research agenda [J]. International Journal of Intercultural Relations，2015，48(5)：3-5.

究理路的不断拓宽推动了跨文化语境下，"文化"这一概念内涵的丰富。例如，象征、场景、规则等在今天都开始被视作跨文化的衍生品而广为讨论。美国罗格斯大学的鲁本（Brent D. Ruben）注意到，概念意蕴的微妙变化意味着跨文化研究的视角也在发散，医患关系、亲子交流、配偶间的沟通等日常生活实践，正藉由跨文化传播能力的研究视角，被赋予见微知著的理论雕琢。① 但是，没有多少研究者对硬币的两面给予权重相近的探讨，当我们将有关跨文化的讨论置于全球化语境之下，可以说几乎所有的交流都是跨文化的，情境复杂度的提升和影响变量的增多，意味着跨文化能力测量这一基础工作也充斥着更多的不确定性。

要如何为评估跨文化能力设定规范、明晰的量化标准呢？这就成为一个比进行具体测量在逻辑顺序上还要靠前的问题。事实上，仅在过去十几年里，就有超过一百种关于跨文化能力测量的分析模型被提出，其中多数聚焦于个体层面的变量，如性格、态度、知识和技能等。② 20 世纪 90 年代初，美国俄克拉荷马大学的金（Young Yun Kim）从霍尔（Edward Hall）那里借来"同步性"（synchrony）这一更具操作化的概念，意为人们在交流过程中，双方在整体或者部分共同变化的过程，在此过程中，双方以对方为参照或形成互补。③ 金对同步性作了概念化的延伸，将其建构为跨文化传播效果的一个方面，进行了持续多年的考察。同步是一种互动状态，产生于参与者以非语言形式的交流活动中，包括面部、手部和肢体的活动，以及音量、语速和语调等副语言行为在时间和形式上都是一致的。在最近的研究里，金开始将同步性引入对跨文化能力的衡量，提出同

① Ruben B D. Intercultural communication competence in retrospect：Who would have guessed？［J］. International Journal of Intercultural Relations，2015，48（5）：23.

② Landis D，Bennett M. Handbook of Intercultural Training（Third Edition）［M］. Sage Publications，Inc，2004：85-128.

③ Kim Y Y. Synchrony and Intercultural Communication［G］. Global Interdependence. Kyoto：Springer Japan，1992：99-105.

步性尤其在面对面的交流中产生影响，促进凝聚力和交际关系的形成；培养同步性就成为提升跨文化传播能力的一个维度，具体来说又与三个方面有关：第一，个体在跨文化传播中同步性的培养，与其参与个性化交流的机会呈正相关；第二，这种交流体验中的一致性越高，个体会更愿意参与到跨文化传播中去；第三，个体对交流双方的身份定位越具有包容性，以及这种身份定位带来的安全感越强，就越容易使其在交流中形成共鸣，促进同步性的形成。① 这些法则并非是作为提升跨文化传播能力的替代性方法提出，而是对这一主题形成经验层面的知识性补充。在现实情境中，发掘同步性的潜在力量，有助于和异文化背景中的交往对象达成某种和解，但也必须谨慎地认识到，同步性的实现不能作为达成跨文化传播的充分条件。加利福尼亚大学的基利（Daniel J. Kealey）从方法层面指出，虽然大多数测量跨文化传播能力的研究设计都有不错的信度与效度，但在预测效力上却表现乏力，一个关键原因或因其中设计的自变量和因变量，以及两者之间呈现的关系结果，往往不足以应付复杂现实情境的决策，此外，大部分测试对象面对调查问卷时，几乎能一眼看出其中"正确答案"。② 这种悖论一方面使得此类研究的普适性越来越被限定，但也正因其中存在相当的不确定性，一直吸引着研究者迎难而上。

　　进一步来说，当亟需提升跨文化能力的命题被抛出，也就意味着跨文化传播能力在国家、族群和个体等不同层面不对等的情况正愈演愈烈。美国圣爱德华大学的奥提兹（Lorelei A. Ortiz）对墨西哥移民工人在职场交流方面所作的民族志研究，聆听身处美国商业文化底层工人的心声，便是鲜活地呈现出地球上悄无声息、又来势汹

---

① Kim Y Y. Achieving synchrony: A foundational dimension of intercultural communication competence[J]. International Journal of Intercultural Relations, 2015, 48(5): 27-37.

② Kealey D J. Some strengths and weaknesses of 25 years of Research on Intercultural Communication Competence: Personal Reflections[J]. International Journal of Intercultural Relations, 2015, 48(5): 14-16.

汹的文化同化现象，以及提出弱势移民群体如何提升传播能力应对挑战的一种可能性。① 在非正式采访里，移民讲述他们在工作中那些与交流有关的故事，分享他们在工作沟通中的特点、弱点和面临的挑战。充满个人化色彩且生动的田野材料，勾勒出一个很少被研究的群体面貌，这种小样本的个案研究其实包含着在当前更广的范围内，一些更具普遍性的大问题：即职场沟通对于他们本质上意味着什么？关于跨文化能力的反思，难以忽略对另一个隐含问题的揭示：即研究跨文化能力的提升究竟是为了谁？在新墨西哥大学的柯丽尔（Mary Jane Collier）看来，诸如对少数民族、同性恋等边缘群体所作的文化生存研究，其研究结果究竟使谁受益，研究是否真的有助于与强化跨文化实践中的包容性、公平和正义的塑造，这是十分重要却还未得到足够省思的问题。② 此外，21 世纪的全球化职场也在成为体现跨文化关系最常见的语境之一，不同知识背景的学者为如何解决其中出现的文化碰撞、隔阂和文化休克等症状已经给出诸多方案，亚利桑那州立大学的玛蒂娜（Judith N. Martina）等人却借助辩证法思想来观照以提升跨文化能力为名的研究本身，质疑这些从人类动机、性格和技能方面提升跨文化传播能力的讨论，往往不自觉地打着欧洲中心论的烙印，通过对"世界工厂"中工人身份认同的观察，作者意图以批判的辩证法思想来丰富我们对"能力"的理解，通过解构文化认同、跨文化传播，以及政治等其他宏观要素在跨文化能力研究中各自扮演的重要角色，来挑战欧洲中心论对于跨文化传播能力窄化的迷思，并总结出六种具体的观察维度：个体与文化、差异与相似、过去/现在与将来、个体与环境，

---

① Ortiz L A. Mexican migrant workers and workplace communication: the influence of informal labor on English language usage, literacy, and perceptions of 'the American Dream'[J]. Language & Intercultural Communication, 2015, 15(2): 1-15.

② Collier M J. Intercultural communication competence: Continuing challenges and critical directions[J]. International Journal of Intercultural Relations, 2015, 48(5): 11.

特权与缺陷、静止与动态，由此构成了一个独特的分析框架。① 在某种意义上，对辩证法思想的吸收有可能超越对跨文化本身的反思，它所给出的提示在于，在进入跨文化传播实践的场域之前，人们居于社会结构中的位置就已经被限定，这其实对跨文化交流的方式进行了无声的规训，跨文化的参与者有必要认识到不可避免的不平等是任何跨文化交流的一部分，这反而有助于他们更好地理解跨文化交流是如何走向成功或失败，以及成功和失败的原因。

二、影响文化适应的要素

"文化适应"（acculturation）的概念由美国人类学家雷德菲尔德（Robert Redfield）等人在 1936 年提出，指某一文化背景下，个体或群体在与异文化持续接触中，引起两种类型的文化都产生变迁的现象。② 在这一过程中，文化双方所受的影响通常不会对等，受早期人类学传统的影响，文化适应的研究立场起初多从弱势方出发，并逐步成为一个重要的跨学科议题。基于文化旅居者如何对源文化的特征进行认知，以及如何融入新的文化背景这两个总体性问题的回应，贝利（John W. Berry）在 20 世纪 90 年代提出双维度文化适应模型，将文化适应分为同化（assimilation）、分离（separation）、融合（integration）和边缘化（marginalization）四种类型，③ 引发持续关注。在不同类型的文化适应过程中，有哪些因素表现出影响效果，其具体作用又是什么，这是文化适应研究的重要方面。沿着这样的理路，一方面研究者在不断拓展视角，对边缘族群给予更多持续关注，同时也在跨学科交流的基础上，为这一宏观议题赋予更加精致

① Martin J, Nakayama T. Reconsidering intercultural（communication）competence in the workplace: a dialectical approach［J］. Language & Intercultural Communication, 2015, 15(1): 14-22.

② Redfield R, Linton R, Herskovits M J. Memorandum for the Study of Acculturation［J］. American Anthropologist, 1936, 38(1): 149-150.

③ Berry J W. Immigration, Acculturation, and Adaptation［J］. Applied Psychology, 1996, 46(1): 5-34.

的理论阐释和新的研究方法设计。

而最近的研究又有哪些新发现？迄今为止，年龄、代际状况、语言熟练度、政治气候以及其他有助于或阻碍融入新文化的自变量和适应结果都得到了广泛的实证分析，① 但对于具体的适应过程，包括个体在不同偏向的文化中究竟是如何评价、协商、组织和行动的认识则相对较少。基于研究者尚未充分发掘人们在管理双重文化身份过程中，涉及情感、认知和行为上，不同变量的作用机制，卡罗来纳海岸大学的巴克尔（Gina G. Barker）以美国与瑞典两国相互的移民作为比较个案，探索人们是如何对异文化进行定位、吸收与融合。研究显示，文化适应过程主要受移民与移入国国民社会交往深度的影响，也包括必要的友谊和合适的职业机会，这为移民对移入国文化产生归属感起最关键的作用。② 其结论也支持了此前的一种观点，即认为只要满足上述条件，个人就能够获得适应移入国文化的足够能力、双重文化身份、更加开放的观念和同理心③。这些发现基于对文化适应过程各个阶段的细分，也意味着，这类影响因子是如何产生作用，在何种情境下发挥作用，以及作用的程度等，不仅都需要精细的测量，也基于更细腻的语境化考虑。

对文化适应现象的关注起初大多围绕处在弱势的移民群体，新近的研究逐渐将目光对准东道国成员，包括他们对移民和有鲜明民族文化的群体（ethnocultural groups）成员的态度，④ 也就是贝利提出

① Benet-Martinez V, Leu J, Lee F, et al. Negotiating Biculturalism：Cultural Frame Switching in Biculturals with Oppositional versus Compatible Cultural Identities [J]. Journal of Cross-Cultural Psychology, 2002, 33(5)：492-516.

② Barker G G. Choosing the best of both worlds：The acculturation process revisited[J]. International Journal of Intercultural Relations, 2015, 45(2)：56-69.

③ Jean-Marc D, Jan Pieter van Oudenhoven. The Effect of Multilingualism/Multiculturalism on Personality：No Gain without Pain for Third Culture Kids? [J]. International Journal of Multilingualism, 2009, 6(4)：443-459.

④ Hui B H, Chen S X, Leung C M, et al. Facilitating adaptation and intercultural contact：The role of integration and multicultural ideology in dominant and non-dominant groups[J]. International Journal of Intercultural Relations, 2015, 45 (2)：70-84.

的文化适应预期(acculturation expectations)。① 而其中所包含一个主要的过程性问题是：移民的文化适应选择和东道国成员的文化适应预期之间的互动将怎样影响其对移民的态度？

刻板印象因此成为影响东道国看待移民的一个重要因素，继而间接作用于移民的文化适应过程，这一点几成共识。西班牙阿尔梅里亚大学的罗德里格斯(Lucía López-Rodríguez)等人将英国人对待印度移民的刻板印象拆解成道德评价、社交性和个人能力等三个维度。测量发现，刻板印象显著影响英国人对少数族裔保持积极态度的意愿。相较巴克尔得出少数族裔与东道国的社会交往程度是其文化适应的首因，该研究则显示，根据多数群体对少数族裔的文化适应偏好和亲社会的行为倾向(prosocial behavioral tendencies)，② 道德方面的判断，相对其他两种刻板印象的维度，扮演着更重要的角色。至于社交性、以及对移民个人能力的认知，都不足以成为单独改变东道国成员所持文化保留态度的变量。巴黎第十大学的巴迪亚(Constantina Badea)等人还将内群体(摩洛哥移民)与外群体(东道国法国人)在观念体系上的互动相关联，创造性地将文化适应的观念体系作为控制变量，测试移民对各种观念体系合法性的感知。研究显示，诸如对文化同化或世俗主义的坚持与内群体偏好存在反相关，移民越是倾向于这些观念体系，对其所属摩洛哥移民族群的积极评价就越少。③

意大利佛罗伦萨大学的马特拉(Camilla Matera)也就意大利本土大学生对移民学生的文化适应预期进行测试，测量的变量有：偏

① Berry J W. Contexts of acculturation[G]//David L. Sam and John W. Berry. The Cambridge Handbook of Acculturation Psychology. New York：Cambridge University Press，2006：27-42.

② López-Rodríguez L，Zagefka H. The effects of stereotype content on acculturation preferences and prosocial tendencies：The prominent role of morality[J]. International Journal of Intercultural Relations，2015，45(2)：36-46.

③ Badea C. Ethnic in-group evaluation and adhesion to acculturation ideologies：The case of Moroccan immigrants in France[J]. International Journal of Intercultural Relations，2015，45(2)：47-55.

见、接触调和、上一代移民的地位、群体评价、威胁认知和元刻板印象等，研究支持了接触方面的差异对看待移民的态度起主要作用，威胁认知和元刻板印象则会调节人们在态度上的差异,① 同时，改进东道国成员与少数族裔的关系不应只考虑东道国的文化适应预期，也要关注移民自身的期待，更重要的是两者间的互动。另一个有趣的研究来自挪威阿哥德大学的埃德曼（Susan Erdmann），他在语言学视角下发掘移民挪威的中学生是如何确认自己在东道国和作为移民的双重身份。通过采集学生作业人称代词的使用，尤其是单数第三人称代词和复数"他们"使用的变化、第二人称代词"你"当作客观的第三人称代词使用，以及跟第一人称复数"我们"的使用进行对比，来揭示移民学生是如何对身份进行建构。测试的学生更倾向于将自己的身份与接纳国联系在一起，而不是在身份上与其划清界限。② 然而，其中的某种局限或在于只能采样少量学生的文本，其结论是否具有更广泛的普适性有待商榷。此外，绝大多数这类研究还间接表明，如果对移民的刻板印象根深蒂固，那么东道国居民的文化适应预期难有显著改变。

然而，改变是否更有可能在第二代、第三代移民身上发生？这其实可以拆解为两个更具体的问题：其一，保持一个人身上的民族文化遗产和民族认同感重要吗？其二，和一个新的社会文化体系产生联系以及对其承担义务重要吗？荷兰格罗宁根大学的穆尼科斯玛（Anke Munniksma）等人通过验证如下两个假设来回应这些问题：高阶民族认同感假设（Superordinate Group Identification Hypothesis）：少数民族同多人口族群的友谊与对主流社会更强的认同感有关，这反过来又促进他们对外族的认识；族内认同感假设（Ingroup Identification Hypothesis）：族内友谊与对本族群更强的认同感有关，

① Matera C, Stefanile C, Brown R. Majority-minority acculturation preferences concordance as an antecedent of attitudes towards immigrants: The mediating role of perceived symbolic threat and metastereotypes[J]. International Journal of Intercultural Relations, 2015, 45(2): 96-103.

② Erdmann S. A third space: discursive realizations of immigrant identity[J]. Language & Intercultural Communication, 2015, 15(4): 1-19.

反过来致使他们对外族的看法不是那么积极。① 实验发现，族群内部的身份认同感与积极正面的族内关系如影随形，但族内友谊并不影响他们对外族的态度，对外族的友谊与更加积极的外族态度有关，而这种友谊可以通过对主流社会的认同感获得提升。

较之传统的移民研究，跨国的职业生存日渐成为重要议题，海外求学项目的普及亦使其被作为考察跨文化的热点。跨文化敏感度（Intercultural Sensitivity）意为在跨文化情境下用灵活方式应对文化差异的能力，依然是被受依赖的分析框架。这一术语频繁见于海外学习项目的宣传材料，却未有足够的实证研究对其与海外学习结果之间的关系进行确认。德州大学的布鲁姆（Melanie Bloom）于 2015 年检验了 12 个学生在西班牙萨拉曼卡为期四周的学习经历，得到的跨文化敏感指数（the Intercultural Sensitivity Index）数据显示，学生在跨文化敏感方面几乎无变化，但在跨文化意识方面大有进步，比如更容易意识到"世界并不是像美国这样的"、"还有跟我们大有不同的文化存在"，由此在跨文化敏感发展等级的层面上，以实证方式间接得出海外学习比在校教育更有效，即使是非常短期的，② 同时这也继续支持了一个不算新颖的结论，即人们总体上倾向于高估自己的跨文化敏感。

海外工作也是一个被定位在不同子领域的话题，它包括多种工作类型。但研究者的讨论却显示，其中许多术语至今定义模糊。西班牙维戈大学的洛雷罗（Miguel Gonzalez-Loureiro）尝试回顾现有针对不同类型外派工作文化适应的分析框架及其合理性，他设计了一个搜索语法，从众多社会科学数据库中，寻找文化适应与学者们可能用于探讨海外工作的不同术语的交叉点，进而基于数据分析的结果，将这些类型重新界说为六类，分别是：外派人员（inpatriate）、

① Munniksma A，Verkuyten M，Flache A，et al. Friendships and outgroup attitudes among ethnic minority youth：The mediating role of ethnic and host society identification[J]. International Journal of Intercultural Relations，2015，44（1）：88-99.

② Bloom M，Miranda A. Intercultural sensitivity through short-term study abroad [J]. Language & Intercultural Communication，2015，15（4）：566-580.

内派人员（inpatriate）、灵活外派人员（flexpatriate）、职业外派人员（propatriate）、全球外派人员（glopatriate）与派遣回国人员（repatriate），① 由此也为未来在讨论文化适应时需要关注的问题，提出了一种细化的研究方向与议程。此外，有关海外工作的研究最近也开始在积极地细致剖析派遣人员身份的多样性及差异，比如，双职工（dual-career couples）、养家糊口的女性（female breadwinners）、随行配偶（trailing spouses）等。② 这从某一角度呈现出，一些学者所描述的全球化交往的"超多样性（super-diversity）"，③ 同时也凸显出社会交往结构的复杂程度，超出了现有文化适应文献所提供的概念化、经验化的探究，文化适应的传统理论模型都有待于在不断发展的语境中谋求新的注解。

三、媒介的跨文化传播角色

跨文化传播中不断上演的碰撞、借鉴、融合以及政治、资本等各种权力因素的角逐为媒介所扮演的角色丰富了内涵，跨文化视野下的媒介研究因而也成为跨学科研究的热区。研究者继续延伸对媒介在跨文化传播中作为沟通、抗争和弥合角色的阐释，总体上呈现出从媒介的工具性向人性回归的视角转换。

伴随全球化交往的深入，即使是狭义上的媒介在其中的功用，也远不止于作为联结的工具性纽带，往往更是媒介使用者文化观念的某种生动呈现。"个人主义——集体主义"是霍夫斯泰德文化维度理论（Hofstede's cultural dimensions theory）中比较文化价值观差异

① Gonzalez-Loureiro M, Kiessling T, Dabic M. Acculturation and overseas assignments：A review and research agenda［J］. International Journal of Intercultural Relations，2015，49(6)：239-250.

② Mcnulty Y. The Added Value of Expatriation ［G］. Human Resource Management Practices. Switzerland：Springer International Publishing，2015：89-106.

③ Kirmayer L J. Embracing Uncertainty as a Path to Competence：Cultural Safety, Empathy, and Alterity in Clinical Training［J］. Culture, Medicine, and Psychiatry，2013，37(2)：365-372.

的维度之一，用以衡量某一社会总体上是关注个人利益还是集体利益。相关统计表明，超过 2/3 的文化价值观测量工具与"个人主义——集体主义"相关。① 而当此类比较研究不断提出，逐渐浮现的一个新问题是：文化价值观方面存在明显差异的族群在媒介使用上表现出何种不同？德克萨斯大学和剑桥大学的研究者根据 49 个国家 Facebook 用户的社交媒体使用情况，去更具体地验证这样一类问题：一种新工具被引入不同的文化背景中将会发生什么？它将有助于减少文化差异带来的碰撞吗？② 结论似乎倾向于支撑这样一种解释，即当一种新工具介入时，既存的文化习俗，而不是工具本身，更有可能决定它的使用。集体主义文化下的社交网络可能会在内群体成员中允许，更多两个关系人之间表现为存在一个人拥有的关系对另一个人而言具有排他性的"结构洞"（structural holes）。基于集体主义文化对于内外群体有着鲜明区分。研究者预计，以自我为中心的网络（或者说有许多结构洞）将会在集体主义文化中消失。此外，个人主义——集体主义的分析如此广泛，以致于也有学者质疑它存在被过度阐释或泛化的问题。③ 我们已知很多心理层面的因素在个人主义——集体主义这种存在差异的文化背景中表现不同，但究竟哪些因素受其影响更甚则尚未明了。俄勒冈大学的索西耶（Gerard Saucier1）等多位研究者合作完成的"世界观调查研究"，使用近 50 个变量对 33 个国家的人群进行了测量和比较，④ 出乎意料

---

① Taras V, Rowney J, Steel P. Half a century of measuring culture: Review of approaches, challenges, and limitations based on the analysis of 121 instruments for quantifying culture[J]. Journal of International Management, 2009, 15(4): 357-373.

② Na J, Kosinski M, Stillwell D J. When a New Tool Is Introduced in Different Cultural Contexts[J]. Journal of Cross-Cultural Psychology, 2015, 46(3): 355-370.

③ Kagitcibasi C, Poortinga Y H, Poortinga Y H. Cross-cultural psychology: Issues and overarching themes[J]. Journal of Cross-Cultural Psychology, 1999, 31(1): 129-147.

④ Saucier G, Kenner J, Iurino K, et al. Cross-Cultural Differences in a Global "Survey of World Views[J]. Journal of Cross-Cultural Psychology, 2015, 46(1): 53-70.

的是，最大的差异并非那些跨文化心理学中的高频术语，例如：世界观、社会信念、文化亲密性等，而是规范行为、家庭角色、生活安排、以及民族主义等相关内容。

媒介在跨文化传播中突显或暗含着文化价值观层面的矛盾，但这种区别往往不应笼统归结，因而不同的媒介形式载体或内容载体在跨文化传播效果上具体存在怎样的差异，也就成为无法忽视的问题。意大利都灵大学的加蒂诺（Silvia Gattino）调查了族群偏见与电视节目类型之间的关系，通过对得到的问卷进行结构方程建模，结果显示收看真人秀及综艺节目与产生族群偏见的程度呈正相关，收看新闻与公共事务类节目与族群偏见程度呈负相关，电影和电视剧对族群偏见的影响不明显。① 数据化的结论难以直接复刻到别的文化语境中，但它至少传递了这样一种观念：即媒介经常在欺骗观众，它提供对立的景象，看似加强了占据强势地位的意识形态与刻板印象，但有时也在侵蚀它们。② 这种研究逻辑上更深的隐喻可以追溯到 20 世纪 20 年代杜威（John Dewey）与李普曼（Walter Lippmann）等人关于资本主义大众媒介总体上是推进还是宰制民主的反思。在跨文化语境下，问题就更为复杂，比利时安特卫普大学的雷吉马科斯（Danielle Raeijmaekers）在对媒体、多元主义和民主这些意义不同，但如今又时常被混用的概念的辨析中提出，"媒体多元化"（media pluralism）已经成为公众、政治和学术论辩中的流行语，不过人们对于多元化的媒体到底应该如何在民主社会中运作却并不明确，③ 但这个问题的重要意义又在于媒介在多元公共话语

① Gattino S, Tartaglia S. The effect of television viewing on ethnic prejudice against immigrants：A study in the Italian context［J］. International Journal of Intercultural Relations，2015，44（4）：46-52.

② Tsuda, Takeyuki. （2004）. Media Images, Immigrant Reality：Ethnic Prejudice and Tradition in Japanese Media Representations of Japanese-Brazilian Return Migrants. Center for Comparative Immigration Studies. UC San Diego：Center for Comparative Immigration Studies：1-25.

③ Raeijmaekers D, Maeseele P. Media, pluralism and democracy：what's in a name？［J］. Media Culture & Society，2015，37（6）：1042-1059.

中所扮演的角色，是一个直接关系到民主是以何种标准进行诠释的问题。

同时，媒介正如何成为一种鲜明的抵抗策略也在引发更多关注。美国费尔菲尔德大学的布伦南（Niall P Brennan）通过对巴西电视迷你剧集的话语分析和对创作者的访谈，来检验政治、阶层、家庭和道德是如何在迷你剧对国家价值观的表征中形成权威和抗争话语，也为理解巴西国家价值观不断走向协商的过程中，权威与抗争在其中分别扮演的角色找到线索，① 由此揭示出迷你剧通过模式化地表征国家重大议题，来呈现巴西人对殖民主义、极权主义、贪腐、暴力和种族歧视的抵抗。而媒介作为抵抗策略的另一种变体，是它以避风港的形式存在。澳大利亚格里菲斯大学的麦克费尔（Ruth McPhail）将研究锁定为外派雇员中的男女同性恋、双性恋和变性人，通过开放式、半结构化的访谈，在线调查他们如何在异文化生活中使用社交媒体，从而提出了一种男女同性恋特有的文化适应方式："表里不一"（duplicity），② 即在一个对同性恋接受度较低的环境中，这些雇员使用社交媒体来确认与一个组织里的高层管理者作为结盟伙伴，除了这个伙伴，他（她）不对任何人透露性向，这减轻了压力，同时确保业务能力在不受偏见的情况下被评估。这项个案研究其实给出了一个值得继续探究的启示：社交媒体是否有可能推动这类群体的交流意愿，并且给他们提供一个不需要完全隐瞒性向的虚拟安全地带。

近年来，还有一些跨文化研究者将对媒介产品的考察，从对内容的文本分析转向媒介产业的源头。一个值得注意的现象是，越来越多的少数族裔已经或者正在进入主流大众传播产业，而这又会在何种程度影响其内容生产？数年前，库尔德里（Nick Couldry）等人

---

① Brennan N P. Authority, resistance, and representing national values in the Brazilian television mini-series[J]. Media Culture & Society, 2015, 37(5): 686-700.

② Lando A L. The importance of interfaith dialog in the workplace for achieving organizational goals: a Kenyan case study[J]. Language & Intercultural Communication, 2015, 15(1): 62-75.

经由对少数民族社区媒介的观察提出，少数族裔媒体可能成为一种中枢机制，促进一个复杂社会中的跨文化对话得以建立和维系。① 澳大利亚阿德莱德大学的布达里克（John Budarick）最近对多元文化社会里，少数族裔媒体人与主体族群之间的潜在联系作了进一步分析。研究者与非裔澳大利亚媒体人就少数族裔媒体人的潜在角色展开对话，探询他们在多大程度上鼓励以平等和理解的方式，将非洲人的声音带到主流社会的话语体系中去。② 研究采用了赫斯本德（Charles Husband）提出的"多民族公共领域"（multi-ethnic public sphere）作为一种理想化的模型观念，多民族公共领域要求对任何一种声音有足够包容，并且不同的声音之间有着开放的交换渠道。③ 研究发现，少数族裔媒体人依然被界定为多民族国家中的对抗或另类角色，他们未被主流媒体与公共空间同化，也并非与之完全分离，这更进一步展现出，在分析多民族社会的媒介角色时，通过传统单一公共领域的透镜来思考时，往往会愈来愈受到钳制，多民族公共领域这种相对辽阔的理论视角，有时会成为更适合的替代项。

四、更加复杂的文化认同

文化认同理论的背后隐含着这样一些追问：我是谁？来自何方？将去往何处？然而，当全球化交往不断重塑人类社会与日常生活，人们对自我身份进行确认的边界往往变得更加不容易捉摸，对于这些问题也越来越难以给出直接回答。伴随研究视角的扩张和深

① Couldry N, Dreher T. Globalization and the public sphere: exploring the space of community media in Sydney[J]. Global Media and Communication, 2007, 3(1): 79-100.

② Budarick J, HAN G S. Towards a multi-ethnic public sphere? African-Australian media and minority-majority relations[J]. Media Culture & Society, 2015, 37(8): 1255-1264.

③ Husband C. Differentiated citizenship and the multi-ethnic public sphere[J]. Journal of International Communication, 1998, 5(1-2): 134-148.

入，既有关于文化认同的概念、理论、研究方法正被不断更新，尤其是近年来呈现出多样化的国际移民浪潮，更使得围绕文化认同的讨论变得尤为复杂，常常要与历史、政治、民族、宗教等宏观因素相结合。

当今文化认同现象呈现出较之以往更为复杂的特征，意味着一些传统的分析模式与理论框架可能会在特定现实情境中遭遇不同程度的挑战。荷兰蒂尔堡大学的维杰威(Fons J. R. van de Vijver)综合利用民族志与心理学方法分析了比利时安特卫普移民聚居区成员的文化认同，该聚居区具有超多元、社会人口不稳定、多层次等特点，并由诸多文化背景各异的亚群体组成，纳入考察的变量包括族群认同、国家认同、全球化中的身份定位以及自我认知等。一般来讲，移民聚居区的多元性会导致分散的、不平权的身份认同，但在该地区，居民们的家庭观念、宗教观念以及族群认同并未阻碍全球化身份认同和对移民国的归属感，反而起到促进作用。① 这种积极融入的情况在一定程度上挑战了过去被认为是移民文化适应过程中三种互斥的传统模式：融入主流的中产阶级、日渐贫穷并被下层阶级同化以及主动融入移民社区。② 研究中一个值得注意的发现是，多元文化中的身份认同的本质是相互融合，而非互斥。一些早期移民群体(如土耳其人)表现出积极融入西方主流文化的特点，但他们也依然坚守原文化。诸多因素促进了融合进程，如企业家精神、移民者的创业经历等。这其实映衬出在超多元社会，移民群体面临新旧文化环境的冲击下，拥有的多重文化身份，如家庭身份、宗教身份、语言身份等，已较少会仅受其族群身份支配，以"族群身份——主流社会的身份"这种二分法来审视移民身份认同很难奏效，"民族——国家"的传统分析框架亟需拓展。

① Vijver F D, Blommaert J, Gkoumasi G, et al. On the need to broaden the concept of ethnic identity[J]. International Journal of Intercultural Relations, 2015, 46 (2): 36-46.

② Portes A, Zhou M. The New Second Generation: Segmented Assimilation and Its Variants[J]. The Annals of the American Academy of Political and Social Science, 1993, 530: 74-96.

　　而对新移民来说，文化认同中的碰撞或融合带来身份的重建，也伴随身份的失调，即个人对自身身份的认同危机同步形成。经典的心理学研究表明，当人们经历认同危机时，不仅会主动探究他们的生存环境与其他解决方案，也会主动承担一些责任，选择特定的价值观去完成身份认同的重建。① 新西兰惠灵顿维多利亚大学的萨博(Agnes Szabo)等人就尝试探讨个人在文化适应过程中的身份认同机制，以及不同的认同机制反过来又如何影响身份认同行为。基于社会认知(social-cognitive)的理论视角，研究者将身份认同建构为三种模式：封闭型认知(Diffuse-avoidant style)、信息型认知(Informational styles)和标准型认知(Normative styles)。其中，封闭型认知会阻碍身份认同，间接导致身份危机，并显著削弱自尊感与自我认知，不利于应对跨文化环境中的困境；信息型认知较为复杂，一方面使人主动探究解决方案，积极修正身份认同，降低身份冲突，另一方面，它也会瓦解既有的身份认同，导致跨文化中的身份冲突；服从于主流社会的标准型认同与认同结果通过身份认同感达到平衡，感受过接待国认同的移民群体会产生高度的自我认同与自尊感，从而消弭跨文化中的身份认同危机。② 以上表明个体在进入一种全新的文化时，若不能够积极内化自身价值观，使之适应主流社会，则会感受较大压力与焦虑，由此可能产生对自身，以及对社会的负面评价和行为。

　　除了文化环境的影响，心理层面的自我认同与文化认同之间的联系也在被细致发掘。南非大学的杜蒙特(Kitty B. Dumont)进行了三项以南非黑人青少年、白人青少年和成年人为对象的实验，通过讨论理想自我与社会改变、社会流动及社会创造性之间是否一致，以及其中的偏向在多大程度上是基于南非黑人与白人之间的群体关

---

　　① Marcia, J. E. Development and validation of ego-identity status[J]. Journal of Personality & Social Psychology, 1966, 3(5)：551-558.

　　② Szabo A, Ward C. Identity development during cultural transition：The role of social-cognitive identity processes[J]. International Journal of Intercultural Relations, 2015, 46(2)：13-25.

系，来检验理想自我对于群体关系的影响，也由此探讨对于群体关系处于安全或不安全状态的判断，是否可能带来理想自我的改变。① 研究尝试扩展既往对理想自我之于社会群体关系的理解，同时，人们对于未来社会环境如何改变的推测很重要，但却还不能够以此来给出他们对群体间关系安全或不安全的评价，这就为从文化认同层面深入对理想自我的后续研究提供了一种可能的观察角度。

在混血儿人口比例快速增长的今天，他们如何从文化认同层面进行身份选择，也成为备受瞩目的问题。既有相关研究仍大多聚焦于白种人/黑种人混血儿，加拿大约克大学的卢（Evelina Lou）则将四种不同类型的混血儿纳入考虑：白种人/黑种人、东亚人/白种人、拉美人/白种人、南亚人/白种人，解读他们在种族身份选择和自我幸福感之间是否存在联系，尝试基于并且推进洛基摩尔（Kerry Ann Rockquemore）提出研究种族身份选择的一种"多维框架"（a multidimensional model），它依赖于这一假设：种族认同由社会建构，种族群体的界限随当前语境的变化而流动，混血儿可以同时拥有多个种族身份，抑或没有任何种族认同。② 卢统计了201名混血儿的人口统计学信息和父母种族情况，通过里克特量表测试自我意识、族群认同、种族歧视等变量，结果显示四类混血儿在种族身份选择的模式上差异明显，黑人/白人混血儿倾向选择一种被确认的边缘化身份，东亚人/白人混血儿偏好一种灵活可变的身份，拉美人/白人混血儿更可能展现为单一的白人身份，南亚/白人混血则更倾向流露出超然于种族的身份认同。③ 混血人的身份选择与对白人的认同、从白人和非白人那里感知到的歧视以及自我心理幸福感的程度相关，这也就给未来的研究指出一个"未完待续"的切入方向，

① Dumont K B, Waldzus S. Ideal selves as identity management strategies[J]. International Journal of Intercultural Relations, 2015, 44(4): 1-12.

② Rockquemore K A. Between black and white Exploring the "Biracial" Experience[J]. Race and Society, 1998, 1(2): 197-212.

③ Lou E, Lalonde R N. Signs of transcendence? A changing landscape of multiraciality in the 21st century[J]. International Journal of Intercultural Relations, 2015, 45(1): 85-95.

即要从更精细的个体层面去分析混血儿如何看待自己的混血身份，以及这种认识又将如何影响其生活实践。华盛顿大学的安(Ji-Hyun Ahn)从另一角度切入对这一问题的观察，她以韩国流行文化全球化为语境，思考丹尼尔·海尼(Daniel Henney)这位混血明星在韩国的成名过程，海尼身上带有国际化色彩的白种性被一种新自由主义的商品化所赋予，令他得以成功进入韩国娱乐产业；同时，通过聚焦海尼作为混血儿这一矛盾的种族/民族身份，展现了"纯正韩国人"(Koreanness)是如何被争论的。① 来自白种人的血缘和全球化之间被解读为霸权化的构连，与当代韩国跨种族或国际婚姻的增多有关，这也让韩国保持种族纯正的传统观念受到冲击。

五、重新发现文化冲突的影响因素

资本和媒介的全球化在世界范围不同层面，既消解也加剧了族群内部与族群之间的文化矛盾，加之种族主义、民族主义、霸权主义和刻板印象的泛滥，更使得跨文化交往中的冲突现象并未稍减，因而文化冲突依然是跨文化传播研究的热点议题。如今，研究者不仅强调在不对等的跨文化交往中回归主体间性，抱持同情性理解的目光看待横亘其中的矛盾，有针对地寻求解决途径，而且在以更微观的视角继续探索跨文化冲突的具体演变过程，细致比较在面对各种类型的冲突时，弱势群体又是如何在心理与社会、内群体与外群体之间有侧重地选择应对策略。

刻板印象就是导致文化冲突的常见诱因之一，但既往传播学和跨文化研究视角下对这一现象的探讨，多聚焦在刻板印象的产生、表现与规避，而却缺少充分的实证研究去回应当刻板印象确实显现，人们将如何应对。美国圣约瑟夫学院的库里洛(Anastacia Kurylo)在新近的质化研究中提出两个问题：人们如何对人际交往

---

① Ahn J H. Desiring biracial whites: cultural consumption of white mixed-race celebrities in South Korean popular media[J]. Media Culture & Society, 2015, 37(6): 937-946.

中的成见进行回应？这些回应以何种方式巩固了成见？受试的大学生被要求以叙事化的解释来描述过去几天里与人交流时，以语言或非语言形式流露的成见以及对方如何回应的细节，结果显示，交流者拥有至少十三种回应成见的方式。出乎意料的是，其中的回应类型大多并不与成见对抗，而是旨在宽容交往中出现的成见，最终，这些回应与交往中的成见一起建构出能够被接受的成见。① 在互动语境中嵌入某种确定性回应，使我们得以重新审视成见的意义，以及参与者如何使用不同类型的回应来完成不同的会话目标。美国阿克伦大学的克拉克（Kathleen D. Clark）等人的研究则以一个看似简单的问题为线索："我们应该帮助陌生人吗？"其实置换到了另一个更婉转的角度在分析我们对陌生人的印象和判断，是否会与自身表现出不同程度的利他主义、民族中心主义和跨文化交流的意愿等参数相关联。结果显示，以性别和年龄作为控制变量，民族中心主义水平越高，施予帮助的可能性越低；利他主义的程度越高，施予帮助的可能性越高。② 这为研究人们是否愿意帮助异文化陌生人的影响因素提供了一个独特的视角，而且为受试学生设置的情景也在一定程度上预测了，当学生遇到来自其他文化求助的相似情境时，是否能够克服不确定性和疏离感而采取行动。

随着污名化现象也成为当代社会隐性文化冲突的一种普遍表现形式，跨文化传播视角下的污名化研究已开始在延续批判理路之余，进入对被污名化群体应对机制的具体分析，同时不断深入对边缘人群的探视。美国俄克拉荷马大学的奥尔特（Michael K. Ault）等人以亚利桑那州实行一夫多妻制的摩门教基要派族群为个案，解读宗教上的少数派面对来自美国主流文化侮辱性话语的应对方法，并

---

① Kurylo A, Robles J S. How Should I Respond to Them? An Emergent Categorization of Responses to Interpersonally Communicated Stereotypes[J]. Journal of Intercultural Communication Research, 2015, 44(1): 64-91.

② Clark K, Yang Lin, Maher V. Shall I Help a Stranger?: Spiritual Intelligence and its Relation to Altruism, Ethnocentrism, Intercultural Willingness to Communicate, and the Intention to Act[J]. Journal of Intercultural Communication Research, 2015, 44(4): 229-344.

归结为四种策略：退出主流社会、建立群体内的团结、隐藏文化身份和教育文化外的局外人。① 而这种讨论更甚的意义在于，后现代主义下的婚姻和家庭制度日益多样，包含多种形态：职场母亲、单亲家庭、养父母家庭、未婚同居关系、双性恋、变性人、同性恋家庭等，诸如本文所考察的一夫多妻制家庭更是偏离于主流婚姻制度之外，并遭遇去人性化、媒介误传、刻板印象等。从某种意义上说，这类研究给了那些一直被边缘的多配偶者一个发声机会。教育外文化者这一策略也是这一团体在经受近一个世纪的隔绝后，迈出的重要一步，而不是选择延续那种社会和地缘的孤立。悉尼大学的洛根（Shanna Logan）等人的心理学试验，进一步交叉验证了"民族中心主义"这个变量，在一个跨文化传播过程里，对人们参与其中的意愿产生了重要的、负面的影响。②

　　跨文化冲突也以更激进的方式呈现，并且时常与集体行动相联，由此牵扯出的一个问题是：相较个体间的冲突，群体本身对于冲突而言意味着什么？芬兰赫尔辛基大学的布雷斯卡（Barbara Brylska）等人透过芬兰境内俄罗斯移民与当地人的纷争，考察跨文化冲突与为少数族裔利益而展开的集体行动之间的关系，结果表明对主流族裔成员而言，对于冲突爆发的看法因高度的内群体焦虑和较低的外群体信任而表现消极，但是，少数族裔成员却因较低的外群体信任而对引发冲突表现活跃。③ 其中所表现出个体对于群体的依赖或疏远，更进一步地源于个体对群体规范如何理解，英国萨塞克斯大学的蒂普（Linda K. Tip）等人比较了少数族裔在智利和英国

　　① Ault M K, Gilder B V. Polygamy in the United States: How Marginalized Religious Communities Cope with Stigmatizing Discourses Surrounding Plural Marriage [J]. Journal of Intercultural Communication Research, 2015, 44(4): 1-22.

　　② Logan S, Steel Z, Hunt C. Investigating the Effect of Anxiety, Uncertainty and Ethnocentrism on Willingness to Interact in an Intercultural Communication [J]. Journal of Cross-Cultural Psychology, 2015, 46(1): 39-52.

　　③ Brylka A, Mahonen T A, Schellhaas F H, et al. From Cultural Discordance to Support for Collective Action: The Roles of Intergroup Anxiety, Trust, and Group Status[J]. Journal of Cross-Cultural Psychology, 2015, 46(7): 897-915.

两种文化背景下对于自身群体规范的看法，提出当人们试图改变执行现有群体规范的内群体成员，他们是否采用新的群体规范将取决于已有的规范，如果这些非常明确和受到广泛支持，那么新的规范很可能被拒绝，但是，如果现有规范不明确或者允许差异，那么人们更愿意跟随变化的内部规范。① 如果将上述问题转换一下视角，那么可以成为另一个问题：文化特质存在显著差异的族群，在面对冲突时又会有怎样不同的表现类型？有日本学者也就日本人和美国人中出现的冲突认知错误进行心理测试，结果表明，两国人民对于冲突的不同管理方式体现出文化上的差异，当任务型冲突和人际关系型冲突程度都较低时，美国人比日本人更倾向于采用温和型冲突管理方式（agreeable conflict management），日本人却比美国人更偏向于采用进取型冲突管理方式（active conflict management）来处理人际关系。②

此外，还有不少文化冲突的研究定位在个体的心理层面因素。迄今已有不少研究调查了欺侮发生前后与自尊心相关的反应，荷兰莱顿大学的沙法（Saïd Shafa）聚焦在有哪些基本机制可以解释这些反应，从而将对自尊的关注和自我调节理论挂钩。该研究调查了在冲突升级前，"预防焦点"（prevention focus）作为一种激励因素的具体作用，以及在冲突升级后，自尊较强人群中的攻击性行为。③ 结论显示，自尊心强的人在冲突触发阶段会更加适应，但是一旦他们进入到一个实际的欺侮互动阶段，他们会更具有攻击性。当自尊危在旦夕，在欺侮发生后的冲突升级之前，预防焦点的重心与礼貌反应有关，在欺侮发生的冲突升级之后，则与攻击性回应有关。研究

① Tip L K, González R, Brown R, et al. Effects of ingroup norms on domain-specific acculturation preferences: Experimental evidence from two cultural contexts[J]. International Journal of Intercultural Relations, 2015, 47(3): 113-130.

② Murayama A, Ryan C S, Shimizu H, et al. Cultural Differences in Perceptions of Intragroup Conflict and Preferred Conflict-Management Behavior: A Scenario Experiment[J]. Journal of Cross-Cultural Psychology, 2015, 46(1): 88-100.

③ Shafa S, Harinck F, Ellemers N, et al. Regulating honor in the face of insults[J]. International Journal of Intercultural Relations, 2015, 47(4): 158-174.

者尝试以心理学实验来评估这一机制，以此诱导相似文化背景下参与者提升对自尊的关注，由此将自尊心从文化差异的背景下剥离出来进行单独检视，直面欺侮时维护和保护自尊的过程，因而也可能触及到其中潜在的心理运作机制。不可否认，还有不少偏见与情绪直接相关，挪威奥斯陆大学的达拉斯科里维（Madeleine Dalsklev）最新的研究着眼于媒体内容中偏激的描述所带给读者的厌恶感，是否会滋生出更多偏见，并通过实验诱导来调查对一个真实外群体的厌恶和排斥行为的关联。通过让受测者阅读描述罗姆人卫生状况低下的报纸文章，试验验证了这将增加读者的厌恶情绪，进而导致对罗姆人更尖刻的非人性化看待和对驱逐的支持。① 也证实了在多元文化的社会，负面媒体描述对群际关系有破坏性影响，因而间接支持了媒体报道外群体的方式能够作用于对外群体的偏见。

---

① Dalsklev M, Kunst J R. The effect of disgust-eliciting media portrayals on outgroup dehumanization and support of deportation in a Norwegian sample［J］. International Journal of Intercultural Relations，2015，47(3)：28-40.

西文秦简牍研究概述

Marc KALINOWSKI(马克)

VENTURE Olivier（风仪诚）*

鉴于秦代在中国历史上的重要地位，欧美学者很早就开始关注与秦有关的资料。以法国为例，早在 1893 年，沙畹就在《亚洲学报》发表了《秦石刻》一文，专门介绍、翻译并研究了秦石刻，而彭亚伯神父也于 1909 年在上海出版了第一部有关秦国历史的法文专著。①得益于这一悠久的传统，1975 年睡虎地秦简这一大量秦代第一手新资料甫一发现，就很快引起了欧美学者的关注。

为了介绍 20 世纪 70 年代以来欧美学者对秦简的研究成果，我们编写了这份西文秦简牍研究概述。收录文献的标准是文献的语言而非作者的国籍，因此，欧美学者以中文和日文发表的著述未予收录，相反却收进了少量中国和日本学者的西文论著。我们这样做的

---

* Marc KALINOWSKI(马克)，男，1946 年 5 月生，法国高等实验学院教授，著名汉家家。主要研究领域为中国古代数术史、简帛文献。电子邮箱 marc-kalinowski@orange.fr。

VENTURE Olivier(风仪诚)，男，1971 年 4 月生，法国高等实验学院副教授。主要研究领域为中国古代出土文献语言、文字。电子邮箱 olivierventure@wanadoo.fr。

① Edouard Chavannes 沙畹. "Les inscriptions des Ts'in" 秦石刻. *Journal Asiatique* 亚洲学报, 1893, pp. 473-521. P. Albert Tschepe 彭亚伯神父. *Royaume de Ts'in* 秦王国. Shanghai, Imprimerie de la mission catholique, 1909.

原因有二,一是中日文的相关文献目录已有学者整理发表,① 二是中日学者的西文著作更容易引起西方学者的广泛关注,特别是非出土文献专业学者的关注。

概述共收录了 66 部论文和专书,其中英文文献占 70% 以上,其他为法、德、俄、匈等语种的西文文献。② 由于语言的障碍和资料的分散,我们在收集的过程中可能会有所疏漏。不过,整体而言,本概要和目录提要应该能比较全面地反映睡虎地秦简发现以来的西文秦简研究概况。

为了方便读者参考,我们的介绍是按简牍的出土单位编排的。就数量而言,由于睡虎地秦简是最早发现和公布的秦简资料,所以有关的研究著述数量最多,约占文献总数的三分之一强。就内容而言,最受西方学者关注的秦简多集中在法律和数术方面。另外,由于第二部分对研究文献作有提要,所以第一部分对文献内容的描述一般都比较简单,二者可以参看(概览部分各论著后的编号与目录及提要部分的编号对应)。

一、研究概览

甲、睡虎地 11 号墓竹简

1975 年睡虎地秦简发现的消息公布之后,很快就引起西方学者的兴趣。相关的论著比较多,这里主要根据论著的内容进行介绍。

甲 1、对秦简的发现与内容介绍

1976 年,《文物》杂志连续发表了几篇介绍睡虎地秦简发现过

---

① 见李静:《秦简牍研究论著目录》,《简帛》第 4 辑,上海古籍出版社 2009 年版,第 73-122 页;工藤元男等:《日本秦简研究现状》,《简帛》第 6 辑,上海古籍出版社 2011 年版,第 139-192 页;工藤元男等:《日本秦简研究现状(续)》,《简帛》第 9 辑,上海古籍出版社 2014 年版,第 395-401。后二文整合为本书附录二《日本的秦简牍研究》。

② 各语种论著的具体篇目为:英文 51 篇、法文 6 篇、德文 4 篇、俄文 4 篇、匈文 1 篇。

程和内容的文章。西方学者很快就对这些文章做了译介和概述，如鲁惟一（[1]）和夏德安（[2]）在 1977 年发表的两篇论文。夏氏还在论文中根据云梦秦墓竹简整理小组编写的《云梦秦简释文（三）》（《文物》1976 年第 8 期）把部分秦简翻译成了英文。其后，何四维在 1978 年的论文（[3]）中对睡虎地秦简的发现过程和内容做了更为详细的介绍，其中特别涉及他所关心的法律文献，并对其中的某些法律用语提出了自己的看法，进行了初步研究。1986 年，郭罗瓦诺夫在论文（[4]）中不仅介绍了睡虎地秦简的发现和内容，还特别提到了几篇引用睡虎地资料的俄文著作，同时也讨论了该批资料的性质。

甲 2、编年记

有关睡虎地秦简《编年记》的学术论文并不多。马恩斯的论文（[5]）特别注意到了《编年记》的避讳字问题，认为该文献说明秦代与汉代及汉以后的避讳制度是有区别的，因此虽文献记载因秦始皇名政而避讳"正"字，可是秦简中却出现了"正"字。闵道安在有关《编年记》的两篇文章中都谈到了该篇的性质，同时也研究了它与传世历史文献的关系。在第一篇文章中（[6]），他还研究了《编年记》与当时的冥间信仰的关系；在第二篇文章中（[7]），他特别强调了《编年记》的部分内容与《左传》提到的《军志》之间可能存在的关系。

甲 3、法律文书

睡虎地法律文献是西方学者最为关注的资料，相关论文也占到了西文秦简研究文献的百分之四十以上。而收录的两部专著，内容均与睡虎地法律秦简有关。

睡虎地秦简部分资料在 1976 年的《文物》上发表以后，西方学者很快就指出其中法律文献的重要性。最早的专题论文是詹纳尔发表在 1977 年的《古代中国》（Early China）上的论文，是作者根据其在 1976 年的美国会议上的演讲稿改定而成，文中主要介绍了这批资料的发现过程和相关内容（[8]）。其后随着更多资料的公布和新的研究成果的出现，欧美学者也进入了研究阶段。如 1981 年叶山就把《封诊式》的全文翻成英文并加了详注（[9]）。同年，何四维也发表了三篇有关睡虎地法律文献的论文，其中不仅有对自己1978年论文的补记，即指出"隶臣"的特殊身份([10])，而且也涉及了秦国的度量衡法律与度量衡改革的实施方面的关系([11])，最后还谈到了秦律与法家的关系。作者认为，虽然法家思想对秦律有重大的影响，但并非制定秦律的唯一因素，秦律的发展与秦国的历史也有很密切的关系([12])。同样的论点也见于何四维1985年发表的另一篇文章([13])，作者指出，睡虎地秦简所反映的法律很可能也接近战国晚期一些国家使用的法律。八十年代初，西方学者还发表了两篇专门探讨睡虎地资料中的一些特殊问题的论文。王德迈在1981年关于中国古代官方公文程序的论文中指出，睡虎地秦简证明这种用于统治的公文程序在战国晚期已经相当发达([14])。德克·卜德在1982年关于《封诊式》疾病记载的论文中([15])，指出其中有些记载非常详细，并对秦朝法律对麻风病人犯罪者的特殊处理条例做了专题研究。另外，睡虎地秦简对非自由劳动的详细记载也引起了一些学者的浓厚兴趣，如瓦西里耶夫就在1984年发表专门讨论秦国服役劳动的论文([16])，文中强调，当时的服役劳动者在秦国人口中所占比例应该是相当可观的。同年，何四维([17])亦在有关徭役的一篇文章中指出秦代徭役的特点及其对当时政府重大工程的重要性。

1985年何四维出版了研究睡虎地法律文书的第一本西文专著《秦律遗文》([18])。此后该书在欧美成为该领域研究的基础著作，在中国也受到了不少学者的重视。书中不仅详细介绍了睡虎地法律秦简的发现和内容，而且还提供了相关秦简的全部英译。在注释中，何氏更在前人的研究上加上了自己的不少看法和研究成果，在分析过程中还经常利用汉简资料。该书出版后，叶山于1987年发表了专题书评，对该书的价值予以充分肯定，但同时也指出了书中存在的一些枝节问题([19])。第二本关于睡虎地秦简的西文专著是2003年出版的绍拉特·盖勒盖利的匈牙利文著作《古代中国刑法——睡虎地文献所反映的秦国法律》([20])。书中主要研究了睡虎地秦简所反映的秦律以及中国早期法律的演变，并且把部分秦简资料翻译成了匈牙利文。

1986 年，剑桥大学出版社出版了剑桥历史丛书中的中国史第一册，即秦汉分册。此书由鲁惟一任主编，由欧美该领域的名家权威合著。在第九章《秦汉法律》中，何四维就通过大量征引秦汉简牍资料研究了秦汉时期的法律概况([21])。

此后，何四维在两篇论文中结合传世文献和简牍资料(特别是睡虎地秦简)，对秦汉法律的两个问题进行了深入思考。在 1987 年的论文中，作者研究了法律在中国早期帝国权威建立过程中的重要作用，即通过法律，政府可以控制对国家权威不利的国内其他权威([22])。在另一篇论文中，作者对"盗"字在古代文献中的意义演变进行了详细考释，并指出该字在早期的使用要比晋代以后更为广泛，另外作者还附带探讨了对盗贼的处罚，即可以根据被盗者的身份或发生盗窃的场所对处罚尺度进行调整([23])。

另有一些学者还特别专注于睡虎地法律秦简中有关秦代农业的资料。郭罗瓦诺夫在 1988 年的论文中介绍了研究睡虎地秦简的几篇重要的俄文和英文论著，还把有关农业的几条法律秦简翻译成俄文并做了简注([24])。瓦西里耶夫在 1989 年的论文中根据《秦律十八种》中的《田律》对秦代农民的社会地位进行了探讨，作者特别强调了秦政府严格控制农民的条例与措施([25])。叶山于 1987 年发表的关于"士伍"的论文则主要探讨了该阶层人物的社会身份问题，作者分析了秦汉时代及汉以后"士伍"阶层的区别，认为这一制度是秦代社会非常重要的组成部分([26])。另外，克劳尔在 1990 年的论文中专门研究了古代社会身份体系重要构造因素的爵制，并着重介绍了秦汉军爵制度及其与秦汉法律的关系([27])。

睡虎地法律秦简是研究古代官制的重要资料，不过发表的相关西文论文极少。我们在附录中只能收录两篇讨论官制的西文论文。一是日本学者山田胜芳 1990 年关于秦始皇实行的官制改革情况的论文([28])。二是叶山 1995 年对秦代官僚制度诸多具体问题(特别是秦代管制与信仰的关系)的详细研究([29])。最后，何意志在 1990 年发表了一篇专门探讨秦代法律与官制关系的文章，载于《长城那方 —— 秦始皇帝及其兵马俑》展览图录中，文中不仅介绍了睡虎地秦简的相关资料，而且也提到了秦汉法律演变过程中的一些问题([30])。

1997年，夏含夷主编的《中国古代史新资料：阅读写本和铭文入门》出版。该书的大部分内容都是对不同出土文字资料的简介和选文注释(如甲骨文、西周金文、侯马与温县的盟书等)，而每一个专章论述都由欧美相关专家撰写，如何四维就负责完成了《秦汉法律文书》专章([31])。该书面世后很快就成为欧美中国研究学者和研究生研究古代中国社会的重要参考书。

2001年张家山247号墓汉简正式发表，欧美学者也得以对中国古代法律进行更深入研究。劳武利于2005年根据睡虎地和张家山法律竹简完成了专论中国古代私法的论文([32])，其中特别强调了对家庭罪行的处理条例。作者认为，虽然秦朝法律非常严酷，但对家庭这一特殊环境下出现的罪行，其处理方法与一般公共场所犯罪行为还是有所区别的，律令中多表现出尊重家主传统权威的特征。此后，陈力强讨论了秦代司法仪式对秦代法制的重要性([33])，他也指出当时平民何以利用法律体系传达对他们有利的讯息([34])。陈力强还在另一篇文章中指出，从秦汉法律可以看到当时政府对自然资源保护的重视([35])。2011年马硕([36])分析了秦汉法律中的审讯程序，认为该程序对增加国民对中央政府权威的尊重起了很大的作用。

除了上述以法律为专题的论著以外，有的学者还从其他角度研究了睡虎地的法律秦简。如1993年何莫邪从语言学的角度研究了马王堆《老子》帛书和睡虎地法律秦简中"弗"字的用法。他认为"弗"这一否定词只用于有关人类的活动，因此，在将该字翻译成英文时，应该根据人与被否定的动词之间的关系翻译成不同的词([37])。有的学者还从哲学的角度对睡虎地法律秦简的一些现象进行了思考，如塞尼斯基在2004年发表了一篇论述秦简逻辑理论的论文，他否定了有的学者把这批法律资料中出现的甲、乙、丙、丁与亚里士多德的"逻辑可变因素"联系起来的看法，而认为后者是一个更为抽象的概念([38])。

最后要指出的是，鉴于睡虎地法律秦简在中国古史中的重要地位，很多有关中国历史的专著和教材都曾提及这批资料并加以引用，都对秦简的发现和内容进行了简介并提供了部分资料的译文。伊佩霞 1993 年在《中国文明史料》中就曾发表过一篇这样的论文（[39]）。不过，由于此类文章大多都比较简略，所以我们未予收录。需要特别提及的是 1980 年苏联出版的《古代东方历史读本》，书中可刘阔夫提供了十几条睡虎地法律简文的俄译并附有简释。此书成为上世纪八、九十年代苏联大学历史系的必读参考，影响了俄国的一代历史学家（见可刘阔夫等：《古代东方历史读本》，[莫斯科]高等学校出版社 1980 年版，第二册，第 181 ~ 184、190 ~ 192、199 ~ 200、204 页）。

甲 4、日书甲种、乙种

1981 年睡虎地《日书》简文公布后不久，西方学者的第一批研究成果即接踵问世，此后陆续有新成果发表。这里我们主要介绍以《日书》为主题的研究论著，共收录 1986 年到 2009 年期间发表的十四篇英文、法文和德文论文，另外还收录了六篇台湾和日本学者的英文论文。从内容上说，这些论文可以分为两组，一组是对《日书》的整体研究，另一组是对某一方面的专题研究。

在第一组论文中，首先要介绍的是马克 [40] 和鲁惟一（[41]）在八十年代对《日书》进行的总体介绍与研究（1986、1988）。鲁文侧重于探讨《日书》在秦汉传世文献中的地位问题，同时也揭示了《日书》与岁时月令的密切关系。马克的论文则集中研究了《日书》的择日法，并第一次对甲本和乙本中的择日法和占卜程序进行了分类。其次要介绍的是九十年代发表的三篇论文，其特点都是把《日书》放在特定的历史与文化背景中进行考察。工藤元男在 1990 年的论文（[42]）中认为，作为睡虎地秦简的组成部分，《日书》是秦、楚两种文化交汇影响下的产物；此外，作者还对《日书》与睡虎地法律文书的关系问题提出了自己的看法。蒲慕州的两篇论文（[43]、[44]）则着重研究了《日书》所处时代的社会与文化背景，并通过对睡虎地秦简的研究，揭示了当时流行的宗教信仰和方术实践，进而探讨了《日书》宗教思维的类型问题。夏德安 1997 年的论文（[45]）则侧重于研究《日书》在秦汉阴阳学和数术方技中的地位问题，他还把《日书》中的有关医占的片段翻成了英文并加以注解(Donald Harper. "Iatromancy, Diagnosis, and Prognosis in Early Chinese Medicine"中国早期医学中的医占与诊断. Innovation in Chinese Medicine 中国传统医学的发明与创造. Ed. Elisabeth Hsu. Cambridge University Press, 2001, p. 99-120)。最后要提及的是最近发表的两篇对《日书》进行外在研究的论文。其一是董优进 2006 年关于《日书》在睡虎地 11 号墓中的放置位置的研究([46])。作者认为,甲本《日书》中《人字篇》在墓中的位置很可能具有某种象征意义,它应该与马王堆 3 号墓出土的《胎产书》一样,是某种宇宙论(如人体与干支的关系)或占卜术原则的折射和反映。另一篇是马克([47])在 2008 年发表的关于《日书》编撰原则的研究。作者通过对甲本《日书》的细部分析,发现它在内容和章节的编排方面都具有精细、严密的特征,在很大程度上体现了预先严格设定的编撰计划和规则,而这一点恰好与乙本《日书》及后来发现的其他大部分《日书》的编撰模式相反,后者在内容和形式上都更多地体现出松散、随意的特征。

第二组论文是专题方面的研究。早在 1985 年,夏德安([48])就把甲本《日书》中的重要篇章之一《诘篇》放在秦汉与六朝鬼神信仰的宗教背景中进行了深入考察。在该文中,作者对《诘篇》开头部分进行了仔细分析,并从自己的角度对"诘"字和其他几个技术性词汇,如"屈卧"、"箕坐"等,作出了解释。1986 年,作者又发表了《诘篇》的全文英译(Donald Harper. "Spellbinding"诘篇. Religions of China in Practice 实践中的中国宗教. Ed. Donald Lopez. Princeton University Press, p. 241-250)。1996 年,胡司德([49])对甲本《日书》中的《马篇》进行了精细的专题研究,并附上了全文英译。同年,马克([50])也发表了研究睡虎地《日书》二十八宿纪日法的专文。该文是作者继 1986 年"择日法"论文的后续研究,文中追溯了该法在秦汉时代的演进发展,并考察了它和随佛教一道传入中国的印度天文学的关系,以及它与宋代开始使用的纪日法的关系。最后一篇是蒲慕州([51])在 2005 年发表对甲本《日书》中《生子》与《人字》两篇简文中所反映的"命运观"的研究。在该文中,作者深入分析了简文中的两种命运观及二者之间的矛盾,一种是一个人出生时由其生日甲子而注定的"天命",另一种是一个人在出生后可以通过禁忌行为和驱邪仪式改变自己的命运。作者认为,这一矛盾与此类命书所传承的民间宗教思想有关。

另外,与第二组研究相关的,还有两篇间接涉及睡虎地《日书》的专题论文。一篇是 2009 年李建民([52])研究战国至唐代"病因观"演变过程的论文,其中部分引述并研究了《诘篇》的有关内容。同一年出版的另一篇是刘增贵([53])关于秦汉历日禁忌的重要研究论文,其中大量征引了睡虎地《日书》中的资料。需要说明的是,由于睡虎地《日书》近年来已成为秦汉文化与宗教习俗研究领域不可或缺的重要资料来源,相关的间接研究层出不穷,我们的论文目录未予收录,如夏德安对《日书》中有关"梦"的简文和敦煌写本《白泽精怪图》进行的对比研究(Donald Harper. "A Note on Nightmare Magic in Ancient and Medieval China"中国上古与中古时期的魇梦术 . T'ang Studies 唐学报,6(1988),p. 69-76)。

甲 5、其他

1997 年鲁威仪在《战国的起源与礼仪》一文中指出,传世典籍中经常强调法家与儒家、法家与信仰的矛盾,不过从包山楚简和睡虎地秦简中可以看出,当时的法律与传统文化和宗教信仰之间存在着密切的关系,并非像许多人认为的那样泾渭分明([54])。另外,尤锐于 2004 年发表的《新出土文献对于秦史的新解释》一文也注意到了出土资料为研究领域带来的新认识,并指出新出土的金文、竹简、石刻等资料都有助于我们了解秦国在统一六国过程中遇到的诸多问题和矛盾([55])。

乙、里耶 1 号井简牍

由于里耶秦简牍的出土较晚,公布的资料还比较有限,因此还没有引起很多学者的注意。目前发表的相关专题研究的西文论文不多。在纪安诺 2005 年对秦汉出土文书签署印记的详细研究中,作者所利用和翻译的简牍资料大部分是西域的汉代资料,不过文中也把里耶的一枚木牍作为重要例子加以引用([56])。作者指出,中国古代的签署与现代西方的签字习惯有着明显的差别。在 2013 年瑞士伯尔尼历史博物馆举办了《秦 — 永恒皇帝与其兵马俑》特展,在展览图录中，陈力强写了一篇文章介绍秦代的国家制度与法律，就引用了来自睡虎地 11 号墓以及里耶 1 号井的秦简牍资料（［57］）。2008 年风仪诚也把里耶秦简列为他研究秦系文字特点和演变论文的重要参考资料之一（［58］）。此后，秦文字专家陈昭容，在 2013 年上述展览图录中发表了更加详细的同专题论文（［59］）。此外，在 2012 年风仪诚讨论了有关秦代避讳字与秦人用字习惯（［60］）。

丙、放马滩 1 号墓简牍

在 2009 年收录齐全的《天水放马滩秦简》出版之前，西方学者就已经开始对先期发表的"地图"和当时所谓的"墓主记"进行了考察和研究。徐美玲 1993 年的论文发表在专业地图学期刊上（［61］）；该文介绍了放马滩和马王堆出土的地图，同时揭示了这两幅地图的诸多特征，并探讨了它们对中国传统地图学形成阶段的贡献。另外，放马滩地图也同样出现在多部地图学专著中，如 Cordell Yee 所著《对中国传统地理图的再认识》（J. B. Harley 与 D. Woodward：《地图学史》第一卷，芝加哥大学出版社 1987 年版，第 37-40 页）。还有一篇论文是夏德安在 1994 年发表对放马滩《墓主记》中的志怪故事的研究（［62］）。文章通过对放马滩复活故事与六朝志怪小说的渊源与传承关系的考察，专门陈述了该故事赖以产生的战国两汉时期的宗教与文化背景。最后一篇是马克（［63］）在 2011 年对战国晚期到西汉初的律数制演变过程的初步研究。他认为放马滩秦简《日书》的十二律占所包含的资料充分证明了在公元前 3 世纪时中国已有一套完整的音律体系，代表了司马迁《史记·律书》之前的律数制度。放马滩秦简不仅帮助我们解决了文献里散乱出现的有关音律的解说片段性不完整而且互相矛盾的问题，还显示了中国传统音律实际上与阴阳家和数术家所发展的历数概念是紧密相联的，是从八度音阶之内的十二半音与一年之中的十二月之间自然对应关系衍生建立的。

丁、王家台 15 号墓竹简

王家台 15 号墓的重大发现之一是秦简《归藏》。1995 年简文甫一披露，就吸引了周易筮占方面学者的极大关注。1998 年柯鹤立首先向英语读者做了概要介绍和个别片段的翻译（［64］）。另外，夏含夷（［65］）和邢文（［66］）也分别在 2002 年和 2003 年对秦简《归藏》的内容进行了分析，并与传世本《归藏》及《周易》进行了较详尽的比较。邢氏的论文侧重于综合分析，而夏氏则着重于从细节上揭示《归藏》中"卦辞"的内在结构，认为该结构的不同组成部分有助于我们对《周易》编写过程的研究和理解。两位作者都认为，秦简《归藏》的发现充分证明，当时曾存在着多个易类文本的传承学派，他们事实上都与战国时期的蓍占习俗密切相关。

二、目录及提要

甲、睡虎地 11 号墓竹简

甲 1、秦简的发现与简介

［1］LOEWE，Michael 鲁惟一．"Manuscripts Found Recently in China：A Preliminary Survey"．*T'oung Pao*，63（1977），p. 99-136.（鲁惟一：中国新发现简牍的初步考察）

本文为最早介绍睡虎地秦简资料的西文论文之一，主要介绍了 1972 年至 1977 年期间中国发表的新出土的简牍资料。作为一篇综合性论文，作者主要介绍了马王堆 3 号墓、银雀山汉墓及睡虎地 11 号墓的出土资料。此外，鲁氏对云梦睡虎地 4 号墓、凤凰山诸墓、连云港网瞳庄汉墓等处出土的非著名简牍资料也作了简要介绍。

［2］HARPER，Donald．"The Twelve Qin Tombs at Shuihudi，Hubei：New Texts and Archeological Data"．*Early China*，3（1977），p. 100-104.（夏德安：湖北睡虎地十二座秦墓出土的新文献与考古资料）

本文介绍了 1976 年《文物》杂志发表的有关睡虎地秦简的六篇文章(即《湖北云梦睡虎地十一座秦墓发掘简报》、《湖北云梦睡虎地十一号秦墓发掘简报》、《湖北云梦睡虎地秦简概述》、《云梦秦简释文》一、二、三)及其主要内容。并且提供了"封诊式"一节的全部翻译，包括治狱、讯狱、盗自告、告臣、黥妾，迁子、告子、疠、毒言。

［3］HULSEWÉ, A. F. P.. "The Ch'in Documents Discovered in Hupei in 1975". *T'oung Pao*，64（1978），p. 175-217+338.（何四维：1975 年湖北省发现的秦代文书）

本文首先介绍了睡虎地秦简资料的发现和公布情况，并提出了有关发表释文和注释中在格式和内容上还存在的一些的问题。随后，作者又较详细地介绍了与法律相关的资料（而对其他资料的描述都很简单），文中还对秦十八律和秦律杂抄的每一条都做了简介。最后，作者还介绍了自己对这批资料的初步研究，具体讨论了与内史、大史、少史、都官、啬夫、告归、赀、隶臣、徒等官名和词语的相关问题。

［4］ГОЛОВАНОВ, Е. В.［E. V. Golovanov］. "Опыт классификации письменных источников из циньского комплекса в Шуйхуди". *Общество и государство в Китае. Семнадцатая научная конференция. Тезисы докладов.* Москва, Наука, 1986, Часть I, p. 26-29.（郭罗瓦诺夫：第 17 届中国社会与国家学术讨论会发言摘要）

本文简述了睡虎地秦简的发现，介绍了当时已发表的主要著作，并提到了利用这些资料的俄文著作。郭罗瓦诺夫还把睡虎地秦简资料分为以下类别：第一类是社会、经济方面的资料（所有制、生产、劳动、秦代社会阶级、自由人与奴隶、家庭）；第二类是政治史方面的资料，第三类是政治思想方面的资料。作者认为，第一类资料最有价值。

甲 2、编年记

［5］MANSVELT BECK, Burchard J.. "The First Emperor's Taboo Character and the Three Day Reign of King Xiaowen: Two Moot Points Raised by the Qin Chronicle Unearthed in Shuihudi in 1975". *T'oung Pao*，73（1987），p. 68-85.（马恩斯：秦始皇避讳和孝文王三天在位：对 1975 年睡虎地出土秦代《编年记》的两个疑问）

本文研究了与睡虎地《编年记》有关的两个问题，一为"正"字的避讳，二为秦孝文王在位的时间和背景。在汉以后的文献中，有关秦代"正"字避讳的记载比较多，但在睡虎地《编年记》中，却多次使用了"正"字。作者认为，这种现象的产生，是因为在战国和秦代的避讳制度只适用于在位国王（或皇帝）已去世的父亲之名，并不涉及活着的国君之名，而过去认为由于《编年记》是私人文书或者是由抄写者故意违反避讳而造成的说法是不合适的。作者还认为，睡虎地中的"端"字未必与避讳有关，而这批资料中出现的"楚"字表明，在抄写这批文献时，秦始皇的父亲尚未去世。另外，作者还根据《编年记》中的"后九月"的记载，认为《史记》中有关秦王孝文在位的资料只能用传统的夏历（而不是以十月为正月的秦历）才可以得出比较合理的解释。

[6] MITTAG, Achim. "Historische Aufzeichnungen als Grabbeigabe—Das Beispiel der *Qin-Bambusannalen*". *Auf den Spuren des Jenseits*: *Chinesische Grabkultur in den Facetten von Wirklichkeit Geschichte und Totenkult*. Ed. Angela Schottenhammer. Europäische Hochschulschriften 89. Frankfurt, Peter Lang, 2003, p. 119-40. （闵道安：作为随葬品的历史记录：以秦《编年记》为例）

本文主要研究了睡虎地秦简《编年记》的性质。作者认为，该资料应该是由两个人共同写成的（分为上下部），其中上部很可能出自某一军事部门，下部很可能是墓主本人即喜所写。作者指出，喜文中找不到一些学者所谓的复楚思想。作者还进一步指出，这一资料之所以会出现在墓葬中，很可能与当时人们的冥间信仰有关。最后，作者通过比较研究，认为在《汲冢竹书纪年》与《编年记》之间存在着密切的关系，可惜今天看到的《竹书纪年》已经不是原貌。因此，要想真正了解《编年记》的性质，还有待于新的考古发现。

[7] MITTAG, Achim. "The *Qin Bamboo Annals* of Shuihudi: A Random Note from the Perspective of Chinese Historiography". *Monumenta Serica*, 51 (2003), p. 543-70. （闵道安：从中国史学的角度略谈睡虎地秦《编年记》）

本文分析了睡虎地秦简《编年记》的结构和内容，认为这一点对了解《春秋》与《左传》的关系有相当的帮助。但是，《编年记》中未避讳皇帝之名而且不用"崩"字记载国王去世的事实，也同样不能用传统的"微言大义"这一行文习惯来解释。作者认为，《编年记》的部分资料可能与《左传》提到的《军志》有关。作者把《编年记》的内容分为秦国军事事件、重大事件和墓主人私人事件三部分，而《春秋》中也可以发现对同类现象的记载。该文章附录还附有更详细的中文提要。

甲3、法律文书

［8］JENNER，W. J. F. "The Ch'in Legal Texts from Yunmeng：A First Reading" *Early China*，3（1977），p.124.（詹纳尔：初读云梦秦律文献）

本文是詹纳尔1976年10月在美国亚里桑那州旗杆市举行的亚洲研究协会西方分支年会上的演讲稿。文中强调了云梦睡虎地秦简的重要性，并且特别指出了秦律的严格性以及奴婢在秦代社会中的重要地位。

［9］YATES，Robin，and Katrina McLEOD. "Forms of Ch'in Law：An Annotated Translation of the Feng-chen shih". *Harvard Journal of Asiatic Studies*，41（1981），p.111-163.（叶山：秦律的形式：《封诊式》的翻译与注释）

本文介绍并翻译了睡虎地11号墓出土的秦简《封诊式》一文。文中首先概要介绍了相关资料的发现、年代和性质，随后翻译了《封诊式》全文并附以详注。两位作者还特别说明了翻译过程中遇到的疑难问题及其对不同解释、说法的取舍理由。

［10］HULSEWÉ，A. F. P.. "Supplementary Note on Li ch'en ch'ieh". *T'oung Pao*，67（1981），p.361.（何四维："隶臣妾"补记）

本文是何四维对1975年文章（"The Ch'in Documents Discovered in Hu-pei in 1975" 1975年湖北省发现的秦代文书. *T'oung Pao* 通报，64（1978），p.175-217+338）所做的补记，文中作者赞同并接受了林剑鸣在《"隶臣妾"辨》（《中国史研究》1980年第2期，第91-97页）一文中对"隶臣妾"一词的解释。

［11］HULSEWÉ，A. F. P.. "Weights and Measures in Ch'in Law". *State and Law in East Asia*，*Festschrift Karl Bünger*. Eds. Dieter Eikemeier and Herbert Franke. Wiesbaden，Harrassowitz，1981，

p. 25-39.（何四维：秦律中的衡与量）

本文特别研究了在睡虎地秦简中有关衡量制度的记载与《说文解字》的相关注解之间存在的诸多相似之处。作者还利用《九章算术》对秦简中的一些艰涩难解的内容进行了解释，并且也涉及了《金布律》中有关货币的一些问题。总的来看，作者认为秦律对违反衡量制度的人所做的处罚并不算非常严格，这可能与当时在具体实施衡量统一过程中遇到的困难有关。最后，作者还讨论了"参"字的意义。

[12] HULSEWÉ, A. F. P.. "The Legalists and the Laws of Qin". *Leiden Studies in Sinology*. Ed. Wilt L. Idema. Leiden, Brill, 1981, p. 1-22.（何四维：法家与秦律）

本文认为睡虎地秦简法律文书是了解法家的重要资料之一。作者在文中还特别研究了秦简资料与法家思想有关的几个具体问题，如罪人的原有身份与处罚轻重的关系、对家庭杀人案的处理以及田律、仓律、赎、傅等问题。总之，作者认为秦律的起源应该早于商鞅，而且与秦人的历史有关。另外，法家思想对秦律的系统性构造也产生了一定的影响。

[13] HULSEWÉ, A. F. P.. "The Influence of the 'Legalist' Government of Qin on the Economy as Reflected in the Texts Discovered in Yunmeng County". *The Scope of State Power in China*. Ed. Stuart R. Schram. New York, St. Martin's, 1985, p. 211-235.（何四维：云梦秦简中所反映的秦代法家政府对经济的影响）

本文介绍并研究了睡虎地秦简所涉及的秦代农业、粮仓、耕田、货币、贸易和手工业等方面的法律问题和基本内容。作者指出，睡虎地秦简法律文书只是秦律的一部分，而且这批资料与法家及商鞅的关系并不像许多学者所说的那么密切。整体而言，这批资料不仅反映了秦国的法律，而且很可能也反映战国时期其他国家通用的法律。

[14] VANDERMEERSCH, Léon. "Le développement de la procédure écrite dans l'administration chinoise à l'époque ancienne". *State and Law in East Asia. Festschrift Karl Bünger*. Eds. Dieter

Eikemeier and Herbert Franke. Wiesbaden, Harrassowitz, 1981, p. 1-24. (王德迈：中国古代官方书写手续的发展)

本文首先指出，敦煌、居延汉简所见的官方书写手续已经十分发达，并认为这批汉代资料所反映的书写手续其实在战国时期就已经存在了，只是尚未发现该时期的相关出土资料而已。通过睡虎地11号墓秦简可以看出，至战国晚期，这一书写手续已相当发达。作者还引用了不少睡虎地秦简的资料并翻译成法文，并多次援引《周礼》的记载加以说明。另外，作者还探讨了这一官方书写习惯的发展与春秋时期法家思想之间的密切关系。

[15] BODDE, Derk. "Forensic Medicine in Pre-Imperial China". *Journal of African and Oriental Studies*, 102 (1982), p. 1-15. (德克·卜德：中国先秦法医学)

本文对《封诊式》的四条简文进行了翻译、分析和讨论。作者认为，虽然简文中使用了甲、乙、丙等序号作为抽象的人名，但简文所描写的案件特别详细，因此简文中记述的这些案件只能是根据真实的档案资料而改定的。在讨论"贼死"和"经死"两条简文时，作者还注意到二者的描述方式与南宋宋慈《洗冤集录》的描述方式具有诸多相似特征。在有关"出子"简文的研究中，作者还援引了一位医生的看法，并指出其中的一些难以理解的现象。作者还指出，"疠"条简文中有对麻风病的详细记载，并特别指出睡虎地法律文书中有对麻风病人犯罪的特殊处理方法。作者认为，从资料中可以看出，秦代已出现了专门为麻风病罪人设置的隔离处所，但这一点在秦代以后的文献中似乎并没有相关记载。最后，作者强调指出，"疠"条简文不仅是中国、而且也是世界上目前有关麻风病的最早记载。

[16] ВАСИЛЬЕВ, К. В. [K. V. Vasilyev] " Подневольный труд в царстве Цинь (IV-III вв. до н. э.)". *Проблемы социальных отношений и форм зависимости на древнем Востоке*. Москва, Наука, 1984, p. 227-237. (瓦西里耶夫：秦国的劳役(公元前四至三世纪))

本文研究了战国末期秦国多种非自愿劳动者问题。作者主要根据睡虎地秦简资料对隶臣的情况进行了详细介绍和研究，指出秦代的隶臣身份并不像汉代那样有期限限制。作者还研究了与其他非自愿劳动者有关的问题，如城旦或人奴妾，并指出此类非自由劳动者在当时秦国人口中所占比例应该是相当可观的。

[17] HULSEWÉ, A. F. P.. "Some Remarks on Statute Labour during the Ch'in and Han Period". *Orientalia Venetiana I*. Ed. M. Sabatini. Firenze, Leo S. Olschki, 1984, p. 195-204. (何四维：简谈秦汉时期的徭役)

赋役制度为秦、汉朝的核心制度。在这篇文章中，作者介绍与其中的徭役制度有关的几个问题，如服徭役人员的年龄限制、针对抵抗逃避徭役人员的法律、徭役对国家建设工程的重要性等。为此，何四维主要利用睡虎地 11 号墓秦简法律文书，也涉及与西域汉简有关的几部研究著作。

[18] HULSEWÉ, A. F. P.. *Remnants of Ch'in Law: An Annotated Translation of the Ch'in Legal and Administrative Rules of the 3rd century B.C. Discovered in Yün-meng Prefecture, Hu-pei Province, in 1975*. Sinica Leidensia 17. Leiden, Brill, 1985. (何四维：秦律遗文：1975 年湖北省云梦县发现的公元前 3 世纪秦法律和行政规定的注释)

书中除云梦出土秦简外，还收入四川青川郝家坪发现的秦木牍。在对秦简的发掘经过和著录情况作了介绍之后，还评价了秦简出土的意义，并指出发现的秦律条文，并非秦律的全部，而是供下级官吏使用的一部分。他认为从秦简律文中可以说明中国古代法律的法典化较之人们的传统认识要早，至少在公元前七世纪左右已开始，正和逐步强化的中央集权相一致。通过秦律，他反驳了马伯乐等学者认为秦国落后的观点。《秦律遗文》在译注中广泛征引中外学者的研究成果，在许多方面提供了富有启示性的意见，而且何四维教授还注引汉简以说明秦简，可以说《秦律遗文》是西方世界颇有影响的第一部介绍中国出土秦简的专著(参看郑有国：《简牍学总论》，华东师范大学出版社 2008 年版，第 189-190 页)。

[19] YATES, Robin D. S.. "Some Notes on Ch'in Law". *Early*

China，11-12（1985-1987），p. 243-275.（叶山：秦律随笔）

本文是叶山为何四维《秦律遗文》一书所作的书评。作者认为该书具有很高的学术价值，是西方学者研究中国早期帝国法律和官制的必读之书。作者也提到了书中一些有待商榷的问题，如词汇、断句、翻译等问题。另外，作者还指出，睡虎地《日书》的某些内容对理解法律文书中的疑难字词具有相当的重要性。

[20] SALÁT, Gergely. *Büntetöjog az ókori Kínában，Qin állam törvényei a shuihudi leletek alapján*. Sinológiai Mühely 3. Budapest，Balassi Kiadó，2003.（绍拉特·盖勒盖利：古代中国刑法——睡虎地文献所反映的秦国法律）

该书是匈牙利第一部研究中国古代法律的专著。此书依据1975年出土的睡虎地竹简资料介绍早期中国法律系统的发展、实行和特点。这里的数百条法律奠定了秦后两千年间中国官制系统的基础。绍拉特氏也讲到秦律的历史与思想背景、有关中国早期法律制度演变的其他古代文献、睡虎地秦简的形式和内容特点。最后，作者还提供了睡虎地与刑事诉讼法有关资料的匈牙利译文。

[21] HULSEWÉ，A. F. P.. "Ch'in and Han Law". *The Cambridge History of China*，vol. I：*The Ch'in and Han Empires*，221 B. C. -A. D. 220. Eds. Denis Twitchett and Michael Loewe. Cambridge，Cambridge University Press，1986，p. 520-544.（何四维：秦汉法律）

《剑桥中国秦汉史》是西方学者于80年代完成的秦汉史研究方面的经典之作，其中第九章是何四维撰写的具有概论性质的《秦汉法律》专章。文中通过大量传世文献和出土文献介绍了当时法律的基本情况。在出土文献方面，作者主要利用了秦简和汉简资料，而秦简资料则主要是睡虎地11号墓出土的法律文书。该章包括史料、总则、法典、司法当局、司法程序、刑罚种类、行政法规、司法等部分。该书已译成中文，由中国社会科学出版社于1992年出版。

[22] HULSEWÉ，A. F. P.. "Law as one of the Foundations of State Power in Early Imperial China". *Foundations and Limits of State Power in China*. Ed. Stuart B. Schram. London-Hong Kong，SOAS-Chinese University Press，1987，p. 11-32.（何四维：作为中国早期

帝国权威基础的法律）

　　本文首先指出，中国传统法律所要规范的主要方面是人民的义务，相反却很少涉及人民权利，这是中国和西方传统法律的基本区别所在。从传世文献和出土文献来看，秦汉时代还没有形成独立的贸易法和家庭法，但有关公民法律的资料却比较多。另外，在传世文献中也有许多有关地方管理的法律，这一点也同样可以得到睡虎地秦简及西域汉简资料的补充和佐证。作者还指出，爵位与刑罚的关系也是秦汉法律中的重要问题。作者还特别强调，法律的主要目的是使国人都服从国家规定，但同时也是为了巩固个人在社会中的地位，因此可以说法律是国家权威的基础。从大的原则上来看，法律所赋予国家的权威似乎是无限大的，但在实际操作上，要实现律书中的法律规定却并非易事，这不仅是只存在于中国历史上的问题，也是一个世界性的问题。

　　[23] HULSEWÉ, A. F. P.. "The Wide Scope of Tao 'Theft' in Ch'in-Han Law". *Early China*, 13 (1988), p. 166-200.（何四维：秦汉律中"盗"字的广义考察）

　　本文主要通过对睡虎地秦简、居延汉简以及传世文献等相关资料的研究，分析了"盗"字在秦汉法律文献中的用法与用例。作者认为，该字在秦汉法律文献中的用法要比晋代以后的用法更加宽泛，秦代的"盗"的适用范围包括偷盗、侵吞与拐骗财产、金钱等多种行为。作者还指出，秦代对盗贼的处罚不仅与所盗取的物品价值有关，也与被盗者的身份及发生盗窃场所的重要性有关。

　　[24] ГОЛОВАНОВ, Е. В. [E. V. Golovanov] "Сельское хозяйство в Цинь: бамбуковые планки из Шуйхуди". *Народы Азии и Африки. История, экономика, культура*, 6 (1988), p. 125-135.（郭罗瓦诺夫：睡虎地秦简所涉及的秦代农业）

　　本文特别强调了新出土文献在补充传世文献不足方面所具有的重要性。作者首先介绍了睡虎地秦简的发现过程及相应的整理、注释和编辑等成果，随后在正文中把该资料分为五组并介绍了各组的主要内容。在研究各组资料的年代问题之后，作者还介绍了中国、欧美和俄国学者所完成的翻译和研究成果。文章的最后部分还把

《秦律十八种》中的《田律》、《厩苑律》及《仓律》翻译成俄文并附有简注。

［25］ВАСИЛЬЕВ，К. В.［K. V. Vasilyev］"Некоторые черты положения земледельцев в империи Цинь（221-207 гг. до н. э. ）". *Государство и социальные структуры на древнем Востоке.* Москва，Наука，1989，p. 128-131.（瓦西里耶夫：秦国农民身份的几个特点）

本文分析了秦代农民的社会地位问题。作者参照睡虎地《秦律十八种》的田律指出，当时私人拥有土地的现象并不像一些古书记载的那么普遍，而且，秦国的农民有时还要向官府租用农具。作者指出，这一现象揭示了秦政府对所有阶层民众（包括农民在内）的严格控制，但并不能说明所有土地都归国家所有。

［26］YATES，Robin D. S.. "Social Status in the Ch'in：Evidence from the Yün-Meng Legal Documents. Part One：Commoners". *Harvard Journal of Asiatic Studies*，47（1987），p. 197-237.（叶山：秦代社会身份：云梦法律文书中证据——第一部）

本文首先概要介绍了睡虎地秦简法律文书，随后在正文中考释了秦简中"士伍"一词。作者认为，秦代把没有爵称的人称为"士伍"，并不像汉代和汉以后那样只适用于先有爵位但后来因为有罪剥夺爵位的人。文中还讨论了秦代男人必须进行户籍登记（即傅）的年龄问题及成人和未成年人在犯罪惩罚方面的差别。作者还强调"伍老"和"里典"在法律上的责任及秦汉时期的连坐制，并根据出土文献和其他考古资料进一步说明，当时士伍群体中存在的贫富差别可以很大。作者认为，士伍阶层应该是秦代社会包括了农民和商人的主要社会阶级，也是构成完成统一六国大业的秦国军队的主体阶层。

［27］KROLL，J. L.. "Notes on Ch'in and Han Law". *Thought and Law in Qin and Han China：Studies Dedicated to Anthony Hulsewé on the Occasion of His Eightieth Birthday.* Eds. Wilt L. Idema and Erik Zürcher. Sinica Leidensia 24. Leiden，Brill，1990，p. 63-78.（克劳尔：秦汉律随笔）

本文主要研究了睡虎地法律文书中涉及的秦汉军爵制度及相关

的法律问题。作者指出，秦代军爵是可以世袭的，并且也可以用来抵罪。在早期，斩敌的首级和捕获的战俘数量也是提升军爵的标准之一，诚如《韩非子》所提到的，从一级到四级的标准是斩一首升一级，但五级以上是多首才升一级，而文献中并没有记载具体数目。

[28] YAMADA Katsuyoshi. "Offices and Officials of Works, Markets and Lands in the Ch'in Dynasty". *Acta Asiatica*, 58（1990），p. 1-23.（山田胜芳：秦代官署、工官、市与田）

本文通过睡虎地秦简法律文书、相关的传世文献和其他出土文字资料对秦代官制的演变进行详细的分析。从传世文献中，我们可以知道在秦王政当皇帝之前，曾对中央政府进行了改革。在本文中，作者研究了云梦文献中所揭示的有关这一改革对当地县政府的工官、市和田等部门的影响。

[29] YATES, Robin D. S.. "State Control of Bureaucrats under the Qin：Techniques and Procedures". *Early China*, 20（1995），p. 331-365.（叶山：秦朝对官员控制的技术与程式）

本文主要介绍和分析了秦代官僚制度中的一些具体问题，涉及选官制度、年龄、其他限制条件、任期、保任制度、上计制度、考核官员成绩、俸禄等七个方面。作者特别指出，如果用现代管制概念分析秦代官制一定会遇到许多难解的现象，所以要了解秦代官制，就一定要把它放在秦代的社会背景中去考察，特别是要注意那些与官制无直接关系的信仰、世界观等方面的因素。

[30] HEUSER, Robert. "Verwaltung und Recht im Reich des Ersten Kaisers". *Jenseits der Grossen Mauer. Der Erste Kaiser von China und seine Terrakotta-Armee*. Eds. Lothar Ledderose and Adele Schlombs. Gütersloh-München, Bertelsmann Lexikon Verlag, 1990, p. 66-75.（何意志：秦始皇时期的法律与官制）

本文是 1990 年 8 月 12 日至 11 月 11 日在德国多特蒙德举办的秦兵马俑展的展览图录《长城那方 —— 秦始皇帝及其兵马俑》中有关秦代法律的专章。作者认为，完善的法律往往被视为建立集中国家的重要基础之一，因此商鞅变法在秦国的兴起与强盛过程中起到了重要作用。不过,睡虎地秦简所反映的只是当时秦律的一部分,而且多以行政法为主。不过,因为主要适用于地方官员执法,所以睡虎地秦简并没有涉及国家的郡县制度等问题。另外,从睡虎地秦简中可以看出,秦律的施行并不像传世文献说的那样是没有区别的苛律,比如就可以视犯罪者的身份而制定刑罚的轻重。但到了汉代,汉代人认为秦律的太过严酷,因此在法律之外,又强调了礼制的同等重要性。作者认为,这一法、理结合的思想对中国,甚至对整个东北亚地区的法律史进程都产生了相当重要的影响。

[31] HULSEWÉ, A. F. P.. "Qin and Han Legal Manuscripts". *New Sources of Early Chinese History*: *An Introduction to the Reading of Inscriptions and Manuscripts*. Ed. Edward L. Shaughnessy. Early China Special Monograph Series 3. Berkeley, University of California Press, 1997, p. 193-221. (何四维:秦汉法律文书)

本文主要用选读的方式介绍了与秦汉法律有关的出土文献。作者首先介绍和翻译了青川郝家坪出土的战国秦牍,随后又选出几条睡虎地法律简文进一步介绍这批资料的内容和意义。最后,作者还提到了西域出土的与汉代法律有关的几枚木简,而且还特别强调了当时尚未正式发表的张家山汉简对于秦汉法律研究的重要性。

[32] LAU, Ulrich. "The Scope of Private Jurisdiction in Early Medieval China-The evidence of newly excavated legal documents". *Asiatische Studien/Études Asiatiques*, 59. 1 (2005), p. 353-387. (劳武利:古代中国私人司法范围——新出土司法文书的证据)

本文主要通过睡虎地秦简和张家山汉简的法律文书研究了中国古代法律中对家族范围犯罪案件的处理问题。作者首先研究了在国家法律与儒家家庭思想之间所存在的矛盾,进而强调了家主在处理家庭犯罪案件中的重要作用,即家主在很多情况下有权自己处理家里的案件并惩罚地位比自己低的家人。但如果是大罪,家主也可以要求官方来审判案件。另外,作者还讨论了"家罪"的概念及适用范围。作者还指出,由当时法律对家庭中性关系的合法性的宽容来看,也证明家主在家庭执法的特殊地位。只有在家人被击成重伤或者被杀的情况下,或者在案件涉及了别的家庭或机构(特别是国家)的情况下,官方才有权利处理家庭案件。作者认为,尽管传世文献中多有秦代和汉初政府不尊重儒家家庭价值的论述,但就目前发现的秦汉法律文书而言,其律例内容恰恰反映出,秦汉政府在一定程度上是尊重和保护儒家的家庭价值观的。

[33] SANFT, Charles. "Notes on Penal Ritual and Subjective Truth Under the Qin". *Asia Major*, Third Series, 21.2 (2008), p.35-57.(陈力强:关于秦代司法仪式与主观真实性的杂记)

传统观点认为,秦朝有着极为严格而重视客观判断的法律系统。然而通过对睡虎地 11 号秦简以及相关传世文献的阅读,陈力强注意到秦律中也很重视有意犯罪和无意犯罪的区别。而在区分两种犯罪的时候,更多的是由负责官员的主观意见来判定。在这种情况下作者认为,司法仪式非常有利于出席者顺利接受官员的这种判决。

[34] SANFT, Charles. "Law and Communication in Qin and Western Han China". *Journal of the Economic and Social History of the Orient*, 53 (2010), p.679-711.(陈力强:中国秦代西汉时期的法律与信息交流)

在这篇文章中,作者指出秦代和西汉时期的法律不仅有利于制止对社会有害的行动,而且也是当时传播信息的重要手段。平民中也会有人对法律有基本的知识,他们知道如何利用法律向上级官僚传达对自己有利的信息。这里,陈力强主要依靠《汉书》等传世文献研究这个问题,可是也常提到秦汉出土文献作为旁证(如睡虎地 11 号墓秦简或岳麓书院秦简)。

[35] SANFT, Charles. "Environment and Law in Early Imperial China (3rd c. BCE-1st c. CE): Qin and Han Statutes Concerning Natural Resources". *Environmental History*, 15.4 (2010), p.701-721.(陈力强:早期中国帝国的环境与法律(公元前 3 世纪~公元 1 世纪):有关自然资源的秦汉律)

自然保护是一个令人非常关注的问题。作者指出,在出土法律文献中,可以看到不少资料反映古人在秦汉时期已经很重视自然资源的保护。这里他主要举了三个例子:睡虎地 11 号墓《秦律十八种》中的《田律》、张家山 247 号墓《二年律令》中的《田律》以及敦煌悬泉置《四时月令诏条》。可是，由于某种原因，这些律令没有达到预期的效果。

［36］KOROLKOV, Maxim. "Arguing about Law: Interrogation Procedure under the Qin and Former Han dynasties". *Études chinoises*, 30（2011）, p. 37-71.（马硕：法律辩论：秦汉审讯程序）

在此文中，作者分析讨论了秦汉司法程序与中华帝国形成的联系，并且把审讯程序视为重要的政治策略，其目标在于建构统一的社会伦理辩论范围，在于使原先具有不同的伦理和价值观之人群接受被中央集权政府所确定的解决社会矛盾的统一方式。马硕使用张家山 247 号汉墓法律文书作为核心参考资料，同时也把睡虎地 11 号墓秦简法律文书作为重要参考资料。

［37］HARBSMEIER, Christoph. "Fú in the Mawangdui Manuscripts of the Laozi and in the Remnants of Qin Law". *From Classical Fú to 'Three Inches High'—Studies in Honor of Erik Zürcher*. Eds. J. C. P. Liang and R. P. E. Sibesma. Leuven-Appeldorn, Garant, 1993, p. 1-59.（何莫邪：马王堆老子以及秦律遗文中的"弗"字）

本文研究了马王堆《老子》与秦律简文"弗"字的用法。通过与大量传世资料的比较研究，作者认为该字早期只用于与人类活动有关的否定方面。因此，在理解与翻译该字时，应根据具体语境进行处理。如果与人无法控制成败的动词连在一起，就应该解释为"不能够"、"未能"（如"弗得"＝"未能得到"）；如果与人能控制成败的动词连在一起，应该解释为"拒绝"、"不要"（如"弗听"＝"不要听"）。

［38］SYPNIEWSKI, Bernard Paul. "The Use of Variables in the Remnants of Qin Law". *Monumenta Serica*, 52（2004）, p. 345-361.（塞尼斯基：秦律遗文中的可变因素的用法）

作者本人并不是汉学家，本文中他通过何四维（A. F. P. Hulsewé）和何莫邪（Christopher Harbsmeier）的论著和译文对睡虎地法律文书的逻辑问题进行了研究。何莫邪在《中国科学与文明》之《语言与逻辑》卷中，曾把睡虎地法律文书中的甲、乙、丙、丁及

"某"字的用法与古希腊亚里士多德提出的"逻辑可变因素"相提并论。对此,塞尼斯基持不同的看法,认为二者所涉及的是不同的概念。他指出,秦简法律文书中的甲、乙、丙、丁等所代表的是某一人名或地名,但亚里士多德的"逻辑可变因素"是更为抽象的概念,而且,后者出现在亚里士多德具有浓厚逻辑性的思辨作品中,而睡虎地法律文书则完全是实用性的文书。

[39] EBREY, Patricia B.. "Penal Servitude in Qin Law". *Chinese Civilization: A Sourcebook*. Ed. Patricia B. Ebrey. New York, The Free Press, Second edition, 1993, p. 51-53. (伊佩霞:秦律中的劳役制度)

本文首先概要介绍了睡虎地秦简的发现过程,随后将法律文献中有关城旦舂制度和隶臣妾的几条律令翻译成英文(但没有标明每一条的来源)。

甲4、日书甲种、乙种

[40] KALINOWSKI, Marc. "Les traités de Shuihudi et l'hémérologie chinoise à la fin des Royaumes combattants". *T'oung Pao*, 72 (1986), p. 175-228. (马克:睡虎地简书与战国末期的择日术)

本文介绍了睡虎地《日书》的概况并对其中的择日法进行专门的研究。作者首先分析了此书的结构并根据书中提到的择日法对各部分内容进行了调整,随后又研究了《日书》在中国天文历法及阴阳五行学说历史方面所提供的新资料和新知识。作者特别注意到该简文在内容上给我们提供了许多珍贵的新资料,如六十甲子纳音、二十八宿纪日法以及与岁星、太岁毫无关系的"岁"周期纪年法。

[41] LOEWE, Michael. "The Almanacs (*jih-shu*) from Shui-hu-ti: A Preliminary Survey". *Asia Major*, Third Series, 1.2 (1988), p. 1-27. (鲁惟一:睡虎地《日书》初探)

本文从四个方面介绍了睡虎地秦简的两种《日书》:(一)竹简出土的考古背景及竹简的形制;(二)《日书》的主要内容,即"建除十二客"的不同形式及传世文献中所记载的择日方式;(三)睡虎地《日书》在古代数术传统中的地位及其与古代多种时令系统的关系,如《夏小正》、《礼记·月令》、《氾胜之书》、《四民月令》等;

（四）王充、王符等汉代学者对于择日禁忌的批评。最后，作者还指出睡虎地《日书》在研究中国古代纪时制度、阴阳五行学说、宗教信仰和祭祀活动方面的重要性。

[42] KUDŌ Motoo. "The Ch'in Bamboo Strip Book of Divination (Jih-shu) and Ch'in Legalism". *Acta Asiatica*, 58（1990），p. 24-37.（工藤元男：秦简占书(《日书》)与秦律）

本文首先概要介绍了睡虎地《日书》的基本内容，随后又总结介绍了作者本人对这批资料的研究成果，进而强调《日书》研究在了解秦统一六国方面的重要性。作者认为，作为古楚国疆域内出土的资料，睡虎地《日书》应该在很大程度上反映了楚地的占卜传统。作者还指出，《日书》中提到的行神应该就是大禹，因此我们也应该把《日书》与《行神》篇的有关部分、以及后世由道士发展出来的"禹步"联系起来进行研究。作者还根据《日书》中出现的楚秦月名对照表，对楚、秦日历中存在的三个月的差别及其对秦地方政府在行政管理方面的影响进行了思考和研究，指出《秦律十八种》中《田律》的内容只有按照楚历去理解才能得出比较合理的认识。作者最后还引用了睡虎地秦简《语书》的材料来说明秦国在每次灭了他国之后，并没有一刀切地按照秦国的制度去控制这些新征服的地区，相反却会部分地保留原有的行政体系。由此观之，秦国的统一并非像后世文献所描写的那样完全颠覆了六国原有的旧制度。

[43] POO, Mu-chou. "Popular Religion in Pre-Imperial China：Observations on the Almanacs of Shui-hu-ti". *T'oung Pao*, 79（1993），p. 225-248.（蒲慕州：中国先秦的民间宗教：睡虎地《日书》试探）

本文主要研究了睡虎地《日书》的成书时代，即战国秦汉时代的社会和宗教背景。作者在文中批评了八十年代学者通常把《日书》看成是迷信文化、或者说是一种不成熟的文化的观点。作者指出，《日书》中所提到的信仰和占卜活动在当时各地的社会中下层都非常流行。尽管《日书》的内容看起来有些杂乱且注重实用，但与服务于统治者的《月令》类的时令书却有着明显的关系。需要说明的是，作者在本文发表之前，已有内容相同的中文论文发表(即《睡虎地秦简〈日书〉的世界》，《史语所集刊》第 62 本第 4 分，

1993 年，第 623-675 页），本文为中文本的英译本，同时还为了照顾英文读者的要求和习惯做了少许修改。

[44] POO, Mu-chou "Newly Discovered Daybooks and Everyday Religion". Poo Mu-chou, *In Search of Personal Welfare*：*A View of Ancient Chinese Religion*. New York, State University of New York Press, 1998, p. 69-101. (蒲慕州：追寻一己之福——中国古代的信仰世界)

本文是作者专著《追寻一己之福——中国古代的信仰世界》（允晨文化实业股份有限公司 1995 年版）第四章两个部分的译文。第一部分（第 69-92 页）是为作者 1993 年中文论文的英译（即《睡虎地秦简〈日书〉的世界》，《史语所集刊》第 62 本第 4 分）；第二部分是对《日书》和《山海经》鬼神观念的比较研究。

[45] HARPER, Donald. "Warring States, Qin, and Han Manuscripts Related to Natural Philosophy and the Occult". *New Sources of Early Chinese History*：*An Introduction to the Reading of Inscriptions and Manuscripts*. Ed. Edward L. Shaughnessy. Early China Special Monograph Series 3. Berkeley, University of California Press, 1997, p. 223-252. (夏德安：中国古代史新资料：阅读写本和铭文入门)

本文概要介绍了战国至秦汉时期简帛中的方术资料，主要依据是睡虎地《日书》与马王堆医书中的相关资料。在本文中，作者提供了《日书》中《人字》篇（第 237-240 页）、《禹须臾》篇（240-243 页）的全文英译和《日书甲种》的《诘》篇的部分（第 243-244 页）英译。在研究部分，作者还把《日书》与马王堆《养生方》、《五十二病方》等资料进行了比较。最后作者还特别研究了上述资料之在秦汉时期的产生问题及与当时上、中层社会的信仰和宗教的关系问题。

[46] GENTZ, Joachim. "Zur Deutung früher Grabbefunde：Das *Renzi pian aus Shuihudi*". *Han-Zeit*：*Festschrift für Hans Stumpfeldt aus Anlaß seines 65 Geburtstages*. Ed. Michael Friedrich. Wiesbaden, Harrassowitz, 2006, p. 535-553. (董优进：解释古代墓葬的发现：睡虎地《人字》篇)

本文主要研究了睡虎地日书《人字》篇的内容与睡虎地 11 号墓随葬各种竹简编册放置位置的关系。作者首先指出，迄今为止，我们对古代墓葬中随葬品的组合放置方式所具有的意义尚未有深入的理解和把握，因而也很难了解古人把简牍资料随葬在墓中的深层原因。作者认为，墓中简牍的放置方式很可能确实有某种特殊的意义。睡虎地 11 号墓就是一个比较典型的例子，该墓中的竹简编册在尸体周围的位置很可能不是随意为之，而是依靠某种像《人字》篇中提到的十二支围绕人体的吉凶排列那样而有意放置而造成的。作者强调说，这一看法只不过是一种假设，更可靠的结论尚有待于进一步的研究才能得出。

［47］KALINOWSKI, Marc. "Les livres des jours（rishu）des Qin et des Han：la logique éditoriale du recueil A de Shuihudi（217 avant notre ère）". *T'oung Pao*, 94（2008）, p. 1-48.（马克：秦汉日书：睡虎地日书甲（公元前 217 年）的编辑逻辑）

本文着重探讨了睡虎地《日书甲种》在内容和形式上所反映的特殊编撰逻辑。作者通过对甲、乙两种《日书》的仔细观察和深入研究，发现两种日书在内容和形式方面都存在明显的差别，即甲种在内容上体现出一种严格的编写计划，在形式上有严密的章节安排，而乙种的内容则显得比较松散，章节安排也有一定的随意性。作者指出，这两种不同的编辑模式很可能说明，简文抄写的质量不仅与抄写者的能力有关，而且也与两种抄本的具体用途有关。

［48］HARPER, Donald. "A Chinese Demonography of the Third Century B. C. ". *Harvard Journal of Asiatic Studies*, 45（1985）, p. 459-498.（夏德安：公元前 3 世纪的一篇中国鬼怪故事）

作者首先描述睡虎地《日书》甲种的形式以及其编辑逻辑，然后集中考察了《诘》篇的鬼祟问题。作者对"诘"字进行了详细分析并翻译成"spellbinding"。作者还解释了与"诘"有关的几个字，翻译了《诘》篇的开头部分（872-870 简背上栏）并加以解释。最后，他还把《诘》篇的内容与先秦至六朝的志怪故事进行了比较研究。

［49］STERCKX, Roel. "An Ancient Chinese Horse Ritual". *Early China*, 21（1996）, p. 47-79.（胡司德：古代中国的祭马仪

式）

本文探讨了睡虎地《日书·马》篇中的一些释读问题并把全部简文翻译成英文。作者指出，《马》篇的内容表明，在战国晚期和秦代初期，动物崇拜其实是上层社会日常宗教活动中的一个组成部分，而这一点曾被一些先秦思想家严加抨击。此外，作者还通过对简文与传世文献中有关马的资料进行对比，进一步研究了该简文的内容，并揭示出其所具有的重要价值。最后，作者指出，该简文对研究先秦两汉的中国早期动物史、对研究动物崇拜等方面都具有重要的史料价值。

［50］KALINOWSKI, Marc. "The Use of the Twenty-Eight *Xiu* as a Day-Count in Early China". *Chinese Science*, 13（1996）, p. 55-81.（马克：中国早期的二十八宿纪日法）

本文通过对睡虎地《日书》中的纪日法和出土的早期六壬栻盘的对比研究，指出在秦汉时期的占卜师和历数专家的实践当中，曾流行过一种以二十八宿为基础的纪日法。作者进一步研究了该纪日法与隋唐时期自印度传入的纪日法、与宋代黄历中的纪日法以及与至今仍在使用的传统日历上的二十八宿纪日法等不同系统之间的关系问题。

［51］POO, Mu-chou. "How to Steer through Life. Negotiating Fate in the Daybook". *The Magnitude of Ming. Command*, *Allotment*, *and Fate in Chinese Culture*. Ed. Christopher Rupke. Honolulu, University of Hawai'i Press, 2005, p. 107-125.（蒲慕州：生活指南：《日书》中的命运谈判）

本文集中研究了睡虎地《日书》中"命"的概念。作者认为，简文中表现出两种命运观，一是可改变的命运，即通过禁忌行为和驱邪仪式改变自己的命运，一种是不可改变的命运，即《日书》中《生子》篇和《人字》篇中提到的由出生日期注定的"天命"。作者认为，这一矛盾与此类书籍所传承的民间宗教思想有着密切的关系。

［52］LI, Jianmin. "They Shall Expel Demons：Etiology, the Medical Canon and the Transformation of Medical Techniques before the Tang". *Early Chinese Religion：Part One：Shang through Han*（1250

BC-220 *AD*）. Eds. John Lagerwey and Marc Kalinowski. Leiden，Brill，2009，p. 1103-1150.（李建民：鬼神、仪式与医疗——中国古代病因观及其变迁）

本文研究了战国至六朝时期"解逐"和"祝由"在诊断病因过程中所起的重要作用。作者通过研究睡虎地日书《诘咎》篇的大量简文，并参照周家台秦简中的相关资料，认为把鬼祟看作主要病因是战国和秦代普遍流行的诊病思想。至东汉，这些观念和技法又被融入了当时的医学文献中。

［53］LIU，Tseng-kuei. "Taboos：an Aspect of Belief in the Qin and Han". *Early Chinese Religion*：*Part One*：*Shang through Han* (1250 *BC*-220 *AD*）. Eds. John Lagerwey and Marc Kalinowski. Leiden，Brill，2009，p. 881-948.（刘增贵：禁忌：秦汉信仰的一个侧面）

本文是第一篇对秦汉禁忌进行系统研究的论文。论文共分为三部分，一是与阴阳五行和天文历法有关的禁忌，二是与风俗习惯和生命循环有关的禁忌，三是鬼神在禁忌信仰中的作用。作者用于研究的资料主要是睡虎地《日书》，但也涉及了放马滩与周家台出土的两种《日书》。另外，作者还把这些文献与汉墓出土的资料及传世文献(如王充的《论衡》)中的资料进行了综合性的比较研究。

甲5、其他

［54］LEWIS，Mark Edward. "Ritual Origins of the Warring States". *Bulletin de l'École française d'Extrême-Orient*，84（1997），p. 73-98.（鲁威仪：战国的起源与礼仪）

本文是作者对战国时期儒家与法家关系进行的探讨。作者通过对大量古籍和出土文献的研究，认为法家典籍所提倡的许多新法律、新管理方法和新思想等其实大多可以在儒家所尊奉的"礼"中找到根源。在出土文献方面，作者通过研究包山楚简和睡虎地秦简的相关资料，论证了战国时期在法律与传统文化及宗教信仰方面所存在的密切关系。此外，作者还指出，虽然战国晚期法家思想在很大程度上影响了各国的统治，但法家也明显地继承了儒家的礼仪规范。另外，战国时期所发生的深刻的社会变革，尤其是官制改革，也在很大程度上影响了人们对死后世界的信仰构造(见放马滩秦简

《墓主记》)。

[55] PINES, Yuri. "The Question of Interpretation: Qin History in Light of New Epigraphic Sources". *Early China*, 29 (2004), p. 1-44. (尤锐:新出土文献对于秦史的新解释)

本文通过对华山玉版、秦瓦书、铜器铭文及竹简等有关秦国的出土资料的分析,发现有些资料比较重视秦与周的密切关系(见秦景公磬铭文),但另一些资料却又强调秦与华夏之间存在的区别(见睡虎地秦简《法律答问》)。作者认为,秦早期的统治者都非常重视周文化和周王室,不过到了战国时期,秦国进行了政治改革,这就使得许多出身低的人得到了晋升(当时的人员流动情况在《日书》中也有反映),从而形成了一个新的上层阶级,进而秦国上层成员与东国贵族之间开始出现文化隔阂。不过,秦国在统一天下的过程中,还是要借助于六国人民最容易接受的周文化,因此在周文化和秦文化之间产生一定的矛盾。这在出土文献和传世文献中都有所反映(尤氏文前第 xviii 页有较详细的中文提要)。

乙、里耶一号井简牍

[56] GIELE, Enno. "Signatures of 'Scribes' in Early Imperial China". *Asiatische Studien/Études Asiatiques*, 59. 1 (2005), p. 353-387. (纪安诺:中国早期帝国抄写人的署名)

本文研究了秦汉出土文献中出现的署名与现代署名的概念与关系。作者首先探讨了古代印章的使用范围和重要性,并由此揭示了署名制度在古代社会的作用,随后又通过几件秦汉印章资料介绍了当时签署印的具体使用情况。作者还特地选出里耶出土的一枚木牍作为重要例证,并把它翻译成英文,同时也分析了这一官方文书的结构。另外,作者还对居延和敦煌出土的几件汉代文字资料进行了深入研究。作者指出,秦汉出土文献中的签署与现代(尤其是西方)的签字习惯存在着一定的区别。其主要表现是,在大多数情况下,出土资料中所署名字并非抄写者自己的签名,而是所抄事件负责人的名字。因此,秦汉时代的署名只是实现了现代签字的部分功能,即指明谁负责。至于现代签字所具有的权威象征,在中国古代看来只有印章(特别是官方印章)才具有此种作用。

［57］SANFT，Charles．"Qin Government：Structures，Principles and Practices"．*Qin-The Eternal Emperor and His Terracotta Warriors*．Ed. Maria Khayutina．Bern，Bernisches Historisches Museum，2013，p. 118-129.（陈力强：秦政府：组织结构、原理和实践）

在这篇短文中，作者介绍了秦国的官制、首都、大工程、统一化、司法体系等秦政府的主要特点以及秦始皇巡游天下的相关内容。除了传世文献之外，作者还大量利用出土文献资料，如睡虎地11 号墓秦简和里耶 1 号井秦简牍。

［58］VENTURE，Olivier．"L'écriture de Qin"．*Les soldats de l'éternité-l'armée de Xi'an*．Eds．Alain Thote and Lothar von Falkenhausen．Paris，Pinacothèque de Paris，2008，p. 209-216.（风仪诚：秦系文字）

本文通过对包括石刻、金文和简牍等多种出土资料的考察，特别是通过对作为秦系文字直接证据的四川青川郝家坪秦牍与已公布的里耶秦牍的考察，探讨了秦系文字的特征及秦始皇统一文字的历史背景和具体过程。作者还指出了出土秦系文字与传世本《说文解字》所收录的篆文存在着一定的差别。

［59］CH'EN，Chao-jung．"Die Vereinheitlichung der Schrift"．*Qin-Der unsterbliche Kaiser und seine Terrakottakrieger*．Ed. Maria Khayutina．Bern，Bernisches Historisches Museum，2013，p. 130-137.（陈昭容：文字统一）

作者通过引用如秦公簋、石鼓文、琅琊石刻、秦陵徭役刑徒墓志等相当数量的出土文字资料，来介绍秦国统一文字的过程和意义，此外，也把睡虎地 11 号墓秦简和里耶 1 号井秦简牍作为说明的主要参考资料。最后，作者还指出，汉代出土的文字资料证明秦始皇统一文字的政策实行得非常成功。

［60］VENTURE，Olivier．"Caractères interdits et vocabulaire officiel sous les Qin：l'apport des documents administratifs de Liye"．*Études chinoises*，30（2011），p. 73-98.（风仪诚：秦代讳字及官方词语——里耶秦简新证）

秦代因为避讳而严格禁止使用正、政、楚等字的说法已广泛被中外学者接受。然而目前已公布的大量秦代出土资料却难以证明这一点。通过对一些出土资料的分析，如里耶秦简 8-461 及其他资料，作者认为以往被视为秦代避讳的痕迹很可能与秦国用语习惯有密切的关系，而长期以来被认为是秦始皇统一中国以后的新词汇，其实早在战国时期就已经存在（该文章出版后，作者在其基础上增加了更加详细的内容，写出《秦代讳字、官方词语以及秦代用字习惯——从里耶秦简说起》一文，载于《简帛》第 7 辑，上海古籍出版社 2012 年版，第 147-157 页）。

丙、放马滩 1 号墓简牍

[61] HSU, Meiling. "The Qin Maps: A Clue to Later Chinese Cartographic Development". *Imago Mundi*, 45（1993）, p. 90-100.（徐美玲：秦代地图：对中国地图的后来发展的影响）

本文主要通过对放马滩和马王堆地图的研究介绍并探讨了中国古代地图的概况。作者指出，放马滩地图中对水流的描述比较准确。通过对该图与马王堆地图的比较，作者发现二者存在以下不同，首先，马王堆地图与中国后世的传统地图一样是以南为上的，而放马滩地图则与现代地图一样以北为上。二者都是区域地图，且均以水流为主要的地理标志。作者指出，东汉裴秀曾对古老的地图进行过批评，这使后人对汉以前的古地图表现出一定的偏见，但是，就出土的上古原貌地图来看，我们可以发现，至少在秦代就已经出现了比较准确的区域地图了。最后，作者对中国为何没有发展出科学的地理学这一问题也提出自己的看法，认为与其他的学科一样，中国古代的传统科学在科学理论和实践方面存在着分离的现象。

[62] HARPER, Donald. "Resurrection in Warring States Popular Religion" Taoist Resources, 5-2（1994）, p. 13-28.（夏德安：战国民间宗教中的复活）

本文主要根据李学勤在《文物》1990 年第 4 期发表的文章，对放马滩 1 号秦墓出土的《志怪故事》所记载的有关战国时期宗教信仰与官僚制度的关系进行了考察研究。作者指出，《志怪故事》的内容充分表明，西汉墓葬出土的《告地策》所反映的某些信仰在战国中晚期就已经存在了，其演进过程与索安（Anna Seidel）早就所指出的东汉以来的道教官僚化进程是一脉相承的。另外，作者还分析《志怪故事》所载丹的复活过程，并且与传世文献中的类似记载进行了比较，进而也讨论了该故事与"尸解"、"仙人"这两种概念的关系。

[63] KALINOWSKI, Marc. "Musique et harmonie calendaire à la fin des Royaumes combattants: les livres des jours de Fangmatan (239 avant J. -C.)". *Études chinoises*, 30（2011），p. 99-138.（马克：从放马滩秦简（约公元前 239 年）十二律占看战国晚期到西汉初的律数制）

1986 年出土的天水放马滩 1 号秦墓竹简，证明了在公元前 3 世纪时中国已有一套完整的音律体系。这份秦简不仅可以帮助我们解决文献里散乱出现有关音律的片段解说而看起来矛盾的问题，还显示了中国传统音律之特征实际上与阴阳家和数术士所发展的概念是紧密相联的，这些概念乃是从八度音阶之内的十二半音与一年之中的十二月之间对应的自然法则衍生建立的。

丁、王家台 15 号墓竹简

[64] COOK, Constance A.. "Myth and Fragments of a Qin *Yi* Text: A Research Note and Translation". *Journal of Chinese Religions*, 26（1998），p. 135-143.（柯鹤立：秦《易》残简与传说：研究随笔与翻译）

本文介绍了王家台 15 号秦墓出土的《归藏》简的基本情况。作者首先介绍了该简文与已发现的其他《易》类之书的差别，进而指出在中国古代，不同的占卜方法曾同时并存。作者还指出，此墓出土的骰子很可能说明，当时人们是把骰子和《归藏》结合起来使用的。在附录中，作者还附上了对王家台《归藏》三枚竹简的释文、注释和翻译。

[65] SHAUGHNESSY, Edward L.. "The Wangjiatai Gui cang: An Alternative to Yijing Divination". *Facets of Tibetan religious tradition: and contacts with neighbouring cultural areas*. Eds. Alfredo Cadonna and Ester Bianchi. Firenze, Leo S. Olschki, 2002, p. 95-

126.（夏含夷：王家台归藏：易经以外的另一种占法）

本文着重探讨了王家台秦简的《归藏》的性质和内容。作者首先介绍了《归藏》一书的流传和遗失情况，进而通过对已发表的《归藏》零散残简和传世文献引文的比较考察，研究了《归藏》的性质和内容。作者认为，王家台《归藏》在用词方面与睡虎地《日书》和阜阳《周易》表现出不少相似之处。另外，作者还翻译了相当数量的《归藏》残简及传世文献的引文。作者还指出，古书中经常出现的《易》书引文有时并不见于今本《周易》，这说明当时确实存在多个版本的《易》书，而《归藏》应该就是其中之一。

［66］XING, Wen. "Hexagram Pictures and Early *Yi* Schools: Reconsidering the *Book of Changes* in Light of Excavated *Yi* Texts". *Monumenta Serica*，51（2003），p. 571-604.（邢文：卦画与古易学派：易类出土文献与《周易》的再认识）

本文探讨了出土《易》类文献在卦画之间的差别，并指出这些差别表明当时曾同时存在着多个《易》书学派。作者还对记载了数字卦或阴阳爻的出土文献（包括天星观、包山、双古堆、马王堆等地出土的简帛资料）进行了详细的分析，进而指出今本《周易》并非某个学派的著作，而应该是有着不同来源的整理之作（文章后附有详细的中文提要，可参看）。

日本的秦简牍研究

工藤元男　等[*]工藤元男　等[*]

　　1975 年末在湖北省云梦县睡虎地发现了 11 号秦墓，出土 1100
余枚竹简。这引起了日本学界的极大关注，从某种意义上可以说对
日本的中国古代史研究起了决定性的影响。其后又陆续出土了青川
秦木牍、放马滩秦简、龙岗秦简、王家台秦简、周家台秦简、里耶
秦简等，这些新资料的发现，不仅对秦史的研究，而且对整个古代
史研究都起到了很大的推动作用。而在这当中，睡虎地秦简的研究
一直充当着火车头的角色。在此期间，因西汉初期的张家山汉简
《二年律令》、《奏谳书》的出土，特别是在法制史的领域，又对以
往的睡虎地秦简进行了再释读，并在其成果的基础上，促进了汉律
的研究。

　　日本学界对以睡虎地秦简为核心的秦简研究，是从译注和研究
两个方面同时进行的。译注方面成果如下：

　　睡虎地秦简《编年记》、《语书》、《为吏之道》。

　　秦简讲读会：《〈睡虎地秦墓竹简〉译注初稿（承前）3——南郡
守腾文书〈语书〉、〈为吏之道〉》，《（中央大学大学院）论究》12-1，

---

　　* 工藤元男，男，1950 年元月生，日本早稻田大学文学学术院教授、长江流
域文化研究所所长，著名东洋史学家。主要研究领域为中国出土战国秦汉简牍，
尤侧重日书与社会史研究。

　　具体负责各专题撰写的是工藤教授的多位学生，包括已毕业任职者。他们是
（以汉字笔画为序）：小林文治、川村潮、冈本真则、水间大辅、池田敦志、谷口
建速、柿沼阳平、森和、渡边将智、楢身智志。译校由阎瑜、张胜兰担任。

1980 年。

早稻田大学秦简研究会：《云梦睡虎地秦墓竹简〈为吏之道〉译注初稿（一）》，《史滴》9，1988 年。

早稻田大学秦简研究会：《云梦睡虎地秦墓竹简〈为吏之道〉译注初稿（二）》，《史滴》10，1989 年。

早稻田大学秦简研究会：《云梦睡虎地秦墓竹简〈语书〉译注初稿（一）》，《史滴》11，1990 年。

早稻田大学秦简研究会：《云梦睡虎地秦墓竹简〈语书〉译注初稿（二）》，《史滴》12，1991 年。

高桥庸一郎：《睡虎地秦简〈编年记〉〈语书〉释文注解》，朋友书店，2004 年。

睡虎地秦简《秦律十八种》、《秦律杂抄》、《效律》。

秦简讲读会：《〈湖北睡虎地秦墓竹简〉译注初稿——田律・廐苑律・仓律・金布律・关市律・工律・工人程・均工律・徭律・司空律》，《（中央大学大学院）论究》10-1，1978 年。

秦简讲读会：《〈云梦睡虎地秦墓竹简〉译注初稿（承前）——秦律十八种（军爵律・置吏律・效・传食律・行书・内史杂・尉杂・属邦）、效律、秦律杂抄》，《（中央大学大学院）论究》11-1，1979 年。

石冈浩：《战国秦の“徭”と军政——睡虎地秦简 秦律十八种〈徭律〉译注》，《法史学研究会会报》9，2004 年。

石冈浩：《睡虎地秦简〈秦律十八种〉司空律译注（上）——司空の管辖する物品类》《（早稻田大学本庄高等学院研究纪要）教育と研究》23，2005 年。

石冈浩：《睡虎地秦简〈秦律十八种〉司空律译注（下）——居赀赎债と城旦舂劳働》，《（早稻田大学本庄高等学院研究纪要）教育と研究》24，2006 年。

太田幸男：《战国末期秦の仓库——〈云梦秦简〉秦律十八种・仓律の分析》，《东京学艺大学纪要（第三部门社会科学）》31、32，1980 年；收入《中国古代国家形成史论》，汲古书院，2007 年。

睡虎地秦简《法律答问》。

秦简讲读会：《〈云梦睡虎地秦墓竹简〉释注初稿(承前 4)法律答问(上)》，《(中央大学大学院)论究》13-1，1981 年。

秦简讲读会：《〈云梦睡虎地秦墓竹简〉释注初稿(承前 5)法律答问(下)》，《(中央大学大学院)论究》14-1，1982 年。

早稻田大学秦简研究会：《云梦睡虎地秦墓竹简〈法律答问〉译注初稿(一)》，《史滴》20，1998 年。

早稻田大学秦简研究会：《云梦睡虎地秦墓竹简〈法律答问〉译注初稿(二)》，《史滴》21，1999 年。

松崎つね子：《睡虎地秦简》，明德出版社，2000 年。

睡虎地秦简《封诊式》。

秦简讲读会：《〈云梦睡虎地秦墓竹简〉释注初稿(承前 6)封诊式》，《(中央大学大学院)论究》15-1，1983 年。

早稻田大学秦简研究会：《云梦睡虎地秦墓竹简〈封诊式〉译注初稿(一)》，《史滴》13，1992 年。

早稻田大学秦简研究会：《云梦睡虎地秦墓竹简〈封诊式〉译注初稿(二)》，《史滴》14，1993 年。

早稻田大学秦简研究会：《云梦睡虎地秦墓竹简〈封诊式〉译注初稿(三)》，《史滴》15，1994 年。

早稻田大学秦简研究会：《云梦睡虎地秦墓竹简〈封诊式〉译注初稿(四)》，《史滴》16，1994 年。

早稻田大学秦简研究会：《云梦睡虎地秦墓竹简〈封诊式〉译注初稿(五)》，《史滴》17，1995 年。

早稻田大学秦简研究会：《云梦睡虎地秦墓竹简〈封诊式〉译注初稿(六)》，《史滴》18，1996 年。

龙岗秦简、里耶秦简、岳麓书院藏秦简。

佐々木研太、下田诚：《龙岗秦简译注(前编)》，《中国出土资料研究》14，2010 年。

佐々木研太、下田诚：《龙岗秦简译注（后编）》，《中国出土资料研究》15，2011年。

佐々木研太、下田诚：《龙岗六号秦墓木牍译注》，《中国出土资料研究》16，2012年。

马彪：《龙岗秦简译注（凡十一篇）》，《异文化研究》6，2012年。

马彪：《龙岗秦简译注（一〇篇）》，收录于《秦帝国の领土经营——云梦龙岗秦简と始皇帝の禁苑》，京都大学学术出版会，2013年。

里耶秦简讲读会：《里耶秦简译注》，《中国出土资料研究》8，2004年。

中国古算书研究会：《岳麓书院藏秦简〈数〉译注稿（一）》，《大阪产业大学论集（人文·社会科学编）》16，2012年。

中国古算书研究会：《岳麓书院藏秦简〈数〉译注稿（二）》，《大阪产业大学论集（人文·社会科学编）》17，2013年。

中国古算书研究会：《岳麓书院藏秦简〈数〉译注稿（三）》，《大阪产业大学论集（人文·社会科学编）》18，2013年。

关于秦简的论文，要列举出准确的数据很难，因为不同的论文，使用秦简的频度和着重度是不同的。使用到何种程度，可以将其划分为秦简研究的专论，这一点非常难把握。① 在书籍中也存在相同的问题。以下分十四个专题加以介绍。

一、律令的编纂、继承

《晋书·刑法志》等这样说明先秦至汉代的法典编纂史：战国时期魏国的李悝收集整理春秋时期以前的刑法典编纂了《法经》六篇。之后，商鞅将该法典带入秦国。西汉建立后，萧何在六律基础上增加事律三篇编成《九章律》。此外，董说《七国考·魏刑法》所引用的《桓谭新书》中，有李悝《法经》的原文。秦简出土以前，仁

---

① 附带提一下，工藤研究室的专用数据库内保存的论文有519篇。

井田升、贝冢茂树认为因为《法经》为李悝所著这一说法在《史记》与《汉书》中并无记载，所以应是伪书。① T. Pokora 则认为董说《七国考》中所引用的《桓谭新书》并非引自桓谭《新论》。② 守屋美都雄对 Pokora 的观点提出不同意见，认为不能完全否定《七国考》中所引用的《桓谭新书》是从桓谭《新论》引用的可能性。③ 如上所述，在秦简出土以前，围绕李悝《法经》是否存在的问题有过争论，否定其存在的观点居多数。

另一方面，中田薫在程树德、沈家本等收集汉律令佚文成果的基础上，④ 认为汉代萧何将以前的仅仅是单行法的令与律合并编纂成法典，并指出汉令根据编纂方法不同，可分为干支令（"甲令"、"乙令"等）、特别令书（"金布令"、"养老令"等）、挈令（"廷尉挈令"、"太尉挈令"等）。⑤ 秦简出土以前，主要通过散见于文献史料中的汉律令佚文展开对秦汉时期律令的形态以及编纂方法的研究。

睡虎地秦简出土后，从其中的《秦律十八种》、《秦律杂抄》、《效律》中发现了李悝《法经》六篇中所不存在的律令。而且，《法律答问》中反复出现符合商鞅六律以及商鞅变法精神的秦律，⑥ 在《为吏之道》中还引用了战国时期的魏律。因此，在日本，围绕这些法制史料在《晋书·刑法志》等所记录的法典编纂史中处于什么位置这一问题引起了议论。大庭脩认为《秦律十八种》的律均为在正法商鞅六律后增加的法令，在秦国，正法与追加法都被叫作律，不存

---

① 仁井田升：《唐令拾遗》，东京大学出版会 1933 年；贝冢茂树：《李悝法经攷》，《東方学報》京都第 4 册，1933 年，收入《貝冢茂樹著作集·第 3 卷·殷周古代史の再構成》，中央公论社 1977 年。

② Pokora, T（1959）The Canon of Laws by Li K'uei-A Double Fasication?, *Archiv orientáln* 27-1.

③ 守屋美都雄：《李悝の法経に関する一攷察》，《中国古代史研究 第二》，吉川弘文館 1965 年，收入《中国古代の家族と国家》，东洋史研究会 1968 年。

④ 程树德《九朝律考》；沈家本《汉律摭遗》。

⑤ 中田薫：《支那における律令法系の发达について》，《比較法研究》1-4，1951 年；《〈支那律令法系の发达について〉補攷》，《法制史研究》3，1953 年。均收入《法制史論集 第 4 卷 補遺》，岩波书店 1964 年。

⑥ 季勋：《云梦睡虎地秦简概述》，《文物》1976-5。

在令。大庭还在此基础上推测指出，西汉建国后萧何编纂《九章律》时，才初次明确区分了作为正法的律与作为追加法的令。① 堀敏一注意到秦律中有"犯令"、"不从令"等说法，指出秦国首先遵照王命制定单行法的令，之后这些法令又被编纂成法典的律，还在此基础上推测认为，萧何将在商鞅六律之后形成的法令编成事律三篇，与李悝以后的六律合起来编成《九章律》，而另一方面单行法的令也被编纂成令典。② 宫宅洁关注到睡虎地秦简《语书》中的"田令"，认为秦王的命令有时也按照事项不同而分类编纂。宫宅还注意到张家山汉简《二年律令》中有《津关令》这一点，推测汉代按照事项分类的令是沿用秦国的，而干支令与挈令则是西汉景帝、武帝以后成立的。③ 池田雄一收集睡虎地秦简、龙岗秦简、张家山汉简《奏谳书》中显示秦令存在的史料，指出秦国把正法和追加法都称为律，把临时制定的法规称为令，在制定作为追加法的律时，令以原文形式编入律。④ 冨谷至认为，秦汉时期的律是在商鞅六律、《九章律》等正法的基础上增加单行法《旁章》后得到扩充和完备的，令并不是与律相对的追加法，而是君王或皇帝的命令，未被作为令典编纂。⑤ 滋贺秀三认为，睡虎地秦简《法律答问》"使人连想到六律"，战国时期的秦国编纂了刑法典商鞅六律，并没有编纂单行法的令。⑥ 如上所述，秦简出土后，秦律条文的具体内容逐步为人所

---

① 大庭脩：《雲夢出土竹書秦律の研究》，《関西大学文学論集》27-1，1977年；《律令法體系の変遷》，《泊園》13，1974年。均收入《秦漢法制史の研究》，創文社 1982 年。

② 堀敏一：《中国の律令制と農民支配》，《世界史認識における民族と国家》，青木書店 1978 年；《晉泰始律令の成立》，《東洋文化》61，1980 年。均收入《律令制と東アジア世界—私の中国史学(二)—》，汲古書院 1994 年。

③ 宫宅洁：《漢令の起源とその編纂》，《中国史学》5，1995 年。

④ 池田雄一：《秦代の律令について》，《(中央大学文学部)紀要》168，1997 年；收入《中国古代の律令と社会》，汲古書院 2008 年。

⑤ 冨谷至：《晉泰始律令への道——第一部 秦漢の律と令——》，《東方学報》京都第 72 册，2000 年。

⑥ 滋贺秀三：《法典編纂の歴史》，《中国法制史論集——法典と刑罰——》，創文社 2003 年。

知，在日本，认为李悝《法经》以及商鞅六律确实存在的观点占了主流。其中，秦律在正法商鞅六律的基础上，通过不断增加各种各样的律文而逐步扩充、完备这一观点得到了共识。但是，关于令还存在如下不同观点：秦令不存在（大庭）；秦令是单行法或君王的命令，并没有被编纂成令典（堀、池田、冨谷、滋贺）；秦令是存在的，其中有些是作为君王的命令集编纂的（宫宅）。

另一方面，也有观点认为原本秦汉时代并未编纂律、令这样的法典。陶安认为自李悝《法经》六篇开始的法典编纂史都是虚构的，因此否定了秦汉时代编纂律、令为法典的这个大前提，并指出《九章律》为西汉后期到东汉初期的学者的著作，出土文字资料以及文献史料中的"田律"、"功令"等律名与令名只不过是特定的人或官厅给单个条文取定的便于称呼的名称而已。① 广濑薰雄针对《晋书·刑法志》中的法典编纂史指出，萧何编纂《九章律》这样的传说自汉代起就已存在，三国时期在萧何《九章律》前增加了商鞅六律，唐代时在商鞅六律前增加了李悝的《法经》，并且还认为，萧何的《九章律》也是西汉后期至东汉初期所著的法律学者的经典。此外，广濑还指出，秦汉时期的令是君王或皇帝的命令，在传达给各官府的过程中，增加官府的名称以及干支、编号等进行保存、整理，将令中有效力的部分抽取出来编成律，法典的编纂并不是一次就完成的。广濑又指出，除律、令之外，"故事"这一皇室与官府的内部规定也具有法律效力，睡虎地秦简《法律答问》、张家山汉简《奏谳书》就是在汇集律令所适用的实例"廷尉故事"的基础上，在南郡进行整理、编纂而成的。② 陶安、广濑的意见从根本上推翻有关秦律与汉律编纂方面的观点。但是，水间大辅反对广濑的观点，认为《晋书·刑法志》等中的法典编纂史是后世的创作，即使说秦律、汉律是根据君王与皇帝的命令逐条制定的，但并不能否认秦汉时期

----

① 陶安：《法典編纂史再攷——漢篇：再び文献史料を中心に據えて》，《東洋文化研究所紀要》140，2000 年。

② 广濑薰雄：《秦漢律令研究》，汲古書院 2010 年。

的律与令是作为法典编纂的。① 从睡虎地秦简出土到现在，有许多法制史料出土，预计今后还会有秦律与汉律被发现和公布，因此，围绕秦汉时期是否编纂了律令这个问题，将会进一步展开议论。

与此同时，也有研究通过比较秦律与汉律的条文来判明秦律的前后相互关系以及从秦律到汉律的继承关系。睡虎地秦简被发现公布后，江村治树将《秦律十八种·仓律》、《秦律十八种·效律》、《效律》进行比较，得出结论认为《效律》是由于管理各官府物品的需要而吸取其他律文编成的较新的律，《秦律十八种》则是将与县、都官的管理业务相关的律文汇总而成的。② 此后，随着包含秦代秦律的龙岗秦简以及含有西汉初期汉律的张家山汉简的公布，不仅是秦律的发展过程，验证从秦律到汉律的继承过程也成为可能。池田雄一将睡虎地秦简《秦律十八种·田律》、《秦律十八种·廄苑律》、龙岗秦简、张家山汉简《二年律令·田律》相互比较后发现，战国时期的秦律是禁苑、公田等王室财政管理方面的规定，秦代以及西汉初期，应民田税收、户籍管理等国家运营方面的需要也制定了相应的条文。③ 水间大辅将睡虎地秦简、龙岗秦简、张家山汉简的条文进行比较后指出，秦律中"赀一甲"等有关罚款的条文到汉律时变化为"罚金二两"等，战国时期的秦律中称民众为"百姓"、"民"，而秦代的秦律中则统一为"黔首"，还有，秦律中称私人奴隶为"臣妾"，而在汉律中则统一为"奴婢"，西汉初期的汉律在具有去除秦国苛法的缓刑主义倾向的同时，还具有在继承秦苛法的过

---

① 水间大辅：《廣瀬薫雄著〈秦漢律令研究〉》，《中国出土資料研究》14，2010 年。

② 江村治树：《雲夢睡虎地出土秦律の性格をめぐって》，《東洋史研究》40-1，1981 年；收入《春秋戦国秦漢時代出土文字資料の研究》，汲古書院 2000 年。

③ 池田雄一：《湖北雲夢睡虎地秦墓管見》，《(中央大学文学部)紀要》100，1981 年；《湖北雲夢睡虎地出土の秦律——王室の家法から国家法へ——》，《律令制——中国朝鮮の法と国家——》，汲古書院 1986 年；《呂后〈二年律令〉をめぐる諸問題》。均收入《中国古代の律令と社会》。

程中进一步强化的重刑主义倾向。① 汉代继承秦国的律令是众所周知的事实，通过比较分析出土文字资料中的秦律与汉律，将有助于进一步明确其继承过程。

此外，还有从其他不同角度研究探讨秦律与汉律的成果。吉本道雅将《墨子·号令》与睡虎地秦简、张家山汉简进行比较后推测，《墨子》除《号令》诸篇都是在齐国编纂的，而《号令》则受到秦律的很大影响。② 工藤元男关注到睡虎地秦简《秦律十八种·田律》中依照楚国旧历管制土木工程与山林采伐方面的条文，并且上述规定散见于《逸周书》等先秦诸文献中，据此推测出秦律是在其之前就存在的各地习惯法规的基础上形成的。③ 工藤还关注到睡虎地秦简《秦律十八种·田律》的律文与张家山汉简《二年律令·田律》的内容几乎完全相同，并且《二年律令·置吏律》中有规定指出县、道的官吏可通过二千石官员向皇帝申请制定律令这些情况，指出汉律在编纂过程中也有可能受到各地习惯法规、习俗的影响。④ 这种有关秦律与汉律对其他典籍造成的影响以及秦律与汉律在编纂过程中所受地域习俗影响的研究，对探明当时律令编纂的真实情况也是很重要的。

综上所述，中国出土的文字资料被陆续发现与公布，其中含有大量秦律与汉律条文，因此，围绕下列问题展开了议论：(1)秦汉时期的律与令是何种形式；(2)秦律与汉律是否作为法典编纂；(3)秦律在被汉律继承的过程中，律与令发生了什么样的变化；(4)秦律与汉律的条文在编订过程中在何种程度上受到了地域习俗的影响。今后，随着秦律与汉律条文进一步的发现，相信将会出现

① 水间大辅：《張家山漢簡〈二年律令〉刑法雜攷——睡虎地秦簡出土以降の秦漢刑法研究の再檢討——》，《中国出土資料研究》6，2002年；《秦律から漢律への繼承と變革——睡虎地秦簡·龍崗秦簡·張家山漢簡の比較を中心として——》，《中国出土資料研究》10，2006年。

② 吉本道雅：《墨子兵技巧諸篇小攷》，《東洋史研究》62-2，2003年。

③ 工藤元男：《睡虎地秦簡よりみた戦国秦の法と習俗》，《木簡研究》10，1988年；收入《睡虎地秦簡よりみた秦代の国家と社会》，創文社1998年。

④ 工藤元男：《中国古代の〈日書〉にみえる時間と占卜——田律の分析を中心として——》，《メトロポリタン史学》5，2009年。

更多的研究。

二、司法、刑法

本节介绍有关刑罚、犯罪及其处罚、刑事程序等三个问题的研究动向。

首先，关于刑罚方面，在日本有着数量庞大的研究成果，在此无法逐一介绍。关于刑罚的研究动向，水间大辅已作了整理，[1] 可参看其论文。秦汉刑罚研究中，目前议论最为集中的问题是秦及文帝 13 年以前的汉朝是按照何种标准将劳役刑（城旦舂、鬼薪白粲、隶臣妾、司寇等）进行分等的，在此对有关这个问题的研究动态进行介绍。

睡虎地秦简出土以后，日本也同中国一样，围绕秦及文帝 13 年以前汉朝的劳役刑是否设有刑期这一问题展开了论争，[2] 现在无期刑说渐渐成为定论。但是，假使如无期刑说所主张的，劳役刑没有设刑期，也就是说没有按刑期将劳役刑分等级的话，则劳役刑是按照何种标准进行分等的，就成为了需要解决的问题。早期的无期刑说认为是按照劳役的内容或苛刻程度分等级的。[3] 但是，近年有些学说主张劳役刑不一定是按照劳役内容分等级的。濑川敬也认为劳役刑是按照跟劳役一起加上的肉刑、赭衣和桎梏等身体上标志的

① 水间大辅：《秦律・漢律の刑罰制度》，《中国史学》14，2004 年；收入《秦漢刑法研究》，知泉书馆 2007 年。

② 籾山明：《秦漢刑罰史研究の現状——刑期をめぐる論争を中心に——》，《中国史学》5，1995 年；收入《中国古代訴訟制度の研究》，京都大学学术出版会 2006 年。

③ 冨谷至：《漢代の労役刑——刑期と刑役——》，《中国貴族制社会の研究》，京都大学人文科学研究所 1987 年，收入《秦漢刑罰制度の研究》，同朋舍 1998 年；堀敏一：《雲夢秦簡にみえる奴隷身分》，《中国古代の身分制——良と賤——》，汲古书院 1987 年；滋賀秀三：《前漢文帝の刑制改革をめぐって——漢書刑法志脱文の疑い——》，《東方学》79，1990 年，收入《中国法制史論集——法典と刑罰——》，创文社 2003 年；籾山明：《秦漢刑罰史研究の現状》。

种类与多少分等级的;① 石冈浩在指出劳役内容设有严格的轻重差别的同时，进而认为劳役刑还按照如下事项进行分等：是否被处以"收"（妻子儿女与财产的没收），是否被处以肉刑，是否允许从刑徒身份恢复到良民身份等;② 宫宅洁认为劳役刑是按照如下对刑徒及其家属的待遇分等级的：是否允许住在"民里"，是否被分发土地，是否被没收妻子儿女与财产，刑徒身份是否被其子继承等;③ 鹰取佑司认为城旦春、鬼薪白粲、隶臣妾、司寇都是爵制身份序列上的身份标识，加以这些的刑罚不应该称为劳役刑，而是以降低其身份为第一要义的制裁的身份刑。并且，劳役的内容与频度，对家属居住地的限制，刑徒身份的继承，从田宅分发对象中被排出等，刑徒所受的不利待遇按照刑徒的身份不同而不同，按照这样的差异分成从城旦春到司寇的等级;④ 陶安亦认为从城旦春到司寇是一种身份，是与基于爵制的身份相连续的。并且，刑徒的劳役内容、服役形式和社会行为能力等，也根据这些身份的高低而不同。不过，他又认为从城旦春到司寇都不是主刑，也不是附加刑，不是像"刑"与"耐"等作为衡量犯罪轻重的尺度来使用的，而只不过是附带跟刑与耐一起加上的。⑤ 但是，从早期的秦律中看到了如下倾向：对一部分犯罪，根据隶臣妾与司寇之间的身份上的差异，对耐罪个别设定轻重差异。⑥

---

① 瀬川敬也：《秦代刑罰の再検討——いわゆる"労役刑"を中心に——》，《鷹陵史学》24，1998 年；《秦漢時代の身體刑と労役刑——文帝刑制改革をはさんで——》，《中国出土資料研究》7，2003 年。

② 石冈浩：《収制度の廃止にみる前漢文帝刑法改革の発端——爵制の混乱から刑罰の破綻へ——》，《歴史学研究》805，2005 年；《秦の城旦春刑の特殊性——前漢文帝刑法改革のもう一つの発端——》，《東洋学報》88-2，2006 年。

③ 宫宅洁：《労役刑體系の構造と変遷》，《東方学報》京都第 78 册，2006 年；收入《中国古代刑制史の研究》，京都大学学术出版会 2011 年。

④ 鷹取佑司：《秦漢時代の刑罰と爵制的身分序列》，《立命館史学》608，2008 年；《秦漢時代の司寇・隷臣妾・鬼薪白粲・城旦春》，《中国史学》19，2009 年。

⑤ 陶安：《刑罰と身分》，《秦漢刑罰體系の研究》，创文社 2009 年。

⑥ 陶安：《刑罰體系の細分化》，《秦漢刑罰體系の研究》。

其次，关于在秦律中将怎样的行为定为犯罪，而这些犯罪的处罚又是如何规定的呢？因为以往无法得知秦律的具体内容，所以关于此类问题几乎没进行过研究，由于睡虎地秦简的出土，对这个问题的正式研究才成为可能。水间大辅将张家山汉简《奏谳书》及《二年律令》也作为讨论的史料，对此问题进行了综合性研究。他探讨了在秦律与汉律中，对杀人、伤害和盗窃等各种犯罪是如何处理的，以及对未遂、预备、阴谋、共犯、事后共犯和连坐等各种犯罪的共通问题是如何处理的。研究结果表明，秦律、汉律在处罚犯罪上有比后世唐律更重的倾向，对所谓的"一般预防"（用法律条文中对犯罪制定的刑罚，或实际对犯罪者执行刑罚，来警告一般社会上的民众使其不犯罪，以预防犯罪发生。）有着过度重视的倾向。① 除此以外还有各种各样的研究，关于这些研究在水间大辅的著书中都有介绍，请参看其著作。

其次，③关于在秦从犯罪搜查到判决的刑事程序是如何进行的问题，还是由于睡虎地秦简的出土才得以进行正式的研究。首先，籾山明在 1985 年发表的论文，通过对睡虎地秦简中出现的审判相关用语进行了整理、考证，对复原秦县的刑事程序进行了尝试。② 其后，《奏谳书》、《二年律令》公布之后，他又参照张家山汉简及其有关研究修改了旧稿，探讨了秦、汉初的刑事诉讼是根据怎样的原理、按照怎样的程序来进行的。据他的研究，县的刑事程序如下：县廷受理告发，掌握了犯罪的发生，即逮捕、羁押嫌疑犯，然后进行讯问。讯问以如下为最理想：不依靠拷问，通过录取供述与诘问使嫌疑犯自己承认罪状，以求真实。然后，将指示查询嫌疑犯的姓名、身份和经历以及扣押其资产、家属的文件，寄到嫌疑犯籍贯所在的县或乡。对查询结束后的嫌疑犯，通过讯问定其罪状，然后就按照其罪状定以相应的刑罚。当审判结束时，如嫌疑犯对判决

---

① 水间大辅《秦汉刑法研究》。

② 籾山明：《秦の裁判制度の復元》，《戦国時代出土文物の研究》，京都大学人文科学研究所 1985 年。

有异议，则允许请求再审。①

籾山进而对秦汉诉讼制度进行综合性探讨，大致作出如下结论：在当时的刑事诉讼制度中，县狱吏进行审理时，如不能判断法律的解释或是否适用时，则上谳给二千石的官来审议，最终请求中央廷尉的指示，下适当的判决。如此，司法实务中出现的各种各样问题，跟审判的过程与结果一起都被积累在廷尉处。而不知什么时候这些被整理编纂成册，为了提供给狱吏用于实务参考而向全国颁布。我们可以认为睡虎地秦简《法律答问》与张家山汉简《奏谳书》等就是据此而来的文本。如上所述，狱吏的各个司法实务经验被集中到中央经过整理，再被发放到地方，这正是中国广阔的地域能够得以统治的条件之一。②

籾山的旧稿《秦の裁判制度の復元》可以说成为为日本秦汉刑事程序制度研究之起点。《奏谳书》、《二年律令》公开后，很多研究者对他的学说进行了再讨论，或自行就与刑事程序的内容、程序有关的文件格式等问题进行研究。③ 尤其，宫宅洁以《奏谳书》为史料，再论以睡虎地秦简等为史料的刑事程序制度研究，认为县的刑事程序是按如下顺序进行的：县为具有判决权的最基层的机关，但只是在听取嫌疑犯的供述这一点上，有时在乡、亭也进行。当嫌疑犯在该县的辖区之外时，要发出召唤状，将嫌疑犯本人送至主持该审判的县。审判从听取供述开始，经过诘问来确定事实关系。然后

---

① 籾山明：《秦漢時代の訴訟制度》，《中国古代訴訟制度の研究》。

② 籾山明：《司法経験の再分配》，《中国古代訴訟制度の研究》。

③ 池田雄一：《漢代の讞制——江陵張家山〈奏讞書〉の出土によせて》，《(中央大学文学部)紀要》159，1995 年；《〈奏讞書〉の構成》，《堀敏一先生古稀記念 中国古代の国家と民衆》，汲古書院 1995 年；《戦国秦の獄簿》，《東方学会創立五十周年紀念東方學論集》，1997 年。均收入《中国古代の律令と社会》，汲古書院 2008 年。饭岛和俊：《"解"字義覚え書き——江陵張家山〈奏讞書〉所出の"解"字の解釈をめぐって——》，《奏讞書——中国古代の裁判記録——》，刀水書房 2002 年；《"鞫…審"の構圖(奏讞書研究)——〈封診式〉・〈奏讞書〉による再構筑——》，《アジア史における社会と国家》，中央大学出版部 2005 年。鷹取祐司：《二年律令九三簡"診報辟故弗窮審"條についての一攷察》，《江陵張家山二四七號墓出土漢律令の研究(論攷篇)》，朋友書店 2006 年。

总括已明确的事实关系，整理量刑所需要的材料。在此基础上，确认应处罚者的身份及应处罚的行为的内容，选择适用的律令条文。他还指出长吏具有下判决的权限，但从听取供述到诘问都是小吏办理的，小吏在审判中起着主导作用。①

三、官　　制

在传世文献中有为数不少的关于秦的官制的记载。在秦简出土以前，都是据《汉书·百官公卿表》的记述来对其性质和职掌等进行理解的。随着睡虎地秦简的出土，传世文献中未见的新的一面得以揭晓，有关当中记载的几种官职，在日本也开始进行了各种各样的研究。其中特别值得注意的是，争论热烈的"内史"、"大内"、"少内"、"都官"、"啬夫"。

据《汉书·百官公卿表上》的记载，"内史"是掌治京师的官。基于这一解释，西嶋定生论及了其与汉代治粟内史的关系，推测秦的内史是被汉代的治粟内史所沿袭了的。② 之后，随着睡虎地秦简的出土，弄清了内史不仅仅掌治京师，还掌管财政。于是开始对内史与治粟内史的关系、周的内史到秦汉的内史的变迁过程等展开重新的讨论，在这个问题上着先鞭的是工藤元男。③ 关于其职掌，工藤认为秦的内史超越了关中范围，是对秦的整个县仓的廥籍、公器进行了管辖的，在其统属下配置了太仓和大内，通过这些对县及都官的粮草、财货进行管理。进而对其与治粟内史的关系，进行了如下的分析，即在六国统一后的官制改革时，大内和太仓从内史中分离开来，以大内与太仓为基干，构成了治粟内史，另一方面这时内史成为了掌治京师的官，而汉代则是继承了这样的内史和治粟内

① 宮宅洁：《秦漢時代の裁判制度——張家山漢簡《奏讞書》より見た——》，《史林》81-2，1998 年。

② 西嶋定生：《秦漢帝国》，讲谈社 1974 年。

③ 工藤元男：《秦の内史——主として睡虎地秦墓竹簡による——》，《史学雑志》90-3，1981 年；收入《睡虎地秦簡よりみた秦代の国家と社会》。

史。对于工藤的这一论说，江村治树认为，从出土秦律难以明确工藤所说的内史与大内、太仓的关系，认同大内、太仓属于治栗内史，但认为它们不一定是属于内史的官，出土秦律里的内史应该还是掌治京师的内史。① 就这些议论，藤田胜久依照江村的论说，认为秦律中所见的内史应还是掌治京师的内史，关于其职掌应是以财务为首，并通过其他的规定，对县进行统括的行政机构。藤田还通过对 1979 年出土的青川木牍记载的分析，指出在武王二年时丞相——内史这样一个文官系统已经设立，秦的内史是在秦始皇以前就设立了的。② 张家山汉简公布以后，森谷一树结合了《二年律令》中所见"内史"的用例，对以往这些意见进行了再探讨。森谷就《秦律十八种·仓律》简 95 中"入禾稼、刍稿，辄为廥籍，上内史。·刍稿各万石一积，咸阳二万一积。其出入、增积及效如禾"的记载，以及《二年律令·田律》简 256 中"官各以二尺牒疏书一岁马、牛它物用稾数，余见刍稾数，上内史，恒会八月望"的记载，指出了汉初内史的职掌和睡虎地秦简中所见的职掌有着相同之处，从而对工藤的论说进行了一部分的补充。③

在进行如上述的对内史探讨的同时，大内、少内等官职也引起关注。秦简出土以前，有大庭脩、山田胜芳的论说，推测大内是属于少府的，④ 少内是主管整个少府收入的官。⑤ 秦简出土以后，又开始对大内、少内的性质及其与汉代大内、少内性质的关系重新加

① 江村治树：《雲夢睡虎地出土秦律の性格をめぐって》，《東洋史研究》40-1，1981 年；收入《春秋戦国秦漢時代出土文字資料の研究》，汲古书院 2000 年。

② 藤田胜久：《中国古代の関中開発——戦国秦の郡県制形成——》，《佐藤博士退官記念　中国水利史論叢》，国书刊行会 1984 年；收入《中国古代国家と郡県社会》，汲古书院 2005 年。

③ 森谷一树：《〈二年律令〉に見える内史について》，《江陵張家山二四七號墓出土漢律令の研究（論攷篇）》，朋友书店 2006 年。

④ 山田胜芳：《漢代財政制度に関する一攷察》，《北海道教育大学紀要（第 1 部 B 社会科学編）》23-1，1972 年。

⑤ 大庭脩：《漢の嗇夫》，《東洋史研究》14-1、2，1955 年；收入《秦漢法制史の研究》，创文社 1983 年。

以讨论。工藤元男在对这个问题进行探讨的同时，还对相对于掌握国家财政的治粟内史而言，掌握帝室财政的少府是如何形成的这一点进行了深入研究。① 这是秦简出土以后，首次对少府设立这个问题本身进行探讨的尝试。工藤批评山田将大内、少内看作是属于少府的御府，而大内是储藏赋敛收入的观点，认为大内和太仓同样都在内史的统属之下，专门掌管粮草和财货。另外，还指出少内是在大内的监督下，被安置在县及都官，掌管地方行政机构公款的财库官，其中特别是安置在县的少内被称作府中。少府是战国秦的内史重组以后，与治粟内史一同形成的。对于以上的批评，山田进行了反驳。② 对于工藤不称县以外的少内为府中这一观点，举出《秦律十八种·内史杂》中可见"藏府"、"书府"等字样为证，认为各官厅的少内也被称为"少府"、"府"，而且不能判定各官厅的少内受到中央的大内的直接监督。此外，更正了以往大内属于少府的观点，认为大内是在内史的统管之下，对咸阳及邻县的都官储藏的衣物、铜铁、钱布进行统管，是储藏各县富余物资的中央财库。佐原康夫、越智重明基本上按照工藤的观点，论述秦的府库和财政制度。③ 特别是佐原将"大内"解释为在咸阳管理官有器物和官方发放衣物的财库，而少内则是县级的钱款收支负责人。另外，里耶秦简中也可见"少内"，故里耶秦简讲读会将其解释为"与郡县的钱款收支相关的部门"。④

关于都官的解释，存在着应将其视为中央的官还是地方官的分歧。睡虎地秦简公布后不久，大庭脩就将其解释为与汉代的"中都

① 工藤元男：《睡虎地秦墓竹簡に見える大内と少府——秦の少府の成立をめぐって——》，《史観》105，1981 年；收入《睡虎地秦簡よりみた秦代の国家と社会》。

② 山田胜芳：《秦漢時代の大内と少内》，《集刊東洋学》57，1987 年。

③ 佐原康夫：《戦国時代の府·庫について》，《東洋史研究》43-1，1984年；收入《漢代都市機構の研究》，汲古書院 2002 年；越智重明：《秦の国家財政制度》，《九州大学東洋史論集》15，1986 年。

④ 里耶秦简讲读会：《里耶秦簡訳注》，《中国出土資料研究》8，2004 年。

官"同义，是直属朝廷的机构。① 江村治树认为都官是属于县的官，是指中央京师的诸官府，同时也指其驻在地方的机构。② 工藤元男则认为，都官是为使其统治达到"都"，而由秦国政府设置的官府，在秦代是几乎与县同级的地方行政机关。在汉代都官则变成指王国的中央官府，都的意思被限定在京师，这样一来，汉代的中央官府也开始被称作都官，因此为了与王国的都官相区别，开始称其为中都官。③ 近年来，高村武幸对《二年律令》以及尹湾汉简等中的"都官"进行了研究，对秦到汉的都官的连续性做了探讨。④ 关于西汉的都官，高村认为位于京师的中央官府和位于地方的中央官府的驻外机构都称为都官，秦代的都官与汉代的都官基本上没有什么差别，从与汉代的连续性这一角度来考虑，也是持位于京师的中央官府与位于地方的中央官府的驻外机构都称为都官这一立场。这可以说是对江村观点的发展性继承。关于位于地方的都官，进而发表了如下见解，即其多数是在大司农、少府的统属之下，而汉初的都官大多数是在少府的统属之下。

　关于啬夫，在秦简出土以前，主要以《汉书·百官公卿表上》中对啬夫的记述进行解释。镰田重雄认为啬夫是管理一个乡的人，并掌管力役、赋役、狱讼。⑤ 大庭脩除了传世文献以外，还对敦煌汉简、居延汉简中所见的啬夫分别进行了探讨，特别是对其统属系统，提出了大致为令——丞——啬夫这样一种构成的观点。⑥ 但是，只要是根据传世文献和汉简，还是只限于汉的啬夫，且对其性质的解释也只停留于"小吏"。睡虎地秦简出土以后，率先运用秦

---

① 大庭脩《雲夢出土竹書秦律の研究》。

② 江村治树《雲夢睡虎地出土秦律の性格をめぐって》。

③ 工藤元男：《戦国秦の都官——主として睡虎地秦墓竹簡による——》，《東方学》63，1982 年；收入《睡虎地秦簡よりみた秦代の国家と社会》。

④ 高村武幸：《秦漢時代の都官》，《東洋学報》87-2，2005 年；收入《漢代の地方官吏と地域社会》，汲古書院 2008 年。

⑤ 鎌田重雄：《郷官》，《史潮》7-1，1937 年；收入《秦漢政治制度の研究》，日本学術振興会 1962 年。

⑥ 大庭脩《漢の啬夫》。

律对啬夫进行研究的是堀毅。堀将秦简中所见的"啬夫"进行了体系化，对其职掌、统属系统、秩禄等进行了探讨。通过探讨指出秦代的乡官中不存在啬夫，秦的啬夫有广义和狭义两种，但原本是表示县的官的啬夫。① 之后，重近启树又从围绕乡里制的问题论及了啬夫，② 相对于堀毅"秦代的乡官中不存在啬夫"这一论说，重近则站在高敏秦代已经存在乡啬夫的观点上，③ 根据睡虎地秦简《效律》的记述，指出了县、乡、里的统治机构。此外，工藤元男、饭尾秀幸对秦简中的县啬夫、大啬夫进行了探讨，认为在战国秦县的行政中，县啬夫、大啬夫实际上是尽了县令的职责。④

随着睡虎地秦简的出土，秦的乡、里、亭的官制机构的情况也趋明朗。这些机构依据《汉书·百官公卿表》，原被看作同于汉代的机构，于此有宫崎市定、日比野丈夫等的讨论。⑤ 但是根据睡虎地秦简，将秦代的乡、里、亭等组织和汉代的相比，发现在名称、实际状况上都有很大的不同。堀毅整理了睡虎地秦简《效律》中的县、乡、里的相互关系，提出了作为直属县的各种官的吏——"佐"的存在，还指出其与乡啬夫之间没有统属关系，由这个"佐"来负责乡里多数的实际工作。⑥ 另外，堀敏一论及了关于睡虎地秦

① 堀毅：《秦漢時代の啬夫について——〈漢書·百官表〉と雲夢秦簡による一攷察——》，《史滴》2，1981 年。

② 重近启树：《秦漢の郷里制をめぐる諸問題》，《歷史評論》403-11，1983 年。

③ 高敏：《论〈秦律〉中的"啬夫"一官》，《社会科学战线》1979-1；收入《云梦秦简初探》，河南人民出版社 1979 年。

④ 工藤元男：《雲夢睡虎地秦墓竹簡に見える県·道啬夫と大啬夫について》，《中国禮法と日本律令制》，东方书店 1992 年，收入《睡虎地秦簡よりみた秦代の国家と社会》；饭尾秀幸：《中国古代国家における在地支配機構成立の一側面——睡虎地秦簡の啬夫をめぐって——》，《中国禮法と日本律令制》。

⑤ 宫崎市定：《読史箚記》，《宫崎市定全集 17 中国文明》，岩波书店 1993 年，原载《史林》21-1，1936 年等。日比野丈夫：《郷里亭についての研究》，《東洋史研究》14-1、2，1955 年；收入《中国歷史地理研究》，同朋舍 1977 年。

⑥ 堀毅《秦漢時代の啬夫について》。

简里的"亭"的各种问题。① 堀敏一从睡虎地秦简《秦律杂抄》简366-367 中所载的"求盗勿令送逆为它，令送逆为它事者，赀二甲"，推断出秦简中的"亭"也有迎送旅客的职责，而又从睡虎地秦简《效律》简 320-321 中所载的"其他冗吏、令史掾计者，及都仓、库、田、亭啬夫坐其离官属于乡者，如令、丞"，推断出将亭的官吏称为"离官"这一点。

四、地方行政制度与文书行政

在秦简出土以前的地方行政制度研究方面，严耕望等认为是以县的上级机关郡为核心实行地方行政的。② 此外，围绕乡、亭、里的关系，日比野丈夫认为亭为行政机构，宫崎市定等则认为村落为行政机构，对此展开了争论。③

睡虎地秦简出土后，人们普遍认为秦汉时期的县为地方行政中心，郡与县的关系被重新认识。重近启树认为，秦代与西汉初期，县拥有征兵、调兵、编制军队的权限，而郡虽对属县持有检查权与军队指挥权，但只不过是中央政府的地方机关。④ 大栉敦弘则认为，秦汉时期，谷物等物资是以县为单位运送的。⑤

此外，古贺登通过睡虎地秦简再次确认，亭是行政机构，且统属于乡。⑥ 基于这一观点，重近启树认为乡以里为单位统管民众，

① 堀敏一:《中国古代の亭をめぐる諸問題》,《布目潮渢博士古稀紀念論集 東アジアの法と社会》,汲古书院 1990 年;收入《中国古代の家と集落》,汲古书院 1996 年。

② 严耕望:《中国地方行政制度史 上篇 秦汉地方行政制度(初版)》,中研院历史语言研究所 1963 年。

③ 宫崎市定《読史箚記》;日比野丈夫《郷里亭についての研究》。

④ 重近启树:《兵制の研究——地方常備軍制を中心に——》,《人文論集(静岡大学人文学部社会学科・人文学科研究報告)》36,1986 年;收入《秦漢税役體系の研究》,汲古书院 1999 年。

⑤ 大栉敦弘:《秦漢国家の陸運組織に関する一攷察——居延漢簡の事例の検討から——》,《東洋文化》68,1988 年。

⑥ 古贺登:《漢長安城と阡陌・県郷亭里制度》,雄山閣 1980 年。

以亭为单位控制土地。① 佐竹靖彦探讨青川木牍《田律》后认为亭管理阡道、陌道。② 堀敏一的观点与此不同，认为乡与亭均承担在从属于县的地方机关维持治安的任务，两者之间不存在统属关系。③

工藤元男对战国时期秦的统治体制作有以下探讨。秦国通过在"都"（由都邑与一些离邑组成的行政机构）设置与县廷几乎同级的地方行政机构，将宗室贵戚的势力据点旧邑纳入郡县制的同时，管理由军功褒赏制而产生的封邑。此外，秦国为了将地方势力较大的县啬夫纳入管辖范围，中央政府派遣令、丞与县啬夫共同管理县邑。由拥有大仓、大内这样属官的中央官员内史来管理秦国所有的县、都官的粮草与公器。还有，秦国为了将已被征服的异族纳入本国编制，在其居住地设置由一些"道"组成的臣邦（属邦），在这些"道"内设置与县廷几乎同级的行政机构道官。战国时期秦就这样逐步将占领地与异族统辖在了其中央集权体制下。④

围绕郡县制的形成过程与战国秦的领域形成这些问题，藤田胜久认为内史是统管战国秦直辖的京师地区的县的行政机构，并且，在京师地区，最初中尉等军政机构在内史、县等民政机构之上，随着民政机构的逐步完备，形成了类似于郡县制的"内史——县"。藤田还认为，秦国在本国领域形成的过程中，把在毗邻别国的前线处设置的县纳入自己的领域内，并取而代之在前线设置关卡。⑤

此外，还有些研究认为睡虎地秦简中出现的乡、里、邑等是"共同体"。太田幸男认为秦国在商鞅变法之前由"共同体"来管理仓，之后国家管理仓以及国家与"共同体"共同管理仓这两种状态并存。⑥ 饭尾秀幸指出，里典等首长层以及啬夫，是"共同体"内部各种关系的基础，其成员形成阶级关系，这些关系发生矛盾时，为

① 重近启树《秦漢の鄉里制をめぐる諸問題》。

② 佐竹靖彦：《県郷亭里制度攷証》，《（東京都立大学）人文学報》199，1988 年；收入《中国古代の田制と邑制》，岩波書店 2006 年。

③ 堀敏一：《中国古代の亭をめぐる諸問題》。

④ 工藤元男《睡虎地秦簡よりみた秦代の国家と社会》。

⑤ 藤田胜久《中国古代国家と郡県社会》。

⑥ 太田幸男：《中国古代国家形成史論》，汲古書院 2007 年。

了维持"共同体"内部的各种关系，有别于这些阶级关系的、作为第三权利的国家成立，啬夫被纳入监督"共同体"的县这一机构内。①

其后，由于张家山汉简的公布以及里耶秦简、岳麓书院藏秦简的部分公布，睡虎地秦简作为这些简牍的比较对象而重新受到瞩目。土口史记认为，郡统辖县这一制度，是秦在战国中期迅速扩大疆域时为提高地方行政的效率而建立起来的。② 此外，土口关于战国末期——秦代的县作了如下阐述：在当时的县，与以官啬夫为长官的部门的"官"相比，县令所统领的县廷在人事权及文书传达方面具有绝对的优势地位。通过县廷与"官"的这种关系，确保了作为行政机关的县的一体性。③ 饭尾秀幸论证得出以下结论，即位于里门与邑门内侧的村落，其外侧是田地，在这些村落中存在着源于"共同体"的习俗。国家把这些习俗纳入了自己的法律体系。④ 高村武幸认为，秦代与西汉初期的乡是统属于县的行政机构，不存在"共同体"。⑤ 水间大辅则认为，秦汉时期的亭是直属于县的机关，相当于现代的警亭、派出所、门卫等，而且在远离县廷的地方设置亭，发挥现代的警察局、法院的职能。水间还指出，秦汉时期，直属于县的乡与亭同样承担维护治安的任务，但两者之间没有统属关系，而是相互补充各自的维持治安的机能。⑥

---

① 饭尾秀幸：《古代における国家と共同體》，《历史学研究》547，1985年；《中国古代国家における在地支配機構成立の一侧面——睡虎地秦简の啬夫をめぐって——》。

② 土口史记：《先秦期における"郡"の形成とその契機》，《古代文化》61-4，2010年；收入《先秦時代の領域支配》，京都大学学术出版会2011年。

③ 土口史记：《戦国・秦代の県——県廷と"官"の関系をめぐる一攷察——》，《史林》95-1，2012年。

④ 饭尾秀幸：《秦・前漢初期における里の内と外——牢獄成立前史——》，《中国前近代史論集》，汲古書院2007年。

⑤ 高村武幸：《秦・漢初の郷——湖南里耶秦简から——》，《漢代の地方官吏と地域社会》，汲古書院2008年。

⑥ 水间大辅：《秦・漢の亭吏及び他官との関系》，《中国出土資料研究》13，2009年；《秦・漢における亭の治安維持機能》，《史滴》31，2009年。

在秦简出土以前的文书行政研究方面，大庭脩、永田英正利用居延汉简与《史记·三王世家》，以西汉为主要研究对象，复原了册书，释明了文书的特点，解释了与文书行政相关的术语。① 睡虎地秦简出土后，籾山明对爰书是在裁判过程中使用的自我辩白或证明书这一陈槃的观点重新进行了探讨，② 认为爰书是官吏制作的公用文书，并不只是在裁判程序中使用。③ 张家山汉简公布后，冨谷至将秦简、汉简中的各种文书分成类似于现代书籍的"书籍简"和类似于现代文件夹的"账簿简"，并认为睡虎地秦简《封诊式》属于后者。④ 如上所述，由于睡虎地秦简的出土，可将其与居延汉简进行比较，这就给文书行政研究带来了新的可能性。然而，正如永田英正所述，有关秦代文书行政方面的史料还很匮乏，因此现阶段这方面的研究只能围绕居延汉简等进行。⑤

然而，最近，含有秦代行政文书的里耶秦简部分公开后，就可以将秦简与汉简进行充分的比较研究。鹰取佑司认为，秦简与汉简中的"敢告"是在发信人与收信人地位相同时、"告"是两者身份差异较小时、而"谓"是两者身份差别较大时使用。⑥ 围绕秦简与汉简中"发"这个问题，藤田胜久将其解释为负责实施文书中的指令，⑦

① 大庭脩《秦漢法制史の研究》；永田英正：《居延漢簡の研究》，同朋舍1989年。

② 陈槃：《汉晋遗简偶述》，《中央研究院历史语言研究所集刊》16，1948年；收入《汉晋遗简识小七种》，中研院历史语言研究所1975年。

③ 籾山明：《爰書新探——古文書学と法制史——》，《東洋史研究》51-3，1992年；收入《中国古代訴訟制度の研究》。

④ 冨谷至：《二一世紀の秦漢史研究——簡牘資料——》，《岩波講座世界歴史3 中華の形成と東方世界》，岩波書店1998年。

⑤ 永田英正：《文書行政》，《殷周秦漢時代史の基本問題》，汲古書院2001年。

⑥ 鹰取佑司：《秦漢時代公文書の下達形態》，《立命館東洋史学》31，2008年。

⑦ 藤田胜久：《里耶秦簡の文書形態と情報処理》，《愛媛大学法文学部論集（人文学科編）》21，2006年；收入《中国古代国家と社会システム——長江流域出土資料の研究——》，汲古書院2009年。

而高村武幸的观点与此不同，将其解释为打开文书，并指出，里耶秦简等中的"署○发"是指定文书开封者的一种表达方式。① 此外，随着里耶秦简的公开，关于秦汉代文书传送方式的研究得到了进展。纪安诺分析了利用邮进行文书传送的情况，验证得出了这样一个结论，即长距离的文书传送，采用数名脚夫以邮为中转站的接力方式，而近距离传送，则由一名脚夫传送到目的地。② 陈伟认为，秦—汉初文书传送的基本方式为在连接郡的干线道路上设置的邮之间以接力形式迅速传送，在邻接的县、道之间以接力形式缓慢进行。③ 鹰取对这一观点论述如下：秦汉代时，在连接郡的干线道路上，经由邮的传送方式与经由县的传送方式同时进行，在干线道路以外的场所则采取了经由亭的传送方式，这三种方式是当时文书传送的基本方式。④ 藤田认为，秦代的文书传送有两种方式：密封文书是在郡与县之间直接依次传送，已开封的文书是在郡与县之间以接力形式传送。⑤

　　关于里耶秦简的册书与木牍中所记录的文书的特点也有所研究。吕静认为，木牍中有关于一个事件的一份文书的记录，还有关于同一事件的几份文书的记录。前者为已处理完毕的行政文书的留底，后者兼有行政文书的留底与作为参考资料的档案文书这两种功能。⑥ 藤田认为里耶秦简中的册书为文书的原件，而木牍则为文书

---

　　① 高村武幸：《"発く"と"発る"——簡牘の文書送付に関わる語句の理解と関連して——》，《古代文化》60-4，2009年。

　　② 纪安诺：《"郵"制攷——秦漢時代を中心に——》，《東洋史研究》63-2，2004年。

　　③ 陈伟：《秦と漢初の文書伝達システム》，《古代東アジアの情報伝達》，汲古书院2008年。

　　④ 鹰取佑司：《秦漢時代の文書伝送方式——以郵行・以県次伝・以亭行——》，《立命館文学》619，2010年。

　　⑤ 藤田胜久：《里耶秦簡にみえる秦代郡県の文書伝達》，《愛媛大学法文学部論集(人文学科編)》34，2013年。

　　⑥ 吕静：《秦代における行政文書の管理に関する攷察——里耶秦牘の性格をめぐって——》，《東洋文化研究所紀要》158，2010年。

内容的复写，并附有收信与发信的记录。① 畑田野吉则认为，里耶秦简的邮书记录分为由迁陵县发往县外的文书记录和在迁陵县内中转的文书的记录，这种文书传送体制与汉代西北地区的文书传送体制相同。此外，他还指出里耶秦简中，由迁陵县发出的文书的三分之一是发往洞庭郡(迁陵县所辖的郡)的。②

最近，藤田胜久欲从地方行政制度和文书行政这两方面探明秦汉时期"社会体制"(统一国家与地域社会的关系)的构造。藤田认为，出土文字资料中含有文书的原本与副本、还有收发信的记录与书籍等，根据其用途与保存时间长短的不同，出土地点与书写材料亦有不同。在这些文书所记录的信息当中，官府的公务信息由县用壁书等形式公示或由使者口头念诵的方式传达，而私人信息则是用书籍的方式由所属官吏往来于关卡、客栈来传送的。秦王朝时期，基于这种"信息传达体制"，通过以县级社会为生活基本单位的郡县制，将具有不同习俗的地域纳入其统治之下。秦王朝的这种"社会体制"被汉王朝继承了下来。③ 此外，藤田关于楚汉战争的文书传送、情报传达的关系论述如下：继承了秦制的刘汉，建立了主要利用以秦的郡县机构为基础的文书传送方式。与此不同，复兴了战国楚体制的项羽则主要利用了使者与书信方式来进行情报传送。④

综上所述，随着睡虎地秦简的出土，有关地方行政制度的情况不断得到明确，为文书行政研究创造了新的可能性。在张家山汉简、里耶秦简等公布后，睡虎地秦简作为比较对象再次受到瞩目。里耶秦简的部分公开使文书行政研究获得了飞跃发展，最近有研究欲从地方行政制度与文书行政两方面来说明更大范围的问题。今后，随着新的秦简、汉简的出土与公开，这些方面的研究将更加活跃，秦汉时期的社会情况也会更加明晰。

---

① 藤田胜久：《里耶秦簡にみえる秦代郡県の文書伝達》。

② 畑野吉则：《里耶秦簡の郵書記録と文書伝達》，《資料学の方法を探る》12，2013 年。

③ 藤田胜久《中国古代国家と社会システム》。

④ 藤田胜久：《中国古代の情報伝達と戦略——項羽の事績をめぐって——》，《日本史における情報伝達》，創風社出版 2012 年。

五、家 庭 制 度

日本的家庭制度研究，是在 1930 年代后关于单婚家庭制与大家庭制(内部存在多个单婚家庭的家族)的讨论基础上展开的。牧野巽认为汉代典型的家族形式为平均四、五人的单婚家庭，① 而宇都宫清吉与守屋美都雄则主张大家庭制这个观点，不赞成单婚家庭制的观点。② 此后，守屋改变自己的看法，开始支持单婚家庭制这一说法。③ 因此，单婚家庭制这一观点基本成为定论。睡虎地秦简公开后，可以确定在战国秦的出土文字资料中已出现了曾受关注的"家"、"户"、"同居"等词语。这为研究战国秦家族制度提供了可能性，也在重新研究汉代家族制度方面受到瞩目。

佐竹靖彦认为"室"是连坐所涉及的"族"(父母、妻子儿女、同产)的范围，"户"是户籍上的单位，"同居"是属于同一户籍上的人，并且"户"包含于"室"中，与"家"一致。佐竹据此推测认为，商鞅变法的目的是促使以"户"为"一户一壮丁"这样的单家族的产生，连结"户"与国家的中介就是"室"。在"室"内，通过设立家父长权来连结"户"，以期让其在维持当地秩序方面能发挥作用。然而，实际上"户"作为家庭单位逐渐成熟后，"室"所应有的机能就被"户"所取代，因而失去了意义。而从国家的角度看，建立户赋制度后，严格地将"户"限定为"一户一壮丁"已没有意义，结果，

① 牧野巽:《漢代における家族の大きさ》,《漢学会雑志》3-1, 1935 年;《漢代の家族形態》,《東亞学》4、5, 1942 年。均收入《中国家族研究 上(牧野巽著作集第 1 卷)》,お茶の水书房 1979 年。

② 宇都宫清吉:《漢代における家と豪族》,《史林》24-1, 1939 年, 收入《漢代社会経済史研究》,弘文堂 1955 年;守屋美都雄:《漢代家族の型関に関する試論》,《史学雑志》52-6, 1941 年。

③ 守屋美都雄:《漢代の家族形態に関する攷察》,《ハーバード・燕京・同志社東方文化講座第 2 輯》,ハーバード・燕京・同志社东方文化讲座委员会 1956 年;收入《中国古代の家族と国家》。

父亲与嫡长子同住一处就成为普遍的现象。①

太田幸男认为"室"是房屋，"室人"是居住在一套房子里的人，"户"包括有一名正丁、妻子、女儿、未成年男子和成为"免老"的祖父母，是为了征收徭役与户赋所编成的单位。"同居"是指子即使成人构成"户"后，仍与父母同住一处的人。从以上战国秦的家族制度可以看出，商鞅变法将一"室"、"分异"为有一名正丁存在，是为了防止其逃脱征兵与"赋"，在此阶段，"户"的成员是"室人"。到了睡虎地秦简的阶段，太田则推测认为，形成"户"的儿子在"室"内"同居"，因此"户"与"室人"变得不一致，出现了各种各样的居住形态。②

松崎つ𛂱子认为《法律答问》中的父、妻、子等词语均指单亲家庭成员，因此单婚家庭最为普遍；又从《封诊式·封守》推测说，有不少士伍这样的无爵者也拥有奴婢。松崎还指出，"同居"、"仅仅是共同居住于一处"，③ 奴隶也同住在一起，而"室人"则是指"同居"中除去奴隶的那部分人，即适用于连坐规定的家庭成员。④

堀敏一推测认为单婚家庭与大家庭两者同时存在，并解释了相关语义。"室"包括夫妇与未成年的子女，有时包括奴隶，这一点两者是相通的。单婚家庭的情况下，"户"、"室"与"同居"含义相同，而在大家庭的情况下，"户"内有多个"室"，而"同居"则指父母或兄弟，与"户"一致。⑤

---

① 佐竹靖彦：《秦国の家族と商鞅の分異令》，《史林》63-1，1980 年；收入《中国古代の田制と邑制》，岩波书店 2006 年。

② 太田幸男：《睡虎地秦墓竹簡にみえる"室"、"户"、"同居"をめぐって》，《西嶋定生博士還暦記念 東アジア史における国家と農民》，山川出版社 1984 年；收入《中国古代国家形成史論》。

③ 古賀登：《阡陌制下の家族·什伍·閭里》，《法制史研究》24，1975 年；收入《漢長安城と阡陌·県郷亭里制度》。

④ 松崎つ𛂱子：《睡虎地秦簡よりみた秦の家族と国家》，《中国古代史研究 第五》，雄山阁 1982 年。

⑤ 堀敏一：《中国古代の家と户》，《明治大学人文科学研究所紀要》27，1989 年；收入《中国古代の家と集落》，汲古书院 1996 年。

冈田功认为，在同一"室"生活的人均为"室人"，"同居"是指同在一户，且其母同为一人。"家"包括"家人"和奴隶，"家人"与"同居"及"户"相同。①

山田胜芳与堀的观点相同，认为单婚家庭与大家庭同时存在，"户"、"同居"与"室人"实质上是相同的，仅仅是《法律答问》简571 中的"同居"限定了范围，即《户》与"母"相同。从睡虎地秦简强调同母关系这一点可以看出，当时母权强大，这对重视父子关系的"家"这一概念的形成与法规的制定造成了一定影响，当时"家"这一概念处于父子关系的比重逐渐增加的过渡期，在法规制定方面尚有母系势力的残存。②

以上主要是关于《法律问答》中法律用语解释方面的研究。铃木直美分析了里耶秦简中被认为是户籍的木牍(铃木称其为"户籍样简")，对"同居"与"室人"的含义进行了探讨。即每一张"户籍样简"上，一定写有一个"户人"，还写有父母、妻子、儿女与同产这样"户"的成员。因此，"户"一方面可以说是大家庭，另一方面由于也有仅记载妻子与儿女的"户籍样简"，因此当时单婚家庭也被称为"户"。户内可能存在多个单婚家庭，因此"同居"一方面指户内成人男性之间的关系(户人的兄弟)，同时另一方面也指户内部单婚家庭成员之间的关系(户人的妻子儿女与户人兄弟的妻子儿女)。③ 此外，刘欣宁认为"同居"指登记于同一户籍的全体家庭成员的关系，而"室人"则是居住于同一住宅内的人员关系、以及几户人家居住于同一处时的家族之间的关系称呼。④

此外，池田温与稻叶一郎的研究表明，《封诊式・封守》中所

① 冈田功：《中国古代の"家約"の成立について》，《堀敏一先生古稀記念中国古代の国家と民衆》，汲古書院 1995 年。

② 山田胜芳：《中国古代の"家"と均分相續》，《東北アジア研究》2，1998年；收入《中国のユートピアと"均の理念"》，汲古書院 2001 年。

③ 铃木直美：《里耶秦簡にみる秦の戸口把握——同居・室人再攷——》，《東洋史研究》89-4，2008 年；收入《中国古代家族史研究——秦律・漢律にみる家族形態と家族観——》，刀水書房 2012 年。

④ 刘欣宁：《秦漢律における同居の連坐》，《東洋史研究》70-1，2011 年。

记载的住宅与家庭的构成，即有两间房的住宅内户主、妻子、子女与臣妾共同居住这一状况是当时家庭形态的典型模式。①

还有一些与以上内容相关的研究。睡虎地秦简中有家庭内发生犯罪行为时国家应如何处理的记载，因此开始了"家"与国家关系方面的研究，展开了围绕着"家罪"、"公室告"、"非公室告"等用语含义的考察。"家罪"指家庭内犯罪，"公室告"指应受理的上诉，② 而"非公室告"则与"公室告"相反，指国家不应该受理的上诉。以上法律用语是关于父子之间犯罪情况的记述，可以看出家庭内犯罪与一般犯罪的处理方式不同。

《法律问答》中记载，"非公室告"意为国家不受理子对父实行的盗窃罪，以及子、奴婢对父、主人的告发。"家罪"指父杀伤子或奴妾，以及父子同住时，子杀伤或偷窃了父所拥有的臣妾与畜产，③ 这样的犯罪行为即使父死后国家也不受理上诉。因此，"非公室告"与"家罪"是类似的规定。对于这一问题，古贺登将"非公室告"解释为"家罪"，④ 松崎认为"家罪"是"非公室告"的一部分。⑤ 佐竹认为父亲死后国家不受理上诉，而"非公室告"则是父亲死后国家受理上诉，将两者区别开来。⑥ 铃木反对以往不将"非公室告"的范畴列入"家"的问题进行考察这一观点，主张秦律建立的是父母、子女等的尊卑"关系"，即保护父母比子女地位优越及父母对子女进行教诫，其间不存在"家"这一结构。⑦

---

① 池田温：《中国古代籍帐研究 概观·录文》，东京大学出版会 1979 年；稻叶一郎：《戦国秦の家族と貨幣経済》，《戦国時代出土文物の研究》，同朋舎 1985 年。

② 太田幸男《睡虎地秦墓竹简にみえる"室""户""同居"をめぐって》。

③ 松崎つね子《睡虎地秦简よりみた秦の家族と国家》。

④ 古贺登：《中国古代史の時代区分問題と睡虎地出土の秦简》，《史観》97，1977 年；收入《漢長安城と阡陌·県郷亭里制度》。

⑤ 松崎つね子：《睡虎地秦简に于ける"非公室"·"家罪"》，《中国古代史研究 第六》，研文出版 1989 年。

⑥ 佐竹靖彦《秦国の家族と商鞅の分異令》。

⑦ 铃木直美：《〈睡虎地秦简〉"公室告"再論》，《古代文化》61-1，2009 年；收入《中国古代家族史研究》。

综上所述，家庭内部犯罪不适用于国家刑法，有不少有关父亲、主人专权的记载，由此可看出战国时期秦的家父长权力之大。① 与此同时，松崎认为，"家庭内部犯罪"并不是无条件的，而是有诸多制约与限制的，有记录表明国家的统治范围及至私人奴婢，因此不可一概而论地说家父长权力强大。②

总而言之，有关战国秦家庭制度的资料还有一些难解之处，各家学说设想了各种家庭形态，尚未取得一致的见解。但是，也开始了像铃木这样运用里耶秦简等新资料进行研究的趋势，③ 可以说2000年后家庭制度研究进入了新阶段。

六、算赋、徭役、兵役

作为国民义务的算赋、徭役与兵役，不但在国家向国民所课的税务体系当中占有重要的位置，也是探明秦汉时期国家特质的一个重要突破口。加藤繁在算赋研究、滨口重国在徭役与兵役研究方面开了先河，④ 此后的研究均批判、继承了其研究成果。然而，二氏仅是围绕汉代进行研究，几乎没有涉及秦的情况。睡虎地秦简公布后，开始了对战国秦算赋、徭役与兵役的研究，同时又对以往以汉代为中心的观点重新进行了审视。

在秦算赋方面，加藤注意到《史记·秦本纪》孝公十四年记载

① 太田幸男《睡虎地秦墓竹简にみえる"室""户""同居"をめぐって》；好并隆司：《商鞅"分異の法"と秦朝權力》，《歴史学研究》494，1981年，收入《商君書研究》，溪水社1992年。

② 松崎つね子《睡虎地秦簡に于ける"非公室"·"家罪"》。

③ 铃木直美《里耶秦簡にみる秦の户口把握》。

④ 加藤繁：《算賦に就いての小研究》，《史林》4-4，1919年，收入《支那経済史攷証》上，东洋文库1952年。滨口重国：《践更と過更——如淳説の批判》，《東洋学報》19-3，1931年；《践更と過更——如淳説の批判補遺——》，《東洋学報》20-2，1932年；《秦漢時代の徭役労働に関する一問題》，《市村博士古稀記念 東洋史論叢》，冨山房1933年；《漢の徴兵適齢に就いて》，《史学雑志》46-7，1935年；均收入《秦漢隋唐史の研究》，东京大学出版会1966年。

有"初为赋",指出这时便开始征收所谓人头税的"赋",而且这种"赋"是军赋等,对算赋产生的根源作了探讨。① 睡虎地秦简中记载有"户赋"这一用语,因此在研究其与算赋的关系上受到关注。然而,虽然佐竹靖彦等指出这是按照户内的负担人数所课收的人头税,与汉代的算赋有关,② 但因缺乏相关史料而未获得进展。

在秦徭役与兵役方面,滨口对《汉书·食货志上》董仲舒上言、《汉旧仪》的记述以及《史记》与《汉书》中所引用的服虔、如淳的注释进行批判性的分析后得出以下结论,即汉代的徭役中有服兵役以外的民丁轮番交替实行"践更"(也称"更徭")这一情况,兵役中存在着守卫地方的"正卒"与守卫边境的"戍卒"。"傅"为课徭役与兵役之意,其适用对象到西汉景帝 2 年为止是 20 岁男子,从昭帝始元末年开始改为 23 岁男子。③ 此后的研究认为徭役除了"践更"以外,还有中央徭役与临时徭役,而对于兵役的研究则主要是运用居延汉简来探讨兵卒的具体服役情况。睡虎地秦简公布之后,此方面研究利用《秦律十八种·徭律》与《秦律杂抄》傅律中的资料,对徭律中的具体的劳动内容相当于以往学说中的哪种徭役形态、"傅"是如何被处理及其按照怎样的标准来执行等问题进行了探讨。

重近启树全面探讨了《徭律》后,对其中各条规定作出了如下解释。即《徭律》开头部分中的"御中发征"之后的内容,是地方官吏(县)为朝廷征发民众的规定,到了睡虎地秦简这个阶段,已存在由中央政府管理、征收的中央徭役。服役的场所超过了县的范围,尽管如此,也以县为单位进行征发、编制及差遣。与以往学说相同,中央徭役是临时性的,不存在一成不变的中央徭役。还有,"邑中之功"与城墙的修建、修复以及县禁苑内的劳动则是在县范

---

① 加藤繁《算賦に就いての小研究》。

② 佐竹靖彦《秦国の家族と商鞅の分異令》;重近启树:《算賦制の起源と展開》,《東洋学報》65-1、2,1984 年,收入《秦漢税役體系の研究》,汲古书院 1999 年;山田胜芳:《算賦及び算緡·告緡》,《秦漢財政収入の研究》,汲古书院 1993 年。

③ 滨口重国《漢の徴兵適齢に就いて》。

围内实行的劳役规定，这些由县长官(县啬夫、县令)依权限征发，其服役场所限定在县之内。以上提到的县范围内的劳役，作为国民的基本义务，设定有固定的服役天数，相当于汉代的更徭。但是，也有临时的服役禁苑的规定，因此县范围的徭役中，也存在与更徭不同的其他个别临时的徭役。其次，《徭律》后半部分中所记载的修建改建官府等临时大规模施工的规定，则相当于传世文献中的"大徭役"。"大徭役"与更徭均由县征发，课收对象相同，因此"大徭役"可代替更徭。①

山田胜芳对上述重近有关徭律的解释逐一进行分析批判：重近认为中央徭役是不被计算在徭役义务天数内的临时徭役，在内史实行的中央徭役由内史管辖下的各县征发，基本上包括在基本义务天数内。重近将征发禁苑附近的国民解释为杂役的一种，这是根据民众防止兽类侵袭这一愿望由县令动员实施的，是民众自发的劳役，不是由官方根据其需要征发的。"大徭役"不是临时性的大规模施工，而是指兵役。②

除了上述论点以外，石冈浩对《徭律》进行译注，与"戍律"等进行比较，得出了当时的徭役是由尉官、司空等武官负责管理的这一结论。③

张家山汉简公布后，因其中含有《徭律》，还有与"践更"相关的记载，因此开始对以往的有关徭役与兵役的学说进行重新探讨。鹫尾佑子认为，本来"践更"是由尉官征发的一种兵役，秦代到汉初转用于其他的徭役，到西汉中期之前变成服徭役。④ 广濑薰雄认为"践更"的轮换周期为一个月，秦汉律中的"～更"表示"践更"的

① 重近启树：《徭役の諸形態》，《東洋史研究》49-3，1990年；收入《秦漢税役體系の研究》，汲古书院1999年。

② 山田胜芳：《徭役・兵役》，《秦漢財政收入の研究》。

③ 石冈浩：《戦国秦の"徭"と軍政——睡虎地秦簡 秦律十八種〈徭律〉訳注——》，《法史学研究会会報》9，2004年。

④ 鹫尾佑子：《漢代における更卒と正》，《中国古代史論叢(續集)》，立命馆东洋史学会2005年；收入《中国古代の専制国家と民間社会——家族・风俗・公私》，立命馆东洋史学会2009年。

值班方式，显示每隔几月轮班进行"践更"；史料中的"徭役"是与"践更"不同的另外一种劳役，是临时征发的。① 有关"践更"的汉代的资料在松柏 1 号汉墓出土木牍中有更多发现，② 今后将随时会出现利用新资料所作的研究。

关于兵役，重近与山田都认为睡虎地秦简中的"戍律"是规定兵役的律令，与《徭律》相同，均规定各种劳役。③ 关于在这些律令下编制的军队，重近认为平时仅存在以县为单位的地方常备军，战时临时征发民众编成军队。④ 藤田胜久对关于秦始皇兵马俑军阵进行了分析，将这些军队解释为中尉的军队，并由此推测郡县制下的地方军也具有同样的结构。⑤ 在现阶段，有关"戍律"本身的记载较少，因此对于征发机制等具体服役状况的研究还不多，岳麓书院藏秦简中有许多可断定为兵役方面律令的资料，⑥ 相信今后会出现有关兵役方面的详细的研究。

有关"傅"的讨论围绕以下两个问题展开：（1）意为在户籍上登记，还是在与户籍不同的"傅籍"上登记；（2）是按照年龄还是按照身高进行登记。对于（1）山田等指出存在与户籍不同的"傅籍"，登记在"傅籍"上的国民需服劳役。⑦ 太田幸男认为，睡虎地秦简中的"傅"意为分开户籍重新制作，⑧ 不存在"傅籍"。关于（2）普遍认为睡虎地秦简阶段时以身高为标准，而秦王政十六年起则变为以年龄

---

① 广瀬薫雄：《张家山汉简〈二年律令〉史律研究》，《人文论丛（2004 年卷）》，武汉大学出版社 2005 年；收入《秦汉律令研究》。

② 荆州博物馆：《湖北荆州纪南松柏汉墓发掘简报》，《文物》2008-4。

③ 重近启树：《兵制的研究——地方常备军制为中心——》，《人文論集（静冈大学人文学部社会学科·人文学科研究报告）》36，1986 年，收入《秦漢税役體系の研究》；山田胜芳：《徭役·兵役》。

④ 重近启树《兵制の研究》。

⑤ 藤田胜久：《戦国·秦代の軍事編成》，《東洋史研究》46-2，1987 年；收入《中国古代国家と郡県社会》。

⑥ 陈松长：《岳麓书院藏秦简综述》，《文物》2009-3。

⑦ 山田胜芳《徭役·兵役》；堀敏一：《中国古代の家と戸》，《明治大学人文科学研究所紀要》27，1989 年，收入《中国古代の家と集落》。

⑧ 太田幸男《睡虎地秦墓竹简にみえる"室""户""同居"をめぐって》。

为标准。但是，关于"傅"的身高登记标准，渡边信一郎认为，隶臣、城旦为六尺五寸，隶妾、舂为六尺二寸以上，而一般男子为七尺。① 山田则认为隶臣妾、城旦舂与一般男女没有区别，男子为六尺五寸，女子为六尺二寸。②

七、田制、农业

这个领域很重要的一个课题就是，《史记·商君列传》等中所见的"开阡陌"。这个问题是作为"商鞅变法"基础的政策之一，不仅是土地制度，还影响到了爵制、军事、社会制度、税制等。因此对于"阡陌"及"阡陌制"的具体内容，提出了各种各样的解释。③例如，关于"阡陌"是怎样一种性质的道路就有以下见解：仅为道

---

① 渡边信一郎：《呂氏春秋上農篇蠡測——秦漢時代の社会編成——》，《京都府立大学学術報告（人文）》33，1981 年；收入《中国古代国家の思想構造——専制国家とイデオロギー——》，校倉書房 1994 年。

② 山田胜芳《徭役·兵役》。

③ 加藤繁：《支那古田制の研究》，京都法学会 1916 年；收入《支那経済史攷証》上，东洋文库 1952 年版。小川琢治：《阡陌と井田》，《支那学》5-2，1929 年，收入《支那歴史地理研究續集》，弘文堂 1929 年版。木村正雄：《"阡陌"について》，《史潮》12-2，1943 年。平中苓次：《秦代土地制度の一攷察——名田宅について——》，《立命館文学》79，1951 年；收入《中国古代の田制と税法》，东洋史研究会 1967 年。西嶋定生：《中国古代帝国の形成と構造——二十等爵制の研究——》，东京大学出版会 1961 年。宮崎市定：《東洋的古代》上，《東洋学報》4-82，1965 年；收入《宮崎市定全集 3 古代》，岩波書店 1991 年。米田賢次郎：《二四〇歩一畝制の成立について——商鞅變法の一側面——》，《東洋史研究》26-4，1968 年；收入《中国古代農業技術史研究》，同朋舎 1989 年。守屋美都雄：《"開阡陌"の一解釈》，《中国古代の家族と国家》。楠山修作：《阡陌の研究》，《東方学》38，1969 年；收入《中国古代国家論集》，私家版 1990 年。古賀登：《漢長安城の建設プラン——阡陌·県郷制度との関系を中心として——》，《東洋史研究》31-2，1972 年；收入《漢長安城と阡陌·県郷亭里制度》，雄山閣 1980 年；太田幸男：《商鞅變法論》，《歴史学研究別冊特集 歴史における民族の形成》，青木書店 1975 年；收入《中国古代国家形成史論》，汲古書院 2007 年。

路;① 直角交叉的大小道路;② 将耕地区划为 1000 亩、100 亩的道路;③ 田间的大道;④ 为引灌溉用水的道路;⑤ 等等。关于"开阡陌"的具体内容,也提出了开置阡陌说,⑥ 破坏阡陌说、恢复阡陌说,⑦ 改造阡陌说,⑧ 区划阡陌说,⑨ 等等。

在这一方面,自 20 世纪 70 年代相继出土的睡虎地秦简、青川木牍等是与田制相关连的同一时代的史料,前者公布后,研究者们立即就在上述研究成果的基础上,进行了对各自见解的补充和再讨论。⑩ 而后者的内容是商鞅变法后的田制的实例,作为与"阡陌"问题密切相关的史料,又对其进行了详细的探讨研究。⑪

首先,关于记载有"更修为田律"的木牍整体内容,渡边信一郎将旧释"为田律"重新解释为"田律",并指出前半部记载的田的

---

① 加藤繁《支那古田制の研究》。
② 宮崎市定《東洋的古代》上。
③ 小川琢治《阡陌と井田》;木村正雄《"阡陌"について》;平中苓次《秦代土地制度の一攷察》;西嶋定生《中国古代帝国の形成と構造》;守屋美都雄《"開阡陌"の一解釈》。
④ 楠山修作《阡陌の研究》。
⑤ 古賀登《漢長安城の建設プラン》。
⑥ 木村正雄《"阡陌"について》;楠山修作《阡陌の研究》。
⑦ 小川琢治《阡陌と井田》。
⑧ 加藤繁《支那古田制の研究》;宮崎市定《東洋的古代》上。
⑨ 平中苓次《秦代土地制度の一攷察》;西嶋定生《中国古代帝国の形成と構造》;守屋美都雄《"開阡陌"の一解釈》。
⑩ 古賀登:《尽地力説・阡陌制補論——主として雲夢出土秦簡による——》,《早稲田大学大学院文学研究科紀要》23,1978 年;収入《漢長安城と阡陌・県郷亭里制度》。太田幸男:《商鞅變法論補正》,《歴史学研究》483,1980 年;収入《中国古代国家形成史論》。楠山修作:《阡陌の研究再論》,《東方学》66,1983 年;収入《中国古代国家論集》。
⑪ 間瀬收芳:《秦帝国形成過程の一攷察——四川省青川戦国墓の検討による——》,《史林》67-1,1984 年。渡边信一郎:《阡陌制論》,《東洋史研究》43-4,1985 年;収入《中国古代社会論》,青木书店 1986 年。佐竹靖彦:《商鞅田制攷証》,《史学雑志》96-3,1987 年収入《中国古代の田制と邑制》,岩波书店 1996 年。原田浩:《青川秦墓木牘攷》,《史海》35,1988 年。

区划(土地的区划)规定，体现了阡陌制的构造。

关于在木牍中记载为"广一步，袤八则为畛。亩二畛。一百道，百亩为顷。一千道，道广三步"的田制，在阜阳汉简中记为"卅步为则"。另外，与青川木牍内容几乎相同的张家山汉简《二年律令·田律》简 246-248 中将"袤八则"记作"袤二百卌步"等，从这些史料中已明确了"则"是长度单位，指的是 8 则 = 240 步。渡边在此基础上又推测，亩的构成是 1 步×240 步，两侧有着两道"畛"。另外还认为律文中的"一百道"、"一千道"是"一百亩一道"、"一千亩一道"的省略，把 100 亩归拢在一起的道是"陌"(宽 3 步)，与"陌"直角相交的，将 10 陌(= 1000 亩)归拢在一起的道是"阡"(宽 3 步)。①

佐竹靖彦认为"畛"是没有宽窄的线，推测《田律》是作为新的土地界线重新设定了"畛"的概念的规定。另外，关于青川木牍中的田制，佐竹认为其表示了作为农民的标准所有地是以纵 100 步×横 240 步为单位设定的。并在此基础上，对战国时期秦时实施的商鞅的新田制，做了以下的复原，即其设定了以原来的土地区划制度为基础的，由耕地和休耕地组成的 100 亩(旧制 300 亩)的所有地。② 另外，间濑收芳还指出，本简中的规定可能只适用于四川省的稻田地带。③

对于上述的将阡陌认为是区划 100 亩、1000 亩的道路的看法，楠山修作则认为木牍中的"一百道""一千道"的"道"与阡陌无关，如后文"以八月，修封埒，正疆畔，及发千百之大草"中所见的"千百"是作为干线道路的阡陌，并再次确认了阡陌等于大道的己见。④

就以上的讨论，原宗子指出，将时期相隔的"商鞅变法"和青

———————

① 渡边信一郎《阡陌制論》。

② 佐竹靖彦《商鞅田制攷証》。

③ 间濑收芳《秦帝国形成過程の一攷察》。

④ 楠山修作：《青川秦墓木牘を読む》，《東方学》79，1990 年；收入《中国古代国家論集》。

川木牍《田律》、睡虎地秦简视作状况完全相同是不妥的。① 另外，落合悠纪分析了《二年律令·田律》，将"畛"释为"畂"，并且设想了"1 亩内有 2 条'垄'和 3 条沟"这一构造，与《汉书》食货志上所见的代田法联系起来。此外，落合还将"佰道"设想为 1 步×240 步沿短边方向进行延伸的、邻接 1 顷（100 亩）区划的 100 步一侧所铺设的道路，而将"千道"设想为在 2 个当时的基本耕作单位 5 顷之间所设的道路。②

在睡虎地秦简中，有着当时的耕地管理等与农业相关的丰富的史料，重近启树究明了《秦律十八种·仓律》简 118 的对"隶臣田者"的粮食支付的规定，并从与简 105、106 的播种量的规定等记载的联系中，判明了存在大规模的县管公田。③ 另外，关于土地所有权，堀敏一通过对《秦律十八种·田律》简 75 的"受田"一词的解释，指出了国家对耕地拥有一定的权利。④ 佐竹通过简 68-70 的分析，认为国家掌握了农民耕作、插秧、育苗的整个耕种状况。⑤ 此外，从《秦律十八种·廐苑律》简 80、81 中关于田牛的分配和饲养的规定，以及简 82 中关于官有铁器的借贷规定中，可以看出国家普及耕牛和铁器的意图。⑥

① 原宗子：《商鞅變法の環境史的意義》，《流通経済大学論集》34-2，1999年；收入《"农本"主義と"黄土"の発生——古代中国の開発と環境2——》，研文社 2005 年。

② 落合悠纪：《漢初の田制と阡陌についての一試論》，《法史学研究会会報》14，2010 年。

③ 重近启树：《公田と假作をめぐる諸問題》，《中国古代の法と社会 栗原益男先生古稀記念論集》，汲古书院 1988 年；收入《秦漢税役體系の研究》，汲古书院 1999 年。

④ 堀敏一：《中国の律令制と農民支配》，《世界史認識における民族と国家》，青木书店 1978 年；收入《律令制と東アジア世界——私の中国史学（二）——》，汲古书院 1994 年。

⑤ 佐竹靖彦：《漢代田制攷証》，《史林》70-1，1987 年；收入《中国古代の田制と邑制》。

⑥ 古贺登：《阡陌攷——240 步＝1 畝制の成立問題を中心として——》，《史学雜志》86-3，1974 年；收入《漢長安城と阡陌·県郷亭里制度》。

关于田租的征收，虽然金额、税率等具体的部分尚不明，但在《法律答问》简 527 中是有相关记载的。另外关于刍稾税，在《秦律十八种·田律》简 75 中有规定，并且可以确认与张家山汉简《二年律令·田律》中同样的规定有着相承关系。山田胜芳据这些史料认为，耕地是由田部进行管理，而收获量和田租额是由田部的吏来确定的。此外，田租是对所有地中垦田部分进行征收的，而刍稾税则是针对整个所有地进行征收的。①

睡虎地秦简《秦律十八种·仓律》是有关仓库的管理和营运、播种、脱谷，给犯人和服刑者发放食物等的详细规定，可以从中了解到当时的粮仓制度的具体状况。太田幸男做了整个《仓律》，以及以《效律》、《内史杂》、《法律答问》为主的相关规定的译注，并做了以下的假设，即秦律中的仓库，原本是为了存在于各个小的共同体的农民共同利用的设施，但商鞅变法以后，随着秦的国家权力渗透到共同体，也被编入到国家机构中去了。而且，从仓律中还可看出仓库没有彻底地成为国家机构。② 另一方面，大栉敦弘认为，秦的粮仓系统是由作为基本单位的县的粮仓和中央的太仓两类构成，秦代国家是通过对"县仓"的掌握和管理，来控制"粮食的调动"的。并进一步指出，在统一前后，出现了作为从旧六国(山东)到关中的粮食中转地的"敖仓"。③ 之后，在太田和大栉之间展开了能否在仓律中假设"共同体的仓"的争论。④ 冨谷至对新旧居延汉简中所见的汉代额济纳河流域的粮仓制度进行了详细的讨论，将其和秦律中的粮仓制度相比较，找出了秦与汉、内地与边境的粮仓制度

① 山田胜芳：《田租·刍稾税》，《秦漢財政收入の研究》。

② 太田幸男：《戰国末期秦の倉庫——〈雲夢秦簡〉秦律十八種·倉律の分析——》，《東京学藝大学紀要(第 3 部門)》31、33，1980 年；收入《中国古代国家形成史論》。

③ 大栉敦弘：《秦代国家の穀倉制度》，《海南史学》28，1990 年。

④ 太田幸男：《大櫛敦弘氏の批判に答える》，《東京学藝大学紀要(社会科学)》43，1992 年；收入《中国古代国家形成史論》；大栉敦弘：《雲夢秦簡倉律より見た戦国秦の穀倉制度》，《海南史学》30，1992 年；太田幸男：《大櫛氏の再批判および冨谷至氏の批判に答える》，《中国古代国家形成史論》。

的共同点，但也确认了两者之间并没有大的相异点。①

以上关于包含"县仓——太仓"的粮食财政的国家财政机构的整个情况，有工藤元男的一系列的论文。其观点是内史通过太仓对整个秦的县仓进行管理，掌控粮草，通过大内对公器进行监督。②此外，有关《日书》中所见的"囷"，有大栉的研究。大栉从储藏的粮食成为营利性的粮食买卖、稻种的分与和借贷的对象等方面，推断出当时由豪族进行的富农的经营。③

八、牧畜、禁苑

有关该研究的重要问题之一，可以举出国家对山林薮泽的利用。对这个问题有着很大影响的先行研究是加藤繁和增渊龙夫的研究。加藤繁指出西汉时期的财政有国家财政和帝室财政的区分。加藤所说的国家财政是由大司农所管的，用于官吏的俸禄和国政的财政；帝室财政是由少府、水衡都尉所管的，用于天子的私人用度的财政，并明确了各收支项目。④ 增渊龙夫在加藤的研究基础上着眼于如下的两点：第一，帝室财政的收入细目是山泽园池税、市井税、口赋、苑囿和公田的收入、献物和酬金等；第二，国家财政和帝室财政的收入总额几乎相等，西汉时期作为专制君主的经济基础，山泽、市井、公田、苑囿都有很重要的意义，并进一步明确了

---

① 冨谷至：《食糧支給とその管理——漢代穀倉制度攷証——》，《東方学報》京都第 68 册，1996 年；收入《文書行政の漢帝国——木簡・竹簡の時代——》，名古屋大学出版会 2010 年。

② 工藤元男：《秦の内史——主として睡虎地秦墓竹簡による——》，《史学雑志》90-3，1981 年；《睡虎地秦墓竹簡にみえる大内と少内——秦の少府の成立をめぐって——》，《史観》105，1981 年。均收入《睡虎地秦簡よりみた秦代の国家と社会》。

③ 大栉敦弘：《雲夢秦簡〈日書〉に見える"囷"について》，《中国——社会と文化》2，1987 年。

④ 加藤繁：《漢代に于ける国家財政と帝室財政との區別並に帝室財政一斑》，《東洋学報》8-1、9-1、2，1918—1919 年；收入《支那経済史攷証》上，。

在专制权力逐渐形成的战国时期，作为君主私有的经济基础，山泽税、公田和苑囿的收入、市井税等，也与西汉时期同样重要，此外春秋中期以后开始变得显著的君主山林薮泽家产化成为了其转机。①

以睡虎地秦简为首的秦简出土之后，在加藤和增渊的研究成果上，国家如何对作为专制君主权力的重要经济基础的包括禁苑和牧草地的山林薮泽进行具体管理和利用的讨论，对有关牧畜和禁苑的秦简研究有所推动。重近启树指出：增渊所说的由君主家产化的山林薮泽，是以重要的矿山和出产丰富的山泽和苑囿等特定的山泽为对象，对此在国家管理和规制之下民众利用的普通山泽是"公私共利"的土地，进而将睡虎地秦简《秦律十八种·田律》简71-73的规定解释为有关利用普通山泽的季节性禁令。还指出：根据睡虎地秦简《秦律十八种·徭律》的记载，中央官府所属的禁苑和公马牛苑的堑壕、墙垣等的建造、维修，是由其所在的县负责，其工程有由县居民以徭役形式承担的场合，也有县啬夫以在禁苑附近拥有田地者为对象，必要时进行征发而施工的场合；根据睡虎地秦简《秦律十八种·厩苑律》简83-87的记载，饲养县廄的田牛时，也让徒（更卒）充当饲养员等。② 对此，山田胜芳认为：《徭律》里所见的以在禁苑附近拥有田地者为对象的征发，不是重近所说的那样县啬夫在必要时进行的征发，而是为了保护谷物不被兽类和牛马等啃食，应民众的要求而发动的，所以不是徭役而是民众自发性的劳役，因为禁苑、公马牛苑是王及中央的重要设施，所以是由县令来组织这种劳役。山田还指出：虽然禁苑、公马牛苑都是由中央直属的苑吏所管，但却是禁苑所在的县负责对其堑壕和墙垣等的修建、维修，这是因为苑吏属下虽有捕获兽类等的人员，却没有进行修筑苑墙等工程的劳动力。③

---

① 增渊龙夫:《先秦时代の山林薮沢と秦の公田》,《中国古代の社会と文化》,东京大学出版会1957年。

② 重近启树《徭役の诸形态》。

③ 山田胜芳《徭役·兵役》。

原宗子从与秦国土地政策的关连，论及了牧畜的实际状况。关于商鞅变法之际实施的"为田开阡陌封疆"，原宗子指出：以往在日本学界所提出的"方格地割开设"说，即是基于方格地割的区划耕地，在战国秦的境内，只能适应关中盆地的特定条件，要在黄土高原地域设置这样的区划，实际上是不可能的。进而探究了根据实际实施了的"为田开阡陌封疆"的状况，将"阡陌"解释为利用既存道路区划的原有耕地，将"封疆"解释为原有的所围的土地，并据此认为："为田开阡陌封疆"就是为了修建新的道路，把原有的道路、耕地、牧地、和林地区划等土地进行强制性的开放，换言之即是居住区周边一带的总区划变更。还指出：这个土地政策是在把包括可能在秦国统治下的很多从事牧畜、狩猎、采集的劳力集中在谷物生产和织物这一方针的延续，其中对于民众所有的大型家畜，例如龙岗秦简 102 所记载的："没入私马、牛、【羊、驹】、犊、羔，县道官，□□传□□"那样，把重点放在了没收上。① 被没收的家畜变为"国有家畜"，关于这一点原宗子指出：睡虎地秦简《秦律十八种·田律》简 71-72 里有可以看出国有畜物饲养地散布在领域内各处的记载；《田律》简 75 里可见对应"受田"的征收品目里有作为饲料的刍稾，可以看出由国家饲养了大量的牛马；此外，《效律》简 312 的记载显示当时已经完善了牛马的管理体制等，据此推断在秦国视为"国有家畜"的牛马已达到了相当的数量。②

松崎つね子通过对睡虎地秦简和龙岗秦简的分析，对秦国的马牛饲养和管理进行了考察，并且指出：睡虎地秦简里所见的有关马牛的记载，其所关心的是维持和管理官有马牛具有的农业生产、交通运输和军事等活动的动力，并非是作为食品生产，换言之，相对于这种看不到对牧畜的关心，而在龙岗秦简里所见的有关马牛羊的记载，却可见"犊""羔"等据发育阶段而分别命名的家畜名称，此外从整个简文内容的印象来看，可知不是对作为劳动力而是对优先

① 原宗子《商鞅變法の環境史的意義》。
② 原宗子：《"農本"主義の採用過程と環境》，《史潮》新 40，1996 年；收入《"農本"主義と"黄土"の発生》。

食用的牧畜表示出了很强的关注，这样的差异源于两简的所有方分别是县吏和禁苑的官吏这种职掌的差异。松崎还指出：睡虎地秦简《秦律十八种·廏苑律》简84-85里所见的对于官有的死马牛的处理规定、以及《田律》简71-72和龙岗秦简简77-82里所见的对在禁苑"呵禁所"被杀的民众饲养的狗和被其狗所捉的兽类的处理规定等中，都可以感到对家畜和兽类包括在食用方面的利用有着很强的意识。①

马彪通过对龙岗秦简的分析探讨了禁苑的结构及其管理制度。关于龙岗秦简简1："诸叚（假）两云梦池鱼及有到云梦禁中者，取灌（?）□□□"的记载，马彪指出：整理小组将"两云梦池鱼"的"鱼"释读为"籞"，从而将此句解释为"两个云梦禁苑"的"官有的池塘、田地"的看法，② 是混淆了国有川泽和皇室所有的禁苑，在秦简和汉简里以"鱼"为"渔"通假字的实例很多，"池"应该解释为可进行渔业的池泽；另外汉初萧何"为民请苑"之后，国家才开始将禁苑借与民间，简1的"两云梦"不是"云梦禁苑"而是《汉书·地理志上》里所见的两个"云梦官"，"诸叚（假）两云梦池鱼（渔）"就是假借两个云梦官所管的非禁苑的池泽以从事渔业。并且关于"云梦禁中"，一般将"禁中"解释为"宫中"，但根据蔡邕《独断》卷上"禁中者、门户有禁、非侍御者不得入、故曰禁中"的记载，"禁中"就是"门户有禁"的地方。从广义上来说，其所指的内容不仅是"宫中"，也指包括苑囿的皇帝的居所，进而根据龙岗秦简简6："禁苑吏、苑人及黔首有事禁中，或取其□□□□"，以及简27："诸禁苑为奭，去苑卅里禁，毋敢取奭中獸，取者其罪与盗禁中【同】"的"禁苑"和"禁中"这两个词所指内容相同，可以断定龙岗秦简里的"云梦禁中"就是云梦禁苑。通过以上内容，可以认为简1

---

① 松崎つね子:《秦の牧畜経営覚書——睡虎地秦簡·龍崗秦簡を手がかりに》,《法史学研究会会報》2, 1997年;《〈睡虎地秦簡〉に見る秦の馬牛管理——〈龍崗秦簡〉·馬王堆一號漢墓"副葬品目録"もあわせて》,《明治大学人文科学研究所紀要》47, 2000年。

② 中国文物研究所、湖北省文物考古研究所:《龙岗秦简》, 中华书局2001年。

的内容是规定两个云梦官的职责范围的律令，具体地说，是有关管理云梦的池泽和禁苑的内容。① 关于云梦楚王城，一般把其视为秦代安陆县县治、汉代江夏郡郡治。然而将其与被断定为同时代同地区的宜城县治所在地的楚皇城进行比较，可以发现以下几点：楚王城具有一般都城里没有的内壕，城门不是一般郡治所在地的城址那样的八座城门而是四座城门，城内没有发现道路遗址、手工业作坊遗址、大型墓葬、铜镞和将军印章等可以说明常备军存在的文物等。根据这些不同，马彪认为云梦楚王城不是郡县治所在地，进而根据楚王城的实地考察，对其结构以及楚王城考古发掘报告中的被认为建造在城墙内外的护城河，进行了如下推测：在城墙外利用天然的涢水及大大小小的池塘改造而成的"外河"，以及被认为是在城墙内建造的"内河"的一条宽约 33 米的"平地"，② 分别是龙岗秦简里所见的"池"、"奂"。马彪认为这样设有"奂"的都城只能为皇帝逗留的"禁苑"，进而考虑到龙岗秦简简 1 是两个云梦官的有关管理云梦的池泽和禁苑的内容，马彪主张楚王城不是单纯的禁苑，而是也设有云梦泽官署，具有双重性格。③ 关于龙岗秦简里所见的禁苑"奂"，马彪考证"奂"是围绕禁苑的宽四十里的土地，且其外围还有宽二十里的准奂地，此"奂"地和准奂地里有公田、山泽、牧场、驰道、狩猎场、墓地等。马彪还指出由于睡虎地秦简里未见"奂"这个词，因此"奂"地成立于秦统一六国之后，秦始皇巡幸全国各地之际，把东方六国的住宿地旧离宫别馆改称为"禁苑"，并作为警备对策的一个环节，在禁苑和老百姓居住区之间设置了隔离

① 马彪：《龍崗秦簡第一簡の解釈及びその性格について》，《早稲田大学長江流域文化研究所年報》2，2003 年；收入《秦帝国の領土経営——雲夢龍崗秦簡と始皇帝の禁苑——》，京都大学学術出版会 2013 年。

② 《云梦楚王城遗址发掘和城垣解剖》，《鄂东地区文物考古》，湖北科学技术出版社 1995 年。

③ 马彪：《簡牘学研究的"三重証拠法"——以〈龍崗秦簡〉與雲夢禁苑爲實例的攷察》，《山口大学文学会志》58，2008 年；《楚王城の非郡県治の性格》；《雲夢楚王城の二重の性格》。均收入《秦帝国の領土経営——雲夢龍崗秦簡と始皇帝の禁苑——》。

带"奘"。①此外马彪把龙岗秦简里所见的有关出入禁苑的 12 枚竹简和《唐律疏议·卫禁律》进行比较，针对秦代禁苑管理制度指出了以下几点：在禁苑服徭役的黔首入苑之际需要"符"和"传书"，如果没有携带这些入苑的话，将被控"阑入"罪，入苑时若持武器的话，将被处弃死；结束禁苑的工作之后，该出苑却不出的话，将被控"不出"罪等。② 在对龙岗秦简里所见的对禁苑"阑入"罪的律令进行整理和分析后指出，从沟渎出入禁苑以及无"符传"入禁苑的话，以"阑入"罪论。③ 马彪还对龙岗秦简里所见的"传"、"书"、"符"、"久"进行分析指出，这些都是黔首在禁苑从事徭役之际通关以及入苑时所需要的。"传"是身份证明书；"书"是写有旅游目的及携带品的文书，都是通关检查之际接受查问时所需要的，由县（道）官府发行，由黔首去当地的乡官署领取；"符"就是主要用于紧急性征发或者频繁通关及出入禁苑的情况，黔首一般从事徭役之际不需要；"久"就是一种"符"，是黔首去禁苑时由最后的关卡发行的、入禁苑之际使用的通行证照等。④ 通过以上对有关禁苑的结构和管理制度的分析和探讨，关于秦朝禁苑的作用，马彪指出：秦始皇统一六国之后，把东方六国的旧离宫别馆改称为"禁苑"，统一后进行五次全国巡幸时，住宿于许多禁苑，并在这里频繁举行祭祀活动。秦朝的"禁苑"并不是像一般所说的那样是君主的娱乐地，而是秦朝独特的从中央向地方派出的政治据点群，这是刚刚统一全

---

① 马彪：《"禁苑奘（堧）"の空間構造とその由來——龍崗秦簡をめぐっての検討》，《山口大学文学会志》61，2011 年；收入《秦帝国の領土経営——雲夢龍崗秦簡と始皇帝の禁苑——》。

② 马彪：《〈龍崗秦簡〉禁苑律と〈唐律疏議〉衛禁律との比較》，《異文化研究》3，2009 年；收入《秦帝国の領土経営——雲夢龍崗秦簡と始皇帝の禁苑——》。

③ 马彪：《龍崗秦簡に見る"阑入"罪と関連律令》，《東洋史苑》76，2010 年；收入《秦帝国の領土経営——雲夢龍崗秦簡と始皇帝の禁苑——》。

④ 马彪：《黔首の通関と入禁の符伝制》，《秦帝国の領土経営——雲夢龍崗秦簡と始皇帝の禁苑——》。

国的秦始皇为了顺利控制所征服的旧六国国民而实行的政策之
一。① 此外，马彪还作有复原龙岗秦简的律名以及对律文进行译注
等基础性史料研究。②

如上所述，有关牧畜、禁苑的秦简研究并不是很多，值得注意
的是马彪的多篇论文。在马彪的研究中，关于龙岗秦简简 1"池"、
"奥"和"参辨券"等的解释，提出了与以往不同的看法，特别是将
楚王城认为是云梦禁苑和有关"参辨券"诸简的缀合等观点，尚有
需要商榷之处，我们期待今后通过对于这些见解的检讨，来进一步
深化有关牧畜、禁苑的秦简研究。

九、工商业、货币

中国古代工商业史与货币史这两个领域，自加藤繁的研究以
后，③ 在日本颇受关注。其中，就有许多学者进行战国秦汉时期的
相关研究，到 20 世纪 70 年代为止，讨论的热点可分为如下五个
方面：

（1）市籍与市租的内涵（国家与商人的关系）；④

---

① 马彪：《古代中国帝王の"巡幸"と"禁苑"》，《アジアの歴史と文化》15，
2011 年；收入《秦帝国の領土経営——雲夢龍崗秦簡と始皇帝の禁苑——》。

② 马彪：《龍崗秦簡における律名の復元》《アジアの歴史と文化》16，
2012 年；《龍崗秦簡訳注（一〇篇）》，《異文化研究》6，2012 年。均收入《秦帝国
の領土経営——雲夢龍崗秦簡と始皇帝の禁苑——》。

③ 加藤繁译注《史記平準書・漢書食貨志》，岩波文庫 1942 年；加藤繁：
《支那経済史攷証》，東洋文庫 1952 年；加藤繁：《中国貨幣史研究》，東洋文庫
1991 年。

④ 吉田虎雄：《两漢租税の研究》，大阪屋号書店 1942 年；平中苓次：《漢
代の営業と"占租"》，《立命館文学》86，1952 年，收入《中国古代の田制と税
法》，東洋史研究会 1967 年；美川修一：《漢代の市籍について》，《古代学》15-
3，1969 年；纸屋正和：《前漢時代の商賈と緡錢令》，《福岡大学人文論叢》11-
2，1979 年。

（2）商业的特点（国家与商业的关系）；①

（3）物价；②

（4）铜器、铁器、盐、布、漆器等生产过程；③

（5）钱币史。

同时，与以上问题并行，学者们还尝试还原市制全貌及城市中人们的生活情形。例如佐藤武敏描述了首都长安市场的全貌，④ 宫崎市定、增渊龙夫、吉田光邦则关注到游侠与任侠，特别是吉田认为游侠在市场贸易中发挥了极为重要的中介作用。⑤ 对于这一点，到 20 世纪 70 年代后期，随着战国秦汉时期与商业史、货币史相关的青铜器铭文的整理以及睡虎地秦简的发现，运用出土文字资料进行战国秦的工商业史与货币史的研究得到了迅速发展。

山田胜芳对工商业史进行了最全面的研究。山田的业绩遍及全部经济史，对于商业史，他在论文中认为"贾"与"贾人"在秦汉时期用来指称商业与商人，不管是否是职业商人，只要是行商人均用

---

① 宇都宫清吉：《漢代社会経済史研究》，弘文堂 1955 年；西嶋定生《中国古代の社会と経済》，东京大学出版会 1981 年；影山刚《中国古代の商工業と専賣制》，东京大学出版会 1984 年。

② 宫崎市定：《史記貨殖伝物価攷証》，《京都大学文学部五十周年記念論集》，京都大学文学部 1956 年，收入《宫崎市定全集 5 史記》，岩波书店 1991 年；佐藤武敏：《前漢の穀価》，《人文研究》18-3，1967 年。

③ 佐藤武敏：《中国古代手工業史の研究》，吉川弘文館 1962 年；《中国古代絹織物史研究》上，风间书房 1977 年；影山刚：《中国古代の商工業と専賣制》；林巳奈夫：《漢代の文物》，京都大学人文科学研究所 1976 年。关于和盐铁有关的诸成果，参看柿沼阳平：《戦国秦漢時代における塩鉄政策と国家的専制支配》，《史学雑志》119-1，2010 年，收入《中国古代貨幣経済史研究》，汲古书院 2011 年。

④ 佐藤武敏：《漢代長安の市》，《中国古代史研究 第二》，吉川弘文館 1965 年。

⑤ 宫崎市定：《游侠に就いて》，《歴史と地理》34-4、5，1934 年，收入《中国古代史論》，平凡社 1988 年；增渊龙夫：《新版 中国古代の社会と国家》，岩波书店 1996 年；吉田光邦：《素描——漢代の都市》，《東方学報》京都第 47 册，1974 年，收入《中国の構圖 現代と歴史》，骎骎堂出版株式会社 1980 年。

"商"来表达。① 山田还在论文与专著中尝试全面解读财政史，涉及了战国秦的商人、市租以及市制的整体构造。② 此外，山田对于上文提到的第①个问题提出了自己的看法，将"有市籍者"解释为在市籍(营业登记簿)上登记了"市居住"的商人，而且认为"市租"是基本上每月"根据在市场内外营业的市籍登记者以及临时在市场上从事贸易者的销售额(包括发放高利贷的收益、从事贸易中介时收取的手续费)所征收的自行申报税"，也根据在正规市场以外的临时集市上的销售额来征收。山田在张家山汉简的基础上补充了自己与秦简相关的观点。③

自平中苓次以来，一般认为市租为"占租(自行申报纳税制)"的一种，④ 重近启树不赞成这种观点，认为战国秦到西汉时期的市租是"根据官吏所掌握的有市籍的职业商人以及获准在市场上从事贸易的一般农民等的销售额每月所征收的税金"，之后变为自行申报纳税制。此外，重近还认为"市籍＝商人的户籍"。⑤

佐原康夫认为市租分为两类，即"根据在市场上特定的店铺内营业、并在市籍上登记的商人自行申报的销售额所征收的税金，以及在市场的路旁临时交易、无市籍的商贩与农民等交易所得的相应税金"。此外，佐原还阐明了"长安九市"的成立年代与地理环境，认为长安周边的城市内也有市场，其连络网支撑了首都周边"三辅"的繁荣。而且，还将市分为"常设市"与"定期市"，不仅是三辅，地方的市场也分为这两类，一些"定期市"以"常设市"为高峰，

① 山田胜芳：《中国古代の商と賈——その意味と思想的背景——》，《東洋史研究》47-1，1988 年。

② 山田胜芳：《中国古代の商人と市籍》，《加賀博士退官記念中国文史哲学論集》，讲谈社 1979 年；山田胜芳：《秦漢財政収入の研究》，汲古书院 1993年。

③ 山田胜芳：《张家山第二四七號漢墓竹簡〈二年律令〉と秦漢史研究》，《日本秦漢史学会会報》3，2002 年。

④ 平中苓次《漢代の営業と"占租"》。

⑤ 重近启树：《商人とその負擔》，《駿台史学》78，1990 年；收入《秦漢税役體系の研究》，汲古书院 1999 年。

在各地区形成了自己的小市场圈。①

　　堀敏一认为有市籍或祖父辈有市籍者属于"七科谪"这样身份卑贱的商人，没有土地并且禁止做官。② 堀还认为存在有同业的店铺，一部分城市内有多个市场，市场内有集团成员集合的广场，市场是集团与外部接触的场所，是公开处刑的场所。此外，市场还是脱离共同体的约束限制暂时获得解放的场所，人们在那里享受从规定制度的束缚中解脱出来的喜悦，而且市场还是个脱离了共同体的流浪汉、游民与无赖聚集的场所，扮演着各种角色。③

　　以上研究成果基本上是（1）与（2）的发展与延伸，然而堀毅运用睡虎地秦简来研究物价，将其分类为（3）。堀毅阐述《九章算术》与睡虎地秦简中的物价几乎一致，却与传世文献中所记载的汉代物价大相径庭，因此认为《九章算术》反应了战国时期到秦代的物价。他还将《九章算术》等与睡虎地秦简进行比较，指出在汉代，在军事与交通上较为方便的马、农业方面不可或缺的牛、用于衣食方面的猪羊的价格比较便宜，因此汉代社会稳定，导致人口增加。④ 与上述基于收集物价实例的研究不同，柿沼阳平试图探明造成战国秦汉时期物价变动制度本身的情况。柿沼首先不赞成钱币与黄金的比例在整个战国秦汉时期均为"黄金 1 斤 = 1 万钱"这一定论，还认为，赞成钱币与黄金的比价为变动的这一观点的学者对其比价变动后的制度还说明得不够透彻。此外，战国秦汉时期的物价呈现出固定官价、平价（战国秦的正价）与实际价格这三重结构。⑤

　　如上所述，日本在继承、发展以往研究方法（（1）至（5））的基

---

①　佐原康夫：《漢代の市》，《史林》68-5，1985 年；收入《漢代都市機構の研究》，汲古书院 2002 年。

②　堀敏一《雲夢秦簡にみえる奴隷身分》。

③　堀敏一：《中国古代の"市"》，《中国古代の法と社会 栗原益男先生古稀記念論集》，汲古书院 1988 年；收入《中国古代の家と集落》，汲古书院 1996 年。

④　堀毅：《秦漢物価攷》，《中央学院大学総合科学研究所紀要》4-1，1986年。

⑤　柿沼阳平：《秦漢時代における物価制度と貨幣経済の構造》，《史観》155，2006 年；收入《中国古代貨幣経済史研究》。

础上，新的研究成果层出不穷，另一方面也开拓了新的研究方法。例如由于睡虎地秦简中的市制呈"列伍"状态，所以尝试着复原市场构造，特别是与汉代画像石的对照研究引人注目。这里想指出的是渡部武在刘志远工作基础上所进行的研究。①

张家山汉简出土后，开始了秦简与汉简的比较研究。饭岛和俊以记载战国末期秦王政六年在首都咸阳发生的一起强盗伤害事件始末的张家山汉简《奏谳书》案例 22 为主要史料，论述了当时市场上集结了何种人，构成了什么样的人际关系，以及具有怎样的社会背景。② 此外，柿沼阳平介绍了秦简商业史史料方面的学说，并在此基础上，将张家山汉简与睡虎地秦简中的商业史方面的秦汉律令进行了比较研究，同时也对岳麓书院秦简中的相关内容，提出了独自的见解。③

关于（4）工业史方面，睡虎地秦简出土后，佐藤武敏在漆器方面、山田胜芳与佐原康夫在盐铁业方面、角谷常子在衣料方面、角谷定俊与才谷明美在制铁业方面等都相继发表了研究成果。④ 此外，佐原康夫还进行了陶文研究，其研究成果对今后解读秦简将有所帮助。具体来说就是佐原将秦代印记的陶文分为官名及人名印与"市亭"印，前者为位于首都咸阳土木方面的中央官厅直属官窑陶

① 刘志远：《汉代市井考——说东汉画像砖》，《文物》1973-3；渡部武：《漢代の画像石に見える市》，《東海史学》18，1983 年；《画像が語る中国の古代》，平凡社 1991 年。

② 饭岛和俊：《市に集まる人々——張家山漢簡〈奏讞書〉案例 22 をめぐって》，《アジア史における法と国家》，中央大学出版部 2000 年。

③ 柿沼阳平：《戦国及秦漢時代官方受钱制度和券书制度》，《简帛》5，上海古籍出版社 2010 年。

④ 佐藤武敏：《秦・漢初の漆器の生産について》，《古史春秋》4，1987 年；山田胜芳：《中国古代の商人と市籍》；佐原康夫：《漢代鉄専売制の再検討》，《中国中世の文物》，京都大学人文科学研究所 1993 年，收入《漢代都市機構の研究》；角谷常子：《秦漢時代の女性労働——主に衣料の生産からみた——》，《古代文化》50-2，1998 年；角谷定俊：《秦における制鉄業の一攷察》，《駿台史学》62，1984 年；才谷明美：《秦の鉄官及び制鉄業——角谷定俊説に関連して——》，《明大アジア史論集》3，1998 年。

工的印记，这种方式一直沿用到汉魏洛阳城；而后者与自给生产的官用器物与瓦当不同，为其他中央官厅直属的县级官窑的印记，于西汉前期消失。这样，"市亭"就在掌握市场贸易规定与工商业者人员情况的同时，用某种手段来动员民间手工业者，使其从事官营手工业。① 柿沼阳平整理、检讨了秦简出土后盐铁业方面已有的研究成果，不仅是睡虎地秦简与张家山汉简，还以相家巷出土的秦封泥以及周家台第30号秦墓简牍为论据，指出战国秦至汉代初期的盐铁业分为由国家盐铁官运营和让民"私自"经营并要求其交占租（自行申报纳税）这两种方式，又从多方面论证了诸侯国内也同样存在这种二元的盐铁管理体制。②

此外，对于睡虎地秦简中的"工"，虽然已有"工官"这一定论，但关于官制机构还有诸多观点。角谷定俊认为，"工官"内存在"工师——丞——曹长——工——工隶臣、工城旦、工鬼薪"这一统属关系，由"相邦——内史——县令、工官啬夫"或者"郡守——县令——工官啬夫"负责管理。③ 山田胜芳认为，工官（＝工室）内有"工师（＝工官啬夫）——丞——曹长——工"和"工师（＝工官啬夫）——丞——吏"这两种统属关系，前者管理器物生产，后者的"吏"负责其他的一般事务。此外，新任一年以内的工官由县令管理，除此以外的工官均由郡或内史统管。④

柿沼阳平对货币史研究的大致脉络进行了总结。⑤ 20 世纪 70年代睡虎地秦简出土以后，稻叶一郎批判了所谓"秦始皇统一了货

---

① 佐原康夫：《秦漢陶文攷》，《古代文化》41-11，1989 年；收入《漢代都市機構の研究》。

② 柿沼阳平《戦国秦漢時代における塩鉄政策と国家的専制支配》。

③ 角谷定俊：《秦における青銅工業の一攷察——工官を中心に——》，《駿台史学》55，1982 年。

④ Katsuyoshi, Yamada（1990）Offices and Officials of Works, Markets and Lands in the Ch'in Dynasty, *ACTA ASIATICA*；山田胜芳：《秦漢代手工業の展開——秦漢代工官の変遷から攷える——》，《東洋史研究》56-4，1988 年。

⑤ 柿沼阳平：《中国古代貨幣経済史研究の意義と分析の視角》，《中国史学》19，2009 年；收入《中国古代貨幣経済史研究》。

币制度"这一观点，指出其论据《史记·平准书》与《汉书·食货志》存在问题，而且，根据出土钱币、黄金以及秦简来看，当时的半两钱轻重大小各不相同，但仍然可以流通。并在此基础上，指出钱币的统一要滞后到秦始皇 37 年。[①] 此外，战国秦货币经济主要使用钱与布，它们在扩大民众生活可能性的同时，还使家庭成员得以脱离古老的生活集团，令家庭成员分散，结果产生了汉代武帝时期的小家庭。[②] 稻叶还认为，战国秦是占领了郢这个黄金产地之后，才开始流通黄金的。[③]

水出泰弘以传世文献中的"黄金 1 斤 = 1 万钱"这一比价为前提，认为"重一两十二(十四)一铢"表明这种所谓战国秦的钱币一千钱与黄金的比重，主张"通钱=钱作为流通货币"。[④]

山田胜芳综合其论文，在日本出版了第一本概述中国古代货币史全貌的著作。[⑤] 该著作中写道，战国秦的经济为落后于战国六国的"被动式经济"，当初不得不依照别国的通货标准发行"重一两十二(十四)一铢"钱。但是商鞅变法之后，秦国经济得以长足发展，于惠文王 2 年"发行了"半两钱，同时规定废除"通钱"。山田认为，"行"是"国家依照法律掌握货币铸造特权"，"通钱"意为"使别国钱币在本国内流通"。

江村治树通过分析出土的钱币，与各城市商人独自发行青铜货币的三晋地域进行比较，认为战国秦之所以能够发行规格与质地在

---

① 稻叶一郎：《秦始皇の貨幣統一について》，《東洋史研究》37-1，1978年。

② 稻叶一郎：《戦国秦の家族と貨幣経済》，《戦国時代出土文物の研究》，同朋舍 1985 年。

③ 稻叶一郎：《南郡の建設と戦国秦の貨幣制度》，《史林》90-2，2007 年。

④ 水出泰弘：《戦国秦の"重一両十二(十四)一铢"钱について》，《中央大学アジア史研究》7，1983 年；《秦の半両銭について》，《アジア史における制度と社会——アジア史研究第 20 號——》，刀水書房 1996 年。

⑤ 山田胜芳：《前漢武帝代の三銖銭の発行をめぐって》，《古代文化》40-9，1988 年；《秦·前漢代貨幣史——東アジア貨幣史研究の基礎として——》，《日本文化研究所報告》30，1994 年；《貨幣の中国古代史》，朝日新聞社 2000年。

一定程度上统一的半两钱，战国秦具有比别国强大的专制权利是其原因之一。①

佐原康夫在探讨战国秦汉时期货币经济史的基础上，导入了卡儿·波蓝尼(Polanyi，K.)的经济人类学的观点，认为不仅是钱币与黄金，也应将布匹与谷物等纳入"货币"这个范围进行研究。② 佐原还认为，半两钱并未严格加以规范而进行流通，国家作为财政手段半强制性地要求民众使用半两钱，实际上半两钱与布匹等实物货币相比只不过是附属货币而已。③ 佐原的这些见解，一部分被认为是卓越的理论性见解，④ 还有不少尚停留在理论层面，需要进行进一步具体精密的考证。⑤

柿沼阳平在秦简、汉简研究成果的基础上，论证了中国古代货币经济史研究的过程与质变。具体来说如下：回顾、整理了不仅是中国与美国，包括从加藤繁到佐原康夫的日本各学说在内的中国古代货币经济史研究的学术研究史，⑥ 批判了殷周以海贝(Cowry)作为货币的说法，探明了基于甲骨文与金文的殷周海贝文化的实态，认为"海贝＝货币"这一认识是在战国时期形成的事后的"记忆"，还涉及了睡虎地秦简《日书》中"货贝"的含义，⑦ 注意到中国古代的文字，确定了"卖"、"买"这些词语出现的时间，认为意为"购

---

① 江村治树：《春秋戦国秦漢時代出土文字資料の研究》，汲古书院 2000 年；《圓銭の性格》，《総合テクスト科学研究》2-2，2004 年，收入《春秋戦国時代青銅貨幣の生成と展開》，汲古书院 2011 年。

② 佐原康夫：《漢代の貨幣経済と社会》，《岩波講座世界歴史 3 中華の形成と東方世界》，岩波书店 1998 年；收入《漢代都市機構の研究》。

③ 佐原康夫：《漢代貨幣史再攷》，《殷周秦漢時代史の基本問題》，汲古书院 2001 年；收入《漢代都市機構の研究》。

④ 原宗子：《佐原康夫〈漢代都市機構の研究〉》，《中国出土資料研究》7，2003 年。

⑤ 太田幸男：《佐原康夫〈漢代都市機構の研究〉》，《東洋史研究》62-2，2003 年。

⑥ 柿沼阳平《中国古代貨幣経済史研究の意義と分析の視角》。

⑦ 柿沼阳平：《殷周宝貝文化とその"記憶"》《東アジア古代出土文字資料の研究》，雄山阁 2009 年；《中国古代貨幣経済史研究》。

买"的动词"买"出现于战国时期，而"卖"与"贷"、"偿"、"假"这些字出现在秦代，由此可以判断货币经济在战国时期前后得以快速发展。在这一过程中，柿沼还指出今后在考证新出土文字资料时，是否有"卖"、"贷"、"偿"、"假"这些字是一个重要的标准。此外，还引用《日书》与银雀山汉简《占书》，指出战国秦汉时期钱币、黄金与布帛为主要货币。① 柿沼还认为战国秦汉时期的物价制度为"固定官价"、"平价"与"实际价格"这三重构造，批判了钱币、黄金与布帛的价值关系绝对不变以及完全自由变动的这两种观点。② 柿沼还论述道，半两钱于战国秦惠文王二年后开始使用，按照使用"行钱（国家公认的流通钱币）"与禁止"通钱（跨越过境的钱币流通）"的相关规定来进行流通，以半两钱为统一货币的体制虽然是秦统一六国时在全国颁布的，但其实际效力很弱，政府不得不于秦始皇37年再次发布命令强制推行使用半两钱。③ 在探讨这一问题时，柿沼还涉及"盗铸钱"与"伪钱"的区别，认为伪钱分为两种，是在还未公布盗铸钱禁止令时民间铸造的规格外的钱币。此外，柿沼还对来自民间的对依照法律管理铸造钱币这一体制的反应与抵抗、盗铸钱的制造过程以及盗铸组织的实际情况进行了考察。④ 柿沼还涉及了其他一些问题，如钱币、黄金与布帛具有不能相互替代的社会机能，秦汉军功褒赏制中"购金"与"购钱"并不相同，⑤ 以及所谓"男耕女织"这一战国秦以来的国家政策实际上在汉代以后

---

① 柿沼阳平：《文字よりみた中国古代における货币经济の展开》，《史滴》29，2007年；收入《中国古代货币经济史研究》。

② 柿沼阳平：《战国秦汉时代における物价制度と货币经济の基本的构造》，《史观》155，2006年；收入《中国古代货币经济史研究》。

③ 柿沼阳平：《秦汉帝国による"半两"钱の管理》，《历史学研究》840，2008年；收入《中国古代货币经济史研究》。

④ 柿沼阳平：《前汉初期における盗铸钱と盗铸组织》，《东洋学报》90-1，2008年；收入《中国古代货币经济史研究》。

⑤ 柿沼阳平：《汉代における钱と黄金の机能的差异》，《中国出土资料研究》11，2007年；收入《中国古代货币经济史研究》。

并非完全如此。①

十、爵制、身份制度

在秦简出土以前，镰田重雄、栗原朋信广泛收集有关汉代二十等爵制的文献史料，得出此制度是继承秦爵制而建立的结论，关于其二十等爵位的区分则认为，仅将"官爵"（九级五大夫以上）赐秩六百石以上的官员，将"民爵"（八级公乘以下）赐秩五百石以下的官员及百姓，还指出获得爵位者享有减刑和免除税收的特权。② 此后，守屋美都雄校订了有较多文字脱落与错简的《商君书·境内》，指出战国初期，商鞅在秦国推行的爵制中规定，给在战场上获取敌人头首的士兵授予爵位，使其享有减刑的特权，并授予其官职与田宅。守屋还指出这项制度打破了周朝基于血缘关系的五等爵制，建立了新的身份制度。③ 西嶋定生在以上研究的基础上，详细探讨了秦汉爵制的机能，论证了中国古代皇帝统治体制的特点。西嶋关注到汉代皇帝在国家喜庆大事时赐给国民爵位（赐民爵），指出该政策是用爵制重整在战国时期被破坏的乡里社会秩序。此外，西嶋还指出秦汉皇帝通过赐民爵的制度，将全国民众纳入各个乡村的"爵制秩序"中，从而可正当地对国民进行人身统治。④ 西嶋提出的关于秦汉两代的皇帝统治体制的理论模式，至今仍对日本的中国古代史学界有巨大的影响力。

① 柿沼阳平：《戦国秦漢時代における布帛の流通と生産》，《日本秦漢史学会学報》9，2008年，收入《中国古代貨幣経済史研究》；柿沼阳平：《三国時代の曹魏における税制改革と貨幣経済の質的変化》，《東洋学報》92-3，2010年。

② 鎌田重雄：《西漢爵制》，《史潮》8-1，1938年，收入《漢代史研究》，川田书房1949年；栗原朋信：《両漢時代の官·民爵に就いて》上、下，《史観》22、23，1940年，26、27，1941年。

③ 守屋美都雄：《漢代爵制の源流として見たる商鞅爵制の研究》，《東方学報》京都第27册，1957年；收入《中国古代の家族と国家》。

④ 西嶋定生：《中国古代帝国の形成と構造——二十等爵制の研究——》，东京大学出版会1961年。

睡虎地秦简有与爵制相关的秦律条文。资料公布后引起了根据新史料重新对秦爵制的研究。开其先河的是古贺登。古贺运用睡虎地秦简重新校订了《商君书·境内》，指出秦国商鞅把通过精密计算而划分的土地按照爵级分配，并给这些分得土地的人赐予相应的军职让其上战场作战。古贺还在重新研究《商君书·境内》的内容后指出，获得爵位者可得到减刑的特权，晋升为五级大夫的人被授予指挥官的资格。① 通过古贺的这一研究成果，以往守屋所复原的秦国爵制的内容由于睡虎地秦简的发现而得以具体化，《商君书·境内》的史料价值得到了认可。

另一方面，随着秦律的发现，秦国的刑罚体系更加具体明晰，因此对获得爵位者可减刑这一说法的具体情形进行了验证。籾山明提出"何种爵位可减刑"这一疑问，并以此为出发点，对西嶋定生的学说提出质疑。籾山否定民爵授予制度发挥了稳定乡里社会的机能，认为爵位是对从军有功的人实行的一种奖赏制度，并在此基础上，提出民爵授予制度是秦汉时期的君王乃至皇帝对服兵役、徭役等"公共事业"的民众进行奖赏而赐予其爵位的一种政策，认为应对西嶋的学说全面进行重新审视。② 籾山的这一观点引起了巨大反响，此后，通过秦律来探讨减刑特权的研究兴盛起来。冨谷至利用睡虎地秦简对有爵者可减刑的这一传统说法再次进行了全面的验证，表明秦以及西汉初期，仅拥有二级上造以上的爵位者可免除肉刑，文帝十三年废除肉刑后，根据爵位不同，减刑由免除肉刑转变为免除脚枷、头枷等刑具。③ 石冈浩指出，五级大夫以上爵位的人在被处以劳役刑时，其从事的劳动内容可减轻为在官府内从事轻度

---

① 古贺登《漢長安城と阡陌·県郷亭里制度》。

② 籾山明：《爵制論の再検討》，《新しい歴史学のために》178，1985 年；《皇帝支配の原像——民爵賜与をてがかりに——》，《王権の位相》，弘文堂 1991 年。

③ 冨谷至：《秦漢二十等爵と刑罰の減免》，《前近代中国の刑罰》，京都大学人文科学研究所 1996 年；收入《秦漢刑罰制度の研究》。

劳动("居官府")。① 宫宅洁对鬼薪白粲这一以往被认定为比城旦春轻一等的劳役刑重新进行研究后认为，这种刑罚仅适用于有爵位者等具有特权身份的人，被处以鬼薪白粲的刑犯可免穿红衣、免带刑具。②

　　另一方面，堀敏一对"七科谪"、私人奴隶等卑贱身份问题进行了研究。堀根据《为吏之道》"魏户律"、"魏奔命律"中的"假门、逆旅、赘婿、后父"没有土地和房屋，并禁止做官这一点指出，从战国时期起，"七科谪"这种身份卑贱者已经存在。③ 此外，堀主要从《法律答问》探讨私人奴隶待遇的问题，认为主人处罚奴隶时须由官府代理，因此当时的私人奴隶并不完全是主人的所有财产。④ 堀基于以上研究结果，推测秦汉时期的身份制度为"官、庶、奴"制，历经魏晋南北朝至唐朝变化为"良贱"制。⑤ 此外，松崎つね子对《秦律十八种·军爵律》与《法律答问》中的"隐官"进行探讨，将其解释为曾遭受肉刑而后被释放的刑犯的称呼。⑥

　　张家山汉简《二年律令》的全部释文公布后，因其中与爵制、身份制度相关的史料非常丰富，⑦ 所以这方面的研究大有进展。石冈浩关注到《二年律令》各条文中五级大夫以上的有爵位者与秩三百石的官吏享有同等待遇，且与四级不更以下有爵者的待遇明显不

<hr>

① 石冈浩：《秦時代の刑罰減免をめぐって——睡虎地秦簡に見える"居官府"の分析から——》，《史滴》20，1998 年。

② 宫宅洁：《労役刑體系の構造と変遷》，《東洋史研究》58-4，2000 年；收入《中国古代刑制史の研究》。

③ 堀敏一：《漢代の七科謫とその起源》，《駿台史学》57，1982 年；收入《中国古代の身分制——良と賤——》，汲古書院 1987 年。

④ 堀敏一：《雲夢秦簡にみえる奴隷身分》，《東洋法史の探求 島田正郎博士頌壽記念論集》，汲古書院 1987 年；收入《中国古代の身分制》。

⑤ 堀敏一：《中国における良賤身分制の成立過程》，《律令制——中国朝鮮の法と国家——》，汲古書院 1986 年；收入《中国古代の身分制》。

⑥ 松崎つね子：《隠官と文帝の肉刑廃止》，《明大アジア史論集》3，1998 年。

⑦ 山田胜芳：《張家山第二四七號漢墓竹簡〈二年律令〉と秦漢史研究》，《日本秦漢史学会会報》3，2002 年。

同这一点，认为秦国以及西汉前期大夫以上的爵位仅仅是授给秩三百石以上的官吏的"官爵"。① 宫宅洁指出，由于睡虎地秦简《法律答问》中有"爵后"一词，《二年律令·置后律》中有三级簪袅以上的有爵位者可继承爵位这一规定，因此秦汉时期民众可以继承爵位，并且当时的民众并不只是通过赐民爵获得爵位，当时的乡村社会也不一定要通过"爵制秩序"进行重组，再次否定了西嵨的观点。宫宅还注意到《二年律令·赐律》由爵级决定皇帝赏给吏民的赐品这一点，得出了秦汉时期根据爵位决定赐品多寡的结论。② 椎名一雄则关注到由爵级决定分配田宅数量的《二年律令·户律》，认为秦汉时期的爵制具有以分配田宅为媒介直接将皇帝与民众连系起来的作用。③ 楯身智志探讨了《二年律令·傅律》与《置后律》后指出，西汉初期民众在服兵役、徭役时，可以得到相应的爵位，并在此基础上得出结论认为，战国初期秦国给立军功者授予爵位，战国末期，从军达到一定时间的士兵也可以获得爵位，至西汉初期，服兵役、徭役的民众也可获得爵位。④

《二年律令》中还有不少关于处置"庶人"、"隐官"、"徒隶"等卑贱身份者的条文。椎名一雄认为无爵位的"庶人"与一般民众不同，不能服兵役与徭役，也不能做官，⑤ 是对获得解放的奴隶或是因犯罪而失去爵位者的一种称呼。⑥ 此外，《二年律令》中还散见"士伍"与"庶人"这些无爵位者之下的"徒隶"的相关规定，随着里

① 石冈浩：《張家山漢簡二年律令にみる二十等爵制度——五級大夫を中心に——》，[韩]《中国史研究》26，2003 年。
② 宫宅洁：《漢初の二十等爵制——民爵に付帯する特權とその繼承——》，《江陵張家山二四七號墓出土漢律令の研究（論攷篇）》，朋友书店 2006 年。
③ 椎名一雄：《张家山漢簡二年律令にみえる爵制》，《鴨台史学》6，2006 年。
④ 楯身智志：《前漢における民爵賜与の成立》，《史滴》28，2006 年。
⑤ 椎名一雄《张家山漢簡二年律令にみえる爵制》。
⑥ 椎名一雄：《"庶人"の語義と漢代の身分秩序》，《大正大学東洋史研究》1，2008 年。

耶秦简的公布，明确了"徒隶"是城旦舂、鬼薪白粲、隶臣妾的总称。① 鹰取佑司认为《二年律令》中"徒隶"与拥有公士以上爵位者以及"士伍"、"庶人"等同样是一种身份称呼，所以以往称作劳役刑的城旦舂、鬼薪白粲、隶臣妾均可释为身份刑。② 铃木直美在里耶秦简的基础上，对"隐官"的处置待遇问题进一步作有探讨，指出"隐官"与"徒隶"等一同被迫运送物资和进行土木建筑工作，"隐官"的身份并无世袭。③ 鹰取进一步通过广泛收集已公布的里耶秦简中"大夫"、"徒隶"、"戍卒"等身份称呼，复原了秦迁陵县的人员构成，结果发现县业务的大部分不是由官吏、而是由"徒隶"来承担的。④

十一、对 外 关 系

战国秦是如何区别本国与他国的呢？是如何将国外势力及居住人口进行分类并纳入自己的管辖范围的呢？这些关系到战国时期人们对"中华"这个概念的理解，所以这个大问题一直受到学者们的关注。在日本栗原朋信早就提出了自己的观点。⑤ 栗原通过研究皇帝赐给王侯与诸君长的印章，指出汉帝国具有双重结构，即遵从皇帝的德、礼、法的"内臣"区域和仅仅是君主遵守礼、法，在君主

① 李学勤：《读里耶秦简》，《文物》2003-1；池田夏树：《戦国秦漢期における徒隷》，《帝京史学》20，2005 年。
② 鹰取佑司：《秦漢時代の刑罰と爵制的身分序列》，《立命館文学》608，2008 年。
③ 铃木直美：《里耶秦簡にみる隠官》，《中国出土資料研究》9，2005 年。
④ 鹰取佑司：《里耶秦簡に見える秦人の存在形態》，《資料学の方法を探る》12，2013 年。
⑤ 栗原朋信：《漢帝国と周辺諸民族》，《岩波講座世界歴史——古代 4》，岩波书店 1970 年；收入《上代日本対外関系の研究》，吉川弘文館 1978 年。栗原朋信《秦漢史の研究》(吉川弘文館 1960 年) 首先提出"内臣"和"外臣"的区别有关的看法而认为内臣接受汉皇帝的德、礼、法，外臣君主接受汉皇帝的礼。但栗原在《漢帝国と周辺諸民族》里改变了自己的看法而认为外臣君主不但接受了汉皇帝的礼而且接受了汉皇帝的礼法。

统治下实施民族自身的礼与法的"外臣"区域。栗原还指出，实际上仰慕汉朝的德行而来朝贡的地区也属于"外"，此外，还存在"内"与"外"之间的中间区域以及"外臣"与"朝贡国"之间的区域。这些主要涉及汉帝国对外关系的学说，成了此后研究战国秦对外关系的基础。

睡虎地秦简出土后，《法律答问》中有涉及外国出身者、外国人、诸蛮夷等分类与处理方法的内容，因此许多学者开始对其进行解释。开其先河的是工藤元男。① 工藤力图全面理解《法律答问》，并继承和发展栗原的学说，进行了如下论述。战国秦本是以关中（故秦）为中心的国家；故秦以郡县制与封建制为基础，相当于栗原所说的"内"；故秦周围存在有一些属国（臣邦）；臣邦包括属邦（秦在少数民族的居住地设置的郡级地方行政机构）、附庸、战国六国旧地，将臣邦与故秦的区域范围合起来称为"夏"。另一方面，夏的外部还有"它邦（包括外臣邦与诸侯）"，严禁脱离"秦属（归属于秦国＝拥有秦国的籍贯）"的行为（去夏）。那么，"非秦人"是如何"秦人化"的呢？关于这一点，工藤提出了"非秦人通过通婚实现秦人化"这一观点。即秦律中有"夏子"一词，有"在身份上完全是秦国人"之意，包含秦父与秦母之子以及臣邦父与秦母之子，其判定基准在于是否有秦母。另一方面，还指出臣邦父母之子与它邦父母之子为"真（他国出身者＝客人身份的法制表现方式）"。后来，工藤又对自己的观点进行了补充，② 即判断是否为"夏子"与"真"均依据母亲的身份，战国秦以该身份制度为杠杆，推进了通过与秦女通婚而实现非秦人的秦人化。

最先对工藤的观点提出反论的是堀敏一。③ 堀认为臣邦父母之子以及在它邦所生的人为真，臣邦父与秦母之子为夏子，并在此基

① 工藤元男：《秦の領土拡大と国際秩序の形成》，《東洋史研究》43-1，1984 年，收入《睡虎地秦簡よりみた秦代の国家と社会》。

② 工藤元男：《"秦の領土拡大と国際秩序の形成"再論——いわゆる"秦化"をめぐって——》，《早稲田大学長江流域文化研究所年報》2，2003 年。

③ 堀敏一：《中国の異民族支配の原型》，《中国と古代東アジア世界》，岩波書店 1993 年。

础上指出，关于秦父与臣邦母之子在秦律中虽然没有记载，但是因为只要拥有秦母即为夏子，因此秦父之子当然为"夏子"。此外，堀还批判了整理小组的"臣邦＝少数民族国家"这一观点，认为臣邦不分是否为华夏民族，而是指全部"臣属国"。以上与工藤的观点基本相同。然而，对于"夏"的定义，与工藤的观点不同，堀认为只包括秦。因为如果夏内包括臣邦的话，臣邦内的少数民族亦属于夏，因此则产生疑问。另外，堀还认为，"臣邦＝外臣邦"、"属邦＝相当于汉代属国，是与道官一同统治国内少数民族的机关"，这一点与工藤的观点不同。矢泽悦子也赞成堀关于"属邦"的看法。①矢泽整理了有关"属邦"的论点并介绍秦代兵器铭文中也有"属邦"，补充了堀的观点，认为"属邦＝掌管归顺蛮夷的中央官府"。此外，矢泽还认为，秦代有"道"这样的少数民族居住县，并不是所有的少数民族地区都设有"道"，而是限定设置在故秦以外的周边地域（陕西、四川、甘肃等）。此外，与属邦为"归顺的少数民族的总管理机构"不同，道是管理"被纳入郡县制度下的少数民族"的行政区划，臣邦是比道独立性强的"邦"，道与臣邦都由属邦统管。然而，工藤对堀与矢泽的观点再次提出了反驳。②工藤赞成矢泽的秦代兵器铭文中"属邦"为中央官府的观点，但指出这只不过是"典属邦"的简称，另外还有作为臣邦的"属邦"。工藤还批评道，如果遵从堀的"夏＝秦"这一观点，《法律答问》简546的"其主长"则指秦王，但实际上是不可能那样称呼自国君王的。

　　饭岛和俊赞成工藤以后的学者们对"非秦人通过通婚实现秦人化"的观点，在臣邦父与秦母之子为"夏子＝夏之子＝秦属之子"观点的基础上，指出秦父之子为"秦人"。③这与工藤的夏子与真皆根据母亲的出身来分类的观点不同，是根据父亲的出身来设定"秦"

---

① 矢泽悦子：《戦国秦の異民族支配と"属邦"》，《明大アジア史論集》1，1996年。

② 工藤元男《秦の領土拡大と国際秩序の形成》。

③ 饭岛和俊：《戦国秦の非秦人対策——秦簡を手挂りとして見た、戦国秦の社会構造——》，《中村冶兵衛先生古稀記念東洋史論叢》，刀水書房1986年。

这个概念的新观点。然而，这种"秦"的概念无法从史料中得以证实。而且，如果秦根据父亲的出身确定子女的所属，夏子根据母亲的出身来确定的话，两者就成为完全不同的两个概念，秦父与秦母之子也可为秦，也可为夏子。然而饭岛认为，秦父与秦母之子为秦，而不应称为夏子。那么"夏子"这个概念到底为何存在，与去夏等概念有何种关系呢？这也是今后的课题。饭岛的观点跟夏子与真根据母亲的出身决定相反，认为根据父亲的出身决定秦这一概念，这个观点很有独创性，给后来的研究带来了很大影响。

此后，鹤间和幸认为"秦郡治下的直辖领域＝夏"，与秦女通婚的周边民族的首长从子女辈起为夏人，另一方面，夏人的范围至多到首长为止，居民因在首长统治之下，因此间接地归夏管理。① 然而这种说法没有史料依据，只不过是一种假说而已，此外，对于秦父与臣邦母或它邦母之子、秦与夏子之间的关系也缺乏足够的说明。但是，"夏"这个概念仅适用于首长的观点很有独创性。矢泽悦子也对工藤的真与夏子的区分涉及臣邦人的观点持反对意见，对有不少相关史料也适用于君长以外的一般人这一前提也打上问号。② 矢泽还否定了工藤有关被秦征服的诸侯邦成为臣邦的观点，在分析战国秦征伐巴蜀记录的基础上，认为秦统治少数民族时，不是立刻设郡，而是封侯、封君长，将其纳入秦的爵制，从而将该国作为秦的属国。矢泽还指出，商鞅、魏冉、范雎、蔡泽、吕不韦等在战国秦国内被称为"诸侯"，其领地则被称为"国"，这些均为"秦属"；这些"国"在这一代以后便消失了，秦开始控制其周边，一旦可以设郡，就将其重新编入郡。矢泽并不是评论工藤以后学者们对"非秦人通过通婚实现秦人化"这一观点的是非，仅是就"臣邦"的内涵对工藤的观点进行了部分批判。大栉与高津的观点也具有这种倾向。

① 鹤间和幸：《古代中華帝国の統一法と地域——秦帝国の統一とその虚構性》，《史潮》新 30，1992 年。
② 矢泽悦子：《秦の統一過程における"臣邦"——郡県制を補完するものとして——》，《駿台史学》101，1997 年。

大栉敦弘认为臣邦包括"非汉族"、"汉族而非秦人"与"秦人（的首长）"，将外臣邦与诸侯区别开来，主张外臣邦与诸侯总称为它邦，并在此基础上，认为"侯"分为"（与秦基本对等的）诸侯"、"归属于秦的诸侯"与"关内侯"三种，分别相当于"诸侯＝不臣"、"外臣邦＝外臣"与"臣邦＝内臣"，① 还认为战国秦内，包含有秦中与臣邦的区域为"秦邦"。大栉虽对细节进行了严密的考证，但并未涉及"非秦人的秦人化"这一重要问题。

高津纯也认为，战国时期一些国家利用"夏"号来表明自身优越于别国，将以自己为中心的范围领域称为"夏"，睡虎地秦简中的"夏"也是显示战国秦优越性的号。② 还认为"内臣、外臣"论这一工藤与大栉观点的前提在汉代以前难以适用，因此工藤提倡的以"内臣、外臣"论为前提将外臣邦与南越进行比较、臣邦处于"内臣与外臣中间"的观点不能成立。此外，阿部幸信对栗原的"内臣、外臣"论也表示反对。③ 阿部重新探讨了汉代印章制度，认为正是西汉成帝绥和元年进行改革实行"封建拟制"后才产生了"内"与"外"的区别，自此以前在对外关系史中不适用"内臣、外臣"论。可以说这对工藤"内臣、外臣"论可适用于战国秦的对外关系的观点进行了间接批判。

以上是睡虎地秦简出土后的有关对外关系方面的讨论。其发展情况如下，始于工藤与堀的对立，后又有饭岛与鹤间的不同观点，还有矢泽、大栉、高津对工藤与堀的论争进行了部分性的调整。近

---

① 大栉敦弘：《統一前夜——戦国後期の"国際"秩序》，《名古屋大学東洋史研究報告》19，1995 年；《秦邦——雲夢睡虎地秦簡より見た"統一前夜"——》，《論集 中国古代の文字と文化》，汲古书院 1999 年。

② 高津纯也：《先秦時代の"諸夏"と"夷狄"》，《日本秦漢史学会会報》1，2000 年；《戦国秦漢の支配構造に関する一攷察——"外臣""外国"と"諸夏"——》，《日中律令制の諸相》，东方书店 2002 年。

③ 阿部幸信：《漢帝国の内臣——外臣構造形成過程に関する一試論》，《歴史学研究》784，2004 年。

年来，渡邉英幸对以往的学说全面进行批判，提出了独树一帜的观点。① 渡邉认为，秦律中秦(直辖地＝郡县制的领域)、臣邦、外臣邦与诸侯有所区别，秦的周围广设"徼"进行监察，"邦亡"这种向外逃亡的行为要受到处罚。臣邦、外臣邦与诸侯则不同，分别指独立的国家(邦)。臣邦是君长或君公统帅的国家，归属于秦，包括位于秦周围的戎狄集团的一部分、秦封建的封君与封侯、到达内臣阶段的诸侯(工藤所说的附庸)。外臣邦也是归属于秦的国家，包括当时归属于秦被称为"藩臣"的韩与魏等。诸侯是对未归属于秦的东方诸侯国的称呼。那么，秦、臣邦、外臣邦与诸侯之间的子女是如何定位的呢？具体来说就是，秦父与秦母之子和秦父与臣邦母之子为秦，臣邦父与秦母之子为夏子，臣邦父与臣邦母之子和在它邦父母之子为真。此外，禁止它邦父(外臣邦父、诸侯父等)与秦女通婚。可以理解为"秦"由父亲的血统来继承，"夏子"通过秦母获得，纯粹的秦人是秦，准秦人是夏子，纯粹的非秦人是真。

与以上观点不同，柿沼阳平指出，应对工藤以来一直到渡邉的观点的基础——"非秦人通过通婚实现秦人化"这一论点进行重新审视。② 柿沼认为，"夏＝秦与臣邦这种国之间的结合关系"，在夏之子(秦人与臣邦人之子)有可能全部为夏子。柿沼还区别了出身概念(夏子、真)和表示国与国之间结合关系的概念(秦、臣邦、外臣邦、诸侯、夏)，主张"非秦人的秦人化"并非一定要通婚才能实现。柿沼还认为，既然睡虎地秦简中有"在它邦出生之人＝真"这样的记载，因此即使具有血缘关系，在它邦出生的子女均为真；相反，不管出身何处，只要取得了"(秦的)籍"，非秦人就可成为"秦人"。

---

① 渡邉英幸：《秦律の夏と臣邦》，《東洋史研究》66-2，2007 年；收入《古代"中華"觀念の形成》，岩波书店 2010 年。

② 柿沼阳平：《戰國秦漢時代における"半両"錢の国家的管理》，《法制史研究》58，2009 年；收入《中国古代貨幣経済史研究》。

十二、地　理

地理研究领域，日本几乎没有相关的学术论文，仅在地名考证与交通等方面有一些讨论。关于前者，高桥庸一郎对《编年记》中的地名进行了全面考证。① 高桥将《编年记》中的地名与现代地名对应起来，并在此基础上推测出各国军队的行军路线。该研究使秦国统一六国的过程更加立体化。

在交通方面，2002 年里耶秦简出土后，藤田胜久提出了其内容为"信息传达"这一观点。藤田首先通过研究含有地名的里程简，将从"鄢"到"迁陵"的里程复原，指出了秦国的中央命令通过何种路径传达到郡管辖下的县，还指明了执行行政事务的标准形式。② 藤田还在此基础上指明了信息从秦国首都咸阳下达到地方各郡的特点，对秦代郡县的部分结构进行了验证。此后，藤田除里耶秦简之外，还将研究范围扩大到居延新简和敦煌悬泉置汉简中含有地名的里程简，探讨了旅行路线与里程问题。③ 与发掘简报对地名里程简的解释不同，藤田还参考 1993 年出土的尹湾汉墓简牍中的《集簿》、《东海郡吏员簿》和《历谱》，认为汉简的里程简是传达文书或一天旅程的记录。此外，藤田还指出里耶秦简中里程简的内容明显跨越了一天的旅程，可以明确其并非规定文书传达的定额指标，因此推测其简中的地名是从中央到地方、或是从地方到北方途中的一些基点，而且里程是水路的行程路线。然而，这仅仅是洞庭郡这一

---

① 高桥庸一郎：《睡虎地秦墓竹简釈文注解 1》，《阪南論集》23-4，1988 年；《睡虎地秦墓竹简釈文注解 2》，《阪南論集》24-4，1989 年；《睡虎地秦墓竹简釈文注解 3》，《阪南論集》25-4，1990 年。均收入《睡虎地秦簡〈編年記〉〈語書〉釈文注解》，朋友书店 2004 年。

② 藤田胜久：《里耶秦简と秦代郡県社会》，《愛媛大学法文学部論集（人文学科編）》19，2005 年；收入《中国古代国家と社会システム》。

③ 藤田胜久：《秦漢時代の交通と情報伝達——公文書と人の移動——》，《愛媛大学法文学部論集（人文学科編）》24，2008 年；收入《中国古代国家と社会システム》。

郡的个案而已。也正如藤田所述，秦代交通方面还有许多地方需要
探讨。

十三、学术、思想

可以直接了解到秦的学术方面的出土文字资料几乎没有，仅有
一些出土于周家台 30 号墓的关于医术方面的资料，长谷部英一对
其《病方》进行了探讨研究。① 长谷部从其内容与马王堆帛书《五十
二病方》相似这一点，推断其出现时期基本为同一时期。

迄今，关于秦的思想，根据《商君书》、《韩非子》、《史记》等
传世文献已进行了很多研究，但被认为占有重要地位的秦的法，由
于没有留存的实物，几乎没能进行讨论。

但是，随着睡虎地秦简的出土，其真实情况的一部分得以明
了，使这一领域的研究有了很大进展。由此，对于秦的法是怎样
的，它如何与商鞅、韩非子这样的先秦思想相关连，等等具体的问
题首次得以探讨。

汤浅邦弘从对秦律整体的探讨这一角度，指出其特征是，以完
善官僚体制为背景，有着极强的中央集权化的意向。② 此外，还论
及了以下一点，即秦律虽在很大程度上继承了商鞅、韩非子的思
想，但是原本秦的法的思想并未将法律与社会之间产生的不和，定
位为必须注意的严重的问题，因而在产生不和的基层统治环境，秦
律并不一定发挥了其有效的作用。③

这种伴随中央集权化的秦律与地方社会的对立状态，可以从睡
虎地秦简《语书》和《为吏之道》两篇中看出来。另外，因为它们是
记述地方官吏的应有状态和其心得的资料，所以在探讨秦的法治理

---

① 长谷部英一：《周家台三〇號墓竹簡の治疗法》，《中国哲学研究》18，
2003 年。

② 汤浅邦弘：《秦律の理念》，《中国研究集刊》天，1984 年；收入《中国古
代军事思想史の研究》，研文出版 1999 年。

③ 汤浅邦弘：《秦の法思想》，《日本中国学会報》36，1984 年；46，1995
年。收入《中国古代軍事思想史の研究》。

念等问题时，就显得极为重要。

以下举出以这两篇为线索来论及秦的思想的研究。

町田三郎对在秦汉帝国这两个性质相同、时代连续的的王朝中，着眼于由秦始皇和汉武帝进行的两次思想统制，对其真实情况和从法家向儒家转变的理由进行了论述。他讨论了由于乡里社会中的儒生抵抗基于法律的统治，发生了混乱，为了解决其混乱，国家确立利用官吏的统治，企图与乡俗融洽，实行思想统制。①

西川靖二认为，汉初出现黄老思想是缘于法与乡俗的对立。即是如《语书》所见，民间秩序与法的一元统治是相悖的，所以想以黄老思想来对这种自秦以来的社会矛盾，进行理论上的消除。②

汤浅邦弘对《语书》、《为吏之道》两篇中的"吏"进行了探讨，就秦对于"吏"持有怎样一种观念，其与后来的"循吏"、"酷吏"等是如何关连上的等等进行了论述。汤浅认为，《语书》中所说的"良吏"不一定与"循吏"是一致的，从有无实际业务能力这一点来看，倒不如说更近似于"酷吏"。③

青山大介从《吕氏春秋》反映编撰者政治立场这一一贯主张出发，对同一时期的睡虎地秦简中出现的"孝"进行了研究，认为吕不韦采取了拥护"孝"的措施，故而《吕氏春秋》中可见"孝"这一思想。④

池田知久指出，《语书》中所见的"乱"、"治"这样的统治原理，与《墨子·尚同》三篇极为相似，所以其形成是在《语书》写成稍前的秦的领地。⑤

迄今为止出土秦简大多是法律、行政文书或是《日书》一类的，所以与楚简研究等相比，这一领域的研究还不太多。但是岳麓书院藏秦简等新的资料也在不断地被发现，我们将期待今后的进展。

---

① 町田三郎：《秦の思想統制について》，《中国哲学論集》4，1978年。

② 西川靖二：《漢初における黄老思想の一側面》，《東方学》62，1981年。

③ 汤浅邦弘：《秦の法思想》。

④ 青山大介：《吕氏春秋の孝说》，《東洋古典学研究》10，2000年。

⑤ 池田知久：《睡虎地秦简〈語書〉と墨家思想》，《郭店楚简の儒教的研究》6，2005年。

十四、日　书

20 世纪 80 年代后期睡虎地秦简《日书》的图版与释文公布之后，工藤元男开辟了《日书》研究的先河。他将 20 世纪 90 年代前期以前发表的主要论文经补充修改之后，收录于他的专著中。① 在该书中，他首先提及一个关系到睡虎地《日书》整体的问题，即将其定性为墓主喜在南郡统治下的各县实施秦法时，为了理解该熟知的当地社会固有的习俗所必须的资料。工藤还对其所使用的文字进行分析，推断睡虎地秦简中的双层差异反映了书写者的文化属性。他又分析了国家及官制方面的词汇，指出对官制的关心集中在啬夫等。

其次是有关习俗方面的个别问题，工藤通过《日书》中与旅行有关的各条占辞，复原了先秦社会将禹神化的行神信仰，弄清了这一习俗的本质。他利用放马滩秦简《日书》对这一问题进一步进行研讨，指出禹在先秦社会成为行神等事实，还指出以后该习俗被道教的信仰体系所吸收，明确了《日书》与道教习俗的联系。除了行神禹以外，他还研讨了《日书》中与嫁娶日的吉凶有关的神、马王堆汉墓帛书《五十二病方》中的治愈神、西夷或冉駹社会中的庇护神等，探讨了与"治水圣王"不同的各种禹信仰形态，指出禹信仰本身具有深层结构。他还弄清了先秦社会以禹为神的行神信仰编入五祀的过程。

---

① 工藤元男《睡虎地秦簡よりみた秦代の国家と社会》。在该书 12 章中，与《日书》有关的是：第 4 章《睡虎地秦簡〈日書〉の基礎的検討》，原载《史滴》7，1986 年；8，1987 年。第 5 章《〈日書〉を通してみた国家と社会》，原载《古代文化》43-8，1991 年。第 6 章《先秦社会の行神信仰と禹》，原载《東洋文化研究所紀要》106，1988 年。第 7 章《〈日書〉における道教的習俗》，原载《東方宗教》76，1990 年。第 8 章《禹の變容と五祀》，原载《中国——社会と文化》7，1992 年。第 9 章《〈日書〉に反映された秦・楚のまなざし》，原载《古代》88，1989 年。终章《睡虎地秦簡よりみた戦国秦の法と習俗》，原载《木簡研究》10，1988 年；《東方》140，1992 年。

最后，关于《日书》中当地社会和秦代法治的问题，他分析《玄戈》等诸篇占法原理的差异，明确了睡虎地《日书》中"楚人的观点"与"秦人的观点"错杂存在这一事实，而且基于《岁》中秦历和楚历的差距，找出了《秦律十八种·田律》简71-72、《厩苑律》简80-81这两条源于楚历的律文。他此后重新用张家山汉简《二年律令·田律》、敦煌悬泉置《月令诏条》、青川木牍《为田律》和孔家坡汉简《日书》等新出土的资料来进行验证，从而发展了这一论点，指出为政者"控制时间"的方式不仅是通过单方面的颁布历来实现，而是接受其历法，并将其改变为运用历法的占卜方式，在与民俗社会的微妙的关系中得以实现。①

当时由于研究者的关注对象和资料公布的时差等原因，法制史研究成了秦简研究的主流，而几乎无人关心《日书》，在这种情况下，工藤进行了上述《日书》研究。他对将从同一墓葬出土的秦律等法制资料与《日书》分开研究这一潮流提出疑问，并将两种资料同时进行分析这种方法纳入了社会史方面的研究，首次把《日书》作为历史学的史料进行深入研究。

此书出版后，关于《日书》的形成过程这一问题，他通过分析睡虎地《日书》中的四种建除及九店楚简《日书》建除，指出《日书》形成之前，在各种占卜成为《日书》的过程中起重要作用的是建除家，以及《日书》形成后其固有性消失等事实。② 他还关注到战国楚的社会习俗这一《日书》形成的母胎，探研了卜筮祭祷简及九店《日书·告武夷》，弄清了《告武夷》继承战国楚贵族阶层进行卜筮祭祷这一习俗中的招魂仪礼的过程，指出卜筮祭祷习俗原来起源于疾病贞，并且《日书》所见的疾病占卜继承了疾病贞。③ 此后，基于如上论点的文章与日者的世界观、各种《日书》出土情况的介绍、对国

① 工藤元男：《中国古代の〈日書〉にみえる時間と占卜——田律の分析を中心として——》，《メトロポリタン史学》5，2010年。
② 工藤元男：《建除よりみた〈日書〉の成立過程試論》，《中国——社会と文化》16，2001年。
③ 工藤元男：《九店楚簡"告武夷"篇からみた〈日書〉の成立》，《福井重雅先生古稀・退職記念論集 古代東アジアの社会と文化》，汲古書院2007年。

家或官吏与占卜的关系等论文合起来编成一书。此书不是专业的学术书籍，而是面向一般读者的书籍，可是书中他提出的观点很值得关注。在结尾部分，他将"日者"定义分成五行家和堪舆家等诸派以前的主持择日占术的占家，而且认为出土《日书》不是日者所持有的，而是街巷之间流传的日者占卜内容的书籍或抄本。①

除了上述工藤元男的一系列研究以外，80 年代后期，太田幸男与大栉敦弘根据睡虎地《日书》中特定词汇的使用情况来探讨秦代的社会情况。太田分析了"室"、"户"和"同居"等词的内容，对其关于家族制度和居住形态的论点进行了补充。② 大栉研讨了有关谷仓"囷"的事例，指出《日书》反映了富裕农民的状况，但没有看到一般小农民及以下阶层的情景。③ 大川俊隆分析了《诘》，认为其诸多条目是巫者和日者在祓除方法方面为了明确自我存在的意义所作的记述。④ 关于《日书》与鬼神的关系，大形彻在工藤的《日书》病因论的基础上，把《日书》中的鬼跟马王堆《五十二病方》、《神农本草经》和传世医书等书中的鬼进行比较，验证了《日书》之后病因论的变化过程。⑤

九店《日书》和放马滩《日书》等睡虎地以外的《日书》公布之后，研究者开始讨论其地域性与继承关系。首先在秦与楚的比较方面，高村武幸指出楚所特有的九店《日书》的内容流入于睡虎地《日

---

① 工藤元男:《占いと中国古代の社会——発掘された古文献が語る——》，东方书店 2011 年。

② 太田幸男:《睡虎地秦墓竹簡にみえる"室""户""同居"をめぐって》，《西嶋定生博士還暦記念 東アジア史における国家と農民》，山川出版社 1984 年;《睡虎地秦墓竹簡の〈日書〉に見える"室""户""同居"をめぐって》，《東洋文化研究所》99，1986 年。均收入《中国古代国家形成史論》。

③ 大栉敦弘:《雲夢秦簡〈日書〉にみえる"囷"について》，《中国——社会と文化》2，1987 年。

④ 大川俊隆:《雲夢秦簡〈日書・詰篇〉初攷》，《大阪産業大学論集(人文科学編)》84，1995 年。

⑤ 大形彻:《"鬼"系の病因論——新出土資料を中心として——》，《大阪府立大学紀要(人文・社会科学)》43，1995 年。

书》，成为其重要的结构要素。① 海老根量介将放马滩《日书》和九店《日书》中的词句根据对象的社会阶层进行分类比较，指出秦系《日书》以县级以下的事项为专题，而楚系《日书》以国家级的事项为专题。② 其次在秦与汉、以及后代文献的比较方面，村上阳子把睡虎地《日书》和放马滩《日书》所见的五谷良忌日的条项跟后代农书进行比较，指出两地的谷物栽培并无显著的差别，或者说《日书》有可能很难显示出地域环境的影响，还探明了占辞被后代农书所继承的过程。③ 森和将孔家坡汉简《日书》和睡虎地《日书》所见的"离日"与"反支日"方面的占法原理及差异进行对比分析，探明了秦汉时代《日书》中复线性继承关系中的一例。④ 他还通过比较秦简《日书》和汉简《日书》，指出《日书》所见的时制主要是以固有时间观念为背景的数术家实行占卜的时制。⑤ 此外，大野裕司利用放马滩《日书》和周家台秦简《病方及其他》等对关于禹步五画地法的定论进行重新探讨，论述了到南宋以后速用纵横法为止的变化过程。⑥ 此外，名和敏光通过将马王堆汉墓帛书《出行占》和睡虎地秦简《日书》乙种进行比较，修改了放马滩秦简《日书乙种·行忌》的误释，并复原了占辞。⑦

---

① 高村武幸：《九店楚簡日書の性格について——睡虎地日書・放馬灘日書との比較を通じて》，《明大アジア史論集》3，1998 年。

② 海老根量介：《戦国〈日書〉に反映された地域性と階層性——九店楚簡〈日書〉・放馬灘秦簡〈日書〉の比較を通して——》，《中国出土資料研究》14，2010 年。

③ 村上阳子：《穀物の良日・忌日》，《明大アジア史論集》3，1998 年。

④ 森和：《離日と反支日からみる〈日書〉の繼承関系》，工藤元男、李成市編《東アジア古代出土文字資料の研究》，雄山阁 2009 年。

⑤ 森和：《〈日書〉と中国古代史研究——時稱と時制の問題を例に——》，《史滴》30，2008 年。

⑥ 大野裕司：《〈日書〉における禹步と五画地の再検討》，《東方宗教》108，2006 年。

⑦ 名和敏光：《天水放馬灘秦簡〈日書〉乙種〈行忌〉攷》，谷中信一：《出土資料と漢字文化圏》，汲古书院 2011 年。

韩国的秦简牍研究

尹在硕[*]

在韩国，有关秦简的研究是在 1978 年《睡虎地秦墓竹简》（文物出版社）出版以后正式开始的。但在当时的韩国，专攻秦汉史的学者相当少。况且，在 1992 年韩、中两国正式建交之前，所有的交流，包括学术交流，基本都处于断绝状态。由于韩国学者只能通过中国香港、中国台湾或日本才可以搜集到在中国内地刊行的考古资料、学术刊物和研究书籍，因而，当时韩国学者无法像中、日学者那样及时地进行简牍研究，相关探讨也难免受到中、日研究成果的影响。

尽管学术环境闭塞，信息不畅，但是通过金烨、李成珪等学者的不懈努力，和一些年轻学者的热情参与，韩国的简牍研究还是逐渐展开，取得一定成果。而近十多年来，韩国学者通过与中国和日本学者的活跃交流，互通有无，在简牍研究上已达到了较高学术水平。韩国学界还在 2007 年成立了以 40~50 岁的学者为中心的"中国简牍研读班"，每月一次，每次大约有 20~30 人参与，这对提高个人简牍研究水平有很大帮助。研读会不定期地邀请中、日著名学者来作与简牍研究相关联的学术交流。[①] 此外，研读会还吸纳了一

* 尹在硕，男，1961 年 10 月生，韩国国立庆北大学历史系教授。主要研究领域为中国出土秦汉简牍、中国古代史。电子邮箱 jasyunpark@ hotmail. com。

① 参看金庆浩：《21 世紀東亞細亞出土資料의研究現況과'資料學'의可能性——古代東亞細亞史의 理解를 中心으로》，《史林》第 31 号，2008 年。

些 20~30 岁的青年研究人员(包括各大学的硕、博士生,和各研究所的研究员),未来在韩国的简牍研究中,这批年轻学者将会发挥极大的作用。

一、初期的研究

韩国的秦简研究对象从最初的睡虎地秦简开始,逐渐延伸到睡虎地秦牍、龙岗秦简、青川秦牍、放马滩秦简、王家台秦简、周家台秦简牍、里耶秦简、岳麓秦简等,但除了睡虎地秦简和里耶秦简,其他大部分资料都被当做研究秦代史的辅助资料,几乎没有对这些简牍资料进行单独考察的研究。

研究伊始,即 1979 年,当时庆北大学的金烨教授和首尔大学的李成珪教授对于秦简研究趋势的形成起到了先驱作用。首先,金教授通过对睡虎地秦简的发掘报告、释文和相关书籍的分析,① 发表了《云梦出土秦简与秦、汉初的征兵适龄》一文,首次在韩国介绍了睡虎地秦简的内容与结构,并详细地介绍了各个篇章。文中强调今后秦汉史研究者应该掌握秦简等地下出土资料,与文献资料互相联系。金教授还分析了《编年记》,根据 11 号墓墓主"喜"是在 17 岁时傅籍,提出了从秦朝到西汉初(景帝 2 年)征兵的适龄是 17 岁这一见解。② 此后,金教授通过对睡虎地秦简和其他文献资料的分析,开始对中国古代连坐制度进行研究,指出连坐制是维护专制君主制的一项重要制度,在此前提下为防止吏民犯罪实行了官吏间的职务连坐制、民间的什伍、家族连坐制度,还指出秦国的这种连坐

---

① 季勋:《云梦睡虎地秦简概述》,《文物》1976 年第 5 期;湖北省孝感地区第二期亦工亦农文物考古训练班:《湖北云梦睡虎地 11 号秦墓发掘简报》,《文物》1976 年第 6 期;云梦秦简整理小组:《云梦秦简释文(一)(二)(三)》,《文物》1976 年第 6、7、8 期;云梦秦简整理小组:《睡虎地秦墓竹简〔一〕-〔七〕》(线装本),文物出版社 1977 年;云梦秦简整理小组:《睡虎地秦墓竹简》(平装本),文物出版社 1978 年。

② 金烨:《雲夢出土秦簡과 秦、漢初의 徵兵適齡》,《全海宗博士華甲紀念史學論叢》,一潮閣 1979 年。

制度一直沿袭到汉唐。① 可以说，金教授的这些研究成果，为后来的韩国秦简研究奠定了坚实的基础。

20 世纪 70 年代末开始至今，李成珪教授发表了多篇关于秦简研究的独创性论文。李教授在 1984 年出版的代表性著作《中国古代帝国成立史研究——秦国齐民支配体制的形成》(一潮阁) 一书，收录了他在 1979—1984 年间发表的 5 篇论文。② 书中通过对文献资料和睡虎地秦简、青川秦牍的详细分析，提出了"齐民支配体制论"，这在现在的韩国秦汉史研究中也是非常重要的学术理论。在此书中，李教授定义说：齐民是在国家授田制度下不分身份贵贱或是经济贫富，具有平等的性质并受国家支配的最普遍的国家公民。这种齐民是支撑秦帝国的基础。他还将秦帝国的社会性质定义为齐民支配体制社会；并指出齐民支配体制，是以春秋时期各国改革政策中提出的"均分思想"为背景所形成的。在秦国这种均分思想通过商鞅变法中的"国家授田制"得以实现，据此秦国更大范围地实行了编户齐民政策，继而奠定了齐民支配体制的基础。为了维持这种齐民支配体制的稳定，秦朝大力发展由国家主导的官营产业和货币经济，从而抑制齐民间的经济不平等。李教授还指出：墨家集团的思想与齐民支配体制的形成最相符合，不光辅佐皇帝权力，还成为推进齐民支配政策的核心势力。③ 虽然李教授的这种齐民支配体制论是通过对庞大的文献资料和中、日等外国学界的研究动向进行

---

① 金烨：《中國古代連坐制度研究——秦漢唐間 官吏의 職務上의 連坐制》，《慶北史學》第 2 辑，1980 年；《中國古代連坐制度研究》，1982 年岭南大学博士学位论文。

② 李成珪：《秦의 土地制度와 齊民支配——雲夢出土秦簡을 통해본 商鞅變法에 대한 再檢討》，《全海宗博士華甲紀念史學論叢》，一潮阁 1979 年；《戰國時代 私富抑制의 理念과 實際》，《震檀學報》第 50 辑，1980 年；《戰國時期 官營産業의 構造와 性格》，《東方學志》第 30 辑，1982 年；《戰國時期 貨幣政策의 理論과 實際》，《震檀學報》第 55 辑，1983 年；《秦國의 政治와 墨家》，《東方學志》第 41 辑，1984 年；《秦帝國成立史의 研究：秦國 齊民支配體制의 形成과 그 性格을 中心으로》，1984 年首尔大学博士学位论文。

③ 李成珪：《秦國의 政治와 墨家》，《東方學志》第 41 辑，1984 年。

深入分析后所得出的结论，但是如果没有像睡虎地秦简这样的出土资料作基础，也许这一理论是很难成立的，或者说至少还有商榷的余地。这项理论，尤其是国家授田制，它既是齐民支配体制论的核心内容，也包含了很多独创见解，这都是李教授通过对睡虎地秦简全部内容进行细致分析，并以此为立足点提出的独创性看法。

二、1979—2008 年的秦简研究

据不完全统计，在 1979—2008 年的三十年间，在韩国发表的以睡虎地秦简为主要分析资料的秦史研究论文大约有 60 余篇。在政治制度史领域，值得瞩目的是针对秦政府地方支配的性质进行考察的金烨、李成珪、任仲爀等学者的论文。李成珪认为：秦代地方官制立足于法治，在实行整齐划一的行政方式的同时还非常重视乡俗，这一矛盾促使秦帝国加强对旧东方六国地区的支配和地域的限制。① 金烨也提出：秦政府并不是像《史记》等文献资料中记录的那样用冷酷的、整齐划一的法治方式来统治地方，而是通过宽容的统治来维护地方自律的民间秩序。② 任仲爀亦主张：像云梦睡虎地 11 号墓主，即名为"喜"的这种地方官吏在支配占领地的过程中，虽然表面上看是很严酷地实行了法治，但是事实上却实行了与法治相矛盾的宽容统治。③ 与此相联系，关于云梦睡虎地 11 号墓主喜的出身，任仲爀认为从埋葬喜的睡虎地 11 号墓的墓葬习俗来看，比起楚俗更加接近秦俗；再根据此墓所出《日书》中的秦除来看，喜并不是楚人，而是秦人。④ 与睡虎地秦简出土以前相比，这些文章提供了更加多样化地研究秦帝国统治结构和性质的契机。遗憾的

---

① 李成珪：《秦帝國의 舊六國統治와 그 界限》，《閔錫泓博士華甲紀念史學論叢》，三英社 1985 年。

② 金烨：《中國古代의 地方統治와 鄕里社會》，《大丘史學》第 37 辑，1989 年。

③ 任仲爀：《秦帝國의 統治理念과 實際》，《淑大史論》第 21 辑，1999 年。

④ 任仲爀：《雲夢睡虎地 11 號墓"喜"의 出身》，《中國史研究》第 5 辑，1999 年。

是，虽然如此，三者之间围绕着同一主题并没有出现更深层次的论争；更可惜的是没有对各地出土的《日书》做深入分析研究，就中央政府和地方的关系这一问题也没有更加多样化和有深度的考察。

在政治制度史领域中关于"地方行政组织和官僚制度"这一主题，发表的论文篇数最多。其中以地方行政组织为主题的论文，李成珪有 2 篇，郑夏贤、任仲爀、李裕成各 1 篇。李成珪《秦朝山林薮泽开发的结构》一文注目于县廷和都官掌管的齐民支配体制论的经济基础——官营产业，考察了山林薮泽的开发、运营的结构；认为当时是由县令统率各个机关的啬夫，再由县啬夫管理山林薮泽的开发、运营以及其他生产活动，这种县啬夫是和县令完全不同的。他还主张：一方面为了抑制县的过度经济自立，另一方面为了保障中央的财政收入，秦政府在县里设置了都官，可是都官并不隶属于县，而是直属于中央的大内。① 另外，在《秦朝的地方行政组织与性质》一文中李成珪又指出，从战国时期开始秦朝在地方组织的整顿过程中，一方面扩大县制，另一方面为了削弱乡的独立性，否定了乡的行政管理方面的职能，并赋予"里共同体"的作用；从县廷的职责来看，县令掌管军事事务，县丞掌治狱事务，县啬夫掌管经济生产和管理事务。② 在这两篇论文中，李成珪主张县啬夫和县令是不同的。这种看法带来了疑问，即县啬夫是全面管理县的经济生产活动，那么是否可以把秦代的啬夫也看作是同汉代啬夫一样只具有管理经济职责的官吏呢？还有，在秦代简牍资料中，我们对于那些用来表示县令意义的"县啬夫"、"大啬夫"的理解也是很困难的。带着这样的疑问，任仲爀考察了秦代行政制度中县与县令、县啬夫以及都官、县、郡的地位问题。他提出：县令与县啬夫是相同的，都官是大内的属官，在睡虎地秦简中出现的宦者、都官吏、都官人

---

① 李成珪：《秦의 山林藪澤開發의 構造——縣廷 嗇夫組織과 都官의 分析을 中心으로》，《東洋史學研究》第 29 辑，1988 年。
② 李成珪：《秦의 地方行政組織과 그 性格——縣의 組織과 그 機能을 中心으로》，《東洋史學研究》第 31 辑，1989 年。

都隶属于都官。① 由此可见，在李成珪和任仲爀的文章中，关于县令与县啬夫，各自提出了非常不同的意见。单就这一问题而言，我们期待今后在里耶秦简等资料发表之后，会有更多的与之相关联的、更有进展的论证出现。除此之外，郑夏贤则关注战国时期各国的行政组织与官僚制度的形成过程。他指出：到战国末期出现了郡和县的上下统属关系，但地方行政的核心机构还是县廷；并且与后代的地方行政机构相比，当时的郡县是具有更强的军事功能的组织；在中央官制方面，到战国末期，"相"从单纯的外交、军事方面职能转变到整个官僚组织的最高位长官。② 关于战国时期秦的乡村支配政策，李裕成提出：商鞅改革的县制并不是要把乡里之民强行编制到县城以内，而是只在行政文书上将自然村落编到县中，由100 户构成的 1 个里也不过就是把不满 100 户的几个自然村人为地在行政文书上编制成行政村。③ 在战国时期秦国的爵位制度方面，闵厚基指出：秦的爵位制度是在西周、春秋时期的爵位制度向汉代的官僚制过渡的过程中出现的，与中原列国的爵位制度并没有大的差异；秦统一六国的原因之一，是秦政府把军功爵位制度扩大于民间而破坏里的共同体秩序，并且设置郡县制度和官僚制度，代替早期的爵位制度。④

关于秦国的土地制度，韩国学术界提出了"国有制说"和"私有制说"两种不同观点。李成珪主张：自商鞅变法以来秦朝以土地国有制为基础实施授田制，所有的齐民都可以从国家那里平均地获得100 亩土地，到了免老再把土地还给国家，由此一来所有的齐民在

① 任仲爀：《戰國 秦의 地方行政組織》，《中國學論叢》第 7 辑，1993 年。

② 郑夏贤：《戰國時代 官制의 一研究》，《公州大學論文集》第 29 辑，1990 年。

③ 李裕成：《戰國秦의 鄉村支配政策에 對한 一考察》，《中國學報》第 33 辑，1993 年。

④ 闵厚基：《戰國秦의 爵制研究——爵制에서 官僚制로의 移行을 中心으로》，《東洋史學研究》第 69 辑，2000 年。

经济上都是平等的。① 这种主张否定了秦朝土地私有制说。崔昌大通过对睡虎地秦简《田律》的分析，主张阡陌制度是为了将 100 亩的土地进行区划的土地制度，这并不是以土地国有制为前提，而是以土地私有制为前提下实施的。② 这一主张明确反对李成珪的国家授田制说。梁必承也对李成珪的看法提出不同意见。他指出：春秋时期，通过铁器的使用，农业生产力快速发展，此时土地私有制是存在的，随后对广阔的荒芜地进行大量开垦，秦国也不例外。在这种情况下商鞅实施土地改革令，此令并不是针对所有的土地，只是针对新开垦的土地罢了。因此，秦国基本上是实行土地私有制，而没有实行立足于土地国有制的授田制；并且，新开垦土地的授田面积，根据每个家庭的劳动力多少决定，并没有一律按每家 100 亩的标准严格分地。③ 这样看来，韩国学界也是围绕着商鞅变法以来秦国的土地制度是国有制还是私有制来展开讨论的。但是此后学界对于"为田开阡陌而封疆"与"授田"的实际内涵，再没有发表什么新见解，更可惜的是也没有关于秦律和张家山汉墓竹简《二年律令》中田律的比较研究。

除此之外，崔昌大通过对睡虎地秦简中出现的仓的多种建筑形式与下属组织的分析，指出由仓啬夫主管廥的集合体——县仓，其下属单位廥是由仓啬夫手下的佐、史来管理，县仓还具有调节谷价的功能。④ 关于秦汉政府的妇女政策，金秉骏提出：在齐民支配体制下，秦汉政府实施了将妇女从官爵秩序中排除在外，而编入算赋和徭役对象之列来剥削其劳动力的政策；到了东汉时期，政府用礼

---

① 李成珪：《齊民支配體制의 成立과 發展》；《中國古代帝國成立史研究——秦國齊民支配體制의 形成》，一潮閣 1984 年
② 崔昌大：《秦의 田律과 阡陌制》，《釜山開放大學論文集》第 27 輯，1985 年。
③ 梁必承：《春秋에서 前漢初期 土地私有制의 出現과 成長》，《建大史學》第 8 輯，1993 年。
④ 崔昌大：《倉律을 通하여 본 縣倉》，《釜山工業大學論文集》第 32 輯，1990 年。

教秩序来束缚妇女，强制妇女进行劳动、生育、养育子女。① 崔德卿考察了战国秦汉时期山林薮泽的实际情况，以及当时国家对于山林薮泽的保护政策，指出由于战争、自然灾害、过度开垦等原因遭到破坏的山林薮泽根据法律和时日禁忌要加以保护。② 另外，崔德卿还就度量衡制度发表 2 篇相关论文：关于战国秦汉时期度量衡制度的变化及其政治意义，指出在春秋战国初期，为了校正风俗而采用了度量衡，战国中期以后为了强化君主权力而使用了度量衡，到战国后期国家将度量衡从法制上进行了规格化、标准化。③ 关于秦汉时期度量衡的处罚规定与其内涵，崔德卿认为在秦律中规范了度量衡的误差标准、谷物的容量、身高的测量以及官府发放粮食的规定，反映出秦政府以统一的度量衡器为媒介控制民间经济与日常生活，尤其在极力强化君主权力的战国时期，度量衡也具有很强的政治内涵。④

在法制史研究领域，分"关于刑罚体系的研究"与"刑罚的内容及刑期的研究"两个方面进行介绍。最先发表关于刑罚体系论文的是崔昌大。他通过对睡虎地秦简所反映的刑罚系统的分析，主张完刑与耐刑是以徭役轻重来区分的劳役刑的一种，隶臣妾不是官奴婢而是刑徒；秦的劳役刑原来就是定期刑，但睡虎地秦简中所载律令编制之时秦朝正处于战争时期，所以不得不实施不定期刑。⑤ 李成珪将秦律和《二年律令》中出现的刑罚体系按照罚金刑→赎刑→劳役刑→戍边刑、迁刑→肉刑以及附加的身份劳役刑的轻重顺序进行排列，并指出隶臣妾、鬼薪白粲、城旦舂作为受罚轻重不同的官奴

① 金秉骏：《秦漢時代 女性과 國家權力》，《震檀學報》第 75 辑，1993 年。

② 崔德卿：《戰國、秦漢時代 山林藪澤에 대한 保護策》，《大丘史學》第 49 辑，1995 年。

③ 崔德卿：《戰國、秦漢時代 度量衡制의 政治史的 意味와 그 變遷》，《釜大史學》第 23 辑，1999 年。

④ 崔德卿：《秦漢時代 度量衡의 處罰規定과 삶의 强制》，《中國史研究》第 8 辑，2000 年。

⑤ 崔昌大：《睡虎地秦墓竹簡의 贖罪와 貲罪》，《釜山工業大學論文集》第 30 辑，1988 年。

婢可以进行买卖，鬼薪、白粲是不会附加黥刑的奴役刑；"耐"则包括了耐司寇、耐隶臣妾、耐迁，根据不同的事件会有不同的耐刑处罚；司寇是监视城旦舂的无期刑徒，虽然和隐官一样是国家会授予田宅的刑徒，但是根据情况的不同也可以受到庶人的待遇，拥有双重身份。① 关于刑罚的内容和刑期，任仲爀与林炳德发表了多篇文章。首先，任仲爀研究了睡虎地秦简中经常出现的"赀罚"的概念、本质及其目的，指出赀罚是财产刑的一种，国家通过实施赀罚来筹措军事费用、整顿官吏的勤务纲纪。② 此后，任仲爀分析了里耶秦简和《二年律令》中罚金刑的条文，对已发表的关于赀罚的观点进行了补正后重新发表了新的论文，主张秦律的赀罚与汉律的罚金刑都是以 1∶2∶4 的等级关系来相互继承的，秦律的资一盾的金额相当于 672 钱，汉律的罚金量是 625 钱，两者之间并没有很大的差异；这种看法在很大程度上批评了李成珪的见解。因为李成珪曾经提出过，秦律的罚金刑到了汉律时期锐减到了 2/3，与秦代相比汉代的弛刑现象更加明显。③ 另外，关于赎刑的内含与作用，崔昌大认为赎刑是为了防止经济犯罪而设置的，主要是作为对王室、有爵者、少数民族的君长这些特殊阶层的优待手段而实施的。④ 任仲爀对秦汉律中出现的赎刑变化提出了一些看法，他认为在秦律阶段，赎刑被罚金刑所掩盖，作为刑罚的一种，在法律体系中地位是很不稳定的，到了《二年律令》的阶段，则赎刑的地位要比罚金刑高很多。⑤ 除此以外，任仲爀重新研究了秦汉时期的黥刑、完刑、耐刑的地位变化过程。他提出以汉文帝的刑法改革为基准，将黥刑、完刑、耐刑在概念上的混乱作为前提，指出在此之前的秦律阶

① 李成珪：《秦漢의 刑罰體系의 再檢討——雲夢秦簡과 二年律令의 司寇를中心으로》，《東洋史學研究》第 85 辑，2003 年。
② 任仲爀：《雲夢秦簡의 赀罰에 對하여》，《東洋史學研究》第 24 辑，1986年。
③ 李成珪：《秦漢의 刑罰體系의 再檢討——雲夢秦簡과 二年律令의 司寇를 中心으로》。
④ 崔昌大：《睡虎地秦墓竹簡의 贖罪와 赀罪》。
⑤ 任仲爀：《秦漢律의 贖刑》，《中國學報》第 54 辑，2006 年。

段中，不同的刑徒其头发和衣服也会有所差别，受到了耐刑的刑徒监视受到重刑的刑徒，但随着文帝废除肉刑，黥刑、髡刑、完刑、耐刑的细分化也逐渐变得没有意义。① 此外，与中日学界一样，在韩国学界中对于秦汉时期刑徒的刑期问题也持高度兴趣。林炳德对此发表了多篇文章。关于战国时期秦朝刑徒的刑期与其性质，他指出作为劳役刑的城旦和舂是终身刑，鬼薪、白粲、耐为隶臣、司寇、候等都是有期刑徒；② 还指出根据秦律的系城旦六岁，完城旦舂是刑期 6 年的有期刑徒，附加了肉刑的刑城旦舂也是有期刑徒，根据汉文帝的刑法改革髡钳城旦舂变为 6 年，完城旦舂变为 5 年。③ 对于林炳德的这种看法，任仲爀提出不同的意见，即：若以汉文帝的刑法改革为基准，则在此之前刑徒是没有刑期的，在那之后才变换为有期刑，这与林炳德的观点截然相反。任仲爀还推定秦代刑徒的刑期虽然都是无期限，可是通过赦免与赎免的方式并不服满无期刑，提前释放的情况也可能是相当多的。④ 除此之外，崔昌大通过睡虎地秦简《金布律》的分析，考察了秦代的通货管理、官有物品管理、居赀赎债的运作。⑤ 金善珠以睡虎地秦简为基本资料，考察了从商鞅的"改法为律"到秦帝国的法令整合过程。⑥ 崔德卿根据秦律中盗律的形成与盗窃行为的意义，推定之所以在秦律中出现了很多关于窃盗罪的条文正反映当时活跃的社会分化，被包含

① 任仲爀：《秦漢律의 髡刑、完刑、耐刑》，《中國古中世史研究》第 18 辑，2007 年。

② 林炳德：《戰國秦代 刑徒의 刑期 및 그 性格》，《皐村申延澈教授停年紀念史學論叢》，日月书阁 1995 年。

③ 林炳德：《秦漢時期의 城旦舂과 漢文帝의 刑法改革》，《東洋史學研究》第 66 辑，1999 年。

④ 任仲爀：《秦代 罪囚의 刑期》，《淑大史論》第 20 辑，1998 年。

⑤ 崔昌大：《睡虎地秦墓竹簡의 金布律에 對하여》，《釜山開放大學論文集》第 28 辑，1986 年。

⑥ 金善珠：《秦始皇의 法令統一에 對하여——雲夢秦簡을 中心으로》，《梨大史苑》第 22、23 合辑，1988；金善珠：《于秦始皇의 法令統一과 秦律의 成立에 對하여——商鞅의"改法爲律"을 中心으로》，《釜山史學》第 21 辑，1991 年。

在秦律中的盗律是商鞅的"改法为律"的一种形态。① 李守德研究了秦汉时期的法律解释问题，指出在秦律阶段对于法律的解释在全国是统一的；反之，国家在统一法律解释的过程中把少数法官提出的意见用"或曰"来表示，这多出现于张家山汉简《奏谳书》。②

关于社会史领域的研究动态，下面将按照身份史、家庭史、妇女史的分类进行整理介绍。在身份史方面的研究是以隶臣妾的性质为讨论对象展开争论的，几乎在同一时期有 3 篇论文相继发表。首先是辛圣坤批评了中、日学术界把隶臣妾看作是官奴婢或是刑徒的的观点，主张隶臣妾不是官奴婢或刑徒，而是身份的一种，在有爵者-士伍-隶臣妾的身份结构中隶臣妾是维持齐民支配体制时所必须的特殊身份。③ 崔德卿对隶臣妾的由来与劳役的种类及其在法律上和身份上的地位进行了整理，认为隶臣妾本身就是一个独立的身份，并不是为了维护其他特定身份而设置的身份。④ 与辛圣坤、崔德卿把隶臣妾看作是身份的观点相反，林炳德通过对隶臣妾的来源与职役进行分析，得出隶臣妾不是刑徒而是官奴婢的结论。⑤ 如此一来，韩国学界与中、日学界一样，围绕着隶臣妾的性质这一问题出现了官奴婢说、刑徒说、身份说等多种论点。其中林炳德通过对奴婢与刑徒的积极研究获得了较多成果：第一，一般来讲，隶臣妾虽然是官奴婢，但是附加了肉刑的隶臣妾——耐为隶臣、刑为隶臣不是官奴婢而是刑徒，刑徒不是无期的，而是有期的；第二，根据在秦代对于奴婢有"半人半物"这一观念来推断，主人掌握的对于

---

① 崔德卿：《雲夢睡虎地秦簡에 나타난 戰國秦의 竊盜行爲——그 社會經濟的 意味를 中心으로》，《慶尙史學》第 7、8 合輯，1992 年。

② 李守德：《秦漢時期의 法律解釋——秦簡과 奏讞書의 或曰을 中心으로》，《中國古中世史研究》第 16 輯，2006 年。

③ 辛圣坤：《隸臣妾身分에 對한 試論의 考察》，《首爾大東洋史學科論集》第 9 輯，1985 年。

④ 崔德卿：《隸臣妾의 身分과 그 存在形態——雲夢睡虎地秦簡을 中心으로》，《釜大史學》第 10 輯，1986 年。

⑤ 林炳德：《雲夢秦簡에 보이는 隸臣妾의 身分的 性格》，《成大史林》第 4 輯，1987 年。

奴婢的生杀大权受到了国家的制约；第三，秦代的官奴婢为公田的
耕作、官营手工业提供了所必需的劳动力，秦汉时期的私奴婢在
"小经营奴隶制"下也被地主用于农业劳动；第四，汉文帝废止了
刑徒的无期刑转变为有期刑，这是由于秦代以来官奴婢的买卖系统
没有正常的运作，导致了官奴婢剩余劳动力的产生，因此就没有必
要动员刑徒的无期限劳役。① 针对士伍的身份，尹在硕分析了睡虎
地秦简中的秦律和《日书》以及同时出土漆器的针刻铭文中所见士
伍的来源、社会身份及其功能，对中、日学界关于士伍的夺爵说、
无爵者说、刑徒说等进行了批判，指出秦代的士伍既是没有爵位的
庶人成丁（自17岁以上到免老年龄以下的男性），即《商君书》等文
献资料常见的耕田之士，也是作为典型的国家公民，是维护秦帝国
的核心身份阶层。②《二年律令》和里耶秦简出版以后，关于士伍的
研究得到深化，与此相关的有2篇文章。任仲赫分析了耐刑的实
质，以及从刑罚史的角度论述了耐刑是秦汉政府为了维持编户齐
民——士伍的数量而实施的政策。在文中，任仲赫认为耐刑包含了
鬼薪白粲、隶臣妾、司寇、侯；还指出"耐"是遵循"不名耐者"的
原则对多种类型的劳役刑的简称，其中比较具有代表性的是耐为司
寇。作为一种维持士伍数量的方案，将犯罪的有爵者降级为士伍，
将隐官、庶人变成士伍，耐为司寇、耐为鬼薪白粲、耐为隶臣妾、
完城旦舂、黥城旦舂被赦免时，以庶人为过渡最终变为士伍，从而
揭示了通过多样的形式所有的身份最后都会变为士伍这一身份秩序
的这一层面。③ 简而言之，任仲赫认为刑罚制度是作为维持编户齐
民体制的一种方案被实施的。林炳德对任仲赫的观点提出反论，发
表了关于庶人、士伍的论文。他根据《二年律令》中的庶人律指出：
庶人并不是司寇等身份在变为士伍之前的附加身份，而是作为与士

---

① 林炳德：《中國古代의 奴婢와 刑徒》，《忠北史學》第3辑，1990年；
《秦漢의 官奴婢와 刑徒》，《忠北史學》第5辑，1992年；《秦漢代 奴婢의성격》，
《五松李公范教授停年退任紀念東洋史論叢》，知识产业社1993年；《秦漢交替期
의 奴婢》，《中國古中世史研究》第16辑，2006年。
② 尹在硕：《秦代 士伍身分에 對하여》，《慶北史學》第10辑，1987年。
③ 任仲爀：《秦漢律의 耐刑》，《中國古中世史研究》第19辑，2008年。

伍对等的一个独立身份，和在《商君书·境内》中出现的庶子是相同的，如果士伍是指负担徭役和兵役的绝大部分良民的话，那么庶人可能就是具有隶属性质的少数贱民；士伍作为编户齐民的典型形态，但其身份构成复杂，包含贫富差异较大的各不同阶级；根据汉文帝的刑法改革令林炳德主张：文帝刑法改革令增加了有期刑徒和对于官奴婢实施"免为庶人"的措施，使得庶人的数量多于士伍。①以上这些研究都是限定在特殊身份上的论述，李成珪则是对秦代的身份结构进行综合性的考察。在对其提出的齐民支配体制论进行补正的同时，对有爵者、无爵者、谪民、官奴婢、刑徒等的身份进行了综合整理，把秦帝国的身份秩序按照上爵者—下爵者—齐民—谪民—官私奴婢的顺序系统化，指出谪民以下的身份是为了维护齐民而设置的身份，还提出了隶臣妾是官奴婢的一部分的见解。②

在家庭史方面，韩国学术界从关于商鞅家族改革令的内涵，到秦代家庭的规模、结构、继承方式、连坐罪，以及从经济、政治、社会等方面对家庭的功能和地位等多方面进行了研究。首先，关于家庭规模和结构，在中、日学界最普遍的见解是：秦自实施商鞅家族改革令以来禁止一家中两名以上成年男子的同居，以夫妻为中心的小家庭是秦社会的普遍家庭形态，其后中国社会逐渐转变为单婚小家庭社会。③在这种学术背景之下，裴真永分析了睡虎地秦简中的"户"、"同居"、"室人"的含义，提出户是授田和征税的基本单位，秦代社会是以夫妻为中心的小家庭社会的观点。④但是对于学界的这种小家庭论，尹在硕提出了反论，指出小家庭论是对家庭结构和规模进行解释、研究时过于倚重于经济决定论的结果，认为应该对原有自然状态下的家庭规模和结构进行研究。尹在硕考察了睡

① 林炳德：《秦漢時代 士伍와 庶人》，《中國古中世史研究》第20辑，2008年。
② 李成珪：《秦의 身分秩序構造》，《東洋史學研究》第23辑，1986年。
③ 尹在硕：《中國古代家族史研究의 現況과 展望》，《中國史研究》第13辑，2001年。
④ 裴真永：《戰國末期秦國"家"의 性格——雲夢睡虎地秦墓竹簡의 分析을 中心으로》，《梨大史苑》第27辑，1994年。

246

虎地秦简《日书》中所反映出来的自然状态居住形态和家庭结构后，认为比起以夫妻中心的小家庭社会，父、子、孙三代同居共财的"三世同堂家族"（或称"三族制类型家族"）是当时典型的家族类型，并主张在秦代民间社会中三世同堂和小家庭是并存的，这是与学界的小家庭论相反的学说。① 同时为了证明这一论旨的正确性，尹在硕还分析了睡虎地4号秦墓出土的6、11号木牍，提出在其中出现的叫黑夫、惊的家庭结构也是父、子、孙同居共财的三世同堂家族。② 以这种主张为基础，尹在硕认为商鞅的家族改革令的内容并不是像学界的普遍见解那样——秦政府并不是强制有两名以上成年男子的家庭必须分家，而是为了改变在一"室"内成年男女不分上下的非道德的居住形态，在一套房屋内以夫妻为单位进行分房的政策。也就是说秦政府并没有实行小家庭政策，反之，实行的是保护三代同堂家族的政策。这种政策也体现在秦律中"居赀赎债"、"征发成边劳役"的规定保护有两名以上成人男子的家庭这一条文上。③ 关于这种家族的继承方式，尹在硕重点考察了从春秋时期开始到秦、汉初期期间实行的后子制度，提出在春秋时期实行的以嫡长子为主的家庭继承方式一直持续到秦汉时期，家族的继承者——后子继承祖先的血统、祭祀、财产以及身份，是法律上的户主。④ 又主张在秦律和《二年律令》中也包含了成为主流的嫡长子继承制度——后子制度，特别是在汉初为了预防绝户，父母、寡妇、女儿、甚至连奴婢都被排进户主继承顺位，这也是为了防止由绝户引

① 尹在硕：《睡虎地秦简『日書』에 나타난"室"의 構造와 性格——戰國末期秦의 家族類型 考察을 爲한 試論》，《東洋史學研究》第44辑，1993年。

② 尹在硕：《睡虎地4号秦墓出土的木牍反映的家族类型》，［中］《先秦史研究动态》第25期，1994年。

③ 尹在硕：《商鞅家族改革策에 나타난 家族形態》，《慶北史學》第11辑，1996年。

④ 尹在硕：《春秋戰國時期 家系繼承과 後子制度》，《慶北史學》第21辑，1998年。

起的税金绝源问题而实施的国家家庭政策。① 对于尹在硕的看法，崔德卿批评说：战国中期以后，以夫妻为中心的五口家庭普遍流行，三代同堂家庭仅仅是残余形态，在睡虎地秦简中《日书》出现的住宅结构不是指小农民，而是反映了中农层以上的富有家庭住宅形态。② 金烨分析了睡虎地秦简《法律答问》中频繁出现的"同居"、"室人"、"家罪"、"非公室告"等语，以求考察家族连坐的实质，其结论是同居是法律、行政上被登记在户籍上的同居家族；室人是作为社会上惯称的家庭——同居家庭和别居家庭中都包含了的用语。连坐罪的涉及范围是根据其犯罪的种类而变化，连坐罪的处罚种类分为：收、守赃、包，同时还推测秦律中的非公室告、家罪——禁止家庭成员间的起诉，也就是汉唐时期家属容隐的滥觞。③ 金珍佑考察了在秦律、二年律令、唐律中出现的关于不孝罪内涵与处罚的变化过程，指出秦汉律中对"父母告子不孝"是处以弃市这种严刑来处罚的，这是将传统道德观念上的孝融入律令里的结果。秦政府通过孝为媒介建立垂直的社会秩序用来作为支配基层社会的一种方案，此外还指出唐律的不孝罪规定中也继承了这种秦汉律的不孝罪。④ 在妇女史方面，林秉德分析了秦律和《二年律令》，指出秦汉时期妇女在家父长制度下像奴隶一样完全从属于男性，这种现象体现在刑罚的男女差别上，比较在秦律、二年律令、唐律中出现的妇女犯罪案例，妇女地位的提高速度非常缓慢。⑤ 反之，尹在硕站在妇女的社会功能和地位的角度提出与此不同的观点。他在肯定秦汉社会是男尊女卑的社会的同时，也批判了妇女完

① 尹在硕：《睡虎地秦简和张家山汉简所反映的秦汉时期后子制和家系继承》，[中]《中国历史文物》2003 年第 42 期。

② 崔德卿：《戰國、秦漢時代 小農民의 住宅構造에 對한 一考》，《釜大史學》第 17 辑，1993 年。

③ 金烨：《秦簡에 보이는 家族連坐》，《歷史教育論集》第 13、14 合辑，1990 年。

④ 金珍佑：《秦漢律中의'不孝'에 對하여——睡虎地秦簡、張家山漢簡의'不孝'관련 條文을 中心으로》，《中國古中世史研究》第 19 辑，2008 年。

⑤ 林炳德：《中國古代法이 말하는 女性》，《中國史研究》第 36 辑，2005 年。

全从属于家父长权这一观点。具体观点如下：秦律和《二年律令》中反映的秦汉时期的妇女可以拥有一定程度的家产所有权，在没有子女的情况下可以接替丈夫继承户主的地位，作为算赋和徭役的征收对象，无论是从家庭还是社会的角度讲，都是维持国家稳定并可以提供必要劳动力的一个群体；还认为汉代儒家的妇女观念仅仅是限制在一部分支配层妇女的理想型（Ideal Type）观念。①

在经济史领域，崔德卿注重于农业生产方面，指出春秋末期以后，依靠铁制农具的普及和各种农耕法的改良，生产力得到了极大提高，可是小农的生活仍然处于绝对贫困状态，究其原因可以发现，从战国中期以后到西汉初单位面积的生产力几乎没有变化，直到西汉末期由于农具开发和生产技术的提高才使单位面积生产力提高。由此可见战国中期以后生产力提高的主要原因，不是农具开发和耕作技术改进，而是耕作面积的扩大所导致的。② 关于小农的每亩生产量问题，崔德卿指出：战国中期以后，铁制农具的普及使每亩产量由 1 石提高到 1.5 石，可是在西汉初由于社会经济的不安定减少到 1 石，在这种情况下五口之家的小农家庭经济亏损严重，原因是不能扩大其耕种面积的小农家庭无法得到生产力提高所带来的利益。③ 在手工业史方面，尹在硕分析了秦代的漆器铭文和与其有关的睡虎地秦简条文的内容，主张漆器上的烙印文字是手工业作坊或是检查器物品质的官厅所刻下的"物勒工名"的一种形态，但是针刻文字并不是作者者而是漆器所有者的身份与名字，这是因为在漆器针刻文中所包含的"小女子"、"小男子"等未成年者，他们是无法代表漆器制作者把自己的身份和名字刻在漆器上的。④ 除此以

① 尹在硕：《中國古代 女性의 社會的 役割과 家内地位》，《東洋史學研究》第 85 辑，2006 年。

② 崔德卿：《中國古代農業技術의 發達과 作畝法——農業考古學의 成果를中心으로》，《釜山史學》第 13 辑，1987 年。

③ 崔德卿：《秦漢時代 小農民의 畝當生産量》，《慶尚史學》第 4、5 合辑，1989 年。

④ 尹在硕：《秦代의 物勒工名과 漆器銘文》，《東洋史學研究》第 76 辑，2001 年。

外，在环境史方面，崔德卿指出与农耕、树木、山泽资源相关联的时日禁忌反映了天、地、人合一的三才观中的基础观念——生态保护观念，这种时日禁忌观念被后来的秦汉统一帝国的法令所吸收。①

最后，介绍关于里耶秦简的研究成果。金庆浩首先撰文向韩国学界介绍了考察里耶镇的情况和里耶秦简的内容、结构。在此文中整理记述了在 2007 年 10 月参加"中国里耶古城·秦简与秦文化国际学术研讨会"时对里耶古镇的考察情况，② 其中包括这一地区的自然环境变迁及其历史沿革，还介绍了在会议上发表的论文内容与研究情况；关于里耶秦简的发掘情况和内容也做了介绍，特别是通过对赍赎文书简、里程简、户籍简等的理解释读，给文书传递方式和文书内容的研究带来了很大帮助。③ 李成珪以秦朝迁徙政策为立足点考察了迁陵县南阳里户籍简，他指出在户籍简中记载的"南阳"指的是隶属迁陵县的南阳里，"荆"是战国时期被合并到秦的旧楚地；"南阳里"这个里名取自位于旧荆地区的南阳郡。被登记在这些户籍里的人们是秦统一六国以后，迁移到迁陵县的原南阳郡旧楚人。秦政府赐给这些人比较高的爵位，同时实行授田和免除徭役等优待政策，由此可以了解到当时秦政府对于迁徙民也贯彻实施了齐民支配体制。④

上文整理了从 1979 年到 2008 年约 30 年间在韩国发表的共 67 篇论文，简要介绍了韩国的秦简研究动态。在政治制度史、法制史、社会史等领域，发表的论文主题和中、日学界的研究主题并无

① 崔德卿：《秦漢代 日書에 나타난 民間의 生態認識과 環境保護》，《中國史研究》第 23 辑，2003 年。

② 参加研讨会的韩国学者所发文章如下：金庆浩：《里耶秦简里程简的内容与秦的地方统治》；金秉骏：《秦汉时期的河运——以里耶秦简为线索》；尹在硕：《里耶秦简户籍简牍反映的秦朝户籍制度和家庭结构》。

③ 金庆浩：《二千年前 里耶鎮으로의 旅程과『里耶秦簡』簡介》，《中國古中世史研究》第 19 辑，2008 年。

④ 李成珪：《里耶秦简 南陽戶人 戶籍과 秦의 遷徙政策》，《中國學報》第 57 辑，2008 年。

大异，研究者之间的互相争论也较活跃。而在经济史领域并没有令人满意的研究成果。

在韩国秦简研究动态中值得注目的，是 2002 年一年里没有一篇关于秦简的论文发表，究其原因，或许是由于 2001 年 11 月《张家山汉墓竹简［二四七号墓］》的出版使得大部分学者都热衷于研读此书，短期内还不能取得任何研究成果。因此，在 2003 年开始关于张家山汉简的研究逐渐活跃起来的同时，诸多将其与秦简一并进行研究的论文也问世了，2003—2008 年间共涌现了 12 篇学术论文。张家山汉简被运用于解释在此之前进行的秦简研究中无法解释的一些问题，这也说明为了更加深入地研究秦史就必须结合秦汉简牍进行综合研究。

三、2009—2014 年的秦简研究

从宏观的角度来看，作为考察秦汉对民支配方式的论文，李成珪的文章值得关注。此文指出，通过对秦汉帝国税役征收方式的分析，可知秦汉帝国对民支配方式具有"计数的支配"的性质，受到此种支配的民被视为与"物"相同的存在。即，通过睡虎地秦简与里耶秦简，以及二年律令与松柏汉简、银雀山汉简等分析，民从出生与通过"自占年"被记录在年籍上，此后直到死亡为止，都要彻底地服从年龄的计数化规定，被分为大、小、使、未使、睆老、免老等对象，并据此征收税役。因此，民的存在就相当于"物"一样的存在，此种对民的计数化与以"制土分民"为基础的理想政治是相通的。① 可以说，李成珪的此种见解作为他以往的学术主张——秦汉帝国是"齐民支配体制社会"——的延伸，更加具体地明确了国家与民的关系。即，提出齐民支配体制的精密编制为了无限地获得税役资源，君主将基础放在制定民数与劳动力的计数化这一观点。从这一观点来看，李成珪主张的"计数的支配"依据秦汉简牍

---

① 李成珪：《計數化된 人間——古代中國의 税役의 基础와 基準》，《中國古中世史研究》第 24 辑，2010 年。

中详细记载的各种人力、物力统计，以及和分配有关的数值化资料，便具有非常强的说服力。另外，李成珪又仔细分析了秦汉简牍公文书中散在的各种时制资料，秦汉的行政运行是建立在准确的时间安排上的，即"计时行政"。当时的行政完全按照时间得以实施，可以反映出其行政运营的效率性和缜密程度。加之，通过对表的制作和普及程度的分析，从多个视角考察了以时间为基础的行政运行体系。①

就秦帝国运行方式的问题，黎明钊通过比较分析岳麓秦简《为吏治官及黔首》与《论语·为政》，考察了秦帝国的官僚像，和通过这种官僚像所反映出来的治国面貌。结论指出，《为吏治官及黔首》及睡虎地秦简《为吏之道》中包括一部分官吏要忠信敬上、贞廉勤慎的修身德目内容。黎明钊指出，实际上这些官吏与《论语·为政》中通过以"仁"为核心依靠君子治国，以求创造理想社会秩序的内容相悖；反之，他们是熟知秦帝国律令，并严格执行的兴利除害型技术官僚（Technocrat），指向统一统治。因此，秦帝国很难依靠此种官吏创造出和谐社会秩序。② 金庆浩提出与此相异的意见，自春秋战国至秦汉出现官吏出身的变化。即，从游士类型变为儒士类型，其变化的预兆显示秦帝国，在《为吏治官及黔首》和《为吏之道》中强调官吏应该具备儒家素养。③还有，金庆浩考察了秦汉时代书籍的流通与知识、思想的普及程度。他指出，从战国时期开始到秦汉时期，被制成简牍的书籍流通量与内容不在少数。特别是，《孝经》、《论语》等书籍在全国范围内（包括边境地区）的流通，其原因在于传播国家统治理念的政治目的。④

另一个值得关注的与秦帝国运行方式相关的论题是，作为秦的

① 李成珪：《秦漢帝國의 計時行政》，《歷史學報》第 222 辑，2014 年。
② 黎明钊：《岳麓書院秦簡〈爲吏治官及黔首〉與社會和諧》，《中國古中世史研究》第 28 辑，2012 年。
③ 金庆浩：《秦漢初 出土資料에 反映된'士'、'吏'의 性格——游士에서 儒士로의 變化過程》，《大東文化研究》第 80 辑，2012 年。
④ 金庆浩：《秦漢時期 書籍의 流通과 帝國秩序》，《中國古中世史研究》第 32 辑，2014 年。

各级行政机构之间的往来文书，这一部分也是里耶秦简研究中成果最为突出的领域之一。与中国、日本一样，韩国学界也倾注相当的关心，共发表五篇论文。大体上看，可分为研究分析行书律内容与政治意义，和有关实际文书行政的实践过程中反映出的文书行政制度研究。首先，有关行书律的研究，金庆浩的论文值得关注。此文重点考察睡虎地秦简、岳麓秦简、里耶秦简，和二年律令中出现的行书律法制继承关系与文书传达方式；违反行书律时的处罚规定，以及行书律的政治目的。如按此文所述，秦与汉初的行书律为继承关系，因此除些许差异以外，多数行书方式与违反行书律时的处罚规定彼此相似。还特别指出汉初的邮路具有以长安为中心，强化京畿地域统治的目的。①

有关分析文书行政的实际执行事例，从制度侧面究明文书行政实相的研究可举吴峻锡之文。他将《里耶发掘报告》中的公文书分为发送文的副本与接受文书，接受文书又可分为包含文书处理情况的文书；不包含处理情况的文书，以及在总结之后保管的文书。除此之外，里耶秦简中出现大量"守丞"，守丞指总管文书业务的县丞副官，"快行"的快可能是人名。另外，随着文书上记载的位置不同，"手"的意义也有所不同。即，记录在文书简背面左侧最下段的"某手"指正面文书的抄录者；背面右侧记录的某手是副本文书的抄录者；背面左侧中段记载的某手可能是文书接收者或是文书开封者。② 除此之外，吴峻锡还试图通过秦、汉代邮、亭、传、置、驿等邮传机构的设置与维护过程的研究，究明行政文书的传达方式。按其所指，秦代开始到西汉初中期，实行以邮为中心的文书传达制度，文景帝时期马政成功之后，西汉中期以后，大规模地设置综合性邮传机构作为国家的中心邮传机构。传达顺序为以次传、以县次传、以道次传、隧次行，行书的方式为走行、急行、马行

---

① 金庆浩：《秦、漢初 行書律의 內容과 地方統治》，《史叢》第73辑，2011年。

② 吴峻锡：《里耶秦簡을 通해 본 秦代文書行政方式과 그 特徵》，《中國古中世史研究》第21辑，2009年。

等，根据文书的传达距离，也可分为以邮行与以亭行的方式。①还有吴峻锡考察了行政文书的种类与传达方式，以及传递过程中县的作用。指出在这一过程中行政文书可分为：由县的下属机关将行政文书传达给县廷的报告文书；县廷传达给郡的报告文书；郡传达给县廷的下行文书。这些文书根据其形制，可分为发送文书的副本、收信文书Ⅰ、收信文书Ⅱ。吴俊锡还考察了文书传递路径，指出县与县、郡与县之间的文书传递会越过郡的边界；乡与乡之间的文书传达必须通过县廷，这一过程中县是文书行政过程中的中枢机关。②

另外，作为秦代文书行政的特殊事例研究，鹰取佑司的论文值得关注。他通过分析里耶秦简 16-5、16-6 二简，以求推定记录同一内容的两件文书被发送到迁陵县的理由。结论指出，它们与汉代元康五年诏书册的下达方式为同一方式，也作用于这两件文书的传达过程。作者推定 16-5 简是从洞庭郡以"以次传"的方式经过几个县，之后到达迁陵县的文书；16-6 简是从洞庭郡依靠邮直接送到迁陵县的文书。还主张如此将同样的文书传达两次，是因为通过"文书的确切传达"以来确实执行上部命令。③

如果没有缜密地执行文书行政，就不可能维持秦、汉帝国这一点，则不言而喻。但上述论文中主要议论的资料多以里耶秦简与居延汉简、悬泉置汉简等秦汉时代边境地区出土的特殊行政机构资料为主进行分析，因此在究明秦汉帝国整体的一般文书行政实体时仍有不足。并且，到目前为止，这一方面的研究仍以文书的编制和流通方式等制度史方面的考察为中心。由此一来，以公文书的内容分析为基础的文书行政的多样性研究实为不足。一般来讲，从公文书分为编制、流通、废弃这三个阶段来看，目前研究中针对公文书的

① 吴峻锡：《秦漢代의 郵傳機構와 文書傳達體系》，《東洋史學研究》第109 辑，2009 年。

② 吴峻锡：《里耶秦簡과 秦代 縣廷의 文書行政》，《中國古中世史研究》第30 辑，2013 年。

③ 鹰取祐司：《秦漢時代の的文書傳達形態——以里耶秦簡 J1(16)5と J1(16)6を中心に》，《中國古中世史研究》第 24 辑，2010 年。

废弃这一制度史的考察也是不足的。

地方行政制度方面，是以研究迁陵县廷组织结构为主。值得关注的论文是李成珪的有关迁陵县廷的内部组织与各级机关职能的考察。李先生指出，迁陵县由8个曹、官啬夫主管的十几个衙署，以及3个乡组成。其中，有关曹的职能，除令曹、吏曹、狱曹之外的所有曹监管官啬夫的工作。另外，还综合记录有业务状况的课志，编制计录；再将其报告给令、丞，最终由郡保管计录。曹、啬夫组织中包括长吏——令、丞、尉、县（大）啬夫，以及104名少吏。其中，丞主管县廷的运行，县令的具体业务情况尚未明确。另外，当时的郡与汉代的情况不同，还未成为县的上级行政单位，县直属于皇帝，是统治地方的基干。另一方面，迁陵县是由两百户构成的小规模县，在偏远山村设立迁陵县，其目的在于在蛮夷的世界里确保秦帝国领土。①还有，两位青年学者通过对里耶秦简的分析，考察了秦代县廷的"令史"和"曹"。金垌吾通过对里耶秦简中出现的令史的分析，考察了县廷的构造。他指出令史作为"史"官，原来仅是负责文书行政的斗食小吏，辅佐县令、丞处理各种事务；代替县令监督官、乡，啬夫不在时还监管官的事务。在这一过程中，令史在"廷"管理"官"，像这样，"令史"作为秦代的"监者"，在汉代逐渐变为"主者"。② 金钟希考察了里耶秦简中出现的各种"曹"组织结构与机能，以及县"廷"与县"官"的关系。他指出，迁陵县廷是分为"廷"与"官"的二元化组织，各种曹作为"廷"的内部部门，将在"官"中进行的事务处理结果进行会计，编制计录后报告给"廷"的负责人令丞，县廷据此整理为评价"官"的考课资料"课志"。管理迁陵县土地、财政的"官"——田官、田啬夫、少内的作用与"曹"的关系可以很好地反映出这种情况。如此看来，秦代县

---

① 李成珪：《秦 帝國 縣의 組織과 機能——遷陵縣 古城遺址 出土 里耶秦簡의 分析을 中心으로》，《學術院論文集（人文、社會科學篇）第 53 辑 1 号，2014年。

② 金垌吾：《秦帝國시기 縣廷의 構造——里耶秦簡"令史"를 중심으로》，《東洋史學研究》第 126 辑，2014 年。

的行政组织结构是"廷"监管"官"的二元化组织，"曹"在这两个机关之间起媒介作用。①

　　另外，琴载元不仅分析了里耶秦简，对岳麓秦简也进行了积极的分析，在这一过程中他考察了秦帝国时期旧楚地域的地区特征，值得关注。他指出，秦帝国时期的旧楚地域可分为故地和新地。公元前278年，秦占领的秦帝国南郡被划分为故地，管制方式与秦内地郡县的管理方式相同，南郡周边新设洞庭郡与苍梧郡，被划分为"荆新地"。其中，新地由于政治上的不安定性，与南郡的统治方式有所不同。但是，反秦战争时期，南郡地区没有出现大规模的反秦起义，西汉也持续施行了郡县制，这说明长期被秦统治的经验一直延续到后代。②全惠兰分析了从战国时期的秦到汉初之间的内史与郡的机能，及其行政体系，指出战国秦时期已经确立了"内史-县"，以及"郡-县"体系；秦帝国时期内史负责下行文书的中介和财政事务等多种事务；汉初，财政上不仅确立了"内史-县"体系，内史还掌握了关中地区的管制权。汉初的郡不仅管理财政方面的事务，它作为管理多个领域事务的机关，确立了"中央-郡-县"的系统。③金秉骏考察了秦汉帝国与异民族间的关系，以及秦汉帝国的异民族支配方式等问题。他指出，秦汉帝国的国境分为外境与内境，秦汉帝国在内境的异民族地区贯彻实施郡县支配，对于生产力低下的外境异民族，设立部都尉与属国都尉，对其军事进行支配。④

　　土地制度方面的论文有共三篇。其中值得关注的是任仲爀的论文，考察了秦始皇三十一年颁布的"自实田"的意义及其在秦、汉

　　① 金钟希:《秦代 縣의 曹組織과 地方官制——里耶秦簡에 나타난 遷陵縣의 土地、財政運營을 中心으로》,《東洋史學研究》第128辑，2014年。

　　② 琴载元:《秦統治時期 "楚地"의 形勢와 南郡의 地域性》,《中國古中世史研究》第31辑，2014年。

　　③ 全惠蘭:《秦、漢初의 內史와 郡》,《中國古中世史研究》第32辑，2014年。

　　④ 金秉駿:《秦漢帝國의 異民族支配——部都尉 및 屬國都尉에 대한 再檢討》,《歷史學報》第217辑，2013年。

初的土地制度变迁史中所占的地位。任仲爀在此文中对睡虎地秦简、龙岗秦简，以及放马滩秦简日书等进行分析，主张秦国的土地制度是通过战国秦的"授田制"到秦末的"自实田制"，再到龙岗秦简阶段的"授田制"这一过程，承袭为汉初二年律令的"授田制"。其中，将自实田与南宋理宗宝佑二年（1254）施行的《宋史》"行自实法"理解为同一意义，即以缴纳赋税为目的，使民自觉上报所有土地面积的措施。并且，通过这一措施，针对已报告土地现况的百姓土地，承认其土地所有权，秦政府在维持国家授田制的同时也允许土地私有制。像这样同时实施国家授田制和土地私有制的秦土地制度，汉初因萧何得以继承，并且可以通过二年律令中包括的土地买卖和继承规定来确认这一事实。① 此文将"自实田"解释为与南宋代的"自实法"是相同的这一点，以及通过分析为数甚微的土地买卖和继承的相关资料，揭示出秦、汉初授田制与土地私有制是并存的这一点值得关注。与此相关联，林炳德指出睡虎地秦简与二年律令中虽然包含授田的相关规定，但却未包含如果施行授田制，那么就必然会有的土地还收规定。反之，根据在二年律令中包含允许土地买卖和继承规定这一点，他否认"免老土地还收说"，反对国家授田制说和土地国有制说。② 他还主张即便成为授田，授田者也会拥有土地的使用权、受益权、占有权，这是紧随商鞅变法允许土地买卖之后的，更进一步地说，这是国家认可百姓这种本能的私有欲望的结果。③

与家庭、户籍，以及户口簿相关联的论文共发表了六篇。尹在硕反对由于商鞅的家族改革令，秦社会变革为夫妻中心小家庭社会这一学界定说。他通过睡虎地秦简、汉代画像石资料中反映的民间住宅构造的分析，指出秦汉代民间不仅存在小家庭住宅，还广泛存

---

① 任仲爀：《秦始皇 31 年의 自實田》，《中國古中世史研究》第 26 辑，2011年。

② 林炳德：《秦漢의 土地所有制》，《中國史研究》第 67 辑，2010 年。

③ 林炳德：《出土文獻에 보이는 秦漢時期의 土地制度》，《中國史研究》第 75 辑，2011 年。

在由父、子、孙构成的联合家庭住宅。并且，这种规模大的家庭形态实际存在的情况，不仅可以证明这受到秦政府的保护，另一方面不孝罪的法制化还说明，这是为防止在分解联合家庭时出现的削弱家父长权现象，秦政府所采取的措施。① 与此种观点相反，林炳德分析里耶户籍简所反映的秦代户籍制度和家庭形态，试图重新解释商鞅的家庭改革政策。他将里耶户籍简中出现的户籍类型分为夫妻中心户籍，以及户主为母，或是兄弟同居类型，前者为小家庭，后者是同居家庭形态。后者虽然从外部来看属于父子兄弟同居一家的联合家庭形态，但兄弟之间又单独作为以夫妻中心为一家，分别居住在不同的室构成独立的户，因此实际上应将其看作是小家庭形态。指出秦成为小家庭中心社会可以说是商鞅家族改革令实施"一户一正丁"政策的结果。②

与秦汉时期户籍和户口簿相关联，尹在硕分析里耶秦简与二年律令的户律，考察了秦代户籍形态、记载方式、内容构成，以及秦汉户籍的编制、维护、管理方式等问题。指出，秦政府以一户一牍为原则，编制形制为二尺木牍的户籍，记录范围是户主的家人——臣妾、隶、小妻等，甚至包括隶属人，为体现其是否具有劳动力，将其性别、大小为基本标准，分别记载于不同的五栏里，不记录户口年龄是因为与户籍相区别，还另编有年籍。另一方面，在户籍木牍上标记"伍长"是为表示伍是将五户的户籍共同保管，是户籍的最小集合单位，五户籍一伍的负责人便是伍长这些内容。除此之外，里耶户籍木牍中的南阳是里名，荆为旧楚地民，不更与小上造是秦政府为驯化旧楚地域民而下赐的爵位。秦汉的户籍是每年八月户时，由乡的啬夫和县的户曹派遣令史、吏到乡共同编制，其副本由县保管。③

① 尹在硕：《秦漢代 住宅의 構造와 家族生活》，《東洋史學研究》第 112 辑，2010 年。
② 林炳德：《里耶秦簡을 통해서 본 秦의 户籍制度—商鞅變法、同居、室、户에 대한 再論—》，《東洋史學研究》第 110 辑，2010 年。
③ 尹在硕：《秦漢初의 户籍制度》，《中國古中世史研究》第 26 辑，2011 年。

但上述尹在硕的研究中所使用的里耶秦简并不是秦内地的文书，而是边境被征服地的文书，也就是说，将其看作是秦代户籍制整体情况是比较薄弱的。金庆浩的论文便从这一观点展开议论，他认为里耶户籍简并不是秦人户籍，而是旧楚地域民的户籍。秦代户籍区分秦人、非秦人而用不同的方式编制户籍，这作为"胡汉稍别"的一个形态，汉代户籍、名籍的编制也继承了这一点。更进一步地讲，秦汉政府为向被征服地的周边居民贯彻郡县支配，而实施的特殊编户政策形态。金庆浩指出户籍与户口簿都与内地的情况一样，也被活用为秦汉边境郡县编户化的资料。还指出，特别是边境郡县的户口簿记录样式与内地的乡级、县级、郡级的记录样式并无大异，还可以例证统一实施郡县制这一事实。① 里耶秦简属于异民族地区中比较特殊的公文书，中村威也先生着眼于这一点对其进行了考察。他指出，虽然从这22枚里耶户籍木牍的形制上可以看出，迁陵县与秦内地同样贯彻实施了郡县制与编户制。但事实上，远离迁陵县中心地区的乡级居民，并没有受到同一般的郡县民一样的支配。因为根据木牍内容可知，户籍木牍中记录的大部分是楚姓；南阳里的成年男性一概被授予"不更"的爵位；事实上仍有成年父子兄弟同居的情况；编辑户籍时未能完整地编制年籍等情况。② 除此之外，与秦汉户口簿相关联，尹在硕指出，每年八月在乡编制的户籍作为乡户口簿的基础资料，里耶秦简的乡户计作为此种户口簿的雏形，被应用为决定乡算赋征收额数的重要基础资料。以乡户口簿为基础，县和郡也分别编制各自的县级、郡级户口簿，被用作郡县征收税役的基础资料。③

身份制度史方面，讨论最为活跃的身份是庶人，相关论文共有五篇。此外，还有一篇讨论奴婢身份的论文。首先，针对庶人的来

① 金庆浩：《秦漢时期 户口文書와 邊境支配——記載樣式을 中心으로》，《樂浪郡户口簿研究》，东北亚历史财团2010年。

② 中村威也：《里耶秦简으로 본 民族과 支配》，《歷史教育論集》第43辑，2009年。

③ 尹在硕：《秦漢代 户口簿와 그 運營》，《樂浪郡户口簿研究》，东北亚历史财团2010年。

源，这些论文中几乎提出一致的意见，秦汉代的庶人可分为"废官为庶人"与"免奴、刑徒为庶人"的形态，从而成为庶人身份。但针对庶人的任务和性质却存在不同见解。即，任仲爀认为庶人也可以从国家收到田宅，亦是国家征收徭役、算赋的对象。并且，在爵制方面，庶人位于士伍之下，有从秦汉的无官无爵性质到唐代无品无官的身份变化。① 提出相反意见的林炳德指出，庶人作为与私属、女子同样的徭役、算赋的免除对象，与庶子相似，从事特殊的徭役，或是与一般民相区别另行管理的一种存在。他还整理介绍了中、韩、日学界提出的有关庶人的各种意见。② 朴健柱推定庶人的来源为庶子，庶人作为比公卒和士伍更低级的身份，成为免除赋税、徭役的对象。③ 对于庶人的这些讨论，从此前学界并无争议的情形来看，是值得欣喜的现象。可惜的是，他们提出的这些不同主张出于对同一资料个人主观解释上的差异，由于没有新资料或是以新方法论进行讨论，因而未能使研究更进一步。除此之外，辛圣坤通过对里耶秦简和二年律令的分析，考察了秦汉私有奴婢的来源、作用及其性质。指出，秦汉私奴婢的主要来源是将官奴婢买卖或是赏赐给民，这些私奴婢被记录在户籍上，具有强制隶属于家父长的"家人"的性质。他们在主人身边主要负责家内杂务，也有部分从事农作，有时也从事警护任务和商工业活动。④ 有关秦、汉初女性的地位问题，林炳德提出与学界认为——秦汉时代女性的地位相对较高——相反的意见。他将秦汉律与唐律中有关女性的刑罚，与评价女性劳动力的规定相比较，得出秦汉女性地位相对较低的意

① 任仲爀：《秦漢律의 庶人》，《中國古中世史研究》第 22 辑，2009 年；任仲爀，《中國古代 庶人概念의 變化》，《中國古中世史研究》第 22 辑，2009 年。
② 林炳德：《秦漢時代의 庶人研究综述》，《中國史研究》第 72 辑，2011年；林炳德，《秦漢時代의"庶人"再論》，《中國史研究》第 80 辑，2012 年。
③ 朴健柱：《秦漢法制上의'刑尽者'、免隸臣妾과 公卒、士伍、庶人》，《中國學報》第 58 辑，2009 年。
④ 辛圣坤：《簡牘資料로 본 中國古代의 奴婢》，《韓國古代史研究》第 80辑，2009 年。

见。① 另一方面,李明和认为秦、汉时初的女性,即便是在家父长制的隶属之下,也享有国家赋予的减刑特权,这是国家为确保减刑女性作为官营作坊的劳动力,生产高级纺织物的措施。②

思想、宗教以及数术史方面共发表了三篇。琴载元通过分析睡虎地秦简日书、放马滩秦简日书、九店楚简日书、孔家坡汉简日书等内容,整理择日术的原理与继承关系,这些择日术随着政治、社会、文化的推移,克服各自的地域差异在全国范围内逐渐统一、普及的过程,其中以建除为例说明上述内容。即,由于秦的统一,秦除替代楚除,此后建除在东汉永六年时又有一次变化,在这一过程中,建除的原理逐渐合理化,对于此间国家制定的历法也产生诸多影响。③林炳德考察了秦汉律中包含的法家思想性质。指出,秦汉律的法是维持社会秩序的客观标准,比起预防犯罪和教育的性质,作为一种富国强兵的手段,这一性质更为强烈。汉代的儒家深受法家思想的影响,性质有所变化,法家与儒家的差异模糊不清。④尹在硕通过分析形制为秦汉代简牍形态的告地书,考察了秦汉人的来世观念。他指出,秦汉人认为,冥界的行政体系与现实世界的"县-乡-里"行政组织一样。因此,葬送仪式中使用的告地书是与生世移徙户籍文书格式、内容相同的文书。秦汉人之所以认为冥界与生世具有同样的世界,是因为发挥了强烈政治力量的秦汉皇帝政治支配体系,不仅统治生世,而且让掌管冥界世界的宗教领域也深受影响。⑤

此外,尹在硕在 2010 年用韩国语译注睡虎地秦墓竹简,⑥ 林

---

① 林炳德:《秦漢时代의 女性의 地位》,《中國史研究》第 64 辑,2010 年。

② 李明和:《秦漢代 女性刑罰의 減刑과 劳役》,《中國古中世史研究》第 25 辑,2011 年。

③ 琴载元:《秦漢代 擇日術의 流行과 普遍化過程——出土日書와 歷日의 分析을 中心으로》,《中國古中世史研究》第 25 辑,2011 年。

④ 林炳德:《秦漢律과 法家思想》,《中國史研究》第 89 辑,2014 年。

⑤ 尹在硕:《中國古代 死者의 書와 漢代人의 來世觀——告地策을 中心으로》,《中國史研究》第 86 辑,2013 年。

⑥ 尹在硕:《睡虎地秦墓竹簡譯注》,昭明出版社 2010 年。

炳德发表此书的书评。①

综上，2009—2014 年间，韩国学界发表的秦简研究论著的主要分析资料为睡虎地秦简、里耶秦简，以及岳麓秦简、放马滩秦简日书，其中有关里耶秦简的研究日趋增多。这些研究将秦简资料与张家山汉简的二年律令进行共同分析，体现出主要考察秦、汉初的政治、社会问题的基本特征。除此之外，对于一些特定主题，部分学者的讨论也相对集中化，即，秦汉初的土地制度与户籍制度，以及身份制度等问题。这说明针对特定领域的学术讨论的星星之火正在被点燃。但这些研究的提出很少基于同一简牍资料的客观逻辑证据，大部分都是由于研究者的主观解释而产生的分歧而导致的，还停留在因为没有新资料或是以新方法论进行讨论从而无法使讨论更进一步的状态。为了更具有建设性的讨论，需要在今后的研究中解决这些问题。

2009—2014 年的六年间，韩国学界发表的论文总数并不多，研究领域也都过度集中于政治制度史方面。这不仅体现出比起简牍资料的增加速度，研究人力资源的不足，也源于几乎没能采取新的历史研究方法论。也可以说这反映了重视实用学科和忽视以人文学为代表的纯文学的世界趋势的现象。另一方面，现有研究者们对于新进研究力量的关心和帮助日趋减少也是问题所在。为突破这些现状，在对新发掘简牍初期研究的同时，有必要开发和采用从新的历史研究视角和观点出发的研究方法。并且，也有必要为新进研究者们提供无偿的国际简牍研究交流机会而努力。

---

① 林炳德：《書評：尹在碩，睡虎地秦墓竹簡譯注》，《歷史學報》第 210 辑，2011 年。

关于"中等收入陷阱"与长期增长趋势的理论与实证研究综述[①]

武汉大学经济与管理学院　邹　薇　楠　玉

1　引　言

20世纪50年代，全球经济的快速发展使得很多国家都顺利晋升到中等收入国家的行列。然而到目前为止，这些国家中仅有少数能通过进一步努力成功跨入高收入阶段，多数国家都落入了"中等收入陷阱"之中。World Bank(2012)的研究报告显示，1960年进入中等收入阶段的101个国家或地区，至2008年仅有13个成为了高收入国家或地区，其中包括赤道几内亚、以色列、毛里求斯、希腊、爱尔兰、葡萄牙、西班牙、波多黎各、日本、韩国、新加坡、中国香港和中国台湾。近年来，围绕"中等收入陷阱"和世界经济长期增长趋势的理论与实证研究在各国学术界都引起了很大关注。

中国是世界上最大的中等收入水平国家、也是人口最为众多的发展中国家，如何应对"中等收入陷阱"的挑战，是中国当前和今后一段时期经济发展面临的严峻问题。"毫不夸张地说，20世纪末和21世纪初影响整个世界最重要的事情就是发端于中国的快速经济增长，其根本原因就是中国经济的快速增长给整个世界带来福

---

① 本项研究得到了国家社会科学基金重大招标项目"应对中等收入陷阱挑战的综合研究"的资助，特此致谢。

利，并且成为世界经济增长的引擎"（Eichengreen et al，2013）。然而经过多年增速较快的增长，中国经济正面临从高速增长常态向中高速增长"新常态"的阶段性转变。2001—2012 年中国经济年均增长率为 10.1%，2013 年增长率为 7.4%。2015 年 3 月召开的政府工作会议报告公布的 2014 年中国经济增长率也为 7.4%，这与中国经济增长前沿课题组（2013）的预测相吻合。同时，中国经济增长前沿课题组对未来 5 年中国增长率的预测在 6.4% 和 7.8% 之间；国务院发展研究中心"中长期增长"课题组预测，未来 10 年平均增长率为 6.5% 左右。以上数据显示，2011 年以来，我国经济增长首次告别 2 位数的增长，进入中高速增长阶段，这被认为中国经济"新常态"的表现。

为此，我们梳理和综述"中等收入陷阱"与长期经济增长趋势的相关研究，研究的意义主要体现在以下方面：

（1）当前中国正处于结构调整和经济转型的关键时期，试图通过转变经济增长方式，提高增长质量实现经济稳定增长。在这一关键时期，如果出现持续经济增速下滑，对于中国这样一个大国而言，将会产生灾难性的后果。增长率水平一旦出现持续下滑的情形，未来将很难恢复。本文通过考察哪些因素会阻碍中国经济的加速增长，挖掘中国经济实现稳定增长的动力之源，从而为中国实现中等收入阶段的跨越提供实证依据。

（2）当前跨过中等收入门槛的国家或地区多数为小而开放的经济体，鲜有规模较大的国家能够成功跨越中等偏高收入门槛，成为高收入国家。中国作为世界第二大经济体，人口最多的国家，如果能成功迈进高收入门槛，将对世界其他规模较大的国家提供新的增长经验和增长模式借鉴。

（3）在当前世界各国联系日益密切的背景下，中国经济的持续稳定增长对整个世界经济的发展也有着重要的现实意义。中国强劲的市场需求不仅能带动德国、日本等发达经济体积极输出资本品，而且还能带动广大发展中国家的商品输出。同时，随着金砖国家银行、亚投行、丝路基金及跨国机构的成立与运行，中国与东南亚、中亚、西亚、拉美以及欧洲许多国家的经济联系将不断加强，中国经济实现稳定增长也会对全球经济恢复发展起到重要作用。

2 关于长期经济增长中"中等收入陷阱"的研究

2.1 关于"中等收入陷阱"的界定

世界银行在 2006 年《东亚经济发展报告》中最早提出"中等收入陷阱"的概念。在其随后的研究报告中,将"中等收入陷阱"描述为:发展中国家无法突破经济发展中的重重阻力,尤其是跨入中等收入阶段后丧失经济发展的动力,不能顺利完成经济发展方式转变,从而无法实现向高收入阶段的跨越,陷入经济长期停滞的状态。比如,拉丁美洲的巴西、阿根廷、智利和墨西哥等国家,在 20 世纪 70 年代都陆续成为了中等收入国家,但至 2007 年,这些国家人均 GDP 仍徘徊在 3000~5000 美元的水平停滞不前。在亚洲,马来西亚和泰国成为增长减缓,以致最终陷入中等收入陷阱的最好例证。尽管 1997 年爆发了亚洲金融危机,但在 20 世纪末,这两个国家在的生产率水平都几乎达到了发达国家的水准。然而,这些国家以劳动密集型为主的生产和出口模式在过去二十几年里一直没有改变。与此同时,他们要面对来自其他低成本生产者,像中国、印度,以及目前的越南、柬埔寨等国家更加激烈的竞争,因此陷入增长停滞的状态。

有些学者通过总结世界不同国家的发展进程,从产业结构升级的角度来描述"中等收入陷阱"问题。Ohno(2009)将一个国家的发展进程用"赶超工业化"(Catching-up Industrialization)的四个阶段(如图 1 所示)来描述:首先,处于初始阶段的国家特点为,文化单一,农业生产以基本的生活资料为主,当面临制造业 FDI 的流入时就会进入到第一个阶段;在这个阶段,国家可以在国外技术的引导下从事简单的制造业生产,像当前的越南就是处于这个阶段;之后,当产业发挥集聚优势时,就会进入到第二个阶段,此时,国家内部已经拥有自己的支柱产业,但仍然需要国外技术的引导,代表性国家有泰国和马来西亚;如果要进入到第三个阶段,就需要国家进行技术吸收,实现对管理和技术的熟练掌控,能进行高质量产品的生

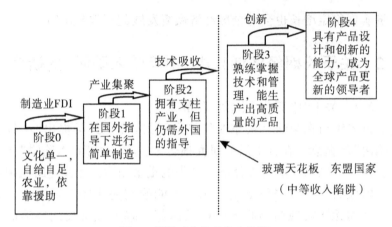

图 1　赶超工业化的各个阶段

来源：Kenichi Ohno，"Avoiding the Middle-Income Trap-Renovating Industrial Policy Formulation in Vietnam"．ASEAN Economic Bulletin，Vol. 26，No. 1，2009，pp：25-43.

产，这一阶段的代表国家有韩国；最后，当国家具备了创新能力就可以进入到第四个阶段，像日本、美国和欧盟国家那样，能够完全胜任产品的设计和创新工作，成为该产业创新产品的全球引导者。

Ohno 认为，对东盟国家来说，从第二阶段到第三阶段的跨越中，存在着隐形的"玻璃屋顶"（glass-ceiling），这也相当于是跨越"中等收入陷阱"的隐形门槛。不仅如此，处于 0 阶段的大量国家往往由于没有制造业 FDI 的流入而导致停滞，即使成功跨过了第一个阶段，之后各个阶段的跨越也会变得更加困难。如，陷入第二阶段的国家多数是因为不能及时提升自身的人力资本水平。东盟所有国家，包括泰国和马来西亚几乎都没能够成功突破存在于第二阶段和第三个阶段之间无形的制造业的"玻璃屋顶"。大多数拉丁美洲国家也遭遇了类似的情况，即虽然早在 20 世纪就实现了相当高的收入水平，但至今仍处于中等收入阶段。

在传统的增长理论中，"陷阱"往往被认为是一种超稳定的均衡状态。Garrett（2004）指出，富裕的国家会通过技术进步拉动增长，从而使自身变得更富裕，最穷的国家因其在制造业生产方面的比较优势而获得更快的增长，而处于中间领域的国家则会面临两难的处境。Eeckhout 和 Jovanovic(2007)进一步强调，富国的劳动者具备更高的技能，在全球化过程中更容易胜任管理型和研发型岗位；而穷国能更快地增加非熟练劳动力的供给，出于穷国与富国之间国家的两类劳动力均没有明显优势。亚洲发展报告(ADB，2010)将陷入"中等收入陷阱"的国家描述为：在制造业出口方面无法与低收入、低工资的经济体竞争；而在高技能创新方面又无法与发达经济体竞争。这些国家没有及时从低成本劳动力和低资本的资源驱动型增长转型为以生产率和创新为驱动的增长。Spence(2011)认为国家处于人均收入 5000~10000 美元区间时，将要面临增长的转型。他指出，"在这一阶段，不断上涨的工资使得在早期能够驱动增长的工业发展逐渐失去优势，这些劳动密集型的产业应该转移到工资更低的其他国家，转而发展能创造价值的资本密集型、人力资本密集型或知识密集型的新产业。"

2.2 对"中等收入陷阱"内涵的进一步阐释

2012 年，世界银行把划分世界各国不同收入阶段的标准界定为：通过其 Atlas 测度方式，将人均 GNI 小于等于 1005 美元的国家定为低收入国家；人均 GNI 在 1005 至 12276 美元之间的国家定为中等收入国家；人均 GNI 大于 12276 美元的国家为高收入国家。其中，又将中等收入国家划分成中等偏低收入国家(人均 GNI 大于 1005 小于 3975 美元)和中等偏高收入国家(人均 GNI 大于 3975 小于 12276 美元)。根据这一标准，以各国 2010 年数据来进行划分，其中低收入国家 29 个，中等偏低收入国家 31 个，中等偏高收入国家 30 个，以及 34 个高收入国家。同时，World Bank(2012)的报告指出，1960 年的 101 个中等收入国家或地区，至 2008 年仅有 13 个成为了高收入国家或高收入地区，即赤道几内亚、希腊、中国香港、爱尔兰、以色列、日本、毛里求斯、葡萄牙、波多黎各、韩国、新加坡、西班牙和中国台湾。

Felipe 等(2012)基于世界银行的划分标准，同时考虑数据的可得性，将以 1990 年购买力平价核算的人均 GDP 分为四组：低于 2000 美元为低收入组；介于 2000 美元和 7250 美元之间为中等偏低收入组；介于 7250 美元和 11750 美元之间为中等偏高收入组；最后高于 11750 美元为高收入组。依据这一标准进，2010 年全球 124个国家或地区中，低收入国家有 40 个，中等收入国家有 52 个，其中 38 个中等偏低收入国家和 14 个中等偏高收入国家，以及 32 个高收入国家。与世界银行的划分结果相比，根据这一标准划分出的高收入国家个数与之接近，而中等收入国家尤其是中等偏高收入国家的个数比世界银行标准划分出的要少一半以上。

使用收入水平划分的方法来判断不同国家所处的发展阶段，为方便各国的比较需要将各国收入水平用汇率法或购买力平价法进行转换。像 PWT(2013) 和 Maddison(2003) 的数据就是通过购买力平价进行统一换算；而世界银行数据库 WDI 提供两种方法的数据，其划分标准则是采用 Altas-Method 汇率法。由于世界银行的影响力，这一划分标准被很多学者采用(Felip et al., 2012；Carnovale,2012 等)。但是面临不同来源的数据进行比较时，往往需要经过复杂的换算和统一计量标准的问题，因此 Ohno(2009) 和 Woo(2012)提出了另一种划分方法，即用本国收入水平与最先进国家(通常用美国来衡量)收入水平的比值来反映一国所处的发展阶段，占比处于中间位置的即为中等收入国家，这一比值也被称为"追赶系数"(CUI)。如果一个国家在发展过程中，追赶系数不断减小则意味着该国可能落入了"中等收入陷阱"。这种方法用相对收入水平作为划分国家所处发展阶段的依据，划分标准具有一定的随意性。

Eichengreen 等(2011)认为，经济处于快速增长阶段的中等收入国家在落入"中等收入陷阱"之前很有可能会经历阶段性衰退。因此，其以增长减缓为突破口，通过界定和筛选增长减缓的时间点，分析导致增长减缓的原因。文中关于增长减缓的界定满足三个条件：

$$g_{t-n,t} \geq 3.5\% \qquad (1)$$

$$\Delta g = g_{t-n,t} - g_{t,t+n} \geq 2\% \qquad (2)$$

$$y_t > 10,000 \qquad (3)$$

其中，y_t 为依据 2005 年不变美元衡量的人均 GDP 水平，g_t 为 GDP 增长率，$g_{t-n,t}$ 和 $g_{t,t+n}$ 分别表示 $t-n$ 到 t 以及 t 到 $t+n$ 时间段 n 年间 GDP 增长率的平均值。

第一个条件意味着，发生增长减缓年份之前 n 年的 GDP 平均增长率至少达到 3.5%；第二个条件要求，增减缓前后的 n 年 GDP 平均增长率降幅至少达到 2%；同时，还要求排除低收入经济体在增长过程中遭遇严重发展受阻的状况，也即将人均 GDP 水平界定为不低于 10,000 美元。

Eichengreen et al. (2011)通过对筛选出的 1956 年至今满足增长减缓条件的快速增长经济体的增长片段进行研究，发现增长减缓容易发生在人均 GDP 位于 16700 美元(或是 15000~16000 美元之间)处，此时，人均 GDP 是先进国家的 58%；国家制造业就业份额占比为 23%。而 Eichengreen et al. (2013)的研究进一步指出，很多中等收入国家往往会经历两次增长减缓，当这些国家人均 GDP 位于 10000~11000 美元时，增长减缓也同样容易发生。Aiyar et al. (2013)通过对不同划分标准的收入水平数据进行研究发现，中等收入国家发生增长下滑的可能性较之低收入和高收入国家明显地更高。

一些研究关注从经济收敛的角度研究"中等收入陷阱"问题，认为中等收入国家如果能实现向发达经济体的收敛，就可以成功跨越"中等收入陷阱"。中等收入国家成功实现收敛所需时间的计算公式为：

$$T_c = \ln G_I \bigg/ \ln\left(\frac{1+g_M}{1+g_H}\right) \tag{4}$$

其中，G_I 为与发达国家收入水平的差距；g_M 中等收入国家总量 GDP 平均增长率；g_H 为高收入国家的总量 GDP 平均增长率；T_c 即为收敛所需要的时间。

从(4)式中我们可以看到，G_I 越小，实现收敛所需时间就越短；同时，当中等收入经济体相对于发达经济体实现更快速度增长时，也即 $\ln\left(\frac{1+g_M}{1+g_H}\right)$ 越大，T_c 就会越短，越容易成功跨越"中等收入陷阱"。

还有些研究考察了不同国家跨越某个发展阶段所需要的时间。Felipe et al. (2012)通过对成功跨入中等偏高收入阶段和高收入阶段的国家在之前一个阶段滞留的时间进行统计，如果一个国家在中等偏低收入或中等偏高收入阶段滞留的时间高于历史平均，则认定其分别落入了"中等偏低收入陷阱"或"中等偏高收入陷阱"。研究发现，中等偏低收入区间的国家成功跨入中等偏高收入阶段平均需要 28 年，而成功进入高收入阶段的国家在中等偏高收入阶段平均所处年限为 14 年。也即中等偏低收入国家人均收入年均增长率至少在 4.7%才能避免落入中等偏低收入陷阱；中等偏高收入国家人均收入年均增长率至少要达到 3.5%才能规避中等偏高收入陷阱。是否会落入中等收入陷阱的问题也就转化为中等偏低收入国家能否在不超过 28 年的时间里跨过中等偏高收入的界限，以及中等偏高收入国家能否在不超过 14 年的时间内跨入高收入的门槛。然而，成功实现对发达经济体的赶超并非易事，Im 和 Rosenblatt(2013)指出，根据当前中等收入国家跟发达经济体(以美国和 OECD 国家为准)的差距进行计算，假定发达经济体以年均 1.8%的速度增长，中等收入国家保持过去 30 的平均增速，则实现对发达国家的赶超至少也要 50 年时间。

另外一些学者则从增长路径分化的视角研究"中等收入陷阱"问题。这方面的研究最早可以追溯到 Quah(1993)。他开创性地使用收入转移矩阵研究处于不同发展阶段的经济体，从长期来看，倒退、停留或者跃迁至各收入阶段的概率。研究发现，长期而言，穷者越穷，富者越富，处于中间阶段的中等收入国家则相对活跃，会分别向两个极端群体分化，最终导致中等收入经济体的消失。持这一观点的学者认为，中等收入国家长期经济增长的效果与低收入和高收入国家存在较大的差异。"中等收入陷阱"即可以理解为中等收入阶段的国家长期增长出现分化，一些国家回落至低收入群体，另一些则成功跃升至高收入阶段，这些长期增长的差异是应对"中等收入陷阱"需要面对的挑战。使用 Quah 提出的方法对 1962—2008 年各国收入分布进行研究发现，中等收入组经济体回落至低收入组的概率要远远高于成功跃迁至高收入组的概率。

2.3 "中等收入陷阱"与增长减缓

"中等收入陷阱"与经济增长动力缺乏和增长减缓有密切关系。Aiyar et al. (2013)将一些成功跨越陷阱的东亚经济体与拉美一些停滞国家进行比较，如图 2 和图 3 所示。图 2 中反映了这些国家或地区当收入达到 3000 美元时，人均 GDP 相对于美国水平的演进过程。由图 2 我们可以看出，与其他国家相比，拉美国家，如墨西哥、秘鲁和巴西等在 3000 美元以后的增长路径较长，也即这些国家很早就实现了人均收入 3000 美元的水平。而"亚洲四小龙"中的韩国和中国台湾地区，虽然起步较晚，但增长速度很快，从占美国收入的 10%～20% 一下跃升至 60%～70% 的水平。与这一迅速增长趋同过程形成鲜明对比的是，一些拉美国家发生停滞(如巴西和墨西哥)，甚至增长衰退(秘鲁)。

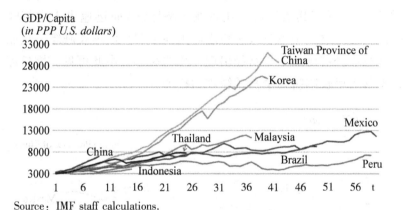

GDP/Capita
(*in PPP U.S. dollars*)

Source：IMF staff calculations.

[1]t = 0 is defined as the year when the GDP per capita for a particular country reached 3000 U. S. dollars in PPP terms.

图 2　跨国增长路径比较

资料来源：Aiyar et al.，2013，"Growth Slowdowns and the Middle-Income Trap". IMP working paper，WP/13/71. 原始数据来源于国际货币基金组织的计算结果。其中，*t* = 0 表示某个国家人均 GDP 达到 3000 美元时对应的年份。

而亚洲的一些中等收入国家则表现介乎东亚迅速增长经济体和拉美增长停滞国家经济表现之间。依据世界银行 2012 年关于国家所处增长阶段的界定，中国于 2002 年跨过低收入门槛(人均 GNI 达到 1005 美元)成为中等收入国家，2010 年跨过中等偏低收入门槛(人均 GNI 达到 3975 美元)，成为中等偏高收入国家。就目前中国增长情况而言，虽然中国进入中等收入阶段才十几年的时间，中国经济的增长轨迹明显优于东亚成功跨入高收入阶段经济体早期的增长表现。与此同时，不论绝对水平还是相对水平，马来西亚的增长表现都要超过拉美国家。泰国的增长表现类似于巴西和墨西哥早期的增长路径，而印度尼西亚的经济增长，即使与拉美国家相比，都显得十分逊色。

进一步地，图3对上述国家或地区收入对数情况进行比较，此时曲线的斜率即为各个国家或地区的增长率水平。由图中明显可以看出，多数拉美国家都是由于在二十年甚至更长的时间保持较快的增长速度（尽管其增长速度比东亚经济体慢）而迅速进入中等收入阶段，但在进入中等收入阶段之后出现了明显的增长减缓，从而与其他东亚经济体的增长路径出现分化的情形。由此可见，增长停滞甚至落入增长陷阱与增长减缓密切相关。

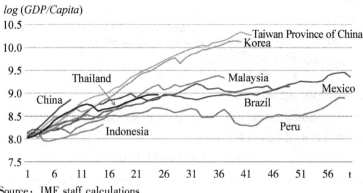

Source：IMF staff calculations.

[1] The GDP per capita is in constant 2005 $ PPP adjusted and t = years on X axis. t = 0 is defined as the year when the log(GDP/capita) for a particular country reached US $ 3000 in PPP terms.

图3　跨国增长路径的进一步比较

资料来源：Aiyar et al., 2013, "Growth Slowdowns and the Middle-Income Trap". IMP working paper, WP/13/71。原始数据来源于国际货币基金组织的计算结果。其中，人均 GDP 为经过购买力平价调整的以 2005 年不变美元衡量的数据；$t=0$ 表示某个国家人均 GDP 达到 3000 美元时对应的年份。

3 关于长期经济增长趋势的研究

3.1 增长阶段性特征描述

（1）增长加速（growth acceleration）。Hausmann et al.（2004）较早关注于对增长阶段性特征的分析，其通过界定增长加速需要满足的条件，来刻画一个国家快速增长的过程。首先，文中将 t 期的增长率 g_t 界定为从 t 到 $t+n$ 期人均收入（y）的最小方差增长率水平，即 $\hat{g}_{t,t+n}$。可以表示为：

$$\ln(y_{t+i}) = a + \hat{g}_{t,t+n} * t, \quad i = 0, \cdots, n \tag{5}$$

则 t 期增长率的变化就可以用 n 年间平均增长率的差值来表示，即：

$$\Delta g_t = g_{t,t+n} - g_{t-n,t} \tag{6}$$

然后，进一步将增长加速界定为需要满足以下三个条件的快速增长时段。

$$g_{t,t+n} \geq 3.5\% \tag{7}$$

$$\Delta g_t \geq 2.0\% \tag{8}$$

$$y_{t+n} \geq \max\{y_i\}, \quad i \leq t \tag{9}$$

以上第一个条件(7)式要求加速后 n 年平均增长率要达到 3.5%以上的水平；第二个条件(8)式要求增长加速幅度至少为 2%；第三个条件(9)式要求增长加速后 n 年的平均人均收入水平要不小于前期人均收入的最大值。

（2）增长减缓（growth slowdown）。Eichengreen（2011）在 Hausmann（2004）研究成果的基础上，界定增长减缓同样需要满足三个条件。即第一个条件要求发生增长减缓前平均 GDP 增长率不低于 3.5%；第二个条件要求增长减缓发生时平均 GDP 增长率降幅超过 2 个百分点；最后要求增长减缓发生时，人均收入水平必须高于 10,000 美元的水平。

$$g_{t-n,t} \geq 3.5\% \tag{10}$$

$$\Delta g = g_{t-n,t} - g_{t,t+n} \geq 2\% \tag{11}$$

273

$$y_t > 10,000 \qquad\qquad (12)$$

其中，y_t 为依据 2005 年不变美元衡量的人均 GDP 水平，g_t 为 GDP 增长率，$g_{t-n,t}$ 和 $g_{t,t+n}$ 分别表示 $t-n$ 到 t 以及 t 到 $t+n$ 时间段 n 年间 GDP 增长率的平均值。

　　Eichengreen 依据此界定标准对 1957—2007 年世界各国（或地区）增长减缓片段进行筛选，结果如下表 1 所示。由表 1 中的内容可见，世界上多数国家或地区（42 个）都曾经经历过增长减缓；有些国家或地区增长减缓发生的时间点有数十个之多，如希腊（10个）、日本（12 个）、波多黎各（10 个）等；其中多数国家或地区会经历连续增长减缓，如以色列（1970—1975 年）、智利（1994—1998年）、中国台湾（1994—1999 年）等。但 Eichengreen 仅仅关注的是人均收入超过 10,000 美元的较高收入国家或地区的增长减缓情况。

表 1　　　　　　　世界各国（或地区）增长减缓时段筛选

国家或地区	增长减缓年份	国家或地区	增长减缓年份	国家或地区	增长减缓年份
阿根廷	1970,1997,1998	匈牙利	1978,1979	利比亚	1977,1978,1979,1980
澳大利亚	1968,1969	沙特阿拉伯	1977,1978,1979	中国香港	1978,1988,1989,1990 1991,1992,1993,1994
巴林	1977	伊拉克	1979,1980	马来西亚	1994,1995,1996,1997
以色列	1970,1971,1972 1973,1974,1975 1996	爱尔兰	1969,1973,1974 1978,1979,1999 2000	毛里求斯	1992
				荷兰	1970,1973,1974
				新西兰	1960,1965,1966
智利	1994,1995,1996 1997,1998	科威特	1993,1994,1995 1996,1997	挪威	1976,1997,1998
				奥地利	1961,1974,1976,1977
德国	1964,1965,1970	比利时	1973,1974,1976	加蓬	1976,1977,1978,1995
比利时	1973,1974,1976	意大利	1974	委内瑞拉	1974
芬兰	1970,1971,1973 1974,1975	阿曼	1977,1978,1979 1980,1981	特立尼达和多巴哥	1978,1980
法国	1973,1974	乌拉圭	1996,1997,1998	阿联酋	1977,1978,1979,1980

国家或地区	增长减缓年份	国家或地区	增长减缓年份	国家或地区	增长减缓年份
葡萄牙	1973,1974,1990 1991,1992,2000	伊朗	1972,1973,1974 1975,1976	中国台湾	1994,1995,1996,1997 1998,1999
西班牙	1969,1972,1973 1974,1975,1976 1990	韩国	1990,1991,1992 1993,1994,1995 1996,1997	新加波	1978,1979,1980,1982 1983,1984,1993,1994 1995,1996,1997
希腊	1969,1970,1971 1972,1973,1974 1975,1976,1977 1978	日本	1967,1968,1969 1970,1971,1972 1973,1974,1975 1990,1991,1992	波多黎各	1969,1970,1971,1972 1973,1988,1989,1990 1991,2000
英国	1988,1989	美国	1968	黎巴嫩	1983,1984,1985,1987

资料来源：根据 Eichengreen(2011)所列表格 1 的内容整理而得。

Aiyar 等(2013)使用 2005 年不变美元衡量的人均收入的年度数据来计算 5 年时间段的人均 GDP 增值率水平。样本数据包括1955—2009 年世界 138 个国家 11 个 5 年时间段的情况。文中将增长减缓界定为一个国家对预期增长路径突然、持续地偏离。也即增长减缓意味着一个国家对过去增长路径的实质性偏离，其拉长了停滞和衰退的持续时间。具体而言，界定真实增长率与估计增长率的差值定义为余值项，并借助余值项来界定增长减缓。即如果 t 期为增长减缓时期则需要满足两个条件，第一个条件(13)式要求 $t-1$ 期到 t 期余值的差值变得越来越小，反映出相对于预期增长模式而言，发生了实质性偏离；同时，第二个条件(14)式表示从 $t-1$ 期到 $t+1$ 期的增长也满足同样的条件，反映增长减缓的发生是持续性的。

$$res_t^i - res_{t-1}^i < p(0.2) \tag{13}$$
$$res_{t+1}^i - res_{t-1}^i < p(0.2) \tag{14}$$

其中 $p(0.2)$ 表示从一期到另一期的残差差值经验分布的第 20 个分位数处。

表 2 和表 3 给出了依据上述衡量标准，对 1955—2009 年间138 个国家增长减缓的筛选统计结果。由下表内容，我们可以看出：

表2　　　　　　　增长减缓片段分布(依据区域划分)

是否发生减缓	发达经济体①	东亚和太平洋②	欧洲和中亚③	拉美和加勒比④	中东和北非⑤	南亚⑥	撒哈拉以南非洲⑦	总计
0(不减缓)	205	130	79	181	107	58	242	1002
1(减缓)	10	17	4	33	22	3	34	123
总计	215	147	83	214	129	61	276	1125
减缓频率(%)	5	12	5	15	17	5	12	11

资料来源: Aiyar et al., 2013, "Growth Slowdowns and the Middle-Income Trap". IMP working paper, WP/13/71. 表1。

---

① 发达经济体包括：澳大利亚，奥地利，比利时，加拿大，丹麦，芬兰，法国，德国，希腊，冰岛，爱尔兰，意大利，日本，卢森堡，荷兰，新西兰，挪威，葡萄牙，西班牙，瑞典，瑞士，土耳其，英国和美国。

② 东亚和太平洋地区包括：文莱，柬埔寨，中国大陆，中国香港，印度尼西亚，斐济，韩国，马来西亚，蒙古，老挝，巴布亚新几内亚，菲律宾，新加坡，中国台湾，泰国，汤加和越南。

③ 欧洲和中亚包括：阿尔巴尼亚，亚美尼亚，保加利亚，克罗地亚，捷克，爱沙尼亚，匈牙利，哈萨克斯坦，吉尔吉斯斯坦，立陶宛，波兰，俄罗斯，罗马尼亚，斯洛伐克共和国，斯洛文尼亚，塔吉克斯坦和乌克兰。

④ 拉美和加勒比区域包括：阿根廷，巴巴多斯，伯利兹，玻利维亚，巴西，智利，哥伦比亚，哥斯达黎加，多米尼加共和国，厄瓜多尔，萨尔瓦多，瓜地马拉，圭亚那，海地，洪都拉斯，牙买加，墨西哥，尼加拉瓜，巴拿马，巴拉圭，秘鲁，特立尼达与多巴哥，乌拉圭和委内瑞拉。

⑤ 中东和北非包括：阿尔及利亚，巴林，塞浦路斯，伊朗，埃及，伊拉克，以色列，约旦，科威特，利比亚，摩洛哥，马耳他，卡塔尔，沙特阿拉伯，叙利亚，突尼斯，阿联酋和也门。

⑥ 南亚包括：阿富汗，孟加拉国，印度，马尔代夫，尼泊尔，巴基斯坦和斯里兰卡。

⑦ 撒哈拉以南非洲包括：贝宁，博茨瓦纳，布隆迪，喀麦隆，中非共和国，刚果共和国，科特迪瓦，加蓬，冈比亚，加纳，肯尼亚，莱索托，利比里亚，马拉维，马里，毛里求斯，毛里塔尼亚，莫桑比克，纳米比亚，尼日尔，卢旺达，塞内加尔，塞拉利昂，南非，苏丹，斯威士兰，坦桑尼亚，多哥，乌干达，赞比亚和津巴布韦。

（1）发展中国家的增长减缓发生的频率明显高于其他国家或地区，尤其是拉丁美洲（15%）、中东和北非（17%）、撒哈拉以南非洲（12%）以及东亚（12%）；

（2）各时间段发生增长减缓的频数差别较大。20 世纪 70 年代后期（1975—1980 年）和 80 年代初期（1980—1985 年）增长减缓发生的频率（分别为 18%和 25%）高于平均水平，20 世纪 60 年代初（1960—1965 年）发生增长减缓的频数（2%）最小。

表3　　　　　　　　增长减缓片段分布（依据时间段划分）

是否减缓	1960—1965 年	1965—1970 年	1970—1975 年	1975—1980 年	1980—1985 年	1985—1990 年	1990—1995 年	1995—2000 年	2000—2005 年	总计
0	97	114	106	98	90	122	125	125	125	1002
1	2	6	14	22	30	10	13	13	13	123
总计	99	120	120	120	120	132	138	138	138	1125
减缓发生频率（%）	2	5	12	18	25	8	9	9	9	11

资料来源：Aiyar et al.，2013，"Growth Slowdowns and the Middle-Income Trap". IMP working paper, WP/13/71. 表2。

（3）增长停滞（stagnation）。Reddy and Minoiu（2006）使用 1960—2001 年各个国家人均 GDP 的时间序列数据研究增长停滞问题。文中界定增长停滞时间段为从停滞开始（onset of stagnation）到第一个拐点（turning point）出现的时间段即为增长停滞时间段。其中，增长停滞时间段开始（onset of a stagnation spell）的标志为一个国家人均真实收入水平低于过去两年任何时候的增长率水平，但高于随后四年任何时间的增长率水平。界定拐点（turning point）为当一个国家人均实际收入比前一年高至少一个百分点，但比随后一年低至少一个百分点对应的时间。与此同时，文中进一步描述了停滞的长度（length of stagnation）和深度（depth of stagnation）。"停滞的长度"即为增长停滞发生后持续的时间，"停滞的深度"用增长停滞期间人均收入差值占停滞结束时对应收入的份额表示，其中，人均收

277

入差值为增长停滞开始时对应的人均收入水平与停滞期间最低收入的差值。关于增长停滞时间段的直观描述，图 4 以叙利亚 1983—1990 年间的增长停滞为例进行了刻画。

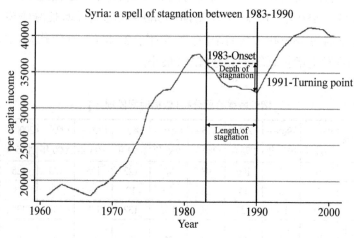

图 4　经济增长停滞区间

图片来源：Reddy and Minoiu，2006，"Real Income Stagnation of Countries，1960-2012"。

依据上述增长停滞时间段的界定标准，Reddy and Minoiu（2006）对 1960—2001 年时间段内世界 119 个国家或地区中不变当地单位货币测度的人均 GDP（GDP per capita in constant LCUs）数据可用的增长片段进行筛选，不同区域国家增长停滞状况如表 4 和表 5 所示。研究显示，在 119 个国家中，有 72 个是显著的增长停滞国家，占比为 60.5%。表 4 报告了属于不同区域的国家发生增长停滞的频数以及这些国家的占比。从表 4 中我们可以看出，整体而言，OECD 较发达的经济体经历增长停滞的国家较少，24 个国家仅有 4 个有增长停滞的情形发生，占比仅为 16.67%；其他区域的国家均较大程度的经历了增长停滞，除内陆区域国家增长停滞占比为 65.21%，其余区域增长停滞发生率均达到 80% 以上，拉丁美洲国家增长停滞情况最为严重，24 个国家中有 22 个均发生了增长停滞，占比达到91.67%。与此同时，我们发现，增长停滞在增长严重依赖初级产品的国家中表现的十分明显。如 OPEC 的 10 个国家中有 8 个发生增长停滞，占总数的80%。虽然依据不同衡量标准筛选出的初级产品出口国样本总数存在差异(第一种衡量标准筛选出初级产品出口国 I 总数为 32 个，第二种衡量标准筛选出样本数为12 个)，但其中多数国家都发生了增长停滞，占比分别为 87.5%和 83.33%。

表4　　　　　　　　　不同区域国家增长停滞情况

国家类型	国家样本数	增长停滞数 （1960—2001）	增长停滞国家占比
南撒哈拉非洲	40	33	82.5%
拉丁美洲	24	22	91.67%
OECD	24	4	16.67%
OPEC	10	8	80%
初级产品出口国 I[①]	32	28	87.5%
初级产品出口国 II[②]	12	10	83.33%
内陆国家	23	15	65.21%

注：①基于第一种衡量标准，即将 1970 年国民生产总值总初级产品出口所占份额超过平均值的国家视为初级产品出口国。

②基于第二种衡量标准，即将 1970 年国民生产总值总初级产品出口所占份额超过平均值的一个标准差视为初级产品出口国。

资料来源：Reddy and Minoiu, 2006, "Real Income Stagnation of Countries, 1960-2012"表 1。

表 5 给出了不同区域国家增长停滞特征的具体描述，包括停滞的深度和停滞持续的时间长度等。由表 5 我们可以看出，不同区域国家发生增长停滞的特征区别较大。就增长停滞平均深度而言，从OECD 的 0.03、拉美国家的 0.24 到 OPEC 国家的 0.97；平均停滞长度最少的为 7 年(OECD)到最长的 18 年(初级产品出口国 II)；

平均的停滞时间段数，较少的为 1.3 个（拉美、OECD 等），较多的
则达到 1.8 个（OPEC）。整体而言，在所有国家中，依赖初级产品
发展的国家经历增长停滞的特征较为典型。如石油输出国（OPEC）
的平均停滞深度最大，为 0.97，同时平均到区域内每个国家的平
均停滞时间段数也是最多的，为 1.8 次；依据第二种衡量标准筛选
出的初级产品出口国 II 平均停滞深度达到 0.89，居于第二位，平
均停滞长度最大，为 18 年，几乎占到整个研究区间（1960-2001
年）的一半。同时，就南撒哈拉非洲和拉美国家的比较而言，不论
是停滞深度还是停滞长度，南撒哈拉非洲国家都要高于拉美国家。
这意味着相较于拉美国家的增长停滞状况，撒哈拉非洲国家经历的
增长停滞下降幅度更大，同时持续时间更长，是更为严重的增长
停滞。

表5　　基于不同国家类型增长停滞的特征描述，1960—2001

国家类型	增长停滞国家数	平均停滞深度	平均停滞长度	平均停滞时间段数	停滞最长时间段
南撒哈拉非洲	33	0.44	16	1.5	33 年，赞比亚
拉丁美洲	22	0.24	10	1.3	26 年，海地
OECD	4	0.03	7	1.3	7 年，希腊
OPEC	8	0.97	15	1.8	32 年，科威特
初级产品出口国 I[①]	28	0.5	14	1.3	33 年，赞比亚
初级产品出口国 II[②]	8	0.89	18	1.3	33 年，赞比亚
内陆国家	15	0.54	16	1.7	33 年，赞比亚

资料来源：Reddy and Minoiu, 2006, "Real Income Stagnation of Countries,
1960-2012" 表 2。

3.2　关于增长陷阱的典型模型

有关增长陷阱的理论模型，可以分为以下几种：

（1）基于收入的非线性动态模型（Jalan 和 Ravallion, 2004；
Antman 和 Mckenzie, 2007）。这种模型试图通过收入函数的凹凸性

特征来考察增长分化问题,其基本公式为:

$$y_{it}=f(y_{it-a}, X_{it}) \quad\quad (15)$$

其中,y_{it}表示家户 i 在 t 期的收入水平,它是关于家户上一期的收入水平 y_{it-1} 和家户当期的内生性特征向量 X_{it} 的函数。当函数 y_{it} 是关于 y_{it-1} 的单调递增的凹函数时,家户当期收入的迭代过程就将构成具有高、低两个均衡点的多重均衡模型,如下图 5 所示。非线性收入模型可以简单、有效地描述增长陷阱问题,与此同时,当改变函数的性质使其更复杂时,就有可能产生多于两个的均衡点。

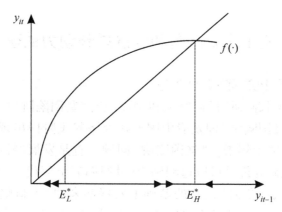

图 5　增长陷阱的非线性动态收入模型

(2)基于信贷资产不完全的临界值模型(Carter 和 Barrett,2006;Tsehay 和 Bauer,2012)。这类方法通过设定生产函数是非凸性的,以此来解释增长分化问题。其基本公式为:

$$y_{it}=f(y_{it-1}, rA_{it-1}, X_{it}) \quad\quad (16)$$

其中,y_{it} 为家户 i 在 t 期的收入,A_{it-1} 表示家户 i 在 t-1 期拥有的资产水平,r 表示上一期的资产能转化为当期收入的回报率,X_{it} 是表征当期家户内生性特征的向量。这种方法主要是基于家户资产和产出间的非线性关系来对增长陷阱进行阐释,与此同时,对这种方法的运用往往会借助某一种具体形式的市场失灵(如不对称信息或信息搜寻成本存在引起的差异性生产技术,或者由于非经济性特征导致的市场分割以及规模报酬递增等)情况展开。

（3）基于收入水平的收敛模型（Mankiw，Romer 和 Weil，1992；Barro 和 Sala-i-Martin，1992）。这种方法主要用于检验地区间的增长收敛情况，相关绝对收敛或条件收敛的基本公式主要包括以下两类：

$$g_{it} = \alpha + \beta \cdot \ln(y_{it-1}) + \varepsilon_{it} \tag{17}$$

$$g_{it} = \alpha + \beta \cdot \ln(y_{it-1}) + \gamma \cdot X_{it} + \varepsilon_{it} \tag{18}$$

其中，g_{it} 表示 t 期第 i 个地区的增长率水平，y_{it-1} 表示第 i 个地区 t-1 期的收入水平，X_{it} 为表征地区经济特征（如人力资本等）的控制变量。

4 关于增长陷阱和经济增长动力的研究

4.1 关于贫困陷阱的研究

应对"增长陷阱"的研究最初是以应对"贫困陷阱"的形式出现的。所谓"贫困陷阱"即发展中国家在经济起飞阶段出现的经济停滞的状态。数十年来，"贫困陷阱"问题一直是发展经济学研究的热点，相关研究最早可以追溯到 20 世纪四五十年代。学者在马尔萨斯关于"人口陷阱"论述的基础上发展起来的"人口陷阱"理论，并希望依托这个理论从人口增长的角度来解释为什么发展中国家的经济增长会出现停滞的状况。自此，很多学者开始对"贫困陷阱"问题进行热烈讨论，早期最具代表性的理论研究包括：Rosenstein-Rodan（1943）提出的"大推进（big push）"理论；Nurkse（1953）的"贫困恶性循环（vicious circle of poverty）"理论；Nelson（1956）的"低水平陷阱（low-level equilibrium trap）"理论；Myrdal（1957）的"循环累积因果"（circulation and cumulative effect）理论和 Leibenstein（1957）的"临界最小努力（critical minimum effect）"理论。

这些理论分别从不同角度对"贫困陷阱"的形成机制进行论述。如，"贫困恶性循环"理论指出，低收入会导致经济体中低储蓄和消费需求不足，不能形成有效的资本积累，从而影响产出和收入；"低水平陷阱"理论则是通过探讨收入和人口增长的关系来研究资本的形成路径；"临界最小努力"理论认为，要使发展中国家打破增长的低水平均衡，投资水平必须达到某个临界值，使得由资本投入带来的收入增长速度必须要快于人口增长速度，而满足这一要求的最小投资水平值即为"临界最小努力"。这些研究虽然视角不同，但都强调资本匮乏和投资不足是导致发展中国家增长停滞，经济陷入恶性循环的根本原因，均主张通过加大资本积累力度以摆脱"贫困陷阱"的束缚。这些研究立足于经济增长水平较低的发展中国家而展开，对于探究增长陷阱作了很好的理论尝试。

关于贫困陷阱理论的形成机制，我们主要从以下三个方面进行论述，即资本积累的临界门槛、制度失灵以及毗邻效应。

（1）资本积累的临界门槛（critical threshold）效应。该理论认为，经济机制只有在物质资本或人力资本投入达到一定规模，跨过某个临界的门槛值之后才会发挥作用。从微观层面来讲，临界门槛效应的本质即存在互补性和协调失灵。当经济主体的策略选择取决于其他人所做的决策时，就会产生互补性，而互补性的存在往往会带来报酬递增和导致多重均衡。Murphy，Shleifer 和 Vishny（1989）对 Rosenstein-Rodan 的大推进理论进行发展，考察了不完全竞争和总需求溢出约束下企业投资情况。研究发现，当投资具有互补性时，虽然单个企业通过投资采用新技术无利可图，但由于本企业工人工资上涨会增加对其他企业产品的需求，当这种需求溢出效应足够大时，就会出现多重均衡。同时，考察了基础设施和中间投入品的投资协调问题，指出基础设施若由某个垄断企业单独投资则无济于事，只有当所有企业都参与投资才会产生多重均衡。Azariadis（2004）强调，多数落后地区或国家，其中不包括东亚和东南亚国家，没有成功实现增长赶超的根本原因是投资没有达到临界的门槛值，从而陷入停滞。同时指出，门槛效应存在的主要原因是资本市场不完善，因此穷国或者个人在资本市场不能获得平等的融资机会，进而无法实现长期的经济发展。这一观点也在 Matsuyama（2005）的研究中得到印证，文中表示，在生产函数为严格凹的假定前提下，对贫穷国家的投资会带来更高的投资收益率，由高回报吸引的高投资带动的高增长可以促进贫穷国家向发达国家的趋同；但是由于资本、信贷市场的不完善，富国在竞争资本时更具优势，因而会出现增长分化的情形，导致多重均衡。

（2）制度失灵（dysfunctional institution）。由于资源分配不公或产权界定不明晰的制度失灵使得国家发展停滞，陷入贫困陷阱的情形。North（1990）表示，制度是人为对经济、政治和社会活动设定的约束，主要为了减少交易的不确定性和维持交易的秩序。其不仅包括法律、制度、产权等正式约束，也包括习俗、禁忌、传统等非正式约束。制度在很大程度上能使经济体中的个人产生彼此信任和确定性预期，进而对经济主体的行为起到规范作用。Hoff 和 Sen（2004）指出，非正式制度往往带有消极的惰性，会引导人们往低水平均衡的状态发展。因为发展中国家正式制度的建立很不健全，基于亲缘、地缘等因素发展起来的非正式制度虽然能在很大程度上弥补正式制度缺失的不足，但是随着经济发展和市场体系的完善，其也很难承担起协调重任，甚至会成为经济发展的阻碍。而且，制度有路径依赖性，不好的制度会通过强化市场失灵使贫困延续下去，从而产生贫困陷阱；同时，制度的互补性也允许多样化的制度安排，造成多重均衡的结果（青木昌彦，2002）。

（3）毗邻效应（neighborhood effect）。毗邻效应指群体中某个人的决策，会通过对其他成员的影响，最终导致整体决策的扭曲，包括同龄人间的影响（peer group effect）以及榜样效应（role model effect）。这种存在于群体间的相互作用的内在机制，如果产生不好的示范效应，则会使得整个群体面临集中贫困和持续贫困。Sampson 和 Morenoff（2006）研究发现，贫困的毗邻效应和集中会导致社会控制的集体效能（collective efficacy）下降和犬儒主义（cynicism）增加，使得贫困持续恶化。这种毗邻效应在家庭内部也会发挥作用（Durlauf，2006）。其理论逻辑为：父母决定对子女的教育投入，而贫困家庭会选择接受更少的教育，从而导致子女收入低，影响对下一代的教育投入。同时，贫困家庭的子女接触不到好的教育资源，以及接受教育的意识淡薄等会使这种状况更加恶化，导致贫困一直持续，最终个人的理性选择会导致整体落入贫困陷阱之中。

贫困陷阱与增长减缓、增长停滞有密切关系。贫困陷阱理论强调的是地区经济由于某一种加强机制出现停滞或负增长而陷入低水平均衡(Azariadis,2004)。传统理论具有浓烈的结构主义色彩,认为资本积累和投资不足是导致增长停滞,陷入贫困陷阱的根源;政策上也强调通过政府干预解决协调失灵的问题。在此基础上,很多学者对贫困陷阱理论进行进一步的延伸,着重从地理因素、自然资源、疾病、犯罪、教育和政治制度等不同方面对贫困陷阱的加强机制进行阐释。

Easterly(2001)研究表示,贫困国家更容易受到外部冲击,如饥荒、自然灾害和疾病等的影响而落入"贫困陷阱"。其通过对1990—1998年间各种外部冲击的数据统计发现,在此期间,收入位于世界最低20%行列的国家中,27%经历过饥荒,94%的大型自然灾害发生在贫困国家,同时,这些国家1%的人口因此成为难民,而这些情况在最高收入20%的国家中均不存在。就疾病冲击方面,文中指出,在最低收入20%的国家中,低风险人群携带HIV病毒的比例为11%,而最高收入20%国家的这一比例仅为0.3%。

犯罪导致贫困陷阱的机制可以通过犯罪与增长和就业的互动来阐释:就业需求的增加会拉动增长,降低犯罪;同时,产出的增加会诱使犯罪行为发生(Mehlum,Moene和Torvik,2005)。文中通过对1986—1994年间39个国家的面板数据进行分析,发现增长较快的高收入国家,犯罪降低的效应会起主导作用,就业增加导致犯罪下降;而在现代化水平不高的低收入国家中,产出增长往往伴随着犯罪增加,导致经济陷入高犯罪、低就业的"贫困陷阱"之中。

Azariadis和Stachurski(2005)对导致贫困陷阱的各种强化机制进行评述,其认为发展中国家存在的市场和制度失灵使得其物质资本和人力资本积累不足是导致其落入"贫困陷阱"的根源。就市场失灵而言,如资本市场的不完善使得即使贫困国家投资回报率高,也很难在资本市场与发达国家竞争;在人力资本市场上,由于信息不对称的存在,使得高人力资本的劳动者获得的工资回报不能弥补其对人力资本的投资,这样就降低了经济中对人力资本投资的积极性;同时,厂商进行技术研发投资时,产生新的技术需要具备一定人力资本的劳动者与之匹配，如果经济主体普遍减少对人力资本的投资，会使厂商的对研发出的新技术的使用产生悲观预期（Acemoglu，1997），进而不会投资研发新技术，这样就会使经济体落入低技术，低人力资本需求，低投资的恶性循环；而且人力资本投资的策略具有互补性特征（Kremer，1993），通过低人力资本投资的自我强化作用，经济体最终落入人才匮乏的低水平均衡。

不同国家和地区经济增长会存在差异从根本上是源于制度的不同，产权制度不完善或是管理体制混乱等都会导致国家落入"贫困陷阱"（Acemoglu等，2005）。就制度失灵方面，如政治腐败，对发展中国家的发展也是极为不利的，因为腐败会增加投资的不确定性，降低投资收益；腐败会阻碍基础设施投资；而且，腐败不利于创新激励，总之，腐败产生的边际收益是递增的，这些都会造成贫困国家发展的困扰。

"贫困陷阱"即为发展中国家在经济起飞阶段出现的经济停滞的状态，而"中等收入陷阱"主要关注于收入已经达到中等收入水平的国家，可能面临的经济持续放缓的现象。通过对东亚经济体增长历程的总结，青木昌彦（2011）用五个阶段展现东亚式发展模式，即马尔萨斯式的贫困陷阱阶段（"M"阶段）、以政府为主导的发展阶段（"G"阶段）、通过结构变迁实现的库兹涅茨-刘易斯式的发展阶段（"K"阶段）、以人力资本为主导的经济发展阶段（"H"阶段）和后人口红利阶段（"PD"阶段）。"贫困陷阱"和"中等收入陷阱"都意味着经济发展停滞和增长困境，但是所处的阶段是不同的，因此，需要克服的困难也会存在差异。

4.2 关于"中等收入陷阱"与增长动力的研究

关于增长减缓的研究认为，当某个国家达到中等收入或中等偏高收入阶段时，在快速增长的初始阶段能带来高速增长的要素和优势就会消失。换句话说，增长减缓与增长过程中的某个时间点紧密相连，当到达这个时间点时，引致经济增长减缓的驱动因素就会出现。之所以有些国家在经济增长的有些时期出现增长减缓、增长停滞，或甚至增长衰退，关键在于缺乏新的增长动力。因此，许多国家的研究者以增长减缓为突破口来研究增长动力问题，主要文献包括 Ben-David 和 Papell（1998），Pritchett（2000），Hausmann et al.
（2008）以及 Eichengreen et al.（2011，2013）等。

　　一些学者通过统计工具或经验法则找出样本国家增长序列中的
转折点。例如 Ben-David 和 Papell（1998）以 74 个发达和发展中国家
为样本，找寻增长率序列显著的突破点。研究发现文中界定的增长
间断点大多都与增长衰退联系在一起。其中，对于发达国家而言，
多数结构间断点集中在 20 世纪 70 年代；而发展中国家则集中在 20
世纪 80 年代。随后，Rodrik（1999）研究发现冲突频发以及冲突管
理体制较弱的国家容易经历收入极速下滑。Reddy 和 Miniou（2006）
针对真实收入停滞的增长片段，研究发现 60%的国家都曾经历增
长停滞，其普遍存在于贫困、冲突频发和依赖初级产品出口的国
家；同时指出经历过增长停滞的国家会频繁遭遇增长停滞，如表 6
所示。

表6　　　　　　　　　　　　增长停滞转型矩阵

发生的概率	60s 停滞（12）	60s 不停滞（51）	70s 停滞（22）	70s 不停滞（46）	80s 停滞（58）	80s 不停滞（12）
60s 停滞						
60s 不停滞						
70s 停滞	66.7%	25.5%				
70s 不停滞	33.3%	74.5%				
80s 停滞	75%	84.3%	68.2%	89.1%		
80s 不停滞	16.7%	15.7%	27.3%	10.9%		
90s 停滞	75%	56.9%	54.5%	60.9%	56.9%	75%
90s 不停滞	8.3%	39.2%	31.8%	36.9%	37.9%	25%

　　注：60s 表示 20 世纪 60 年代，1960—1969 年；70s 表示 20 世纪 70 年代，1970—
1979 年；80s 表示 20 世纪 80 年代，1980—1989 年；90s 表示 20 世纪 90 年代，1990—
1999 年。

　　资料来源：Reddy and Minoiu（2006）"Real Income Stagnation of Countries, 1960—
2012"表 13B。

根据表 6 的内容，我们发现，20 世纪 60 年代经历增长停滞的 12 个国家中，有 66.7%在七十年代继续经历了增长停滞，到 20 世纪八九十年代再次经历增长停滞的概率均为 75%；20 世纪 70 年代发生增长停滞的 22 个国家，有 68.2%在随后 80 年代经历了增长停滞，54.5%在 20 世纪 90 年代继续经历增长停滞；在 20 世纪 80 年代经历增长停滞的 58 个国家到 20 世纪 90 年代再次发生增长停滞的概率为 56.9%。

近期的研究也主要借助统计工具，但是考察的是经济增长路径上阶段性特征，比如 Berg et al. (2012)筛选出经济增长路径中的增长片段并研究其属性特征，Abiad et al. (2012)通过要求增长周期或增长阶段的长度满足一定的条件实现的局部最大或最小来判断经济是否处于扩张、衰退还是复苏阶段。

另外一些研究增长减缓的文献主要通过经验法则进行判断。如 Hausmann et al. (2008)建立了识别增长崩溃的具体方法，即当劳均收入出现下降趋势，降幅超过了以往所有的降幅时即为增长崩溃。Eichengreen et al. (2012)通过界定三个条件来识别增长减缓，即增长减缓前年均增长率不低于 3.5%；增长减缓前后降幅大于等于 2%；同时以 2005 年不变国际价格衡量的人均收入水平要超过 10 000 美元。这三个条件的设定与 Hausmann et al. (2005)中关于增长加速的设定相对应。Pritchett(2000)、Felipe et al. (2012)对如何实现中等收入陷阱的跨越也进行了数值化界定，研究发现，中等偏低收入国家人均收入年均增长率至少在 4.7%才能避免落入"中等偏低收入陷阱"，而中等偏高收入国家人均收入年均增长率至少要达到 3.5%才能规避"中等偏高收入陷阱"。这些研究都内在地表明，当一个国家跨入中等收入阶段后，如果不能实现经济的加速增长，将无法实现向高收入阶段的跨越，其结果会落入"中等收入陷阱"之中。Aiyar et al. (2013)增长减缓界定为一个国家对预期增长路径突然、持续地偏离。也即增长减缓意味着一个国家对过去增长路径的实质性偏离，其拉长了停滞和衰退的持续时间。

另外一些研究则关注导致增长减缓的原因。例如 Hausmann et al. (2008)对导致增长停滞的原因进行了一些探讨。Eichengreen et al. (2011)界定了增长减缓需要满足的三个条件,通过对筛选出的1956年至今满足增长减缓条件的快速增长经济体的增长片段进行研究,发现增长减缓容易发生在人均GDP位于16 700美元(或是15 000~16 000美元之间)处,此时,人均GDP是先进国家的58%;国家制造业就业份额占比为23%。并根据这一结论,对中国何时会发生增长减缓进行预测,文中假设中国以过去十年人均GDP的年均增长率9.3%增长,则至2015年中国的人均GDP就会达到增长减缓的门槛值;如果同时美国的年均增长率为1.9%,则至2023年,中国人均GDP占美国的比例为58%。而Eichengreen et al. (2013)进一步指出,很多中等收入国家往往会经历两次增长减缓,当人均GDP位于10 000~11 000美元时,增长减缓也同样容易发生。当发生增长减缓时,人均GDP增长率一般会从5.6%下降至2.1%,平均降幅为3.5%。也即,快速增长的中等收入国家在进入"中等收入陷阱"之前很有可能会发生阶段性衰退(decelerate in steps),而不是在某个时点上人均收入迅速下降。同时指出,增长减缓发生时,从农业到工业的劳动力转移不能带来额外的生产率提高,全要素生产率下降幅度显著,而且进口国外技术的收益也会下降。

关于中等收入水平阶段发生增长减缓的一般解释路径概括为:刘易斯式的发展过程(Lewis-type development process)(Agenor et al.,2012)。在这个分析框架下,当达到中等收入或中等偏高收入阶段时,能在快速增长的初始阶段带来高速增长的因素和优势,即低成本劳动力和对国外技术的模仿,就会消失。在初始阶段,低收入国家可以通过引进国外技术生产劳动密集型的低成本产品来参与国际市场竞争。这些国家可以通过将劳动力从生产率低的农业重新配置到生产率高的制造业中实现生产率很大程度地提高。然而,一旦这些国家达到中等收入水平,农业没有充分就业的劳动力被吸收殆尽,工资开始上涨,低劳动力成本的优势将逐渐消失。由部门间要素重新配置和技术赶超带来的生产率的增长消失了,同时工资上涨使得劳动密集型产品的出口在世界市场中失去优势,与此同时,其他国家也相继进入到快速增长的这个阶段而与之竞争。换句话

289

说，发生增长减缓与增长过程中的某个时间点紧密相关，当到达这个时间点时，剩余劳动力从农业向工业部门的转移不能带来生产率的提升，同时，引进外国技术产生的收益也会下降。

因此，总体而言，正如 Eichengreen et al.（2012）的研究所显示的，增长减缓发生时往往伴随着前期的高速增长、不合意的人口特征(尤其是高老龄依存率)、高投资比率及汇率低估。相比之下，中等和高等受教育人口比例高的国家以及出口以高科技产品为主的国家很少经历增长减缓。因此，为了避免中等收入陷阱就必须不断提高受教育程度和科技水平。

4.3 关于增长动力的其他研究

增长动力并不是单一的增长要素，要培育和提高新的增长动力，关系到产业结构、要素结构、生产效率、经济环境等多种因素。

（一）产业结构与经济增长动力

许多研究从产业结构的角度来探讨增长动力问题。世界银行在2010 年的研究报告《有力的复苏，增加的风险》中指出，"东亚中等收入国家需要通过调整产业结构，改变中间产业过于密集的现状，从而实现向高收入阶段的跨越。然而这也并非易事，拉美和中东的很多国家处于这一阶段时，仍试图通过低成本、大规模生产来维持自身的优势，而没有实现向知识密集型产品生产和创新为主的产业结构升级，陷入'中等收入陷阱'之中"。Ohno（2009）将发展受阻解释为国家在产业发展中，由于促进产业升级的潜在推动力缺失，从而不能顺利实现产业升级。同时，认为"中等收入陷阱"即已经拥有自己支柱产业的国家无法实现由以对国外的技术模仿、吸收为主向以自主创新为主的发展模式的转变，从而无法实现向第三个阶段的跨越，滞留在第二个阶段的情形。

亚洲金融危机后韩国的发展是通过成功实现产业升级推动自身摆脱陷阱的典型。由于金融危机的重创，韩国曾一度需要通过接受国际救援才能度过危机，随后，其将发展重点放在推动产业结构提升上，依次经历早期的发展纺织等劳动密集型产业，到以钢铁、汽车和造船为主的资本密集型产业的发展，再到知识和技术密集型产业，包括半导体和电脑等，成功实现了从制造业生产向以创新为导向的科技发展的转变。Perez-Sebastian（2007）指出在发展的初始阶段，模仿是生产率增长的的主要源泉，但如果经济体达到技术前沿，基于国外成果的创新（即新想法、技术的应用，以及生产性活动的进行等）就将成为增长的重要动力。Yusuf 和 Nabeshima（2009）以及 Tho（2013）认为，与韩国的成功经验相比，东南亚国家的主要问题就是不能形成以高技术和高创新能力为核心的比较优势。UNIDO（2009）指出，不仅对于马来西亚和泰国，还有其他中等收入国家来说，提升产业价值链，通过发展知识和创新密集型产品和服务来与发达国家市场竞争才能实现自己的快速增长。Lin 和 Treichel（2012）认为拉美和加勒比海地区国家就是因未能成功实现产业结构从低附加值向高附加值的升级而陷入"中等收入陷阱"。

这些研究内在地表明，当一个国家跨入中等收入阶段后，如果不能实现经济的加速增长，将无法实现向高收入阶段的跨越，其结果会落入"中等收入陷阱"之中。这也意味着一个国家如果要避免落入中等收入陷阱，就必须及早调整其结构性因素，寻找提高生产率的新的方式。而实现高生产率的主要方式就是将产业转移到具有高附加值的产品和服务生产上，发展本土创新活动，而不是一味追求对国外技术的模仿。换句话说，最关键的问题就是如何将以模仿为主转变为基于国外技术的创新发展。

（二）人力资本结构和出口结构与经济增长动力

也有许多学者从加快人力资本积累和提升产业链的角度来探讨增长动力问题。各国经验表明，促进产业链提升很重要的因素就是优化人力资本结构，提高高技能劳动者的数量，实现劳动力结构和产业结构的匹配。Eichengreen et al. （2013）的研究表示，中、高等受教育人口比例高的国家以及出口以高科技产品为主的国家很少经历增长减缓（slow down）。同时发现，当控制其他因素不变时，接受中学、大学以及高等教育人口份额的增加会降低增长减缓的发生率；但是，当控制中、高等受教育人口份额不变时，教育水平的普遍提高并不能产生同样的结果。因此，对于规避增长减缓而言，高质量的人力资本比低质量的人力资本显得更为重要，一个国家可以通过不断提高高质量人力资本的数量，带动自身产业技术升级来规避"中等收入陷阱"。

青木昌彦(2011)将东亚式发展模式归纳为五个阶段，即马尔萨斯式的贫困陷阱阶段("M"阶段)、以政府为主导的发展阶段("G"阶段)、通过结构变迁实现的库兹涅茨-刘易斯式的发展阶段("K"阶段)、以人力资本为主导的经济发展阶段("H"阶段)和后人口红利阶段("PD"阶段)。青木昌彦表示，中国目前已经跨越了通过产业结构变迁实现增长的库兹涅茨发展阶段，需要逐步过渡到以人力资本积累为主的"H"阶段；并指出韩国、日本能成功实现向高收入阶段的跨越正是因为在这个阶段取得了关键性的胜利。Agenor et al. (2012)通过两期三部门的世代交叠模型探讨了"中等收入陷阱"的存在性问题。结论显示，增长过程中存在多重稳态均衡，以低生产率和研发部门拥有较少份额高技能劳动者反映的人力资本的错配为特征的低增长均衡即为"中等收入陷阱"。马来西亚和泰国正是由于高人力资本的缺失而陷入中等收入陷阱。同时，人力资本积累也能带来全要素生产率的提高(Kuijs, 2010)，其研究显示，1978—2009 年，全要素生产率年均增长 3%~3.5%，其中约15%的增长来源于人力资本的积累。

由于产业结构升级和调整很难测度，因此，通常用贸易结构指数(如 ECI 等)作为衡量产业结构的替代变量。Berg(2013)研究发现，贸易结构指数能很好地预测中等收入国家的增速；同时，Felipe et al. (2012)指出，陷入"中等收入陷阱"的国家就是因为自身技术积累不足，没有形成复杂、多样化的出口结构。出口中技术密集型产品所占比重越大，则经济体遭遇增速放缓的可能性就会越小(Eichengreen et al. , 2013)。Eichengreen et al. (2011)考虑了人力资本结构、出口结构(以高科技含量和低科技含量的产品出口来衡量)、金融和政治稳定性以及外部冲击等因素对增长减缓的影响。研究发现，增长减缓往往伴随着前期的高速增长、不合意的人口特征(尤其是高的老龄依存率)、高投资比率及汇率低估等特征。

(三)全要素生产率与经济增长动力

Eichengreen et al. (2011)利用增长核算模型，对 1957—2010 年

世界所有国家满足增长减缓的时间段进行计量分析发现，快速增长经济体的增长减缓中85%归因于全要素生产率的下降。这与Krugman(1994)中指出的全要素生产率是美国等发达经济体经济增长的主要来源的观点一致。

Parent和Prescott(2010)的研究证实，国家间收入水平存在差异的主要原因是采纳的不同技术和制度因素造成的全要素生产率的差异。日本经济在20世纪90年代停滞不前，也是由于全要素生产率表现欠佳的缘故(Hayashi和Prescott，2002)。Wu(2013)也对不同收入国家全要素生产率进行计算，并进一步区分了由生产可能性边界外移导致的技术进步和优化资源配置带来的效率提高。

（四）增长内部环境、外部环境与经济增长动力

研究发现，汇率明显被低估的国家经历增长减缓的可能性更大(Eichengreen et al.，2011)，对其的解释为，依靠汇率贬值来提振经济增长的国家更容易受到外部冲击的影响，从而导致持续的增长减缓。在依靠将劳动力从农业转移到出口导向的制造业部门带来增长的早期阶段，真实汇率被低估的政策可以促进出口，带来经济增长。但当经济体发展到需要以创新和知识密集型产业拉动增长的阶段时，政府往往不愿意放弃之前的政策策略，使得经济体更容易遭受增长减缓。同时，人口老龄化和收入不平等也是影响经济增长放缓的重要原因(Vandenberg和Zhuang，2011；Egawa，2013)。

虽然改善一国贸易条件或面临有利的外部冲击时，可以实现中短期的经济加速增长，然而，要想通过经济持续加速增长，实现向发达经济体的收敛却绝非易事(Hausmann et al.，2005)。World Bank(2012)的报告指出，1960年的101个中等收入国家或地区，至2008年仅有13个成为了高收入国家或高收入地区，即赤道几内亚、希腊、中国香港、爱尔兰、以色列、日本、毛里求斯、葡萄牙、波多黎各、韩国、新加坡、西班牙和中国台湾。亚洲的日本和"四小龙"国家或地区是成功跨越"中等收入陷阱"的典型。弗里德曼将成功的原因归结为：务实的汇率政策以及金融体系的自由化，贸易方面实行关税减免、进口自由的政策，与此同时，也积极地增加出口。同时，收入差距扩大使得处于中间阶层的群体"夹心化"，

城市化进行过程中会形成新的二元结构，最终由于人力资本和教育投入不足产生产业结构失衡和粗放增长的局面（George et al.，2004）。

霍米·卡拉斯（2011）表示，中等收入国家在向高收入阶段的跨越中，将不可避免的面临转变政府职能和深化体制改革的很多制度变迁过程。如加快创新和高等教育发展、完善资本市场、改善城市管理和加速城市化产生集聚效应，以及建立有效的分权、反腐败的法治体系等。

参考文献

[1] Abiad, A., J. Bluedorn, J. Guajardo and P. Topalova, 2012, World Economic Outlook. Washington: International Monetary Fund, October.

[2] Acemoglu, D., 1997, Training and Innovation in an Imperfect Labor Market. Review of Economic Studies, vol. 64 (3), pp: 445-464.

[3] Acemoglu Daron, Simon Johnson and James A. Robinson, 2002, Reversal of Fortune: Geography and Institutions in the Making of the Modern World Income Distribution. Quarterly Journal of Economics, vol. 117(4), pp: 1231-1294.

[4] Acemoglu, D., 2005, Institutions as a Fundamental Cause of Long-Run Growth. in Handbook of economic growth, Chapter6.

[5] Acemoglu, D., Aghion, P., Bursztyn, L. and Hemous, D., 2009, The Environment and Directed Technical Change. NBER working paper.

[6] Agenor, P. and O. Canuto, 2012, Middle-Income Growth Traps. Policy Research Working Paper, No. 6210.

[7] Aghion, Philippe, Eve Caroli and Cecilia García-Peñalosa, 1999, Inequality and Economic Growth: The Perspective of the New Growth Theories. Journal of Economic Literature, vol. 37(4), pp:

1615-1660.

[8] Aiyar, S. et al. , 2013, Growth Slowdowns and the Middle-Income Trap. IMF Working Paper, WP/13/71.

[9] Akcomak, S. and B. Weel, 2009, Social Capital, Innovation and Growth: Evidence from Europe. European Economic Review, vol. 42, pp: 544-567.

[10] Alesina, A. and D. Rodrik, 1994, Distributional Politics and Economic Growth. Quarterly Journal of Economics, vol. 109, pp: 465-90.

[11] Antman, F. and D. J. Mckenzie, 2005, Poverty Traps and Non-linear Income Dynamics with Measurement Error and Individual Heterogeneity. Policy Research Working Paper WPS3764, Washington DC: The World Bank.

[12] Aoki, Masahiko, 2011, The Five-phases of Economic Development and Institutional Evolution in China and Japan. Presidential Lecture at the XVIth World Conference of the International Economic Association, Beijing, July4th.

[13] Arin, K. P. , C. Viera, F. Eberhard and W. Ansgaer, 2011, Why are Corrupt Countries Less Successful in Consolidating their Budgets. Journal of Public Economics, vol. 95, pp: 624-530.

[14] Asian Development Bank, 2010, The Future of Growth in Asia. Asian Economic Outlook (October), pp: 37-89.

[15] Azariadis, Costas and Allan Drazen, 1990, Threshold Externalities In Economic Developmet. The Quarterly Journal of Economics, vol. 105(2), pp: 501-526.

[16] Azariadis, Costas, 2004, The Theory of Poverty Traps: What Have We Learned? In Bowles, S. , Durlauf, S. &Hoff, K. (ed.), Poverty Traps, Princeton University Press, 2006.

[17] Azariadis, Costas and Stachurski, 2005, Poverty Traps. In: Aghion and Durlauf (eds.), Handbook of Economic Growth, vol. 1A. Elsevier, Amsterdam.

[18] Barro, R. and X. Sala-i-Martin, 1992, Public Finance in Models of Economic Growth. The Review of Economic Studies, vol. 59 (4), pp: 645-661.

[19] Barro, R. J., 1997, Determinants of Economic Growth: A Cross-Country Empirical Study. MIT Press, Cambridge, MA.

[20] Barro, R. J., 2000, Inequality and Growth in a Panel of Countries. Journal of Economic Growth, 5 (1), March, pp: 87-120.

[21] Barreto R. A., 2000, Endogenous Corruption in a Neoclassical Growth Model. European Economic Review, vol. 44, pp: 35-60.

[22] Bardhan, Pranab, 1997, Corruption and Development: A Review of Issues. Journal of Economic Literature, vol. 35(3), pp: 1320-1346.

[23] Becker P., Maher M. W., 1986, A Comparion of Bribery and Bidding in Thin Markets. Economic Letters, vol. 20, pp: 1-5.

[24] Benabou, R. 1996. Inequality and Growth. NBER Working Papers, No. 5658.

[25] Benhabib, Jess, Aldo Rustichini, 1996, Social conflict and growth. Journal of Economic Growth, vol. 1(1), pp: 125-142.

[26] Berg, A., Ostry, J. and J. Zettelmeyer, 2012, What Makes Growth Sustained? Journal of Development Economics, vol. 98 (2), pp: 149-166(Amsterdam: Elsevier).

[27] Berg J., 2013, Escaping the Middle Income Trap by Moving Up the Technology Ladder? An empirical investigation. Master Thesis of Erasmus University Rotterdam.

[28] Ben-David and David Papell, 1998, Slowdowns and Meltdowns: Postwar Growth Evidence from 74 Countries. Review of Economics and Statistics, vol. 80, pp: 561- 571.

[29] Bhagwati J. N., 1982, Directly unproductive, profit-seeking (DUP) activities. Journal of Politcial Economy, vol. 90(5), pp: 988-1002.

[30] Bloom, D. E., David Canning and Jaypee Sevilla., 1998, The

Demographic Dividend: A New Perspective on the Economic Consequences of Population Change. RAND.

[31] Black, F. , 1974, Uniqueness of the Price Level in Monetary Growth Models with Rational Expectations. Journal of Economic Theory, vol. 7, pp: 53-65.

[32] Blanchard, O. J. , Kahn, C. M. , 1980, The Solution of Linear Difference Models under Rational Expectation. Econometrica, vol. 48, pp: 1305-1311.

[33] Blanchard, Olivier and Simon, John, 2001, The Long and Large Decline in U. S. Output Volatility. Brookings Papers on Economic Activity, vol. 1, pp: 135-174.

[34] Bond Stephen, Anke Hoeffler and Jonathan Temple, 2001, GMM Estimation of Empirical Growth Models, CEPR discussion paper, No. 13048.

[35] Bovenberg, A. Lans and Sjak A. Smulders, 1996, Transitional Impacts of Environmental Policy in an Endogenous Growth Model. International Economic Review, vol. 37(4), pp: 861-893.

[36] Braguinsky I. S. , 1996, Corruption and Schumpeterian Growth in Different Economic Environments. Contemporary Economic Policy, vol. 14(7), pp: 14-25.

[37] Bray, M. , Savin, N. E. , 1986, Rational Expectations Equilibria, Learning and Model Specification. Econometrica, vol. 54, pp: 1129-1160.

[38] Buiter, W. H. , 1984, Saddle point Problems in Continuous Time Rational Expectations Models: A General Method and Some Macroeconomic Examples. Econometrica, vol. 52, pp: 665-680.

[39] Cai, Fang and Wang Dewen, 2005, China's Demographic Transition: Implication for Growth. in Garnaut and Song(eds) The China Boom and Its Discontents. Canberra: Asia Pacific Press.

[40] Carte, M. R. , C. B. Barrett, 2006, The Economics of Poverty Traps and Persistent Poverty: An Asset-based Approach. The

Journal of Development Studies, vol. 42 (2).

[41] Chou, Y. , 2006, Three Simple Models of Social Capital and Economic Growth. Journal of Socio-economics, vol. 35, pp: 889-912.

[42] Coleman, J. , 1988, Social Capital in the Creation of Human Capital. American Journal of Sociology, vol. 94, pp: S95-S120.

[43] Cook, Sarah, 2006, Structural Change, Growth and Poverty Reduction in Asia: Pathways to Inclusive Developemental. Development Policy Review, 24(sl.).

[44] Davidson R. and J. G. MacKinnon, 1993, Estimation and Inference in Econometrics. New York: Oxford University Press.

[45] David de la Croix, Matthias Doepke, 2004, Public versus Private Education When Differential Fertility Matters. Journal of Development Economics, vol. 73(2), pp: 607-629.

[46] Deng, W. , Y. Lin, and J. Gong, 2012, A Smooth Coefficient Quintile Regression Approach to the Social Capital-economic Growth Nexus. Economic Modeling, vol 25, pp: 185-197.

[47] Durlauf, Steven N. and Marcel Fafchamps, 2004, Social Capital. University of Wisconsin, Working Paper.

[48] Durlauf, S. , and M. Fafchamps, 2005, Social Capital. Handbook of Economic Growth Volume 1B. Edited by Philippe Aghion and Steven N. Durlauf.

[49] Durlauf, Steven N. , 2006, Groups, Social Influences and Inquality. In: S. Bowles et al. (2006).

[50] Easterly, W. and S. Fischer, 2001, Inflation and the Poor. Journal of Money, Credit and Banking, vol. 33(2), pp: 160-178.

[51] Eeckhout, J. , Jovanovic, B. , 2007, Occupational Choice and Development. Journal of Economic Theory, vol. 147 (2), pp: 657-683.

[52] Egawa, A. , 2013, Will Income Inequality Cause a Middle-Income Trap in Asia? Bruegel Working Paper, No. 2013/06.

[53] Eggers, A. and Y. Ioannides, 2006, The Role of Output Composition

in the Stabilization of US Output Growth. Journal of Macroeconomics, vol. 28, pp: 585- 595.

[54]Eichengreen, B., Yeongseop R. and Hui Tong, 2004, The Impact of China on the Exports of Other Asian Countries. National Bureau of Economic Research Working Papers, No. 10768.

[55]Eichengreen Barry, Donghyun Park and Kwanho Shin, 2011, When Fast Growing Economics Slow Down: International Evidence and Implications for the People's Republic of China. NBER Working Papers Series 16919, Asian Development Bank.

[56]Eichengreen Barry, Donghyun Park and Kwanho Shin, 2012, When Fast Economies Slow Down: International Evidence and Implicationa for China. Asian Economic Papers, vol. 11, pp: 42-87.

[57]Eichengreen Barry, Donghyun Park and Kwanho Shin, Growth Slowdowns Redux: New Evidence on the Middle-Income Trap. NBER Working Paper, No. 18673, Issued in January, 2013.

[58]Fan, P. H., T. J. Wong and T. Zhang, 2009, Institutions and Organizational Structure: The Case of State-owned Corporate Pyramids. Working Paper, The Chinese University of Hong-Kong.

[59]Felipe, J., Abdon, A. and U. Kumar, 2012, Tracking the Middle-Income Trap: What Is It, Who Is in It, and Why? Levy Economics Institute of Bard College Working Paper, No. 715.

[60]Fishman, Avi Simhon, 2002, The Division of Labor, Inequality and Growth. Journal of Economic Growth, vol. 7(2), pp: 117-136.

[61]Forbes, K., 2000, A Reassessment of the Relationship Between Inequality and Economic Growth. American Economic Review, vol. 90, pp: 869-87.

[62]Frank, M. W., 2005, Income Inequality and Economic Growth in the U. S. : A Panel Cointegration Approach. SHSU Economics & Intl. Business Working Paper No. SHSU_ECO_WP05-03.

[63]Galor, Oded and Omer Moav, 2002, From Physical to Human

Capital Accumulation: Inequality in the Process of Development. Brown University Working Paper, No. 99-27.

[64] Grootaert, Christian, 2001, Local Institution, Poverty, and Household Welfare in Bolivia. World Bank Policy Research Working Paper, No. 2644.

[65] Grootaert, Christian, Gi-Taik Oh and Anand Swamy, 2002, Social Capital, Household Welfare and Poverty in Burkina Faso. Journal of African Economies, Oxford University Press, vol. 11 (3), pp: 4-38.

[66] Guiso, L. , P. Sapienza and L. Zingales, 2004, The Role of Social Capital in Financial Development. American Economic Review, vol. 94, pp: 526-556.

[67] Habib M. , Zurawicki L. , 2002, Corruption and Foreign Direct Investment. Journal of Internaitonal Business Studies, vol. 33(2), pp: 291-307.

[68] Hansen, G. D. and E. Prescott, 2002, Malthus to Solow. American Economic Review, vol. 92, pp: 1205-1217.

[69] Hausmann Ricardo, L. Pritchett and Dani Rodrik, 2005, Growth Accelerations. Journal of Economic Growth, vol. 10, pp: 303-329.

[70] Hausmann Ricardo, Francisco Rodriguez and Rodrigo Wagner, 2008, Growth Collapses. in Carmen Reinhart Carlos Vegh and Andres Velasco (eds), Money, Crises and Transition, Cambridge, Mass: MIT Press, pp: 376-428.

[71] Hayashi, F. , Prescott, E. C. , 2002, The 1990s in Japan: A Lost Decade. Review of Economic Dynamics, vol. 5 (1), pp: 206-235.

[72] Hoff, K. , and Sen, A. , 2004, The Kin System as a Poverty Trap. in Bowles, S. Durlauf, S. and Hoff, K. (ed.), Poverty Traps, Princeton University Press.

[73] Hongyi Li and Hengfu Zou, 1998, Income Inequality Is Not Harmful for Growth: Theory and Evidence. Review of Development

Economics, vol. 2(3), pp: 318-34.

[74] Huntington S P., Political Order in Changing Societis. New Haven and London: Yale University Press, 1968.

[75] Im, F. G. and D. Rosenblatt, 2013, Middle-Income Traps: A Conceptual and Empirical Survey. Policy Research Paper, the World Bank, No. 6594.

[76] Ishise, H. and Y. Sawada, 2009, Aggregate Returns to Social Capital: Estimates Based on the Augmented Augmented-Solow Model. Journal of Macroeconomics, vol. 31, pp: 376-393.

[77] Jalan, J. and M. Ravallion, 2004, Household Income Dynamics in Rural China. In S. Dercon (eds.) Insurance against poverty, Oxford: Oxford University Press, pp: 107-123.

[78] Jesus Felipe, Aruelyn Abdon and Utsav Kumar, 2012, Tracking the Middle- Income Trap: What Is It, Who Is in It, and Why? Working Paper, No. 715, Levy Economics Institute of Bard College, April.

[79] Jones, C. I., 1995, R&D-based Models of Economic Growth. Journal of Political Economy, vol. 103, pp: 759-784.

[80] Kaufmann D., Kraay, Aart and Mastruzzi, Massimo, 2007, Government Matters VI: Governance Indicators for 1996-2006. World Bank Policy Research Working Paper, No. 4280.

[81] Knack, S. and P. Keefer, 1997, Does Social Capital Have an Economic Pay-off? -A Cross-Country Investigation. Quarterly Journal of Economics, vol. 112(4), pp: 1251-1288.

[82] Kremer, M., 1993, The O-ring Theory of Economic Development. Quarterly Journal of Economics, vol. 108(3), pp: 551-575.

[83] Krugman, P., 1994, The Myth of Asia's Miracle. Journal of Foreign Affair, vol. 73 (6), pp: 62-78.

[84] Kuijs, Louis, 2010, China through 2020-A Macroeconomic Scenario. World Bank China Research Working Paper, No. 9.

[85] Landry, R., N. Amara, and M. Lamari, 2002, Does Social

Capital Determine Innovation: To What Extent? Technological Forecasting and Social Change, vol. 69, pp: 681-701.

[86] Laursen, K. , F. Masciarelli, and A. Prencipe, 2012, Regions Matter: How Localized Social Capital Affects Innovation and External Knowledge Acquisition. Organization Science, vol. 23, pp: 177-193.

[87] Lee, Ronald and Andrew Mason, 2006, What is the Demographic Dividend? Finance and Development, vol. 43(3).

[88] Leff N. H. , 1964, Economic development through bureaucratic corruption. The American Behavioral Scientist, vol. 6 (8), pp: 125-143.

[89] Leibenstein, H. , 1957, Economic Backwardness and Economic Growth. New York: Wiley.

[90] Lewis, W. A. , 1955, Economic Development with Unlimited Supplies of Labor. The Manchester School, vol. 22, pp: 139-91.

[91] Lin, J. Y. and Vo Treichel, 2012, Learning from China's Rise to Escape the Middle Income Trap: A New Structural Economics Approach to Latin America. Policy Research Working Paper, No. 6165.

[92] Lui T. F. , 1985, An Equilirbrium Queuing Model of Bribery. Journal of Political Economy, vol. 93(4), pp: 760-781.

[93] Lui F. T. , 1996, Three aspects of corruption. Contemporary Economic Poliy, vol. 14(3): 26-29.

[94] Lucas, R. E. , 1988, On the Mechanism of Economic Development. Journal of Monetary Economics, vol. 22, pp: 3-42.

[95] Maddison, A. , 2003, The World Economy: Historical Statistics. Paris: OECD.

[96] Markandya, A. , Pedroso, S. , Streimikiene, D. , 2004, Energy Efficiency in Transition Economies: Is there convergence towards the EU average? Fondazione Eni Enrico Mattei (FEEM) Working paper, No. 89.

[97] Mankiw, G. , D. Romer and D. Weil, 1992, A Contribution to the Empirics of Economic Growth. Quarterly Journal of Economics, vol. 107: 407-439.

[98] Matsuyama, K. , 1991, Increasing Returns, Industrialization, and Indeterminacy of Equilibrium. The Quarterly Journal of Economics, vol. 106(2), pp: 617-650.

[99] Matsuyama, K. , 2005, Poverty Traps. in L. Blume and S. Durlauf(eds.), the New Palgrave Dictionary of Economics, 2ed, Palgrave Macmillan.

[100] McCafferty, S. A. , Driskill, R. , 1980, Problems of Existence and Uniqueness in Nonlinear Rational Expectations Models. Econometrica, vol. 48, pp: 1313-1317.

[101] Mehlum, Moene and Torvik, 2005, Crime Induced Poverty Traps. Journal of Development Economics, vol. 77, pp: 325-340.

[102] Mironov, Maxim, 2005, Bad Corruption, Good Corruption and Growth. Graduate School of Business, University of Chicago, Novermber.

[103] Mitchell, B. R. , 2007, International Historical Statistics (6th ed): 1750-2005. New York, Palgrave Macmillan.

[104] Murphy, Kevin M. , Andrei Schleifer and Robert W. Vishny, 1989b, Industrialization and the Big Push. Journal of Political Economy, vol. 97(5), pp: 1003-1025.

[105] Murphy K. M. , Shleifer A. and Vishny R. W. , 1993, Why is Rent-Seeking so Costly to Growth. The American Economic Review, vol. 83(2), pp: 409-414.

[106] Myrdal, Gunnar, 1957, Economic Theory and Under-developed Regions. London: Duck-worth.

[107] Narayan, D. and L. Pritchett, 1997, Cents and Sociability-Household Income and Social Capital in Rural Tanzania. Policy Research Working Paper, No. 1796, Washington, D. C. , World Bank.

[108] Nelson, P. R. , 1956, A Theory of the Low-Level Equilibrium Trap in Underdeveloped Economies. American Economic Review, vol. 46, pp: 894-908.

[109] Nicoletta Batini, Tim Callen, Warwick Mckibbin, 2006, The Global Impact of Demographic Change. IMF Working Paper.

[110] North, Douglass. C. , 1990, Institutions, Institutional Change and Economic Performance. Cambridge University Press.

[111] Nurkse, R. , 1953, Problems of Capital Formation in Under-developed countries. New York: Oxford University Press.

[112] Ohno, K. , 2009, Overcoming the Middle Income Trap: The Challenge for East Asian High Performances. Three Policy Discussion Papers, http: //www. grips. ac. jp/forume.

[113] Ohno, K. , 2009, Avoiding the Middle-Income Trap: Renovating Industrial Policy Formulation in Vietnam. ASEAN Economic Bulletin, vol. 26(1), pp: 25- 43.

[114] Perotti, R. , 1996, Growth, Income Distribution and Democracy: What the Data Say. Journal of Economic Growth, vol. 1(2), pp: 149-187.

[115] Persson, T. , and G. Tabellini, 1994, Is Inequality Harmful for Growth? Theory and Evidence. American Economic Review, vol. 84, pp: 600-621.

[116] Partridge, M. , 1997, Is Inequality Harmful for Growth? Comment. American Economic Review, vol. 87, pp: 1019-1032.

[117] Panizza, U. , 2002, Income Inequality and Economic Growth: Evidence from American Data. Journal of Economic Growth, vol. 7, pp: 25-41.

[118] Penn World Table 8. 0, 2013, The Center for International Comparisons. University of Pennsylvania, https: //pwt. sas. upenn. edu/ php_site/ pwt_index. php.

[119] Perez-Sebastian, Fidel, 2007, Public Support to Innovation and Imitation in a Non-Scale Growth Model. Journal of Economic

Dynamics and Control, vol. 31, pp: 3791-3821.

[120] Pellegrini L. , Gerlagh R. , 2004, Corruption's Effects on Growth and Its Transmission Channels. Kyklos, vol. 57 (3): 429-456.

[121] Peneder M. , 2002, Structral Change and Aggregate Growth. WIFO Working Paper, Austrian Institute of Economic Research, Vienna.

[122] Pritchett, Lant, 2000, Understanding Patterns of Economic Growth: Searching for Hills among Plateaus, Mountains and Plains. World Bank Economic Review, vol. 14, pp: 221-250.

[123] Putnam, R. , R. Leonardi and R. Nanetti, 1993, Making Democracy Working: Civic Tradition and Modern Italy. Princeton: Princeton University Press.

[124] Quah, D. , 1993, Galton's Fallacy and Tests of the Convergence Hypothesis. Scandinavian Journal of Economics, vol. 95 (4), pp: 427-443.

[125] Reddy, Sanjay and Camelia Miniou, 2006, Real Income Stagnation of Countries, 1960-2001. Unpublished Manuscript, Columbia University.

[126] Rock M. T. and Bonnett H. , 2004, The Comparative Politics of Corruption: Accounting for the East Asian Paradox in Empirical Studies of Corruption, Growth and Investment. World Development, vol. 32(6), pp: 999-1017.

[127] Rodrik, Dani, 1999, Where Did All the Growth Go? External Shocks, Social Conflict and Growth Collapses. Journal of Economic Growth, vol. 4, pp: 385-412.

[128] Romer, P. , 1986, Increasing Returns and Long-run Growth. Journal of Political Economy, vol. 94, pp: 1002-1037.

[129] Romer, P. , 1990, Endogenous Technological Change. Journal of Political Economy, vol. 98, pp: S71-S102.

[130] Rosenstein-Rodan, Paul. , 1943, Problems of Industrialization

of Eastern and Southeast Europe. Economic Journal, vol. 53, pp: 202-211.

[131]Sabatini, 2006, The Empirics of Social Capital and Economic Development: A Critical Perspective. Fondazione Eni Enrico Mattei, Working Paper.

[132]Samuel Bowles, Steven Durlauf, and Karla Hoff, eds, 2006, Poverty Traps. Princeton and New York: Princeton University Press and Russell Sage Foundation.

[133]Sampson and Morenoff, 2006, Spatial Dynamics, Social Processes and Persiitence. In: S. Bowles et al(2006).

[134]Selden, T. and D. Song, 1994, Environmental Quality and Development: Is There a Kuznets Curve for Air Pollution Emissions? Journal of Environmental Economics and Management, vol. 27, pp: 147-162.

[135]Simon, J. , 1986, Theory of Population and Economic Growth. Oxford: Basil Blackwell.

[136]Shekhar Aiyar, Romain Duval, Damien Puy, Yiqun Wu and Longmei Zhang, 2013, Growth Slowdown and the Middle-Income Trap. International Monetary Fund Working Paper, pp: 13-71.

[137]Shleifer A. , Vishny R. W. , 1993, Corruption. Quarterly Journal of Economics, vol. 108(3): 599-618.

[138]Spence, M. , 2011, The Next Convergence: The Future of Economic Growth in a Multispeed World. Farrar, Straus and Giroux: New York.

[139]Stockman, A. , 1988, Sectoral and National Aggregate Distribution to Industrial Output in Seven European Countries. Journal of Monetary Economics, vol. 21, pp: 387-409.

[140]Stokey, Nancy L. , 1998, Are There Limits to Growth? International Economic Review, vol. 39(1), pp: 1-31.

[141]Tanzi V. , 1998, Corruption Around the World: Causes, Consequences, Scope, and Cures. Staff Papers, International

Monetary Fund, vol. 45(4), pp: 559-594.

[142]Tanzi V., Davoodi, Hamid, 2000, Corruption, Growth and Public Finance. IMF Working Paper, No. 00/182.

[143]Taylor, J. B., 1980, Conditions for Unique Solutions in Stochastic Macroeconomic Model. American Economic Review, vol. 69, pp: 108-113.

[144]Tahvonen, Olli and Kuuluvainen, Jari, 1993, Economic Growth, Pollution and Renewable Resources. Journal of Environmental Economics and Management, vol. 24(2), pp: 101-118.

[145]Temple, J., and P. Johnson, 1998, Social Capability and Economic Growth. Quarterly Journal of Economics, vol. 113, pp: 967-990.

[146]Tho, T. V., 2013, The Middle-Income Trap: Issues for Members of the Association of Southeast Asian Nations. ADBI Working Paper Series, No. 421.

[147]Tsehay, A. S. and S. Bauer, 2012, Poverty and Vulnerability Dynamics: Empirical Evidence from Smallholders in Northern Highlands of Ethiopia. Quarterly Journal of International Agriculture, vol. 51(4), pp: 301-332.

[148]UNIDO, 2009, Breaking In and Moving Up: New Industrial Challenges for the Bottom Billion and the Middle-Income Countries. Industrial Development Report, United Nations(Vienna: 2009).

[149]Vandenberg, P. and J. Zhuang, 2011, How can China Avoid the Middle-Income Trap? Asia Development Bank.

[150]Wang Feng and Andrew Mason, 2005, Demographic Dividend and Prospects for Economic Development in China. UN Expert Meeting on Social and Economic Implications of Changing Population Strutures, Mexico City.

[151]Wei L., 2001, Corruption During the Economic Transition in China. Working Paper, Darden Graduate School of Business Administration, University of Virginia.

1997, Federalism as a Commitment to Perserving Market Incentives. The Journal of Economics Perspectives, vol. 11 (4), pp: 83-92.
[153] Woo, W. T., 2012, China Meets the Middle Income Trap: The Large Potholes in the Road to Catch Up. Journal of Chinese Economic and Business Studies, vol. 10 (4), pp: 313-336.
[154] Wu, Y., 2013, Productivity, Economic Growth and Middle Income Traps: Implications for China. Working Paper, Business School of University of Western Austrialia.
[155] Woodridge, J., 2003, Econometric Analysis of Cross Section and Panel Data. Cambridge, MA: The MIT Press.
[156] World Development Report, 2011, Conflict, Security and Development. http: // open knowledge. worldbank. org/hand/ 10986/4389, World Bank.
[157] World Bank, 2012, China 2030: Building a Modern, Harmonious, and Creative High-Income Society, World Bank (Washington DC).
[158] Yusuf, S. and K. Nabeshima, 2009, Can Malaysia Escape the Middle Income Trap? A Strategy for Penang Policy Research Working Paper Series, No. 421.
[159] Zak, P. and S. Knack, 2001, Trust and Growth. Economic Journal, vol. 111, pp: 295-321.

海外环境法前沿问题研究（2015）

秦天宝

前　言

　　总体来看，2015 年海外环境法学科比较热门的话题有：气候变化、环境大数据、生物多样性保护和利用等。在气候变化领域，2015 年 12 月 12 日，在巴黎举行的气候变化公约第 21 次缔约方大会通过了一份新的协议——《巴黎协定》，该协定共有 195 个缔约方签署，是一份全面且具有法律约束力的协议，该协议引起了全世界特别是欧美环境法学界的强烈关注。2015 年 8 月 3 日，美国正式发布《清洁电力计划》，该计划是美国在应对气候变化领域的最新立法进展，本文对此进行了介绍。其次，本文还介绍了美国在环境大数据和信息公开方面的制度建设和最新进展。再次，本文介绍了欧盟及其成员国生物多样性保护法律制度的概况，并特别评述了欧盟在遗传资源获取与惠益分享方面的最新立法进展。最后，本文还对国家管辖范围以外区域海洋生物多样性保护和资源可持续利用的问题予以了关注。

　　2015 年 11 月 30 日至 12 月 12 日，气候变化公约第 21 次缔约方大会暨《京都议定书》第 11 次缔约方会议在法国首都巴黎举行，最终达成了一份被许多人认为是全面、均衡、有效并具有法律约束力的《巴黎协定》。《巴黎协定》的通过可以认为是 2015 年全球环境保护与可持续发展领域最为引人注目的话题。《巴黎协定》不仅是第一份应对气候变化的全球性减排协议，而且其从程序上设置了一种规制手段，将全球气候治理的进程向前推进了一大步，具有"承上启下"的里程碑式意义，开启了全球绿色低碳发展的新征程。但对该协定的具体内容仍存在诸多争议，如减排目标、资金及相关机制等问题，引起了学界的广泛关注，该协定的前景如何仍有待检验。

在气候变化领域，美国政府虽然曾经签署《京都议定书》，但后又放弃在国内实施议定书。然而，自奥巴马打着"绿色政策"的旗号上台以来，就一改前布什政府应对气候变化的消极态度，积极应对气候变化，推动气候变化的立法与政策的制订，如美国历史上第一份对温室气体排放进行限制的法案《美国清洁能源与安全法案》（2009 年）、第一份《全国气候行动计划》（2013 年 6 月 25 日）、针对电厂二氧化碳排放限制的《清洁电力计划》（2014 年草案、2015年 8 月 3 日正式发布）。但总体上美国气候变化的立法与政策阻碍重重，如《美国清洁能源与安全法案》遭参议院否决；《清洁电力计划》自美国环境保护署正式发布时就遭受 24 个州联合上诉的境遇，随后即被国会否决，虽然其后因奥巴马行使总统搁置权而生效，但却被美国最高法院裁定暂缓执行，故而其内容、影响与前景备受关注。笔者特别对《清洁电力计划》的背景和影响进行了梳理和评析。

美国作为信息化高度发达的国家，其在环境信息管理方面建立了一套完善的组织架构和管理体制，为美国政府机构特别是联邦环保局（EPA）制订有效的政策和决策提供了重要的支撑。而我国的环境信息化依然存在基础设施和系统建设分散，应用"烟囱"和数据"孤岛"林立，总体信息资源开发利用率低、服务能力差等问题。美国环境大数据建设和其较为成熟的环境信息管理制度能够为我国今后的环境信息化建设提供有益的借鉴。本文对美国环境大数据建设的概况及特点、美国环境信息管理机构的设置以及美国的环境信息公开制度进行了介绍和述评，以期为我国建设环境大数据和完善环境信息公开制度提供有益的思路。

欧盟作为全世界环境保护和可持续发展领域的引领者，其在生物多样性保护领域的立法和制度建设也比较先进和完善。虽然欧盟本土的生物多样性并不十分丰富，但欧盟各成员国，特别是英国、德国等发达国家保存和收藏了大量的移地生物资源，因此欧盟针对生物多样性制订了不少战略计划、条例、指令等，各成员国也根据本国的具体情况制定了一些法律法规。本文简要梳理了欧盟及其成员国近些年来针对生物多样性保护的政策和立法状况，并比较详尽地介绍了欧盟 2014 年颁布的《遗传资源获取与惠益分享条例》，最后总结了欧盟经验对我国生物多样性保护的启示。

随着近海海洋生物资源的不断衰减以及各国远洋技术的进步，各个主权国家纷纷将触角伸向国家管辖范围以外的区域，包括公海及其底土等，在该区域开展渔业、生物勘探、科学研究等活动。现有的国际法（包括《联合国海洋法公约》、《生物多样性公约》及其《名古屋议定书》等）虽然已经涵盖了海洋生物多样性保护和资源可持续利用的相关内容，但不足以因应现在国家管辖范围以外区域相关海洋实践的发展。联合国大会第 69 次会议作出决议，根据《联合国海洋法公约》的规定就国家管辖范围以外区域海洋生物多样性的养护和可持续利用问题拟订一份具有法律约束力的国际文书，但是现阶段各个主权国家对相关问题仍持有不同的立场和主张。本文将以国家管辖范围以外海洋遗传资源的获取与惠益分享（ABS of MGR in ABNJ）以及公海保护区的设立与管理为例，介绍国际社会近年来在海洋生物多样性保护与资源可持续利用等方面的主要发展进程。

一、应对气候变化的国际新进展：《巴黎协定》

（一）《巴黎协定》制订的背景

1. 气候大会回顾

"巴厘岛路线图"不仅强调国际合作，还将未签订《京都议定书》（以下简称《议定书》）的美国也纳入进来，并且提出了四个要点"减缓、适应、技术、资金"，启动了加强《联合国气候变化框架公约》（以下简称《公约》）和《议定书》全面实施的谈判进程，致力于在 2009 年底前完成《议定书》第一期承诺 2012 年到期后全球应对气候变化新安排的谈判并签署有关协议。因美国、日本、加拿大气候谈判立场的左右致使"巴厘岛路线图"并未就 2012 年后温室气体的减排达成具体指标,而是寄希望于 2008 年、2009 年分别在波兰的波兹南市和丹麦的哥本哈根举行的联合国气候大会。为实现哥本哈根气候大会的目标,国际社会于 2008 年先后进行了四轮联合国气候谈判,并在《公约》第 14 次缔约方大会上将谈判内容从一般原则性谈判转向实质性谈判,会议决定启动"适应基金",且通过了 2009 年的工作计划,标志着 2009 年气候变化谈判进程正式启动。但被寄予厚望的哥本哈根气候大会最终只通过了不具强制力的《哥本哈根协议》,国际社会因此认识到不可能在短期内达成使各国承诺大幅度减排并具有约束力的协议。在美国宣布退出《议定书》后,加拿大为避免承担责任在 2011 年德班气候变化大会后也宣布退出,加拿大、日本、俄罗斯和新西兰在 2012 年多哈气候大会上明确表示不再参与《议定书》第二期承诺,但多哈气候大会维护了《公约》的原则,并为制订 2020 年以后全球温室气体减排的框架启动了新的一轮谈判,要求在 2015 年底完成谈判。2014 年的利马气候大会以"巴黎通过全球减排协议准备一个'初稿'"为主题,确定了 2015 年巴黎气候大会谈判新的气候协议大体框架,重申各国须在 2015 年早些时候制定并提交 2020 年之后的国家自主决定贡献,并对 2020 年后国家自主决定贡献所需提交的基本信息做出要求;在国家自主决定贡献中,适应被提到更显著的位置,国家可自愿将适应纳入自己的国家自主决定贡献中。

2. 巴黎气候大会前的国际进展

《议定书》第二期承诺将于 2020 年到期,故能否在巴黎气候大会上达成新的协议将直接影响 2020 年后全球温室气体的排放,因而巴黎气候大会备受关注并被寄予厚望。但回顾气候谈判的历程,其分歧主要集中于减排责任的分配与发达国家对发展中国家的资金支持等方面,所以 2015 年的气候谈判任重道远。为推动巴黎气候大会的成功,各主要国家(经济体)都作出了努力并积极参与气候谈判。

2014 年 11 月 23 日《中美气候变化联合声明》宣布了 2020 年后中美两国应对气候变化的行动。美国承诺 2025 年将在 2005 年基础上减排 26% 到 28% 并努力实现 28% 的减排目标，中国承诺将于 2030 年左右二氧化碳排放达至峰值，同时实现非化石能源消费占比 20% 的目标。为推动巴黎气候大会取得重大成果，美国总统奥巴马于 2015 年 8 月 3 日正式发布《清洁电力计划》最终方案。中美双方于 2015 年 9 月 25 日再次重申应对气候变化的联合声明。此外中国还同英国、印度、巴西、法国等国发表了气候变化联合声明。2015 年 8 月 11 日澳大利亚总理公布了温室气体的减排目标，即于 2030 年在 2005 年的基础上减排 26%，最多有望减排 28%。

欧盟 2015 年 10 月 29 日为助推巴黎气候大会，宣布在未来 5 年内为欠发达国家应对气候变化提供总额 3.5 亿欧元的气候援助资金。欧盟内部各国为应对气候变化也做出了各自的努力，英国大力发展新能源与可再生能源，2015 年第二季度的可再生能源发电比例上升到 25%，首次超过了煤炭发电（占比 20.5%）。随后于 2015 年 11 月 18 日拟在从 2023 年起限制燃煤发电，并与 2025 年之前关闭燃煤发电厂，同时努力发展天然气和核能发电以满足国内的电力需求。波兰的二氧化碳排放量与 1988 年相比已削减了 30%，这超过了《议定书》规定的减排义务，这为其在巴黎气候大会上的立场奠定了基础。挪威首都奥斯陆为答复降低温室气体排放量，应对全球气候变化，将于 2019 年前，全面禁止私家车进入市中心。

2015 年 2 月 8 日至 13 日在日内瓦举行的联合国气候变化会议上达成了 2015 年巴黎全球气候变化协定的谈判文本，并于 2015 年 2 月 26 日由《公约》秘书处正式发布。随后在德国波恩相继于 2015 年 6 月 1 日至 2015 年 6 月 11 日、2015 年 8 月 31 日至 2015 年 9 月 4 日、2015 年 10 月 19 日至 23 日进行了三轮气候谈判，就谈判文本内容进行磋商，试图达成共识缩小分歧，以期将协议草案整理成可行的方案。最终形成了共 26 条的巴黎协议草案，形成了巴黎协议的大致框架、结构与主要内容，各方的不同立场和主张在各条款中采取不同的案文选项来体现，这就为巴黎气候大会的谈判奠定了基础。

(二)《巴黎协定》的主要内容①

2015 年 11 月 30 日以"自下而上"的自主贡献为基调的全球气候变化大会在巴黎开幕，最终于 12 月 12 日由全球缔约方 195 个国家通过了新的全球气候变化协议——《巴黎协定》（以下简称《协定》），共有英文、法文、中文等版本，共 29 项具体条款，在总体目标、责任区分、资金与技术支持等多个分歧问题上取得新进展，主要内容如下：

第一，全球气候变化应对的长期目标。《协定》第 2 条第 1 款第(c)项确定了"把全球平均温升控制在工业革命前水平以上低于 2℃之内，并努力将气温升幅控制在工业革命前水平以上 1.5℃之内"的目标。同时要在平等的基础上于 21 世纪下半叶努力实现人类行为的碳排放与自然吸收之间平衡，即实现净零排放目标。并在协议的国家自主贡献部分指出为实现这一目标需要在 2030 年将全球的碳排放量控制在 400 亿吨以下，但根据预测到 2030 年全球碳排放量将达至 550 亿吨，这就无法达成最低成本 2℃的目标，因而迫切要求全球所做出的努力要远远大于自主贡献的努力，故而为达成这一长期目标，协议部分还规定了"2020 年之前的强化行动"。

第二，共同但有区别责任和各自能力原则。《协定》不仅在前言部分言明遵守《公约》所确定的共同但有区别责任原则，其第 2 条第 2 款还规定"本协定的执行将按照不同的国情反映平等以及共同但有区别责任和各自能力的原则。"《协定》还承认了南北国家的差距，依据其第 4 条规定，其区分了发达国家、发展中国家、最不发达国家和小岛屿发展中国家，根据各自的国情承担不同的责任与义务。故而削弱了《公约》两个附件关于发达国家与发展中国家的严格划分，但仍坚持发达国家应带头继续努力实现绝对减排目标，发展中国家应根据其各自的国情逐渐提高减排目标，进而实现绝对减排或限排目标，而最不发达国家和小岛屿发展中国家可以根据其国情编制和通报反映自身特情的温室气体低排放的发展战略、计划

① 《巴黎协定》文本具体内容参见：http://120.52.72.70/unfccc.int/c3pr90ntcsf0/resource/docs/2015/cop21/chi/l09r01c.pdf.

和行动。

第三，国家自主贡献。"《协定》是在《公约》下通过的第一个全球参与的、具有法律约束力的减排条约"，① 第一次以国际条约的形式明确了"国家自主贡献"这种"自下而上"、覆盖面更广地应对气候变化的行动模式。依据第 4 条第 8、9、11、12、13 款的规定，国家自主贡献应当每五年进行一次通报，同时为保障国家自主贡献通报的清晰、透明和了解，要求各国提供必要的信息。为加强减排力度实现减排力度的"棘轮效应"，还要求根据缔约方会议通过的指导并根据各自的国情逐步提高与调整各国现有的自主贡献。

第四，资金。根据《协定》的第 9 条的规定可知，在发展中国家应对气候变化的资金来源上其延续了"发达国家向发展中国家提供资金援助"的做法。在资金量上 2020 年到 2025 年为每年至少1000 亿美元，2025 年后再增加。为落实承诺的气候支持资金，《协定》首次提出要在 2020 年前"制定切实的路线图"。同时还鼓励其他国家采取自愿的方式提供资金援助，来帮助发展中国家和最不发达国家及小岛屿国家减少温室气体排放。但在资金的使用上，必须符合气候适应型的发展路径和温室气体低排放的要求，旨在实现适应与减缓的平衡，尤为关注"那些对气候变化不利影响特别脆弱和受到严重的能力限制的发展中国家缔约方"。

第五，机制。《协定》第 6 条规定了减缓成果的"国际转让机制"，允许缔约方在实现国家自主贡献时采用国际转让的减缓成果，但其使用必须建立在自愿的基础上，其既要实现温室气体的减排还要符合可持续发展需求。第 13 条是有关透明度框架机制的规定，该机制的建立应当考虑缔约方各自不同的能力，同时应以集体的经验为基础。该机制应具有灵活性，并按照促进性、非侵入性与尊重国家主权的方式实施，避免增加缔约国的不当负担。其目的是为明确缔约方在减排方面通过各机制应对气候变化所提供和接受的支助，并为全球总结提供参考。第 14 条首次确立了 5 年为周期"全球总结"定期评估机制，总结评估协定的执行情况，其结果为缔约

---

① 曹慧：《〈巴黎协定〉"亮"在何处》，《世界知识》2016 年第 2 期。

方应对气候变化提供参考。评估要全面考虑各种因素，以促进性的方式，利用现有最佳科学技术来开展。第 15 条规定为促进缔约方对该协议的执行和遵守，拟建立一个委员会，要求其成员应以专家为主，该委员会应当具有促进性，其在职能形式上要采取透明、非对抗与非惩罚性的方式。此外还就损失和损害、技术转让与能力建设等方面也做出了机制安排。

第六，法律效力。目前唯一具有法律效力的强制减排文件只有《议定书》，《协定》具有法律约束力，但其相关决议及减排目标等仍不具备法律约束力。依据《协定》第 20、21 条的规定，需要在 2016 年 4 月 22 日至 2017 年 4 月 21 日被全球各国签署，并且要达到两个"55"的要求(即缔约方不得少于 55 个，同时其温室气体排放量与全球温室气体排放量的比率不得低于 55%)，其减排目标与相关决议才正式生效具有法律约束力。

(三)《巴黎协定》的评价

1. 肯定性评价

巴黎气候大会主席法比尤斯说"《巴黎协定》是人类在应对气候变化过程中取得的巨大胜利，其目标宏大、灵活、持久。……当历史学家回顾时，会发现巴黎气候大会是全球气候合作的转折点。"[1]"《巴黎协定》第一次使所有国家开始将历史、当前和未来的责任作为减排的共同因素进行考虑。"联合国秘书长潘基文表示："……世界各国第一次共同承诺控制排放……"[2]由此可见《协定》获得了国际社会的高度认可，被认为是气候谈判历进程中的转折点。

其一，同《议定书》相比，《协定》不仅包含发达国家的减排承诺，还包括发展中国家，并对 2020 年后全球应对气候变化的总体

---

[1] The Secretary-General Remarks at the Closing of COP21. http://staging. unep. org/Docs/The% 20Secretary-General% 20Remarks% 20at% 20the% 20Closing%20of%20COP21. pdf.

[2] Historic Paris Agreement on Climate Change-195 Nations Set Path to Keep Temperature Rise Well Below 2 Degrees Celsius. http://web. unep. org/climatechange/cop21/historic-paris-agreement-on-climate-change-195-nations-set-path-keep-temperature-rise-well-below-2.

机制进行了制度性的安排。同时还首次强调了应对气候变化与可持续发展和消除平穷之间存在内在联系。并且"1.5℃的温控目标"首次成为全球共识,这也展现了国际社会全球气候治理的巨大决心与期待,因此《协定》对于更有效地应对气候变化来说是一个具有积极作用的进展。这一目标有助于21世纪下半叶实现净零排放的目标的达成。

其二,《协定》不仅坚持了"共同但有区别责任原则",承认"南北"国家的差距,维护了发达国家与发展中国家在应对气候变化中的责任与义务的区分,同时对其做了灵活处理,不再根据《公约》两个附件中对发达国家与发展中国家的严格区分,将其进一步细分为发达国家、发展中国家、最不发达国家和小岛屿发展中国家,各自按照《协定》承担不同的责任与义务。这一做法不仅能够鼓励发展中国家、最不发达国家和小岛屿国家积极参与全球气候变化的应对,同时还有助于避免给最不发达国家和小岛屿国家增加额外的负担,还能够减少"气候难民",有助于消除贫困。

其三,"《协定》建立起了一套'自下而上'设定行动目标与'自上而下'的核算、透明度、遵约规则相结合的体系。"①《议定书》确定的"自上而下"的强制性减排模式过于刚性,不利于调动那些经济社会发展水平与减排行动意愿低的国家的参与的积极性,而《协定》确立的"自下而上"的模式更为灵活,其采取的策略是通过逐步推进的方式来联合各国应对气候变化。国家自主贡献,是根据各自的发展水平、国家能力以及历史、现在与将来的责任,自主确定的行动目标,这有利于之前没有提出国家自主贡献目标的缔约方国家主动提出其减排目标,在一定程度上扩大了参与范围,同时还保障了减排目标的有效执行。而通过"自上而下"的核算、透明度框架与遵约机制,能够建立一个共同沟通与对话的平台以便各国沟通交流,进而可以促进各国提高减排力度。

其四,《协定》首次明确承认应对气候变化行动与可持续发展

---

① 高翔,腾飞:《〈巴黎协定〉与全球气候治理体系的变迁》,《中国能源》2016年第2期,第39-40页。

和消除贫困之间存在内在联系，还首次承认了非国家行为在应对气候变化过程中的作用。其在一定程度上打破了那种发达国家与发展中国家长期处于对立的立场所进行的长期循环式的国际气候谈判却无法达成共识的局面。

其五，同《公约》和《议定书》相比，其生效条件更低、耗时更短。《协定》只要在开放签署期内，超过 55 个缔约方，且其温室气体排放量总和与全球温室气体总排放量相比超过 55% 的地方放签署批准，就正式生效。由于《协定》的减排是建立在国家自主贡献的基础上的，因而其生效是理所应当的。

2. 否定性评价

Annalisa Savaresi 认为《协定》仍没有解决应对气候变化的有一系列难题。Clive L. Spash 认为《协定》改变不了什么。

其一，Clive L. Spash 强调《协定》是通过消除几乎所有人类导致气候变化原因的实质性问题获得通过的，并且没有提供任何具有实质性的行动计划。因为《协定》没有提及温室气体的来源，没有对化石燃料的使用的评价尺度，还没有关于如何阻止在南极和北极的水力压裂的扩张、页岩油或石油和天然气的探测。

其二，2℃ 的温控目标本身一直存在争议，不能避免气候变化所带来的重大威胁，因而其不符合《公约》的要求。因为《公约》秘书处宣称即使达成 2℃ 的既定目标也只是提供了一个一半的机会以避免气候变化的最坏影响。再者，根据《公约》的要求，发达国家应当在在温室气体减排方面率先进行大幅度减排，但根据发达国家提交的国家自主贡献，其减排力度仍远远不够。

其三，事实上，气候变化问题的解决需要新技术，即使到时候成功，其从理念到发明创新再到实施至少还需要几十年的时间。同时，"时间表"是一个奢侈品，过去已经在不作为和化石燃料消耗的增加上浪费了几十年。利用现有的技术，改善基础设施，转换系统和控制需求就足以减少温室气体的排放。①

---

① Spash, Clive L. (2016) The Paris Agreement to Ignore Reality. SRE-Discussion Papers, 2016/01.

其四，2020 年至 2025 年期间发达国家每年向发展中国家提供的气候资金至少为 1000 亿美元，2025 年后逐步增加这一数额的规定未体现于协议的正文文本中，而是在主席提案部分，因而不具法律约束力。同时发达国家与发展中国家在气候援助资金模式上仍未达成一致，这就意味着资金数量不仅不能得到有效落实，有可能还会出现气候援助资金的断档。

其五，虽然印度等发展中国家对《协定》维持公平原则、共同但有区别责任原则感到满意，但是如果发达国家达不到其减排目标，那么达成的《协定》就毫无意义。[①]

其六，《协定》虽然规定了减缓成果的国际转让机制、透明度框架机制，并在减缓、适应、技术支持、损失与损害以及能力建设等方面也作出了机制性安排，但是这些只是原则性的规定，但这些机制在实践中能否取得理想效果仍存疑问。以透明度框架机制为例，但缺乏具体内容、相关操作程序以及法律后果等规定，如果没有后续的谈判对其制定具体的操作性规定，其在实践中必定面临执行难的问题。因而仍需要后续的气候谈判针对原则性条款制定相应的实施细则。

Annalisa Savaresi 认为那种希望通过《协定》应对气候变化领域所有问题的想法是天真可笑的。[②] 故而尽管《协定》在内容上仍有不足之处，但总体上仍是一份具有框架性的国际协议，是一份全面、均衡、有效并具有法律约束力的协定，其从程序上设置了一种规制手段，将全球气候治理的进程向前推进了一大步。《协定》的通过是国际社会应对气候变化共识的体现，体现了对各国利益的平衡，它并非国际气候谈判的终点，而是另一个起点，具有"承上启下"的里程碑式意义，标志着 2020 年后国际气候谈判将进入有关细节

① T. Jayaraman. The Paris Agreement on Climate Change：Background, Analysis, and Implications. The journal of the Foundation for Agrarian Studies, Vol. 5, No. 2. http：//ras. org. in/the_paris_agreement_on_climate_change。

② Annalisa Savaresi（2016）The Paris Agreement：a new beginning?, Journal of Energy & Natural Resources Law, 34：1, 16-26.

制定的阶段，从而开启了全球绿色低碳发展的新征程。

(四)《巴黎协定》的前景分析①

不可否认，《巴黎协定》对全球气候的治理具有里程碑式的意义，有助于国际社会采取积极的行动以应对气候变化，但随着全球气候治理的逐步深入，其落实仍有诸多不确定性，主要表现在如下几个方面：

第一，新减排目标缺乏强制拘束力，其生效实施面临诸多考验。《协定》明确各方以"国家自主贡献"的方式，通过"自下而上"的途径参与全球气候变化的应对，改变了《议定书》中具有强制性的"自上而下"的减排模式，这在一定程度上大大降低了协定达成的难度，但同时也削弱了协议的效力。另外虽然协议要求各国按照清晰、可理解和透明的方式制定并提交国家自主贡献文件，并按照其设定的目标来减排，但各国如何落实各自的减排任务仍不明确，这在一定程度上不利于协议减排目标的达成。此外，尽管已有 187 个国家提交了自主贡献文件，且其全球的碳排放量占比达 95%，这离设定的减排目标仍有一定差距。主席提案部分也强调需要迫切的解决 2020 年之前全球减排的总和效果与这一长期目标之间存在很大差距。有关数据显示"这些自主贡献中比较充分的只有 5 个，仅占全球排放的 0.4%，因而这就表明几乎所有的国家必须扩大他们 2025 年至 2030 年的贡献。"②但《协定》却对缔约方应该通过何种方式来缩小这种差距没有明确的指示。即使《协定》得以签署生效，亦可能遭受类似《议定书》的境遇，因违背《议定书》的减排承诺并未受到任何实质性的处罚后果。近年来原油、化石燃料价格的降低削弱了低碳技术的吸引力，这也可能导致增加对原油与化石燃料的消耗，进而在一定程度上会影响减排目标的达成。

第二，减排目标仍需进一步科学论证。首先，对于《协定》所

① 该部分参考了韩一元，姚琨，付宇《〈巴黎协定〉评析》一文，载《国际研究参考》2016 年第 1 期。

② Climate Action Tracker（2015）. http：//climateactiontracker. org/assets/ publications/briefing_ papers/CAT_COP21_Paris_Agreement_statement. pdf.

确定的减排目标存在争议，《公约》秘书处甚至表示即使这一减排目标得到有效执行，其也无法真正避免因气候变化影响对人类的威胁，仅仅只能达至50%的机会来避免气候变化的最坏影响。其次，即使根据现已确定的2℃或1.5℃升温上限的目标来执行，许多科学家对其可行性亦表示怀疑，因为根据现有的技术几乎不可能实现温控1.5℃的目标。此外现有的国家自主贡献的温室气体减排量与达成减排目标所需减排的温室气体减排量仍有不小差距，可能会导致全球气温上升3℃，故而为达至现有确定的减排目标仍需各国增加减排量。① 因而对于减排目标的可行性与确定仍需要科学界进一步地论证，并为各国制定相应的减排目标提供科学的参考。

第三，气候援助资金落实仍面临困难。其一，《协定》仍未对"气候资金支持"给出明确的定义，亦即何种资金才能被当作协助发展中国家减缓和适应所需的资金，这就为后续的国际评估带来了困难。其二，发达国家向发展中国家提供的资金支持的具体数额（2020年至2025年期间每年至少1000亿美金，对于2025年之后的资金数额为作明确说明）未明确规定在协议文本的正文中，不具法律约束力，因而在实际中难以约束发达国家履行这一承诺。历年来发达国家向发展中国家提供的气候援助资金数额也佐证了这一困难。其三，美欧等发达国家对气候援助资金的落实提出诸多先决条件，并且要求中印等新兴大国也要加大资金的援助力度。而发展中国家最为迫切的需求就是要求发达国家对气候援助资金的落实制定切实可行的方案与安排具体的时间表。同时，虽然要求发达国家每年向发展中国家提供高达100亿美元的气候援助资金，但这却与2015年全球对化石燃料高达5.3万亿美元的补贴②无法相比。

第四，《协定》的诸多机制难以落地，亟须后续气候谈判制定

① Brauers, Hanna; Richter, Philipp M. (2016): The Paris Climate Agreement: Is it sufficient to limit climate change?, DIW Roundup: Politik im Fokus, No. 91.

② David Coady, Ian Parry, Louis Sears, and Baoping Shang. How Large Are Global Energy Subsidies?, IMF Working Paper (2015). https://www.imf.org/external/pubs/ft/wp/2015/wp15105.pdf.

相关操作指南。首先就减缓成果的国际转让机制来说，通过何种方式达至的减缓成果能够进行转让未做明确说明，对于该机制的具体规则、模式和程序未做具体规定。其次，有关能力建设方面的体制安排，仅规定缔约方应当加强合作，发达国家应当向发展中国家提供支助，而对于如何合作、通过何种方式支助、以及相关实施规则与程序都无具体规定。再者，新的透明度框架机制的具体内容、相关操作程序和法律后果等亦无具体规定。最后，为期五年一次的全球盘点与核查机制也仅作了原则性规定，对于盘点的对象、核查的内容与方式仍存在诸多争议，欧盟要求设立独立的机构定期对各国的减排承诺进行核查并发布相关结果，以强化这一机制的作用，而美国和印度等国则坚持要由各国自行决定核查的内容与方式。故而这些机制的有效落实仍需后续的气候谈判为其制定相应的实施细则。

二、美国应对气候变化的新进展：《清洁电力计划》

(一)《清洁电力计划》制定的背景与当前的境况

1.《清洁电力计划》制定的背景

奥巴马在竞选时采取"绿色政策"，即希望通过大力发展可再生能源和新能源来改变国内经济衰退的现状、增强能源安全和重塑美国在应对气候变化中的国际领导形象，得以成功入主白宫。自其上任以来，就致力于积极应对气候变化，着手修改美国应对气候变化的政策，推行了一系列的气候变化政策，其核心便是清洁能源政策。因而其不仅组建了"绿色梦之队"的新能源和环保班子，还大力推进能源产业的发展，鼓励太阳能、风能、生物质能等清洁能源产业的发展，同时积极推动节能减排。①

2007 年美国联邦最高法院根据 1970 年《清洁空气法》将温室气体裁决为污染物。2009 年，美国环境保护署（EPA）判定温室气体

---

① 檀跃宇：《美国气候变化政策的国内根源论析》，《南京政治学院学报》2015 年第 6 期。

会威胁美国人的健康与福祉，决定对其进行管制。2009 年 6 月 26 日，美国历史上第一份对温室气体排放进行限制的法案——《美国清洁能源与安全法案》在众议院以 7 票的微弱优势获得通过，标志着美国在应对气候变化方面迈出了重要性的一步。这是奥巴马上台后在气候变化应对上的第一个大举措，但该议案在后来的参议院中则遭到否决，并未成为法律而得到执行。

奥巴马总统曾提议到 2020 年年底，将温室气体排放量在 2005 年的基准上减少 17%，但相关议案却被国会搁置。因而奥巴马政府不得不采取绕过国会，利用行政手段应对气候变化的方式于 2013 年 6 月 25 日公布了第一份《全国气候行动计划》，这是奥巴马政府应对气候变化最全面的方案，其以减少发电厂的碳排放为核心（发电厂的碳排放占全美碳排放总量的 40%），并强调发展可再生能源，标志着美国应对气候变化的国家战略正式形成，"标志着美国联邦政府层面上'气候沉默'时代的终结，也标志着美国气候变化政策开始由被动走向主动，由分散走向集中，由模糊转向清晰。"[1]为进一步推进减排达成《全国气候行动计划》中的长远气候政策目标，2014 年 6 月 2 日美国环境保护署（EPA）发布了一项旨在减少化石燃料发电、促进可再生能源、提高能源使用效率的《清洁电力计划》草案，计划在 2030 年之前使发电厂的碳排放量在 2005 年的基础上减少 30%。这是第一次要求美国最大的二氧化碳排放污染源（电厂）削减二氧化碳的排放。

2015 年 1 月 14 日美国政府宣布计划在 2025 年之前将石油天然气行业中甲烷的排放量削减至 2012 年的 40% 到 45%，当日白宫发表声明表示，内政部随后须更新公共土地上油气井防甲烷泄漏的标准，美国环境保护署将在 2015 年夏季公布新建和改造油气井甲烷排放标准的提案。2015 年 3 月 19 日，奥巴马签署行政命令要求 2025 年将温室气体在 2008 年的基础上减排 40%。随后 3 月 31 日美国正式向联合国提交了国家自主贡献，承诺到 2025 年将温室气体

---

① 杜莉：《美国气候变化政策调整的原因、影响及对策分析》，《中国软科学》2014 年第 4 期。

在 2005 年的基础上减排 26%到 28%。

2.《清洁电力计划》当前的境况

《清洁电力计划》在 2015 年 8 月 3 日公布后立即遭到 15 个州（这些州大多对煤炭能源具有较强的依赖性）的强烈抵抗，并联合向联邦法院提起申诉，拒绝执行这份未经国会批准的计划。此后在美国环境保护署在联邦公报中正式发布《清洁电力计划》当日（2015 年 10 月 23 日）即遭到 24 个州向华盛顿巡回上诉法院联合起诉，指责奥巴马削减化石能源、大力发展可再生能源（主要指风能与太阳能）的做法违宪，要求停止该计划的实施。随后 11 月 18 日，《清洁电力计划》被国会以 52 票比 46 票予以否决，但奥巴马于 12 月 19 日行使总统搁置否决权，《清洁电力计划》于 12 月 22 日正式生效。

2016 年 1 月，反对《清洁电力计划》的各州向上诉法院提出在作出正式裁定之前暂停实施《清洁电力计划》的要求被上诉法院拒绝。正当各州开始着手进行减排计划的制定时，2016 年 2 月 9 日，美国最高法院却以 5 比 4 的微弱优势通过了暂缓执行《清洁电力计划》的裁定，这也是最高法院在上诉法院作出判决之前首次暂缓执行的第一个适用于全国的行政规范。但 Lisa Heinzerling 列举了十项理由说明最高法院暂缓执行《清洁电力计划》的裁定不合理，几乎会对各个方面产生不利影响。①

（二）《清洁电力计划》主要内容及评析

经过数年的大力宣传和大范围公众沟通后，美国于 2015 年 8 月 3 日正式发布了《清洁电力计划》的最终版本，该文本长达 1560 页，共 23 个章节，它是美国在应对气候变化方面采取的关键性举措，其兼顾各州的实际情况并为各州制订了具有针对性的碳减排目标，同时也向世界展示了美国应对气候变化的决心。

1. 主要目标

计划以 2005 年为基准年，要求到 2030 年将碳排放量减少 32%，这比 2014 年草案规定的目标高了两个百分点。2005 年美国

---

① Lisa Heinzerling: The Supreme Court's Clean-Power Power Grab, Georgetown Environmental Law Review, Forthcoming. 2016(2).

的碳排放量为24亿吨，根据该目标到2030年则需要减排约7.7亿吨的二氧化碳，同时二氧化硫排放将减少90%，氮氧化物排放减少72%。美国环境保护署认为，在过去几年内美国能源结构快速转型的趋势下，实现这一目标并不困难。而反对者却认为过去碳排放下降是由于经济衰退引起的，随着经济的逐渐复苏，未来电力需求势必会增长进而带来更多的碳排放。

2. 州减排计划

美国环境保护署为各州规定了不同的二氧化碳减排量，而各州可以根据自身情况自行制定减排策略与选择减排措施来实现减排目标，并于2016年提交初步的减排计划，各州也可以延期至2018年提交最终减排计划。此外，为给各州充足的时间完成减排目标，计划将强制减排的时间从2020年延长至2022年。如果各州拒绝提交减排计划，或者美国环境保护署认为其提交的减排计划不充分，美国环境保护署将会介入并为其制订减排计划。同时，美国环境保护署要求各州减排计划的制订与实施要将公众参与作为必要的一部分，并且要求各州说明他们是如何促进各团体，包括低收入人群、少数派和部落群体进行公众参与的。

3. 减排措施

最终版本的《清洁电力计划》为碳排放减排制定了如下举措：其一，最佳减排系统，其包括三项措施：①通过改善燃煤电厂发电的热效率来减少每兆瓦的二氧化碳排放量。这一措施要求各地区到2030年根据各自的实际情况将其燃煤发电热效率提高2.1%到4.3%，但提案中的目标是6%，相对而言降低了要求。②用低排放的天然气发电厂逐步替代高排放的燃煤电厂。通过这一措施到2030年要将天然气发电厂的"净夏季发电能力"提升至75%。而在提案中要求将天然气发电厂的发电能力提升至"额定发电能力"的70%。相对而言正式文本采取"净夏季发电能力"更为科学，因为后者不能反映操作条件的真实情况。③用零排放的可再生能源发电厂逐步取缔燃煤电厂。① 其二，根据各州不同的能源消费情况为各

---

① FACT SHEET：Clean Power Plan Key Changes and Improvements. https：//www. epa. gov/cleanpowerplan/fact-sheet-clean-power-plan-key-changes-and-improvements.

州制定不同的排放标准，允许各州采取灵活的方法来完成减排目标。各州还可以通过加入多州或区域联合体，寻找碳交易或其他途径以实现碳减排的成本最低化。其三，可再生能源激励措施——可再生能源促进项目，该项目旨在通过奖励那些在州政府提交减排实施方案后进行建设并在 2020 年至 2021 年间发电的可再生能源项目，来实现减排目标。这一措施能够防止各州为达成目标短期内大量增加燃气机组。

4. 法律依据

从计划的文本不难发现，计划虽然只是一项适用于全国的行政法令，但其实施具有一定的法律依据，即《清洁空气法》第 111 条 d 款。但在所提交的声明中，有些反对该计划的声明却声称该计划确定的最佳减排系统的第二项与第三项的减排措施超出了美国环境保护署的权限，并且在《清洁空气法》第 111 条下并无先例可循，甚至有些还声称即使在整部《清洁空气法》下都没有这样的先例。但事实上，美国环境保护署依据《清洁空气法》第 111 条和该法的其他条款早就公布了几项超越其职权范围内的减排规则。在这些规则中，不仅将减排技术作为一种遵约机制，而且还其决定有关的严格排放限制，有时还用来证明严格限制的合理性。[1] 其实早在 2007 年美国最高法院就通过一项判决支持了美国环境保护署对二氧化碳排放的管理权。

5. 实施的益处

从美国近几年清洁能源的发展趋势看，其比预期要快很多，而该计划能够进一步加速这种趋势，进而大量削减空气污染物的排放，这能使美国人远离有毒的空气污染。根据美国环境保护署的预测，以 2005 年为基准，到 2030 年，发电厂的硫排放量将降低 90%，氮氧化物的排放量将降低 72%。而这些污染物能够引起有毒的煤烟与雾霾，因而减排将会避免每年成千上万的人过早死亡或因

---

① Revesz, Richard L. and Grab, Denise and Lienke, Jack, Familiar Territory: A Survey of Legal Precedents for the Clean Power Plan (March 1, 2016). Environmental Law Reporter, Vol. 46, No. 3, 2016.

哮喘而住院。该计划的实施不仅能够显著减少污染物的排放，还能带来巨大的收益。"根据美国环境保护署的分析，每年仅仅投入50亿美元成本所创造的年均收益最高可达540亿美元，因而《清洁电力计划》能够实现双赢。但事实上美国环境保护署的估算方式存在问题，并且其在实际操作用还存在一定的隐形成本。"①故而实施该计划到底能带来多少益处仍有待进一步的科学论证。

（三）《清洁电力计划》的影响与前景预测

1.《清洁电力计划》的影响②

根据《清洁电力计划》制订的目的与主要内容不难看出，其影响主要体现在煤炭与可再生能源行业两个方面。

其一，煤炭行业危机进一步加剧。自2012年国际煤炭市场供需失衡引发煤炭价格剧降导致煤炭企业负债压力剧增，再加上近年来美国页岩气的浪潮侵袭大大降低了天然气价格，电厂越来越多地利用天然气发电，甚至在2015年4月天然气发电量超过了传统的燃煤发电量。近年来了一些列的煤炭企业相继申请破产，如阿奇煤炭（ACI）、爱国者煤炭公司（PATCA）以及沃特能源公司（WLT）等。美国煤炭巨头博地能源公司已连续9个季度亏损，过去两年其股价已下跌98%，因而其在2016年3月16日声称可能进行破产申请。如若主要针对煤炭发电的《清洁电力计划》得以顺利实施，必将重击美国煤炭行业。

其二，可再生能源行业成为最大受益者。2014年全美发电总量的占比为：燃煤发电39%，天然气发电27%，核能发电19%，可再生能源发电13%，石油发电1%。其中可再生能源发电量中水力发电占48%，风力发电占34%，生物木质发电占8%，生物废弃物发电占4%，地热能发电占3%，太阳能发电占3%。首次出现了

① Lesser, J. (2016), Overblown Benefits and Hidden Costs of the Clean Power Plan. Nat. Gas Elec., 32: 1-6.

② 该部分参考了周琪，付随鑫《美国〈清洁电力计划〉及其对美国能源行业的影响》一文，载《国际石油经济》2015年第10期。

水力发电不到可再生能源发电总量的一半。① 而 2013 年可再生能源发电量量仅占全美发电总量 6.5%，仅仅为 2014 年的一半。美国能源信息署预测，如果没有该计划，到 2030 年美国可再生能源的发电量将达到 4620 亿度，仅占总量的 9.8%，而如果执行该计划，2030 年美国可再生能源发电量将增至 8560 亿度，占比高达总量的 18.7%。故而《清洁电力计划》对可在能能源行业将产生极大的激励作用，促进可再生能源的快速发展。

其三，天然气行业基本处于平稳状态。尽管《清洁电力计划》最佳减排系统三项减排措施中有一项要求用天然气发电替代燃煤发电，但这并非该计划的主要侧重点。从奥巴马政府的运作来看，已由早期依靠天然气转向可再生能源方向。另外该计划的正是版本将减排目标从草案的 30% 提升至 32%，进一步降低了天然气的吸引力，相反这给可再生能源提供了更大的动力。根据美国能源信息署的预测，该计划在 2015 至 2020 年间对美国天然气的价格几乎没有影响，但在随后的十年间，随着可再生能源的迅速发展天然气的价格会被太高，由 2013 年的 3.73 美元/百万英热单位上升至 2030 年的 5.86 美元/百万英热单位。

2.《清洁电力计划》的前景预测

按照《清洁电力计划》的规定，各州应于 2016 年 9 月提交实行减排目标的初步具体计划，当前看来这一目标时间表已不可能实现。在奥巴马离任之前，《清洁电力计划》的法律障碍能否得到完全清楚仍未可知，因为即使在 2016 年夏天由上诉法院作出判决后，该案件仍可被上诉至最高法院，这表明在奥巴马离任前此案仍可能无法审结。目前对于《清洁电力计划》最大的争议在于其是否具有合法性，对于这一问题 Richard L. Revesz、Denise A . Grab 和 Jack Lienke 作了一个关于清洁电力计划法律先例的调查，表明其有类似的先例可循。依照《清洁空气法》第 111 条制定了以下行政法令：①1995 年，在克林顿总统的推行下，美国环境保护署发布了有关

---

① How much U. S. electricity is generated from renewable energy? http：//www. eia. gov/energy_in_brief/article/renewable_electricity. cfm.

大城市废物燃烧排放标准的指南；②1997年美国环境保护署根据《清洁空气法》第111条d款和第129条，制定了有关医用废弃物燃烧其排放标准指南；③2005年，在布什政府的推行下，美国环境保护署发布了一项针对发电厂汞排放标准的规则。另外美国环境保护署依据《清洁空气法》还发布了许多类似的行政法令，其中就有不少是有关促进转换更清洁能源的，如1971年在尼克松政府的推行下，美国环境保护署第一次针对新的发电厂发布了二氧化硫的排放标准，明确表示为达至规定的标准发电厂如果继续使用高硫含量的煤就必须安装脱硫装置，否则就必须使用含硫量较低的西部煤。环境保护署期望通过设置二氧化硫的排放标准鼓励各州的发电厂用低硫煤替代高硫煤。事实上也证明了这一举措的成功性，在该项目执行的第一阶段就实现了超板书的发电厂选择使用低硫煤，而并非选择安装脱硫装置。还有类似于《清洁电力计划》的环境保护署2011发布促进用天然气取代燃煤的行政法令。① 因而笔者认为该计划并不违宪，但考虑到美国的政治体制，其在奥巴马卸任后能否得到执行仍具有极大的不确定性。

三、大数据时代美国环境信息管理制度及启示

（一）美国环境大数据建设的概况及特点

从理论上而言，大数据可以分为三个层次。一是数据产品层面，以容量大、类型多、存取速度快、应用价值高为主要特征；二是处理过程层面，涵盖对海量数据进行采集、存储和关联分析等全过程；三是认知层面，通过对数据的处理，从中发现新知识、创造新价值、提升新能力，改变认知与知识结构。② 由于大数据蕴含着

① 本部分内容参考了 Revesz, Richard L. and Grab, Denise and Lienke, Jack, Familiar Territory: A Survey of Legal Precedents for the Clean Power Plan (March 1, 2016). Environmental Law Reporter, Vol. 46, No. 3, 2016.

② 陈刚，蓝艳：《大数据时代环境保护的国际经验及启示》，《环境保护》2015年第19期。

巨大的社会和经济价值，大数据逐渐发展成为重要的生产要素和战略资源。在广度上，大数据已经撼动了社会的各个领域、各个层面，政府机构、非政府组织和私营企业纷纷发力大数据领域，智慧环保、智慧交通、智慧医疗、智慧城市、智慧旅游等概念应运而生。从深度上，大数据渗透并重塑着当代世界的各个方面，不仅引起了信息技术领域的革命，更在全球范围内推动了产业革命、企业创新和社会变革。大数据的发展与应用将对国家未来的社会、经济和环境产生深远影响。

1. 美国环境大数据建设的概况

美国在大数据的发展和应用领域居于世界前列。据美国互联网数据中心的调查显示，当今互联网上的数据每年增长 50%，各个部门和机构的数据汇集起来将产生海量数据。作为全球知名咨询公司，美国麦肯锡咨询公司最早提出"大数据"时代已来临，人们对于大数据的运用将预示着新一波生产率增长和消费者盈余浪潮的到来。[①] 美国知名的信息技术公司如 Microsoft、Google 等纷纷开展大数据的研究和应用，从凌乱纷繁的大数据中发掘出符合用户兴趣和习惯的产品和服务，并进行针对性的调整和优化，成为大数据的重要应用价值之一。同时，美国政府的开放数据服务业走在世界的最前列。早在 2012 年，白宫科学技术政策办公室就发布了"大数据研究和发展倡议"(Big Data Research and Development Initiative)，奥巴马政府颁布《大数据的研究和发展计划》(Big Data Research and Development Initiative)，将大数据研发融入政府开放战略，并上升为国家意志。该计划拟投入 2 亿多美元，旨在提升美国利用大数据获取价值和信息的能力，并利用大数据技术在国家安全、环境保护、教育科研等领域实现突破。

美国大数据研发涉及农业、商业、能源、健康、生态、教育、公共安全等诸多方面，其中，生态环境保护是美国推动大数据发展的重要领域之一。在 2012 年美国政府启动"大数据的研究和发展计

---

① The New York Times. The Age of Big Data . http：//www. nytimes. com/2012/02/12/Sundayreview/big-datas-impact-in-the-world. html？pagewanted=all.

划"之后，国家环保局（EPA）加快了美国环境大数据的发展。一方面，环境数据的收集、共享和再利用满足美国政府对大数据研究和发展的整体要求；另一方面，环境保护工作的开展必须依靠大量的数据信息和信息技术支持，从而更加科学全面地认知生态环境，更好地保护环境与人体健康。依托数据和数据分析进行科学决策，在风险评估、环境执法、能力建设、研发与宣教等多项工作中全面引入大数据的分析与应用。美国近三年的环境信息管理经验表明，环境大数据会成为推动环保工作的"推进剂"，以及缓和政府和公众由于环境事件所引发社会矛盾的"润滑剂"。

2. 美国环境大数据的主要特点

具体来说，美国的环境大数据主要有以下五个特点。

第一，完善的机构设置为环境数据"搜集—处理—公开—技术支持"一体化全过程管理提供支持和保障。EPA 是美国环境信息的主管部门，将数据和信息的收集、使用和传播作为自身任务之一。美国环保局设环境信息办公室（Office of Environmental Information，OEI），由首席信息官（Chief Information Officer，CIO）领导。完善的环境信息管理机构设置，确保了环境信息从信息源（企事业单位）到信息受体（公众）形成畅通的信息传递渠道。下文将专门详细介绍美国环境信息管理机构的设置情况。

第二，政府推动建立数据监测网络，整合并共享数据。设施登记系统（FRS）是 EPA 数据整合的工具。EPA 对包括企业、污水处理厂、民用设施，甚至采矿作业等享有排污权的设施进行登记，通过赋予唯一"设施标识码"形成排污设施登记数据库，使得不同业务系统的数据之间关系得以明确，并能够实现跨业务系统和跨库检索。排污设施登记系统由环境信息办公室（OEI）进行集中管理和维护。环保事实数据库（Envirofacts）是美国环保局的环保数据查询系统，开放给社会大众查询包括空气、水、土壤、辐射等相关信息。EPA 对于环境数据的传输与分享是靠环境信息交换中心（Central Data Exchange，CDX）实现的。CDX 的目标是建立快速、有效、安全且精确的实时数据交换网络，以此连接联邦政府、地方政府、企业及美国环保局的各分支单位。

第三，严格的报告和处罚制度确保企业提供准确可用的数据。在美国，环保局对污染物、有害物质排放和分布情况的适时掌握是环境大数据应用的基础。环保局获得数据和信息主要是靠严格的企业对污染物、有害物质的报告制度，而不是靠定期或不定期的污染普查或调查。因为有严格的处罚制度，所以企业不诚实报告自己的污染物或有害物质，是非常有风险的做法。一旦被环保部门发现，或者被公众发现，除了支付罚款以外，其商业信誉也将受到严重损害(美国有成熟的 TRI 制度,① 即环保组织和媒体用抓典型的方式聚焦于那些最恶劣的污染者，制造出"环境保护的黑名单"，而企业为了提高社会声誉，避免被列入黑名单，因此就主动采取措施减少污染物排放和生态环境损害)。

第四，为全民参与环境大数据提供平台。EPA 在《紧急规划与社区知情权法》生效后发布了危险物质清单，凡受监管的有害物质，排放单位都有报告的义务。瞒报、漏报或报告不准确可能面临严重的罚款。清单具有以下特点：环保局可在任何时间依法增加或减少清单中的有毒化学品；任何人都可以请求管理者增加或减少上述清单中的有毒化学品；州长可以请求管理者增加或减少列表中的有毒化学品。

第五，决策部门全面掌握环境大数据并科学分析。企业报告准确的污染信息可以确保环保部门对于全国的污染情况、地方环保局对于辖区内的污染情况的了解。但数据还需要加工和分析，这样才能得到决策部门和公众都能理解和读懂的污染物报告，这是环保部门制定环境保护目标、工作重点和信息公开的基础。各州环保局的污染物/有害物质数据库与联邦环保局之间，以及各州之间的数据都是共享的。所以各州也都可以知道其他州的污染物排放或有害物质存储、生产和使用的信息，这些数据最后也可以被公众获得。

（二）美国环境信息管理机构介绍

EPA 在华盛顿特区有空气和辐射、水、化学品安全和污染防

① 秦天宝：《风险社会背景下环境风险项目决策机制研究》，《中国高校社会科学》2015 年第 5 期。

治、环境执法、环境信息、总法律顾问、环境巡查、国际和种族事务、研究和发展、固体废弃物和应急反应以及行政和人力资源管理等 13 个办公室，全国范围内有 10 个区域办公室和 17 个实验室，员工数量超过 1.7 万人。[1]

1. 环境信息办公室（OEI）

环境信息办公室（OEI）是 EPA 负责信息化建设的专门机构，成立于 1999 年 10 月，主要职责包括环境信息收集、分析、发布的全生命周期管理；对 EPA 的信息化投资和资产进行管理；实施创新的信息技术和信息管理解决方案，以支持 EPA 保护人类健康和环境的使命。[2] OEI 内设信息收集、项目管理、信息质量管理保障、信息分析和获取、信息技术和规划等部门，员工数量超过 400 人。[3]

环境信息办公室（OEI）负责信息的全过程管理，下设 4 个处级办公室，分别是信息采集办公室、技术运行与规划办公室、信息分析与访问办公室及项目管理办公室。其中，信息采集办公室主要负责信息采集策略的制定和信息交换和服务；技术运行与规划办公室主要负责联络国家计算机中心，提供企业桌面解决方案和任务投资解决方案；信息分析与访问办公室主要负责环境数据分析和有毒物质排放清单（TRI）项目；项目管理办公室主要负责相关的资源和信息管理、人力资源和行政管理以及政策、宣传和交流等。另外，除联邦环保局（EPA），区域办公室及各州环保部门中均设有环境信息办公室或信息专人，负责各部门的有关环境信息工作，包括信息收集、上传、维护、发布等。环境信息办公室在执行其职责的全过程中，各司其职，密切配合，形成了大数据收集、分析、技术处理

---

① USEPA（US Environmental Protection Agency）. 2015a. EPA Organization Chart. http：//www2. epa. gov/aboutepa/epaorganization-chart. Visited 18 October 2015.

② 张波，徐富春：《美国环境信息化建设及其启示》，《中国环境管理》2015 年第 6 期。

③ USEPA（US Environmental Protection Agency）. 2015b. About the Office of Environmental Information （OEI）. http：//www2. epa. gov/aboutepa/about-office-environmental-information-oei. Visited 18 October 2015.

和发布的一体化工作流程。这一机制，确保了环境信息从信息源（企事业单位）到信息受体（公众）形成畅通的信息传递渠道。

2. 首席信息官（CIO）

为了加强政府信息资源管理、提升电子政务建设的效率和效能。美国于 20 世纪 80 年代在政府机构中建立了首席信息官（Chief Information Officer，CIO）制度，联邦政府、州政府及地方政府各部门都设立了首席信息官，全面负责信息资源的管理、开发、利用，并直接参与决策管理。联邦政府的 CIO 兼任行政管理和预算局（Office of Management and Budget，OMB）副局长，确保了信息化建设资金的来源。CIO 制度有效保证了信息的统一采集、管理和共享，已经成为发达国家电子政务的一项基本制度。

EPA 的 CIO 由总统任命，直接领导 OEI 的工作。职责包括：根据 EPA 的业务需求制订信息化发展规划，指导和管理信息化建设投资；制订并监督 EPA 内部信息管理政策的执行；建立信息化整体技术架构，执行并监督信息化项目的实施。由于 EPA 的 CIO 兼任 EPA 的助理局长，具有跨部门的约束、协调及资源支配能力，较好地保证了 EPA 信息化战略的有效实现。①

随着"大数据"时代的到来，数据已经成为重要的战略资源。2012 年，奥巴马总统宣布美国启动"大数据研究和发展计划"，2015 年 2 月，美国联邦政府设立了首席数据官（Chief Data Officer，CDO），充分利用数据为联邦政府的管理提供决策支撑。EPA 也于 2015 年设立了首席数据科学家（Chief Data Scientist），负责 EPA 的大数据建设和环境信息的分析和挖掘，显示了 EPA 对环境数据分析和应用的高度关注。

3. 国家计算机中心（NCC）

EPA 信息化基础设施的建设和运行维护由国家计算机中心（National Computer Center，NCC）负责。EPA 各业务部门不再单独购买软硬件设备，而是根据需求编制经费预算并拨给 NCC，由

---

① 刘立媛，李蔚：《国外推进信息化建设经验对我国环境信息化建设的启示》，《环境与可持续发展》2012 年第 5 期，第 50-54 页。

NCC 负责信息化基础设施的统一建设。各业务部门开发的应用系统须填写相关申请表格，经过硬件需求、应用程序代码及信息安全测试等检查工作，由 NCC 进行系统部署及后期的运行和维护。

NCC 由 OEI 管理和运行，能够提供小型机、服务器、存储等多种硬件设备，数据库、ETL（数据抽取、转换和加载）、BI（业务智能）、数据注册、地理信息系统等企业级软件工具，以及实体安全、信息技术安全、UPS（不间断电源）系统、备份及灾害复原等安全环境和措施。整体运维基于 ITIL（信息技术基础架构库），实现了 7×24 小时现场支持及技术服务。

EPA 的官方网站、环境数据仓库、水质管理信息系统、空气质量信息系统等大部分信息系统均部署在 NCC 的机房中，共有超过 800 个信息系统、150 个 ORACLE 数据库、60 个业务智能应用及相关软件工具。① EPA 信息化基础设施的统一建设和运维节省了大量的资金、人力投入，有效地保障了信息安全。

（三）基于大数据的美国环境信息公开

1. 美国的信息公开立法概况

美国是世界上第一个拥有全面的信息公开立法的国家。1966年通过《美国信息自由法》是关于信息公开的最重要的法律文件之一，该部法律的立法思路非常简单明确，那就是要求政府公开某些信息，允许公众有权获取政府信息，但是相关信息涉及个人隐私、商业机密、国家安全的除外。美国最高法院大法官路易斯·布兰代斯的名言"阳光是最好的防腐剂"，充分体现了该法的作用。该法认为，当个人或机构知道有人在监督他们的行为时，就会改变或改善自己的行为。这种观点后来也被世界很多国家所接受。② 目前，全世界大约有 70 多个国家拥有信息公开领域的立法。

---

① USEPA（US Environmental Protection Agency）. 2015c. National Computer Center. http：//www2. epa. gov/greeningepa/nationalcomputer-center. Visited 18 October 2015.

② 王立德：《环境信息公开：我们向美国学什么》，《绿叶》2010 年第 10 期。

另一部比较重要的信息公开立法是 1976 年通过的《阳光下的政府法》。该法建立在 1972 年通过的《联邦咨询委员会法》(该法规定公众有权查询会议的记录、报告、草案研究或其他文件) 基础之上，是对政府会议公开制度的补充与完善。在这部法律中，政府会议公开是一项基本原则，会议公开的范围扩展到了所有行政机构。该法律规定，合议制行政机关的会议必须公开，任何人都可以观看和旁听政府会议，但不能发言，以免干扰会议议程。同时，该法还规定了十项免除公开会议的事项。

除此之外，美国还有多部法律法规和政策性文件与信息公开及获取密切相关。如 1970 年的《国家环境政策法》，1974 年的《隐私权法》，1985 年的《商业秘密法》，1985 年的《美国联邦信息资源管理政策》，1996 年的《电子信息自由法》和《信息技术管理改革法》，2002 年的《电子政府法》、《联邦信息安全管理法》和《机密信息保护和统计效率法》，2009 年的《开放政府指令》。其中，2002 年《电子政府法》是基于对互联网的应用，进一步推动了联邦政府机构更广泛地使用网络为公众提供信息和服务，且第一次拨专款支持"电子政务战略"。2009 年颁布的《开放政府指令》则是美国联邦政府基于大数据战略在信息开放方面的较为新进的规定与行动。奥巴马上台以来，积极公开政府信息并推出了《开放政府指令》。开放政府指令的三个原则分别是"透明(Transparency)""参与(Participation)"和"协同(Collaboration)"，要求减少《信息自由法》积压的工作，在政府网站上发布更多数据库，通过网站数据开放使公众了解政府信息，促进公共对话。①

2. 美国环境信息公开的进展

在环境信息公开方面，自 2002 年开始，美国环保局执法守法历史在线系统(http：//echo.epa.gov)便向公众公布环境执法和守法信息，包含了 80 多万台受环保局监管的大气固定污染源、污水排放源及有害废物产生与处理设施的情况。公布的信息包括过去 3

---

① 陆健英，郑磊，Sharon S. Dawes：《美国的政府数据开放：历史、进展与启示》，《电子政务》2013 年第 6 期。

年的许可证信息、监察内容及结果、违法排污行为、采取的执法措施和处罚情况，并在每月进行更新。这些信息由企业自主上传，并及时进行更改，一但发现数据造假，企业将面临巨额的罚款。同时，公众通过网络会议、电话或电子邮件对环境数据进行监督，是环境质量把关中的重要环节。

2009年5月，美国宣布实施"政府开放计划"（Open Government Initiative），提出利用全面整合的开放网络平台，及时向公众公开政府信息、工作程序及其决策过程，并设立了一系列政府信息网站。2011年12月，美国政府将这些网站开源，并设立了政府开放平台（Open Government Platform）。该平台以数据共享和再利用为核心，最重要的是"一站式数据下载网站"（Data. gov）和"一站式云计算服务门户"（Apps. gov）。Data. gov是美国联邦政府的旗舰级项目，所有不涉及国家安全和隐私的相关数据均需在该网站公布，标志着美国政府数据库的正式建立和政府信息的全面公开与透明。Apps. gov是美国"云优先"战略的重要组成部分，各联邦机构通过该网站浏览及购买相关云服务，不仅规范和整合了不同政府部门的业务流程，提升了政府信息技术的整体安全性，还有效降低了政府部门软件开发支出。①

在2012年美国政府启动"大数据的研究和发展计划"之后，政府开放平台利用Data. gov整合了近17万个联邦政府的数据库，涵盖了农业、气象、金融等近50个门类，生态系统是其中的一个重要类别。在此基础上，为了推进环境信息公开，美国在政府开放平台的基础上整合设立了"生态系统大数据平台"。生态系统大数据平台，包括生物多样性资源、生态系统服务资源和土地覆盖动态资源三大枢纽，由生物多样性信息平台、环境地图平台、多尺度土地变化特征联盟组成。

同时，联邦环保局（EPA）非常重视从源头上保证数据的质量，构建了一套"环境信息生命周期框架"，目的是为了提高数据质量，

---

① 陈刚，蓝艳：《大数据时代环境保护的国际经验及启示》，《环境保护》2015年第19期。

提升数据可信度，方便信息化人员、业务人员和社会公众的交流。环境信息生命周期由美国环保署信息化办公室(OEI)管理，OEI 由首席信息官领导，除了管理环境信息生命周期框架，还负责保障EPA 的信息质量、运作效率，提供信息技术保障、数据搜集、交换、访问服务等。信息生命周期是一种信息管理模型，不是具体的产品，强调从企业级别的视角，对信息进行更有效的管理、更有效的开发和利用的全过程。该框架主要包括 7 个环节：项目政策规划、信息搜集管理、信息交换和共享、信息管理、信息访问、信息使用、用户反馈。框架的结构虽然简单，但是可以让所有部门参与进来，把所有环节连接起来，形成一个闭合的回路。① 这一框架将其他政府部门、企业和公众紧密结合，在框架的指导下共同开展环境信息的收集、管理和开放。

(四)对完善我国环境信息管理制度的启示

综上所述，美国发展大数据的经验表明，大数据是重要的战略资源，是治国理政不可缺少的信息化手段。政府是确保大数据健康、安全发展的监督主体，企业是大数据科技研发与创新推广的市场主体，公众是大数据服务和应用的评价主体和受益群体。通过三方的共同努力，确保信息在兼顾共享与安全的前提下适度合理公开，协调有序发展。纵观历史，美国的大数据时代不是一蹴而就的，而是一个日积月累、不断创新的过程。20 世纪 70 年代的个人计算机，20 世纪 90 年代的互联网，21 世纪的社交媒体，到现在的大数据、云计算，美国始终处于创新的顶端。新的创意激发新的需求，新的需求催生新的市场、带动新的发展，而完备的法律体系、诚信的商业环境、充实的人才储备，又为大数据的发展提供了不竭的动力。

美国环境信息公开的经验也表明，环境信息公开已经该国环境监管体系的一个重要组成部分，企业、公众、政府以及其他利益相关者，都可以从环境信息公开中受益。通过环境信息公开，污染者

---

① 徐丽莉：《美国环保数据的去伪存真》，《中国环境报》2014 年 3 月 17 日。

可以自我纠正，以避免在公众中形成负面形象。美国的经验显示，有了信息公开制度之后，如果企业出现在黑名单中，相关企业往往会主动改变自己的行为。对于公众而言，了解环境信息之后，可以通过这些信息和政府、媒体一起来监督企业的污染行为。事实上，环境信息公开制度，还有利于政府监管，因为政府可以更加准确地掌握污染源的严重程度，这可以大大地减轻政府的执法负担。环境信息公开，还可以帮助银行修改贷款政策，协助采购商"绿化"供应链，提示消费者避免购买高污染企业的产品，提醒投资者避免投资环境风险较大的项目，促使证券监管者限制高污染企业股票的首次公开发行，等等。

事实上，我国在发展大数据方面拥有丰富的数据资源和巨大的应用市场优势，2015 年中国政府相继出台促进云计算、推进"互联网+"、运用大数据等一系列文件。2015 年 8 月，国务院印发《促进大数据发展行动纲要》，明确了加快建设数据强国这一总体目标，并确定三大重点任务、五大目标、七项措施、十大工程，生态环保领域是其中的重要构成。但是，仍然要看到，我国在环境大数据建设和环境信息公开方面仍然处在初级发展阶段，有大量棘手的问题需要解决。基于此，我国应当借鉴美国在环境信息管理制度建设中的成功经验。具体来说，建议我国在未来重点做好以下工作：

第一，顺应生态文明建设，创新环境信息管理的体制机制。学习美国在国家环保局专门设立环境信息办公室，我国可以探索在环境保护部成立专门负责环境信息和大数据工程的业务司局或办公室，统筹管理环境信息的规划、收集、分析、发布及公众反馈，实现环境大数据管理的系统化、科学化、专业化；促进相关部门对接协调，统筹环境信息的跨部门使用与集成。

第二，完善信息公开和环境大数据建设方面的政策法规。美国的数据开放经历了二百多年的发展与完善，当前已有数十部法律法规与信息公开密切相关。对比而言，我国关于政府信息公开的相关法规有只有 2007 年的《政府信息公开条例》，但国家层面的政策法规目前尚未明确要求政府部门无差别地向公众开放原始、一手、全面、及时、可被计算机自动处理的数据。因此，我国应尽快在国家层面制定相关法规或政策，明确政府数据开放的要求，从而为各级政府部门数据开放工作提供政策保障和支持。同时，国家还应当推动环境信息共享与应用开发的法治化建设，确保信息安全，促进环境大数据的健康发展。配合国家信息安全立法，抓紧研究制定环境大数据收集、发布、使用的管理办法，确保环境大数据的各项应用处于法律规定的合理合法范围内。

第三，加强环境大数据领域的国际合作，推动中美在环境信息管理领域的合作。考虑到美国环保局在环境信息管理与实践方面的优势地位，未来中美环保合作应探索建立高级别的环境信息合作机制，加强部门交流合作，提升我国的环境大数据水平。同时，应当注意到，美国 IBM 公司为了更好地支持大数据处理，自 2005 年起投资约 160 亿美元进行了数十次的数据分析相关收购，并对其数据分析平台进行了一系列的技术创新。2014 年，针对中国大气污染防治、可再生能源高效利用和企业节能减排，推出了为期十年的"绿色地平线"（Green Horizon）计划。因此，我国应当继续联合企业的研发力量，实现产学研联合创新，助力环境大数据建设。

四、欧盟生物多样性保护法律制度及新进展

生物多样性及其组分使地球上的生命得以持续，是人类社会赖以生存的基础，是全人类共有的宝贵财富，也是一个国家可持续发展的重要战略资源。但是近百年来，全世界范围内生物多样性急剧退化、生物资源遭到严重破坏。值得庆幸的是，国际社会于 1992 年通过了《生物多样性公约》（以下简称《公约》），并确定"保护生物多样性"、"可持续地利用生物多样性组成部分"和"公平公正地分享因利用遗传资源而产生的惠益"为《公约》的三大目标。目前，《公约》已有 194 各缔约方，在《公约》的框架下，还有几个有针对性的议定书，如《卡塔赫纳生物安全议定书》（2000 年）、《名古屋议定书》（2010 年）等。实际上，世界各国都已注意到生物多样性的重要性，从法律和实践上都采取了诸多措施来管理、保护本国乃至全球的生物多样性。我国作为生物多样性特别丰富的大国之一，政

340

府高度重视生物多样性保护工作，并取得了积极进展。

(一)欧盟生物多样性法制现状

在环境保护领域，1973 年欧盟制定了第一个环境行动纲领，要求各国将环境政策在欧共体范围内协调实施；1987 年《单一欧洲法案》生效，其最大进步就是允许欧共体直接进入环境领域；1993 年《欧洲联盟条约》生效，正式将环境保护纳入欧共体的所有政策与活动。迄今欧盟共实施了 7 个环境行动纲领，达到 500 多个指令、规定和决策，现在这已经成为世界上最全面的一套现代环境标准。① 欧盟最新近的环境行动纲领是《第七个环境行动纲领》(2013—2020 年)。该行动计划名为"在地球的生态极限下，生活的更好(Living well, within the limits of our planet)。创新和循环的经济模式会带给我们繁荣与健康的环境，在这种经济体系中，不会浪费资源，实现自然资源的可持续利用，保护、重视与恢复生物多样性，增强社会适应力"。

在生物多样性保护领域，长期以来，欧盟承诺在所属地区停止减少生物多样性。1979 年制定《欧盟野鸟指令》，1998 年制定生物多样性战略。2001 年大多数欧盟成员国首次同意停止减少生物多样性。2003 年欧盟委员会对欧盟生物多样性战略和行动的有效性所涉及的各领域进行广泛的调查和研究。2006 年欧盟批准了2007—2013 年的生物多样性行动计划(Biodiversity Action Plan, BAP)。② 最新的《2020 年生物多样性战略》是在《第七个环境行动纲领》(2013—2020 年)框架下颁布的，主要目标是阻止生物多样性的丧失。本文将从生物多样性保护立法、管理机构、赔偿补偿机制、全社会参与等方面展开介绍欧盟生物多样性保护的现状。

在立法方面，关于欧盟的法律文件的级别和效力，欧盟三大基础条约(Treaty)是欧盟层面级别最高的法律渊源，其次是欧盟条例

---

① 李芸，张明顺：《欧盟环境政策现状及对我国环境政策发展的启示》，《环境与可持续发展》，2015 年第 4 期。

② 任世平，王景文：《欧盟生物多样性行动计划——实现欧盟至 2010 年及未来的承诺》，《全球科技经济瞭望》，2009 年第 8 期。

（Regulation），再次是指令（Directive）、决议（Decision）、建议和意见（Recommendation and Opinion）等其他法律渊源。目前与生物多样性密切相关的欧盟层面的立法主要有三个指令和一个条例：《野鸟指令》（1979 年）、《保护野生动植物自然栖息地指令》（1992 年）、《侵入型外来物种管理指令》（2014 年）和《遗传资源获取与惠益分享条例》（2014 年）。由于欧盟是 1992 年《公约》和 2010 年《名古屋议定书》的缔约方，同时，"公平公正地分享因利用遗传资源而产生的惠益"是国际生物多样性保护的三大目标之一，因此下文将详细介绍欧盟 2014 年制定的《遗传资源获取与惠益分享条例》。

在生物多样性的管理机构方面，欧盟在环境总司下面设立自然环境保护司，该司下设专门负责生物多样性事务管理的自然与生物多样性处，具体负责履行《生物多样性公约》和相关谈判。为了便于管理，英国、德国等成员国也将相关部门进行了合并，并专设了生物多样性保护机构（如英国和德国的自然保护局），负责生物多样性的保护工作。同时，欧盟许多成员国的生物多样性管理机构还构建了监测和信息共享网络。如英国、瑞士等国家均建立了专题或综合性的生态研究和监测网络（如英国的蝴蝶监测网络），这些都为生物多样性保护和可持续利用提供了科学基础。

在损害赔偿和生态补偿方面，欧盟及其部分成员国将生物多样性的相关指标纳入其环境损害评估体系，为后续赔偿提供依据，并对破坏生物多样性的行为进行严格的责任追究。关于生态补偿机制，英国的《环境保护法》、德国《联邦矿产法》等也都规定了矿区的生态补偿保证金制度。该制度要求，采矿企业要缴纳一定的土地复垦基金，用于矿区废弃后土地的恢复和复垦，未能完成复垦计划的押金将被用于资助第三方进行复垦。还有一些国家，拥有多年的系统性生态修复工程经验。比如德国投入 100 亿欧元推动劳齐茨地区大型露天褐煤开采地生态恢复项目，对经济、规划和生态等进行结构转变，经过 20 多年的治理，已经部分建立"工业遗产"，恢复了包括地下水和陆地作物的生态系统服务功能，使该地区从当年的不可再生能源生产中心变成今日欧洲最大的生态恢复景观工地。

在全社会参与生物多样性保护方面，在生物多样性保护以及履约工作中，欧盟及其主要成员国都以"《公约》企业与生物多样性全球伙伴关系"为指南，积极调动全社会资源，尤其是企业界参与生物多样性保护工作。在推进企业与生物多样性的进程中，先行先试的国家开展的活动主要是示范引导(包括开发典型试点示范案例及协调融合各方意见形成有关标准导则或行为规范)、宣传交流(包括定期发布有关信息及通过会议交流分享各地区、各领域进展与经验)、对话协作(包括推进政府与企业及社会各界利益相关方之间的对话与协作，加强国际间合作与理念、标准、行动的协调一致)等。在公众参与方面，欧盟依据《关于环境和发展的里约热内卢宣言》(1992年)的第十项原则，在1998年通过了《在环境问题上获得信息、公众参与决策和诉诸法律的公约》(《奥胡斯公约》)，在欧盟各国推进并保证公众积极参与环境保护的各个领域。

(二)欧盟生物多样性立法新进展——《遗传资源获取与惠益分享条例》述评①

1.《欧盟ABS条例》的立法背景

全世界有许多国家在遗传资源获取与惠益分享(Access and Benefit-sharing，简称ABS，《公约》三大目标之一)领域，都建立了较为完善的法律制度。2010年10月29日，《公约》缔约方大会第十次会议(COP10)通过了《关于获取遗传资源和公正和公平分享其利用所产生惠益的名古屋议定书》(以下简称《议定书》)。《议定书》是《公约》的补充协议，旨在根据《公约》获取和惠益分享的一般规则，建立一个具有法律约束力的国际性框架，《议定书》于2014年10月12日开始生效。欧盟在《议定书》生效之年颁布《遗传资源获取与惠益分享条例》(以下简称《欧盟ABS条例》)，旨在落实其作为《议定书》缔约方的国际法义务。

欧盟当前的28个成员国有25个是《议定书》的缔约国，其在遗传资源获取与惠益分享的国际事务中起着举足轻重的作用。历史上，欧盟一直是将遗传资源用于研究和产品开发领域的重要利用

---

① 该部分主要参考了秦天宝，王镥权，赵富伟《欧盟〈遗传资源获取与惠益分享条例〉述评——兼谈对我国的启示》一文，载《环境保护》2015年第23期。

者。欧盟认为遗传资源获取与惠益分享的问题实质上就是贸易与环境双赢的问题，因此欧盟一直致力于公平和公正地分享利用遗传资源产生的惠益。① 2011 年 6 月 23 日，欧盟（作为经济一体化组织）签署了《议定书》，《议定书》第 6 条第 3 款要求各缔约方"对本国的获取与惠益分享立法和监管规定的法律上的确定性、明晰性和透明性作出规定"。为了在《议定书》生效后有效地履行国际义务，同时应对《议定书》可能会产生的经济影响，欧洲议会在 2011 年 10 月决定在批准《议定书》之前修改相关立法。② 欧盟于 2014 年 4 月 16 日由欧洲议会和欧盟理事会通过了 511/2014 号法令，即《欧盟 ABS 条例》。而在此之前，欧盟内只有极少数的政策与法律措施与遗传资源获取与惠益分享直接相关，且没有调整 ABS 的综合性立法。

欧盟条例是效力仅次于欧盟三大基础条约的一类法律渊源，条例在欧盟范围内具有普遍适用性，其所有部分均具有法律拘束力并直接适用于所有成员国。根据欧盟法律的直接效力原则和优先原则，《欧盟 ABS 条例》的规定将优于各成员国国内法关于遗传资源获取与惠益分享的规定。当然，该条例并未对遗传资源获取与惠益分享的每个方面都进行详尽的规定，条例只是为成员国提供了普遍的准则，有相当一部分内容需要由各成员国的国内法进行补充和细化。总体来说，《欧盟 ABS 条例》保证了《议定书》在欧盟层面上实现其目标的可能性，并规定了一些具体措施，以确保欧盟与其他缔约国之间按照《议定书》的规定获取遗传资源并公正和公平地分享利用遗传资源所产生的惠益。在该条例颁布之后，欧盟于 2014 年 5 月 16 日正式批准了《议定书》。③

2.《欧盟 ABS 条例》的主要内容

该条例共三章 17 个条文。第一章规定了立法主旨、范围和相

① 秦天宝：《遗传资源获取与惠益分享的法律问题研究》，武汉大学出版社 2006 年版，第 249 页。

② 欧盟《批准名古屋议定书》，访问日期：2016-03-01，http：//www.ipr.gov.cn/article/gjxw/gbhj/om/oum/201405/1814047_ 1.html.

③ European Union. Fifth Report of the European Union to the Convention on Biological Diversity[R]. Brussels, June 2014：40.

关定义。第二章详细规定了遗传资源使用者的权利和义务。第三章规定了相关的配套措施，以及合作、报告和审查制度等。本部分将从条例的适用范围、收藏品注册名录制度、最佳做法认定制度、监督和检查制度四个方面介绍《欧盟 ABS 条例》的主要内容。

关于条例的适用范围。根据条例规定，条例是为了规范遗传资源使用者（User）的行为而制定的一系列合规措施和配套政策。但并没有对遗传资源获取的条件、惠益分享的方式、违法行为的处罚措施作出具体的规定。其中，遗传资源的获取规则和违法行为的处罚措施，由欧盟各成员国自行制定；惠益分享的方式则由提供者和使用者共同商定条件，以合同约定的方式进行确定。条例第 2 条第 1 款规定，本条例适用于"那些在欧盟成员国主权管辖范围内的遗传资源和相关传统知识"。换句话说，该条例不适用于欧盟主权管辖范围以外的遗传资源，如公海海洋生物资源和南极洲的生物资源等。本条例也不适用于由专门性国际文书管辖的遗传资源的获取和惠益分享，如由《粮食和农业植物遗传资源国际条约》（ITPGRFA）、《大流行性流感防范框架》（PIP 框架）管辖的特殊遗传资源，这与《议定书》第 4 条的规定是一致的。同时，条例还只用于调整"利用（Utilization）"遗传资源及相关传统知识的行为，即研究、开发、商业利用等，而不适用于遗传资源的交易和转让。

关于收藏品注册名录制度。收藏品注册名录（A Register of Collections）是由欧盟委员会建立并维护的包含遗传资源及相关传统知识收藏品的全部或部分信息的数据信息系统。收藏品（Collection）是指由公共或私人实体收集的一组遗传资源和相关信息的样本。收藏品的注册登记由遗传资源的持有方自愿依照法律进行申请，批准录入的标准在第 5 条的第 3 款进行了详细的规定。比如需要有足够的信息能够与获取遗传资源的申请者共同商定条件并订立合同；需要能够对提供的遗传资源进行记录、标志甚至追踪和监控。各成员国有权力根据本条例的规定决定收藏品是否符合录入的标准，并应当及时地将符合标准的收藏品名称、类型和持有方的姓名、联系方式等详细信息通知欧盟委员会。各成员国还应当定期检查其管辖范围内的收藏品，当已录入的收藏品出现了不符合标准的情况，其成员国应当及时和持有方联系，并采取补救措施。同时条例还规定，在可行的情况下，应对已提供给使用者的遗传资源创立或使用唯一标识符，这将有利于进一步规范遗传资源的获取和利用活动。

关于最佳做法认定制度。最佳做法(Best Practice)是由使用者开发和监督的程序、工具和机制的组合，由使用者联盟(Association of Users)申请，经欧盟委员会认定的一套标准。该套标准要能够被使用者有效地实施，要能够有助于使用者履行法定的相关义务。最佳做法源自《议定书》第 14 条和第 20 条的规定，它是一种自愿标准，不是由政府制定或要求的，而是代表了非政府参与者(如公司、科技团体、非政府组织等)致力于达成的期望的行为模式。该条例规定"使用者联盟"是指根据成员国各自的要求在当地建立一个代表使用者利益的组织，该组织根据第 8 条的规定可以参与制定和监督最佳做法的相关事项。欧盟委员会除了有权力认定某种最佳做法外，还应当建立一个公开的最佳做法登记册，并应当保持更新，以便于使用者能够随时查询和采用。在某一最佳做法被证明存在缺陷时，欧盟委员会有职责与相关使用者联盟进行沟通，并最终决定是进行补救还是取消对该最佳做法的认定。目前在欧盟范围内，最佳做法的例子有：瑞士科学院制定的《获取与惠益分享——遗传资源学术研究的好方法》；德国研究基金制定的《在〈生物多样性公约〉范围内的融资规定》。①

关于监督和检查制度。对遗传资源使用者的检查和监督主要由各成员国指定的主管部门负责实施，监督和检查的内容和方式则由《欧盟 ABS 条例》进行规定。条例规定，在监督使用者利用遗传资源的过程中，可以设定两个检查点(Check-points)：一个是在使用者获得研究基金时，即研究的开始阶段；另一个是相关产品进入市场前的最后研发阶段。为提高法律的确定性和检查的有效性，产品的最后研发阶段由欧盟委员会根据不同行业的情况具体确定。设立

① ［德］Thomas Greiber 等：《遗传资源获取与惠益分享的〈名古屋议定书〉诠释》，薛达元，林燕梅译，中国环境出版社 2013 年版，第 124 页。

检查点源自《议定书》第 17 条第 1 款(a)项的规定,为了监测遗传资源的利用,在指定的检查点,主管部门将酌情收集或接收关于事先知情同意、遗传资源的来源、共同商定条件的订立以及遗传资源的利用情况等信息。前述信息包括国际公认的遵守证书(Internationally Recognized Certificate of Compliance)和其他后续的相关信息。"国际公认的遵守证书"也源自于《议定书》第 17 条的规定,在《欧盟 ABS 条例》中国际公认的遵守证书是指一个获取遗传资源的许可证或证明书,该证书可以证明使用者是根据《议定书》的要求按照事先知情同意和共同商定的条件获取遗传资源,并按照主管部门的指定方式利用遗传资源。如果使用者没有国际公认的遵守证书,则应该提供其他相关文件和信息,具体内容在条例第 4 条第 3 款(b)项中规定。同时,条例第 9 条规定了主管部门对使用者的合规检查,具体规定有检查的时间、方式和内容等。检查分为两种情况:第一,常态下的定期检查;第二,针对个别案例的专门检查。检查的方式应当有效、适度和有劝阻性。检查的内容包括前述监督过程中需要提交的遵守证书,也包括能表明使用者尽职履责的其他文件和记录。同时,主管部门还可以酌情决定进行现场检查。

3. 对《欧盟 ABS 条例》的评价

首先,条例反映了欧盟在 ABS 管制模式上的选择。遗传资源获取与惠益分享的管制模式大致有三种:公法模式、私法模式、自律模式。大多数发展中国家采用了公法模式;欧盟和美国采用了私法模式;自律模式多数情况下是作为对私法模式的一种补充。私法模式反对政府在获取与惠益分享中的过多干预,强调通过利益相关者的自由意志进行调整。① 遗传资源获取与惠益分享的管制工作主要有三个部分:遗传资源的获取、惠益分享、对利用的监督和检查。对比《欧盟 ABS 条例》的规定,其仅对遗传资源使用者的"利用"进行了管制,但对获取遗传资源的行为、惠益分享的行为等未作出规定。后两者中,对获取行为的管理由欧盟各成员国自行决

① 秦天宝:《欧盟及其成员国关于遗传资源获取与惠益分享的管制模式》,《科技与法律》2007 年第 2 期。

定，惠益分享则由提供者和使用者自行以合同方式约定。这反映了欧盟及其成员国在遗传资源获取和惠益分享管制问题上的一贯模式。究其根源，主要是由于欧盟在国际社会上多是遗传资源的获取者和使用者，同时欧盟的生物技术十分发达，生物产业需要依赖大量的遗传资源，因此其选择对遗传资源管制相对比较宽松的私法模式就不足为奇了。

其次，条例细化和发展了《议定书》的部分规定。总体来说，《欧盟 ABS 条例》规定的主要制度和措施大都源自《议定书》的有关规定，条例同时对这些规定进行了一定程度的细化和发展，这展现了欧盟作为《议定书》缔约方积极履约的态度。《议定书》主要包含四个基本机制和工具：事先知情同意；各缔约国为遗传资源的获取建立法律框架；公正和公平地分享惠益；共同商定条件（特别是获取与遗传资源相关的传统知识时与土著和地方社区共同商定条件）。① 这些集中体现在《议定书》第 5、6、7 条的规定中。而《欧盟 ABS 条例》规定的主要内容：收藏品注册名录制度主要是为了保护欧盟境内现有的移地遗传资源并方便使用者的获取；最佳做法认定制度是鼓励使用者联盟建立相关的自律标准；监督和检查制度涉及了国际公认的遵守证书和检查点的设立；配套措施的主要作用是辅助对使用者进行监督和检查。由此可见，条例通过"收藏品注册名录"、"国际公认的遵守证书"和"设立检查点"等制度在一定程度上细化了"事先知情同意"和获取遗传资源的"法律框架"，但并没有建立一个完整全面的法律体系。

最后，条例仅突出了使用者的权利义务，内容不够全面。如前文所述，《欧盟 ABS 条例》是为了规范遗传资源使用者的行为而制定的一系列合规措施和配套政策。条例第二章"使用者的义务和权利"是本法的主体内容，第二章共 8 个条文是对使用者义务和权利的直接规定，其他章节则是为了确保和辅助使用者能够便利地行使

---

① Hubertus Schacht. The Recent EC-Draft Concerning the Nagoya Protocol：Challenges for the Industry with a Special Regard to the Pharmaceutical Sector［J］. Biotechnology Law Report，2014(3)：115-119.

权利并履行义务。对比《议定书》对缔约国的要求，条例忽略了公正和公平地分享惠益和共同商定条件的内容。同时，有评论者认为，该条例不足以符合《议定书》的所有目标，尤其是在保护土著居民的遗传资源和相关传统知识方面，该条例对土著居民的传统知识和遗传资源构成了威胁，条例的适用范围损害了土著居民的权利。① 由于条例第 3 条将"与遗传资源相关的传统知识"描述为在利用遗传资源的商定条件中规定的传统知识，这将所有获取协议中未提及的传统知识排除在外。换句话说，条例排除了所有未得到事先知情同意和共同商定条件约束的传统知识，而实际上许多获取传统知识的行为刻意避开了土著居民和地方社区的事先知情同意，进而也躲避了惠益分享的义务。从中可以进一步看到，《欧盟 ABS 条例》对使用者权利的强调和对使用者惠益分享义务的淡化。当然，欧盟层面的立法也不可能像国内立法一样事无巨细，条例内容的不全面也为各成员国的国内立法留下了较大的空间。

（三）对我国生物多样性法制建设的启示

我国作为生物多样性十分丰富的大国之一，政府历来高度重视其保护工作。我国于 1993 年正式批准加入《生物多样性公约》。在国内，我国现有《环境保护法》、《野生动物保护法》、《种子法》、《畜牧法》、《森林法》、《野生植物保护条例》等法律法规与生物多样性紧密相关，同时国家还颁布了《中国生物多样性保护战略与行动计划》（2011—2030 年），提出了我国未来 20 年生物多样性保护总体目标、战略任务和优先行动。但我国当前的生物多样性保护仍面临多方面的问题和挑战。主要表现为：威胁生物多样性下降的因素多而复杂；生物多样性法制不完善；管理体制不够统一高效；生物多样性保护意识亟待提升；保护与开发利用的矛盾突出；生物多样性保护经费不足；相关技术支撑滞后；等等。

参照前文对欧盟及其成员国在生物多样性法制建设方面的经验

---

① Brendan Tobin. Biopiracy by law: European Union Draft Law Threatens Indigenous Peoples' Rights over their Traditional Knowledge and Genetic Resources[J]. European Intellectual Property Review, 2014, 36(2): 124-136.

介绍，我国未来在全面推进生物多样性保护工作中可以着重采取以下措施。第一，建立健全法规体系。建议制定"生物多样性保护法"单行法，并建立国家层面的遗传资源和相关传统知识获取与惠益分享法规制度。修订《农业法》、《野生动物保护法》、《森林法》、《野生植物保护条例》等法律，加强湿地保护、外来物种入侵等方面的立法。落实新《环境保护法》中关于生物多样性保护及生态安全保障的相关要求，严格执法，严肃查处各种破坏生物多样性的违法违规问题。第二，制定具体的支持政策或制度。如开展生态资源评估；明确生态资源产权；建立生态资源价格、税收制度；建立生态补偿机制；制定生态规划；引导生物资源的综合利用；建立政府官员的环境绩效考核；建立生态环境损害赔偿和补偿制度；等。第三，完善部门协作机制。我国履行《公约》工作协调组拥有 24 个成员部门，"生物物种资源保护部际联席会议制度"也由 17 个部委组成。但生物多样性保护的职责并不是平均分配的，主要集中在环保、林业、农业、海洋、中医药、建设等部门，特别是集中在环保、林业和农业三个部门，并且三个部门各有侧重。应强化综合与行业管理相结合的体制，环保部门应重点负责综合性和未明确具体管理部门的生态资源的保护，整体协调各部门生物多样性保护行动。第四，加强宣传教育。将生物多样性保护纳入义务教育和公民教育，借助各种宣传媒体进行倡导，鼓励公民参与监督。重点在生物多样性丰富地区加强相关培训。重点向企业宣传生物多样性保护的意义，尤其是宣传关于遗传资源获取和惠益分享方面的知识，吸引企业参与生物多样性保护和加强自律。第五，加强国际合作。加强履约工作，将生物多样性保护工作主流化到国家政策措施中。继续积极争取多边和双边援助，引进经费和技术并重。依照国家外交总体战略布局，将生物多样性保护工作纳入到国家外交战略中，以生物多样性保护促进双边多边以及国际合作，使生物多样性保护工作成为推动我国大外交战略的助力。

特别地，在生物遗传资源获取与惠益分享法制建设领域，我国可以采取以下措施：在遗传资源的管理模式方面，欧盟等发达国家的私法管制模式不适合我国国情，我国应当沿用当前的公法模式，并进一步制定或修订相关立法，明确我国遗传资源的管理部门，完善管理和监督制度，规范管理行为。在遗传资源获取与惠益分享核心制度设计方面，我国可以参考《名古屋议定书》和《欧盟 ABS 条例》的相关内容，制定遗传资源的权属制度、调查和保护制度、获取制度、惠益分享制度、进出境检验检疫制度等，进一步明确遗传资源的所有者、规范获取者、监督使用者、兼顾其他利益相关者。在完善国内相关立法的同时，也为我国今后加入《名古屋议定书》做好制度上的准备。

五、国家管辖范围以外区域海洋生物多样性保护 和资源可持续利用领域的新发展

(一)问题的由来

海洋是人类生存和发展的战略空间和物质基础，人类的可持续发展越来越多地依赖海洋。各个国家对海洋依赖的相互交织以及海洋空间和资源的有限性成为了导致区域海洋争端的根本原因。面对严峻复杂的海上形势，各沿海国为谋求政治、经济、军事上的有利态势和战略利益，竞相调整海洋战略和政策。① 中国历来重视海洋的开发利用，党的"十八大"报告从战略高度对海洋事业做出全面部署，明确提出"建设海洋强国"的国家大战略。2015 年国务院印发《全国海洋主体功能区规划》指出，海洋是国家战略资源的重要基地。提高海洋资源开发能力，发展海洋经济，保护海洋生态环境，维护国家海洋权益，对于实施海洋强国战略、扩大对外开放、推进生态文明建设、促进经济持续健康发展具有十分重要的意义。

随着近海海洋生物资源的不断衰减以及远洋技术的更新换代，世界各国将触角逐渐伸向国家管辖范围以外海域开展渔业、生物勘探、科学研究等活动，对该区域的海洋生物资源及其生境带来了一定的影响。长期以来，各国在国家管辖范围以外海域活动中形成的

---

① 国家海洋局海洋发展战略研究所课题组：《中国海洋发展报告(2013)》，海洋出版社 2013 年版，第 215 页。

国际法原则随着海洋开发中新技术的应用水平不断提高以及人类对环境保护和可持续发展战略的日益重视，或多或少地受到限制，并影响到了现代国际海洋法相关领域的管理制度与规则，与此同时，各个主权国家对于公海自由原则的理解也有所变化。1609 年，格劳秀斯发表著名的《海洋自由论》，提出"海洋自由"的主张。到了 19 世纪 20 年代，公海自由原则在理论和实践中均已获得普遍承认。① 1958 年联合国第一次海洋法会议上通过的《公海公约》和《捕鱼与养护公海生物资源公约》分别确定了公海自由的内容（航行自由、捕鱼自由、铺设海底电缆和管道的自由、飞行自由）以及对"公海捕鱼自由"原则的三点限制。1982 年《联合国海洋法公约》（United Nations Convention on the Law of the Sea，UNCLOS）对公海自由进行了界定，并将其内容扩充为六项，分别是航行自由、飞越自由、铺设海底电缆和管道的自由（受公约第六部分的限制）、建设国际法容许的人工岛屿和其他设施的自由（受公约第六部分的限制）、捕鱼自由（受第二节规定条件的限制）、科学研究的自由（受第六和第十三部分的限制）。值得注意的是，《公约》在规定公海自由的同时，也规定了公海制度下相关国家承担的公海生物资源养护与管理的义务。

人类开发利用海洋的长期实践表明，随着现代科学技术的提高，海洋的生物资源不断减少，甚至面临枯竭的危险，国家管辖范围以外海域生物多样性所面临的风险也日益增加，海洋环境污染的问题也日益凸显。为了实现对海洋资源的可持续利用，国际社会必须采取行动，切实加强海洋资源的养护和海洋生态环境的保护。

虽然在现有的国际公约和机制中有些已经涉及了海洋生物多样性保护和生物资源的可持续利用等方面的内容，如《联合国海洋法公约》、《生物多样性公约》（Convention on Biological Diversity）及其《名古屋议定书》（Nagoya Protocol）、《粮食和农业植物遗传资源国际条约》（The FAO's International Treaty on Plant Genetic Resources for

---

① 张海文：《〈联合国海洋法公约〉释义集》，海洋出版社 2006 年版，第 150 页。

Food and Agriculture，ITPGRFA)、南极条约体系①等，但随着现代科学技术的提高以及海洋生物资源的不断减少，现存的国际法框架已经不足以因应国家管辖范围以外区域的海洋生物多样性的养护和可持续利用有关的问题，其中包含公海保护区的设立与管理、国家管辖范围以外区域海洋遗传资源的获取与会议分享的问题等，这些问题也得到了国际社会的广泛关注。

根据 2004 年联合国大会 59/24 决议，联大建立了研究与国家管辖范围以外区域的海洋生物多样性的养护和可持续利用有关的问题的不限成员名额非正式特设工作组(an Ad Hoc Open-ended Informal Working Group to study issues relating to the conservation and sustainable use of marine biological diversity beyond areas of national jurisdiction，以下简称工作组)。工作组分别于 2006、2008、2010、2011、2012、2013 和 2014 举行会议。在 2011 年 5 月至 6 月的工作组第四次会议上，工作组向第六十六届联大建议，启动对国家管辖范围以外海洋生物多样性的养护和可持续利用的法律框架的讨论，分析存在的空白和可能的法律方案设计途径，包括在《联合国海洋法公约》框架下制定执行协定或者多边协议。联合国大会第 68/70号决议第 198 段请不限成员名额非正式特设工作组在第 66/231 号决议规定的任务范围内并根据第 67/78 号决议的规定，为大会第六十九届会议将要作出的决定做好准备工作，就根据《联合国海洋法公约》的规定拟定一份国际文书的范围、要素和可行性向大会提出建议。

拟定一份国际文书是欧盟和 77 国集团及中国达成的主要共识。自国家管辖范围以外区域的海洋多样性(BBNJ)工作组 2006 年的讨论开始，欧盟就在推动联大建立国家管辖范围以外海洋保护区。而77 国集团和中国则重复强调人类共同遗产原则适用于国家管辖范围以外海洋遗传资源，并推动针对国家管辖范围以外海洋遗传资源

---

① 南极条约体系包括 1959 年《南极条约》以及 1991 年《关于环境保护的南极条约议定书》(Madrid Protocol)，以及 1980 年《南极海洋生物资源养护公约》(CCAMLR)。

建立获取与惠益分享机制。2011 年，两个国家集团达成共识，推动拟定一份国际文书，主要涉及的两个方面是遗传资源和海洋保护区。后来又将环境影响评价、能力建设和海洋技术转让纳入其中。①

2011 年和 2012 年，在里约+20 可持续发展会议期间，欧盟和 77 国集团及中国推动开放对达成《联合国海洋法公约》下一份具有法律约束力的国际文书的讨论，但没有达成共识。有些国家质疑讨论和接受《联合国海洋法公约》一项新的执行协定的意义。美国并不是《联合国海洋法公约》的缔约国，但是较为活跃地参加了 BBNJ 工作组的活动。美国较为关注正在进行的关于国家管辖范围以外海洋遗传资源的议题的讨论，多次陈述，"关于国家管辖范围以外海洋遗传资源的新的法律制度会妨碍研究和开发"。美国认为现在的问题在于既有法律制度没有得到良好的执行，并提出了相关建议。② 俄罗斯和委内瑞拉也反对制定新的执行协定。

还有一些国家处于"中间地带"：他们既没有明确支持制定《联合国海洋法公约》下的执行协定，也没有完全拒绝讨论这个议题。这些国家包括一些重要的海洋国家，如日本、挪威、冰岛等。此外，尽管 BBNJ 工作组的讨论向联合国所有成员方开放，还有一部分国家不参与 BBNJ 工作组的讨论。

各国国家元首和政府首脑在经联合国大会 2012 年 7 月 27 日第 66/288 号决议认可的 2012 年 6 月 20 至 22 日在巴西里约热内卢举行的联合国可持续发展大会题为"我们希望的未来"的成果文件第 162 段所作承诺，即在研究国家管辖范围以外区域海洋生物多样性的养护和可持续利用有关问题不限成员名额非正式特设工作组工作的基础上，在大会第六十九届会议结束之前抓紧处理国家管辖范围以外区域海洋生物多样性的养护和可持续利用问题，包括就根据

① Elisabeth Druel, Raphael Bille, Julien Rochette, Getting to yes? Discussions towards an Implementing Agreement to UNCLOS on biodiversity in ABNJ, *IDDRI Policy Brief*, October 2013.

② See for example the 2011 IISD report of the BBNJ Working Group.

《联合国海洋法公约》的规定拟订一份国际文书的问题作出决定。为此，联合国大会规定，工作组应至少举行三次会议。工作组分别于 2014 年 5 月 5 日、7 月 25 日、及 2015 年 2 月 13 日举行了三次会议，就研究国家管辖范围以外区域海洋生物多样性的养护和可持续利用问题进行讨论，其中对国家管辖范围以外海洋遗传资源获取及惠益分享相关主要问题也进行了讨论。

2015 年 8 月，联合国大会第 69 次会议上，作出了决议：根据《联合国海洋法公约》的规定就国家管辖范围以外区域海洋生物多样性的养护和可持续利用问题拟订一份具有法律约束力的国际文书，为此：决定在举行政府间会议之前，设立一个筹备委员会，所有联合国会员国、专门机构成员和《联合国海洋法公约》缔约方均可参加，并按照联合国惯例邀请其他方面作为观察员参加，以便考虑到共同主席有关研究国家管辖范围以外区域海洋生物多样性的养护和可持续利用有关问题不限成员名额非正式特设工作组工作的各种报告，就根据《联合国海洋法公约》的规定拟订一份具有法律约束力的国际文书的案文草案要点向大会提出实质性建议，筹备委员会在 2016 年开始工作，并在 2017 年年底以前向大会报告其进展情况。决议中规定，联合国大会决定通过谈判处理 2011 年商定的一揽子事项所含的专题，即国家管辖范围以外区域海洋生物多样性的养护和可持续利用，特别是作为一个整体的全部海洋遗传资源的养护和可持续利用，包括惠益分享问题，以及包括海洋保护区在内的划区管理工具、环境影响评估和能力建设及海洋技术转让等措施。①

虽然联大已经做出决议规定就国家管辖范围以外区域海洋生物多样性的养护和可持续利用问题拟订一份具有法律约束力的国际文书，但是现阶段各个主权国家对相关问题仍持有不同的立场和主张。下文将以国家管辖范围以外海洋遗传资源的获取与惠益分享

---

① 联合国大会 2015 年 6 月 19 日大会决议，根据《联合国海洋法公约》的规定就国家管辖范围以外区域海洋生物多样性的养护和可持续利用问题拟订一份具有法律约束力的国际文书，A/RES/69/292。

(Accessand Benefit Sharing of Marine Genetic Resources in Areas Beyond National Jurisdiction, ABS of MGR in ABNJ)以及公海保护区(Marine Protected Area in High Seas)的设立与管理为例,介绍国际社会近年来在海洋生物多样性保护与资源可持续利用等方面的主要动态。

(二)国家管辖范围以外海洋遗传资源的获取与惠益分享法律问题的主要争议

目前对国家管辖范围以外海洋遗传资源获取及惠益分享的讨论中仍存在诸多的争议问题,详述如下:

1. 关于是否对国家管辖范围以外海域海洋遗传资源的获取加以管控

在相关讨论中,有观点认为海洋遗传资源具有科学和商业惠益,在生态系统的运作包括气候调节方面发挥着重要作用,对整个人类社会意义重大,对国家管辖范围以外海洋遗传资源采取"先到先得"的做法破坏了可持续性。并且,治理差距让有技术能力和资源的国家在不共享惠益的情况下开发这些资源,这也将推动破坏海洋环境。据此,依据对这些国家管辖范围以外海洋遗传资源进行商业开发的知识,公平共享利用这些资源所产生的惠益,同时养护和管理这些资源,以确保标本采集的可持续性并避免对生态系统造成破坏。相反的观点则认为,获取国家管辖范围以外区域的海洋遗传资源通常不需要持续获取或持续收获,且几乎不会影响这些区域的海洋生物多样性。[①] 科学研究一定不能受到阻碍,因为海洋遗传资源研究是一个相对较新并迅速发展的领域,繁琐和过分官僚的程序可能阻碍创新。[②] 据此,对国家管辖以外海洋遗传资源自由获取即

---

① 2014 年 7 月 25 日不限成员名额非正式特设工作组共同主席给大会主席的信附件:研究国家管辖范围以外区域海洋生物多样性的养护和可持续利用问题不限成员名额非正式特设工作组共同主席提交的讨论摘要,A/69/177,第 45 段。

② 2015 年 2 月 13 日不限成员名额非正式特设工作组共同主席给大会主席的信附件:研究国家管辖范围以外区域海洋生物多样性的养护和可持续利用问题不限成员名额非正式特设工作组的成果和共同主席的讨论摘要,A/69/780,第 20 段。

可,不需要建立新的法律制度施加管制。

2. 关于是否建立国家管辖范围以外海洋遗传资源的惠益分享机制

有的观点认为建立国家管辖范围以外区域的海洋遗传资源的获取和惠益分享机制没有必要,因为国家管辖范围以外区域的海洋遗传资源对人类的最大惠益来自于全世界对产品和海洋知识的可得性,以及这些产品和信息对推动公共卫生、食物供应和科学的贡献,而这些都可能受到惠益共享机制的妨碍。① 而且国家管辖范围以外海洋遗传资源不同于《名古屋议定书》及《粮食和农业植物遗传资源国家条约》所规制的遗传资源,并不受逐案的、相互商定条款的管辖,并且其使用方和供应方可能跨越多个部门。②

相反的观点则认为公平分享惠益是必要的,应将价值链中所有活动纳入考虑,涵盖货币和非货币惠益,有必要共享信息、获得与海洋遗传资源开发、保护和研究有关的数据和研究成果、能力建设以及科学合作,包括转让海洋技术。③ 必须让发达国家和发展中国家在同等水平上参与包括通过惠益分享、技术转让和信息共享,加强发展中国家的能力,使其从国家管辖范围以外海洋遗传资源的养护和可持续利用中获益。④《联合国海洋法公约》第 242 条至 244 条要求促进海洋科学研究的国际合作,创造有利的条件,公布和传播知识。这适用于国家管辖范围以外的公海和区域。这些规定可以作为建立国家管辖范围以外海洋遗传资源惠益分享机制的法律基础。

---

① 2014 年 7 月 25 日不限成员名额非正式特设工作组共同主席给大会主席的信附件:研究国家管辖范围以外区域海洋生物多样性的养护和可持续利用问题不限成员名额非正式特设工作组共同主席提交的讨论摘要,A/69/177,第 49 段。
② 2014 年 7 月 25 日不限成员名额非正式特设工作组共同主席给大会主席的信附件:研究国家管辖范围以外区域海洋生物多样性的养护和可持续利用问题不限成员名额非正式特设工作组共同主席提交的讨论摘要,A/69/177,第 54 段。
③ 2014 年 7 月 25 日不限成员名额非正式特设工作组共同主席给大会主席的信附件:研究国家管辖范围以外区域海洋生物多样性的养护和可持续利用问题不限成员名额非正式特设工作组共同主席提交的讨论摘要,A/69/177,第 50 段。
④ 2014 年 5 月 5 日不限成员名额非正式特设工作组共同主席给大会主席的信附件:研究国家管辖范围以外区域海洋生物多样性的养护和可持续利用问题不限成员名额非正式特设工作组共同主席提交的讨论摘要,A/69/82,第 20 段。

　　介于两者之间的观点则认为，有必要平衡与海洋遗传资源有关的相关惠益，以使其不会挫伤经济活动，而是促进进一步的研究、投资和创新。① 采取的方案以既能实现获取和惠益分享，又不妨碍研究和商业开发为宜。基于此，区分商业目的利用海洋遗传资源和非商业性目的利用，可以有助于确保科学发现不受阻碍。还有的观点认为，应促进与海洋遗传资源的勘探、保护和研究有关的数据和研究成果共享、能力建设及科学合作，而不是建立惠益分享制度。②

　　对于国家管辖范围以外海洋遗传资源的地理来源及其专利使用进行监督，从而对披露要求、惠益的分配方式，包括惠益分享的性质、惠益分享的相关活动、受惠者、惠益分配的法律依据以及分配模式等具体问题充分进行讨论后加以规定，是建立惠益分享机制的必要途径。目前，对于这些具体问题，国际社会各方处于自身立场，观点存在冲突，有待进一步的讨论和协调。

　　3. 其他争议

　　除了清晰的界定新的国际文书涵盖哪些国家管辖范围以外海洋遗传资源和相关活动等实质范围问题，涉及地理范围的细节性问题也需要仔细检视和确定，例如国际文书涵盖哪些海洋区域。另外还需要寻找到切实的方法来管理跨界遗传资源。因为遗传资源会在国家管辖范围以内的领海、专属经济区和大陆架，以及国家管辖范围以外的国际海底和公海之间移动。因此有学者认为，任何针对国家管辖范围以外海洋遗传资源的获取与惠益分享制度应与目前的国家管辖范围以内的遗传资源获取与惠益分享制度相契合，并作为其补充。另外由于遗传资源在水层和海底的纵向移动，以及国际海底区域和公海之间在地理和生物意义上的紧密的相互联系，覆盖整个国

① 2014 年 7 月 25 日不限成员名额非正式特设工作组共同主席给大会主席的信附件：研究国家管辖范围以外区域海洋生物多样性的养护和可持续利用问题不限成员名额非正式特设工作组共同主席提交的讨论摘要，A/69/177，第 51 段。
② 2014 年 5 月 5 日不限成员名额非正式特设工作组共同主席给大会主席的信附件：研究国家管辖范围以外区域海洋生物多样性的养护和可持续利用问题不限成员名额非正式特设工作组共同主席提交的讨论摘要，A/69/82，第 53 段。

家管辖范围以外海洋的遗传资源获取与惠益分享制度是必不可少的。[①] 此外，对于国家管辖范围以外海洋遗传资源的地理来源是否需要区分和监督、海洋遗传资源商业和非商业目的利用能否区分及如何区分等问题也处于讨论和争议中。

（三）各方关于设立和管理公海保护区等法律问题的立场

从已有的国际海洋实践来看，一个国家对海洋事务的参与程度往往源自其综合国力水平，与其所追求的国际目标和国际社会的反映也有直接的关系。这一理论在公海保护区设立和管理领域同样适用，国家参与建立保护区的利益所在、对本国现有体制与安排的影响程度直接决定了该国在公海保护区建设问题上不同的立场、态度与选择。从公海保护区的制度设置分析，公海保护区为促进资源养护与可持续利用提供了全新的视域，为公海生物多样性保护提供了更为有效、更加科学、更具操作性的保护形式，其积极意义值得肯定。[②] 但由于公海保护区的设立在一定程度上限制了传统意义上的公海自由，也导致了各个缔约方的不同反映。尽管目前公海保护的国际法律框架尚未建立，其与现有法律制度的冲突也有待协调、制度本身的功能效果有待评估，但不可否定的是，随着各主权国家环保意识的不断提升以及对公海生物资源可持续养护和利用的需要，公海保护区已成为国际社会公海保护的发展趋势。面对这种新发展，各个国家也没有故步自封，它们以发展的眼光重新审视公海自由原则，并对公海保护区的设立和管理表达出了不同的观点和立场。

1. 积极态度：以欧盟国家、澳大利亚、环保组织为代表

（1）欧盟国家对公海保护区设立和管理的立场

目前欧盟共有 28 个成员国，其中 23 个为沿海国家。欧盟 70%

---

① Arianna Broggiato etc., Fair and equitable sharing of benefits from the utilization of marine genetic resources in areas beyond national jurisdiction：Bridging the gaps between science and policy, *Marine Policy* 49 (2014), pp. 176-185.

② 范晓婷主编：《公海保护区的法律与实践》，海洋出版社 2015 年版，第 168 页。

的边界是海洋，海岸线长约 70000 千米。欧盟的海洋产值占欧盟国内生产总值（GDP）的 40%，欧盟约一半人口居住在沿海地区。① 欧洲各国经济发达，人口密度大，漫长的开发历史使海岸带遭到过度开发，再加上近海海洋资源开发的压力，使得海洋保护区的发展面临巨大压力。与此同时，欧盟十分重视海洋事业，尤其是海洋的综合管理、海洋环境保护、海洋经济的发展以及海洋安全。

在设立公海保护区方面，欧盟国家在相关谈判之初就一直主张建立一个新的《联合国海洋法公约》执行协定。它们提出的第一个有关提案就主要关注于国家管辖范围以外海洋保护区的建立，并初步提出了一些海洋生物资源的养护措施。② 欧盟对澳大利亚提出的在公海设立海洋保护区以及在设立海洋保护区之前，可先行设立公海保护区示范区的建议予以呼应。表示欧盟高度重视海洋环境的保护，由于海山生态系统和深水种群已受到严重威胁，应对海洋进行持续的监测，为此可考虑设立海洋保护区。③ 欧盟积极参与并主持相关国际会议，表示支持公海保护区的建立。在 2004 年和 2005 年举行的联合国海洋与海洋法非正式磋商会议上，欧盟发表声明，表示原则上支持采取综合的、跨领域的方法保护国家管辖范围以外海域的生物多样性，其中包括建立公海保护区。在 2006 年的 BBNJ 工作组会议中，海洋保护区是热点议题之一。有关讨论主要围绕世界可持续发展峰会确定的至 2012 年建立全球海洋保护区网络的目标，④ 是否应建立多功能的海洋保护区，以及界定、设立和管理海洋保护区的标准等问题。欧盟、新西兰、绿色和平组织为代表的环

① 李景光、阎季惠编著：《主要国家和地区海洋战略与政策》，海洋出版社 2015 年版，第 52 页。

② Clen Wright, Julien Rochette, "Sea Change: Negotiating a New Agreement on the Conservation and Sustainable Use of Marine Biodiversity in Areas Beyond National Jurisdiction", IDDRI Issue Brief, No. 04/16, March 2016, p. 3.

③ 疏震娅：《浅议国际海洋法若干发展趋势，国际海洋法发展趋势研究》，载高之国主编：《国际海洋法发展趋势研究》，海洋出版社 2007 年版，第 197 页。

④ Plan of Implementation of the World Summit on Sustainable Development (Johannesburg, 4 September 2002; <www. unep. org>) (JPOI), Para. 32(c).

境保护派主张基于预先环境评估、预警原则及生态系统方式，设立公海海洋保护区。欧盟坚持对现有针对国家管辖范围以外海洋生物多样性的法律框架存在的空白采取行动，提议应制订《联合国海洋法公约》的第三部执行协定，重点是在公海建立海洋保护区。① 这种观点也在《生物多样性公约》COP 8 和 COP 11、联合国大会第 62 次会议、T-PAGE 海洋保护区会议等国际会议中多次重申。

除了积极参与相关的国际谈判之外，欧盟还制定了相关的文件以推进国家管辖范围以外海域海洋保护区设立的工作。② 如 2007 年，欧盟委员会颁布关于"公海中的破坏性捕捞行为与保护脆弱的深海生态系统"的文件，该文件指出要执行联合国大会决议，即欧盟应确保区域渔业管理组织所采取的措施能实现对公海的最大保护并有效防止破坏性捕捞的影响。

除此之外，欧盟成员国还缔结了一些区域性条约以保护海洋生态环境、促进海洋生物资源的可持续利用。其中比较有代表性的是《东北大西洋海洋环境保护公约》(The Convention for the Protection of the Marine Environment of the North-East Atlantic，以下简称 OSPAR 公约)的成员国一致同意在 2010 年 12 月 31 日之前建成海洋保护区网络，包括建立国家管辖范围以外的海洋保护区。2010 年 9 月，OSPAR 公约的 15 个欧洲缔约国的代表，同意建立世界上第一个国家管辖范围以外海洋保护区网络，建立了六个海洋保护区 Milne Seamount Complex；Charlie Gibbs South；Altair Seamount High Seas；Antialtair Seamount High Seas；Josephine Seamount High Seas；and Mid-Atlantic Ridge North of the Azores High Seas。③ 这些海洋保护区

① Gui Jing, Fan Xiaoting, Wangqi, "Analysis on the Current Issues of Marine Protected Areas beyond National Jurisdiction and Countermeasures"，《中国海洋法学评论》，2011 年第 1 期，第 210 页。

② 公衍芬等：《欧盟公海保护的立场和实践及其对我国的启示》，《环境与可持续发展》，2013 年第 5 期，第 38 页。

③ Decisions 2010/1 to 2010/6 and recommendations 2010/12 to 2010/17 of the Contracting Parties to the OSPAR Convention.

总共覆盖286200平方千米的东北大西洋。可以发现这些保护区中只有两个保护区跨越国家管辖范围以外的海底和上覆水层：Milne Seamount Complex Marine Protected Area, Charlie Gibbs South Marine Protected Area。其他四个保护区虽然也包括水层和海底，但其水层下的海底属于葡萄牙向大陆架界限委员会提交的申请的范围。葡萄牙于2009年向大陆架界限委员会提交申请，当时四个保护区的设计过程已经在进行。双方约定，OSPAR和葡萄牙分别保护水层和海底，并承诺在管理上进行合作。而OSPAR于2012年新增加的在国家管辖范围以外的第七个海洋保护区——the Charlie-Gibbs North High Seas MPA，仅包括公海，海底部分属于爱尔兰2009年向大陆架界限委员会提出申请的范围。OSPAR下国家管辖范围以外的海洋保护区管理的措施在六个没有法律约束力的建议①中，这些与建立保护区的六个决定于2011年5月12日同时生效。在OSPAR目前的治理框架中，海洋保护区被作为重要的治理工具，对于海洋遗传资源的获取和惠益分享则较少涉及。

（2）澳大利亚对公海保护区设立和管理的立场

澳大利亚包含众多岛屿，具有丰富的海岸生态系统，如珊瑚礁，海洋生物多样性丰富。该国四面环海，海岸线（包括岛屿海岸线）近70000千米，宣称拥有1600多万平方千米的管辖海域，其中专属经济区1100万平方千米，居世界第三，约90%的人口分布在距离海洋120千米内的地区，海洋为澳大利亚的经济每年贡献约

---

① OSPAR Recommendation 2010/12 on the Management of the Milne Seamount Complex Marine Protected Area; OSPAR Recommendation 2010/13 on the Management of the Charlie Gibbs South Marine Protected Area; OSPAR Recommendation 2010/14 on the Management of the Altair Seamount High Seas Marine Protected Area; OSPAR Recommendation 2010/15 on the Management of the Milne Seamount High Seas Marine Protected Area; OSPAR Recommendation 2010/16 on the Management of the Josephine Seamount High Seas Marine Protected Area; OSPAR Recommendation 2010/17 on the Management of the Mid Atlantic Ridge North of the Azores High Seas Marine Protected Area.

440 亿澳元。① 澳大利亚积极推行海洋保护的相关工作，注重海洋及其管理，颁布了比较全面的海洋政策与计划。1998 年，制定和实施《澳大利亚海洋政策》，该政策的主要目的是指导海洋环境保护工作，重点是保护海洋生物多样性、发展环境基线调查、加强海洋保护区建设、制定海洋和河口水质标准、建立压舱水国家管理系统和预防并治理外来海洋物种入侵问题等。2013 年，澳大利亚政府发布了《2025 年的海洋国家：支持澳大利亚蓝色经济的海洋科学报告》。该报告是澳大利亚新形势下依靠海洋科学技术推动海洋事业发展的纲领性文件，它指出了澳大利亚面临的挑战，并提出了应对挑战的策略。

澳大利亚在若干文件中均提出了在公海设立海洋保护区的建议，并提出在设立海洋保护区之前，可先行设立公海海洋保护区示范区。② 澳大利亚是将海洋保护区作为综合管理的一种手段加以利用的坚决拥护者，如上文所述，该国早在 1998 年即以立法的形式倡导加强海洋保护区的建设。澳大利亚认为，海洋保护区是一种能够以可持续的方式具体体现生物多样性保护、负责人的渔业、矿物勘探与开采、特别敏感的海区、旅游以及科学研究的综合管理制度。澳大利亚建议建立一个国际体系化协调机制来确认代表性区域，由联合国大会将所选区域列入国际登记册，由国家和组织在确认的区域制定管理措施和政策安排。

（3）环保组织对公海保护区设立和管理的立场

环保组织对于公海保护区设立和管理的立场主要是由其宗旨所决定的。对于海洋保护区问题，绿色和平组织指出要按照顺序逐渐建立起覆盖全世界的公海保护区域网络。绿色和平组织还指出这些保护区的建立要以对环境影响的评估为基础。绿色和平组织强调要为海洋保护区的确定、建立和管理制定科学的标准。绿色和平组织

---

① 李景光、阎季惠编著：《主要国家和地区海洋战略与政策》，海洋出版社 2015 年版，第 220 页。

② 疏震娅：《浅议国际海洋法若干发展趋势，国际海洋法发展趋势研究》，载高之国主编：《国际海洋法发展趋势研究》，海洋出版社 2007 年版，第 197 页。

认为需要进行的工作有：短期措施——确定区域的体系化方法由联合国大会进行定期的管理和评估；中期措施——设定特别的授权来命名、实施、管理、监督、控制公海海洋保护区；长期措施——建立新的机制和安排。

世界自然保护同盟（IUCN）要求切实贯彻执行有代表性的海洋保护区的建立活动，并由船旗国采取措施管理公海上的活动。IUCU 指出目前世界上得到保护的海洋区域还不到 1%，预先评估和影响最小化是保障生态系统方法有效实施的前提。IUCN 建议各国执行环境影响评估体系并发展战略环境评价系统，并为这两种评价体系建立指导规则以保证持续的贯彻执行，依据《生物多样性公约》和国际粮农组织的相关规则建立海洋保护区。IUCN 建议通过联合国大会决议的形式要求各国和国际组织保护基于《生物多样性公约》和粮农组织标准确定的脆弱的和具有代表性的海洋保护区，并在 2012 年制定出活动报告。IUCN 提出公海海洋保护区的区域性合作是一个长期而艰苦的过程，要求在区域渔业管理组织、国际海事组织和国际海事管理局之间达成各种协议，此外尽快填补有关生态和生物上有异议地区的确认缺口和海洋保护区设计缺口。

2. 转变态度：以美国为代表

美国是面临太平洋和大西洋的海洋大国，全国海岸线漫长，拥有 1400 万平方公里的海域面积，海洋资源丰富。同时美国也是个海洋经济强国。当前，海洋产业对美国经济的贡献是农业的 2.5 倍，美国海外贸易总量的 95% 和价值的 37% 通过海洋交通运输完成，而外大陆架海洋油气生产还贡献了全美 30% 的原油和 23% 的天然气产量。[1] 同时，美国也是当今世界最大的能源消费国和进口国，其石油消费量约占全球消费总量的 25%，原油对外依存度已高达 61%。油气资源严重依赖进口使得能源安全问题日益成为美国国家安全的重大隐患。因此，美国积极推行多元化的新能源战

---

① 宋炳林：《美国海洋经济发展的经验及对我国的启示》，《吉林工商学院学报》2012 年第 1 期，第 26 页。

略，加大对海洋油气资源的开发利用。①

美国政府高度重视海洋事业，这也使得它成为当今世界的一流海洋强国。发展海洋科技，是美国加强海洋管理、开发与保护海洋资源和维护美国在全球的海洋利益的重要举措。在国际海洋秩序和制度问题上，许多国家，尤其是美国，一贯坚持国家利益第一的原则。

在建立国家管辖范围以外海域海洋保护区的立场方面，美国政府的态度有一个转变的过程。一直以来，美国以《联合国海洋法公约》有关海底开发的条款对发展中国家有利为由，推迟批准该《公约》。以美国为首的发达国家也借助其雄厚的资金和技术优势，较早展开了对国家管辖范围外海域海洋生物资源的研究和利用，在国际社会上他们主张利用现有的公海自由原则，巩固和扩大在自己在公海生物资源取得的权益；在国内政策上，也为了保证自己在海洋矿产资源、海洋遗传资源上的领导地位，通过经济法律等手段鼓励本国的企业和相关组织进行更深层次的研究和开发。从另一个层面上，以美、日为代表的发达国家宣传：由于新技术的利用，与海洋遗传资源有关的海洋科学研究活动一般情况下对公海生物多样性带来的影响微乎其微；且在大多数情况下一旦从微生物中提取了遗传信息，就不需要再到现场采集标本，而且这种取样只需少量材料，如此以来，再考虑到公海生物本身的繁衍性，根本不会对公海生物多样性造成伤害，过多的提及保护反而阻碍了科学技术的发展。②但在刚进入 21 世纪以来，美国对《联合国海洋法公约》和设立国家管辖范围以外海域海洋保护区的态度有所改变。

2006 年 2 月 13—17 日 BBNJ 工作组会议在联合国总部召开，研究国家管辖范围以外海洋生物多样性的养护和可持续利用问题。关于公海保护区问题，会议讨论围绕世界可持续发展峰会确定的至

---

① 刘佳、李双建：《新世纪以来美国海洋战略调整及其对中国的影响述评》，《国际展望》2012 年第 4 期，第 64 页。

② 李慧：《公海生物多样性法律框架及管理机制研究》，中国海洋大学 2010 年硕士学位论文，第 41-42 页。

2012 年建立全球海洋保护区网络的目标，是否应建立多功能的海洋保护区，以及界定、设立和管理海洋保护区的标准等问题。美国强调海洋保护区应是对环境影响有明确定义的区域，反对将海洋保护区设定成禁止一切活动的区域，主张应发挥区域渔业管理组织等机制的作用。① 美国支持运用现存的机制来设立公海保护区，如区域渔业管理组织和国际海事组织。美国指出一定要明确所采取管理措施与所面临的风险之间的关系，不得采取会对海洋生物多样性产生不利影响的措施。即海洋保护区须有明确的划界影响区，在管理措施和所处理的损害之间须有强有力的因果联系，并且如《联合国海洋法公约》所述，执行措施须与国际法保持一致。美国建议要加紧采取措施确定建立公海保护区的截止时间和最终区域。美国提议保护措施的建立应符合公海自由原则，保证执行措施与联合国海洋法相符，鼓励各国和相关国际组织采取管理措施保护这些区域的生物多样性。美国鼓励各国和各组织采取措施确定和管理海洋保护区并以个案合作的方式解决积累影响问题。

美国政府拥护基于生态系统对海洋区域，包括公海进行管理的方法。海洋生态保护区被定义为基于生态系统管理的一种基本方法。美国政府尤其支持这样一种观点，即强调包括利用海洋保护区在内的管理方法应当集中于某一特定的海洋资源以及威胁这种海洋资源可持续发展的活动。同时，美国也强调公海保护区的建立必须与国际法制度，尤其是与《联合国海洋法公约》的相关规定相衔接。作为海洋保护区的专门研究机构，美国国家海洋保护区中心目前正致力于研究公海保护区作为防止地球上最后也是最大的全球共同财产——海洋生物多样性锐减工具的前景。②

除此之外，美国还积极参与以建立系统的公海保护措施为目的的国际实践活动。主要包括：积极推动马尾藻海公海保护区的建

---

① 公衍芬等：《以美国为鉴探讨中国参与公海保护区建设的对策建议》，《环境科学导刊》2014 年第 1 期。

② 公衍芬等：《以美国为鉴探讨中国参与公海保护区建设的对策建议》，《环境科学导刊》2014 年第 1 期。

设、提出在罗斯海建立海洋保护区的建议等。

3. 消极或观望态度：日本为一方面，77 国集团为另一方面

（1）日本对公海保护区设立和管理的立场

日本是一个面积狭小和资源匮乏的岛国，这种地理属性决定了其必须将触角伸向海洋才能满足国内对于资源、能源不断提升的需求。同时，在二次世界大战以后，日本经济发展迅速，科技创新更是跻身世界前列，为其开展远洋渔业、开发区域内非生物资源等活动提供了基础。日本一直高度重视海洋问题，海洋资源、海域环境与安全直接关系到日本国家利益与国家发展前景。战后以来，日本一直以海洋国家作为国家身份的定位，注重制定海洋战略。日本的国家战略总体上是一种"西太平洋战略"，希望采取各种措施而作为西太平洋的海上强国再次崛起。① 进入 21 世纪后，面对海洋管辖范围的扩大和海洋权益争端等问题的日益突出，日本大力调整国家发展战略，出台新的海洋政策和战略，建立和完善海洋法规体系，加强涉海事务协调，强化海洋综合管理。2013 年，日本制定新的《海洋基本计划》（2013-1017 年），该计划首先指出了日本海洋立国的目标，即"和平、积极地开发利用海洋和保护海洋环境，并促进两者的协调，建设新型海洋国家"；同时明确了以下方针：第一，加强国际合作；第二，开发利用海洋资源，实现富裕繁荣；第三，从"被海洋保护"变为"保护海洋"；第四，向未开发的疆域挑战。②

日本政府一直未正式表明其对建立公海保护区的立场。但考虑到未来国家管辖范围以外海域可能会对今后世界海洋秩序产生极大影响，日本也已认识到公海保护区的问题不可回避。日本认为，公海保护区的建立在于技术问题，而这一问题涉及管理方法的有效性和管理成本的经济性。从实践来看，这两个问题具有普遍性，而且

① 高兰：《日本海洋战略的发展及其国际影响》，《外交评论》2012 年第 6 期，第 53 页。

② 李景光、阎季惠编著：《主要国家和地区海洋战略与政策》，海洋出版社 2015 年版，第 138-158 页。

能够影响未来公海保护区的发展。据此，日本主张通过积极推广本国在海洋保护区建立的管理模式，发挥技术和管理优势，在公海保护区这一国际问题上把握主动权，确立其领导地位。此外，日本认为海洋保护区的选择必须以充分的科学证明为基础。日本反对采取一劳永逸的方式来解决海洋保护区问题。

渔业对日本这种陆地资源较为匮乏的国家而言是食物资料的重要来源。日本每年的远洋捕鱼量占日本整体捕捞量的 12%，不但是日本经济社会发展的基础，而且捕捞业还带动了造船业、渔业、食品加工业等相关产业的发展，提供了大量就业机会。因此，公海保护区的推广和增加会导致日本远洋渔业捕捞量的减少，直接对这些产业的发展造成打击，不符合日本自身的利益。[①]

可以看出，虽然日本肩负了国际条约赋予其保护生物多样性的责任和义务，并且在本国开展了广泛的有效实践，但是至今日本官方在参与和实践公海保护区的行动仍然是消极的。例如，日本惯常以来习惯于以科学研究为借口进行大量捕鱼。

目前，建立公海保护区得到了世界多数国家的响应。尽管日本政府尚未就公海保护区表达任何明确的立场和意图，但是一些日本学者建议将日本现有的海洋保护区模式推广至其他国家甚至公海建立的保护区，借此在建立公海保护区的过程中发挥重要作用。因此，倘若日本未来加入海洋保护区网络或者公海保护区的建设，其国内的实践经验将会发挥重要作用。

（2）77 国集团对公海保护区设立和管理的立场

作为在公海资源开发后起之秀的发展中国家，尤其是高速发展的发展中国家，也意识到公海生物资源的重要性和实用性，通过采取各种方式，争取在新的一轮海洋资源开发与资源分配方面占据有利地位。即在政治上，强调公海生物资源是"人类共同继承财产"这一基本原则，对抗发达国家的利用知识产权等"软武器"推行新一轮的"海洋霸权主义"；在经济上，着眼于对公海生物资源的利

---

① 范晓婷主编：《公海保护区的法律与实践》，海洋出版社 2015 年版，第 274 页。

用，不断加强对国内企业和相关组织的支持，为国内经济可持续发展提供资源保障；在技术上，既注重自立更生、独立发展，也呼吁发达国家无偿提供相应的技术参数，进行国际合作。① 发达国家主张的公海自由原则遭到来自 77 国集团和中国的反对。首先，在公海生物多样性资源上践行公海自由原则就与现行的国际环境法基本原则相违背；也完全忽视了发展中国家的利益，在和平和发展的大国际环境下，如此单方面的霸权主义根本是行不通的；另外，作为整个生态系统中的一部分，发展中国家既然承担了发达国家因为公海开发所带来的不利环境影响，也应当分享发达国家从中获得的利益，尤其是技术资源，应该建立完善的国际公海生物多样性资源转让机制。

由此可见，大多数发展中国家对于设立国家管辖范围以外海域海洋保护区所持的态度并不积极。究其原因，主要是因为在设立公海保护区之前，发达国家因为其先进的技术和雄厚的资金支持，已经在公海开展了几个世纪的资源开采和科学研究等活动，并从中获得了巨大的经济利益。在这些公海活动的影响下，海洋生物资源不断减少，海洋生态环境也遭到了破坏，这些后果本应由发达国家承担，但是由于公海的特殊性，这些不利影响却要被转嫁到从未或者很少在公海活动中获益的发展中国家身上。下文将以东南亚国家为例，进一步分析 77 国集团对公海保护区设立和管理所持立场的原因。

东南亚国家多数都包含众多的岛屿，位于软体动物和珊瑚等许多海洋生物的多样性中心区附近。大多数东南亚国家已开始认识到用法律工具对环境质量进行保护的重要性，并颁布了各种相关法律、签署了大量有关国际公约来保护环境和生物多样性以及履行沿海国应承担的保护海洋环境的义务。但鉴于种种原因，东南亚国家至今未涉足公海保护工作，也未在国际公开场合表明其对于建立公海保护区的立场。

---

① 李慧：《公海生物多样性法律框架及管理机制研究》，中国海洋大学 2010 年硕士学位论文，第 42-43 页。

当东南亚的陆地生物在不断减少的同时，海洋生物也由于水质污染和大量捕捞而受到严重的影响。随着近海渔业资源的不断减少以及远洋技术革新，远洋和深海捕捞业也正在扩大。此外，由于东南亚的陆地保护区域比海洋保护区域存在的时间长，东南亚国家对海洋保护区的经济投入有限，在东南亚地区只有极少数海洋保护区的管理处于良好管理状况，且管理水平有待提高。最后，鉴于该地区自身还面临的过度和破坏性捕捞、监管和财政不到位等一系列问题，东南亚国家的海洋保护工作面临重重阻碍。①

参考文献

中文文献：

[1] 曹慧：《〈巴黎协定〉"亮"在何处》，《世界知识》2016 年第 2 期。

[2] 高翔，腾飞：《〈巴黎协定〉与全球气候治理体系的变迁》，《中国能源》2016 年第 2 期，第 39-40 页。

[3] 韩一元，姚琨，付宇：《〈巴黎协定〉评析》，《国际研究参考》2016 年第 1 期，第 39-40 页。

[4] 檀跃宇：《美国气候变化政策的国内根源论析》，《南京政治学院学报》2015 年第 6 期。

[5] 杜莉：《美国气候变化政策调整的原因、影响及对策分析》，《中国软科学》2014 年第 4 期。

[6] 周琪，付随鑫：《美国〈清洁电力计划〉及其对美国能源行业的影响》，《国际石油经济》2015 年第 10 期。

[7] 陈刚，蓝艳：《大数据时代环境保护的国际经验及启示》，《环境保护》2015 年第 19 期。

[8] 秦天宝：《风险社会背景下环境风险项目决策机制研究》，《中国高校社会科学》2015 年第 5 期。

---

① 范晓婷主编：《公海保护区的法律与实践》，海洋出版社 2015 年版，第 282 页。

［9］张波，徐富春：《美国环境信息化建设及其启示》，《中国环境管理》2015 年第 6 期。

［10］刘立媛，李蔚：《国外推进信息化建设经验对我国环境信息化建设的启示》，《环境与可持续发展》2012 年第 5 期，第 50-54 页。

［11］王立德：《环境信息公开：我们向美国学什么》，《绿叶》2010 年第 10 期。

［12］陆健英，郑磊，Sharon S. Dawes：《美国的政府数据开放：历史、进展与启示》，《电子政务》2013 年第 6 期。

［13］徐丽莉：《美国环保数据的去伪存真》，《中国环境报》2014 年 3 月 17 日。

［14］李芸，张明顺：《欧盟环境政策现状及对我国环境政策发展的启示》，《环境与可持续发展》，2015 年第 4 期。

［15］任世平，王景文：《欧盟生物多样性行动计划——实现欧盟至 2010 年及未来的承诺》，《全球科技经济瞭望》，2009 年第 8 期。

［16］秦天宝，王镥权，赵富伟：《欧盟〈遗传资源获取与惠益分享条例〉述评——兼谈对我国的启示》，《环境保护》2015 年第 23 期。

［17］秦天宝：《遗传资源获取与惠益分享的法律问题研究》，武汉大学出版社 2006 年版。

［18］欧盟《批准名古屋议定书》，访问日期：2016-03-01，网址：http：//www. ipr. gov. cn/article/gjxw/gbhj/om/oum/201405/1814047_1. html.

［19］［德］Thomas Greiber 等：《遗传资源获取与惠益分享的〈名古屋议定书〉诠释》，薛达元，林燕梅译，中国环境出版社 2013 年版，第 124 页。

［20］秦天宝：《欧盟及其成员国关于遗传资源获取与惠益分享的管制模式》，《科技与法律》2007 年第 2 期。

［21］国家海洋局海洋发展战略研究所课题组：《中国海洋发展报告（2013）》，海洋出版社 2013 年版。

[22]张海文:《〈联合国海洋法公约〉释义集》,海洋出版社 2006 年版。

[23]范晓婷主编:《公海保护区的法律与实践》,海洋出版社 2015 年版。

[24]李景光、阎季惠编著:《主要国家和地区海洋战略与政策》,海洋出版社 2015 年版。

[25]疏震娅:《浅议国际海洋法若干发展趋势,国际海洋法发展趋势研究》,载高之国主编:《国际海洋法发展趋势研究》,海洋出版社 2007 年版,第 197 页。

[26]公衍芬等:《欧盟公海保护的立场和实践及其对我国的启示》,《环境与可持续发展》,2013 年第 5 期,第 38 页。

[27]宋炳林:《美国海洋经济发展的经验及对我国的启示》,《吉林工商学院学报》2012 年第 1 期,第 26 页。

[28]刘佳、李双建:《新世纪以来美国海洋战略调整及其对中国的影响述评》,《国际展望》2012 年第 4 期,第 64 页。

[29]李慧:《公海生物多样性法律框架及管理机制研究》,中国海洋大学 2010 年硕士学位论文,第 41-42 页。

[30]公衍芬等:《以美国为鉴探讨中国参与公海保护区建设的对策建议》,《环境科学导刊》,2014 年第 1 期。

[31]高兰:《日本海洋战略的发展及其国际影响》,《外交评论》2012 年第 6 期,第 53 页。

英文文献:

[1]The Secretary-General Remarks at the Closing of COP21. http://staging. unep. org/Docs/The% 20Secretary-General% 20Remarks% 20at%20the%20Closing%20of%20COP21. pdf.

[2]Historic Paris Agreement on Climate Change-195 Nations Set Path to Keep Temperature Rise Well Below 2 Degrees Celsius. http://web. unep. org/climatechange/cop21/historic-paris-agreement-on-climate-change-195-nations-set-path-keep-temperature-rise-well-below-2.

[3]Spash, Clive L. (2016) The Paris Agreement to Ignore Reality.

SRE-Discussion Papers, 2016/01.

[4] T. Jayaraman. The Paris Agreement on Climate Change: Background, Analysis, and Implications. The journal of the Foundation for Agrarian Studies, Vol. 5, No. 2. http://ras. org. in/the _ paris _ agreement_on_climate_change.

[5] Annalisa Savaresi (2016) The Paris Agreement: a new beginning?, Journal of Energy & Natural Resources Law, 34: 1, 16-26.

[6] Climate Action Tracker (2015). http://climateactiontracker. org/ assets/publications/briefing_papers/CAT _ COP21 _ Paris _ Agreement _ statement. pdf.

[7] Brauers, Hanna; Richter, Philipp M. (2016): The Paris Climate Agreement: Is it sufficient to limit climate change?, DIW Roundup: Politikim Fokus, No. 91.

[8] David Coady, Ian Parry, Louis Sears, and Baoping Shang. How Large Are Global Energy Subsidies?, IMF Working Paper (2015). https://www. imf. org/external/pubs/ft/wp/2015/wp15105. pdf.

[9] Lisa Heinzerling: The Supreme Court's Clean-Power Power Grab, Georgetown Environmental Law Review, Forthcoming. 2016(2).

[10] FACT SHEET: Clean Power Plan Key Changes and Improvements. https://www. epa. gov/cleanpowerplan/fact-sheet-clean-power-plan-key-changes-and-improvements.

[11] Revesz, Richard L. and Grab, Denise and Lienke, Jack, Familiar Territory: A Survey of Legal Precedents for the Clean Power Plan (March 1, 2016). Environmental Law Reporter, Vol. 46, No. 3, 2016.

[12] Lesser, J. (2016), Overblown Benefits and Hidden Costs of the Clean Power Plan. Nat. Gas Elec. , 32: 1-6.

[13] How much U. S. electricity is generated from renewable energy? http://www. eia. gov/energy _ in _ brief/article/renewable _ electricity. cfm.

[14] Revesz, Richard L. and Grab, Denise and Lienke, Jack,

Familiar Territory: A Survey of Legal Precedents for the Clean Power Plan (March 1, 2016). Environmental Law Reporter, Vol. 46, No. 3, 2016.

[15] The New York Times. The Age of Big Data. http://www. nytimes. com/2012/02/12/Sundayreview/big-datas-impact-in-the-world. html? pagewanted=all.

[16] USEPA (US Environmental Protection Agency). 2015a. EPA Organization Chart. http://www2. epa. gov/aboutepa/epaorganization-chart. Visited 18 October 2015.

[17] USEPA (US Environmental Protection Agency). 2015b. About the Office of Environmental Information (OEI). http://www2. epa. gov/aboutepa/about-office-environmental-information-oei. Visited 18 October 2015.

[18] USEPA (US Environmental Protection Agency). 2015c. National Computer Center. http://www2. epa. gov/greeningepa/national-computer-center. Visited 18 October 2015.

[19] European Union. Fifth Report of the European Union to the Convention on Biological Diversity[R]. Brussels, June 2014: 40.

[20] Hubertus Schacht. The Recent EC-Draft Concerning the Nagoya Protocol: Challenges for the Industry with a Special Regard to the Pharmaceutical Sector[J]. Biotechnology Law Report, 2014, (3): 115-119.

[21] Brendan Tobin. Biopiracy by law: European Union Draft Law Threatens Indigenous Peoples' Rights over their Traditional Knowledge and Genetic Resources[J]. European Intellectual Property Review, 2014, 36(2): 124-136.

[22] Elisabeth Druel, Raphael Bille, Julien Rochette, Getting to yes? Discussions towards an Implementing Agreement to UNCLOS on biodiversity in ABNJ, IDDRI Policy Brief, October 2013.

[23] Arianna Broggiato etc., Fair and equitable sharing of benefits from the utilization of marine genetic resources in areas beyond national

jurisdiction：Bridging the gaps between science and policy，*Marine Policy* 49（2014）：176-185.

［24］Clen Wright，Julien Rochette，"Sea Change：Negotiating a New Agreement on the Conservation and Sustainable Use of Marine Biodiversity in Areas Beyond National Jurisdiction"，IDDRI Issue Brief，No. 04/16，March 2016，p. 3.

［25］Plan of Implementation of the World Summit on Sustainable Development（Johannesburg，4 September 2002；＜www. unep. org＞）（JPOI），Para. 32(c).

［26］Gui Jing，Fan Xiaoting，Wangqi，"Analysis on the Current Issues of Marine Protected Areas beyond National Jurisdiction and Countermeasures"，《中国海洋法学评论》，2011 年第 1 期，第 210 页。

国际商事仲裁的热点与前沿：在线仲裁[*]

何其生[**]　王雅菡[***]

引　言

随着信息科技的飞速发展，电子商务已成为世界上发展最快、规模最大的市场，它在给网上消费者提供大量可供选择商品的同时，也为商业市场提供了一个潜在庞大的客户群。互联网数据的可获及性也促使了国际商务的快速发展，每年都有大量的交易通过电子通讯的方式来实现。虽然人们已经步入了网络化时代，传统的交易和消费方式也发生了翻天覆地的变化，但交易往来中产生的争议却依旧存在。这种变化的加速、商业往来的复杂以及跨境交易的频繁，无论是在线还是离线，都引发了一系列新问题的出现，由此，一种与之相对应的争端解决机制也应运而生。

在线争议解决机制(online dispute resolution, ODR)就是根据这种最初的市场需求产生的对在线争议进行救济的手段。在线仲裁

* 本文得到了2014年国家社会科学基金重点项目：《中国积极参与互联网国际规则的制定》(项目编号：14AZD140)和武汉大学"海外人文社会科学研究前沿追踪计划"的资助，在此感谢。

** 何其生(1974年4月生)，男，武汉大学法学院，教授，主要研究方向为国际私法。

*** 王雅菡(1990年6月生)，女，武汉大学法学院，博士研究生，主要研究方向为国际私法。

（online arbitration）作为在线争议解决机制最为主要的方式之一，是在传统仲裁方式的概念、结构、方法以及适用上的过渡与转型。① 实质上，在线仲裁是对信息通讯技术（Information and communication technologies，ICTs）的充分利用。ICT 已经不仅仅是在线仲裁的一种辅助工具，而是在线仲裁功能发挥和实施过程中不可或缺的一部分。如果能将 ICT 融入在线仲裁程序中，那么在线仲裁将会在无纸化世界中取得突破性的进展。

然而，正是由于这种技术性因素未能将在线仲裁的关键作用得以完全发挥，在线仲裁在实践中也不可避免的面临着法律上和技术上的双重挑战。这些问题也是自在线仲裁进入实践以来的研究热点，通过对近年来国外学者对在线仲裁的研究进行梳理，本文首先对在线仲裁的产生进行了背景性的介绍，进而介绍了在线仲裁的发展现状、机制特点和运作程序，最后对在线仲裁面临的问题和应对措施进行分析，并对在线仲裁未来的发展趋势做了简要的介绍。

一、在线仲裁的产生背景

（一）跨境电子商务的发展及国际商事仲裁机制的不足

在传统的国际商务领域，国际商事纠纷的解决有多种途径。几个世纪以来，诉讼和国际商事仲裁一直是处于主导地位的争议解决方法。国际上商人们往往倾向于在一个有效、经济、隐私和保密的程序中得到可供执行的裁决，因此仲裁程序所呈现出的灵活解决争议的方式也受到了当事人的青睐。伴随着国际间贸易往来的频繁，当事人之间的跨境纠纷也日益递增，国际商事仲裁也因此迎来了广阔的发展空间。仅在 1952 年至 1993 年间，几乎每个国家的地区都

---

① See Mohamad Salahudine Abdel Wahab. Online Arbitration：Tradition Conceptions and Innovative Trends in Albert Janvan den Berg（ed），International Arbitration：The Coming of a New Age？，ICCA Congress Series，*Kluwer Law International*，2013，17：656.

建立了自己的仲裁中心。①

1989 年万维网(World Wide Web)的发明促进了在线商业活动的逐步兴起,传统的争议解决方法已不能完全满足跨境电子商务当事人的需求。跨境电子商务因其具有的国际性显得更为复杂。就数量大、单笔交易金额较低的国际电子商务交易而言,传统的国际商事争议解决机制已无法满足快捷、高效、低成本解决交易的需求,这在一定程度上也制约了跨境电子商务的进一步发展。② 国际商事仲裁虽然比诉讼解决争议的周期短,但仍不能满足跨境电子商务纠纷解决的需要,进行国际商事仲裁的成本往往会超过电子商务交易自身的成本,未免得不偿失。此外,国际商事仲裁裁决在国外的承认与执行问题也会进一步增加当事人之间争议解决的成本。③

(二)在线争议解决机制的产生

为了顺应趋势,传统的国际商事仲裁中心纷纷建立起自己的网站,新的在线争议解决中心以及新型的在线贸易者群体的出现也进一步加速了电子商务的发展,同时也加大了利用新科技解决在线争议的需求。因此,在数字化时代,人们自然也倾向于将他们之间的争议通过电脑或电子设备这种便捷的媒介来进行解决,这种新的需求便促进了 ODR 的产生。

伴随着电子商务和替代性争议解决机制(alternative dispute resolution, ADR)的繁荣兴起,既重效率又节约成本的争议解决方式也倍受法院和争议当事人的青睐,eBay 就是其中一个典型的例子。作为一个在世界范围内拥有两亿注册用户的在线拍卖网站,eBay 必须寻求一种能够取信消费者的电子商务服务。eBay 委托麻萨诸塞大学进行试点项目来测试在线争议解决程序的可行性,对于一些当事人解决不了的问题,当事人便可以通过该项目从一个中介

---

① Ljiljana Biukovic. International Commercial Arbitration in Cyberspace: Recent Developments. *Northwestern Journal of International Law and Business*, 2002, 22: 320.

② 参见薛源. 跨境电子商务网上争议解决机制研究. 北京: 中国政法大学出版社, 2014: 2.

③ 参见薛源. 跨境电子商务网上争议解决机制研究. 北京: 中国政法大学出版社, 2014: 4.

机构那里获得专家的帮助。该项目最终建立了 SquareTrade. com 网站，该网站在 4 年内解决了超过 150 万的 eBay 交易纠纷。① 这也是 ODR 的首次大规模运用，满足了买卖双方的需求。最后，eBay 也就选择用 SquareTrade 为消费者提供 ODR 服务。② SquareTrade 在 ODR 中取得的成功很快成为了电子商务网站的效仿对象。随着 21 世纪初在线活动纠纷的迅速增长，很多企业纷纷意识到诉讼和传统的 ADR 过于呆板、耗时，而且程序较为复杂。并且随着贸易在现实世界和数字化世界的兴起，这种企业思维模式的转变也促进了 ODR 在商务谈判机制和争端解决机制中的运用。③

Noam Ebner 和 John Zeleznikow 认为，ODR 不仅仅是一种有益于电子商务的工具，而是诉讼的替代性解决方法在民商事纠纷领域的自然演变趋势。④ 他们认为，这种现象的产生是由两方面的原因造成的：一是由于常规的审判方式耗时长、程序复杂，并且利用传统方式进行法律救济的成本也在持续增长。而 ODR 提供的解决方法并不需要长时间复杂的审判，这种优势还体现在跨境的小额纠纷解决中。例如，如果对 eBay 上购买的货物不满意，买方更倾向于通过在线的程序获得救济，而不是与身在异国他乡的卖方通过诉讼的方式来解决争议。二是由于 ADR 已经越来越多地被包括法院体系在内的主流争议机制所认可。对 ADR 的认可也逐渐的影响了诉讼当事人的态度。虽然 ADR 主要侧重于面对面交流的过程，但将

① Brain Farkas. Old Problem, New Medium：Deception in Computer-Facilitated Negotiation and Dispute Resolution. *Cardozo Journal of Conflict Resolution*，2012，14：173-174.

② Brain Farkas. Old Problem, New Medium：Deception in Computer-Facilitated Negotiation and Dispute Resolution. *Cardozo Journal of Conflict Resolution*，2012，14：174.

③ Brain Farkas. Old Problem, New Medium：Deception in Computer-Facilitated Negotiation and Dispute Resolution. *Cardozo Journal of Conflict Resolution*，2012，14：174.

④ Noam Enber, John Zeleznikow. Fairness, Trust and Security in Online Dispute Resolution. *Hamline University's School of Law's Journal of Public Law and Policy*，2015，36(2)：144.

科技运用于 ADR 的过程也一直是较为常见的现象。最初，由于地理上的限制或是为了防止有些当事人之间发生暴力冲突，在 ADR 程序中也会通过用电话这种简单的方式为不能同时到场的当事人解决纠纷。但是随着互联网技术的大范围推广，直接利用互联网进行争议解决受到了更多的关注。Noam Ebner 和 John Zeleznikow 还指出，从一定程度上来说，ODR 也是通过电话解决争议方式的自然演变。信息科技展现出不同程度的实时性、交互性和媒体丰富性，并为当事人提供了多种选择。通过一些平台，当事人可以选择通过文本进行交流，或者利用视频技术进行实时交流。①

与传统的争议解决机制相比，ODR 也具有自身的优势。有些学者将 ODR 的优势总结为以下三点：② 首先，ODR 快速、高效、灵活以及经济。特别是对于当事人之间的低成本高效益的交易而言，他们都希望避免雇佣律师以及通过诉讼这种高花费的方式来解决低成本商品的纠纷。其次，ODR 为跨境纠纷提供了良好的基础，在世界上的任何时间任何地点都可以轻易获得。最后，ODR 是一种简化的过程，即使对于那些不经常使用互联网的人来说也可以快速掌握。Colin Rule、Louis F. Del Duca 和 Daniel Nagel 认为，ODR 的目的就是在消费者与在线或离线的卖家进行交易时，为他们提供一种简单、高效以及安全的争议解决方法。目前也有越来越多的企业和个人不再通过 ADR 这种面对面的方式解决争议，而是借助于科技的手段进行谈判和争议解决。③ Thomas Schultz 认为，ODR 实际上就是主要在网络上进行的在线争议解决程序，它包括了网络版

① See Noam Enber & John Zeleznikow. Fairness, Trust and Security in Online Dispute Resolution. *Hamline University's School of Law's Journal of Public Law and Policy*, 2015, 36(2): 144-146.

② Colin Rule, Louis F. Del Duca, Daniel Nagel. Online Small Claim Dispute Resolution Developments——Progress on a Soft Law for Cross-Border Consumer Sales. *Penn State International Law Review*, 2010-2011, 29(3): 658.

③ See Brain Farkas. Old Problem, New Medium: Deception in Computer-Facilitated Negotiation and Dispute Resolution. *Cardozo Journal of Conflict Resolution*, 2012, 14: 172.

的 ADR 和网络法庭(cybercourts)，其中前者是占主导地位的方式。因此，ODR 也就包括了在线协商、在线调解、在线仲裁和在网上进行的法庭审理程序。① Thomas Schultz 还指出，在线仲裁是 ODR 最为强大的方式，它蕴含着巨大的潜力，同时也带来了许多的问题。②

二、在线仲裁的现状与运作程序

(一)在线仲裁的界定和类型

在线仲裁作为 ODR 的主要方式之一，还处于变化发展的阶段中，其中所涉及的一些法律问题也亟待解决，如果给在线仲裁设定了一个定义，则有可能使在线仲裁的理论发展脱离将来的现实。③因此，目前对于在线仲裁的概念并没有一个统一的界定，不同的机构和个人对于这一概念都可能赋予不同的含义。④

根据在线仲裁的裁决是否具有司法强制力来进行划分，在线仲裁主要可分为两种：第一种是约束性在线仲裁(binding online arbitration)，也可称之为正式在线仲裁，其裁决能够被国家的法律认可并具有司法强制执行力，因此，对当事人具有法律约束力;⑤第二种是非约束性在线仲裁(non-binding online arbitration)，又可称之为非正式在线仲裁，这种裁决通常不具有法律上的强制执行力，

---

① Thomas Schultz. Does Online Dispute Resolution Need Governmental Intervention? The Case for Architectures of Control and Trust. *North Carolina Journal of Law & Technology*, 2004, 6：72-73.

② Thomas Schultz. Does Online Dispute Resolution Need Governmental Intervention? The Case for Architectures of Control and Trust. *North Carolina Journal of Law & Technology*, 2004, 6：75.

③ 参见郭玉军, 肖芳. 网上仲裁的现状与未来. 法学评论. 2003, 2：31.

④ 参见黄进. 国际商事争议解决机制研究. 武汉：武汉大学出版社, 2010：281.

⑤ 参见郑世保. 在线解决纠纷机制(ODR)研究. 北京：法律出版社, 2012：49.

而仅具有合同约束力，当事人仍有将争议提交法院的权利。①

多数的在线争议解决提供商会提供以上其中一种或两种的仲裁服务。根据 Thomas Schultz 教授对在线仲裁早期的研究，在线仲裁的数据显示，大部分的在线仲裁提供商很难接到案件。其中最为成功的提供约束性在线仲裁的机构是伦敦的特许仲裁员学会（Chartered Institute of Arbitrators），目前已经处理了将近 400 个案件，案件的范围主要集中在企业对消费者（Business-to-Consumer，B2C）领域。在非约束性在线仲裁中，除了适用《统一域名争端解决规则》（the Uniform Domain Name Dispute Resolution Policy，UDRP）解决的争议之外，受案的数量并不高。②

(二)在线仲裁的发展现状

1. 在线仲裁的适用规则和适用领域

就在线仲裁的发展现状而言，Ihab Amro 教授指出目前还没有具体规制在线仲裁的国际规则，在线仲裁的当事人可以通过有关国际商事仲裁的规则来维护其自身的权益。比如联合国国际贸易法委员会 2006 年修正的 1985 年《国际商事仲裁示范法》（以下称为《仲裁示范法》）、1999 年的联合国国际贸易法委员会《电子商务示范法》、1958 年《承认及执行外国仲裁裁决公约》（以下称为《纽约公约》）以及 2005 年《联合国国际合同使用电子通信公约》（以下称为《电子通信公约》）。③ 并且，随着人们对网络的依存度越来越强，在线仲裁的适用领域也逐渐扩大。

在 Ihab Amro 教授 2014 年发表的文章中，他认为可以通过在线仲裁解决的电子商务纠纷主要有以下几个方面：首先是由从事网络

① 参见李虎. 网上仲裁法律问题研究. 北京：中国民主法制出版社，2006：33-34.

② Thomas Schultz. Does Online Dispute Resolution Need Governmental Intervention? The Case for Architectures of Control and Trust. *North Carolina Journal of Law & Technology*, 2004，6：75.

③ See Ihab Amro. The Use of Online Arbitration in the Resolution of International Commercial Disputes. *Vindobona Journal of International Commercial Law & Arbitration*，2014，18：130.

活动引起的纠纷，如计算机合同（特别是软件合同）、销售合同、远程办公、网络广告宣传和市场营销、传输服务合同（其中包括但不限于通讯和数据传输服务）；其次还有一些涉及当事人权利保护的问题，如消费者权益保护纠纷、隐私权保护纠纷以及与数码或电子签名相关的归责问题。最后，涉及知识产权问题的纠纷也可以提交在线仲裁解决，如版权纠纷和域名争端、网络领域中的不正当竞争行为以及工业产权纠纷。

在线仲裁除了在域名争端领域的成功运用外，在美国，目前还可以用在线仲裁解决额外收取话费（cramming）问题。"额外收取话费"是指，一个第三方连同一个客户的电话公司给该客户的电话账单增加费用，并由电话公司将账单发给该客户的现象。① 这些增收的话费理由也是五花八门。虽然有些收费是正当的，但大部分的增收都是未经授权的。由于这些增收的费用相对较少，消费者有时并未在账单上注意到这一问题。此外，很多消费者的账单都是以电子账单的形式发送给消费者的，而且这些账单的费用也是从消费者的银行账户和信用卡上自动扣除的。电话公司通常也以节约邮寄费、打印费以及确保消费者及时收到账单为由，极力推荐消费者注册此类的电子账单以及自动支付项目。②

这一现象也对很多消费者造成了困扰，随着这种费用的不断增加，当消费者意识到这一问题并与他们的电话公司联系询问增收的额外费用时，电话公司的相关负责人会告诉他们必须直接向收取费用的第三方收费者申诉。这些第三方的收费者往往并不在本地，因此，消费者也很难让他们退还多收的费用。Amy J. Schmitz 对这一现象进行了较多的研究，并认为 ODR 机制能够为消费者提供一个快速、简单的解决方法。

在线仲裁不同于其他 ODR 的形式，因为它能够由第三方作出

① Amy J. Schmitz. Ensuring Remedies to Cure Cramming. *Cardozo Journal of Conflict Resolution*, 2013, 14: 877.

② Amy J. Schmitz. Ensuring Remedies to Cure Cramming. *Cardozo Journal of Conflict Resolution*, 2013, 14: 878.

一个最终的裁决。对于追求诉求能够得到实质解决，并能够根据最后的裁决结果快速得到救济的消费者而言，在线仲裁的终局性对消费者是非常有益的。① 此外，在线仲裁有赖于证据的提交，其所受到的面对面交流中的利益关系的影响也较少。特别是在针对额外收取话费的诉求中，由于所涉及的金额数量较小，当事人之间也是素未谋面。② 因此，采用在线仲裁的方式解决额外收取话费的争议，不仅能够节约成本，还能够促进争议的快速解决。

由此可见，在线仲裁的适用领域随着人们在网络活动中面临的新问题而不断扩展，相信人们在网络空间活动的日益频繁以及电子商务的发展，在线仲裁还会适用于更多新的领域。

2. 在线仲裁的仲裁机构

世界范围内的在线仲裁机构分布也较为广泛。其中既包括一些区域性在线仲裁机构，如秘鲁网络法庭（Peruvian Cyber Tribunal）、Cyber Tribunal、网络法院（Cybercourt）、美国虚拟治安法官（the Virtual Magistrate）、中国国际经济贸易仲裁委员会的域名争议解决中心（the CIETAC Domain Name Dispute Resolution Centre）以及智利网络信息中心（Network of Information Centre of Chile，NIC Chile）等。③ 在这些区域性在线仲裁机构中，有的运行情况并不良好，甚至已经停用。如美国的虚拟治安法官，该项目于 1966 年开始运作并主要通过电子邮件的形式来进行仲裁，这一机构并没有受到热捧，迄今为止也只受理了一个案件。④ Cyber Tribunal 是与美国虚拟治安法官同年推出的一个在线仲裁项目，它利用了软件应用程序和

---

① Amy J. Schmitz. Organic Online Dispute Resolution: Resolving "Cramming" Claims as an Example. *Banking & Financial Services Policy Report*, 2013, 32 (9): 3.

② Amy J. Schmitz. Ensuring Remedies to Cure Cramming. *Cardozo Journal of Conflict Resolution*, 2013, 14: 885.

③ Ihab Amro. The Use of Online Arbitration in the Resolution of International Commercial Disputes. *Vindobona Journal of International Commercial Law & Arbitration*, 2014, 18: 132.

④ Paul W. Breaux. Online Dispute Resolution: A Modern ADR Approach. *Louisiana Bar Journal*, 2014, 62: 181.

安全加密技术，使它的仲裁规则和仲裁程序的实施能够与国际商事仲裁中的规则和程序保持一致，并保证仲裁的透明度和正当程序。但该项目在解决了约 100 个案件后于 1999 年停止运行。①

具有代表性的提供在线仲裁服务的国际仲裁机构有：国际商会国际仲裁院（ICC International Court of Arbitration）建立的 NetCase 案件管理系统、世界知识产权组织仲裁与调解中心（WIPO Arbitration and Mediation Centre）以及美国仲裁协会（American Arbitration Association，AAA）WebFile 网络案件系统。这些国际仲裁机构提供的网络服务也促进了对仲裁的管理。

虽然在线仲裁在电子商务的推动下得以迅速发展，但由于现代科技和传统规则之间的差距，在线仲裁在实际操作中仍存在着诸多问题。Mohamad Salahudine Abdel Wahab 教授认为，当人们关注科技在仲裁中发挥的重要作用时，一些隐含的问题仍亟待解决。他将这些问题主要分为三大类：第一类是电子仲裁协议中存在的问题，比如书面要求、功能对等原则（functional equivalence），企业对消费者（Business-to-Consumer，B2C）之间的电子协议或者是消费者对消费者（Consumer-to-Consumer，C2C）之间的纠纷；第二类是在线程序问题，比如电子文件归档和电子文件管理的应用、在线审理（音频或视频会议）、电子文件或电子证据的在线提交和在线生成、电子审议（e-deliberations）、电子通讯和信息安全、网络平台与在线仲裁地的确认、在线仲裁的正当程序和实质上的平等；第三类是在线仲裁裁决涉及的相关问题，如电子签名、在线通知以及在线承认与执行仲裁裁决。② 此外，我国有学者认为，在线仲裁之所以没有在新兴的在线争议领域发挥重要的作用，是因为外

---

① Paul W. Breaux. Online Dispute Resolution：A Modern ADR Approach. *Louisiana Bar Journal*，2014，62：181.

② Mohamad Salahudine Abdel Wahab. Online Arbitration：Tradition Conceptions and Innovative Trends in Albert Janvan den Berg（ed），International Arbitration：The Coming of a New Age?，ICCA Congress Series，*Kluwer Law International*，2013，17：655-656.

生制度的社会嵌入问题，如果无法妥善处理在线仲裁与离线仲裁制度和内生制度的双重竞争，将会对在线仲裁的未来发展产生很大的阻碍。①

　　尽管在线仲裁现阶段的发展仍存在着以上问题，并在一定程度上阻碍了在线仲裁自身的发展，但是在线仲裁成为未来网上争议解决主要方式的趋势仍未减弱。为了促进在线仲裁的发展，法律上的条件和物质上的条件都要具备。法律的调整功能针对的不仅是现实情况，还应当对将来可能出现的问题提出方案。物质上的调整功能则是要有一套令人信服的设施，从而确保在线仲裁审理的程序公正。② 只有具备了以上条件，在线仲裁才能在电子商务时代得到良好的普及和发展。

（三）在线仲裁的运作程序

　　Nwandem Osinachi Victor 以 OnlineARBITRATION. net③ 为例，向读者详细介绍了在线仲裁在实践中的运作程序。④ 在线仲裁中，申请人一方如果打算通过在线仲裁来解决争议，申请人只需将具体案件的有关事实以及要求获得的救济填写在起诉书中，并将该起诉书提交 ODR 提供商（ODR provider）就可启动在线仲裁程序。申请人的请求会在其所选择的 ODR 提供商网站中存档。Online ARBITRATION. net 在申请人进入仲裁程序前就设置了一些条件，它会要求申请人提供电话号码、代表人联系方式以及对方当事人的邮件地址和代表人信息。如果不能满足这些条件则会导致案件被驳回或者裁决被撤销。对于起诉书的归档也会收取一定的费用，收取的标准往往也是根据所选择的 ODR 提供商以及诉求的性质而有所

---

　　① 参见高薇. 互联网争议解决的制度分析：两种路径及其社会嵌入问题. 中外法学，2014，26（4）：1068.

　　② 参见何其生. 互联网环境下的争议解决机制：变革与发展. 武汉：武汉大学出版社，2009：347-348.

　　③ 网址可参见：http：//www. onlinearbitration. net.

　　④ Nwandem Osinachi Victor. *Online Dispute Resolution*：*Scope and Matters Arising*（December 24，2014）. http：//ssrn. com/abstract＝2592926 ［2016/4/24］

不同。在争议解决之前，双方当事人首先要同意将他们的争议提交在线仲裁，当事人之间的约定也应与诉求一同提交。当事人也可以同时提交书面证据，书面证据可以在启动在线仲裁时，以扫描件的形式存储在 ODR 提供商指定的位置或者也可以通过电子邮件发送的形式。OnlineARBITRATION. net 还要求申请人提交的争议所涉金额不能低于 5000 美元。

当申请人的诉求在 ODR 提供商的网站上提交后，ODR 提供商就会根据申请人提供的邮件地址与被申请人联系，通知被申请人所涉的诉求，并取得被申请人进行在线仲裁的同意。一旦被申请人同意进行在线仲裁，通过向 ODR 提供商网站提交答辩的方式，可视为被申请人对仲裁请求的回应，并对案件相关事实以及诉求可获得的抗辩进行明确的答复。在此之后，双方当事人就根据 ODR 提供商提供的仲裁员名单选择仲裁员，并同意将争议交由该仲裁员仲裁。仲裁员的名字都会在 ODR 提供商网站中展示。仲裁员的选任将由双方当事人完成，当事人与他们选择的仲裁中介之间的交流也是通过电子邮件的往来进行的。① Ihab Amro 教授指出，如果仲裁机构要求当事人从仲裁员名单中选择仲裁员，这些仲裁员必须符合公正性和独立性的要求。②

仲裁员会根据当事人选择的语言来进行仲裁。如果当事人提交的材料不是他们所选择的语言，在线仲裁庭也会要求当事人对这些材料进行翻译。在线仲裁庭的仲裁员通常是网络法、电子商务以及国际贸易纠纷方面的专家。一旦当事人同意将他们的争议在线解决，他们可以将案件事实陈述和抗辩的内容一起在线提交，同时也可以将支持当事人抗辩理由的证据材料一同提交。在仲裁期间，只

---

① Nwandem Osinachi Victor. *Online Dispute Resolution：Scope and Matters Arising* (December 24, 2014). http：//ssrn. com/abstract＝2592926［2016/4/24］

② Ihab Amro. The Use of Online Arbitration in the Resolution of International Commercial Disputes. *Vindobona Journal of International Commercial Law & Arbitration*, 2014, 18：142.

有当事人或者他们的代表人有查看仲裁服务记录的权限。为了这些电子案件的安全和妥善管理，每起电子商务纠纷的电子档案都是由服务提供商创建的。电子档案中除了当事人提交的文件以为，还包括当事人之间以及当事人和仲裁员之间所有的通知声明及通讯的内容。有时，相同的当事人之间会产生多重的纠纷，将这些电子文档并入一个文档似乎更为方便。该文档中的通讯记录以及文件都可以作为证据，从而便于在线仲裁庭在仲裁过程中使用。仲裁程序，包括以上提及的电子档案，是根据申请人请求在线仲裁开始的，并随着电子仲裁庭作出仲裁裁决后终结。电子仲裁裁决一经通知双方当事人，仲裁机构就会关闭该电子档案。①

在线仲裁中的庭审（hearing）也是在网上进行的。在庭审中，包括对证人的审查和交叉审查，都是通过电子邮件、聊天室、电话会议或者视频会议这种方式在虚拟空间进行的。② 其中，视频会议是在线仲裁中最为常用的庭审方式。通过视频会议，不仅能够轻易的实现当事人之间较为直观的交流，而且也便于证人证言的收集。③ 庭审结束后，仲裁员会停止审理渠道，并对所有的证据进行审查后作出一个书面的具有约束力的裁决。在仲裁裁决中，仲裁员会解释其作出裁决的理由。如果当事人选择了仲裁小组（arbitration panel），那么仲裁的结果必须是经仲裁小组的多数成员同意的。仲裁裁决必须告知当事人，既可以通过电子邮件联系当事人也可以在

---

① See Ihab Amro. The Use of Online Arbitration in the Resolution of International Commercial Disputes. *Vindobona Journal of International Commercial Law & Arbitration*, 2014, 18: 142-143.

② Ihab Amro. The Use of Online Arbitration in the Resolution of International Commercial Disputes. *Vindobona Journal of International Commercial Law & Arbitration*, 2014, 18: 143.

③ Nwandem Osinachi Victor. *Online Dispute Resolution: Scope and Matters Arising* (December 24, 2014). http: //ssrn. com/abstract = 2592926 or http: //dx. doi. org/10. 2139/ssrn. 259292[2016/4/24]

ODR 提供商在网页上发布来告知当事人。① 此外，当事人有权在他们的仲裁协议中放弃开庭审理(oral hearing)。在线仲裁的当事人也同样可以放弃网上开庭审理。② 2006 年修订的《仲裁示范法》第24 条第(2)款就有这样的规定。③ 目前很多仲裁机构的仲裁规则也允许当事人放弃庭审的权利，裁决的作出也可以没有开庭审理。比如上海国际经济贸易仲裁委员会 2013 年《仲裁规则》第 29 条第(2)款的规定。④ 在仲裁程序的最后，电子仲裁裁决的作出和争议的解决预计会在庭审结束后的 10 到 30 天内完结。⑤

三、在线仲裁的特点

在线仲裁主要依靠 ODR 提供商来进行运作。与传统的仲裁方式相比，在线仲裁更加灵活、智能、迅速以及经济。在线仲裁作为一种混合体，它将传统的争端解决方式与互联网和电子通信技术相结合，因此，在线仲裁往往要求当事人之间有电子邮件形式的协

---

① Nwandem Osinachi Victor. *Online Dispute Resolution：Scope and Matters Arising* (December 24, 2014). http：//ssrn. com/abstract = 2592926 or http：//dx. doi. org/10. 2139/ssrn. 259292[2016/4/24]

② Ihab Amro. The Use of Online Arbitration in the Resolution of International Commercial Disputes. *Vindobona Journal of International Commercial Law & Arbitration*, 2014, 18：143.

③ 《贸易法委员会国际商事仲裁示范法》24 条第(2)款：除当事人有任何相反约定外，仲裁庭应当决定是否举行开庭听审，以便出示证据或进行口头辩论，或者是否应当以文件和其他材料为基础进行仲裁程序。但是除非当事人约定不开庭听审，一方当事人请求开庭的，仲裁庭应当在进行仲裁程序的适当阶段举行开庭听审。

④ 《上海国际经济贸易仲裁委员会(上海国际仲裁中心)仲裁规则》第 29 条："(二)仲裁庭应当开庭审理案件，但经双方当事人申请或者征得双方当事人同意，仲裁庭也认为不必开庭审理的，仲裁庭可以只依据书面文件进行审理。"

⑤ Ihab Amro. The Use of Online Arbitration in the Resolution of International Commercial Disputes. *Vindobona Journal of International Commercial Law & Arbitration*, 2014, 18：143.

议。在线仲裁员通过电子邮件的往来、聊天室讨论、电话会议和视频会议的方式来进行仲裁，而不是传统的面对面的庭审方式。因此，仲裁员也要依靠这些电子文件记录作为裁定争端的依据。下文通过国外一些学者对在线仲裁的研究以对在线仲裁的特点进行归纳。

（一）在线仲裁与离线仲裁的联系与区别

Chinthaka Liyanage 在他 2010 年发表的文章中将在线仲裁与离线仲裁进行了对比。① 他首先指出在线仲裁在程序上与离线仲裁一样，最后都会作出一个约束性或非约束性的裁决，因此，在线仲裁也可以被看作是一个审判性程序。在一个具有约束力的仲裁裁决中，在线仲裁的裁决具有阻止当事人将争议诉诸国家法院的效力。从这个意义上来看，在线仲裁与离线仲裁在概念意义上是相似的。② Chinthaka Liyanage 还认为在线仲裁与离线仲裁的主要区别主要在于对网络科技运用需求和实质要件的需求两个层面。③

1. 网络科技的运用④

Chinthaka Liyanage 从定义的角度和仲裁的角度对这一不同点进行了分析。从定义的角度来看，在线仲裁加入了科技应用这一元素，这是在线仲裁区别于离线仲裁的关键性因素。在 Chinthaka Liyanage 看来，对在线仲裁和离线仲裁的区分还要考虑到"在线成分"的问题，也就是说，全部过程在网上进行的仲裁与部分仲裁程序在网上进行的仲裁之间是否要有明确的界定标准。他认为这两者

① See Chinthaka Liyanage. Online Arbitration Compares to Offline Arbitration and the Reception of Online Consumer Arbitration: An Overview of the Literature. *Sri Lanka Journal of International Law*, 2010, 22(1): 173-194.

② Chinthaka Liyanage. Online Arbitration Compares to Offline Arbitration and the Reception of Online Consumer Arbitration: An Overview of the Literature. *Sri Lanka Journal of International Law*, 2010, 22(1): 176.

③ Chinthaka Liyanage. Online Arbitration Compares to Offline Arbitration and the Reception of Online Consumer Arbitration: An Overview of the Literature. *Sri Lanka Journal of International Law*, 2010, 22(1): 177.

④ See Chinthaka Liyanage. Online Arbitration Compares to Offline Arbitration and the Reception of Online Consumer Arbitration: An Overview of the Literature. *Sri Lanka Journal of International Law*, 2010, 22(1): 177-180.

之间并不存在一个清晰的界线，因此，他结合了仲裁中的"在线成分"加以分析，认为可以通过以下四个标准将在线仲裁区别于离线仲裁。

第一，如果仲裁程序是完全在网上进行的，并且所有的当事人以及仲裁员都是通过技术手段参与的仲裁程序，那么毫无疑问这样的仲裁就可以被称作为在线仲裁（需要注意的是，这里的争议本身也是在网上产生的并且争议解决也是在网上进行的，其中包括 B2C 这种情形）。

第二，如果仲裁程序的主要部分是通过网络技术进行的，但是其他的仲裁程序不是通过网络科技进行的，比如中间会有一次或多次面对面的交流，这样的仲裁程序还是可以转化为在线仲裁（争议是在线产生的，有限部分的仲裁程序是离线的或者存在物理因素，但是其余部分都是在线的）。

第三，这种情形是通过仲裁的方式，利用网络技术解决离线争议。

第四，在这一情形里，技术的使用只是一种促进或加速仲裁程序进行的工具，而主要的程序步骤和仲裁裁决的作出都是以传统仲裁的方式进行的，那么这种仲裁程序就可以被认为是离线仲裁（在这种情形中，争议是离线的并且主要的仲裁程序是以传统方式进行的，但是有些程序运用了在线技术）。

因此，科技因素是界定在线仲裁的重要因素，同时也是将在线仲裁区别于离线仲裁的一种方式。此外，Chinthaka Liyanage 还指出，在线仲裁的特定领域还存在一些重要的技术使用问题。其中有两个具体的问题需要特别注意。一是在线仲裁对科技本身提出了挑战。二是对发达国家和发展中国家而言，技术的获取都是一个重要的问题。① 比如，一位澳大利亚的学者通过研究发现了"数码差异问题"（digital divide issues）的存在。这一问题主要包括文化和偏

---

① Chinthaka Liyanage. Online Arbitration Compares to Offline Arbitration and the Reception of Online Consumer Arbitration: An Overview of the Literature. *Sri Lanka Journal of International Law*, 2010, 22(1): 182.

好、宽带的使用、年龄、行为能力、收入、地理因素以及教育的差异，从而导致了"数码差异"的存在。①

2. 实质要件的需求②

Chinthaka Liyanage 将在线仲裁与离线仲裁在实质要求方面的不同归纳为两个方面。一是面对面交流的要求；二是对文件形式的要求。

对于面对面交流的要求，离线仲裁往往要求进行庭审，当事人之间也会有实质性的接触。相比之下，由于信息技术在争议解决领域的适用，在线仲裁中的会面要求也发生了变化。由于在网络空间中无法确定具体的物理位置，不可避免的后果是当事人、证人以及仲裁员不能满足面对面交流的要求。因此，在线仲裁并不要求当事人共处一个物理空间，而是可以通过科技作为介质在不同的空间进行网络上的交流。

在文件的形式要求方面，离线仲裁中的仲裁协议以及仲裁裁决要求的是书面形式，而在线仲裁的文件则往往是利用科技在网络空间以电子的形式保存的。离线仲裁中的仲裁协议以及仲裁裁决可以是独立的协议，或者是主合同中的仲裁条款。虽然目前的国际商事仲裁法律以及大多数国家的商事仲裁法都承认电子形式仲裁协议的法律有效性，但对于仲裁裁决而言，在裁决的承认与执行中仍要求采用书面形式。③ 而在线仲裁中，仲裁协议以及仲裁裁决都是通过

---

① See Tania Sourdin, ODR An Australian perspective on the digital divide, 2004, < http：//www. endispute. com. au/wpdl/ODR%/20an /20Australian/20Perspective. pdf >, cited as Chinthaka Liyanage. Online Arbitration Compares to Offline Arbitration and the Reception of Online Consumer Arbitration：An Overview of the Literature. *Sri Lanka Journal of International Law*, 2010, 22(1)：182-183.

② See Chinthaka Liyanage. Online Arbitration Compares to Offline Arbitration and the Reception of Online Consumer Arbitration：An Overview of the Literature. *Sri Lanka Journal of International Law*, 2010, 22(1)：183-186.

③ 《贸易法委员会国际商事仲裁示范法》35 条第(2)款：援用裁决或申请予以执行的当事一方，应提供经正式认证的裁决书正本或经正式认证的裁决书副本以第 7 条所指的仲 裁协议正本或经正式认证的仲裁协议副本。如果裁决或协议不是用本国的正式语文作成，则申请执行该裁决的当事一方应提供这些文件译成本国正式语文的经正式认证的文本。

利用互联网以及其他相关的电子介质实现的案件资料归档和保存，而不是像常规仲裁的案件资料可以通过纸质案卷的形式进行归档。因此，与传统仲裁的文件形式要求相比，在线仲裁在文件的形式上是有很大不同的。

综上观点，在线仲裁是传统仲裁在网络时代发展的产物，由于这种技术因素的介入使在线仲裁在网络科技的运用方面以及实质要求方面都有所不同。前者的主要考量因素是"在线成分"的比例导致的差异，而后者主要是基于网络空间的特点使在线仲裁在形式上与离线仲裁产生了不同。

（二）在线仲裁的利弊对比

当信息技术刚被引入一些仲裁机构时，当事人和仲裁员对这种新形式仲裁的都是存在质疑的。在传统仲裁中，他们已经习惯于从一些非语言信号中寻找信息，希望从对方的神情中看出他们是否迟疑或说谎。仲裁员和当事人担心在线仲裁中会遗漏一些面对面庭审中出现的这些讯息，因此对于在线工具的接受也是缓慢的。后来伴随着在线仲裁在小额纠纷中优势的凸显，当事人也越来越乐意采用这种方式来解决纠纷。①

ODR 通常被认为是方便、快速、节约成本及资源的争议解决方式。基于 ODR 的以上优点，在线仲裁所具有的裁决拘束力、书面证据的可靠性、信息获取高效性以及相应救济措施的获得，也是基于 ODR 优势的功能提升。根据有些学者对在线仲裁的研究，在线仲裁的优点大致体现在便利和经济、匿名性及隐私保护、快速获得救济措施三个方面。② 但由于互联网自身带有"双刃剑"的特性，作为其衍生物的在线仲裁自然也不可避免的存在这种利弊的双面性，下文将结合不同学者的观点，对在线仲裁的利弊进

---

① See Daniel Rainey. If an Eyebrow is Raised on the Internet, Will the Arbitrator See it?. *Dispute Resolution Magazine*，2014，21(1)：13.

② See Amy J. Schmitz，"Drive-thru" Arbitration in the Digital Age：Empowering Consumers Through Binding ODR. *Baylor Law Review*，2010，62：200-201.

行对比。

1. 在线仲裁的便利及经济

首先，在线仲裁有利于异步传输（asynchronous communication），因为它主要涉及的是当事人之间信息材料和证据材料的互联网传递。① 因此，在线仲裁并不要求当事人有同步的互动以及面对面的交流。这种异步的交流和传输也可以使当事人根据自己的时间安排更为审慎的去审查他们提交的诉求、宣誓书、文件以及其他证据材料。当事人也不必再为了开庭诉讼或仲裁而影响自己的日常工作。其次，在线仲裁还允许将提交的案件材料和文件记录保存在一个相对低廉而又方便的网络虚拟站点。仲裁员以及当事人可以在网上自由的获取这些材料并进行审阅，这就大大节省了纸质文件的复印费、传真费和邮寄费，从经济上和环境资源上来看都是一种节约。此外，仲裁员也可以通过一个中心安全渠道（central secure portal）以公开透明的方式与双方当事人进行沟通，从而避免面对面审理间歇中当事人私下交涉的情形。特别是对于电子合同纠纷产生的小额诉讼而言，在线仲裁更是为消费者节约了时间和费用成本，并为其争端的解决提供了更多的可能性。

对于在线仲裁的这一优点，也有学者持不同的态度。Julio César Betancourt 和 Elina Zlatanska 认为，虽然在有些情况下在线仲裁的确比离线仲裁减少了解决纠纷的交易成本，但是却没有研究将在线仲裁与离线仲裁的费用进行过对比。② 一般来说，第三方决策（third-party decision-making）可能会比共同决策（joint decision-making）的潜在费用更高。有研究表明，在国际商事仲裁领域，大部分的花费都与仲裁费以及诉讼费相关，并且在进行在线仲裁时，具体的花费还有待于仲裁员以及法定代表人是否有实质性减少仲裁

---

① See Amy J. Schmitz, "Drive-thru" Arbitration in the Digital Age: Empowering Consumers Through Binding ODR. *Baylor Law Review*, 2010, 62: 200-203.

② Julio César Betancourt, Elina Zlatanska. Online Dispute Resolution (ODR): What is it, and is it the Way Foward?. *Arbitration*, 2013, 79(3): 263-264.

费用的准备。①

2. 在线仲裁的隐私性和匿名性

Schmitz 教授首先从当事人的心理角度进行了分析，认为在线仲裁的匿名性优点能从心理上让当事人感到舒适，从而相较于诉讼和传统的仲裁方式而言，能够有利于争议的解决。② 他认为，在线仲裁中一旦经过消费者的授权，当事人就可以匿名的方式在舒适的家中或办公室中进行交流。而诉讼则往往会让人感到不快和压抑，特别是对于消费者和那些没有法庭经验的人而言，这种感觉则更为强烈。即使是经验丰富的律师也会在走进法庭时感到紧张。在一定程度上，传统仲裁的方式会使这种诉讼带来的紧张感有所减轻。这些表面上看似随意的程序也能够促进当事人之间的交流以及他们之间矛盾的缓和。然而，面对面的互动和交流也会产生令人不悦的争执并突显出当事人之间的势力不均衡。并且，常规的仲裁程序中也会有类似诉讼的程序。

虽然面对面的交流对于有些当事人是必要且有效的，但通过网络媒介交流这种方式解决争议的受益者也很多，这种方式可以使消费者在没有审理和会面压力的情况下向一些公司进行索赔。人们可以通过互联网通信以及电子邮件等方式进行交流，并且也可以借助一些特殊符号来传递情感信息。

其次，Schmitz 教授提出隐私性和匿名性可以促使当事人的陈

---

① Chartered Institute of Arbitrators, Costs of International Arbitration Survey (London: Chartered Institute of Arbitrators, 2011), p. 2. See also Michael O'Reilly, "Conference Review: Costs in International Arbitration, London September 27-28, 2011" (2012) 78 (1) Arbitration 59. Cited as: Julio César Betancourt & Elina Zlatanska. Online Dispute Resolution (ODR): What is it, and is it the Way Foward?. *Arbitration*, 2013, 79(3): 263-264.

② See Amy J. Schmitz. "Drive-thru" Arbitration in the Digital Age: Empowering Consumers Through Binding ODR. *Baylor Law Review*, 2010, 62: 203-205.

述更为直率和诚实。① 虽然匿名这一特征看似会导致当事人的不诚实，但事实上这会创造一个促进交流的舒适的空间。这个空间会让当事人有意识的作出更多合理的回应，因为他们所提交的全部内容都会在网络上以电子的形式记录和保存。现在大多数人都知道从计算机中完全彻底的删除网络传输的内容有多难，因此，他们也会很谨慎的对待那些通过在线仲裁中央信息门户发布的信息。从这一角度来看，在线仲裁的匿名性反而促进了当事人之间的诚信和信息的准确性。

通过 Schmitz 教授的分析，虽然在线仲裁的匿名性和隐私性能够使当事人从中受益，但 Ibrahim Al Swelmiyeen 和 Ahmed Al-Nuemat 却对此感到担忧，由于社交网络的发展和广泛运用，诸如黑客入侵用户身份以及窃取虚拟网络身份的犯罪也大大增加。② 如果用户的个人信息被黑客窃取，这也是对在线仲裁隐私性和匿名性的挑战，因此，对于保护用户身份隐私权的需求也越来越高。

3. 在线仲裁裁决的快速执行和救济措施

2010 年，美国仲裁协会（American Arbitration Association, AAA）的国际分支机构，国际争议解决中心（International Centre for Dispute Resolution, ICDR）开展了一相完全无纸化、两步走的在线争议解决项目，用于解决生产商和供应商（manufacturers and suppliers）之间的纠纷，并保证在 66 天内解决争议。在运用该项目解决争议的过程中，首先采用在线协商来解决争议，如果在该阶段争议无法得到解决，则转入在线仲裁解决争议阶段。该项目在实施的第一年就受理了 18 起案件。其中一起被撤回，另外的 17 起案件都得到了解决。在这 17 个案件中，5 个案件通过在线仲裁作出了最后的裁决，12 个案件在协商阶段得到了解决。平均每个案件的

---

① See Amy J. Schmitz. "Drive-thru" Arbitration in the Digital Age: Empowering Consumers Through Binding ODR. *Baylor Law Review*, 2010, 62: 205.

② Ibrahim Al Swelmiyeen, Ahmed Al-Nuemat. Disputes Resolution in Cyberspace: to "Duello" or to Arbitrate. *European Intellectual Property Review*, 2013, 35(9): 534.

解决时间为 54.1 天。①

通过以上实践可以看出，在线仲裁在争议解决中确实能够更为快速的促进当事人之间争议的解决，并使当事人获得相应的救济。Schmitz 教授也认为，在线仲裁对消费者的最大吸引力在于它可以快速的达成最终的裁决并获得相应的救济。②诉讼和其他需要会面解决争议的方式由于需要差旅和行程的协调往往要比 ODR 花费更多的时间和精力，而后续的一些繁琐事项更是会拖延诉讼甚至是仲裁的进程。相比之下，在线仲裁能够比在线调解、在线谈判以及其他非拘束力的程序更快的得出最终的争议方案，因为在线仲裁必须通过一个中立的第三方对当事人的案件进行审理后才能告终。它不依赖于当事人达成一个共同的解决方案，并排除了当事人同时或随后向法院提出诉讼的情形。这就意味着当事人在进入了在线仲裁程序后，能够相信他们的争议可以通过这种方式得到解决并获得相应的救济。

此外，在线仲裁借助于网络带来的便利和快捷促进了裁决的快速作出。这些裁决可以有效的传输给当事人并在网上进行保存。当事人也可以快速的将收到裁决进行执行，相比诉讼和传统仲裁程序，在线仲裁省去了很多拖延消费者获得救济的间歇性步骤。Schmitz 教授以美国为例，他认为《美国联邦仲裁法》(Federal Arbitration Act) 的相关规定也可推定适用于在线仲裁，这就促进了在线仲裁裁决的快速执行。美国《联邦仲裁法》提供了特殊的执行救济，包括自由仲裁裁决地条款(liberal venue provisions) 、③ 对于

① Markus Altenkirch. A Fast Online Dispute Resolution Program to Resolve Small Manufacturer-Supplier Disputes: Using the ODR M-S Program. *Dispute Resolution Journal*, 2012, 67: 49-50.

② See Amy J. Schmitz. "Drive-thru" Arbitration in the Digital Age: Empowering Consumers Through Binding ODR. *Baylor Law Review*, 2010, 62: 205-207.

③ See Federal Arbitration Act, Section 9 "AWARD OF ARBITRATORS; CONFIRMATION; JURISDICTION; PROCEDURE".

仲裁不利的指令可直接上诉①以及仲裁豁免。此外,《美国联邦仲裁法》指导法院要严格执行仲裁裁决,并且对仲裁裁决的审查也是非常有限的,其目的就是要保护仲裁程序的隐私性、灵活性以及独立性。②

仲裁的终局性对于那些缺乏能力去追求高额上诉程序的当事人而言也是十分受益的。它为消费者降低了争议解决的成本以及上诉费用的负担。比如说有些消费者涉及的只是一些由电子商务合同产生的小额索赔纠纷,他们只希望得到相应的补偿而不是陷入高额负担的诉讼中。

正是基于在线仲裁在处理网上消费者争议所具有的便利、经济、高效、注重当事人隐私以及快速获得救济的优点,在线仲裁成为了处理跨境网上消费者争议最受推崇的方式之一。但由于在线仲裁发展至今仍与现实需求存在着一定的断裂,③ 其在实际操作中还是会面临着立法上缺失以及机制设计不完善的挑战,因此如何在立法和机制设计上加以完善是目前学者研究和讨论较多的问题。

四、在线仲裁面临的问题及应对措施

(一)电子仲裁协议的形式和有效性

国际商事仲裁协议可以说是几乎所有国际商事仲裁以及国际商事仲裁程序本身的基石。国际商事仲裁协议的表现形式有无数种。通常情况下,仲裁协议就是一份商事合同中的一项条款,要求未来任何与合同相关的争议以仲裁的方式解决。这样的仲裁条款可以是

---

① See Federal Arbitration Act, Section 16 "APPEALS".

② Amy J. Schmitz. "Drive-thru" Arbitration in the Digital Age: Empowering Consumers Through Binding ODR. *Baylor Law Review*, 2010, 62: 206-207.

③ 参见高薇. 论在线仲裁机制. 上海交通大学学报(哲学社会科学版), 2014, 22(6): 19.

简短而标准的，也可以是为某种特殊交易而特别制定的。① 在国际商事仲裁的程序中，仲裁协议的有效性和可执行性对争议的解决具有决定性的实际意义，同时这也是一个一直面临着学术挑战的问题。②

电子仲裁协议作为国际商事仲裁协议的一种新的形式，主要是指"通过网络以电子即数字形式而为的意思表示所达成的将所涉争议提交仲裁的仲裁协议"。③ Saleh Jaberi 则将电子仲裁协议分为三种主要形式：第一种方式是双方当事人通过电子邮件明示同意将他们的争议提交仲裁；第二种是目前较为常见的方式，即商家在他们网络主页上的"条款与条件"项设置的仲裁条款。在这种情形下，消费者可以通过点选电脑屏幕中出现的对话框中的"我同意"或者"我接受"来表明他们是否同意接受；第三种形式是援引《仲裁示范法》的规定，网络空间中双方当事人可以在他们缔结的解决争议的文件中包含仲裁条款。④

与传统仲裁中当事人所缔结的仲裁协议不同的是，在线仲裁的当事人是在电子环境下达成的将他们之间的争议提交仲裁的仲裁协议。在线仲裁协议包括两种情形，一种是在主合同中包含在线仲裁条款，另一种是在争议发生后当事人在网上缔结的在线仲裁协议。Ihab Amro 教授认为，在线仲裁最初主要用于电子商务合同，但现在也可用于传统的商事合同中，只要当事人双方同意通过电子邮件

① Gary B. Born. *International Commercial Arbitration*. London：Kluwer Law International，2014：225-228.

② Gary B. Born. *International Commercial Arbitration*. London：Kluwer Law International，2014：636.

③ 李虎. 网上仲裁法律问题研究. 北京：中国民主法制出版社，2006：101.

④ M. Saleh Jaberi. *Online Arbitration：A Vehicle for Dispute Resolution in Electronic Commerce*（Auegst 12，2010）. http：//ssrn. com/abstract＝2128242［2014/4/24］

交换的形式将他们之间的争议提交仲裁即可。这就意味着在网上缔结的仲裁协议并不一定只适用于在线仲裁或是在线交易。也就是说，传统商事合同的当事人也可以合意通过电子邮件交流的形式来解决那些传统仲裁中产生的争议。①

《电子商务示范法》第 11 条第(1)款②是有关电子仲裁协议的形式和有效性的规定，"在合同订立的背景下，除非各方当事人另有约定，一项要约定与对要约的承诺可用数据电文的方式加以表示。如在订立合同中采用数据电文，不得仅以为此目的而采用了数据电文为理由，而否定该合同的有效性或可执行性"。由此可见，在线仲裁的仲裁协议对在线仲裁裁决的承认与执行也是十分重要的。《纽约公约》第 2 条第 1 款也对仲裁协议的书面形式作出了规定，为了保证仲裁的有效性和可执行性，仲裁协议必须采用书面协定并由双方当事人签名。③ 并根据该条第 2 款的规定，书面协定就是指当事人签订的或在互换函电中载明的仲裁条款或仲裁协定。④对《纽约公约》第 2 条的规定的解释已经被多数国内立法以及缔约国国家的国内法院所扩大化，2006 年修订的联合国贸易法委员会

---

① See Ihab Amro, The Use of Online Arbitration in the Resolution of International Commercial Disputes, *Vindobona Journal of International Commercial Law & Arbitration*, 2014，18：135.

② Model Law on E-Commerce, Article 11 Formation and validity of contracts (1)In the context of contract formation, unless otherwise agreed by the parties, an offer and the acceptance of an offer may be expressed by means of data messages. Where a data message is used in the formation of a contract, that contract shall not be denied validity or enforceability on the sole ground that a data message was used for that purpose.

③ 《纽约公约》第 2 条第(1)款："如果双方当事人书面协议把由于同某个可以通过仲裁方式解决的事项有关的特定的法律关系，不论是不是合同关系，所已产生或可能产生的全部或任何争执提交仲裁，每一个缔约国应该承认这种协议。"

④ 《纽约公约》第 2 条第(1)款："'书面协议'包括当事人所签署的或者来往书信、电报中所包含的合同中的仲裁条款和仲裁协议。"

《仲裁示范法》第7条①也完全纳入了电子仲裁协议的形式。

根据《仲裁示范法》第7条第(4)款的规定，一些成文国家也据此对其相应国内立法中对仲裁协议的形式要求进行了扩大解释。比如瑞士的《联邦国际私法典》第178条第1款就规定："仲裁协议必须以书面形式订立，如电报、电传、传真或任何其他以文字表示的通讯方式。"这就意味着根据瑞士法律的规定，电子仲裁协议是可以被接受的，并且也可以被初步认定为是一份有效的仲裁协议。因此，电子仲裁协议在瑞士的国内法院是具有证据价值的。在实践中，1995年由瑞士最高法院裁决的一个案例中，最高法院就对《纽约公约》第2条第2款进行了扩大解释，将"信函或电报的交换"认定为包括其他形式的交流。法院还进一步发现《纽约公约》对仲裁协议的要求与瑞士《联邦国际私法典》第178条第(1)款的规定是相一致的。②

在2006年《仲裁示范法》的基础上，还有一些国家制定了新的仲裁法，如2013年9月1日生效的《比利时仲裁法》。根据《比利时仲裁法》的有关规定，书面形式并不是仲裁协议生效的要件。然

---

① 联合国贸易法委员会《国际商事仲裁示范法》备选文案一第7条：(1)"仲裁协议"是指当事人同意将他们之间一项确定的契约性或非契约性的法律关系中已经发生或可能发生的一切争议或某些争议交付仲裁的协议。仲裁协议可以采取合同中的仲裁条款形式或单独的协议形式。(2)仲裁协议应为书面形式。(3)仲裁协议的内容以任何形式记录下来的，即为书面形式，无论该仲裁协议或合同是以口头方式、行为方式还是其他方式订立的。(4)电子通信所含信息可以调取以备日后查用的，即满足了仲裁协议的书面形式要求；"电子通信"是指当事人以数据电文方式发出的任何通信；"数据电文"是指经由电子手段、磁化手段、光学手段或类似手段生成、发送、接收或储存的信息，这些手段包括但不限于电子数据交换、电子邮件、电报、电传或传真。(5)另外，仲裁协议如载于相互往来的索赔声明和抗辩声明中，且一方当事人声称有协议而另一方当事人不予否认的，即为书面协议。(6)在合同中提及载有仲裁条款的任何文件的，只要此种提及可使该仲裁条款成为该合同一部分，即构成书面形式的仲裁协议。

② Ihab Amro. The Use of Online Arbitration in the Resolution of International Commercial Disputes. *Vindobona Journal of International Commercial Law & Arbitration*, 2014, 18：136.

而,《比利时仲裁法》还规定,争议产生后,仲裁协议的存在必须能够以书面形式证明。因此,比利时的法院必须宽容的去适用新的规定,允许当事人通过提交电子文件的形式来证明仲裁协议的存在,即电子仲裁协议的存在。《比利时仲裁法》还规定,临时仲裁程序中的仲裁通知可以向被申请人的电子地址发送。①

此外,法国也对其《法国民事诉讼法典》中有关仲裁的规定进行了改革,修订后的新法已于 2011 年 5 月 1 日生效,其中还对仲裁协议进行了特别规定。根据《法国民事诉讼法典》第 1507 条②的规定,国际仲裁的仲裁协议是不受任何形式约束的。第 1507 条的修改对于法国仲裁法而言是重要的革新,仲裁协议形式要求的取消构成了国际仲裁协议的实质性变化。换言之,一份电子形式的国际仲裁协议在法国的法律体系下是可以被采纳接受的,因此,它与书面仲裁协议具有同等的效力,并可以在法国的国内法院执行。③

虽然一些国际条约和国家立法已经对仲裁协议的书面形式进行了改革,但根据 Alan Redfern 和 Martin Hunter 的观点,在一定程度上还是要采取谨慎的态度。首先,即使是在一些熟知国际商事仲裁的受案法院,有时也会因为仲裁协议不是采用当事人签字的书面形式而拒绝执行,或者是在当事人函电交换中包含的仲裁协议也会被法院拒绝。其次,虽然一份仲裁协议在某个国家的仲裁庭或法院可以被视为有效,但在其他的国家法院则可能被视为无效,并且不能

---

① Ihab Amro. The Use of Online Arbitration in the Resolution of International Commercial Disputes. *Vindobona Journal of International Commercial Law & Arbitration*, 2014, 18: 138.

② 《法国民事诉讼法典》第 1507 条:"仲裁协议不受任何形式要求的约束。"参见鲍冠艺译注,宋连斌校. 2011 年新法国仲裁法. 仲裁研究,2011,27,(03):102.

③ Ihab Amro. The Use of Online Arbitration in the Resolution of International Commercial Disputes. *Vindobona Journal of International Commercial Law & Arbitration*, 2014, 18: 139.

得到执行。最后，还有一些国家对仲裁协议会有特殊的形式要求。①

（二）在线仲裁地的确定

Slavomir Halla 认为，21 世纪在线仲裁要解决的主要问题之一就是对在线仲裁地的确认。② Slavomir Halla 指出，当涉及强制性规则的适用以及法院地法原则时，国际仲裁的仲裁地就显得尤为重要，它不仅会影响到仲裁协议的可仲裁性和有效性，还关系到国家法院对仲裁的干预和支持的程度。为此，很多的国内仲裁立法都会对仲裁裁决的承认与执行进行规定，对仲裁地的确认就成为判断国内仲裁裁决和外国仲裁裁决的决定性因素。但仲裁地却是一个很难合理界定的概念。③ Ihab Amro 教授指出"仲裁地"是一个程序问题而不是地理问题。④ 例如，仲裁的程序事项可能是在甲国进行的，而仲裁的裁决则可能会在甲国以外的国家生效。Gary Born 也指出将仲裁地（the seat of arbitration）与仲裁审理的地理位置进行区分是很重要的。在国际商事仲裁中，当事人对仲裁地的选择也会对仲裁的结果产生实质性的影响。⑤ 因此，可以说仲裁地是一个法律上的概念，它与仲裁程序中特定的法律制度相关联，而与仲裁的程序事项在哪里进行无关。

对于在线仲裁地的确定，有学者指出互联网作为一种通讯方式，本身就是虚拟的，它并不存在于物理世界中的某一地点或空

---

① Alan Redfern, Martin Hunter. *Redfern and Hunter on International Arbitration* (*Sixth Edition*), United States：Oxford University Press，2015：2.23-2.24.

② See Slavomir Halla. Arbitration Going Online-New Challenges in 21st Century?. *Masaryk University Journal of Law and Technology*，2011，5(2)：217-218.

③ Slavomir Halla. Arbitration Going Online-New Challenges in 21st Century?. *Masaryk University Journal of Law and Technology*，2011，5(2)：218.

④ Ihab Amro. The Use of Online Arbitration in the Resolution of International Commercial Disputes. *Vindobona Journal of International Commercial Law & Arbitration*，2014，18：140.

⑤ See Gary B. Born. *International Commercial Arbitration*. London：Kluwer Law International，2014：2052.

间，因此，在线仲裁中就没有所谓的仲裁地。① 有学者认为在线仲裁的要求应与离线仲裁相同，即通过当事人在仲裁协议中约定或仲裁员在裁决中指定这两种途径。② 还有学者指出国际上对这一问题有三种主要的观点：仲裁员所在地说、服务器所在地论以及网址所有者或控制者所在地论。③ Ihab Amro 教授在他 2014 年发表的论文中对此有新的补充观点，他指出《纽约公约》以及一些普通法国家和大陆法国家的仲裁法中都要求存在实际的仲裁地，以此作为仲裁程序和仲裁裁决有效性的先决条件。通常情况下，双方当事人同意在网上解决争议后，他们会倾向于选择网络服务提供商（online service provider）所在地作为仲裁地。在当事人之间没有约定的情况下，如果可以适用机构仲裁，仲裁地就是网络服务提供商所在地。除此之外，网络仲裁庭会根据案件的情形以及当事人进行在线仲裁的初衷来确定仲裁地。仲裁员也会将 B2B 电子商务合同与 B2C 电子商务合同加以区分。在 B2B 电子商务合同中，仲裁地可能就是建立网络服务提供商的所在地。在 B2C 电子商务合中，仲裁地可能是作为弱势一方的消费者住所地。如果当事人和仲裁员均未对仲裁地作出选择，仲裁裁决的预期作出地就会被默示为仲裁地，并由仲裁员签名。④

Slavomir Halla 认为，在线仲裁地的确认也不是难以解决的问题。首先根据现代仲裁法的规定，无论是国际立法还是国内立法，都赋予当事人确定仲裁地的自由，由当事人来确定既是一种标准，同时也是对仲裁协议的补充。如果当事人未能够提供仲裁的地点，

① 参加卢云华，沈四宝，Naill Lawless, Julia Hörnle. 在线仲裁研究. 北京：法律出版社，2008：52.

② 参见黄进. 国际商事争议解决机制研究. 武汉：武汉大学出版社，2010：292.

③ 参见李虎. 网上仲裁法律问题研究. 北京：中国民主法制出版社，2006：137-139.

④ Ihab Amro. The Use of Online Arbitration in the Resolution of International Commercial Disputes. *Vindobona Journal of International Commercial Law & Arbitration*, 2014, 18：140-141.

也还是有一些措施来进行保障的。仲裁机构的仲裁规则会要求有一个具体的地点，通常会是仲裁机构所在地，或者是先根据《仲裁示范法》确定管辖权后，由仲裁员来指定仲裁地。①

Slavomir Halla 进一步指出，仲裁地是在特定法律背景下为仲裁程序和仲裁裁决之间建立联系的法律概念。② 根据《仲裁示范法》第20条③的规定，仲裁庭或许会考虑到案件的所有相关情况，包括当事人的便利，以此来确定仲裁地点。但由此带来的争议是，如果仲裁地可以根据当事人的自由意志进行约定或由仲裁员或者仲裁机构来确定，这基本上就是对仲裁地的选择没有了限制，并且对于"错误的"选择也没有可适用的处罚措施，那么仲裁地的确定问题几乎也就不存在了。在对仲裁地进行选择时，如果仲裁员能考虑到国内法律体制对电子协议形式规定的适用性，则会是较为明智的作法。通过这种方法，仲裁员才能够绝对的履行职责选择便利当事人仲裁地，或者是便利当事人选择进行在线仲裁程序的仲裁地。④

据此，Slavomir Halla 认为，在线仲裁的仲裁地问题与有关非本地化仲裁(delocalised arbitration)的讨论并没有什么区别。在这两种情况下，基本的问题都是国际仲裁是否可以脱离任何仲裁地法进行，基于国际公约赋予当事人的自由意志，国际仲裁只是被意思自治的事实限制以及国际仲裁政策所局限。如果接受非地方化支持者

---

① Slavomir Halla. Arbitration Going Online-New Challenges in 21st Century？. *Masaryk University Journal of Law and Technology*, 2011, 5(2)：219-220.

② Slavomir Halla. Arbitration Going Online-New Challenges in 21st Century？. *Masaryk University Journal of Law and Technology*, 2011, 5(2)：220.

③ 联合国贸易法委员会《国际商事仲裁示范法》第20条：(1)当事人可以自由约定仲裁的地点。未达成此种约定的，由仲裁庭考虑到案件的情况，包括当事人的便利，确定仲裁地点。(2)虽有本条第(1)款的规定，为在仲裁庭成员间进行磋商，为听取证人、专家或当事人的意见，或者为检查货物、其他财产或文件，除非当事人另有约定，仲裁庭可以在其认为适当的任何地点会晤。

④ Slavomir Halla. Arbitration Going Online-New Challenges in 21st Century？. *Masaryk University Journal of Law and Technology*, 2011, 5(2)：220-221.

的观点，在线仲裁中的当事人就完全不需要人为的将自己与一个具体的地理位置相联系。但根据目前国内法律制度和国际法律制度的规定，似乎还需要由当事人来承担这种确定仲裁地的负担。① 此外，为解决电子商务合同中缺乏仲裁地的问题，有些学者也建议采用仲裁非本地化理论，认为该理论可以有效地解决这一问题。②

（三）正当程序原则的可适用性

在国际商事仲裁的司法实践中，正当程序原则包括当事人在仲裁中享有的以下三种权利：一是被平等对待的权利；二是在合理期间内被正当通知的权利；三是公平审理的权利。③

首先，在被平等对待的权利方面，在一国的国内仲裁立法中，一般都会包括平等对待当事人基本诉权、案件的公正审理以及仲裁员的公正性和独立性这样的规定。此外，是否违反了正当程序还与仲裁庭的公平性、公正性和独立性有关。根据《纽约公约》的有关规定，如果在仲裁员的任命以及仲裁程序方面没有进行适当的通知，这也会构成对正当程序的违反。因此，正当程序原则也是一种强制性规则，当涉及公共政策时，无论是仲裁员还是当事人都不能选择拒绝适用。④

其次，在线仲裁程序比传统的仲裁程序更为快捷，因此，当事人也倾向于简化的仲裁程序。尽管如此，当事人也必须要有足够的时间对案件进行陈述和辩论，并适当及时地收到在仲裁员的任命以及仲裁程序上的通知。在仲裁的通知方面，在线仲裁程序的服务不

---

① Slavomir Halla. Arbitration Going Online-New Challenges in 21st Century？. *Masaryk University Journal of Law and Technology*, 2011, 5(2): 221.

② 参见卢云华，沈四宝，Naill Lawless，Julia Hörnle. 在线仲裁研究. 北京：法律出版社，2008: 56.

③ Ihab Amro. The Use of Online Arbitration in the Resolution of International Commercial Disputes. *Vindobona Journal of International Commercial Law & Arbitration*, 2014, 18: 144.

④ Ihab Amro. The Use of Online Arbitration in the Resolution of International Commercial Disputes. *Vindobona Journal of International Commercial Law & Arbitration*, 2014, 18: 144.

同，当事人在线接收到的与争议相关通知的时间顺序也不同。仲裁程序中电子通知的方式在一些国家的国内立法中和一些仲裁机构的仲裁规则中是被允许的。例如，2012 年的《国际商会仲裁规则》第 3 条第(2)款就在该问题上作出了规定。①

Ihab Amro 教授指出，其中一个重要的问题是国内的法院是否接受仲裁员选任的电子通知，或者仲裁庭是否为当事人提供了平等的技术接入机会。如果以上环节存在问题，就可能被认为违反了程序公正原则。根据《纽约公约》第 5 条第(1)款(b)项②的规定，所作出的电子仲裁裁决可能不会被该公约加入国的国内法院所承认与执行。此外，根据 2006 年修订的《仲裁示范法》第 34 条第(2)款③的规定，缺乏适当通知的电子仲裁裁决也可能会被法院撤销。④

最后，有些法院要求面对面的庭审，除非当事人另有约定，否则缺乏开庭审理就会构成对正当程序的违反。而在线仲裁借助的是电子途径而进行的虚拟庭审。Ihab Amro 教授认为，为避免这一问题，法官应该根据相关国内立法的规定进行广义的解释，并考虑到

---

① 《国际商会仲裁规则》第 3 条第(2)款："秘书处和仲裁庭发出的所有通知或通讯都必须发往当事人自己提供的，或对方当事人提供的当事人或其代表人的最终地址。该等通知或通讯可以采用回执函、挂号信、特快专递、电子邮件或者其他任何能提供投递纪录的电信方式送达。"

② 《纽约公约》第 5 条第(1)款："被请求承认或执行裁决的管辖当局只有在作为裁决执行对象的当事人提出有关下列情况的证明的时候，才可以根据该当事人的要求，拒绝承认和执行该裁决：(b)作为裁决执行对象的当事人，没有被给予指定仲裁员或者进行仲裁程序的适当通知，或者由于其他情况而不能对案件提出意见，或者"。

③ 联合国贸易法委员会《国际商事仲裁示范法》第 34 条："(2)有下列情形之一的，仲裁裁决才可以被第 6 条规定的法院撤销：(a)(ii)未向提出申请的当事人发出指定仲裁员的适当通知或仲裁程序的适当通知，或因他故致使其不能陈述案情;"

④ Ihab Amro. The Use of Online Arbitration in the Resolution of International Commercial Disputes. *Vindobona Journal of International Commercial Law & Arbitration*, 2014, 18: 145.

当事人之间协议放弃开庭审理的约定。①

（四）仲裁裁决的在线通知、执行和传送

在线仲裁作为信息技术发展的衍生品，从仲裁在网络上的开始到结束，几乎每个环节都会与传统的仲裁方式有所不同。而在此过程中也会出现很多新的问题，虽然有些问题可以通过传统的方式加以解决，但对于有些涉及技术操作性的问题，传统的方法似乎显得有些力不从心。Mohamad Salahudine Abdel Wahab 教授就提出在线仲裁裁决的通知、执行和传送可以采用一些"非传统（unconventional）的方式"来进行解决。他还认为以下三个问题对于在线仲裁的裁决而言，是值得进行探讨的：（1）仲裁裁决是否能够通过非传统的通讯方式得到有效的在线通知？（2）仲裁裁决是否能够在在线通知后得到在线执行？（3）仲裁裁决是否能够在全球范围内在线传送？在他 2013 年发表的文章中，也围绕着以上三个问题进行了论述。②

1. 裁决的在线通知③

Mohamad Salahudine Abdel Wahab 教授认为，仲裁裁决的在线通知并不是只有电子邮件这一种途径，还包含了新的非传统的通知方式，这种方式最近也被上升为一种正式的且具有法律效力的通知手段，因此，这种非传统方式也是值得一提的。

在线仲裁中，仲裁机构或者仲裁庭通过电子邮件通知当事人已

---

① Ihab Amro. The Use of Online Arbitration in the Resolution of International Commercial Disputes. *Vindobona Journal of International Commercial Law & Arbitration*, 2014, 18: 146.

② See Mohamad Salahudine Abdel Wahab. Online Arbitration: Tradition Conceptions and Innovative Trends in Albert Janvan den Berg (ed), International Arbitration: The Coming of a New Age?, ICCA Congress Series, *Kluwer Law International*, 2013, 17: 661.

③ See Mohamad Salahudine Abdel Wahab. Online Arbitration: Tradition Conceptions and Innovative Trends in Albert Janvan den Berg (ed), International Arbitration: The Coming of a New Age?, ICCA Congress Series, *Kluwer Law International*, 2013, 17: 661-663.

不再是一种特殊的方式，并且将裁决的内容通知到当事人才是至关重要的，当事人根据裁决的内容可以进行下一步的安排。虽然这种通知方式通常是没有问题的，一些国家的国内立法也对这种在线通知的方式持较为宽容的态度，并认可这样的通知方式。但也有一些国家的立法不认可这样的通知方式，认为这种方式是无效的。因此，Mohamad Salahudine Abdel Wahab 教授认为，应谨慎的去核实仲裁地法或仲裁执行地法强制性规定中关于电子通知的要求，从而避免对时间限制的错误判断或是对特定权利义务的放弃。①

如果不考虑电子邮件通知的方式，目前也有越来越多全球共识的新社会媒体和社交网络的出现，比如"Facebook"和"Twitter"，或者其他在线社交网络以及专业的网络团体都可以成为非传统仲裁裁决在线通知的新方式。迄今为止，这种媒体和网络的影响已经扩及到在线仲裁通知的送达以及裁决的在线通知方面。Mohamad Salahudine Abdel Wahab 认为，目前这种非传统的在线通讯形式在不久的将来会成为一种传统的方式。

为支持文件的在线提交，澳大利亚、新西兰、加拿大以及美国的法院都已经接受这种通过社交网站进行的程序事项的通知和送达。澳大利亚首都直辖区最高法院 (Australian Capital Territory Supreme Court) 允许通过 Facebook 的私人消息进行送达；加拿大法院也允许在个人 Facebook 账户留言板发布消息的方式送达。同样的还有新西兰法院，对于那些住所无法查明，但却可以进行网上银行交易并用电子邮件与朋友间往来的被告，如果该被告具有 Facebook 账号，那么法院经授权可以将法庭文件通过 Facebook 送达给被告。在美国，明尼苏达州法院允许通过社交网络在线发布的方式进行送达，其中包括 Facebook、Myspace 或者其他的社交网站。

---

① Mohamad Salahudine Abdel Wahab. Online Arbitration: Tradition Conceptions and Innovative Trends in Albert Janvan den Berg (ed), International Arbitration: The Coming of a New Age?, ICCA Congress Series, *Kluwer Law International*, 2013, 17: 662.

虽然美国最高法院允许通过法制报纸发布的方式进行送达，但是也指出这种传统的方式是过时的，并且成本昂贵，信息技术能够提供一种更为经济且高效的方式，从而能够最为快速的找到当事人并对其进行送达。①

综上分析，Mohamad Salahudine Abdel Wahab 得出，通过专业的网站及社交网络对公告、文件以及仲裁裁决的在线通知都会在不远的将来得以普及。特别是仲裁裁决的有效通知已经成为了执行仲裁裁决的程序前提。这种通知方式的有效性和可执行性也会在不同法系国家的法院经受考验，并判断这种通知方式是否符合《纽约公约》的正当程序要求以及相关司法制度中的适用标准。

2. 仲裁裁决的在线执行②

除非当事人之间有约定，在线仲裁的裁决或以纸质文件为基础的传统仲裁的裁决，在适用的法律规范、裁决的终局性和拘束力方面是基本一致的。虽然外国仲裁裁决的执行通常是根据《纽约公约》的规定，但是目前也没有明确的说明《纽约公约》不能够适用于在线仲裁裁决。然而，当一份在线裁决需要在国内执行时，这份裁决的可适用性就取决于该国国内法院的程序规定以及法律的适用，并且根据各国法律规定的不同，裁决得到承认与执行的情况也会有所不同。

为了符合《纽约公约》关于裁决承认与执行的规定，一份在线仲裁裁决也要具备公约第 5 条有关承认与执行的条件。值得注意的是，被申请执行国的法院往往更希望接收附有"认证许可"

---

① See Mohamad Salahudine Abdel Wahab. Online Arbitration：Tradition Conceptions and Innovative Trends in Albert Janvan den Berg（ed），International Arbitration：The Coming of a New Age?，ICCA Congress Series，*Kluwer Law International*，2013，17：662-663.

② See Mohamad Salahudine Abdel Wahab. Online Arbitration：Tradition Conceptions and Innovative Trends in Albert Janvan den Berg（ed），International Arbitration：The Coming of a New Age?，ICCA Congress Series，*Kluwer Law International*，2013，17：663-664.

（exequatur）盖章的纸质裁决书。因此，为了使电子裁决更加符合在线执行的标准，一套健全的电子及信息通讯技术设施是必备的，它能够确保法院电子执行令（e-enforcement orders）的签发。

这种电子及信息通讯技术设施包括法院安装的硬件系统和软件应用程序，从而确保鉴定流程以及加密技术的充分运作。此外，法院系统也应与相关国家的政府门户网站相关联，从而保证电子执行令的有效传输及实施，相关的政府机构因此也不会再要求提供纸质文件。

到目前为止，在线执行仍然存在理论上的可行性，这需要一个能够与全自动化政府系统充分衔接的全自动化法院系统，此外，安全可靠的技术运用也会促进裁决的在线执行成为现实。

3. 仲裁裁决的在线传送①

裁决的在线传送（e-circulation of awards）解决的是仲裁裁决的跨境在线传递问题。与在线执行相似的是，在线传送要求一个相互联系的电子路径的发展和实施。为了裁决能够得到执行，通过这样的路径，电子裁决就可以通过一个国家机关向另一国家机关进行电子传输，这同时也标志着全球向无纸化社会的一种转变。这种程序的适用也能够确保原始的和真实的电子裁决在全球范围内以其原始的电子形式加以保存，从而促进在线裁决的在线执行。

Mohamad Salahudine Abdel Wahab 对仲裁的在线传送抱有很高的期望，他指出创新电子认证试点项目（eApostille Pilot Program, e-APP）②是一个值得关注的发展趋势，该项目作为一个媒介促进了国外电子裁决的跨境承认。在 e-APP 的推动下，海牙国际私法会议和美国国家公证协会（National Notary Association of the United

---

① See Mohamad Salahudine Abdel Wahab. Online Arbitration：Tradition Conceptions and Innovative Trends in Albert Janvan den Berg（ed），International Arbitration：The Coming of a New Age?，ICCA Congress Series，*Kluwer Law International*，2013，17：664-665.

② 具体可参见：https：//assets. hcch. net/upload/e-app5_bernasconi. pdf.

States，NNA) 连同其他利益团体共同发展、推进和协助实施了这种低成本、可操作以及安全的软件技术，其目的是发行和使用电子认证 (e-Apostilles) 并创建和运行电子注册 (e-Registers) 和电子认证 (e-Apostille)。①

在实践中，这意味着申请人可以从项目参与国有关当局的官方网站上下载 e-Apostilles。申请人因此会获得一个电子文档，其中包括一份附有数码签名的电子认证和类似原始电子裁决之类的基础性文件。通过中央在线注册 (central e-Register)，该电子认证可以轻易的在其他国家得到证实，中央在线注册中也会包含签发国所有相关机关发布的认证信息。尽管 e-APP 不是为电子裁决特别制定的，但是它证明了 e-APP 中可以包含电子裁决的可能性，对在线仲裁裁决的跨境承认和执行也可以采用类似 e-APP 的机制来实施。通过使用 e-APP 欧盟项目开发的最先进技术，西班牙已经发布并注册了它的第一个 e-Apostilles。西班牙是继新西兰之后第二个全面实现 e-APP 双要件的国家。

Mohamad Salahudine Abdel Wahab 认为，电子认证何时才能成为通行标准还是一种猜测，但可以预见的是，通过在线认证项目将全球范围内的国家相联系的步骤正在推进中，在适当的时候，该项目就可以成为仲裁在线传送的有效媒介。

综上不同学者的观点，在线仲裁存在的主要问题存在于法律层面和技术层面。在法律层面，主要包括仲裁协议、仲裁程序以及仲裁裁决三方面所面临的挑战。就技术层面而言，主要存在以下四个问题：技术的标准以及系统的兼容性或可操作性、当事人的技术能力和经验、仲裁程序及通讯的安全性和保密性以及数据的完整性和

---

① See www. e-app. info，cited as Mohamad Salahudine Abdel Wahab. Online Arbitration：Tradition Conceptions and Innovative Trends in Albert Janvan den Berg (ed)，International Arbitration：The Coming of a New Age?，ICCA Congress Series，*Kluwer Law International*，2013，17：665.

可验证性。① 此外，在网上仲裁的程序中，由于信息通讯技术在仲裁中的融合，也使得在线仲裁在法律和技术上面临的挑战更为复杂。

五、在线仲裁的未来发展趋势

从目前来看，在线仲裁在跨境电子商务纠纷领域还存在着很大的发展空间。有学者根据数据调查和统计对未来十年中不同争议解决方法的使用比例进行预测，其中在线仲裁的使用将会持续增长，并占据争议解决机制比例的 50.8%。② 但在线仲裁在为当事人带来便利的同时，在司法实践中还是存在着一定的问题。虽然传统的离线仲裁已经有了一套较为完备并行之有效的规则制度，在线仲裁的部分法律问题也可以适用传统仲裁的有关规定，但相对于在线仲裁的未来发展而言，这套制度体系还是存在一定的滞后性。为此，一些国际组织和国内立法也致力于构建新的规则制度，从而更好的规制包括在线仲裁在内的在线纠纷解决机制，并为世界范围内由电子商务产生的在线争议提供更完善的解决方式，以促进国际电子商务的健康发展。

（一）构建统一规则的必要性及基本原则

在电子商务的发展初期，对于如何规制网络中的商务交易有两种普遍的理论。一种理论认为，由于目前已经有一些规制国际商务的法律存在，应当运用这些现存的法律去规制电子商务的问题，只需将网络的介入看作是一种新的媒介。第二种理论认为，针对网络

----

① See Mohamad Salahudine Abdel Wahab. Online Arbitration：Tradition Conceptions and Innovative Trends in Albert Janvan den Berg（ed），International Arbitration：The Coming of a New Age?，ICCA Congress Series，*Kluwer Law International*，2013，17：666.

② Thomas J. Stipanowich，Zachary P. Ulrich. Arbitration in Evolution：Current Practices and Perspectives of Experienced Commercial Arbitration. *American Review of International Arbitration*，2014，25：478.

的特征性和独特性,应当制定基本的法规加以规制。① 经过电子商务以及在线争议解决机制的不断发展变化,目前在理论上和实践中,似乎也更为倾向于制定国际性规制用于规制电子商务以及在线争议解决中出现的问题。

Ujjwal Kacker 和 Taran Saluja 认为,现代社会中,规则和法律的适用是在线仲裁庭面临的最大困境。但是,这样的规则和法律目前还处于形成阶段,构建可被仲裁庭适用于跨境电子商务纠纷的灵活的、国际化的法律标准是目前最迫切的需要。对于身处不同管辖领域的商家和消费者而言,这样的统一规则还能满足便利消费者的需求。此外,建立国际统一规则的主要优势是促进在线仲裁在电子商务中的适用,它不仅体现出了在线仲裁的动态特性,而且还可以增加当事人对 B2C 模式和 B2B 模式争议解决的信心,这对于全球的商业发展也是有益的。②

在 Ujjwal Kacker 和 Taran Saluja 的文章中,他们认为在未来在线争议解决的统一规则构建中,可以适用信息政策法原则(Lex Informatica Principle)和商人习惯法原则(Principles of Lex Mercatoria)。③ 其中,信息政策法原则的构想是在商人习惯法原则的基础上形成的。④ 在网络和信息科技时代,网络活动的参与者也会在信息化空间面临着多重法律规制带来的不稳定性和不确定性,比如不同的国

① Tiffany J. Lanier. Where on Earth does Cyber-Arbitration Occur?: International Review of Arbitral Award Rendered Online. *ILSA Journal of International and Comparative Law*, 2000, 7: 3.

② Ujjwal Kacker, Taran Saluja. Online Arbitration for Resolving E-Commerce Disputes: Gateway to the Future. *Indian Journal of Arbitration Law*, 2014, 3(1): 32.

③ See Ujjwal Kacker, Taran Saluja. Online Arbitration for Resolving E-Commerce Disputes: Gateway to the Future. *Indian Journal of Arbitration Law*, 2014, 3(1): 32-33.

④ Antonis Patrikios. Resolution of Cross-Border E-Business Disputes by Arbitration Tribunals on the Basis of Transnational Substantive Rules of Law and E-Business Usages: the Emergence of the Lex Informatica. *University of Toledo Law Review*, 2006, 38: 274.

家有不同的立法规定以及不同规定之间产生的冲突。① 这与当初商事习惯法的产生背景相类似。根据 Antonis Patrikios 对这一原则的分析，"信息政策法原则"是一个涵义广泛概念。它涵盖了所有的特定行业领域的变化以及电子商务法律和适用的跨国实体性规则机制，同时还包括了这些规则在仲裁解决电子商务纠纷中的适用。②

在信息政策法原则的具体运用方面，首先，Ujjwal Kacker 和 Taran Saluja 指出信息政策法原则能够明确一个预期机制并为跨国层面的纠纷提供适当的裁决。目前国际上出现了一些特定的原则和规则，其中有的已经在国际范围内被接受为基本原则，比如书面文件和电子文件的功能对等。此外，电子签名也出现在一些电子商务的活动中，并且它们的重要性也在世界范围内得到了广泛的认可。与此同时，技术媒介的中立性原则也在多个领域中达成了共识。但在某些特定领域，信息原则的发展还处于休眠阶段，这可能是为了便利在线仲裁员适用 ODR 机制对纠纷进行裁决。例如，有的电子商务惯例表明，有经验的当事人有义务利用最先进的安全技术来保护他们交易的机密性和完整性。当事人在电子商务中需要利用必要的技术和设备时，有的电子商务惯例还会去推定有经验的当事人是否具有这样的信息技术能力。因此，在对当事人的信息技术能力进行推定后，当事人就不能以技术上存在安全漏洞或者没有执行合同义务的信息技术能力为由来为自己辩护。③

---

① See Joel R. Reidenberg. Lex Informatica：The Formulation of Information Policy Rules Through Technology. *Texas Law Review*，1998，76(3)：553.

② Antonis Patrikios. Resolution of Cross-Border E-Business Disputes by Arbitration Tribunals on the Basis of Transnational Substantive Rules of Law and E-Business Usages：the Emergence of the Lex Informatica. *University of Toledo Law Review*，2006，38：274.

③ Ujjwal Kacker, Taran Saluja. Online Arbitration for Resolving E-Commerce Disputes：Gateway to the Future. *Indian Journal of Arbitration Law*，2014，3(1)：32-33.

其次，Ujjwal Kacker 和 Taran Saluja 认为，商人习惯法原则作为一般法律原则(general principles of law)，与信息政策法原则基本相同，他们都是为了给在线争议解决事项提供一个确定的标准。需要关注的是，一般法律原则的内涵有时是带有迷惑性的，如果商事惯例想成为一项一般法律原则，其在主观适用上可能会产生一定的障碍。例如，像诚实和公平交易这样的一般原则在跨境电子商务中会被预设一个具体的含义，要求从电子商务的角度能够加以明确或具体的解释。这主要是因为全球范围内文化和地域的不同，市场文化也会存在差异。因此，在处理电子商务纠纷领域，制定在线争议解决机制适用的一般法律原则也是一项棘手的任务，这不仅要明确客观上面临的考验，并且还要形成一种应对世界差异性的统一理念。①

最后，Ujjwal Kacker 和 Taran Saluja 还建议，跨境电子商务的跨国规则体系要能够促进在线替代性争议解决机制。现在也是联合国贸易法委员会以及国际统一私法协会这样的立法者和国际组织该积极采取行动的时候了。为了明确现存电子商务的跨国原则、规则、惯例和用法的具体内容，开展全面和持续的研究也是必需的。此外，对信息学原则的持续发展还需要进一步深入的研究和监控。②

Tiffany J. Lanier 也赞同为在线仲裁在国际电子商务中的运用制定国际化的规则。她还指出在制定这种规制的时候应当考虑国际法的作用，其中既包括国际公法也包括国际私法。除此之外，还要考虑到实体法和程序法对仲裁的规制。③

---

① Ujjwal Kacker, Taran Saluja. Online Arbitration for Resolving E-Commerce Disputes: Gateway to the Future. *Indian Journal of Arbitration Law*, 2014, 3(1): 33.

② Ujjwal Kacker, Taran Saluja, Online Arbitration for Resolving E-Commerce Disputes: Gateway to the Future. *Indian Journal of Arbitration Law*, 2014, 3(1): 43.

③ See Tiffany J. Lanier. Where on Earth does Cyber-Arbitration Occur?: International Review of Arbitral Award Rendered Online. *ILSA Journal of International and Comparative Law*, 2000, 7: 3-4.

(二)联合国国际贸易法委员会的立法努力

联合国国际贸易法委员会 ODR 工作组①，随着消费者逐渐进入虚拟世界，各种的在线纠纷也相应的产生，电子商务领域自然也不例外。曾作为联合国贸易法委员会（以下简称贸法委）第三工作组观察员的 Vikki Rogers 教授根据她在贸法委工作的经验，在她2013 年发表的文章中介绍了贸法委工作组为世界电子商务市场纠纷解决所作出的立法上的努力。

在世界范围内，贸法委的工作是不可忽视的。贸法委致力于构建低成本、跨境电子商务纠纷解决的 ODR 体制。虽然电子商务目前已进入国内市场，但跨境电子商务在世界大多数国家中并没有相应的增长。基于预设的前提，贸法委第三工作组的部分任务就是找到大多数国家电子商务缺乏增长的原因，这主要是由于商家和消费者对于案件争议应选择的法庭以及适用的法律存在不确定性所导致。许多工作组人员认为如果有一套有效的争议解决机制可以运行，那么商家和消费者将会积极迎接新的跨境机遇。②

联合国贸法委于 2010 年组成了的 ODR 讨论会（ODR Colloquium），这可以说是创建电子商务跨境 ODR 体系目标的第一步。在讨论会上，其发言人指出小额电子商务交易产生的纠纷数量每年都会呈现出数以百万的增长。但与信用卡欺诈所采取的保护不同的是，在线小额交易的保护在大多数国家都无法实现，只有少数国家的救济机制是可行的，因此，在线市场方面就形成了一个很大的法律缺口。也有多名专家催促制度的制定者和立法者不能仅依靠传统的替代性争议解决模式，而应当跳出固有的思维模式。随着在线市场的飞速发展以及新的支付方式的兴起，一套与之相适应的争议解决机制也

---

① See Vikki Rogers. Managing Disputes in the Online Global Marketplace： Reviewing the Progress of UNCITRAL's Working Group III on ODR. *Dispute Resolution Magazine*，2013，19（3）：19-25.

② Vikki Rogers. Managing Disputes in the Online Global Marketplace： Reviewing the Progress of UNCITRAL's Working Group III on ODR. *Dispute Resolution Magazine*，2013，19（3）：20-21.

是十分必要的。有发言人也建议设置一些规则用于调整这些通过手机应用、手机支付选项以及其他电子商务平台的交易。最后，鉴于在线市场的性质，发言人们认为出于 ODR 规则的发展模式以及低成本交易的进程，将 B2B 交易与 B2C 交易加以区分是不合理的。①

在研讨会不久后，贸法委的国家代表们大力支持工作组的成立，并建立一个用于解决数量大、成本低的电子商务纠纷 ODR 机制。具体来说，当前的规则体系包括以下四个部分：（1）程序性规则；（2）实体性规则；（3）ODR 提供商标准；（4）草案的执行。②大多数观察员期望一些独立的 ODR 提供商，比如新成立的 MODRIA，能够根据该规则机制来提供 ODR 服务，而不是联合国贸法委或国家的政府机构。

贸法委第三工作组于 2011 年 5 月在纽约召开了第二次会议，在这次会议上，工作组考虑到目前缺乏一个 ODR 的国际标准，针对发达国家和发展中国家间 B2B 或 B2C 交易中的低成本交易来说，这种统一的 ODR 国际标准是不可或缺的。因此，工作组尝试着进行程序规则草案的构建，并着手起草跨境电子商务交易网上争议解决程序规则(以下简称为《程序规则》)，期望该《程序规则》草案能够为 ODR 提供商提供可适用的规范。③ 贸法委工作组的《程序规

---

① Vikki Rogers. Managing Disputes in the Online Global Marketplace：Reviewing the Progress of UNCITRAL's Working Group III on ODR. *Dispute Resolution Magazine*，2013，19（3）：21.

② Specifically, the current mandate includes a four-part framework：（1）procedural rules；（2）substantive rules；（3）standards for ODR providers；and（4）an enforcement protocol. See Vikki Rogers. Managing Disputes in the Online Global Marketplace：Reviewing the Progress of UNCITRAL's Working Group III on ODR. *Dispute Resolution Magazine*，2013，19（3）：22.

③ UNCITRAL Secretariat, Annotated Agenda, A/CN. 9/WG. III/WP. 106, 23rd Session，23-27 May 2011，New York，para. 5. Available at：<http：//daccess-dds-ny. un. org/doc/UNDOC/LTD/V11/809/69/PDF/V1180969. pdf >. Cited as Mohamed S. Abdel Wahab. ODR and E-Arbitration. （May 2013），http：//www. mediate. com/pdf/wahabearb. pdf.

则》草案也受到了国外学者的广泛关注。

根据 Julia Hörnle 教授对贸法委第三工作组进程的考察，在建立这个规范体系的过程中，贸法委计划起草以下六种示范规则和指南：（1）ODR 的程序性规则；（2）中立者指导方针；（3）ODR 提供者的最低标准；（4）ODR 提供者的补充规则；（5）解决争议的实体性法律原则；（6）跨境执行机制。到目前为止，贸法委的工作主要集中在 ODR 的程序性规则方面，并未在其他规则和指南方面产生草案。①

Vikki Rogers 教授指出，目前有两种公认的模式可用于解决由低成本电子商务交易产生的纠纷，一种是用于规制信用卡退款的机制，还有一种是私人的 eBay 或 PayPal 的 ODR 机制。虽然这两种争议解决的模式在目前的支付体系中具有明显的效力和优势，但工作组并没有将这些模式作为他们工作的考量因素或者将这些模式作为调整现存体系不足的起点。相反的，《程序规则》从一开始就被构造成一种"双轨制"的争议解决程序，这两套不同的规则自成体系。② 具体来说，这些规则提供的是一种强制性的自动谈判，首先都要由争议双方之间进行在线谈判来解决争议，如果争议未能通过谈判得到解决，则进入第三方协助下的在线调解阶段，如果在这一阶段争议还未能解决，那么就自动转入约束性在线仲裁的程序，或者程序自动终止。③

Vikki Rogers 教授认为，工作组的做法似乎有些本末倒置，为争议建立《程序规则》似乎为时尚早。在很多具体问题还未进行考量的情况下，创建一个有效处理争议的程序才是合理的，在这一层

---

① Julia Hörnle. Encouraging Online Alternative Dispute Resolution（ADR）in the EU and Beyond. *European Law Review*, 2013, 38(2): 190.

② Vikki Rogers. Managing Disputes in the Online Global Marketplace: Reviewing the Progress of UNCITRAL's Working Group III on ODR. *Dispute Resolution Magazine*, 2013, 19 (3): 23.

③ 参见薛源. 跨境电子商务网上争议解决机制研究. 北京：中国政法大学出版社, 2014: 53.

面上，对一些概念的界定是必要的。最后，她还对工作组接下来的动向提出了个人观点。她认为，根据贸法委的实践，最终工作组主席还需要巩固目前的讨论并对这种占主导地位的观点发表意见。如果这导致的是以具有拘束力仲裁为基础的体系，那么这项工作就是徒劳，它不会填补 2010 年贸法委研讨会上发现的法律的缺口，并且对于 ODR 和电子商务的未来发展而言也是机会的流失。①

Julia Hörnle 教授也指出，目前贸法委的草案方面存在着一些不足指出，主要体现在两个方面。一是缺乏对消费者保护方面的关注，二是在跨境低价值、高数量(low-value and high-volume)纠纷中缺乏正当程序。② 她认为贸法委应采取务实的态度对待纠纷解决，远离法律的趋同化，并专注于用成本效益好的程序去解决数量大、价值低的争议。贸法委认为消费者保护和国际私法都是次要的，涵盖争议性质的草案才是合理的。然而它的缺陷是将数量大、价值低争议的范围进行了错误的界定，这引发的问题是这种主动的方式能否获得当事人的信任，以及是否会促进消费者获得救济。③

也有学者对贸法委目前的工作持肯定的态度，Mohamad Salahudine Abdel Wahab 认为，从总体上来看，贸法委工作组仍在考虑尽可能多的选择和方法，并且有关工作组进展的讨论还会是今后的热点话题，特别是《程序规则》草案对 B2B、B2C 以及 C2C 争议的可适用性问题，以及《纽约公约》对电子仲裁裁决的承认与执行的规制问题。但可以明确的是，在线仲裁的宏大建设还远远没有完成，在国内、区域内以及全球范围内形成一个特殊的、体系完善

---

① See Vikki Rogers. Managing Disputes in the Online Global Marketplace: Reviewing the Progress of UNCITRAL's Working Group III on ODR. *Dispute Resolution Magazine*, 2013, 19 (3): 23-25.

② See Julia Hörnle. Encouraging Online Alternative Dispute Resolution (ADR) in the EU and Beyond. *European Law Review*, 2013, 38(2): 190-195.

③ Julia Hörnle. Encouraging Online Alternative Dispute Resolution (ADR) in the EU and Beyond. *European Law Review*, 2013, 38(2): 195.

的以及高效的在线仲裁体系之前，还有很多的工作有待完成。①

（三）欧盟《消费者 ADR 指令》②与《消费者 ODR 条例》③

虽然欧盟没有关于仲裁法方面的指令，但其早期用于解决在线仲裁领域问题的指令主要是欧盟《电子商务指令》2000/31/EC 和欧盟《电子签名指令》1999/93/EC。④ 从 2010 年公布的数字议程（Digital Agenda）到 2011 年讨论的《单一市场法》（Single Market Act），欧盟委员会在网络争议解决方面也采取了行动，欧盟委员会颁布的《消费者 ADR 指令》和《消费者 ODR 规则》被认为是欧盟在该领域的双子协定，这两份提案都已于 2011 年 11 月 29 日发布。⑤

Julia Hörnle 教授认为，欧盟提案（EU Proposals）主要推动了以下两方面：第一，欧盟提案的目的在于确保有一个 ADR 机制，只要符合该机制的特定最低标准，无论交易是在哪个区域进行的，欧盟内的 B2C 争端都能得以解决；第二，他们为跨境 B2C 电子商务纠纷创建了一个 ODR 平台，确保此类纠纷能够得到有效地解决。⑥

1. 欧盟《消费者 ADR 指令》

欧盟《消费者 ADR 指令》的全称为《关于替代性解决消费者争议并修正第 2006/2004 号（欧共体）条例及第 2009/22 号指令的第

---

① Mohamed S. Abdel Wahab. ODR and E-Arbitration. (May 2013), http://www.mediate.com/pdf/wahabearb.pdf.

② Directive 2013/11/EU of the European Parliament and of the Council of 21 May 2013 on Alternative Dispute Resolution for Consumer Disputes and Amending Regulation (EC) No 2006/2004 and Directive 2009/22/EC of 18th June 2013.

③ Regulation (EU) No 524/2013 of the European Parliament and of the Council of 21 May 2013 on online dispute resolution for consumer disputes and Amending Regulation (EC) No 2006/2004 and Directive 2009/22/EC.

④ 参见卢云华，沈四宝，Naill Lawless, Julia Hörnle. 在线仲裁研究. 北京：法律出版社，2008：26-27.

⑤ Julia Hörnle. Encouraging Online Alternative Dispute Resolution (ADR) in the EU and Beyond. *European Law Review*, 2013, 38(2): 195.

⑥ Julia Hörnle. Encouraging Online Alternative Dispute Resolution (ADR) in the EU and Beyond. *European Law Review*, 2013, 38(2): 195-196.

2013/11 号(欧盟)指令》，该指令主要适用于经营者和消费者间的纠纷，并致力于建立 ADR 机构的区域网络，为经营者和消费者提供一个快速和低成本的争议解决机制。在线零售商也可以加入这一机制，但这并不是必须的义务。如果他们愿意加入，他们就必须在他们的网页上告知消费者关于这种争议解决机制的存在。①

Julia HÖrnle 教授指出，很多欧盟成员国已经长期形成了自己的传统 ADR 机制，比如荷兰和瑞典都有自己的消费者投诉委员会(Consumer Complaints Boards)，但是各成员国之间对消费者 ADR 机制的规定都有很大的不同。并且这些不同的 ADR 机制的规定也很有限，往往也只是覆盖一些特定的领域，所以总体上也存在很多的空缺。因此，目前欧盟《消费者 ADR 指令》的主要目标之一就是融合这些不同的 ADR 机制，让它们的功能在欧盟内部市场更有效的发挥，并填补这些机制上存在的空缺。这也是欧盟为什么不像贸法委那样起草程序性规则草案的原因，这些程序性的规则最好是留给各国国内的 ADR 机制来调整。此外，欧盟《消费者 ADR 指令》的第二个目标在于加强实质性的消费者保护和正当程序标准，从而为消费者和经营者建立信任感。欧盟的这一目标其实早已提上日程，欧盟在 1998 年和 2001 年就已经分别颁布了《庭外解决消费者争议机构原则的建议》(98/257/EC)和《庭外协调解决消费者争议机构遵循原则的建议》。但是欧盟的这两份建议对成员国并不具有拘束力，因此，欧盟《消费者 ADR 指令》的主要目的还在于转化这些正当程序标准，将他们运用于 ODR 中，使它们能够对成员国的 ADR 机制具有拘束力。②

通过对《消费者 ADR 指令》条款的分析，Julia HÖrnle 教授认

---

① Ha-Sung Chung. Online ADR for the E-Commerce? European Union's ADR Legislation for Cross-Border Online Trade. *Journal of Arbitration Studies*, 2015, 25 (3): 138.

② See Julia Hörnle. Encouraging Online Alternative Dispute Resolution (ADR) in the EU and Beyond. *European Law Review*, 2013, 38(2): 196.

为，欧盟《消费者 ADR 指令》为消费者保护和正当程序提出了更高的标准。然而，在某些方面应对这些标准加以审查，特别是在透明度方面。任何 ODR 机制都会面临着成本的问题，而《消费者 ADR 指令》中对这一问题只是在附录部分有所提及，但成本问题的重要性应该是用条文来加以规定的。可以肯定的说，最终在欧盟成员国之间适用《消费者 ADR 指令》的一个主要障碍将会是该机制限定的费用问题，以及在经济衰退期该由谁来承担费用的问题。此外，《消费者 ADR 指令》还可能面临的挑战是如何实现高标准与高收益间的平衡。Julia Hörnle 教授认为，欧盟这种做法的最奇特之处是，通过在线平台融入了各国现存的 ADR 机制，从而提高效率和节约成本。这种方法确实有潜力成为欧盟 ODR 发展的一次飞跃。①

2. 欧盟《消费者 ODR 条例》

欧盟《消费者 ODR 条例》全称为《关于在线解决消费者争议并修正第 2006/2004 号（欧共体）条例及第 2009/22 号指令的第 524/2013 号（欧盟）条例》，根据该条例第 2 条的规定，它适用于"在欧盟境内居住的消费者针对在欧盟境内设立的商家因在线销售合同或在线服务合同提起的合同争议；如果消费者惯常居住的成员国法律规定允许 ADR 机构去干预和解决，则该条例亦适用于上述商家对消费者提起的争议。"②根据该条例序言的第 11 点，它还适用于"成员国国内的在线交易，但不适用于消费者和商家之间因线下签订的销售或服务合同引起的争议，也不适用于商家之间的争议。"③

通过《消费者 ODR 条例》，欧盟将建立一个独立、公正、透明、高效、快捷和公平的争议解决机制，为司法外欧盟范围内跨境在线货物销售和服务交易创建一个 ODR 平台（ODR Platform），在

---

① Julia Hörnle. Encouraging Online Alternative Dispute Resolution（ADR）in the EU and Beyond. *European Law Review*, 2013, 38(2)：201.

② 邹国勇，李俊夫. 欧盟消费者在线争议解决机制的新发展——2013 年《欧盟消费者在线争议解决条例》述评. 国际法研究，2015，(3)：60.

③ 邹国勇，李俊夫. 欧盟消费者在线争议解决机制的新发展——2013 年《欧盟消费者在线争议解决条例》述评. 国际法研究，2015，(3)：60.

跨境电子商务中增强消费者和经营者的信心。该条例将于 2016 年
1 月 1 日生效。Ha-Sung Chung 教授认为，ODR 平台将会成为一个
消费者和经营者间的交互式的网站，该平台应建立在成员国现存的
ADR 机制基础之上，并要尊重各成员国的法律传统。①因此，消费
者和经营者就有机会将他们的诉求通过 ODR 平台在线提交，在线
投诉书可以用任何的欧盟官方语言填写，并附上相关的文件资料。
他们的投诉书之后也会被推送至负责解决有关争议的 ADR 机构。②

　　Julia Hörnle 教授认为，ODR 平台的功能可以通过概念化诠释
为以下五个方面：③（1）筛选功能（clearing house function），这一功
能是确保只有《消费者 ADR 指令》草案中列出的，符合条件和正当
程序标准的 ADR 机构才能被 ODR 平台所认可。也就是说，只有符
合要求的机构才能得到认可，这项功能有效地为 ODR 提供商设定
了最低标准；（2）推荐功能（referral function），ODR 平台提供了一
个搜索引擎，申请人通过搜索能够找到合适的 ADR/ODR 提供者。
因此，ODR 平台相当于一个路标，为申请人起到了指示作用；（3）
透明度功能（transparency function），该功能确保申请人一方在选择
使用特定的 ADR/ODR 提供商之前，能够获得所有他/她所需要的
有关机构的信息，其中还包括 ADR/ODR 提供商处理过的投诉结果
的统计资料；（4）传递功能（transfer function），该功能意味着申请
人可以通过 ODR 平台方便直接的在线填写投诉表，并且直接将案
件传递给已经选定的 ADR/ODR 提供商；（5）执行功能（enforcement
function），Julia Hörnle 教授认为这一功能最难以进行表述的。她

---

①　Ha-Sung Chung. Online ADR for the E-Commerce? European Union's ADR
Legislation for Cross-Border Online Trade. *Journal of Arbitration Studies*, 2015, 25
(3): 141.

②　Ha-Sung Chung. Online ADR for the E-Commerce? European Union's ADR
Legislation for Cross-Border Online Trade. *Journal of Arbitration Studies*, 2015, 25
(3): 141.

③　See Julia Hörnle. Encouraging Online Alternative Dispute Resolution (ADR)
in the EU and Beyond. *European Law Review*, 2013, 38(2): 202-203.

对于这一功能的理解是，投诉的数据不应该仅用于私人争端解决的目的，还应当同时用于公法上的实施。此外，根据 Julia Hörnle 教授的观点，在 ODR 条例草案中还缺失了一些功能，应在后续的工作中进行完善。她建议 ODR 平台应该提供一些谈判方法，在没有第三方干预的情况下，能够让当事人参与谈判。①

Julia Hörnle 教授指出，对于欧盟草案的有效性问题，目前有两种主要的批判。一是为了保证案件在早期阶段得到解决，欧盟草案对透明度的要求程度过高；二是为了确保大规模、低成本消费者欺诈案件的有效解决，与消费者保护执法机关的合作是必要的。然而，欧盟的这些草案却没有赋予消费者保护执法机关访问 ODR 平台的权利。此外，必须将安全保护普及到网络的各个方面。②

最后，Julia Hörnle 教授还将欧盟关注消费者保护的做法与联合国贸法委的做法进行了比较，在她看来，欧盟是以正当程序高标准作为起点，并以消费者保护和消费者救济为中心来进行的。③ 而贸法委关注的是鼓励 ODR，虽然他们声明的范围已经缩小至普遍存在的、低成本、高数量的案件，但却设定了较少的资格标准。这虽然显得更为现实和务实，但消费者可能并不信任这样的程序。虽然低成本、高数量的争议是贸法委这种务实做法的重点，但对定义的缺乏是草案中的一个遗憾。贸法委《程序规则》草案摒弃了正当程序，也会导致跨境低成本、高数量争议无法得到解决，除非通过非常高效、高度自动化以及成本效益高的程序才能有所改善。因此，在鼓励 ODR 方面，欧盟和贸法委的做法哪种更为成功还有待

---

① Julia Hörnle. Encouraging Online Alternative Dispute Resolution（ADR）in the EU and Beyond. *European Law Review*, 2013, 38（2）：202.

② Julia Hörnle. Encouraging Online Alternative Dispute Resolution（ADR）in the EU and Beyond. *European Law Review*, 2013, 38（2）：209.

③ Julia Hörnle. Encouraging Online Alternative Dispute Resolution（ADR）in the EU and Beyond. *European Law Review*, 2013, 38（2）：195.

观察。①

(四)在线仲裁在发展中国家的发展进程

由于世界经济发展的不平衡,在发达国家和发展中国家间仍然存在着巨大的差距,这种差距所带来的后果之一就是发展中国家在信息通讯技术领域仍落后于发达国家。在发达国家已经广泛享受着信息技术所带来的便利时,有的发展中国家的信息通讯技术才刚刚兴起。

Maria Mercedes Albornoz 和 Nuria Gonzdlez Martin 以拉美地区国家为例,分析了发展中国家在 ODR 领域发展滞后的原因。在 ODR 的发展领域,拉美地区主要面临着三方面的挑战,潜在的原因都是因为缺乏对这种争端解决机制的信任。② 首先面临的最大的挑战是文化属性的影响。该地区的人民会把面对面交流的人际关系放在首位,这不仅体现在他们的个人生活中,在买卖以及纠纷解决中也是如此,这就约束了计算机和网络文化的发展。第二个挑战是信息通讯技术设备的封闭或减少,这进一步加大了拉美国家与世界上发达地区间的差异。最后是法律规制方面的挑战,这涉及硬法和软法两个方面。就硬法方面而言,需要对该地区制定特殊的 ODR 规则的可行性进行研究和评估。其可能产生的负面结果是继续保持原有的 ADR 制度,但有必要鼓励司法建设对 ODR 持有一种更加支持的态度。法律规制挑战的软法方面则要求根据该区域的情况,逐步建立起一套特殊的软法规则。

Farzaneh Badii 对在线仲裁在发展中国家的适用也进行了简要的介绍。他指出,为了提高私营部门参与在线仲裁解决纠纷的积极性,特别是针对一些全球市场中发展中国家的中小型企业,能够跨

---

① Julia Hörnle. Encouraging Online Alternative Dispute Resolution (ADR) in the EU and Beyond. *European Law Review*, 2013, 38(2): 209.

② Maria Mercedes Alborno, Nuria Gonzdlez Martin. Feasibility Analysis of Online Dispute Resolution in Developing Countries. *Inter-American Law Review*, 2012-2013, 44(1): 59-60.

越地理上的限制并提供有效的救济和争议解决方法对发展中国家的当事人是至关重要的。行之有效的争议解决方法以及适当的争议解决程序有助于树立企业在线进行交易的信心。① Farzaneh Badii 以伊朗为例，他认为私人当事人在商事交易中面临着很多法律和政治上的障碍。在线仲裁作为商事交往中的一种争议解决手段能够极大的促进跨境贸易的发展。但是对发展中国家而言，这种争议解决手段的使用还是存在一定的障碍。这些障碍的主要原因也是由于法律规定上的不完善，从而导致在线仲裁在适用过程出现法律适用上的问题。②

由此可见，在线争议解决机制在发展中国家未来的发展进程上，不仅要面临文化和心理上这种主观因素上的限制，还要应对科技发展水平的限制以及国内立法上的滞后。因此，相比欧盟国家以及其他发达国家而言，发展中国家利用在线仲裁解决跨境电子商务纠纷的步伐还是相对缓慢。在联合国贸法委以及欧盟统一立法的推动下，也会促进发展中国家在电子商务领域跨境争议解决的发展。特别是贸法委在起草网络商业环境中争议解决机制指导原则时，也会反映出发展中国家的需求，③ 这对发展中国家在线争议解决机制的构建也是有益的。

结　　语

随着国际商务的信息化发展，新的交易方式及贸易者群体的出

---

① Farzaneh Badii. The Use OF Online Arbitration in Iran: the Current Regulatory Framework and the Shortcomings. *Alternative Dispute Resolution*, 2014, 3: 34-35.

② See Farzaneh Badii. The Use OF Online Arbitration in Iran: the Current Regulatory Framework and the Shortcomings. *Alternative Dispute Resolution*, 2014, 3: 35.

③ 参见薛源. 跨境电子商务网上争议解决机制研究. 北京：中国政法大学出版社，2014：52.

现进一步加速了电子商务的发展，节约时间和成本的在线争议解决方式也取得了新的进展。在线仲裁作为 ODR 最主要的手段之一，将传统的仲裁方式与先进的信息技术相结合，成为解决电子商务跨境纠纷的有效方式之一。由于在线仲裁是一种特殊的结合体，其在适用过程中也总是会面临着法律和技术上的双重挑战。因此，自在线仲裁出现以来，学界对在线仲裁的研究也未曾间断过。

本文在对国外学者研究进行梳理的基础上，对在线仲裁的发展现状、运作程序、特点、面临的问题以及未来发展趋势进行了简要的概括。从中可以看出在线仲裁的主要问题仍集中于法律的适用以及机制的设计方面。此外，在线仲裁的发展也始终离不开 ODR 规则的制定。虽然贸法委《程序规则》和欧盟提案目前努力的方向并不是制定专门的在线仲裁立法，而是如何更好的去管理电子市场的发展，从而促进国际范围内跨境低成本电子商务交易纠纷的解决以及保护在线消费者利益。但在线仲裁作为 ODR 的主要方式之一，同样可以适用这些国际规则来解决其在司法实践中遇到的问题。如果贸法委或者欧盟能够在该问题上制定出一套行之有效的规则体系，这也能够为在线仲裁提供可适用的法律依据。因此，贸法委工作组和欧盟提案对在线仲裁未来的发展作用仍然是不可忽视的。

参考文献

1. 英文参考文献：

[1] Ha-Sung Chung. Online ADR for the E-Commerce? European Union's ADR Legislation for Cross-Border Online Trade. *Journal of Arbitration Studies*, 2015, 25(3).

[2] Noam Enber, John Zeleznikow. Fairness, Trust and Security in Online Dispute Resolution. *Hamline University's School of Law's Journal of Public Law and Policy*, 2015, 36(2).

[3] Alan Redfern, Martin Hunter. *Redfern and Hunter on International Arbitration (Sixth Edition)*, United States: Oxford University

Press, 2015: 2. 23-2. 24.

[4] Gary B. Born. *International Commercial Arbitration.* London: Kluwer Law International, 2014.

[5] Ihab Amro. The Use of Online Arbitration in the Resolution of International Commercial Disputes. *Vindobona Journal of International Commercial Law & Arbitration*, 2014, 18.

[6] Ujjwal Kacker, Taran Saluja. Online Arbitration for Resolving E-Commerce Disputes: Gateway to the Future. *Indian Journal of Arbitration Law*, 2014, 3(1).

[7] Thomas J. Stipanowich, Zachary P. Ulrich. Arbitration in Evolution: Current Practices and Perspectives of Experienced Commercial Arbitration. *American Review of International Arbitration*, 2014, 25.

[8] Paul W. Breaux. Online Dispute Resolution: A Modern ADR Approach. *Louisiana Bar Journal*, 2014, 62: 181.

[9] Farzaneh Badii. The Use OF Online Arbitration in Iran: the Current Regulatory Framework and the Shortcomings. *Alternative Dispute Resolution*, 2014, 3.

[10] Nwandem Osinachi Victor. Online Dispute Resolution: Scope and Matters Arising (December 24, 2014). http: //ssrn. com/ abstract = 2592926 [2016/4/24]

[11] Daniel Rainey. If an Eyebrow is Raised on the Internet, Will the Arbitrator See it? . Dispute Resolution Magazine, 2014, 21(1).

[12] Amy J. Schmitz. Ensuring Remedies to Cure Cramming. *Cardozo Journal of Conflict Resolution*, 2013, 14.

[13] Amy J. Schmitz. Organic Online Dispute Resolution: Resolving "Cramming" Claims as an Example. *Banking & Financial Services Policy Report*, 2013, 32 (9).

[14] Julia Hörnle. Encouraging Online Alternative Dispute Resolution (ADR) in the EU and Beyond. *European Law Review*, 2013, 38 (2).

[15] Mohamad Salahudine Abdel Wahab. Online Arbitration: Tradition Conceptions and Innovative Trends in Albert Janvan den Berg(ed) , International Arbitration: The Coming of a New Age?, ICCA Congress Series, *Kluwer Law International*, 2013, 17.

[16] Mohamed S. Abdel Wahab. ODR and E-Arbitration. (May 2013), http: //www. mediate. com/pdf/wahabearb. pdf.

[17] Vikki Rogers. Managing Disputes in the Online Global Marketplace: Reviewing the Progress of UNCITRAL's Working Group III on ODR. *Dispute Resolution Magazine*, 2013, 20 (3).

[18] Julio César Betancourt, Elina Zlatanska. Online Dispute Resolution (ODR): What is it, and is it the Way Foward? . *Arbitration*, 2013, 79 (3).

[19] Ibrahim Al Swelmiyeen, Ahmed Al-Nuemat. Disputes Resolution in Cyberspace: to "Duello" or to Arbitrate. *European Intellectual Property Review*, 2013, 35(9).

[20] Maria Mercedes Alborno, Nuria Gonzdlez Martin. Feasibility Analysis of Online Dispute Resolution in Developing Countries. *Inter-American Law Review*, 2012-2013, 44(1).

[21] Brain Farkas. Old Problem, New Medium: Deception in Computer-Facilitated Negotiation and Dispute Resolution. *Cardozo Journal of Conflict Resolution*, 2012, 14.

[22] Markus Altenkirch. A Fast Online Dispute Resolution Program to Resolve SmallManufacturer-Supplier Disputes: Using the ODR M-S Program. *Dispute Resolution Journal*, 2012, 67.

[23] Slavomir Halla. Arbitration Going Online-New Challenges in 21st Century? . *Masaryk University Journal of Law and Technology*, 2011, 5(2).

[24] Colin Rule, Louis F. Del Duca, Daniel Nagel. Online Small Claim Dispute Resolution Developments—Progress on a Soft Law for Cross-Border Consumer Sales. *Penn State International Law*

Review, 2010-2011, 29(3).

[25]Amy J. Schmitz. "Drive-thru" Arbitration in the Digital Age: Empowering Consumers Through Binding ODR. *Baylor Law Review*, 2010, 62.

[26]M. Saleh Jaberi. Online Arbitration: A Vehicle for Dispute Resolution in Electronic Commerce (Auegst 12, 2010). http://ssrn. com/abstract=2128242[2014/4/24].

[27]Chinthaka Liyanage. Online Arbitration Compares to Offline Arbitration and the Reception of Online Consumer Arbitration: An Overview of the Literature. *Sri Lanka Journal of International Law*, 2010, 22(1).

[28]Antonis Patrikios. Resolution of Cross-Border E-Business Disputes by Arbitration Tribunals on the Basis of Transnational Substantive Rules of Law and E-Business Usages: the Emergence of the Lex Informatica. *University of Toledo Law Review*, 2006, 38.

[29]Thomas Schultz. Does Online Dispute Resolution Need Governmental Intervention? The Case for Architectures of Control and Trust. *North Carolina Journal of Law & Technology*, 2004, 6.

[30]Ljiljana Biukovic. International Commercial Arbitration in Cyberspace: Recent Developments. *Northwestern Journal of International Law and Business*, 2002, 22.

[31]Tiffany J. Lanier. Where on Earth does Cyber-Arbitration Occur?: International Review of Arbitral Award Rendered Online. *ILSA Journal of International and Comparative Law*, 2000, 7.

[32]Joel R. Reidenberg. Lex Informatica: The Formulation of Information Policy Rules Through Technology. *Texas Law Review*, 1998, 76(3).

2. 中文参考文献：

[1]邹国勇，李俊夫. 欧盟消费者在线争议解决机制的新发展——

2013 年《欧盟消费者在线争议解决条例》述评．国际法研究，2015，（03）．

[2]薛源．跨境电子商务网上争议解决机制研究．北京：中国政法大学出版社，2014.

[3]高薇．互联网争议解决的制度分析：两种路径及其社会嵌入问题．中外法学，2014，26(4)．

[4]高薇．论在线仲裁机制．上海交通大学学报(哲学社会科学版)，2014，22(6)．

[5]郑世保．在线解决纠纷机制(ODR)研究．北京：法律出版社，2012.

[6]鲍冠艺译注，宋连斌校．2011 年新法国仲裁法．仲裁研究，2011，27.

[7]黄进．国际商事争议解决机制研究．武汉：武汉大学出版社，2010.

[8]何其生．互联网环境下的争议解决机制：变革与发展．武汉：武汉大学出版社，2009.

[9]卢云华，沈四宝，Naill Lawless，Julia HÖrnle. 在线仲裁研究．北京：法律出版社，2008.

[10]李虎．网上仲裁法律问题研究．北京：中国民主法制出版社，2006.

[11]郭玉军，肖芳．网上仲裁的现状与未来．法学评论，2003，2.

全球话语中的"中国模式"*

陈曙光**

"不争论","走自己的路，让别人去说吧"！这是我们的发明，也是我们一贯的策略。这一策略是我们能够始终心无旁骛，不为西方的质疑所动，不为敌人的诋毁所惧，不为"苏东"的逆流所扰，成功开辟中国特色社会主义道路的重要因素。但是，这一策略也直接导致了"中国模式"的国际话语权旁落西方的被动局面。在国际话语场，"中国模式"话出多门、话语多元，中国模式在标榜"客观中立"的解说中处于空前悬疑之中，不同学者各说各话，彼此之间展开了激烈的交锋和论争，本文拟就这一问题做一梳理和评述。

一、"中国模式"的有无之争

是否存在中国模式，这是中西方学者首先聚焦的一个问题。概括起来说，围绕中国模式的有无之争，大致有以下几种观点。

一是"慎用"论。这种观点承认存在中国特色社会主义道路，

* 本文系国家社科基金重大招标项目"习近平总书记关于全面深化改革的方法论思想研究"（批准号：15ZDA003）、国家社科基金重点项目"习近平总书记改革方法论研究"（批准号：15 AKS 004）、教育部 2013 年新世纪优秀人才支持计划项目"中国学术话语的基本问题研究"（项目编号：NCET-13-0433）的阶段性成果。

** 陈曙光（1975— ），男，汉族，湖南浏阳人，青年长江学者，武汉大学马克思主义学院教授、博士生导师，主要从事存在论，马克思主义人学，马克思主义与当代中国发展研究。

但不同意以"中国模式"来命名。因为"定型"和"固化"是模式的基本属性，而中国目前还处于转型期，"变革"与"变动"是其基本特征，各方面的体制机制还没有完全定型，还在继续探索，因此要慎用"中国模式"。比如，李君如先生认为，"讲'模式'，有定型之嫌。这既不符合事实，也很危险。……因此，李君如赞成'中国特色'，而不赞成'中国模式'。"①赵启正先生认为，"因为'模式'一词含有示范、样本的涵义，……赵启正更倾向于以'中国案例'替代'中国模式'。"②中国社会科学院李慎明等人认为："'中国模式'的提法，一是给人有完成和不再发展的凝固之感；二是有加强、推广和扩张之嫌；三是我国经济已高速发展 30 余年，但仍有几千万贫困人口，其发展方式亟待改变，也很难说已经形成一种固定的发展模式，并且这一发展方式是从我国国情出发而采取的举措，其他发展中国家可以借鉴，但很难'复制'。因此，我们认为提'中国道路'为宜。"③中国社会科学院美国研究所所长黄平教授也持相同的看法，在他看来，模式应该是有一套固定的价值层面的观念在支撑的、是已经定型了的东西。然而，至少目前中国的这个"模式"尚未定型，还在形成过程中，不如谈"中国道路"、"中国经验"。

二是"无中生有"论。有人认为，"模仿"和"复制"是模式的题中之义，而所谓的中国模式既无法模仿，也不能复制，因此根本不存在"中国模式"，"中国模式"一说完全是子虚乌有。比如，德国中国问题研究专家托马斯·海贝勒就指出："中国正处于从计划经济向市场经济的转型期，因此我认为所谓的'中国模式'并不存在。"④中国在转型期将迎来急剧的社会变革，在这样的情形下，谈论"中国模式"是不合时宜的。中英可持续发展对话国家协调员里奥·霍恩也认为："'中国模式'一说至少有三重含意：成功、可复

---

① 李君如：《慎提中国模式》，《学习时报》2009 年 12 月 7 日。

② 赵启正：《中国无意输出"模式"》，《学习时报》2009 年 12 月 7 日。

③ 李慎明、何成、宋维强：《"中国道路"的六个内涵》，《中国教育报》2010 年 12 月 23 日第 5 版。

④ ［德］托马斯·海贝勒：《中国模式若干问题研究》，《当代世界与社会主义》2005 年第 5 期。

制性和周密计划,然而,这三个方面都还有待商榷。"①美籍华裔学者黄亚生认为中国的发展道路符合华盛顿共识的主张,"在成功方面,中国和其他国家是一模一样的,并不具备所谓的'中国模式'"。② 英国学者里奥·霍恩认为,"'中国模式'这一概念掩盖了中国经济成功最重要的因素:把握机会。如果真有一条经验,那就是对改革持开放和实事求是的态度。"③在他们看来,中国之所以成功,恰恰就在于没有什么模式。

三是"为时尚早"论。有些学者不直接否定"中国模式"一说,而是认为,"理想性"是模式的隐秘内涵,而当代中国正处于转型时期,改革任务非常繁重,社会矛盾和问题复杂多样,现在就迫切地将改革成就称之为"中国模式",未免为时过早,可以静观其变,待时机成熟再提"中国模式"也不迟。比如,德里克指出,"中国模式"只是一个想法,而不是一个概念或思想。④ 国内学者施雪华教授也认为,"一方面,这些中国改革开放前期成功的经验和道路有没有继续支撑中国未来持续成功的可能,还有不确定因素;另一方面,目前中国改革开放的经验和道路只在中国成功,还没有见到移植到别国或为别国模仿成功的例子。将来如果有一天,一是中国改革开放成功的经验和道路更显整体性,二是'中国模式'如被其他国家所成功模仿、形成了类概念时,再提'中国模式'可能更显科学合理。"⑤因此,目前似乎简称"中国道路"、"中国经验"更加科学合理,也给未来"中国道路"、"中国经验"上升为"中国模式"留下余地和空间。

四是"客观现实"论。大多数学者赞同"中国模式"概念的提法,

---

① 《"中国模式"给世界带来启迪》,《参考消息》2008 年 7 月 30 日。

② [美]黄亚生:《并不存在一个所谓的"中国模式"》,《时代周报》第 81 期。

③ [英]里奥·霍恩:《中国模式背后的真相》,《金融时报》(英国)2008 年 7 月 29 日。

④ [美]阿里夫·德里克:《"中国模式"理念:一个批判性分析》,《国外理论动态》2011 年第 7 期。

⑤ 施雪华:《提"中国模式"为时尚早》,《学习时报》2009 年 12 月 7 日。

"中国模式"是客观存在的。中国的发展道路体现了社会主义的优越性，具有了与西方发展模式相提并论的重要价值，提供了西方之外的另外一种选择。新加坡国立大学郑永年教授认为："'中国模式'是客观的，任何一个国家的人、任何一种文化的人都有权利去看，去解释这个模式"。① 美国资深中国问题专家黄靖也认为，"中国模式的存在是谁也否认不了的现实"。② 徐崇温先生坚持有"中国模式"，同时对那些否认中国模式的人进行了回应，"有哪种模式因为经历了发展变化而不成其为模式？显然没有"。③ 秦宣认为，"模式"往往指前人积累的经验的抽象和升华，所以"从社会发展意义上说，使用'中国模式'这个概念并不存在任何疑义"。④ 还有学者认为，中国经过30多年的改革开放，确实走出了一条不同于西方国家的发展道路，形成了许多自己独特的做法，发展成就世所公认，"将这个道路、这些做法加以总结，然后冠以'中国模式'，是完全可以的"。⑤

我以为，不必讳言"模式"，"中国模式"是一个事实！早在20世纪80年代，改革开放的总设计师邓小平就大量使用过"模式"一词，明确提出过"中国的模式"这一概念。1980年5月，邓小平在谈到处理兄弟党关系的一条重要原则时曾说，"中国革命就没有按照俄国十月革命的模式去进行"；"不应该要求其他发展中国家都按照中国的模式去进行革命，更不应该要求发达的资本主义国家也采取中国的模式。"⑥1985年8月28日，邓小平在会见津巴布韦总

---

① ［新加坡］郑永年：《"中国模式"为何引起世界争论?》，《参考消息》2010年5月5日。

② 叶蕴：《"中国模式"的未来——专访黄靖教授》，《南风窗》2009年第20期。

③ 徐崇温：《关于如何理解中国模式的若干问题》，《马克思主义研究》2010年第2期。

④ 秦宣：《"中国模式"之概念辨析》，《前线》，2010年第2期。

⑤ 刘建飞：《应当超越中国模式的政治内涵》，《人民论坛》2010年第16期。

⑥ 《邓小平文选》第2卷，人民出版社，1994年版，第318页。

理穆加贝时指出："社会主义究竟是个什么样子，苏联搞了很多年，也并没有完全搞清楚。可能列宁的思路比较好，搞了个新经济政策，但是后来苏联的模式僵化了。"①1986年9月29日，在与波兰领导人雅鲁泽尔斯基谈话时深刻指出："我们两国原来的政治体制都是从苏联模式来的。看来这个模式在苏联也不是很成功的。"②1988年5月，邓小平在会见莫桑比克总统希萨诺时，他又指出："世界上的问题不可能都用一个模式解决。中国有中国自己的模式，莫桑比克也应该有莫桑比克自己的模式。"③1989年5月16日，邓小平在会见苏共中央总书记戈尔巴乔夫时指出："在革命成功后，各国必须根据自己的条件建设社会主义。固定的模式是没有的，也不可能有。墨守成规的观点只能导致落后，甚至失败。"④邓小平的这些谈话明确地告诉我们：模式是客观存在的，是无法否认的，关键是如何正确地理解"模式"，科学地对待"模式"，合理地选择"模式"。

事实上，世界上不存在一劳永逸的发展模式，不能因为中国模式还需要发展就否定它的客观存在。世界上不存在放之四海而皆准的普世模式，不能因为中国模式无法复制而否定它的客观存在。世界上不存在十全十美的发展模式，不能因为中国模式还不够完美就否定它的客观存在。正如郑杭生所说："用'中国模式'概括中国特色社会主义这种新型社会主义发展模式，十分简洁，非常鲜明，有利于扩大自己的影响，必须说是利大于弊的。"⑤慎用中国模式的主张倒是一种缺乏自信的表现。

---

① 《邓小平年谱（1975—1997）》，中央文献出版社，2004年版，第1070页。

② 《邓小平文选》第3卷，人民出版社，1993年版，第178页。

③ 《邓小平文选》第3卷，人民出版社，1993年版，第261页。

④ 《邓小平年谱（1975—1997）》，中央文献出版社，2004年版，第1176页。

⑤ 郑杭生：《"中国模式"能不能提》，《北京日报》2010年12月20日。

二、"中国模式"的维度之争

我们究竟在什么维度上言说"中国模式",这是首先需要明确的一个前提性问题。国内外学者讨论"中国模式"时,观察的视角和维度是不一样的,西方学者大多从经济的视角和维度来分析,而中国学者大多从综合的视角和维度来分析。

一是"单一维度"论。这种观点认为,中国模式即中国的经济发展模式。大多数西方学者在谈及"中国模式"的成功经验时,或者故意抹去中国模式的社会性质和政治属性,"不愿意将中国模式的成功归因于社会主义";① 或者刻意"回避中国的政治模式,仅仅把中国模式局限于中国在经济上的成功";② 或者认为"中国只有经济改革而无政治改革"。③ 比如,美国美中经济与安全评估委员会首席经济学家托马斯·I·帕利(Thomas I. Palley)认为,中国模式的成功秘诀在于:"以市场为中心的经济活动展开的同时出现的是明确的内部和外部的资本积累战略"。④ 美国彼得森国际经济研究所高级研究员、美国美中关系全国委员会执行委员会和美国国会对外关系委员会委员尼古拉斯·拉迪(Nicholas R. Lardy)认为:"过去二三十年中国经济保持了快速增长,得益于五个因素,即中国引入了市场机制;经济不断开放;高储蓄率;劳动力在产业之间大规

---

① 秦宣:《国际视野中的"中国模式"——兼论中国特色社会主义的国际影响》,《中国人民大学学报》2008 年第 4 期。

② [新加坡]郑永年:《国际发展格局中的中国模式》,《中国社会科学》2009 年第 5 期。

③ 这种说法在理论上首先由 Susan L. Shirk 在 20 世纪 90 年代初提出,之后在学术界流传开来。见 Susan L. Shirk, The Political Economy of Economic Reform in China, Berkeley, LA: University of California Press, 1993.

④ [美]托马斯·I·帕利:《中国发展模式的外部矛盾:出口导向型增长与全球经济萎缩的危险》,《国外理论动态》2006 年第 5 期。

模转移以及多年来对人力资本的投资"。①

　　二是"多重维度"论。这种观点认为，中国模式不仅仅指称中国的经济发展模式，也包括中国的政治模式、文化模式以及外交和国防政策，等等，"中国模式"是一个涵盖经济、政治、文化、社会、生态等领域的整体性概念。比如，新加坡国立大学东亚研究所郑永年教授认为，中国模式的政治和经济内涵都很重要，如果回避中国的政治模式，就无法理解中国的经济模式，"中国的经济模式正是由中国的政治模式促成的"。② 胡鞍钢先生认为，中国和平崛起有多种因素，但可以确定的是，与中国特有的政治模式是分不开的。《求是》2014 年第 5 期撰文指出：中国道路给世界传递的启示是，"社会主义制度、强有力的政府、混合经济、宏观调控，同样可以成为现代化的成功元素。"③沙特阿拉伯《中东报》2005 年 6 月也撰文指出：中国的成功有诸多因素，但最重要的是政治制度。中国社会科学院房宁教授在出席"人民共和国 60 年与中国模式"学术研讨会时指出，"中国模式"包括两个方面的内涵，一是政治发展和政治体制改革的问题，也即是中国特色政治体制建设。二是中国作为一个后发国家，如何实现跨越性发展的问题。天津师范大学高建教授认为，中国模式的成功是多重要素共同作用的结果，其中：中国共产党的领导是"中国模式"的根本保证，社会主义基本制度是"中国模式"的核心，社会主义市场经济是"中国模式"的基本手段。"中国共产党领导、社会主义制度和市场经济这三者缺一不可，他们必须有机地结合在一起，如果缺少任何一个，都不能形成'中国模式'"。④ 赵宏先生认为，中国模式的内涵是多维度的，"从政治上看，它坚持中国共产党的领导和有效执政，以及人民群

　　① 《尼古拉斯·拉迪：中国经济仍是投资驱动型》，http://www.Caijing.com.cn/2006—06—22/10009063.Html.
　　② ［新加坡］郑永年：《国际发展格局中的中国模式》，《中国社会科学》2009 年第 5 期。
　　③ 中央党校中国特色社会主义理论体系研究中心：《中国道路破解了一系列发展中国家现代化难题》，执笔：刘云川，黄相怀，《求是》2014 年第 5 期。
　　④ 高建：《"中国模式"的争论与思考》，《政治学研究》2011 年第 3 期。

众的广泛参与，坚持中国特色社会主义发展道路；从经济上看，它推行的是社会主义市场经济取向的改革；从社会文化方面看，它坚持马克思主义在意识形态领域的指导地位，坚持通过一部分人先富起来并带动和最终实现共同富裕的路线；从对外方面看，它推动的是和谐世界的构建"。①

我以为，"中国模式"就是中国特色社会主义道路。"中国特色"并不仅仅存在于经济领域之中，也存在于其他的领域。破解"中国模式"的密码不能仅在经济领域中寻找，也应到政治、文化、社会、外交等诸多领域中寻找，将"中国模式"解读仅仅为经济发展模式是片面的。"中国模式"是一个全方位、多领域的发展模式，是中国在解决应对经济、政治、文化、社会、生态等各个领域的重大问题中所形成的一种基本样式。中国模式"体现在实践上，就是开辟了中国特色社会主义道路；体现在理论上，就是形成了中国特色社会主义理论体系"；② 体现在制度上，就是建立了中国特色社会主义制度。中国模式是道路、理论体系和制度的统一。关于中国特色社会主义的内涵，党的十八大报告又进一步概括道，"就是在中国共产党领导下，立足基本国情，以经济建设为中心，坚持四项基本原则，坚持改革开放，解放和发展社会生产力，建设社会主义市场经济、社会主义民主政治、社会主义先进文化、社会主义和谐社会、社会主义生态文明，促进人的全面发展，逐步实现全体人民共同富裕，建设富强民主文明和谐的社会主义现代化国家。"③把握"五位一体"的总布局，是正确理解"中国模式"的基本出发点。

此外，中国模式的成功也是全方位、多领域的，正如美国华盛顿大学国际问题研究院前院长何汉理说，20 世纪 50 年代后崛起的

① 赵宏：《中国模式与当今世界几种主要发展模式比较研究》，《红旗文稿》2009 年第 22 期。

② 习近平：《关于中国特色社会主义理论体系的几点学习体会和认识》，《求是》2008 年第 7 期。

③ 胡锦涛：《坚定不移走中国特色社会主义道路，夺取中国特色社会主义新胜利——在中国共产党第十八次全国代表大会上的报告》，《人民日报》2012 年11 月 18 日。

大国都只是"单一强国"。苏联是军事强国，日本是经济强国。但中国将以一种过去未曾有过的方式在经济、政治、文化、军事等领域崛起为一个"全方位的大国"。西方某些学者刻意回避"中国模式"，因为支撑中国模式的价值理念与西方是完全不同的，承认中国的成就并非按西方的价值标准取得,① 那就意味着对自身的价值的质疑乃至否定，这已经超出了他们的心理承受底线。

三、"中国模式"的特质之争

关于中国模式的基本特质，学术界有不同的看法。

第一，"混合经济"加"一党政治"。新加坡国立大学郑永年教授认为，中国模式就是中国特有的政治经济模式。"在经济方面，中国是混合经济模式。"②自20世纪90年代以来，中国经济之所以能够一次次地克服危机，关键就在于中国有一个强大的国有经济部门，并且在关键经济领域发挥重要作用。中国虽然私有经济一直存在，且比重还不小，但中国绝不可能走到完全私有化的地步，混合经济模式才是中国经济的常态。在政治方面，"党权是中国政治的核心",③ 一党执政是关键。郑永年还指出，西方国家"尽管是多党轮流执政，但从政策层面看，往往呈现一党的特征"，因为西方有一个成熟的中产阶级，可以整合不同的政党。而中国目前"社会经济发展水平低下，社会分化严重，中产阶级弱小，甚至不存在，一旦实行多党政治，政党就变成为了分化社会的力量"。美籍华裔学者郭苏建也认为，中国模式的基本特征概括起来就是："经济上，它是一种混合经济形式。通过经济手段、行政手段，公有制经济形式控制着国民经济命脉。""政治上，共产党是唯一的执政党，它的一项重要任务就是要确保社会主义方向，防止中国走向资本主义。

① 秦宣:《国际视野中的"中国模式"——兼论中国特色社会主义的国际影响》,《中国人民大学学报》2008年第4期。

② 郑永年:《中国模式的核心是什么?》,《联合早报》2010年5月11日。

③ 郑永年:《中国模式的核心是什么?》,《联合早报》2010年5月11日。

同时，共产党必须协调各个阶级和代表不同社会经济体和阶层的利益，并凝聚成迈向社会主义的整体利益。"①

第二，"经济自由"加"政治压制"。《澳大利亚人报》驻中国资深记者罗恩·卡利克在《美国人》双月刊杂志发表文章说，"中国模式"具有两个典型特征，即经济自由和政治压制。要理解中国模式，这两个部分都不能绕过，"第一部分是效仿自由经济政策的成功要素，通过使本国经济的很大部分对国内外的投资开放，允许实现劳动方面的灵活性，减轻税收和监管方面的负担，并把私营部门和国家的开支相结合，从而创建一流的基础设施。第二部分就是允许执政党保持对政府、法院、军队、国内安全机构以及信息的自由流动的牢牢控制。描述这一模式的一个较为简捷的方式是：经济自由加政治压制"。② 这种观点不是个别学者的看法，可以说带有相当的普遍性，是西方对"中国模式"的典型描述。

第三，"实用主义"。一些西方学者认为，中国模式就像一个"混血儿"，既保留了社会主义的因素，也借鉴了资本主义的因素，实用主义是中国模式最鲜明的特色。德国学者托马斯·海贝勒指出："政治实用主义是中国发展模式和政治文化的显著特色。这种实用主义的特征如下：经济上，从计划经济到市场经济的转型，或者说政治的经济化。政治上，共产党已经从一个阶级的政党发展成为一个人民的政党。意识形态上，政府的目标不再是一个遥不可及的'共产主义'，而是一个不太遥远的'和谐社会'。政权的合法性不再基于意识形态之上，而是基于对现代化、增强国力、维护安定、建立社会主义民主等的承诺。"③英国学者马丁·雅克也认为："中国共产党受到支持的原因，在实质上已经慢慢发生了改变——主要不再是强调党代表了某种意识形态，而是有能力实现国民经济

① 郭苏建、艾芸：《一位海外华裔学者眼中的"中国模式——专访美国旧金山州立大学政治系主任、教授郭苏建》，《人民论坛》2008 年第 12 期 B。

② Rowan Callick, "The China Model", American, November/December 2007.

③ [德]托马斯·海贝勒：《中国模式若干问题的研究》，《当代世界与社会主义》2005 年第 5 期。

的增长。"①德国学者桑德施奈德也认为,中国改革开放成就的秘诀归结到一个词就是"实用主义",或者还有实干精神。俄罗斯高等经济学校雅各布森教授在其《中国经验反新斯大林主义》一文中认为,中国模式遵循了邓小平的战略,现代中国更关注解决一个个具体的问题,体现了强烈的实用主义倾向,因此才取得了举世瞩目的成功。

第四,"综合性"。这种观点认为,"中国奇迹"的关键在于它能海纳百川、将各种发展模式的优长冶为一炉。俄罗斯共产党主席久加洛夫认为,"中国成功的公式是,社会主义+中国民族传统+国家调控的市场+现代化技术和管理。"②显然,他是从综合性的视角来定位中国模式的特征。俄罗斯国际问题专家、著名汉学家亚历山大·萨利茨基指出:"中国模式的特点恰恰在于,设计师没有规定一种绝对的固定的国家发展形式","这是一种综合性的模式,是一种综合性的探索和借鉴。中国汲取了其他国家的经验,并使这些经验适应本国的条件。从中国模式的基础中可找到苏联的'骨架'、新型工业国家的成就、美国的成就,还有注重社会福利的资本主义的特点。中国成功地汲取了所有这些经验"。③ 俄罗斯祖国党意识形态委员会前主席捷列金在《中国道路对俄罗斯来说就是新斯大林主义》一文中认为,中国模式的成功是有效的管理体系、独特的传统文化、自有的而非外来的民主体制、廉价且勤劳的劳动力、海外侨民的投资、美国市场对中国的开放等综合作用的结果。④ 张维为认为,中国模式至少包含 8 个特点:实事求是;民生为大;稳定优先;渐进改革;顺序差异;混合经济;对外开放;有一个比较中

---

① [英]马丁·雅克:《当中国统治世界:中国的崛起和西方世界的衰落》,中信出版社 2010 年版,第 180 页。

② 参见《参考消息》2004 年 6 月 2 日。

③ 《中国模式的特点恰恰在于没有规定形式——专访俄罗斯国际问题专家亚历山大·萨利茨基》,《参考消息》2009 年 9 月 1 日。

④ http://column.cankaoxiaoxi.com/9/2011/1025/4401.shtml.

性、开明、强势的政府。① 中共中央党校严书瀚教授认为，"科学
发展、和谐发展、和平发展是中国发展道路的根本特点"。② 武汉
大学孙来斌教授总结了中国模式的六大特征：后发追赶，社会主义
性质，渐进式的改革，社会主义与市场机制的结合，自主发展与和
平发展。③

其实，我以为，中国经济并不能简单地等同于混合经济模式，
中国政治也不是一党政治，更不是一党专制。西方一些学者不否认
中国经济的成功，但同时强调"政治压制"，甚至称中国为"专制"
政体、"独裁"统治。这显然是以西方标准裁剪中国的结果，透露
着几分敌意和不屑，也有几分不安与恐惧。所谓"实用主义"则完
全是一种停留于表层的解读。究竟如何理解中国模式的基本特征，
党的十八大报告已经给出了明确的答案，这就是"八个坚持"——
坚持人民主体地位，坚持解放和发展社会生产力，坚持推进改革开
放，坚持维护社会公平正义，坚持走共同富裕道路，坚持促进社会
和谐，坚持和平发展，坚持党的领导。这"八个坚持"比较完整地
概括了中国模式的基本特征。

四、"中国模式"的性质之争

关于中国模式的性质，国内大多数学者的界定是一致的，即
"中国模式"是社会主义本质的中国实现形式。但西方学者的解读
可谓众说纷纭，莫衷一是。大致有以下几种观点：

第一，"姓'资'"论。有些西方学者认为，中国模式的实质是
"利用社会主义来建设资本主义"，而不是"利用资本主义来建设社
会主义"；中国特色社会主义不是坚持和发展了马克思主义，而是

---

① 张维为：《一个奇迹的剖析——中国模式及其意义》，http：//
news. xinhuanet. com/politics/2011-03/26/c_121233603. htm。

② 严书瀚：《中国发展道路的世界影响》，《克拉玛依学刊》2011 年第 1 期。

③ 孙来斌，薛金华：《世界现代化语境下的中国模式》，《湘湖论坛》2010
年 1 期。

背离和抛弃了马克思主义。美籍华人黄亚生教授通过对中国经济成分和发展指标的分析，指出所谓的"中国特色社会主义"其实质是"中国特色资本主义"。① 美国著名左翼学者马丁·哈特·兰兹伯格和保罗·伯克特指出："中国的市场改革并不通往社会主义的复兴，而是通往彻底的资本主义复辟"，② "中国的市场社会主义改革并未将该国导向一种新型的社会主义；而是导向了一种日渐等级化和残忍的资本主义形态"。③ 政治风险专家伊恩·布里默则进一步讲中国模式解读为"国家资本主义模式"。他指出，国家资本主义模式的首要国家是作为领导者的中国以及其他一些集权主义的国家，这些奉行国家资本主义模式的国家控制了全球大量资源，这些国家的政府在经济活动中既当裁判员又当运动员，"中国式国家资本主义是全球最大威胁"④。美国智库"对外关系委员会"研究员、中国问题专家约书亚·科兰兹克也指出，国家资本主义是使俄罗斯、中国和巴西等"新兴国家"成功的原因，国家资本主义模式对英美等国的"民主资本主义模式"构成威胁和挑战。⑤《世界是平的》作者、《纽约时报》专栏作家托马斯·弗里德曼（Thomas Loren Friedman）2008年年尾在《国际先驱论坛报》发表了一篇文章，文章题目就是《大破解》（The Great Unraveling）。这篇文章"破解"的奥秘就是：美国和中国正在走向"两国一制"（two countries, one system），当然这个"一制"不是社会主义，而是资本主义。

第二，"姓'社'"论。一些西方学者认为，中国模式没有背离

---

① Yasheng Huang, Capitalism with Chinese Characteristics：Entrepreneurship and the State, Cambridge University Press, 2008, p. 160.

② Martin Hart—Landsberg and Paul Burkett, "China and Socialism：Market Reforms and Class Struggle", Monthly Review, July-August2004, p. 9.

③ Martin Hart—Landsberg and Paul Burkett, "China and Socialism：Market Reforms and Class Struggle", Monthly Review, July-August2004, p. 26.

④ Ian Bremmer, The End of the Free Market：Who Wins the War between States and Corporations?, Portfolio Hardcover, May 2010.

⑤ ［美］约书亚·科兰兹克：《金融危机使中国式国家资本主义成为关注焦点》，《时代》周刊（美国）2008年10月27日。

社会主义的基本原则，但具体如何解读中国的社会主义模式又有不同的看法。美国学者哈珀认为中国是一种"威权社会主义模式"，中国特色的道路是"威权统治"下的社会主义制度与建设。中国在这种"威权统治"的模式下崛起，必将给西方造成了巨大的挑战和威胁。西方学者普兰纳布·巴德汉和约翰·罗默则认为中国是一种"市场社会主义模式"，"苏东"剧变之后，社会主义国家改革的结果就是走上"市场社会主义"的发展道路，中国是其中的典型代表。他们还指出："市场社会主义蓝图的全部目的在于这个制度可以像资本主义制度一样达到高度的生产力水平，而不是盲目追求'真正的东西'"。① 印度尼赫鲁大学中国问题专家孔塔帕里认为，中国"在不偏离社会主义方向的前提下，在实践层面奉行务实变通，在理论层面实行兼收并蓄、继承发展，从而形成了一整套紧密结合国情的发展方略"。② 美籍华裔学者郭苏建将中国特色社会主义定位为市场社会主义，这是一种"以市场为基础的社会主义经济制度，这种制度尝试着将私有制和市场交换同公有制和政府管制相结合，国家和市场在经济活动和资源配置中发挥各自不可取代的作用"。③

第三，"非'社'非'资'"论。关于"中国模式"的性质，有些西方学者认为它既不姓"资"也不姓"社"，大致可以归类于超越社会主义和资本主义的"第三条道路"模式。英国著名经济学家彼得·诺兰认为，中国特色社会主义是既不同于西方的资本主义模式，又与经典社会主义模式相异的"第三条道路"，"如果我们所说的'第三条道路'是指国家与市场之间的一种创造性、共生的相互关系，那么我们可以说，中国 2000 年来一直在走它自己的第三条道路。

① Pranab Bardhan and John E. Roemer, "Market Socialism: A Case for Rejuvenation", in Journal of Economic Perspectives, Vol. 6, No. 3, Summer, 1992, pp. 101–116.

② 《经典中国 辉煌 30 年：伟大旗帜指引伟大道路》，[BE/OL]. http://finance. People. com. cn/GB/8118830, html,.

③ Sujian Guo, "DesigningMarket Socialism: Trustees of State Property," Journal of Policy Reform, Vol. 8, No. 3, September 2005, pp. 207–228.

这是中国令人印象深刻的长期经济和社会发展的基础。"①德里克也主张抛开"姓'社'姓'资'"的传统思维框架,因为社会主义和资本主义的传统划分已经无法解释中国特色社会主义的实践。德里克在《后社会主义?》一文中指出,由于中国意识形态的不确定性,"中国模式"可以用"后社会主义"②来定性。因为"传统的社会主义"作为一种"元理论"已经不复存在,它已经失去了一致的当前和特定的未来,不能再用来"指定"中国社会主义的发展路径。

第四,"亦'社'亦'资'"论。一些西方学者认为,"中国模式"既有社会主义的成分,也有资本主义的成分,既有吸纳了社会主义的优长,又汲取了资本主义的营养,属于"亦'社'亦'资'"的中间模式。美国加州伯克利大学东亚研究所所长叶文心教授认为,中国道路"既有资本主义又有社会主义,各种各样的成分结合在一起,是一个混合体"。③ 前美国驻华大使恒安石在谈及中国模式的性质时曾指出:"中国的模式要求发挥经济效益的作用,发挥个体企业的作用,扩大自主权,减少中央对物价、生产、投资的行政控制,实行对外开放。正统的马克思主义经济学被贬低了。我要强调指出,中国肯定也没有放弃社会主义,也没有放弃资本主义。"④西方学者奈斯比特夫妇认为,"中国模式"要么姓"社"、要么姓"资"的争论是没有意义的,"中国借鉴资本主义来实现自己的经济目标,但是政治立场没有动摇。……中国就像一个'混血儿',也许这个孩子很快就会在吸取父母——共产主义和资本主义——的长处之

---

① [英]彼得·诺兰:《处在十字路口的中国》,《中国经济与商业研究》(英刊)2005年第1期。

② [美]阿里夫·德里克:《后社会主义?——反思"有中国特色的社会主义"》,载于苑洁主编《后社会主义》,中央编译出版社2007年版,第43页。

③ [美]叶文心:《"中国道路"的历史沉思》,录入《国内外学者纵论"中国道路"》,《党的文献》2010年第4期。

④ 张鸣、吴静妍:《外国人眼中的中国(第八卷):中国改革开放》,吉林摄影出版社,第201页。

后，独立走出一条新路。"①自邓小平宣布实行改革开放以来，"中国模式"逐渐变为社会主义与资本主义并存的中间模式。

我以为，"中国模式"即中国特色社会主义道路。上述种种关于中国模式的性质定位都有失偏颇，"中国模式"不是任人打扮的小姑娘。中国模式的社会性质和政治属性是明确的，它既不同于资本主义发展模式，也有别于高度集中的苏联模式；既坚持了科学社会主义的基本原则，又赋予了鲜明的中国特色；既坚持了社会主义的一般规律，又反映了社会主义初级阶段的特殊性。中国模式是"社会主义本质的中国实现形式"，是具有中国特色的社会主义发展模式。② 大多数西方学者在谈及"中国模式"的成功经验时，或者故意抹去中国模式的社会性质和政治属性，"不愿意将中国模式的成功归因于社会主义"；③ 或者刻意"回避中国的政治模式，仅仅把中国模式局限于中国在经济上的成功"。④ 在定位中国模式的性质时，西方学者往往"把虚假的表面现象当作实质或某种重要的东西"，⑤ 因而做出错误的估计和判断。中国吸引外资、自由贸易、市场经济等与新自由主义所主张的完全放任的市场化、自由化是有根本区别的，中国的改革并没有改掉社会主义制度，改革中形成的中国模式并没有放弃社会主义的基本原则。中国"从没有把资本主义当成目标，而是把它作为实现目标的手段"。⑥ "中国模式"强调坚持四项基本原则，强调人民主体地位，强调"共同富裕"，强调共建共享，强调避免"两极分化"，中国模式在本质上是社会主义

① ［美］约翰·奈斯比特、［奥］多丽丝·奈斯比特，《中国大趋势——新社会的八大支柱》，中华工商联合出版社有限责任公司 2009 年版，第 29 页。

② 程恩富：《中国模式：社会主义本质的中国实现形式》，《中国社会科学报》2011 年 1 月 11 日。

③ 秦宣：《国际视野中的"中国模式"——兼论中国特色社会主义的国际影响》，《中国人民大学学报》2008 年第 4 期。

④ ［新加坡］郑永年：《国际发展格局中的中国模式》，《中国社会科学》2009 年第 5 期。

⑤ 《列宁全集》（第 32 卷），人民出版社 1985 年版，第 45 页。

⑥ ［英］威尔·赫顿：《伟大的中国商城》，《卫报》（英国）2004 年 5 月 9 日。

的发展模式。"北京共识"的提出者雷默指出，"北京共识"的目标是帮助普通人民，而"华盛顿共识"的目标是帮助银行家，① 这不就体现了"中国模式"的社会主义性质吗？总之，"'中国模式'的实质是社会主义本质的当代中国实现形式，'中国模式'的成功是中国特色社会主义的成功"。② 个别西方学者使用"中国模式"这个概念时试图颠倒黑白，企图把中国特色社会主义从"中国模式"中剔除掉，企图将"中国模式"纳入西方模式的解释框架，这应当引起我们的重视。

五、"中国模式"的起点之争

"中国道路"究竟是由谁率先开辟的，"中国模式"究竟是何时开始形成的，究竟如何看待毛泽东和毛泽东思想在其中的地位，国内外学术界一直存在两种对立的看法。

第一种观点，中国模式"始于毛"。这种观点认为，中国在改革开放后取得的非凡成就是和毛泽东在新民主主义革命时期和社会主义建设时期所打下的制度基础、经济基础以及人民所受到的教育和锻炼分不开的，"中国模式"的起点应当追溯至以毛泽东为首的第一代中国共产党人对"怎么建设社会主义"的艰辛探索，"中国模式是关于人民共和国60年'成功之路'的理论"。③ 众所周知，中共老一代领导人薄一波认为，中国特色社会主义道路的探索"始于毛，成于邓"。美国中国问题研究专家、俄勒冈大学教授阿里夫·德里克认为，"中国模式"中被广为称道的"民族经济的一体化、自主发展、政治和经济的主权以及社会平等等这些主题的历史和中国革命的历史一样悠久，是社会主义革命时期提出的"。社会主义革

---

① Joshua Cooper Ramo, The Beijing Consensus, London：The Foreign Policy Centre, 2004.

② 胡乐明，刘志明，张建刚：《国家资本主义与"中国模式"》，《经济研究》2009年第11期。

③ 潘维：《中国模式——解读人民共和国的60年》，中央编译出版社2009年版，第5页。

命时期留下来的这些历史遗产，构成了"中国模式"中最重要的内容。① 埃及经济学家阿明曾这样说道："过去几十年间中国的成就——经济均衡增长、大规模城市化和超强的技术吸收能力被描述为奇迹，但是事实上并不是奇迹。或者说，如果没有革命所打下的一些必要的基础，奇迹是不可能出现的。"②俄罗斯国家经济学院国际经济研究生院院长弗拉基米尔·波波夫指出，中国近三十年成功的先决条件绝大部分是毛泽东时代创造的。毫不夸张地说，如果没有毛泽东时代所实行的一系列政策，所打下的基础，1979 年以来的市场改革绝不会取得现在这种令人瞩目的成就。从某种意义上来说，1979 年以来的经济自由化仅仅是锦上添花。"其余的要素，最重要的是强有力的制度和人力资本已经由以前的政权提供了。没有这些其他的要素，在任何时期和任何国家，单独的自由化是从来不会成功的，甚至有时候会适得其反，如上世纪撒哈拉以南非洲国家就是这样"。③ 意大利学者阿里吉认为："改革的成功在很大程度上基于中国革命早前所取得的成就。1978 年到 1984 年农业生产的发展确实与改革有关系，但这仅是因为它们是建筑在毛泽东时代的遗产之上的。"④新加坡国立大学郑永年教授认为，"中国模式"的范畴涵盖从中华人民共和国成立到现在的全部历史。前 30 年建立起来的主权国家架构，为后 30 年的成功奠定了基础。"如果不理解改革开放前 30 年的历史，就很难甚至不能理解改革开放 30 年的成就。"正因为毛泽东的艰辛探索和曲折实践，后毛泽东时代的中国领导人才有了全然不同的选择。正因为封闭、计划、集权、贫穷的社会主义被证明行不通，市场、分权、自由、开放和富裕生活等价

---

① ［美］阿里夫·德里克：《中国发展道路的反思：不应抛弃社会主义革命的历史遗产》，《当代世界与社会主义》2005 年第 5 期。

② Samir Amin：" On China：' Market Socialism' A Stage in the long Socialist Transition or Shortcut to Capitalism？"，Social Scientist，Nov－Dec 2004.

③ 毕文胜编写：《波波夫谈中国发展模式》，《国外理论动态》2011 年第 1 期。

④ ［意］乔万尼·阿瑞吉：《亚当·斯密在北京——21 世纪的谱系》，社会科学文献出版社 2009 年版，第 373 页。

值才得以普遍确立。① 就连英国作家威尔·赫顿认为，中国的成功建立在毛泽东奠定的基础之上。

第二种观点，中国模式"始于邓"。中国观点认为，中国模式是改革开放的产物，没有邓小平开启的改革开放事业，就没有中国模式。中国模式是上世纪80年代之后的事，80年代之前没有中国模式，那时候的中国不过是复制苏联模式。中国社科院徐崇温先生认为，探索社会主义建设规律与开创中国特色社会主义道路，两者不是一回事。中国特色社会主义理论体系是中国道路、中国模式的理论支撑，这一理论的历史起点是十一届三中全会，逻辑起点是"什么是社会主义、怎样建设社会主义"这一基本问题的提出和初步解决，因此，"不管从逻辑上还是从内容上，毛泽东思想以及毛泽东从1956年开始的对社会主义建设规律的探索都不包含在内"。② 中共中央党校常务副校长何毅亭认为，"中国特色社会主义命题，是在改革开放的伟大实践中提出来的；中国特色社会主义道路，是在改革开放的伟大实践中逐步开辟、拓展并越走越宽阔的；中国特色社会主义理论体系，是在改革开放的伟大实践中逐步形成和不断丰富、发展的；中国特色社会主义制度，是在改革开放的伟大实践中不断健全和完善的"。③ 中央编译局俞可平教授认为，"中国模式"是特指中国改革开放以来的社会发展道路，是近30多年来逐渐形成的一整套应对全球化挑战的发展战略和治理模式，其实质是全球化背景下中国作为发展中国家实现现代化的一种战略选择。④ 华东师范大学陈锡喜教授认为，中国特色社会主义"始于毛、

① ［新加坡］郑永年：《国际发展格局中的中国模式》，《中国社会科学》2009年第5期。

② 徐崇温：《关于中国特色社会主义理论体系的起点》，《中国特色社会主义研究》2008年第2期。

③ 何毅亭：《全面深化改革与中国特色社会主义——在"中国马克思主义论坛2013"上的开题演讲》，http://www.ccps.gov.cn/ccps_news/xldxw/201401/t20140102_45026.html

④ 俞可平：《关于"中国模式"的思考》，《红旗文稿》2005年第19期。

成于邓"是一个以讹传讹的伪命题。① 毛泽东是中国特色社会主义道路的探索者，邓小平则是中国特色社会主义道路的开辟者和中国特色社会主义理论的主要创立者。

我以为，不能将中国特色社会主义与传统社会主义模式完全对立起来。中国特色社会主义不同于毛泽东时代的传统社会主义模式，这是毋庸置疑的事实，但两者之间不是简单的否定和抛弃关系，而是超越和扬弃的关系。中国特色社会主义否定了传统社会主义模式的某些做法，比如高度集中的计划体制、纯而又纯的公有制、单一的分配体制等等，但是中国特色社会主义没有否定社会主义的基本制度、基本价值和基本立场。习近平指出，"我们党领导人民进行社会主义建设，有改革开放前和改革开放后两个历史时期，这是两个相互联系又有重大区别的时期，但本质上都是我们党领导人民进行社会主义建设的实践探索。中国特色社会主义是在改革开放历史新时期开创的，但也是在新中国已经建立起社会主义基本制度、并进行了20多年建设的基础上开创的。虽然这两个历史时期在进行社会主义建设的思想指导、方针政策、实际工作上有很大差别，但两者决不是彼此割裂的，更不是根本对立的。不能用改革开放后的历史时期否定改革开放前的历史时期，也不能用改革开放前的历史时期否定改革开放后的历史时期。"②"中国特色社会主义不是从天上掉下来的，是党和人民历尽千辛万苦、付出各种代价取得的根本成就。改革开放前的社会主义实践探索，是党和人民在历史新时期把握现实、创造未来的出发阵地，没有它提供的正反两方面的历史经验，没有它积累的思想成果、物质成果、制度成果，改革开放也难以顺利推进。一切向前走，都不能忘记走过的路；走得再远、走到再光辉的未来，也不能忘记走过的过去。"③"两个三

---

① 陈锡喜：《关于中国特色社会主义理论形成起点问题的讨论及思考——兼析"始于毛，成于邓"的命题》，《求实》2008 年第 10 期。

② 习近平：《毫不动摇坚持和发展中国特色社会主义》，《人民日报》2013 年 1 月 6 日。

③ 习近平：《在纪念毛泽东同志诞辰 120 周年座谈会上的讲话（2013 年 12 月 26 日）》，《人民日报》2013 年 12 月 27 日。

十年"的关系是承前启后、继往开来的关系，它们共同创造了新中国的辉煌历史，"前30年为一个主权国家独立奠定了基础结构，但对如何建设这个新国家，前30年在为后人留下很多宝贵经验的同时，也付出了沉重的代价。但我们必须强调的是，如果没有前30年建立起来的主权国家架构，也很难有后30年的建设成就。正是因为有毛泽东那么多充满价值的社会实践，毛泽东后的中国领导人才有了全然不同的探索。"①无论是用改革开放后的历史时期否定改革开放前的历史时期，还是用改革开放前的历史时期否定改革开放后的历史时期，都是对新中国辉煌历史的自我否定。中国模式，一方面，它是改革开放的产物，没有改革开放就没有中国模式；另一方面，它的根基在于新中国成立以来建立的社会主义制度。"社会主义基本制度的建立，为当代中国一切发展进步奠定了根本政治前提和制度基础。离开这个前提，就不可能有中国经济社会发展的伟大成就，中国模式就失去了根基。"②综上所述，我们是否可以这样说，"中国道路"和"中国模式"的探索"始于毛"，"中国道路"的开辟、"中国模式"的形成"始于邓"。

六、"中国模式"的发明权之争

"中国模式"究竟是"中国创造"还是"中国复制"，它的"知识产权"究竟属于谁？国内外学术界展开了热烈的讨论，大致有以下几种观点：

第一种观点，"中国创造"论。这种观点认为，中国模式具有完全自主知识产权，发明权属于中国人民。"中国模式"的最成功之处正在于它的独创性。在中国这样一个经济文化比较落后的国家如何建设社会主义、如何巩固和发展社会主义，老祖宗没有给出现成的方案，只能靠中国人民"摸着石头过河"。"中国模式"是中国

① ［新加坡］郑永年：《国际发展格局中的中国模式》，《中国社会科学》2009年第5期。

② 杨煌：《中国模式与社会主义》，《红旗文稿》2011年第18期。

共产党领导中国人民奋斗开创的，是在当代中国的历史性实践中生成的，它不是苏联模式的衍生品，不是西方模式的当代翻版，不是华盛顿智库的一帮人坐在大楼内凭空杜撰出来的，"中国模式"具有完全的"自主知识产权"。比如，乔舒亚·雷默就认为，"改变，新奇，创新是北京共识的本质力量"。① 英国作家威尔·赫顿指出："中国的发展道路非常独特，极具中国特色"。② 英国学者马丁·雅克指出，中国模式是现代性谱系中的一支，是一种与北美、欧洲模式并存的现代化模式。中国的发展之路完全建立在自身的历史和文化基础之上，具有自身的独特性，与西方经历的道路"完全不一样"。俄罗斯学者季塔连科也强调，"中国的发展模式堪称世界近代史上的一次伟大创举"。③ 中国有学者指出，"中国道路"就是"中国共产党领导的社会主义市场经济道路，它有机地结合了中国共产党的领导、社会主义制度的优越性和市场对资源配置的有效性，是世界发展史上没有先例的，开拓了人类社会发展的新道路"④。中国模式既与现代西方资本主义模式有着根本的区别，也有别于其他社会主义模式。中国社会科学院田春生研究员认为，中国模式的形成，是自己国家和民族特色长期演绎和变革的结果。中国的社会经济制度具有"内生性"，而非"移植性"。制度内生性是"中国模式"的创新之所在。⑤

第二种观点，"中国复制"论。有人认为，中国模式无非是西方模式的复制品。中国的发展就是与西方体制接轨，与国际惯例接轨，就是向西方模式靠拢，向普世原则靠拢，除此之外并没有自身独特的内容和创造，中国与世界上其他"转轨国家"也没有什么不同。中国特色社会主义不可能成为绕开西方自由民主模式的一个例

① Joshua Cooper Ramo: The Beijing Consensus. Foreign Policy Centre, 2004.
② ［英］威尔·赫顿:《伟大的中国商城》,《卫报》(英国)2004 年 5 月 9 日。
③ 本报驻莫斯科记者杨政:《中国模式是世界近代史上的一次创举——专访季塔连科》,《光明日报》2009 年 5 月 9 日。
④ 高建:《"中国模式"的争论与思考》,《政治学研究》2011 年第 3 期。
⑤ 田春生:《理解"中国模式"的制度视角》,《当代世界与社会主义》2005 年第 5 期。

外，不可能成为"历史终结论"的一个例外。随着中国进一步融入西方主导的世界，所谓的"中国模式"也就自行消亡了。比如，瑞银全球新兴市场研究部主管乔纳森·安德森(Jonathan Anderson)指出，"中国模式"的成功就是"华盛顿共识"的成功。① 美籍华裔学者黄亚生认为：中国的发展战略在很大程度上符合华盛顿共识的主张，诸如稳定宏观经济、建立健全的市场、执行稳健的财政政策、保护产权等。中国在成功的方面与西方国家是"一模一样的"。黄亚生还通过分析中国、印度和巴西的经济发展历史，得出的基本结论就是："所谓的'中国模式'的手段、方法不独特，所取得的经济成绩也不独特，甚至它所带来的问题都不独特。"②中国未来发展的原则和大方向与西方体制并没有根本上的区别，中国所做的就是以恰当方式去实现这些普世原则。《不祥之兆：21世纪的中国和西方》作者威尔·赫顿在与《当中国统治世界时：中国的崛起与西方世界的终结》作者马丁·雅克辩论时指出，中国的崛起最终会"克隆"西方的发展模式，"所有非西方国家迟早都必须采纳西方的制度和价值观，否则就会失败。"③美国学者斯科特·肯尼迪反驳了北京共识首倡者雷默关于"创新是中国成功的关键支柱"的看法，他指出："中国经济改革的思想来源是其他国家的经验，中国的专家和官员仔细地研究并借鉴了这些经验。"④一位台湾学者指出，中国的成功完全受益于美国主导下的全球经济政治秩序，受益于西方国家新自由主义路线的推行，受益于利用了美国等西方国家的资本、市场、技术，中国"过去三十年的发展与其说是中国的奇迹，还不

① 转引自何迪、鲁利玲：《反思"中国模式"》，社会科学文献出版社2012年版，第128-133页。

② ［美］黄亚生：《中国模式到底有多独特——基于中国、印度、巴西经济数据的比较分析》，《深圳大学学报人文社科版》2012年第1期。

③ ［英］马丁·雅克，［英］威尔·赫顿：《在中国迈向全球巅峰之际，西方统治地位的寿数将尽了吗?》，《卫报》(英国)2009年6月23日。

④ 转引自［英］肖恩·布雷斯林：《"中国模式"与全球危机：从弗里德里希·李斯特到中国治理模式》，《当代世界与社会主义》2012年第1期。

如说是世界带来的奇迹。"①确实，中国模式并没有排斥资本主义的经济管理形式与方法，但"不是走资本主义道路，它们纯粹是技术手段"。②

第三种观点，"中国变种"论。这种观点认为，中国模式无非是"东亚模式"在中国的一个变种。中国的发展道路与当年的东亚模式并无本质不同，都是靠高储蓄高投资来推动的。中国在长达30多年的时间里保持高速度的经济增长率，东亚其他经济体也曾有过相似的记录，因此不存在一个与众不同的中国特色社会主义道路或中国模式。比如，美国学者乔纳森·安德森认为："中国的增长模式与亚洲的增长模式别无二致。亚洲经济增长的主要动力——真正的奇迹——来自于其创造高资本积累率的独特能力，以及把这些资本用在生产性的用途上。中国同样如此。"③面对这样典型的亚洲增长模式，世界上一些人表现的过分激动反而令人费解。哈佛大学教授傅高义也指出："日本、韩国和台湾地区虽然没有共产党，但是它们也是政府领导经济发展，刚开始也是权力比较集中，自由并不多。所以我觉得中国大陆与它们相同的地方还是很多，都属于亚洲后期快速发展的一种模式。"④美国霍普金斯大学乔尔·安德斯教授也认为，"中国走的是一条独特的东亚道路"，其特点包括几个方面，一是强大的国家，二是主要由小企业组成的私有经济和小规模资本主义经济，三是活跃的家庭劳动经济。余永定指出，中国模式是以社会主义计划经济为初始条件的一种东亚发展模式的"变体"。⑤ 其实，中国模式与东亚模式由于地理环境、文化传统、生

① 陈志武：《没有中国模式这回事》，八旗文化（台北）2010 年版，第 58 页。

② ［俄］布罗夫"俄罗斯学者眼中的中国特色社会主义"，《国内外学者纵论"中国道路"》，《党的文献》2010 年第 4 期

③ ［美］乔纳森·安德森：《走出神话》，中信出版社 2006 年版，第 162 页。

④ 孙中欣：《哈佛"中国通"谈中国研究与中国模式——专访傅高义教授》，《国际社会科学杂志》（中文版）2009 年第 1 期。

⑤ 谢平、管涛、黄益平等：《反思中国模式》，中国经济出版社 2011 年版，第 3 页。

活方式等方面的相似性，两者之间确实存在某种一致的地方，但这并不意味着否认两者之间的区别。德里克认为，中国模式和东亚模式存在两大重要的历史性差异，一是中国革命是拥有社会主义目标的民族解放运动，寻求的是建立平等的、人民有发言权的社会主义社会，这与东亚其他国家不一样；二是在国际上强调独立自主发展，而东亚其他社会的转型是在二战后美国的支持下完成的。① 弗朗西斯·福山也认为："中国政治体制最重要的力量是其快速做出巨大的复杂的决策的能力，使得决策相对很好，至少在经济政策方面是如此……这与民主的印度形成了鲜明的对比。……中国政府的质量之所以高于俄罗斯、伊朗或者其他威权制国家，正是因为中国统治者感到要在一定程度上对人民负责。"②

我以为，"中国模式"是中国共产党领导中国人民在改革开放的伟大实践中奋力开拓的，"中国模式"的发明权属于中国人民，它不仅是"中国制造"，也是"中国创造"，贴牌的"民主"与盗版的"社会主义"一样，都是中国的灾难。自上世纪 80 年代以来，"转型发展"是所有发展中国家面临的突出任务，相比较于大多数发展中国家把"转型"视为全盘复制西方模式，中国在转型的过程中没有全盘复制他国模式，"中国模式"具有"内生性"。"中国复制"论、"中国变种"论认为"中国经济改革和发展是以西方理论为指导的说法是不符合实际的，同时，也会误导中国经济改革和发展的方向。"③哈佛大学费正清中国研究中心主任、哈佛商学院教授威廉·柯比说："政治和经济制度不能简单地以西方或东方区分，不能将制度简单地标签化。中国充分利用自己的传统，吸取世界其他国家的有益经验，坚持和发展了自己的制度。我从不建议中国朋友学习

---

① ［美］阿里夫·德里克：《"中国模式"理念：一个批判性分析》，《国外理论动态》2011 年第 7 期。

② Francis Fukuyama, quoted in, "The End of the End of History," The Economist, 18 January 2011, www. Economist. com /blogs/democracyinamerica/···/ china_v_america.

③ 程恩富、王中保：《如何看待中国经济发展模式》，《前线》2009 年第 11 期。

美国的制度。美国的制度是 18 世纪建立的，存在非常严重的问题，或许需要根本的改革。"①"中国模式"不搞全盘私有化、不搞自由化、不搞西式政治制度、不对华盛顿方面言听计从、不放弃意识形态领域的主导权，等等，这些决定了中国模式与华盛顿共识的信条相反，与拉美模式所遵从的信条相反，与东亚威权主义模式的信条相反，与苏联模式的基本做法也大有不同。中国模式不是从国外引进的，也不会向国外输出。

七、"中国模式"的使用权之争

中国模式"归谁所有"的问题尚在争论不休，"由谁所用"的问题又出来了，大致有以下不同的看法。

第一，"普适"论。持这一论调的学者认为，改革开放以来中国迅速崛起，中国模式已经成为所谓西方普世模式之外的一个耀眼的"例外"，同时为发展中国家树立了一个可资遵行的成功范例。这些学者往往看到了西方模式的弊端，希望中国能闯出一条新路，为发展中国家带来新的选择。因此，在他们看来，"中国模式"的使用权属于全世界特别是发展中国家，是值得广大发展中国家尤其是社会主义国家效仿的标准样式和理想选择，可以在全球推而广之。西方一位观察家如是说："从越南到叙利亚，从缅甸到委内瑞拉，以及横跨整个非洲大陆，发展中国家的领导者正赞扬并模仿一个可能被称之为中国模式的东西"。② 美国著名学者约瑟夫·奈（Joseph Nye）也认为，中国的经济奇迹不仅让发展中国家获益巨大，而且中国特殊的发展道路和发展模式被一些国家视为可效仿的榜样。《金融时报》评论说，现代化本是由西方定义的，所谓"现代化"就是西方化、美国化，而中国模式的成功颠覆了"现代"的内

---

① 《符合本国实际才是最好的发展道路——国际社会高度评价中国制度建设》，《人民日报》2014 年 03 月 03 日。

② 转引自赵穗生：《中国模式：能否取代西方现代化模式》，《绿叶》2009年第 3 期。

容，重新界定了"现代"一词的内涵，这将是一场世界意义上的"文化变革"。① 日本学者丹藤佳纪在《读卖新闻》撰文指出："中国的'初级阶段论'对苏联和东欧国家也会产生刺激。对越南、埃塞俄比亚、坦桑尼亚等第三世界的社会主义国家将直接产生重大影响。在这些发展中的社会主义国家中，多数都忽视国情，急急忙忙地实现了国有化和集体化。"②中国也有学者认为，"中国模式来自于中国实践，运用于中国实践；它也来自于发展中国家，也会运用于发展中国家"。③

第二，"借鉴"论。持这一论调的学者认为，"中国模式"的使用权首先属于中国，"中国模式"不可复制、不可推广，但可以借鉴，尤其是对于广大发展中国家的现代化之路具有启示意义。"北京共识"的首创者雷默指出：中国经验尽管无法推广和照搬到世界其他国家，但中国经验对于许多国家产生了"吸引力"。"许多国家想求得发展与安全，但几百年来不断看到过与依赖发达国家提供援助的发展模式以失败告终，对于这些国家来说，中国所发生的一切……都有着极大的吸引力"④。雷默还援引印度社会学家拉姆戈帕尔·阿加瓦拉的话说："中国的成功试验应该是人类历史上最令人钦佩的。其他国家应该尊重她并向她学习。"⑤德国柏林社会研究所海克霍夫教授在接受《时代》周刊采访时表示，她最看好中国模式，甚至认为中国模式可能会被欧洲所借鉴。俄罗斯共产党主席久加诺夫曾提醒俄罗斯的政治家，中国的改革卓有成效，应当研究中国的改革经验，尤其是邓小平的改革开放设计对于俄罗斯的发展

① 《西方媒体出现反思中国模式新动向》，《参考消息》2009年7月7日。
② ［日］丹藤佳纪：《中国的"初级阶段论"将对第三世界产生影响》，《读卖新闻》(日本)1987年11月12日。
③ 黄平、崔之元主编：《中国与全球化：华盛顿共识还是北京共识》，社会科学文献出版社2005年版，第170页。
④ ［美］雷默：《北京共识》，收入黄平、崔之元 主编《中国与全球化：华盛顿共识还是北京共识》，社会科学文献出版社2005年版，第50-51页。
⑤ ［美］雷默：《北京共识》，收入黄平、崔之元 主编《中国与全球化：华盛顿共识还是北京共识》，社会科学文献出版社2005年版，第31页。

具有特别重要的意义。《金融时报》有文章指出，中国模式越发显现魅力，发展中国家领导人正将目光转向中国，寻找摆脱自身发展困境的道路。① 赵启正先生也认为，中国模式无法输出，"任何发展中国家的正确的发展政策也都必须从他们的国情出发。也即，'中国模式'没有普适性，正像已经高度发达的国家的模式也没有普适性一样。"②巴基斯坦前总理基拉尼也说："中国是世界上最大和最成功的发展中国家，中国用自己辉煌的业绩证明了中国发展模式，为发展中国家的经济腾飞树立了榜样，是发展中国家经济腾飞的希望。"巴基斯坦"将更多地学习中国模式，借鉴中国模式，体现中国模式。"③确实，由于中国道路的独特性，也许其他发展中国家无法复制，但中国模式所蕴涵的发展哲学却是无偿提供给全世界的财富。

第三，"中国专用"论。也有部分学者认为，中国模式产生于非常特殊的历史和文化条件下，不具有普遍性的意义和价值，只具有地域性的意义和价值。西方左翼学者甚至认为，"中国模式"即是对于社会主义阵营内部都没有借鉴意义，中国不仅不是社会主义的成功样板，而且还是道道地地的"反面教材"。意大利学者阿里吉认为，中国在地缘和历史上的优势是其他国家所不具备的，"中国能否成为其他国家——特别是其他发展中大国，如印度——的参照模式，取决于这些历史和地理的特性能否在其他地方再现。……中国所发生的任何事情都很重要，因为这影响着中国与世界各国的关系，但这并不意味着它要作为别国参照的模式。"④匈牙利著名经济学家科尔奈指出："模式"一词，更多指的是可供模仿的方式或范例。但是，"中国是独一无二的，根本无法模仿！中国是世界人

---

① 转引自伊铭：《西方热炒中国模式的背景》，《联合早报》2009 年 12 月 15 日。

② 赵启正：《中国无意输出"模式"》，《学习时报》2009 年 12 月 7 日。

③ 《中国模式是发展中国家的希望——访巴基斯坦总理基拉尼》，《光明日报》2009 年 5 月 11 日。

④ ［意］乔万尼·阿里吉：《亚当·斯密在北京——21 世纪的谱系》，社会科学文献出版社 2009 年版，第 19 页。

口最多的国家，它的文化传统也与别国截然不同。"①所以，所谓的"中国模式"仅仅适用于中国。中央党校邱耕田教授认为：中国的发展具有高代价性，这在很大程度上说明"中国模式"的不完善和不成熟，而一种有待完善的发展模式是不具有示范和推广价值的。②

我以为，一方面，中国模式首先属于中国，不宜照搬照抄，无法简单复制。对于中国模式的成功，我们应当保持淡定的心态，任何时候不要谋求"出口"、"推销"中国模式。任何国家成功的关键都在于找到了适合自己的发展模式，中国模式不是证伪而是证实了这个规律。有些国家将中国经验绝对化，盲目照搬照抄，忽视了本国国情的特殊性，结果事与愿违。

另一方面，中国模式也属于世界，虽无法复制，但可以借鉴，中国模式的世界意义也不需妄自菲薄。20世纪30年代罗斯福新政挽救了资本主义一样，中国模式也挽救了社会主义。中国模式的成功使发展中国家看到了依靠自身力量崛起为强大国家的希望，越来越多的发展中国家开始转向重视中国模式。西方一位观察家这样说道，"从越南到叙利亚，从缅甸到委内瑞拉，以及横跨整个非洲大陆，发展中国家的领导者正赞扬并模仿一个可能被之称为的中国模式。"③联合国前任秘书长科菲·安南在接受媒体提问时指出，中国模式的确值得其他国家，特别是发展中国家借鉴。毋庸置疑，中国现代化模式"给占世界四分之三的第三世界走出了一条路"，④ 对越来越多的发展中国家产生了无比巨大的感召力。越南社会科学院中国研究所杜进森所长说，过去胡志明说中国的革命已经照亮了越南革命的道路，今天我们也可以说中国的改革照亮了越南的革新之

① ［匈牙利］科尔奈：《根本没有"中国模式"》，《社会观察》2010年第12期。

② 邱耕田：《我们不要人云亦云地谈论"中国模式"》，《当代社科视野》2010年第1期。

③ 赵惠生：《中国模式探索：能否取代西方的现代化模式》，《绿叶》2009年第3期。

④ 《邓小平文选》第3卷，人民出版社1993年版，第225页。

路，"中国做对了，我们就对了"。享誉世界的著名学者约瑟夫·奈甚至认为中国经验对于发达国家也具有借鉴价值，他说，"中国的经济增长不仅使发展中国家获益巨大，中国的特殊发展模式包括特殊的民主方式也被一些发达国家成为可效仿的模式，更重要的是将来，中国倡导的民主价值观、社会发展模式和对外政策做法，会进一步在世界公众中产生共鸣和影响力。"①正如日本共产党中央政治局常委绪方靖夫说："中国就是起牵引作用的国家。不管你喜欢与否，中国的作用都在提升。不论你意识到还是没有意识到，中国都会对世界产生重要影响"。② 从这个意义上说，"中国模式"不仅属于中国历史，也属于世界历史；不仅属于中国人民，也属于全世界人民。

八、"中国模式"的话语权之争

"中国模式"是一种话语行为，但中国模式的的国际话语权却一直掌握在西方学者和政客的手中，因而才出现了莫衷一是、众声喧哗、随意解释的局面。面对此情此景，我们是应该主动掌握"中国模式"的话语权，积极建构"中国模式"的马克思主义话语体系；还是应该退避三舍，以中国特色社会主义的话语对抗西方语境中的中国模式话语呢？国内学者大致呈现两种相互对立的观点。

第一种观点，"自己的路，自己来说"，即"建构"论。这种观点认为，中国模式的国际话语权旁落是一个不争的事实。改革开放以来，西方学者和政治家关于中国道路的各种论调不断涌现，对中国模式的解读五花八门，这些论调和解读在很大程度上歪曲了中国的本来面目。这套西方话语现在又在中国热销，对中国的话语场又产生了非常糟糕的影响，某些官员和民间更擅长于用西方的话语来

---

① 转引自吴江：《"中国模式"面临生死考验，不可自夸"盛世"》，《北京日报》2009 年 2 月 9 日。

② 郑萍：《中国走的是和平振兴道路——访日本共产党中央政治局常委绪方靖夫》，《中国社会科学报》2011 年 3 月 3 日。

解释中国的故事。而长期以来，国内学术界没有形成建构话语体系的集体自觉，也没有对西方的种种有害论调和歪曲解读做出有力的回应，最终导致了在"中国模式"问题上话语权的旁落。正如郑永年先生所认为的那样，"中国目前缺少一整套理论把自己说清楚。"①西方话语不能解释中国发生的故事，科学解释中国模式，构建"中国模式"的学术话语体系是中国的责任。"用西方那套东西来解释中国模式，按照他们的逻辑，肯定是不行的，但我们又没有自己的说法，只能用他们的说法。现在，有些公正的外国学者知道用西方的东西无法解释中国，因为中国的行为确实是不一样的。拿出一套让人能够接受的说法是中国的责任，不是西方的责任。"②当前，中国模式的国际话语权旁落西方，无论是盲目地跟随这套话语体系，还是选择绕开它的消极回避态度，都会使我们在事关国家形象的重大问题上处于失语失声状态，这绝不是一个大国应当采取的应对策略。

中国模式的国际话语权之所以旁落西方，一个重要的原因就在于我们的学者在面对西方话语霸权时缺乏理论自信、道路自信和制度自信，缺乏话语权也是软实力的意识，缺乏建构话语体系的集体自觉和集体行动，在国际学术舞台上不敢亮剑，对于西方学者的任意解读唯唯诺诺。今天这种情况不能再继续了，中国模式的出现，客观上丰富了现代化的话语体系，为现代化话语注入了鲜活的因素，为中国模式的话语建构提供了良好的契机，为中国话语的国际表达平添了几分自信。

中国学者应该努力建构"中国模式"的马克思主义话语体系，学会运用中国化的学术话语体系阐述中国理论，解释中国道路，诉说中国故事，逐步接掌"中国模式"的国际话语权。"我们在实践中构建中国模式的同时，也必须在理论上发展中国模式的话语体系，

---

① 王眉：《把中国模式解释好——郑永年谈中国的对外传播》，《对外传播》2011年第1期。

② 王眉：《把中国模式解释好——郑永年谈中国的对外传播》，《对外传播》2011年第1期。

以取得和发展我们的话语权，向我们自己也向世界说明应该怎样观察和理解模式问题，正确阐明中国模式的形成和发展，它的内涵和特征，它的优势、存在的问题和面对的严峻挑战，以及它未来的走向，并驳斥对它的歪曲和攻击"。①

第二种观点，"走自己的路，让别人去说吧"，即"不卷入"论。这种观点认为，"中国模式"论是西方话语的产物，是"中国威胁论"的另一个版本，是"扼杀中国"的一种策略，因而拒绝使用中国模式这一概念。持这种观点的人认为，"中国模式"首先是西方一些别有用心的人提出来的，"正是外国人对中国式替代的极为独特的确认，才在实际上开启了中国模式话语的议程"。② 比如，马丁·哈特-兰兹伯格和保罗·柏克特就曾分析了"中国模式"话语出场的险恶背景，他说："中国模式"作为一个术语是新自由主义左翼率先使用的。西方新自由主义左翼学者之所以把中国的发展提到一个"模式"的高度，冠之以"中国模式"的"光荣称号"，是因为他们发现了全盘私有化和自由化的弊端，迫切需要在全球"寻找新的成功故事，以树立可让其他国家效仿的榜样"，③ 树立资本主义转型的新样板，而"中国模式"不过是他们为了自己的需要而炮制出来的"明星效应"，目的在于改变新自由主义在全球的负面形象，进而重塑新自由主义的明天。可见，西方制造出来的这一套中国模式话语是"中国威胁论"的一种翻版，是"捧杀中国"的一种策略，是遏制中国的一种阴谋。西方某些所谓中国问题专家受意识形态影响比较严重，常常戴着有色眼镜看中国，"看着'苹果'来论述'橘子'"，④ 围绕着"中国模式"制造了一拨又一拨的话语，从"军事威

① 徐崇温：《坚持完善中国模式的话语体系》，《中国特色社会主义研究》2011 年第 3 期。

② ［英］肖恩·布雷斯林：《"中国模式"与全球危机：从弗里德里希·李斯特到中国治理模式》，《当代世界与社会主义》2012 年第 1 期。

③ Martin Hart-Landsberg & Paul Burket, "China and Socialism", Monthly Review, July-August 2004.

④ 王眉：《把中国模式解释好——郑永年谈中国的对外传播》，《对外传播》2011 年第 1 期。

胁论"到"经济威胁论"再到"政治不确定论",从"中国崩溃论"到"大国责任论",从"利益相关者"论到"非洲殖民论",从"妨害南海自由航行论"到"气候暖化问题不负责任论",从"威权主义论"到"反普世价值论",等等,循环反复,从未间断过。国外学者在"中国模式"问题上,除了"棒杀派",还有不怀好心的"捧杀派",话语不一样,但目的都是要扼杀中国。西方话语中的中国模式论是由西方学界的所谓中国问题专家和西方政界的所谓中国通建构起来的,这套话语仍然服膺西方文化中心主义的思维逻辑,仍然包含"除了资本主义别无出路"的理论预设。因此,中国不应该落入西方话语的陷阱之中,还是应该坚持走自己的路,让他们去话,没有必要卷入西方主导的"中国模式"的话语漩涡之中。

此外,国内还有部分学者心存担忧,害怕过分宣传"中国模式"会被国际上别有用心之人利用,引起一些国家的反感,再度激起"中国威胁"论,得不偿失。比如,赵启正先生认为:"中国人自己没有首先使用'中国模式'这个词,因为'模式'在英文中有多重含义,它有模范、示范的意义,中国人慎用这个词就是为了避免把'模式'变成'要别人学习'的那种意义。"①在他们学者看来,中国应该心无旁骛,排除干扰,走自己的路,让他们去说吧!

我以为,不必讳言模式,中国有自己的模式。中国模式的概念,是在马克思主义中国化的过程中诞生的,是在中国特色社会主义事业的伟大实践中发展的。"那种认为中国模式这个概念首先是由别有用心的外国人为遏制中国而提出来的这种说法,是和事实完全不符合的"。② 更为重要的是,中国学术应该积极建构"中国模式"的马克思主义话语体系,自己的道路,自己来说!没有自己的学术话语,等于撤出道德高地,等于放弃文化主权。此外,中国学者应该"走出去",在国际话语场中敢于过招,敢于亮剑,敢于交

① 赵启正、[美]约翰·奈斯比特、[奥]多丽丝·奈斯比特:《对话中国模式》,新世界出版社2010年版,第11页。

② 徐崇温:《坚持完善中国模式的话语体系》,《中国特色社会主义研究》2011年第3期。

锋，还西方一个真实的中国。而且"'模式'这个概念是国内外使用率很高的概念之一，具有很大的通用性和普遍的易接受性，有利于促进国际对话。"①中国如果能够以自己的话语体系冲破西方的话语霸权，能够以自己的实践创造为人类面临的共同难题给出一个中国的思路，那么，西方话语的主导地位终将消失，西强我弱的话语格局必将终结，话语赤字的现状终将扭转，国际学术话语的中国时代终将来临，中国特色学术话语体系也终将成为国际话语场上的强势话语。

九、"中国模式"的优劣之争

中国模式是好是坏，是成是败，国内外学术界也存在两种针锋相对的看法。

一是"中国模式优越论"。这种观点认为，实践是最好的裁判，过去 30 多年的实践已经证明，中国模式是表现最好的发展模式，中国模式的优越性不容否定。约翰·奈斯比特在 2009 年出版的新著《中国大趋势：新社会的八大支柱》中指出，中国正在创造一个崭新的社会、经济和政治体制，中国的新型政治模式将证明资本主义不过是人类历史上的一个阶段，西式自由民主模式构成"历史之终结"不过是某些人精心编织的神话；中国的新型经济模式将把中国提升到了世界经济的领导地位；"中国模式"将以令人难以置信的力量影响世界，"中国将成为世界的中心"。② 这就是中国发展的大趋势。德国社会学家韦尔策认为，傲慢的西方模式已经让时间停顿，而中国模式有可能成为比西方模式更具魅力的模式。著名学者约翰·奈斯比特在与赵启正的对话中比较了西方和中国的发展模式，他认为"中国的发展模式更好"，"中国是一辆跑得更快、性能

---

① 郑杭生：《"中国模式"能不能提》，《北京日报》2010 年 12 月 20 日。
② 约翰·奈斯比特：《中国大趋势：新社会的八大支柱》，2009 年版。

更优的列车"。①《时代》杂志专栏作家托尼·卡隆（Tony Karon）认为，"中国模式"不仅优越于目前仍然占统治地位的、由美英极力推崇的传统自由资本主义模式，而且鉴于过去30多年来中国所取得的巨大成就，该模式也优越于18世纪资本主义现代化以来欧美国家所开创的发展道路。② 印度学者马克·班德比特对中印两国的发展模式进行比较后指出，中国取得的成果远高于印度。印度选择了资本主义的发展模式，而中国选择了社会主义的发展模式。中印两国在财富分配、人均寿命、减少贫困、识字率和电话普及率等方面，印度的表现都远逊于中国。③《华盛顿邮报》也刊文说，当西方模式从顶峰跌落，西方世界遭遇重重困难的时候，中国却异军突起，取得了惊人的成功，这是自"冷战"结束以来，地球上首次出现不同于美国民主政治和自由市场的发展模式，而且这个模式让美国模式黯然失色。就连反共先锋、美国前总统尼克松在《1999年：不战而胜》一书中也大胆地预言，中国通过改革开放必将崛起。他说："我们时代的奇迹之一是中国在惨遭20世纪各种最可怕的天灾人祸之后，在21世纪必将成为一个头等强国。"他还说道："如果中国继续走邓小平的道路，我们孙辈的世界会看到中华人民共和国将是世界超级大国"。当然，尼克松是不会承认中国模式优越于资本主义模式的，但如果他的预言成真，那么除了证明邓小平早先的结论——社会主义优于资本主义——之外，还能说明什么呢？

二是"中国模式失败论"。这种观点认为，中国存在的问题绝不比中国取得的成绩少；而且，随着中国的发展，中国面临的问题越来越多，而这些问题是现行制度难以克服的。因此，中国的发展将难以为继，不应被眼前的成就所蒙蔽。所谓的"中国奇迹"只不

---

① 赵启正、[美]约翰·奈斯比特、[奥]多丽丝·奈斯比特：《对话中国模式》，新世界出版社2010年版，第101页。

② Tony Karon, "Why China Does Capitalism Better than the U.S.," Time, Thursday, 20 January 2011. www. Time. com /time / world / article /0, 8599. 2043235, 00. Html.

③ [印度]马克·班德比特：《中国和印度：哪个发展模式更成功?》，《起义报》（西班牙）2005年1月19日。

过是一个由部分媒体和少数学者渲染出来的"神话"，现在到了该走出"中国神话"的时候了。这一观点的极端表现就是"中国崩溃论"。1984 年，美国世界经济研究所布朗先生提出"谁来养活中国？"，这标志着"中国崩溃论"开始登场，继而引起全球性的争论。进入新世纪以来，针对中国经济发展模式的种种歪曲论调又在国外盛行，诺贝尔经济学奖得主、有"国际经济乌鸦"之称的克鲁格曼教授提出疑问说，亚洲奇迹中的最大奇迹——中国——是否会成为下一个崩塌的神话。美国华裔律师章家敦（Gordon G. Chang）则提出，"与其说 21 世纪是中国的世纪，还不如说中国正在崩溃"。IFF首席经济学家乔纳森·安德森就曾质疑说，"苏联也曾经获得过高速的增长，而且直到 20 世纪 80 年代中期出现崩溃的迹象之前，它也一直被当成一种新的经济发展模式。中国也有着与前苏联类似的扭曲，它可以避免同样的突然崩溃的宿命吗？"①《不祥之兆：21 世纪的中国和西方》的作者威尔·赫顿在于马丁·雅克的辩论中认为，中国的经济社会模式存在机能障碍，这种经济发展模式是不能持久的，至少在实行政治改革之前是不能持久的。② 美国著名左派学者、美国杜克大学阿里夫·德里克（Arif Dirlik）教授认为，关于"中国经济超过其竞争对手，中国模式将获得全球霸权地位"的观点需要加以批判性地审视，因为"中国模式"带来的问题同样"令人震惊"：导致革命成果倒退的前所未有的社会和地区不平等；腐败；威胁到可持续发展的生态问题；社会不稳定；言论自由、民主赤字和法治进程等问题。这些都是"中国模式"的附属品。这种发展模式被广泛认为在中国要比在美国更不可持续。③ 美国资深中国问题专家黄靖认为，中国的发展模式目前受到了根本性的挑战，比如分配正义的问题、经济结构的问题、产业结构的问题、权力集中

---

① ［美］乔纳森·安德森：《走出神话：中国不会改变世界的七个理由》，中信出版社 2006 年版，第 165 页。

② ［英］马丁·雅克，［英］威尔·赫顿：《在中国迈向全球巅峰之际，西方统治地位的寿数将尽了吗？》，英国《卫报》2009 年 6 月 23 日。

③ ［美］阿里夫·德里克：《"中国模式"理念：一个批判性分析》，《国外理论动态》2011 年第 7 期。

的问题、政治民主的问题等等。中国模式的弱点和硬伤都很明显，已经到了临界点，如果不突破，未来的路会很难走。"在当今困局下断定中国模式的优势，似乎为时太早"。① 前国际货币基金组织首席经济学家肯尼思·罗戈夫 2009 年初在法国《回声报》发表了《中国能否避免危机？》一文，文中指出，"在全球衰退开始之前，中国经济增长模式的持续性已经受到怀疑"。美国《中国经济》季刊主编斯塔德维尔 2002 年 1 月在《中国梦》一书中认为，中国经济脆弱不堪，好比"一座建立在沙滩上的大厦"，他还大胆地预言中国将出现大规模的经济和政治危机。中国也有学者认为，"中国模式所隐藏的问题不比它所取得的成就小，并且这种模式只适合于某种历史机遇，而这种机遇现在已经不复存在"。② "中国模式"的未来还面临着诸多不确定性，比如耕地面积有限、银行体制不健全、能源和一些原材料不足、受到国内矛盾和环境问题威胁等等。③ 还有学者更是妄断中国模式的所谓寿命，比如维也纳大学朱嘉明先生说，"所谓的'中国模式'是难以为继的。支撑这种发展模式的社会成本、经济成本过大，而这些成本所得到的收益，在趋于零甚至走向负数。中国现在最重大的问题是已经不可能再按照现在的模式运行下去了。此时此刻，'中国模式'还有一定的能量和惯性，还没有走到尽头。至于还能持续多久，三年五载大体没什么问题。"④ 时政评论员李剑芒认为，所谓的"中国模式"还有大概 9 年的寿期。⑤因此，断言中国模式的优越性实在是一个未知的承诺。

我以为，所谓"中国模式失败论"反映了西方国家对中国绕开

---

① 叶蕴：《"中国模式"的未来——专访黄靖教授》，《南风窗》2009 年第 20 期。

② 景凯旋：《"中国模式"的前景》，《人民论坛》2009 年第 28 期。

③ ［法］托尼·安德烈阿尼：《中国融入世界市场是否意味着"中国模式"的必然终结？》，《国外理论动态》2008 年第 5 期。

④ 朱嘉明：《中国改革的道路——朱嘉明先生访谈录》，http：//www.21ccom.net/articles/zgyj/ggcx/article_2012110370279.html。

⑤ 李剑芒：《中国模式还能走多远》，http：//blog.ifeng.com/article/3628914.html。

西方模式而成功崛起感到不安、焦虑和恐惧。中国历经 1997 年亚洲金融危机、2008 年世界经济危机、2009 年以来的欧洲债务危机，依然保持健康、稳定、快速的发展态势，早已使得"中国崩溃论"不攻自破，也使得西方国家不得不重新审视中国的发展模式。《当中国统治世界时：中国的崛起与西方世界的终结》的作者马丁·雅克在一次辩论中批评威尔·赫顿："你对中国简直没一句正面评价。是因为尽管它 30 年来成绩斐然但你已经成为一个始终预言它最终会失败的非华人士吗？你宣称它当前的模式难以持续，但中国境内任何一个严肃的经济学家都不会认为它难以持续。"①确实，西方社会质疑中国特色社会主义道路的一个重要前提在于中国模式过于成功，而不是失败。任何一个已经被证明失败的发展模式，无需要再去质疑。因此，从这个意义上说，"中国模式失败论"越是甚嚣尘上，越是增添了我们的道路自信、理论自信和制度自信，越是反证了中国模式的优越性。中国模式的优越性至少表现在这样几个方面：思想理论创新不停步的理论优势、集中力量办大事的效率优势、中国共产党总揽全局的政治优势、全国一盘棋的组织优势、咬定长远目标和理想信念不动摇的制度优势、独立自主不盲从的心理优势以及兼收并蓄的文化包容优势。今天，"中国故事"传遍全球，"中国奇迹"震撼世界，这更加坚定了我们走"中国道路"的信心和决心，千万不能"邯郸学步、失其故行"。

当然，我们也不能在成绩面前失去理智，中国模式有其优越性的一面，也存在不足的一面。拔高"中国模式"的发展经验，掩盖"中国模式"隐含的问题，是不足取的。同样，纠结于"中国模式"存在的问题，漠视中国取得的发展成就，也是片面的。我们正在从事的中国特色社会主义事业，必然有成功的一面，也有问题的一面；有令人振奋的一面，也有令人忧虑的一面。看待中国模式，既不能因为成绩伟大而忽视问题，更不能因为问题凸显而否认成绩。一些学者看到中国社会矛盾尖锐、贫富差距拉大、腐败现象严重，

① ［英］马丁·雅克，［英］威尔·赫顿：《在中国迈向全球巅峰之际，西方统治地位的寿数将尽了吗?》，英国《卫报》2009 年 6 月 23 日。

将支流夸大为主流，将次要的方面上升为主要的方面，恐怕就违背了主流和支流的辩证法。

十、"中国模式"的前景之争

关于中国模式的前途与命运，中外学者有以下几种不同的看法：

第一，替代选择论。这种观点认为，随着以"华盛顿共识"为核心的西方自由民主模式的式微，"中国模式"将成为前景看好的替代选择模式，将扮演自由资本主义模式、美国模式的终结者的角色。"中国模式"为人类面临普遍性问题带来了新思路和新范式，注重创新、独立和渐进改革的"中国道路"将成为新的普世话语，成为广大发展中国家的新的选择。比如，新保守主义代表人物阿伦·弗里德伯格认为，美国模式已经在亚洲、非洲和其他地方失宠，金融危机预示着"北京共识"很快将会取代"华盛顿共识"，美国按照自己的偏好和价值观改造世界的能力将会消失。布热津斯基尽管对中国模式持否定态度，但在其《失去控制：21世纪前夕的全球混乱》中曾断言，中国模式将会被其他发展中国家"看成是一个越来越有吸引力的替代选择模式"。① 美国著名的未来学家约翰·奈斯比特（John Naisbitt）看好中国模式的前景，他指出，中国创造了独特的"纵向民主"模式，这不同于西方的"横向民主"模式。可以预见，未来的几十年中，中国模式不仅将改变全球经济，而且将挑战西方的民主政治。"自从苏联解体之后，许多人都认为资本主义民主是国家发展最成功的模式。现在中国的纵向民主虽然并不完美，而且还处于发展的初级阶段，但是正在逐步发展为另外一种可选择的模式"。② 阿根廷安赫尔·比利亚里认为，中国模式作为西

---

① ［美］兹比格涅夫·布热津斯基：《大失控与大混乱》，中国社会科学出版社1994年版，第208页。

② ［美］约翰·奈斯比特，［奥］多丽丝·奈斯比特：《中国大趋势》，中华工商联合出版社2009年版，第57页。

方模式的替代选择也只是时间问题。① 前西班牙驻华使馆商务参赞、西中企业家委员会前主席恩里克·凡胡尔发文称，2008 年金融危机带来的后果之一可能就是被称为"北京共识"的"中国模式"的兴起，广大的发展中国家将这一模式看作"华盛顿共识"模式的替代选择。②

第二，中国威胁论。国际社会对中国的发展反应过度，"中国威胁论"便是典型的表现。"中国威胁论"代表性人物美国的伯恩斯坦和芒罗，他们在 20 世纪 90 年代合作撰写的《即将到来的美中冲突》一书标志着"中国威胁论"粉墨登场。现在有一种声音，说中国对西方世界的威胁，最大的威胁不是来自安全问题、贸易问题、能源问题、汇率问题、军事透明度问题等，而是中国的发展模式以及这种模式所代表的价值观念。即所谓"中国模式是美国的意识形态威胁"，"中国正向世界各地输出自己的政经模式"，"'出口'中国模式已成为中国崛起'大战略'的重要组成部分"，"中国既是西方最大的希望，也是西方最大的恐惧"。"历史终结论"的创立者弗朗西斯·福山认为，中国崛起是对美国单边主义的最大威胁和挑战。"资本主义的美国版本即使没有完全丧失信誉，至少也不再占据主导地位"。③ 剑桥大学中国问题研究员斯蒂芬·哈尔博称，对于华盛顿而言，"北京并不是一个明确的、紧迫的威胁，但中国所带来的威胁在于它代表了一套有损西方优越性的价值观"。美国安全中心高级研究员罗伯特·卡普兰认为，"中国正成为搅乱世界格局的一大因素"。④ 美国学者阿里夫·德里克认为，不言而喻，中国模

---

① ［阿根廷］安赫尔·比利亚里：《"中国模式"在国外赢得拥护者》，http：//column. cankaoxiaoxi. com/g/2012/0104/10042. shtml。

② ［西班牙］恩里克·凡胡尔：《北京共识：中国模式的普遍性与独特性》，http：//column. cankaoxiaoxi. com/g/2011/1025/4401. shtml。

③ Nancy Birdsall and Francis Fukuyama, "The Post-Washington Consensus：Development after the Crisis," Foreign Affairs. March/April 2011.

④ ［美］罗伯特·卡普兰：《中国全力地图：中国能在陆上和海上扩张多远》，《外交》（美国）2010 年第 3 期。

式是一个明显与美国经济模式相对立的模式。① 对于西方学者来说，以一种新的模式来挑战美国的资本主义模式，才是对西方世界的最大威胁。因为"向全世界推广美国模式，乃是维护美国帝国霸权、强化和扩大美国全球利益的最根本策略。只有按照美国模式改造全世界，美国才有可能避免人类历史上那些庞大帝国最终覆灭的命运。"②相反，如果"中国模式"成功了，被世界上大多数国家奉为未来发展的理想选择和前进方向，那么，美国模式所代表的开放政治制度、对持不同政见者的自由等理念和价值就失败了，③ 西式自由民主模式将失去地盘而自我终结。"中国模式"所表达的是一种和西方不同的价值，这种价值不仅对西方构成竞争，而且说不定会取代西方价值。④ 西方学者在赞扬"中国模式"的同时也折射出了西方世界的隐忧，即担心世界权力将从西方转移到东方，中国将成为新的全球领袖，这是西方所不愿意看到的。

第三，国强必霸论。这种观点认为，国强必霸是历史兴衰的规律，中国模式的崛起必将挑战将以美国为首的世界政治经济秩序，同时获得全球霸权地位。西方的评论说，近代以来的历史就是霸权主义统治全球的历史。16 世纪，西班牙、葡萄牙建立了海洋霸权，瓜分了世界；17 世纪，荷兰取而代之，成为新的世界霸主；18 世纪是英、法两国争夺世界霸权的世纪；19 世纪是"日不落帝国"英国的世纪；19 世纪末、20 世纪初，德国和日本试图通过战争建立新的世界霸权；20 世纪是美苏争霸的世纪，也是美国完胜的世纪；而 21 世纪将会是中国的世纪。西方部分学者根据几个世纪以来大国兴衰的历史得出结论，中国也将无法摆脱"国强必霸"的怪圈，中国的崛起必将重塑世界经济政治新秩序，挑战美国的霸权地位。

---

① ［美］阿里夫·德里克：《"中国模式"理念：一个批判性分析》，《国外理论动态》2011 年第 7 期。

② 钟生：《中国模式威胁论》，《环球财经》2009 年第 2 期。

③ Mann, James: A Shinning Model of Wealth Without Liberty, Washington Post, May 20, 2007.

④ ［新加坡］郑永年：《"中国模式"为何引起世界争论?》，《参考消息》2010 年 5 月 5 日。

比如，有人提出，中国一直未曾放弃"霸权志向和世界战略"，过去，中国利用"第三世界"理念培养反美国家；现在，中国利用"北京共识"制造舆论，让世界无条件地接受中国霸权。在世界范围内，"'民主资本主义'和'一党资本主义'的对抗时代已经来临"。①英国学者马克·里欧纳德认为，中国道路正日益打破美国企图使整个世界"美国化"的梦想，"北京的崛起业已改变经济和军事势力的平衡，此刻又在改变世界对政治、经济和秩序的想法。"②日本《选择》杂志 2010 年 6 月号发表了《中国的地缘政治学》一文，该文作者宣称："亚洲整体的秩序正迅速向'中国单极时代'迈进"。英国《金融时报》2010 年 8 月 18 日发表了《中国排第二，然后开始计算》的文章，该文指出，中国取代日本成为世界第二大经济体，这标志着自 1968 年日本取代西德以来，"第一次出现了一个新的国家，觊觎美国的宝座"。③ 西方一些学者认为，中国模式与西方世界所倡导的价值观具有不可调和的根本性冲突；中国政府正有意识地与西方世界抗衡，"出口"中国模式已成为中国崛起战略的一部分；中国模式处于美国模式的绝对对立面，中国模式的"流行"势将损害美国的战略利益，颠覆以美国为首的自由主义国际秩序。

第四，和平振兴论。这种观点认为，中国式现代化道路是后发赶超、和平崛起的道路，这完全有别于西方大国崛起的过程。中国选择的是一条和平发展之路，这以为全世界有识之士所公认。日本共产党中央政治局常委、知名政治家绪方靖夫在 2011 年访问中国社会科学院时提出，"中国提倡的和谐社会的政治方针，不仅在国内，而且在国际关系上也是重要方针。我希望中国能够更加高高地举起'建设持久和平、共同繁荣的和谐世界'的旗帜，争取得到更广泛的理解。……中国走的是通过市场经济建设社会主义的道路。

---

① 池上雅子:「北朝鲜・モンゴル・ミャンマーに见る中国か展開する疑似「满州国」政策」,「中央公論」2010 年 4 月号；Roger Cohen, "China vs. U.S.: Democracy Confronts Harmony." *International Herald Tribune*, Nov 22, 2006.

② [英]马克·里欧纳德:《中国怎么想》, 行人出版社 2008 年版, 第 170页。

③ 转引自张西立。

这既是一条在与资本主义并存、竞争当中寻找到的道路，也是一条新的'和平振兴'的道路"。①

确实，正如亚洲一位政治家所说，过去属于欧洲，现在属于美国，而未来将属于亚洲，这一趋势是毫无疑问的。中国的崛起和复兴是任何人也阻挡不了的历史潮流，传统的国际政治经济旧秩序将被打破也是时代发展的必然趋势，但中国将打破国强必霸的发展逻辑，开辟和平崛起的崭新道路。中国不构成世界的威胁，也不谋求替代西方的发展模式。邓小平一再强调，"中国永远不会称霸，永远不会欺负别人"。②"我们反对人家对我们发号施令，我们也决不能对人家发号施令。"③"我们就不应该要求其他发展中国家都按照中国的模式去进行革命，更不应该要求发达的资本主义国家也采取中国的模式"。④ 江泽民在与克林顿总统会谈时指出："中国不搞军备竞赛，不搞军事集团，不会对美国的安全构成威胁"。⑤ 正如英国伦敦政治经济学院马丁·雅克教授在《当中国统治世界》(2010年1月出版)一书中所说，随着西方模式的衰落和中国模式的崛起，未来的世界将由中国重新塑造，21世纪将是中国的世纪，但"中国的崛起对世界不是一种威胁"。⑥ 马丁雅克还指出，欧洲及其派生出来的美国主宰全球的时代即将终结，世界将"进入一个彼此竞争的现代化时代，而不再是一个西方适用一切的时代"。⑦ 英国另一位学者肖恩·布雷斯林也认为，与中国打交道的吸引力与其说是中国的"模式"，不如说是中国不会推广自己的模式。这与西方的所

---

① 郑萍:《中国走的是和平振兴道路——访日本共产党中央政治局常委绪方靖夫》,《中国社会科学报》2011年3月3日。

② 《邓小平文选》第3卷,人民出版社1993年版,第56页。

③ 《邓小平文选》第2卷,人民出版社1994年版,第319页。

④ 《邓小平文选》第2卷,人民出版社1994年版,第318页。

⑤ 《江泽民文选》第1卷,人民出版社2006年版,第333页。

⑥ [英]马丁·雅克:《当中国统治世界:中国的崛起和西方世界的衰落》,中信出版社2010年版,第26页。

⑦ [英]马丁·雅克,[英]威尔·赫顿:《在中国迈向全球巅峰之际,西方统治地位的寿数将尽了吗?》,英国《卫报》2009年6月23日。

作所为形成鲜明的对比，"华盛顿共识"和新自由主义遭到的主要批评之一就是它试图把一种"一刀切"的方案强加给不同的国家。①中国共产党一再向全世界宣示，中国现在不称霸，将来发展了也永远不称霸，中国始终是维系世界和平的重要力量。从"以和为贵"的文化精神的传承，到和平共处五项原则的倡导，再到建设持久和平、共同繁荣的和谐世界的主张，中国在 21 世纪将称霸世界纯粹是一种主观的臆想，而绝非可能发生的事实。因此，从这个意义上来说，"和平振兴论"比较符合中国的事实。中国的崛起对于世界而言，与其说是霸权的挑战，不如说是发展的机遇；与其说是"狼来了"，不如说是"钱来了"，中国已经成为世界经济的发动机和引擎，这是无可辩驳的事实。

---

① ［英］肖恩·布雷斯林：《"中国模式"与全球危机：从弗里德里希·李斯特到中国治理模式》，《当代世界与社会主义》2012 年第 1 期。

近二十年来美国教育社会学研究的
热点论题与前沿演进

林 曾 蔡蔚萍[*]

引 言

教育社会学是一门年轻的学科，起源于 19 世纪末 20 世纪初，直至 20 世纪五六十年代逐渐形成一个独立的研究领域。在此期间，美国《教育社会学》(《sociology of education》)杂志对促进教育社会学的发展起着不可忽视的作用。1927 年，美国《教育社会学杂志》(The Journal of Educational Sociology)的创刊确立了教育社会学作为一门独立学科的地位。随着社会学研究范式的转变，《教育社会学杂志》于 1963 年更名为《教育社会学》。20 世纪 70 年代以来，虽然英国教育社会学及其《英国教育社会学杂志》的发展打破了美国教育社会学的垄断状态，但是美国《教育社会学》仍然是教育社会学研究的重要载体(其影响因子为 1.711，2014 年)，其影响力及其刊载的论文具有一定权威性。因此，对美国《教育社会学》杂志论文的分析既能对二十年来美国教育社会学的发展的热点论题和前沿演进做一个系统梳理，而且对指导我国教育社会学理论与实践研究具

* 林曾，男，武汉大学社会学系主任，教授、博士生导师，美国伊利诺伊州立大学教育行政管理系终身教授，从事教育社会学研究。
蔡蔚萍，女，武汉大学社会学系，博士研究生，教育社会学研究方向。

有重要的理论和实践意义。通过应用当前国际科学计量学领域的最新研究方法对近二十年以来(1996—2015 年)国际上权威的教育社会学期刊《教育社会学》的文献数据进行信息可视化分析,绘制该领域研究的科学知识图谱,清晰地展现美国教育社会学的热点主题和前沿演进,为我国教育社会学的发展与研究提供有效的理论依据和数据支持。

一、研究方法与数据来源

(一)研究方法

科学研究的重点随着时间变化,有些时候速度缓慢(incrementally),有些时候会比较剧烈(drastically)(Thomas Kukn,1962)。CiteSpace(Citation Space)正是一款着眼于分析科学分析中蕴含的潜在知识,并在科学计量学(Scientometric)、数据和信息可视化(Data and information visualization)背景下逐渐发展起来的一款引文可视化分析软件。它是由陈超美和刘泽渊及其在大连理工大学的 WISE 团队基于库恩的科学发展模式理论、普莱斯(Derek John de Solla Price)的科学前沿理论、社会网络分析的结构洞理论(Structure hole)、科学传播的信息觅食理论(Information foraging)以及知识单元离散与重组理论等理论基础上开出出来的。由于是通过可视化的手段来呈现科学知识的结构、规律和分布情况,因此也将通过此类方法分析得到的可视化图形称为"科学知识图谱"(Mapping knowledge domains,MKD),即有图和谱的双重特性。

"共被引分析"这一概念最先来自美国情报学家亨利·斯莫(Henry Small)1973 年发表的"Co-Citation in the scientific literature: A new measure of the relationship between publications"一文,苏联情报学家依林娜·马沙科娃也在同年提出这个概念。共被引分析(Co-Citation analysis)是指两篇文献共同出现在了第三篇施引文献的参考文献目录中,则这两篇文献形成共被引关系。埃格在《信息计量学导论》中指出共被引的两个准则:第一,如果一共被引相关群的每一篇论文至少与某一篇给点论文被引一次,那么这几篇论文基于构成了一个共被引相关群体；第二，如果一共被引相关群的每一篇论文与该群中的其他论文共被引(至少一次)，那么这几篇论文就构成了一个共被引相关群体。文献的共被引关系反映了文献之间的研究方向或研究主题具有密切的关联，两篇文献共被引的频次越多说明他们学术研究方向的关联性越强。由此推而广之，由多篇文献间的共被引关系形成的文献共被引聚类，反映了聚类文献之间共同的研究方向和关注的热点主题。① 通过 CiteSpace Ⅱ可视化软件系统绘制出的科学知识图谱能够揭示科学知识领域的研究热点和前沿②，并使研究者能够直观地辨识出相应学科领域的经典基础文献及学科前沿的演化路径。③

(二)数据来源

本研究分析所使用数据来源于美国科学技术信息情报所(ISI)的 Web of Science，具体文献来源于美国《Sociology of Education》期刊，检索时间范围为 1996 年至 2015 年，于 2016 年 3 月 20 日搜索共获得 385 条有效文献数据。根据 Web of Science 引文报告可知有385 条有效文献数据的施引和被引信息：被引频次总计 11365 次，去除自引的被引频次总计 10761 次；施引文献 7461 次，去除自引的施引文献 7225 次；每项平均引用次数 29. 52 次；h-index 为 56(表示有 56 篇论文至少被引用 56 次)。

具体而言，本研究以美国《教育社会学》杂志 1996—2015 年刊载论文为研究对象，利用 CiteSpace 软件对近二十年来美国教育社会学领域的被引(cited)文献和引文(citing) 进行描述统计和数据挖掘，将美国教育社会学领域的知识基础绘制出来，并对其研究热点、前沿演进进行分析。

---

① 潘黎，侯剑华：《国际高等教育研究的热点主题和研究前沿——基于 8 种 SSCI 高等教育学期刊 2000—2011 年文献共被引网络图谱的分析》，载《教育研究》，2012 年第 6 期。

② Chen, C, et al. The Structure and Dynamics of Co-Citation Clusters：A Multiple-Perspective Co-Citation Analysis. Journal of the American Society for Information Science and Technology, 2010.

③ 侯剑华，陈悦：《战略管理学前沿演进可视化研究》，载《科学学研究》，2007 年第 1 期。

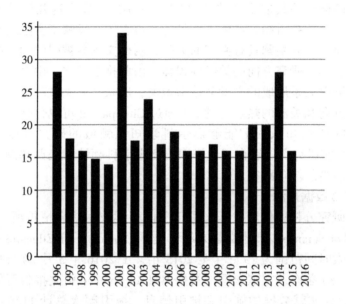

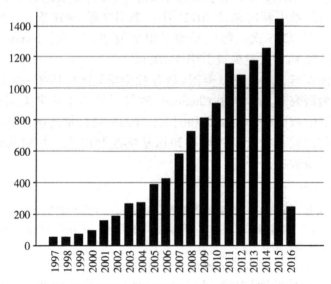

图 1 《教育社社会学》每年出版的文献数和引文数

二、作者国家/地区分析

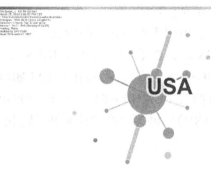

图 2　《教育社会学》作者的国别/地区来源图谱

表 1　　　　　　　　　作者的国家/地区分布

次序 (sequence)	频次 (Freq)	作者国家/地区
1	321	美国(USA)
2	10	加拿大(CANADA)
3	6	荷兰(NETHERLANDS)
4	5	以色列(ISRAEL)
5	4	德国(GERMANY)
6	3	英国(ENGLAND)
7	2	意大利(ITALY)
8	1 * 14	瑞典(SWEDEN)，捷克(CZECH REPUBLIC)，中国台湾（TAIWAN），土耳其（TURKEY），挪威（NORWAY），南非（SOUTH AFRICA），比利时（BELGIUM），中国香港(HONG KONG)，卢森堡(LUXEMBOURG)，丹麦(DENMARK)，吉尔伯特(GERBERT)，中国(PEOPLES R CHINA)，苏格兰(SCOTLAND)，韩国(SOUTH KOREA)

从表 1 中数据可以看出，《教育社会学》主要作者来源地区为北美地区，其中美国出现频次为 321 次，占总数的 87.9%，加拿大为 10 次。欧洲地区荷兰、以色列、德国、英国、意大利等六国出现频次分别为 6 次、5 次、4 次、3 次、2 次。瑞典（SWEDEN），捷克（CZECH REPUBLIC），中国台湾（TAIWAN），土耳其（TURKEY），挪威（NORWAY），南非（SOUTH AFRICA），比利时（BELGIUM），中国香港（HONG KONG），卢森堡（LUXEMBOURG），丹麦（DENMARK），吉尔伯特（GERBERT），中国（PEOPLES R CHINA），苏格兰（SCOTLAND），韩国（SOUTH KOREA）出现频次仅为 1 次。

三、1996—2015 年美国教育社会学研究的热点论题

研究热点是在某一时间段内，有内在联系的、数量相对较多的一组论文所探讨的研究问题或专题。从文献计量学的角度看，可以从文献的共被引网络的聚类结构来分析某研究领域的研究热点和主要方向。[1]

通过 CiteSpace 可视化软件对近二十年美国《教育社会学》365 条有效文献数据进行分析，Top N 阈值选择为 30，即在每个 time slice（per slice = 1 year）中选择前 30 个高频出现的节点。为了便于读者对图谱的认识和理解，我们保留了软件生成图谱的坐上方信息栏，其中提供了各种阈值设置、节点数、连线数、网络密度、轮廓值及模块值等数值。图 3 显示，该分析使用软件的版本信息为 CiteSpace4.0；分析时间为 2016 年 3 月 29 日，所选取的分析时间范围为 1996—2015 年，时间切片为 1 年；Top N 阈值选择为 30；Network：N = 411，E = 2602 表示共得出 411 个节点，共 2602 条连线。其中 Density 网络密度值为 0.0309。Modularity Q = 0.5568，一般而言，Q 值一般在 [0，1) 区间内，Q>0.3 就意味着划分出来的

---

① 侯剑华：《工商管理学科演进与研究前沿和热点的可视化分析》，大连：大连理工大学，2009。

社团结构是显著的。Silhouette 值是用来衡量网络同质性的指标，越接近 1，反映网络的同质性越高，Silhouette 为 0.7 时，说明聚类的结果具有高信度。此处 Silhouette = 0.737，说明该聚类结果具有高信度。图 3 上方横轴显示节点文献的年代信息，右侧字体显示了聚类号及其标识词。圆圈代表了不同聚类的节点文献，在同一条横轴上的节点对应右侧的同一个聚类，圆圈的大小代表了被引频次，边缘为紫红色的圆圈代表中心性较高。右侧"#0"——"#10"表示该分析呈现出 10 个聚类，聚类号后面文字为聚类标识词。例如"0# minority children"表示聚类号 0 的标识词是"minority children"。聚类标识词是运用 CiteSpace Ⅱ软件提供的 LLR（对数似然法）算法计算出来的，标识词（标识词来源施引文献关键词）的列表中，权值最大的标识词代表了具体聚类的主要的研究热点主题。研究热点的分析应当是结合聚类标识词、聚类内关键文献内容和主题的综合判断。《教育社会学》的文献共被引网络的聚类分析结果中，我们选取聚类节点排名前 4 项的聚类以及聚类 6 进行分析。

表 2 　　　　　　　　主要的聚类及其标识词

Cluster ID 聚类号	Size 节点数	Silhouette 轮廓	mean(Year)	Label (LLR)
0	65	0.562	1986	少数族裔儿童 (minority children)
1	58	0.702	1998	课外活动 (extracurricular activity)
2	49	0.713	1995	废除种族隔离 (desegregation)
3	48	0.759	1993	教育获得 (educational attainment)
6	37	0.672	1993	学校 (school)

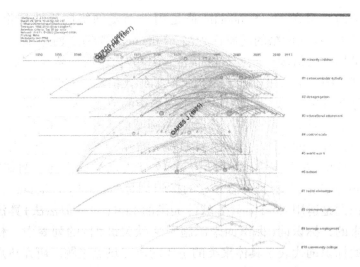

图3 《教育社会学》文献的共被引网络聚类知识图谱(1996—2015)

(一)少数族裔群体儿童与教育(minority children)

聚类0有65个节点,代表该聚类有65篇高被引经典文献,其标识词为少数族裔群体儿童(minority children)。结合聚类标识词聚类内的关键节点文献进行分析,可概括出这一聚类主要是关于少数族裔群体儿童和教育机会均等的研究。

关于少数族裔群体教育获得的经典研究来自美国霍普斯金大学教授科尔曼1966年向美国国会提交的《教育机会均等》报告,又称《科尔曼报告》,其被引频次为33次。科尔曼把教育的平等,放到社会经济平等的背景上。教育的平等受制于社会经济平等,反过来也影响社会经济平等,从而把教育平等问题提高到改造社会的整体目标上。

第二次世界大战后美国教育平等和教育民主化思想不断涌现,各种社会抗议活动不断,导致与社会公正相关的教育机会均等等问题受到特别关注。在这个背景下,1964年科尔曼带领带领的研究小组收集了美国各地4000所学校60万学生的数据,并对其进行分析。而该调研成为美国教育领域所做的最大规模的调研。在该调查中,学校情况被分为:种族隔离情况,设施、师资情况,学生的学习与成就相关的四类学校特征因素。调查对象为学区管理者、学校校长、教师、学生。其中学生被划分为黑人、美洲印第安人、亚裔、波多黎各人、墨西哥人、白人六类。通过调查研究，科尔曼得出三个重要的结论。首先，公立学校中存在着严重的种族隔离现象。美国中小学大部分学生所在学校隔离程度均较高，即绝大多数同族学生聚集于同一所学校；少数族裔群体中，黑人学生的隔离程度较高，而白人群体的隔离程度则是最高的。科尔曼的第二个结论是家庭社会经济背景是影响学生学业成就的主要原因。这与之前人们所认为的学生学业差距主要是由学校的物质水平和条件决定的假设接任相反。"就影响学生的学业成就程度的因素而言，学校特征金额家庭背景因素所起的作用旗鼓相当，而当家庭背景因素这一边了被控制时，学校特征因素的影响则变得微乎其微"，这说明，不同的家庭社会背景影响了不同种族小学生入学起点上的公平，进而影响了其学业成就。学校的物质条件并不是决定学生学业成就的核心因素，学校的作用在于帮助学生克服其出身不平等而带来的学业进步障碍，即以学校帮助学生成长的努力程度作为评价学校工作绩效的依据。科尔曼得出的第三个结论是不同出身和种族的交互作用对若是群体学生学业成就影响显著。黑人和少数族裔群体学生的学业成绩与其所在的学校的学生主体构成密切相关。因此，科尔曼指出，从长远的观点来看，种族融合或许能够对黑人学生的学业成绩的提升产生积极效果。该报告对美国教育和世界相关教育问题有着十分广泛和显著的影响，被称为是美国科学史上最著名的量化研究报告。[1]

在此之后，学界和政界对少数族裔群体儿童的研究更加细化和深入了。这当中既有对种族差异与阶层背景的宏观分析，也有对少数族裔学生的课堂表现、辍学行为、学习成绩、教育期待以及教师行为与态度的微观刻画。其中种族差异和学习成绩之间的关系问题，Larry V. Hedges 和 Amy Nowell（1999）验证了学习成绩的种族之间的差距在大程度上可以归因于社会阶层的差距，并分析了黑

---

[1] 珍妮 H. 巴兰坦：《美国教育社会学》，北京：春秋出版社，1989 年版。

人—白人学生在学习成绩差距的时间演变过程。通过对 1965—1996 年全国青少年人口的调查发现,黑人—白人青少年学习成绩的种族差距在逐渐从大到小演变,而这种差距的三分之一可以由社会阶层的种族差距来解释。Pat António Goldsmith 通过对国家教育纵向研究数据检验了学生、老师多种族制的学校是如何影响白人、非裔和拉丁裔学生的职业期待、教育期待和具体的态度的。结果发现,在少数族裔隔离(尤其是聘请了很多少数族裔教师的)学校,拉丁裔和非裔学生更乐观和支持学校(亲学校)。而对非裔和拉丁裔种族隔离的学校却能减少白人和黑人学生之间以及拉丁裔和白人学生之间的成绩差距。因此,作者建议少数族裔隔离学校应该多聘请少数族裔教师来缓解学生成绩的种族差异。

来自 Ainsworth-Darnell, Downey 1998, Ferguson 1998, Yair 2000 的研究都发现,黑人学生会因为呈现出不好的课堂表现以及对学习的投入没有白人学生高而受到老师的责骂。然而,对于如何区分黑人学生受到老师责骂究竟是因为种族本身问题还是因为他们的课堂表现确实比白人学生差。Douglas B. Downey and Shana Pribesh 认为要解决这个问题必须考虑到老师和学生的种族匹配问题。大量前人研究表明,其实黑人学生接收到的较差评价可能更多来自白人老师。如果强调黑人学生的较差的课堂表现,Douglas B 提出,那么"匹配效应"(matching effects)在青少年上要比在幼儿园学生身上更明显。通过对 1988—1999 年早期儿童纵向研究——幼儿园班级数据以及 1988 年全国教育纵向研究 8 年级数据的分析发现,无论是在青少年学生群体还是幼儿园学生群体,匹配效应的效果相当。因此,白人老师偏见问题而非黑人本身的对立文化才是理解该问题的关键。

(二)课外活动与退学(extracurricular activity)

聚类 1 有 58 个节点,其标识词为课外活动"extracurricular activity"。其中两篇关键文献是 Jeremy D. Finn 1989 年发表于《美国教育研究协会》上的《Withdrawing from School》和 Ralph B. McNeal, Jr 1995 年发表于美国《教育社会学》杂志上《Extracurricular Activities and High School Dropouts》。其被引频次分别为 10 次和 8 次。

关于辍学研究大多聚焦于将学生个体特征或者是学校的特征学生辍学决定结合起来。Jeremy D. Finn 在《Withdrawing from School》中指出，这些特征的大部分是不可操作的。作者描述了两个模型来解释辍学作为一个动态的发展过程可能在最初上学时就已经萌芽。第一个模型是挫折—自尊模型，它较多用于青少年犯罪研究，它把青少年在学校的失败鉴定为一个圆圈的起点，这个圆圈是青少年拒绝学校或者被学校拒绝的不断累积而成。第二个模型是参与身份模型，它聚焦于学生的学校教育参与，包括行为上和情绪上的参与。根据这个等式，作者发现，如果一个学生保持参加各种各样的与学校相关的活动，那么他/她顺利完成 12 年学校教育的可能性将达到最大化。相反，青少年如果没有参与学校和班级的活动，或者对学校没有归属感，那么学生辍学的概率将会增大。

(三) 教育机会平等(desegragation)

聚类 2 共有 49 个节点，代表关于聚类 2 的主题共有 49 篇经典文献。其标识词为"废除种族隔离(desegregation)"，聚类中相关文献分别是 Hearn JC 的《Academic and Nonacademic Influences on the College Destinations of 1980 High School Graduates》、Raftery AE 的《Maximally Maintained Inequality：Expansion, Reform, and Opportunity in Irish Education, 1921-75》以及 Kerckhoff A 的著作《Diverging Pathways：Social Structure and Career Deflections》。被引频次分别为 14 次、13 次、13 次。结合聚类标识词以及聚类里的关键节点文献的分析与梳理，可以概括出该聚类的主要研究是关于机会平等的研究。

关于教育机会平等，Raftery 和 Hout 在其 1993 年发表在美国《教育社会学》上的《 Maximally Maintained Inequality：Expansion, Reform, and Opportunity in Irish Education, 1921-75》一文中提出了著名的 MMMI(Maximally Maintained Inequality)假设，即最大化维持不平等假设。该研究的背景是 20 世纪上半叶爱尔兰的教育扩张与教育分层，通过对 1908—1956 年出生的同期群体在教育转型社会背景下的变化的分析，他们发现，所有的教育获得中的所有阶层差异都下降了，但是阶级壁垒(障碍)却并没有消失。此时阶层之所以变得不重要是因为教育扩张已经达到一个饱和的点。他们还指出，爱尔兰 1967 年的教育改革对教育机会公平毫无作用。根据这个结论他们得出 MMI 假设并以理性选择的方式解释这个假设。MMI 假设是以文化再生产理论为指导思想的，它的具体表达如下：

（1）在其他条件相同的情况下，中、高等教育容量的增加，将反映出人口增长和随时间逐渐上升的社会阶层结构对教育需求的增加。在这种情况下，特定阶层的入学转换率随时间保持不变。

（2）如果入学扩张比社会阶层结构重新分布产生的需求快，那么所有社会阶层的入学转换率都会增加，但在所有转换中各阶层间的优比保持不变。

（3）如果较高阶层对某个给定教育层次的需求饱和了，即它的升学转换率接近或者达到了 100％，那么该教育层次各阶层间的优比将下降。不过只有在入学扩张没有以任何其他方式出现时，这种情形才会降低机会不平等。

（4）平等化也可能逆转。假使某个同期群中较低阶层的青年较多地申请了高等教育，会使得成功实现高等教育入学的条件概率下降，进而导致社会阶层对高等教育入学的影响增大。①

MMI 假设虽然只是对爱尔兰的实证研究，但是 Yossi Shavit 和 Hans-Peter Blo-ssfeld 的研究证明了，除了瑞典和荷兰，在美国、联邦德国、英国、意大利、瑞士、中国台湾、日本、捷克斯洛伐克、匈牙利、波兰和以色列，MMI 假设的普适性都得到了验证。

聚类中另外一篇引用较高的文献是 James C. Hearn 1991 年发表于美国《教育社会学》杂志上的《Academic and Nonacademic Influences on the College Destinations of 1980 High SchoolGraduates》一文。高等教育中的教育机会平等问题一直是社会科学家和政策制定者们长期关注的问题。而 James C. Hearn 将关注点放在了高中毕业生的个人特质（能力、成绩、期望、社会地位、种族民族和性别）与他们所上的高等教育机构的性质之间的关系上。通过对 1980 年覆盖全国的

---

① 郝大海：《中国城市教育分层研究（1949—2003）》，载《中国社会科学》，2007 年第 6 期。

高中毕业上了大学的学生数据的分析，Hearn 发现，非学术因素，尤其是社会经济背景，影响着学生高中毕业后的大学去向。例如，不管他们的学习能力、成绩、教育期待如何，低收入家庭的学生倾向于去低选择度的高校。

在《Diverging Pathways：Social Structure and Career Deflections》中，Alan Kerckhoff 验证了学生之间及校内行政分级，以及离开学校后在国企或者私营企业等众多工业体系中的先后排序的这些社会制度安排如何影响年轻人获得人生成就的层次。学校之间之所以有排序是因为某些学校比别的学校更具备选择性的优势；而在学校内的排序是因为依据学生的能力或选修课程分组分类；工作中存在分类是因为不同学历背景的人会进入不同规模的企业以及获得不同等级的工作。Kerckhoff 利用英国儿童发展研究的数据，试图鉴定个人特质和人们不同生命阶段阶层地位之间的交互影响。结果发现：(1)结构的影响力在青年人职业生涯的每一个阶段都是显著的；(2)同样在教育系统中结构的影响力是累积并不规则分布的；(3)但是在劳动力市场中教育地位的提升并没有出现明显累积效应。关于学校与工作间的通道，英国要比美国广泛得多，因为英国的教育系统为人们提供了更多的不需要进入高中就能获得重要文凭的机会。这些制度性安排对高等教育阶段的学生群体的成就有着重要影响，给那些在小学或初中阶段处于劣势位置的人带来很大好处。他还发现，在该数据样本中，"二次机会"现象(即初中后的培训和接受更多的教育。)在男性中要比女性突出。Kerckhoff 还看到制度结构对于个人职业生涯波动，以及在教育轨迹方面的显著积累效应。男士在 23 岁时的职业分歧要比女士更明显，而且，与男士相比，女士在 23 岁时教育获得中变量的上下峰值相差 30%。

(四)教育获得与文化资本(education attainment)

聚类 3 有 48 个节点，其标识词为"教育获得"(educational attainment)。聚类中被引频次最高的是 Paul DiMaggio 1982 年发表于《美国社会学评论》的《Cultural Capital and School Success：The Impact of Status Culture Participation on the Grades of U. S. High School Students》、Bourdieu Pierre 1977 年出版的著作《Reproduction in

Education, Society and Culture》和 George Farkas, Robert P. Grobe, Daniel Sheehan and Yuan Shuan 等人 1990 年发表于《美国社会学评论》上的《Cultural Resources and School Success: Gender, Ethnicity, and Poverty Groups within an Urban School District》，被引频次分别为26 次、20 次、20 次。结合聚类标识词以及聚类里的关键节点文献的分析与梳理，可以概括出该聚类的主要研究是关于教育获得与文化资本的研究。

《再生产》《Reproduction in Education, Society and Culture》是布迪厄(Bourdieu Pierre, 1997)众多著作中最具有影响力的一本，它关于教育理论、教育问题的基本主张已成为教育社会学界的经典文本。从对法国教育体系的分析钟，布迪厄和帕塞隆试图显示文化因素如何根据社会阶层的教育机会和有区别的文化应用影响入学。他们的理论建立在个人拥有的特定的文化资本是不平等的，这导致有权使用的社会和经济资本的差异，从而促进文化和社会资本的再生产。文化再生产理论是该著作的主要理论。同鲍尔斯和金蒂斯一样，布迪厄也认为学校教育并没有消除社会的不平等，相反，学校通过传递统治阶级的文化在社会阶级关系再生产中占据非常重要的地位，它是一个以"遗传"的方式生产和再生产社会不平等并使此类不平等合法化和永久化的重要手段。鲍尔斯和金蒂斯的"对应原理"认为教育和经济结构之间存在着直接对应的关系。布迪厄在此基础上提出"文化资本"的概念，认为它是社会再生产机制中的一个隐形潜在的重要中介机制。文化资本存在三种基本形态：身体形态、客观形态、制度形态。身体形态包含知识、教养、技能、品位及感性，一般通过家庭教养和学校教育而获得；客观形态又指无化妆台，包括书籍、绘画、古董、道具、工具及机械等物质性文化财富。这些物化的文化资本时可以直接传递的；制度形态是制度化的知识与技能。布迪厄认为，在影响教育不平等的诸多因素中，文化起到了至关重要的作用。文化资本的积累主要通过家庭背景和学校教育来实现。他用文化资本的理论来解释学校教育是如何复制家庭文化资本的阶层差异的，不同社会阶级的孩子取得不同的学术成就的原因，即出身于不同阶级和阶级小团体的孩子在学术市场中所能获得的特殊利润，是如何对应于阶级与阶级小团体之间的文化资本的分布状况的。布迪厄的文化再生产理论揭示了隐藏在对教育平等性作用幻想下的不平等。

在《再生产》中，布迪厄和帕塞隆还引进了两个基本概念——文化专断和符号暴力，因为其有效性知识来自这样的事实，统治阶级文化强加于整个社会，就好像这是唯一的客观知识的形式。①

聚类中另外一篇经典文献是《文化资本与学习成绩：地位文化参与对美国高中学生成绩的影响》。布迪厄对学生文化资源对其在学校成就的影响做了大量的研究，根据他的观点，学校对学生的奖励是基于学生的文化资本的。与拥有低文化资本的人相比较，老师们与那些参加过高压文化活动的学生沟通起来要更容易，会给他们更多的关注以及特别的支持，甚至认为他们更具智慧或是天赋异禀。现有的调查研究数据持续表明家庭背景指标对高中成绩影响的缺失。传统的家庭背景指标无法抓住造成学校互动差异的身份里的文化元素。Paul DiMaggio 基于马克思韦伯的地位群体和地位文化以及布迪厄的文化资本概念，评估了地位文化参与的组成部分——文化资本对个体人生机遇的某一方面——学生高中成绩的影响。研究发现，文化资本的综合指标对学生成绩有显著影响。他还指出，教育获得并不能完全的代表文化资本。此外，用单个的文化资本指标或者地位文化参与来解释学生成绩是远远不够的。

第三篇高被引经典文献是《文化资本与学习成绩：一所市区高中里的性别、种族和贫困群体》(Cultural Resources and School Success：Gender, Ethnicity, and Poverty Groups within an Urban School District)。该文献通过学校老师来检验"守门人"的文化资源/社会互动(social interaction)模型。作者效仿了 Paul DiMaggio 研究，将关注的焦点放在中学老师评课程成绩时所用的奖励结构，所用数据来自一所市区学校七年级和八年级学生数据。不同于 Paul DiMaggio 将文化资源操作化为高雅的音乐和艺术活动，Paul

① 吴刚：《教育社会学的前沿议题》，上海教育出版社，2011年版，第16页。

DiMaggio 检验了一些非正式的学术标准，正是通过这些标准，老师们回报了更多的基本技能、习性和方式。采用递归回归模型包括了学生和老师的背景特征；学生的基本技能、缺勤率；课程掌握；课程成绩等变量块。作者发现，该模型几乎完全解释了性别、种族以及贫困群体上所观察到的课程成绩分化。最重要的预测变量是老师对学生学习习惯的评价，紧接着是在基本技能和课程掌握上的认知表现。鉴于此，作者提出应当对标准(威斯康辛)地位获得模型进行修正，包括基于文化/社会干预的个体测量和守门人的行为与认知。该研究支持了 Lamont 和 Lareau(1988)的论断，即来自学校(以及其他)分层系统的文化资源回报要远远超过那些被定义为高雅文化的精英消费活动。

(五)学校(school)

聚类 6 有 37 个节点，其标识词是"学校"(school)。聚类中相关文献分别是 Bryk Anthony 1993 年的著作《天主教学校和公益学校》(Catholic Schools and the Common Good) 和 Brint &Jerome Karabel《偏离的美国梦：社区大学和美国的教育机会承诺，1900—1985》(The Diverted Dream：Community Colleges and the Promise of Educational Opportunity in America，1900—1985)。被引频次分别为25 次和 18 次。结合聚类标识词以及聚类里的关键节点文献的分析与梳理，可以概括出该聚类的主要研究是关于学校的研究。

20 世纪，美国人逐渐依靠教育特别是公立大学作为向上流动美国梦的主要渠道，在这个过程中，社区学校(community school)是实现这个梦的关键。然而，在过去的二十年里，社区学校经历了深刻变化：从强调人文—艺术类课程向职业教育的转变。针对这一背景，Brint 和 Jerome Karabel 在其著作《偏离的美国梦：社区大学和美国的教育机会承诺，1900-1985》(The Diverted Dream：Community Colleges and the Promise of Educational Opportunity in America，1900-1985)中分别从国家层面以及州层面(麻省)呈现了社区学校的历史发展过程，并验证了美国社区学校的重要转变：对"为学生进入'四年制大学'做准备"的"两年制大学"初衷的逐渐抛弃和向职业化教育转变后的深远影响。该著作旨在用社会学的分析方法分析一个公共机构，而这对美国教育机会重新分配来说是非常重要的。Brint 和 Karabel 的实证调查发现，社区学校职业化的不是商业需求的结果，也不是消费者（学生）的选择的结果。而是社区学校变迁中管理层和专业精英从容并持久的机构领导能力的后果。国家层面以及州和本地层面的历史分析都表明社区学校的领导者着手职业化计划远远早于学生需求以及商界精英的施压。较弱的市场竞争力是领导者们做出此改变的重要原因。Brint 和 Karabel 的解释了教育机构作用于复制社会不平等，丰富了教育再生产和抵制理论。

普遍认为相对于公立高校，天主教高校的学生（尤其是那些少数及弱势背景的学生）教育的更好。《天主教学校和公益学校》（Catholic Schools and the Common Good）这本书通过大范围的天主教高校来探讨是否真的有这样的差异存在，存在的原因以及是否这种成功能够转化到其他公共部门。天主教学校在一些成就的获得上似乎有一种独立的影响，尤其是在减少弱势背景学生和特权学生之间的差异上。学校并没有刻意的去追求这种影响，而是通过在学校内建立不仅仅是为了学习多少知识的人文关怀社区来提高学生们自身的价值观，以及通过例如教学教师，体育教练，辅导员等扮演多种角色实际存在的人员等来达到这种效果。本书也显示今天的天主教学校致力于民主教育和所有学生的共同利益。公立学校则与之相反。作者通过研究广泛的天主教高校来确定是否这些学生比公立学校的学生教育的更好。他们发现天主教学校在成就方面的确有着独立的影响，尤其是在弱势背景学生与特权学生之间的差异方面。他们发现现在的天主教学校与约翰杜威以及致力于民主教育和所有学生的共同公益利益的学校相似，学生们通过想象力变得见多识广。

四、1996—2015 年美国教育社会学的研究前沿

CiteSpace 提供了 11 种功能选择，针对于施引文献的合作图谱（作者合作、国家合作和机构合作）和共现图谱（特征词、关键词、学科类别），以及针对于被引文献的共引图谱（文献共被引、作者

共被引和期刊共被引）。这些图谱都可以用来揭示科学结构的发展现状乃至变化情况，并进而用于前沿分析、领域分析、科研评价等。（陈悦，2015）研究前沿的概念最早由普赖斯（Price D.）于 1965 年引入，用来描述一个研究领域的过渡本质的概念。研究前沿大概由 40～50 篇最近发表的文章组成。这样研究前沿就可以看做是在某一时段内，以突现文献（Burst Article）为知识基础的一组文献所探讨的科学问题或专题。研究前沿必须在分析突现文献和突现词（Burst Terms）的基础上，结合对施引文献（Citing Articles）的分析，进行综合判断和探测。（潘黎，侯剑华，2012）在我们的研究中，我们根据突现文献被引突现的时间和趋势将美国教育社会学领域近二十年的研究前沿分为 3 个阶段：1996—1999 年，2000—2003 年，2004—2008 年，2008—2010 年，2010—2013 年五个阶段。①

表 3　　　　　　　　　文献共被引网络中突现节点文献信息列表

频次	突现率	中心性	作者	年份	题　目	半衰期	聚类号
21	5.62	0.03	Raudenbush S W	2002	《分层线性模型：应用与数据分析方法》《Hierarchical linear and nonlinear models：applications and data analysis methods》	6	0
14	4.66	0.15	Lareau A	2003	《不平等的童年》《Unequal Childhoods：Class，Race，and Family Life》	7	0
30	3.89	0.06	Oakes J	1985	《持续分流：学校如何影响结构不平等》《Keeping track：how schools structure inequality》	11	2
12	3.86	0.03	Downey DB	2004	《学校是重要的均衡器？暑假和学年里的认知不平等》《Are Schools the Great Equalizer? Cognitive Inequality during the Summer Months and the School Year》	6	0

① 为了方便理解文献突现时间，此处时间分段存在重复。

续表

频次	突现率	中心性	作者	年份	题目	半衰期	聚类号
13	3.5	0.01	Page R N	1992	《课程研究手册》《Handbook of research on curriculum》	4	2
29	3.41	0.11	Lareau A	1999	《社会包容与排斥——家庭—学校关系里的种族、阶层与文化资本》《Moments of social inclusion and exclusion race, class, and cultural capital in family-school relationships》	1	3
11	3.38	0.01	Bowles S	1976	《资本主义美国的学校教育：教育改革与经济生活的矛盾》《Schooling In Capitalist America: Educational Reform and the Contradictions of Economic Life》	25	1
8	3.33	0.01	Alexander KL	1982	《课程与课后作业：一个熟悉故事的意外结局》《Curricula and Coursework: A Surprise Ending to a Familiar Story》	14	2
17	3.22	0.18	Entwisle Doris	1997	《儿童，学校与不平等》《Children, Schools, and Inequality》	8	0
11	3.32	0	Lareau A	2003	《教育研究中的文化资本——一种批判的评估》《Cultural capital in educational research: A critical assessment》	4	4
9	3.13	0	Johnson MK	2001	《学生学校依附感与学术交流：种族和民族的角色》《Students' Attachment and Academic Engagement_The Role of Race and Ethnicity》	3	6

　　表3的第一列为被引频次，即突现文献的施引文献数量。第二列为文献的突现率。第三列(centrality)为中介中心性。第七列半衰

期(Half-life)指文献衰老的速度,目前常用"共时半衰期"来描述某学科(专业)现实上在利用的全部文献中较新的一半是在多长一段时间内发表的。在此,文献的半衰期越长,则代表文献越经典。突现文献的被引频次随时间的变化来计算突现率的,当中既有按突增过程计算的,又有按突减过程计算的(这个内容在后面分析研究前沿时会有详细说明),而计算结果取的是绝对值。(王爱玲,2014)

(一)关于教育分流、课程设置与学习成绩的研究(1996 年以前)

1996—2000 年的高突现率文献主要包括奥克斯的《持续分流:学校如何影响结构不平等》(Keeping track:how schools structure inequality)、亚历山大的《课程与课后作业:一个熟悉故事的意外结局》(Curricula and Coursework:A Surprise Ending to a Familiar Story)和佩吉的《课程研究手册》(Handbook of research on curriculum)。图4a、图4b、图4c 分别反映了这三篇文献被引频次随时间的变化情况。横轴为年度(1996—2015 年),纵轴为被引频次,图中深色线条反映了被引频次突变的过程。从图中可以看出,三幅图发生突变的年份都在 1996 年,而且总体趋势都在变小,说明在 1996 年之前,该研究前沿已经出现,结合突现节点被引频次变化的总体情况可以判断出这三个前沿是 1996 年之前的研究前沿。

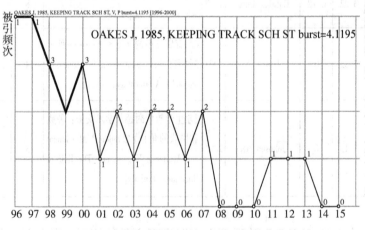

图 4a　重要突现文献的被引频次随时间的变化情况

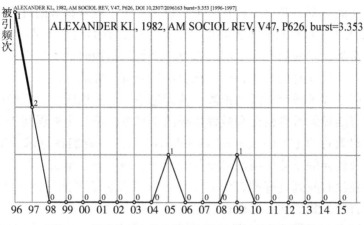

图 4b　重要突现文献的被引频次随时间的变化情况

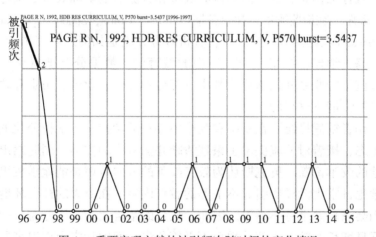

图 4c　重要突现文献的被引频次随时间的变化情况

1.《持续分流：学校如何影响结构不平等》（Keeping track：how schools structure inequality）

西方世界里根据学生能力或者学术潜力来择校分流的现象虽然备受争议，但却是仍然普遍存在。学生被临时分成单个教室的独立群体或者是根据已经区分的分流安排教室班级。而分流的依据仅仅是专业或者是学生学校学习的表现。简妮思·奥克斯认为教育公平已经不再是人们感兴趣的话题了，优秀与平等在某种程度上并不协调，从而需要重新反思教育公平。过去二十年教育趋势的过度单纯化(简单化)解释凸显出我们思考平等与优秀时的两个重要的失误：第一个失误是我们在寻求解决教育不平等的根源时的关注点几乎大部分在学生本身的个体特性，在他们的家庭、邻居、语言、文化甚至基因中寻求教育失败的根源，从而忽略了学校里所发生所经历的也有可能导致教育机会和教育成果的不平等。第二个失误在于当前我们对教育卓越(educational excellence)看法。我们在寻求更高标准以及优异的学业成绩的时候我们似乎忽略了一个事实：教育中只要存在没有收到良好教育的儿童群体，教育是不可能达到优秀的。简而言之，我们拥有了教育公平后才能拥有教育卓越。

该书在开篇提出命题：关于中学教育分流后的学生将有的成就，教育工作者、家长们期待的效果和分流后的实际效果之间存在众多差距。在借鉴鲍尔斯和金蒂斯(Bowles, Gintis, School capitalist in American)理论模型的基础上，分析教育分流是如何影响美国 25 所初、高中学校(共 297 个教室)中的教育的。数据分析被置于一个与分流紧密联系并逐渐成为其中一部分的社会、政治、历史和政治思考的情境下进行的。

作者精确描绘了在初中和高中中存在的学校与非学校分化的各种形态，接着对分流提出了条理清晰并强有力的控诉，同时给出了理性的改革论断。奥克斯认为教育改革的方向应该是消除学校里会对学生日常生活经历引起不平等的教育内容，在更大的社会环境里它们会滋长并维持不平等。因而，教育的结构元素——分流，应当为逐日增长的较大程度的教育不平等负责。而中学应当重组来避免学生被分离成具有同质能力或是成绩的群体。此外，无论何种形式的重组代替分流都不应当造成按种族或是社会经济地位的隔离的后果，更不应当是给学生课堂经验带来更多不平等的分班结果。该著作分别被 30 篇论文所引用，我们从中选取了 5 篇具有代表性的文献，并概括了它们的研究主题(参见表 4)。对比《持续分流：学校如何影响结构不平等》及其施引文献的研究主题，可以概括出它们的研究主题是关于学校教育与不平等的研究。

表4　　　　《持续分流:学校如何影响结构不平等》主要的
施引文献及其研究主题

论 文 题 目	作者	发表时间及载刊	研究主题(或内容)
Educational battlefields in America: The tug-of-war over students' engagement with instruction	Yair, G	2000 SOCIOLOY OF EDUCATION	机会获取,社会分配机制,异化。主要对高效录取机制进行了剖析。
Potential pitfalls of systemic reform: Early lessons from research on detracking	Wells, AS	1996 SOCIOLOGY OF EDUCATION	教育系统改革,风险,机会创造,机会平等,微观政治学。对教育系统改革的潜在风险进行了评估。
Curricular flows: Trajectories, turning points, and assignment criteria in high school math careers	Mc Farland, DA	2006 SOCIOLOGY OF EDUCATION	课程轨迹,课程流动,教育职业。
Constructed aspirations: Decision-making processes in Japanese educational selection	Le Tendre, GK	1996 SOCIOLOGY OF EDUCATION	个体教育选择,理性选择,就业咨询。个体的教育选择很明显受到就业咨询的过程的影响。
Systematic Sorting: Teacher Characteristics and Class Assignments	Kalogrides, D	2013 SOCIOLOGY OF EDUCATION	教师性格,课堂作业。对教师个体差异与课堂作业的布置进行了研究。

2.《课程与课后作业：一个熟悉故事的意外结局》(Curricula and Coursework: A Surprise Ending to a Familiar Story)

该文献来自 Karl L. Alexander and Martha A. Cook 1982 年发表于《美国社会学评论》上的实证研究成果。该研究认为，已有大量证据表明，高中课程设置分化对学生学校教育经历以及学业成果有着重要的影响。但是现有的高中教育分流研究忽略了学生的课程注册以及课程成绩可能是课程设置的选拔标准，也有可能是通过记录成员身份来影响教育成果的机制。该研究是建立在对前人(包括作者自己)研究的一个扩展和深化，将学生在初中和高中期间课程模式的详细信息纳入到 Alexander、Cook 以及 MicDill 的教学过程模型中。通过对美国考试服务中心所主持的学术预测与经济增长研究 1961—1969 年的面板数据的分析发现，传统的学习规范，包括相关的课前预习、学习成绩对学生高中分流结果有很大影响。他们认为，前人的研究之所以过分强调课程设置影响的持久性和普遍性，就在于他们忽略了这些筛选标准。课程设置的实际作用是限制学生的高等教育倾向。很明显，它与所谓的从功能主义视角宣称课程设置分化合理的"教育措施"无关。在此，他们提出课程设置应该是有组织的干预，并且，我们在高中学业成绩的研究中所观察到大部分内容仅仅反映了早在多年前就开始的成绩轨迹。该文献分别被 8 篇论文所引用，我们从中选取了 5 篇具有代表性的文献，并概括了他们的研究主题(参见表 5)。对比《课程与课后作业：一个熟悉故事的意外结局》及其施引文献的研究主题，可以概括出他们的研究主题是关于课程设置与学习成绩的研究。

3.《课程研究手册》(Handbook of research on curriculum)

本书是《教育研究手册》系列(Handbook of Research on Teaching)的第一本。本书对教育学领域的重要论文进行了编撰。本书一共分成四个部分：(1)课程研究的概念和研究视角。本部分对课程的概念、课程学习与探究传统——科学传统与人文传统、研究方法与课程研究以及课程评估分别进行了论述。(2)课程的发展历程和形成。本部分对美国课程的发展历史、课程政策、课程的发展趋势与变化、文化与课程、课程意识形态、课程组织、学校组织

表5　　《课程与课后作业：一个熟悉故事的意外结局》主要的
施引文献及其研究主题

论文题目	作者	发表时间及载刊	研究主题(或内容)
Tracking, students' effort, and academic achievement	Carbonaro, W	2005 SOCIOLOGY OF EDUCATION	研究学生个人努力，学术轨迹以及成就之间的关系。研究发现，处在更好的学术轨迹上的学生实质上比低学术轨迹的学生付出更多的努力。
Tracking and transitions through the middle grades: Channeling educational trajectories	Dauber, SL	1996 SOCIOLOGY OF EDUCATION	跟踪研究城市学生在中学阶段的数学和英语学习过程和变化。研究发现，考试成绩和早期学习成果对于学生在进入中学后有很强的影响；同时社会背景和父母的教育期望对此也有较强影响。
Parents' labor force attachment and grade retention among urban black children	Guo, G	1996 SOCIOLOGY OF EDUCATION	关注劳动力(labor force attachment)对于城市黑人儿童的留级问题。留级风险与社保依赖有关。
The Black-White Gap in Mathematics Course Taking	Kelly, S	2009 SOCIOLOGY OF EDUCATION	研究对黑人学生和白人学生在学习数学课程中的差异。由于较低的成就获取和较低的社会经济地位，在 10 年级时，黑人学生的数学课程学习效果低于白人学生。

论文题目	作者	发表时间及载刊	研究主题(或内容)
Tracking in mathematics and science: Courses and course-selection procedures	Spade, JZ	1997 SOCIOLOGY OF EDUCATION	课程设置的差异实际对学生和班级进行了分配。好学校和地区会设置更多高级课程。

与课程、教师与课程制定、课程阐释以及学校及社会中的教材分别进行了介绍。重点对课程制定的影响因素——包括宏观的社会、经济和政治因素，以及微观影响，包括教师的课程材料、个体因素等进行了论述。(3)课程的影响。本部分对学生的课程学习经历、课程与教育学、课程与认知、课程的道德议题、课程在机会，结果与意义上的区别、低收入非裔美国人儿童与公共教育、少数民族语言与课程以及性别与课程分别进行了介绍与论述。本部分重点对特殊群体教育以及公共教育进行了论述。(4)课程研究的相关议题与研究。本部分对不同课程的相关研究进行了介绍，其中包括阅读与写作课程、语言与文学课程、数学课程、自然科学与技术课程、职业教育课程、体育课程等。该著作分别被13篇论文所引用，我们从中选取了4篇具有代表性的文献，并概括了他们的研究主题(参见表6)。对比《课程研究手册》及其施引文献的研究主题，可以概括出他们的研究主题是关于课程设置与学习成绩学校经历与课程改革的研究。

表6　　《课程研究手册》主要的施引文献及其研究主题

论文题目	作者	发表时间及载刊	研究主题(或内容)
From first grade forward: Early foundations of high school dropout	Alexander, KL	1997 SOCIOLOGY OF EDUCATION	教育轨迹，儿童的个人水平，一年级经历，家庭环境。对学生在高中辍学的主客观原因进行了回归分析。

论文题目	作者	发表时间及载刊	研究主题(或内容)
Social positions in schooling	Friedkin, NE	1997 SOCIOLOGY OF EDUCATION	学校求学经历的地位获得学生在学校与特定老师的关系,学生阶段的课程工作,以及其他个人特征(性别,种族,社会经济地位)对于个体未来的学术成就有影响。
Curriculum standardization and equality of opportunity in Scottish secondary education: 1984-1990	Gamoran, A	1996 SOCIOLOGY OF EDUCATION	苏格兰中等教育的机会平等与课程改革。英语,数学等自然科学课程在苏格兰课程改革中起到重要作用。课程改革降低了学校中的机会不平等。
Sociological perspectives on black-white inequalities in American schooling	Hallinan, MT	2001 SOCIOLOGY OF EDUCATION	种族不平等,教育不平等。对美国校园中的种族不平等进行了社会学视角下的分析。政治,文化,意识形态等的差异都导致了教育机会与教育结果的差异。

(二)关于社会排斥和社会包容、资本主义美国教育改革的研究(1999—2001年)

图5a、图5b分别反映了《社会包容与排斥——家庭—学校关系里的种族、阶层与文化资本》《Moments of social inclusion and exclusion race, class, and cultural capital in family-school relationships》和《资本主义美国的学校教育:教育改革与经济生活的矛盾》

《Schooling In Capitalist America：Educational Reform and the Contra-
dictions of Economic Life》这两个突现文献的被引频次随时间变化的
情况。从图中可以看出，两个文献被引频次发生突变的年份为
2001 年，而且总体趋势都是突然减少，再结合突现文献被引节点
频次变化的总体情况可以看出这两个文献反映的是 1999—2001 年
的研究前沿。

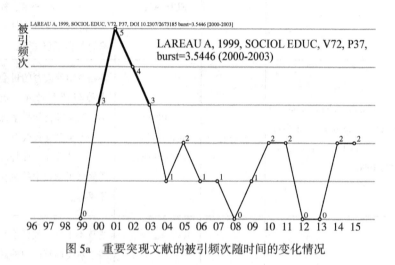

图 5a　重要突现文献的被引频次随时间的变化情况

1.《社会包容与排斥——家庭—学校关系里的种族、阶层与文
化资本》《Moments of social inclusion and exclusion race，class，and
cultural capital in family-school relationships》

该文献来自于 Lareau，Annette；Erin McNamara Horvat1999 年
发表在《教育社会学》杂志上的案例研究成果。文中指出，布迪厄
的社会再生产理论对解释学校是如何复制即存的社会不平等有着重
要意义，以往大量研究发现父母以及学生对学校的态度、行为确实
存在重大阶级差异，并且这种差异会相应影响到学生学业进步。然
而，尽管这些研究鉴定了文化和社会因素对教育不公平的影响，但
是他们并没有根据文化和社会资源被转化为教育优势而提出知识的
过程。鉴于此，作者采用访谈法以及教室观察法，揭示那些深度关
注教育中对黑人的种族歧视历史遗留问题的黑人父母是如何向学校

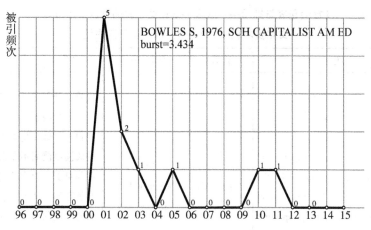

被引频次

BOWLES S, 1976, SCH CAPITALIST AM ED
burst=3.434

96 97 98 99 00 01 02 03 04 05 06 07 08 09 10 11 12 13 14 15

图 5b　重要突现文献的被引频次随时间的变化情况

提出公开批判的。研究发现，由于教育工作者们希望在学校教育中家长们的角色是积极并顺从的，因而种族在家长们遵守教育工作者要求的能力中扮演独立角色。研究结果强调了资本的拥有和使用之间的差异以及符合特定设置中资本的展示的重要性。该结果也强调了检验个体是如何激活（启动）社会和文化资本中关注包容和排斥时刻的重要性。该著作分别被 29 篇论文所引用，我们从中选取了5 篇具有代表性的文献，并概括了他们的研究主题（参见表 7）。对比《社会包容与排斥——家庭—学校关系里的种族、阶层与文化资本》及其施引文献的研究主题，可以概括出他们的研究主题是关于家庭—学校关系与文化资本的研究。

2.《资本主义美国的学校教育：教育改革与经济生活的矛盾》《Schooling In Capitalist America：Educational Reform and the Contradictions of Economic Life》

《资本主义美国的学校教育：教育改革与经济生活的矛盾》由鲍里斯和金蒂斯合著，于 1976 年出版以来就在教育理论界引起极大反响。这本书包含了三个基本的命题：人类发展、不平等和社会变迁过程。关于人类的发展，鲍尔斯和金蒂斯指出，尽管认知能力在经济中很重要，但却不是学校教育对个体经济成功的最大贡献。他们提出，学校通过把人们社会化成能在现代企业或者办公室的等

表 7　《社会包容与排斥——家庭—学校关系里的种族、阶层与
文化资本》主要的施引文献及其研究主题

题　　目	作者	时间与来源	研究主题(内容)
Parental cultural capital and educational attainment in the Netherlands: A refinement of the cultural capital perspective	Graaf, ND	2000 SOCIOLOGY OF EDUCATION	检验父母文化资源的哪一方面影响子代的教育获得。父母文化资本里的阅读习惯而不是美术参与对子代教育获得有显著影响。父母阅读行为能有效预测孩子在学校的成就，尤其是对那些低教育水平家长的孩子来说。
Leveling the home advantage: Assessing the effectiveness of parental involvement in elementary school	Domina, T	2005 SOCIOLOGY OF EDUCATION	父母参与并非单独影响学生的学习的，但是父母的一些参与行为确实能阻止某些不良行为。低社会阶层父母参与的效果要大于高社会阶层父母。
Cultural capital, gender, and school success: The role of habitus	Dumais, SA	2002 SOCIOLOGY OF EDUCATION	文化资本对教育成就影响的性别差异。高社会阶层地位的女生更倾向于参加文化活动；无论控制"惯习"变量与否，文化资本对女学生的成绩始终有显著正面影响。

续表

题　目	作者	时间与来源	研究主题(内容)
Race, cultural capital, and the educational effects of participation in sports	Eitle, TM	2005 SOCIOLOGY OF EDUCATION	参与体育活动与学习成就之间的关系。文化资源上的劣势能增加对足球、篮球的兴趣并有可能依赖上这些运动来作为社会资本的一种手段。
Does Cultural Capital Really Affect Academic Achievement? New Evidence from Combined Sibling and Panel Data	Jaeger, MM	2011 SOCIOLOGY OF EDUCATION	对文化资本与学习成就之间关系的再度验证。

级结构中正常运作(以及服从)方式帮助人们进入成人工作角色。
而学校正是通过"对应原理"来实现这一过程的,即通过构造社会
互动和个人奖励来复制职场的环境。在"不平等"命题中,鲍尔斯
和金蒂斯提出:父母的阶层以及经济地位的其他方面是通过不平等
的教育机会传递给下一代的,但是富人后代的经济优势明显超过了
他们所接受的优质教育。随后他们用可行统计数据证明了美国远远
达不到经济机会平等和认知能力的基因遗传解释了至少一小部分的
家庭贫穷与富裕的高度代际固化(持续存在)。在"社会变迁过程"
的命题里,鲍尔斯和金蒂斯通过对小学教育的起源一起高中教育的
发展的历史研究表明:现代教育体系的演变是劳动的社会组织和它
的报酬的转变导致大量的阶级和其他冲突兴起的后果,而不是民主
抑或是教育理念的逐渐完美的后果。在这三个命题基础上,他们将
再生产理论推向了极端。
　　鲍尔斯和金蒂斯还强调中等教育改革的失败,是因为教育一直
被用于再生产等同于经济生产关系的社会关系:"教育中的社会关
系是工作等级分工的复制品,这种等级关系反映在从管理者到教

师，再到学生的权力垂直线中……当我们使年青人习惯于一系列类似工作场所的社会关系时，学校试图引导个人需求朝向那些（社会）要求发展。"（鲍尔斯 & 金蒂斯，1976）

该书的核心思想是阐释教育在经济生活中的角色和作用，他们是一种对应关系，即"对应原理"（correspondence principle）。资本主义学校教育的主要作用就是按照学生的阶层背景将他们分配到相应层次的劳动力队伍当中去。而自由主义教育所倡导的用教育体系来弥补资本主义经济体系不足的愿望注定落空。"对应原理"的主要观点是：美国年轻一代的社会化是通过资本主义教育用教育中的社会关系与生产过程中的社会关系的"对应"来实现的。也就是说，教育中的社会关系——包括管理者与教师之间、教师与学生之间、学生与学生之间以及学生与作业之间的关系——都一一对应复制了资本主义劳动过程中的等级结构关系。例如，经济生活中的森严的等级关系与学校生活中的权威相对应；资本主义生产过程中的异化"对应"于学生对教育过程和课程内容的异化和缺乏控制等。当然，这种对应关系不仅是各个学校之间资源分配的差异，同时也是不同阶层家长阶层意识的体现：处于底层阶级的家长倾向于服从，因而更加认可严格的教学方式；而中产阶级家长崇尚自由与民主教育氛围。

总之，鲍里斯和金蒂斯提出资本主义美国学校的教育的功能无非两点：一是为资本家的利润而培养人才与劳动力；二是通过再生产个体阶级意识来维系资本主义社会的合法化。因而，任何真正意义上的根本教育变革都必须与整个社会的革命性转变结合起来。①该文献分别被 11 篇论文所引用，我们从中选取了 4 篇具有代表性的文献，并概括了他们的研究主题（参见表 8）。对比《资本主义美国的学校教育：教育改革与经济生活的矛盾》及其施引文献的研究主题，可以概括出他们的研究主题是关于教育扩张与教育改革的研究。

---

① 杜亮，鲍尔斯：《金蒂斯教育思想探析："对应原理及其批判"》，载《比较教育研究》，2009 年第 8 期。

表 8　　《资本主义美国的学校教育：教育改革与经济生活的
矛盾》主要的施引文献及其研究主题

题　　目	作者	时间与来源	研究主题(内容)
Schooling in capitalist America re-visited	Bowles, S	2002 SOCIOLOGY OF EDUCATION	经济地位，智力继承。学校对于学生的认知发展并不能解释学校教育对于更多收入的获取。
The social sources of educational credentialism: Status cultures, labor markets, and organizations	Brown, DK	2001 SOCIOLOGY OF EDUCATION	文凭主义的来源包括教育扩张导致的经济增长，以及相关的职业地位获得文化中的文凭与招募机制。
Race, cultural capital, and the educational effects of participation in sports	Eitle, TM	2002 SOCIOLOGY OF EDUCATION	体育活动，学业成绩。对文化资本，家庭教育，家庭结构，种族，对于学生是否参与足球，橄榄球，棒球等体育运动产生影响进行了研究。文化资本上的劣势会促进学生参与体育活动，并获取社会资本。
Privatization reform and inequality of educational opportunity: The case of Chile	Torche, F	2005 SOCIOLOGY OF EDUCATION	教育扩张，教育私有化；研究智利近50年的教育变迁。智利存在"教育不平等维持"的状况。教育私有化促进了教育在质量上的不平等。

(三)社会结构(阶层、种族)(2002—2004 年)与学校经历、教育不平等的研究(2004—2008 年)

1.《学生学校依附感与学术交流：种族和民族的角色》(Students' Attachment and Academic Engagement-The Role of Race and Ethnicity)

图 6a 显示文献《学生学校依附感与学术交流：种族和民族的角色》(Students' Attachment and Academic Engagement-The Role of Race and Ethnicity)被引频次随时间的变化情况。由图 6a 可知，文献突现率为 3.1293，图中深色线条展示了突现过程，突显时间为 2004 年到 2010 年，图 6a 中 2004 年和 2009 年两度出现两次的被引高峰，总体变化趋势为突增的起伏过程，这说明在 2004 年，文献及其施引文献所反映的研究前沿正在出现，再结合突现节点总体被引频次变化的情况可以判断出该文献反映的是 2002—2004 年的研究前沿。

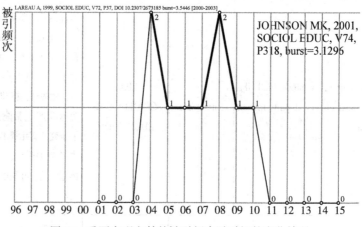

图 6a　重要突现文献的被引频次随时间的变化情况

该文献来自罗伯特·克鲁索(Robert Crosnoe)，格伦(Glen. H)等人对国家青少年健康的纵向研究(NLSAH national longitudinal study of adolescent health)数据的实证研究。该研究将理解教育经验(school experience)中反成就需求方面的需求、检验教育中种族的角色的重要性以及研究学校影响的价值三个主题结合于一个研究中。从理论剖析与实证研究层面验证并强调学术交流以及学校归属感是学生教育经验中的重要组成部分，以及这些经验是否会因为种族和民族的差异而存在差异。同时也检验了学校层面因素是否会影响学术交流和学校依附感以及学校层面因素是否能减缓学术交流以及学校依附层面的种族差距，即学校的性质（例如种族构成）对学生学校依恋和学术交往的影响是否超过了个体特质的影响。通过采用多层线性模型分析了学术交流和学校依附感是如何被学生个体的背景所影响以及这种影响是如何被嵌入到更大的学术机构的。研究对象为初中以及高中学校里的白人、西班牙裔美国人以及非裔美国人。研究发现，无论是在个体层面还是学校层面，种族和民族都对美国初中和高中学生的教育经历存在影响。其中个体层面，相对于西班牙裔美国人，非裔美国人以及白人对初中学校的依附感更弱，然而高中学校并不存在这种差异。此外，初中和高中的非裔美国人青少年比其他群体更加积极参与教室活动和学校活动。该文献分别被9篇论文所引用，我们从中选取了3篇具有代表性的文献，并概括了他们的研究主题（参见表9）。对比《学生学校依附感与学术交流：种族和民族的角色》及其施引文献的研究主题，可以概括出他们的研究主题是关于学生与学校关系的研究。

表9　　《学生学校依附感与学术交流：种族和民族的角色》
主要的施引文献及其研究主题

论文题目	作者	发表时间及载刊	研究主题(或内容)
Teacher influences on students' attachment to school	Hallinan, MT	2008 SOCIOLOGY OF EDUCATION	关注老师对学生对学校好感的影响。对学校有更高好感度的学生有较高的学术成就以及较低的旷课率。
Student engagement, peer social capital, and school dropout among Mexican American and non-Latino white students	Ream, RK	2008 SOCIOLOGY OF EDUCATION	少数民族学生的辍学问题。必须同时进行教育和社会层面的改革，促进墨西哥裔青年完成学业。

论文题目	作者	发表时间及载刊	研究主题(或内容)
The role of gender and friendship in advanced course taking	Riegle-Crumb, C	2006 SOCIOLOGY OF EDUCATION	研究不同性别的同学关系对高级课程的影响。对于女孩来说,同性朋友对于课程学习有重要影响,但总的来说,对于男孩则没有类似的作用机制。

2.《儿童,学校与不平等》(Children, Schools, and Inequality)

图 6b 显示文献了《儿童,学校与不平等》(Children, Schools, and Inequality)被引频次随时间的变化情况。由图 6b 可知,文献突现率为 3.1374,图中深色线条展示了突现过程,突显时间为 2004 年到 2010 年,图 6b 中在 2008 和 2010 年两度出现被引高峰。总体变化趋势为突增的起伏过程,这说明在 2004 年,文献及其施引文献所反映的研究前沿正在出现,再结合突现节点总体被引频次变化的情况可以判断出该文献反映的是 2004—2008 年的研究前沿。

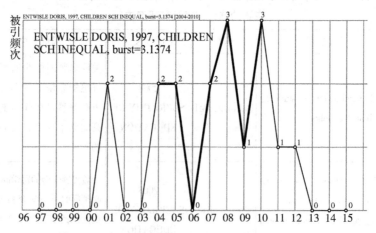

图 6b　重要突现文献的被引频次随时间的变化情况

该文献检验了社会结构是如何决定教育不公平的、早期的学校教育在多大程度上放大或是阻碍了后期教育中的种族和性别不平等以及提升学校教育效果的即存途径是什么。教育社会学家对处于童年中期的儿童(6~12岁)的关注相对较少，相反，发展心理学家在解释儿童的发展时更多的关注儿童内在的因素而非社会情境。《儿童，学校以及不平等》矫正了这种不平衡。它依据学校和社区社会经济地位的变化来检验小学教育成果(例如测验分数、成绩和留级率等)、整个小学的组织模式以及家庭结构与儿童学校表现相互交互的方式。通过分析自巴尔的摩开学研究数据以及挑选自社会学、儿童发展以及教育领域的信息，该文献解释了贫穷家庭的孩子以及富裕家庭孩子之间的学习成绩差距为什么如此难以消除。作者还解释了为什么儿童进入一年级的转折点(即儿童是如何妥协开始接受全日制教育的)是一个关键时期。他们还表明，这个时期所发生的事件能够影响儿童的整个学校生涯。该文献分别被14篇论文所引用，我们从中选取了5篇具有代表性的文献，并概括了他们的研究主题(参见表10)。对比《儿童，学校与不平等》及其施引文献的研究主题，可以概括出他们的研究主题是关于阶层差异与教育不平等的研究。

表10　《儿童，学校与不平等》主要的施引文献及其研究主题

论文题目	作者	发表时间及载刊	研究主题(或内容)
Assessing the "mismatch" hypothesis: Differences in college graduation rates by institutional selectivity	Alon, S	2005 SOCIOLOGY OF EDUCATION	对"不匹配"假说进行了评估。 本文的发现并不支持"不匹配"假说('mismatch' hypothesis)。
Making it through the first year of college: The role of students' economic resources, employment, and living arrangements	Bozick, R	2007 SOCIOLOGY OF EDUCATION	对在大学生在校生活第一年的状况进行了研究。低收入家庭更倾向于参加兼职活动并居住家中。兼职和生活安排对于学生的校园生活有重要影响。

续表

论文题目	作者	发表时间及载刊	研究主题(或内容)
Social-class differences in summer learning between kindergarten and first grade：Model specification and estimation	Burkam, DT	2004 SOCIOLOGY OF EDUCATION	对不同阶层儿童在幼儿园及一年级阶段的暑期学习进行了研究。 家庭状况对儿童的暑期学习有一定影响。
Educational investment, family context, and children's math and reading growth from kindergarten through the third grade	Cheadle, JE	2008 SOCIOLOGY OF EDUCATION	不同民族及种族和社会经济地位的家庭在教育投入上有很大区别。
Social reproduction and child-rearing practices：Social class, children's agency, and the summer activity gap	Chin, T	2004 SOCIOLOGY OF EDUCATION	父母资源和价值观对父母教育实践的影响。

（四）关于分层线性模型；学校教育与认知能力不平等；家庭、教育与不平等的再生产的研究（2007—2010 年）

1.《分层线性模型：应用与数据分析方法》(Hierarchical linear and nonlinear models：applications and data analysis methods)

图 7a 反映了文献《分层线性模型：应用与数据分析方法》(Hierarchical linear and nonlinear models：applications and data analysis methods)被引频次随时间的变化。图中深色加粗线条表示文献被引频次突变的过程。突现时间为 2007 年到 2011 年，被引频次发生突变的年份为 2010 年，而且总体趋势是突然减少，再结合突现文献被引节点频次变化的总体情况可以看出文献反映的是 2007—2010 年的研究前沿。

社会科学中，数据结构经常存在个体与所属群体的分层结构。例如教育中，学生组成班级，既有变量描述学生，又有变量描述班

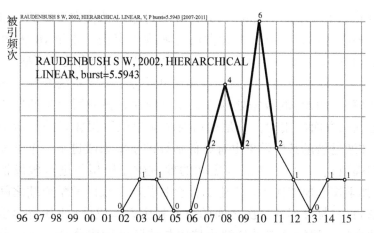

图 7a　重要突现文献的被引频次随时间的变化情况

级。而班级变量既可以是学生变量的汇总指标，也可以是诸如教师、教室等变量的汇总指标。而且，层次结构还可以延伸到由班级组成的学校，学校组成的校区，等等。面对这种拥有嵌套的或分层结构的数据，采用常规的回归分析或方差分析数据处理方法，存在着有偏差的参数估计和错误的统计推断结果的问题。将所有高层变量分解到个体水平以及将个体水平的变量汇总到较高层次的做法都会导致对结果的曲解。而利用分层线性模型，多层结构中的每一层次都用子模型来代表。这些子模型反映了本层变量之间的关系，而且定义了某一层次的变量对另一层次的变量之间的关系所产生的影响。尽管不论有多少个层次都可以这样来表达，但所有基本统计特征可以通过一个两层的模型反映出来。分层线性模型（hierarchical linear model，简称 HLM）在社会学研究中经常被称为多层线性模型（multilevel linear models），它指出了即使在不同应用中，比如成长研究、组织效应、综合研究，其数据都存在一个相同的重要结构特征，是一种用于分析拥有嵌套结构数据的统计分析方法。

　　分层线性模型最早由 Lindley 和 Smith（1972）提出，他们的贡献在于为具有复杂误差结构的嵌套数据研制了一个通用研究框架。后来，Dempster、Laird 和 Rubin（1977）在 EM 算法上的进展形成了概念上切实可行又可以广泛应用的协方差成分估计方法。再后来，

Goldstein(1986)和 Longford(1987)在通过通过迭代在甲醛的一般最小二乘法的协方差成分估计方法上实现了突破。直至 HLM(Raudenbush et al.，2000)统计计算机程序的出现来拟合这些模型。

《分层线性模型：应用与数据分析方法》主要系统阐释了多层线性模型(HLM)的数据处理方法及其应用。该书所讨论的应用问题包括三方面的用途：一是如何对个体单位取得较好的效应估计(比如通过借助其他学校也有类似估计的事实来改进某一个学校的回归模型)；二是对各层次之间的效应建立模型并进行假设检验(比如学校规模如何影响学生的社会特征与学校的教学成绩之间的关系)；三是分解各层次之间的方差和协方差成分(比如将学生层次的变量之间的协变量分解为校内与校际两种成分。)该文献分别被 21 篇论文所引用，我们从中选取了 4 篇具有代表性的文献，并概括了他们的研究主题(参见表 11)。

表 11 　　《分层线性模型：应用与数据分析方法》主要的
施引文献及其研究主题

论文题目	作者	发表时间及载刊	研究主题(或内容)
Educational investment, family context, and children's math and reading growth from kindergarten through the third grade	Downey, DB	2008 SOCIOLOGY OF EDUCATION	探讨学校评估机制，并对学校与非学校的影响效果进行了分离。
Are "Failing" schools really failing? Using seasonal comparison to evaluate school effectiveness	Guest, A	2003 SOCIOLOGY OF EDUCATION	学校、社区环境对高校学生课余活动的影响。体育活动与低教育期望以及较贫穷的社区相关。非体育活动则和高教育期望与高学业成绩相关。

续表

论文题目	作者	发表时间及载刊	研究主题(或内容)
Adolescents' extracurricular participation in context: The mediating effects of schools, communities, and identity	Hill, LD	2008 SOCIOLOGY OF EDUCATION	高效教学策略的三个特征:"传统"、"清算"和"中介"。不同的目标大学有不同的引导学生的策略。
Human Rights in Social Science Textbooks: Cross-national Analyses, 1970-2008	Meyer, JW	2010 SOCIOLOGY OF EDUCATION	分析中学社科教材中的人权主题相关内容,并发现了积极的发展趋势。

2.《学校是重要的均衡器？暑假和学年里的认知不平等》《Are Schools the Great Equalizer? Cognitive Inequality during the Summer Months and the School Year》

图 7b 反映了文献《学校是重要的均衡器？暑假和学年里的认知不平等》(Are Schools the Great Equalizer? Cognitive Inequality during the Summer Months and the School Year)被引频次随时间的变化。图中深色加粗线条表示文献被引频次突变的过程。突现时间为 2008 年到 2015 年，被引频次发生突变的年份为 2010 年，而且总体趋势是突增起伏过程，再结合突现文献被引节点频次变化的总体情况可以看出文献反映的是 2008—2010 年的研究前沿。

社会再生产主义理论家们认为学校教育在再生产甚至是恶化即存不平等中扮演着重要角色。但是以往的季节性比较研究结果表明阅读与数学能力差距的扩展主要发生在暑假，这意味着非学校因素（家庭、邻居）是差异产生的主要源泉。Downey 在《学校是重要的均衡器？暑假和学年里的认知不平等》(Are Schools the Great Equalizer? Cognitive Inequality during the Summer Months and the School

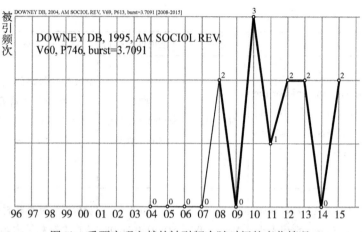

图 7b　重要突现文献的被引频次随时间的变化情况

Year)一文里阐述了学校教育是如何影响认知能力的不平等的,即学生认知能力的社会经济地位和种族的差距在假期期间以及上学期间是如何变化的。该研究的先进性在于检验了学习能力上的与社会经济地位以及种族等因素无关的巨大不平等。作者运用多层生长模型对 2000 名 1998—1999 年出生的同期群儿童进行研究,从学校层面以及非学校层面(家庭、邻居)分析影响儿童认知能力的因素,用阅读能力和数学能力代表儿童的认知能力。Downly 发现,学校不仅能通过社会经济地位来减缓不平等,还能减缓无法用明显先赋特征来解释的更大的不平等。这种不平等占据了学习能力不平等的90%。并且,在学年期间这种不平等小于暑假期间。研究结果证实了学校是重要的均衡器的假设。然而,学校的均衡器作用也有例外:白人和黑人之间的认知能力差异却在学年期间的增速要比预期的快,此时,学校教育反而成为了黑人、白人之间不平等的源泉。该文献分别被 12 篇论文所引用,我们从中选取了 3 篇具有代表性的文献,并概括了他们的研究主题(参见表 12)。对比《学校是重要的均衡器?暑假和学年里的认知不平等》及其施引文献的研究主题,可以概括出他们的研究主题是关于认知教育的研究。

表 12　《学校是重要的均衡器？暑假和学年里的认知不平等》
主要的施引文献及其研究主题

论文题目	作者	发表时间及载刊	研究主题(或研究内容)
After the Bell: Participation in Extracurricular Activities, Classroom Behavior, and Academic Achievement	Covay, E	2010 SOCIOLOGY OF EDUCATION	非认知技巧是社会经济状况及课余活动对学术技巧影响的中介变量。
Who Is Placed into Special Education?	Hibel, J	2010 SOCIOLOGY OF EDUCATION	研究特殊教育群体及特殊教育的状况。
Socioeconomic Disadvantage, School Attendance, and Early Cognitive Development: The Differential Effects of School Exposure	Ready, DD	2010 SOCIOLOGY OF EDUCATION	孩子们的社会阶层与幼儿园及一年级阶段逃课，和学习发展之间的联系。 学校的认知教育对于低社会阶层的孩子们有更明显的影响。

3.《不平等的童年》(Unequal Childhoods: Class, Race, and Family Life)

图 8 反映了文献《不平等的童年》《Unequal Childhoods: Class, Race, and Family Life》被引频次随时间的变化。由图可知，该文献被引频次突现时间为 2010 年到 2012 年，被引频次发生突变的年份为 2010 年，而且总体趋势是突然减少，说明在 2010 年之前，该文献及其施引文献所反映的研究前沿已经出现，再结合突现节点被引频次变化的总体情况可以判断出该文献反映的是 2008—2010 年的研究前沿。

安妮特·拉鲁的《不平等的童年》从家庭视角来阐释社会结构再生产，通过考察那些贫困家庭、工人阶级家庭、中产阶级家庭及富有家庭孩子在学校和在家里的生活，细致描述了不同社会地位的

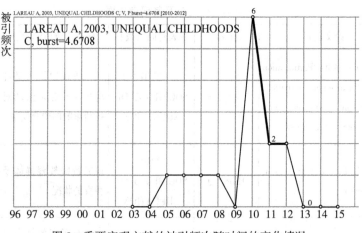

图 8　重要突现文献的被引频次随时间的变化情况

家庭如何占有不同社会资源，以及这些家庭是如何在日常生活中培养孩子，从而影响孩子社会地位的获得和美国梦的实现的机会。该书旨在关注社会分层是如何影响人生机会的。安妮特·拉鲁质疑了美国社会普遍存在的个人成功由天赋、能力、品质和特性等先赋因素决定论，认为对社会生活不平等的现象的理解应当从个体与社会的结构关系这个情境下加以理解和阐释，而家庭在社会结构中所处的位置与拥有的社会资源会通过一定的方式影响和塑造个体人生机会。作者通过对 88 个家庭的采访，并对其中包括中产阶级家庭、工人阶级家庭、领救济的黑人家庭、混血家庭、离异家庭等在内的12 个家庭进行了重点分析。在此基础上，根据收入、居住空间、父母的职业声望和受教育程度这些指标，将研究对象分为中产阶级家庭、工人阶级家庭和贫困家庭三个层级。研究结果发现：中产阶级家庭和工人阶级、贫困家庭在教育孩子时选择的不同文化逻辑，这种家庭环境、背景和教育理念的差异导致孩子形成了不同的品质特征。中产阶级的教育方式更符合教育机构和社会的要求，因此他们的孩子也能获得更多的教育资源和社会权利，从而获取更高的社会地位，并将他们获得的教育传承给下一代。（管宁，家庭、教育与不平等的再生产——读《不平等的童年》教育观察，2013.08）综观家庭、教育与不平等的关系可以总结为：教育不平等既是再生产的一个环节，也是再生产的结果。该文献分别被 14 篇论文所引用，我们从中选取了 4 篇具有代表性的文献，并概括了他们的研究主题（参见表 13）。

表 13　　《不平等的童年》主要的施引文献及其研究主题

论文题目	作者	发表时间及载刊	研究主题（或研究内容）
Revisiting the Role of Cultural Capital in East Asian Educational Systems: The Case of South Korea	Byun, SY	2012 SOCIOLOGY OF EDUCATION	通过家庭社会经济地位、文化资本及孩子学习成绩之间关系，对南韩的文化资本进行了研究。家庭社会经济地位对于家庭及孩子的文化资本的具象呈现有显著影响。
Teacher Effects on Social and Behavioral Skills in Early Elementary School	Jennings, JL	2010 SOCIOLOGY OF EDUCATION	对初等教育阶段老师对学生社会及行为技巧以及学习成绩的影响进行了评估。
Parenting and Academic Achievement: Intergenerational Transmission of Educational Advantage	Roksa, J	2011 SOCIOLOGY OF EDUCATION	把社会背景操作化为父母社会阶层及各自家族背景，并对不同社会背景的家庭的教育实践和子女学习成绩进行研究。

续表

论文题目	作者	发表时间及载刊	研究主题（或研究内容）
Racial Mismatch in the Classroom: Beyond Black-white Differences	McGrady, PB	2013 SOCIOLOGY OF EDUCATION	对课堂教学中的种族隔阂进行了研究。　在白人老师的课堂中，黄种人更活跃，而黑人相对较不活跃。黄种人在白人老师的课堂中获益，但没有证据显示黑人学生在黑人老师的课堂中获益更多。

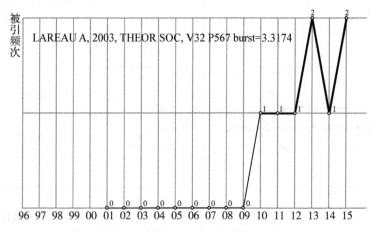

图 9　重要突现文献的被引频次随时间的变化情况

（五）英语语境下的"文化资本"（2010—2013 年）

图 9 反映了文献《教育研究中的文化资本———一种批判的评估》（Cultural capital in educational research：A critical assessment）被引频次随时间的变化。从图中可知，该文献被引频次突现时间为

2010 年到 2015 年，并在 2013 年和 2015 年两度出现被引高峰。被引频次发生突变的年份为 2013 年，说明在 2013 年之前，该文献及其施引文献所反映的研究前沿已经出现，再结合突现节点被引频次变化的总体情况可以判断出该文献反映的是 2009—2013 年的研究前沿。

《教育研究中的文化资本———一种批判的评估》(Cultural capital in educational research：A critical assessment) 一文来自 ANNETTE LAREAU 和 ELLIOT B. WEININGER2003 年发表在《理论与社会》(Theory and Society) 上的研究。布迪厄的文化资本概念被广泛引入到英语语言环境中的教育研究后，对其的理解与定义是否真的与布迪厄的法语语境下的本意相吻合？ ANNETTE LAREAU 和 ELLIOT B. WEININGER 仔细阅读了大量关于文化资本与教育的英语语言文献，并发现了它们的欠缺之处。这些文献认为，关于文化资本的主流解释主要是建立在两个关键前提之上的。首先，以迪马乔(DiMaggio) 为代表的研究者认为文化资本代表或表示知识或者是知识分子的审美(例如美术和古典音乐) 能力。另外一个前提是研究者们假设文化资本一定是与其他重要的知识或能力(专业技能、人力资本) 区分开来的。作者通过阅读评论布迪厄的大量教育相关作品证明上述两个前提都不是理解其文化资本概念的关键。在对众多关于文化资本的英语语言文献进行讨论的基础上他们认为主流的解释都偏离布迪厄文化资本的本身含义，因此他们提出重新定义文化资本概念，强调布迪厄所涉及的一个社会阶层向教育机构(制) 强制施加对自己有益的评价标准的能力，而不应将文化资本的范围局限在精英文化，同时也不应该经验主义地试图将文化资本从专业技能或人力资本中分割开来。此外，作者还阐释了制度化的评价标准与隶属不同社会阶层家庭的教育实践之间的相互作用。用一项关于家庭—学校关系中的阶层差异研究的民族志资料来解释：中场阶级的非裔美国家庭是如何以一种异于贫困非裔美国家庭的方式展示文化资本的。他们声称，学生和父母遵守制度化的评估新标准的能力是不同的，而这些能力却是可以通过代际传递的；可能会有专制的倾向，也有可能超额收益。该文献分别被 8 篇文献所引用，我们从中选取了 5 篇具有代表性的文献，并概括了他们的研究主题(参见表14)。对比《教育研究中的文化资本———一种批判的评估》及其施引文献的研究主题，可以概括出他们的研究主题是关于认知教育文化资本的研究。

表 14　　《教育研究中的文化资本———一种批判的评估》
主要的施引文献及其研究主题

论文题目	作者	发表时间及载刊	研究主题(或研究内容)
Straddling boundaries：Identity, culture, and school	Carter, PL	2006 SOCIOLOGY OF EDUCATION	低收入非裔和拉丁裔青少年是如何协商学校和同龄群体环境下的界限的?
Educational investment, family context, and children's math and reading growth from kindergarten through the third grade	Cheadle, JE	2008 SOCIOLOGY OF EDUCATION	父母教育投资指标的操作化；教育投资是社会经济地位和种族差异的重要中介变量。
After the Bell：Participation in Extracurricular Activities, Classroom Behavior, and Academic Achievement	Covay, E	2010 SOCIOLOGY OF EDUCATION	学习成绩的社会经济地位优势与课外活动的参数与情况有关。非认知能力在社会经济地位和课外活动对学习能力的影响中其中介作用。
Parenting and Academic Achievement：Intergenerational Transmission of Educational Advantage	Roksa, J	2011 SOCIOLOGY OF EDUCATION	文化资本对教育获得的影响；文化再生产与文化流动；社会背景是父母当前阶层地位与他们自身家庭背景的结合体。

论文题目	作者	发表时间及载刊	研究主题(或研究内容)
Cultural Capital in East Asian Educational Systems: The Case of Japan	Yamamoto, Y	2010 SOCIOLOGY OF EDUCATION	文化资本理论在东亚教育体系中的实践；本土化和具体化了的文化资本是如何向教育成果施加影响的。

五、研究结论

通过对 1996—2015 年的美国《教育社会学》杂志文献进行共被引网络图谱的分析，发现近二十年来美国教育社会学领域的研究热点主题有少数族裔儿童、课外活动、废除种族隔离、教育获得和学校研究。其中少数族裔儿童的教育获得及其影响因素问题是最大的热点问题。美国作为一个移民多元化国家，移民问题以及伴随而来的少数族裔儿童的教育问题成为亟待解决的问题。纵观近二十年来美国教育社会学发展的知识基础均建立在这几个主体之上。另外，我们还探测了近二十年来美国教育社会学研究的前沿演进过程：1996 年以前：关于教育分流、课程设置与学习成绩的研究；1999—2001 年，关于社会排斥和社会包容、资本主义美国教育改革的研究；2002—2008 年，关于社会结构(阶层、种族)与学校经历、教育不平等的研究；2007—2010 年，关于分层线性模型，学校教育与认知能力不平等，家庭、教育与不平等的再生产的研究；2010—2013 年，英语语境下的"文化资本"研究。近二十年来美国教育社会学研究的前沿演进的特点可以概括为以下几个方面：

从研究取向上看，美国教育社会学研究呈现一种浓浓的后现代主义批判色彩，想用局部或特定理论来重新安置现代主义专注的宏大、总体或所有对世界的说明，寻求对导致社会境况的特定社会条件的理解途径。它毫不避讳的批判教育的种族、性别、阶层差异，将教育中的社会问题置于批判与冲突的视角加以理解，不仅从不同的角度揭示了教育制度中存在的教育不平等的现状，而且从理论上深入分析了教育不平等产生的内在机制和社会根源，并对现存的教育制度进行了一定程度的批判。而我国的教育社会学研究取向大多还停留在规范、描述上，"阐明规范"的研究取向下的教育社会学研究还着力于从社会学角度提出关于解决教育问题的"好的"教育实践建议，而疏于从社会学角度对教育问题本身进行学理探究，这就使得这一取向下的研究成果往往缺少足够的学术含量与值得称道的理论贡献。

从研究立场上看，美国教育社会学研究的立场始终是对"平等"的关注，从《科尔曼报告》到"再生产理论"都是建立在对受教育机会平等的追求上。这与我国所追求的"优秀"恰恰相反。

从研究主题上看，美国教育社会学的演进既有对再生产以及文化资本等经典理论的重新理解和建构，也有对社会学领域最前沿的研究方法——分层线性模型的研究。

从研究范式上看，解释性研究范式在近 12 年教育社会学研究中占有绝对的优势地位。相对于传统教育社会学的规范性研究范式，解释性研究范式更重视对具体的教育情境和生活情境的真实性反映，并结合宏观的社会背景进行解释和建构。具体表现为实地观察、参与式观察、文本分析、话语分析等研究方法。

参考文献

[1]安妮特·拉鲁. 不平等的童年，张旭，译. 北京：北京大学出版社，2009 年版，第 29 页。

[2]王爱玲，陆海霞. 近十二年教育社会学的研究前沿演进——基于美国《教育社会学》杂志和《英国教育社会学杂志》2001—2012年载文的可视化分析，外国教育研，2014 年第 11 期。

[3]李德显，陆海霞，魏新岗. 英国教育社会学研究的热点主题分析——基于《英国教育社会学杂志》2003—2012 年载文的共引

分析, 2015 年第 12 期。

[4] Adrian E. Raftery, Michael Hout. Maximally Maintained Inequality: Expansion, Reform, and Opportunity in Irish Education, 1921-75. Sociology of Education, Vol. 66, No. 1 (Jan. , 1993), pp. 41-62.

[5] Amy F. Feldman, Jennifer L. Matjasko, The Role of School-Based Extracurricular Activities in Adolescent Development: A Comprehensive Review and Future Directions. Review of Educational Research, Summer 2005, Vol. 75, No. 2, pp. 159-210.

[6] Annette Lareau & Erin McNamara Horvat, Moments of social inclusion and exclusion race, class, and cultural, Sociology of Education; Jan 1999; v72, P37.

[7] Annette Lareau, Unequal Childhoods: Class, Race, and Family Life, University of California Press; 2nd Revised edition, 2011.

[8] Annette Lareau & Elliot B. Weininger, Cultural capital in educational research: A critical assessment, Theory and Society, V32, 567-606, 2003.

[9] Anthony S. Bryk, Valerie Lee, Peter B. HollandCatholic Schools and the Common Good. Harvard University Press; Reissue, 1995.

[10] Blau P M, Duncan O D. The American occupational structure, New York: Wiley, 1967.

[11] Bourdiru P. Cultural reproduction and social reproduction//Karabel J, Halsey A H. Power and ideology in education. New York: Oxford University Press, 1977: 487-511.

[12] Bourdiru P, Passeron J C. Reproduction: In education, society and culture. Beverly Press, 1977.

[13] Coleman J S, Campbell EQ, Hobson CJ, McPartland J, Mood A J, Weinfeld F D, York R L. Equality of educational opportunity. Washiongton: USGPO, 1966.

[14] David Lee Stevenson, Kathryn S. Schiller, Barbara. Schneider Sequences of Opportunities for Learning, Sociology of Education, Vol. 67, No. 3 (Jul. , 1994), pp. 184-198.

[15] Douglas B. Downey & Paul T. von Hippel, Are Schools the Great Equalizer? Cognitive Inequality during the Summer Months and the School Year, American Sociological Review, 2004, VOL

[16] Doris R Entwisle, Karl Len Alexander, Linda Steffel Olson. Children, Schools, And Inequality, Westview Press; Revised ed, 1998.

[17] Doris R. Entwisle, Karl L. Alexander. Summer Setback: Race, Poverty, School Composition, and Mathematics Achievement in theFirst Two Years of School. American Sociological Review, Vol. 57, No. 1 (Feb., 1992), pp. 72-84.

[18] Douglas B. Downey . Shana Pribesh When Race Matters: Teachers' Evaluations of Students' Classroom Behavior. Sociology of Education, Vol. 77, No. 4 (Oct., 2004), pp. 267-282

[19] Downey DB, 2004, When race matters: Teachers' evaluations of students' classroom behavior, SOCIOLOGY OF EDUCATION, V77, 16. 69 (October: 613-635).

[20] Goldsmith PA, 2004, Schools' racial mix, students' optimism, and the black-white and Latino-white achievement gaps, SOCIOLOGY OF EDUCATION, V77, 27.

[21] Grace Kao, Marta Tienda. Educational Aspirations of Minority Youth. American Journal of Education, Vol. 106, No. 3 (May, 1998), pp. 349-384.

[22] George Farkas, Robert P. Grobe, Daniel Sheehan and Yuan Shuan. Cultural Resources and School Success: Gender, Ethnicity, and Poverty Groups within an Urban School District. American Sociological Review, Vol. 55, No. 1 (Feb., 1990), pp. 127-142.

[23] Hedges LV, 1999, Changes in the black-white gap in achievement test scores, SOCIOLOGY OF EDUCATION, V72, 25.

[24] James C. Hearn, Academic and Nonacademic Influences on the College Destinations of 1980 High School Graduates. Sociology of Education, Vol. 64, No. 3 (Jul., 1991), pp. 158-171.

［25］James S. Coleman Social Capital in the Creation of Human Capital. American Journal of Sociology, Vol. 94, Supplement: Organizations and Institutions: Sociological and Economic Approaches to the Analysis of Social Structure(1988), pp. S95-S120.

［26］Jeannie Oakes, Keeping track: how schools structure inequality, Yale University Press, New Haven and London, May 14 1986.

［27］James Moody. Race, School Integration, and Friendship Segregation in America, American Journal of Sociology, Vol. 107, No. 3 (November 2001), pp. 679-716.

［28］Jeremy D. Finn, Withdrawing from School, Review of Educational Research, Vol. 59, No. 2 (Summer, 1989), pp. 117-142.

［29］Karl L. Alexander, Doris R. Entwisle, Maxine S. Thompson. School Performance, Status Relations, and the Structure of Sentiment: Bringing theTeacher Back In. American Sociological Review, Vol. 52, No. 5 (Oct. , 1987), pp. 665-682.

［30］Karl L. Alexander & Martha A. Cook Curricula and Coursework: A Surprise Ending to a Familiar Story, American Sociological Review, Vol. 47, No. 5 (Oct. , 1982), pp. 626-640.

［31］Larry V. Hedges, Amy Nowell. Changes in the Black-White Gap in Achievement Test Scores, Sociology of Education, Vol. 72, No. 2 (Apr. , 1999), pp. 111-135.

［32］Monica Kirkpatrick Johnson, Robert Crosnoe, Glen H. Elder and Jr. Students' Attachment and Academic Engagement: The Role of Race and Ethnicity, Sociology of Education, Vol. 74, No. 4 (Oct. , 2001), pp. 318-340 .

［33］Page R N, Handbook of research on curriculum: : a project of the American Educational Research Association, Macmillan, 1992, pp. 570-630.

［34］Pat António Goldsmith. Schools' Racial Mix, Students' Optimism, and the Black-White and Latino-WhiteAchievement Gaps. Sociology of Education, Vol. 77, No. 2 (Apr. , 2004), pp. 121-147.

[35] Paul DiMaggio, Cultural Capital and School Success: The Impact of Status Culture Participation on the Grades of U. S. High School Students, American Sociological Review, Vol. 47, No. 2 (Apr. , 1982), pp. 189-201.

[36] Stephen W. Raudenbush & Anthony S. Bryk & Yuk Fai Cheo, HLM 6: Hierarchical Linear And Nonlinear Modeling, Scientific Software International, Inc. 2004-09.

[37] Samuel Bowles, Herbert Gintis. Schooling In Capitalist America: Educational Reform and the Contradictions of Economic Life, Haymarket Books; Reprint, 2011.

[38] Ralph B. McNeal, Jr. Extracurricular Activities and High School Dropouts, Sociology of Education, Vol. 68, No. 1 (Jan. , 1995), pp. 62-80.

[39] Rob Greenwald, Larry V. Hedges, Richard D. Laine. The Effect of School Resources on Student Achievement. Review of Educational Research, Vol. 66, No. 3 (Autumn, 1996), pp. 361-396.

[40] Raudenbush S W, Hierarchical Linear and Nonlinear ModelS: Applications and Data Analysis Methods, Social Sciences Academic Press, 2002.

[41] Robert D. Mare, Social Background and School Continuation Decisions. Journal of the American Statistical Association, Vol. 75, No. 370 (Jun. , 1980), pp. 295-305.

2015 年海外数字出版研究进展①

方 卿　徐丽芳　徐志武　王　钰　贺钰滢

1. 引　　言

数字技术的发展不断地给出版产业乃至整个内容产业带来颠覆性影响，范围所及涵盖出版理念、产业布局、业务模式、组织结构和新兴产品等各个方面。2015 年，海外数字出版在上述发力点上有了明显演进，并体现在在英语研究文献中。

2016 年 1 月 22—26 日，笔者用 digital publishing、academic publishing、electronic publishing、ebook、digital journal、digital reading、reading media、reader、open access、scientific communication 等关键词在科学网（web of science）的"主题"域中检索 2015 年文献，加上数字出版领域最重要的国际会议电子出版国际会议（International Conference on Electronic Publishing，ELPUB）论文集收录的文章，得到有效文献 797 篇。其中：数字出版论 282 篇，以数字出版和学术出版相关文章（digital publishing/ publication，academic publishing）为最多；有关数字出版生产方式和理念的文章 38 篇，主要分布在语义出版和自出版（semantic publishing、self-publishing）研究领域；产品形态相关的论文 102 篇，主要涉及电子书、电子教材、数字期

———————————

① 本文为国家自科基金项目"科技信息用户价值模型构建与实证研究（71373196）"研究成果之一。

刊(ebook，e-textbook，digital journal/magazine)等主题；数字阅读相关文献 188 篇，主要集中在数字阅读、读者和用户领域(digital reading，readers，users)；学术交流相关论文 59 篇；开放存取研究论文 165 篇；涉及技术与标准的文献 75 篇；与出版法律、法规相关的论文 21 篇，主要涉及版权、学术规范和数据管理等问题。另外，从亚马逊(Amazon)平台检索到 2015 年出版数字出版相关的图书 10 本。人工排除与数字出版领域相关度不高及重复文献，最终获得 148 篇高相关有效文献。从研究内容看，包括数据出版、互动出版、电子教材、数字阅读、数字出版技术和标准、开放存取是业界和学界关注的焦点。

2 数字出版：理念、生产与开发制作

随着媒介、技术等出版要素发展，2015 年数字出版理念和方式也发生了较大变化，比如产品设计更人性化、数据交流更加流行、质量控制更科学以及数字出版生态系统得到优化等，这些变化无疑会带动整个数字出版产业迈向新台阶。

2.1 主体和形式变化

数字出版的发展似乎带动了出版主体的泛化趋势，图书馆和作者成为新型出版主体。图书馆主导的出版是期刊出版、尤其是开放存取出版的新方式之一，而且在过去一年得到了飞速增长。早在2010 年，博物馆与图书馆服务协会(Institute of Museum and Library Services，IMLS)调查发现 55%的受访者(美国不同类型和规模的学术图书馆)表示他们正在实行和开发出版项目。这些图书馆主导的数字出版项目旨在向大学研究人员和教学人员提供低成本或至零成本的出版服务，以解决传统出版不能有效满足需求的现状。图书馆主导的比较成功的数字期刊出版项目主要包括 4 类：(1)新兴学科领域内无法负担出版费用的期刊；(2)不再印刷出版的小型学会期刊；(3)超越传统期刊版式的学会出版物；(4)拥有轮值编辑委员会(revolving editorial board)的学生期刊(Busher C et al.，2015)。图书馆日益将数字出版服务作为他们工作的组成部分，并在此过程中

必须同时考虑、兼顾对出版内容的责任与义务。除了数字出版技术、人员等直接相关的问题，图书馆还必须考虑社群作者的需求和期望以及对文化记忆保存的责任和义务，从一开始就进行小心和系统地规划，并在后续工作中坚持下去（Moulaison H L et al.，2015）。

而随着自出版（Self Publishing）兴起，作者在出版过程中拥有了更大话语权，已经能够并且乐意负责自己作品的出版工作。自出版的兴起极大地扩展了作者出版渠道，他们相信在自由标准集团（Free Standards Group，FSG）出版一本小说与在自出版平台 iUniverse 出版一本小说并没有什么区别。但从自出版作者身处的环境看，这一主体的生存情况似乎不容乐观。首先，作者自出版的作品质量饱受公众质疑。在公众的刻板印象中，自出版平台是黄色书刊、狂热思想和不成熟诗歌、散文的集散地，而且这些作品很可能模糊了合法出版物和非法出版物之间的界限。在负面刻板印象的笼罩下，这些作品市场很小，很多作品往往是作者自己认购（Jeffrey R，2015）。其次，自出版平台数量逐渐减少。一开始，小规模学会和协会依靠建立网站展示内容来维持生存。后来，为了利益，他们将平台卖给图书馆和订阅机构。当个人订阅者发现他们可以通过机构订阅获取这些内容后，纷纷放弃自出版平台，转向机构订阅获取内容。这样，自出版平台蕴含的经济价值也随之转移。因此，一些小型出版商停止了自出版期刊，转而与大学或商业出版社结盟成为合作伙伴（Selzer B，2015）。作为新兴出版主体，不管是图书馆还是自出版作者们，都面临着不小的挑战，但是随着媒介、技术、观念等要素的发展，数字出版主体泛化的趋势不会改变。他们会一直呈螺旋式上升，在曲折中前进。

在数字出版形式方面，一些期刊尝试丰富纯在线网络出版的内容和形态。如自 2016 年 1 月起，《天文学和天体物理学》（Astronomy and Astrophysics）将仅通过网络出版期刊，以便将 3D 图像、视频以及 ePub 格式文件等添加到文章中（Lub J，2015）。《自然气候变化》（Nature Climate Change）将期刊论文中超过 3000 字的研究方法部分仅以 PDF 格式呈现，或收录在电子版论文全文中（NATURE CLIMATE CHANGE，2015）。但是，一些作者对于在线出版还存在很大偏见，特别是考虑到期刊认同及职业晋升等事宜（Fleming et al，2015）。因此，有作者建议出版机构建立数字生态系统，内容能通过纸质期刊、网络、社交网络平台、APP 等多种渠道传播。同时，也要让读者更加有效地使用网站内容，能够与数字图书持续交互，以培养读者社群（Mrva，2015）。

2.2　数据出版与共享

目前，包括出版社在内的很多机构存有大量数据。这些数据对学术透明化和数据再利用有着重要意义，对推动经济、技术及学术发展也有显著效果。公众对出版及共享这些数据的呼声日益强烈，学者们对此类问题也颇为关注。

2.2.1　数据出版

数据出版是科学结果再现和正确评价的重要工具，也是数据集正式共享的一种新方式。随着语义网技术发展和开放链接数据（Linked Open Data）的流行，一些国家已经开展了数据出版实践。俄罗斯就是其中典型。俄罗斯将丰富的文化遗产数据通过可搜索的可视化系统实现语义出版。这个系统以开发语义应用程序的知识图表平台（Knowledge Graph Workbench）的数据为基础，并结合 CIDOC 概念参考模型（CIDOC-Conceptual Reference Model，CIDOC-CRM）本体和英国博物馆知识库的扩展主题词表一起使用。CIDOC 概念参考模型本体能定义文化遗产领域明确的（explicit）或模糊（implicit）的概念，并描述概念间的关系。数据富集工作（data enrichment）由软件 DBpedia 完成。俄罗斯已经把该系统作为建立俄罗斯关联文化云（Russian Linked Culture Cloud）的第一步（Mouromtsev D et al.，2015）。

要成功实现数据出版并发挥功用，还存在一些问题和挑战。在实验地理学领域，数据出版不仅要解决工作流文档、数据存储、元数据一致等问题，还面临数据重复、质量控制、数据独特性和缩放比例（scaling）的挑战（Hsu L et al.，2015）。数据出版作为数据共享的一种特殊形式，面临无法归类、缺少奖励、引用模糊以及缺少数据共享文化等问题。最近，数据期刊正逐渐克服这些障碍。他们倡议科学家和作者自愿出版研究数据，而不是依靠强迫手段；强调作者在设计数据论文时需要关注数据的附加值，并将他们与增强型出版物联系起来（Leonardo Candela，2015）。至于建立出版文献和数据集之间的链接这一挑战，目前的解决方案是依靠出版商和数据中心之间专门的双边协议。研究数据联盟（Research Data Alliance）出版数据服务工作组（PDS-WG）首先通过团结不同利益相关者以开发和使用共同标准，然后将不同资源链接起来，建立通用、开放的数据集，并共享这些链接服务——数据文献链接服务（the Data-Literature Interlinking Service）。这项服务提供大量来自主要数据中心、出版商和研究机构的文献数据集链接，未来能共享近 100 万条链接。PDS-WG 将继续精炼该服务数据模型和交换格式以建立通用、跨平台的交叉学科解决方案（Burton A et al.，2015）。此外，为了让数据在出版过程中能够被机器读取以及被应用软件共享，目前的受控词表（Controlled Vocabulary）还需要重新检验（Ribeiro C J S et al.，2015）。

2.2.2 数据共享

从研究结果看，大部分研究者对共享研究数据持积极态度（LINDE P et al.，2015）。这种积极的态度与学科层面的期刊发表压力和规范压力有关。个人感知事业利益、学术利他程度与数据共享行为也有显著的正相关关系，感知努力程度则与数据共享行为呈负相关关系（Kim Y et al.，2015）。

但是，也有一些研究者忽略了数据共享在增强研究结果可见性方面的价值，而仅仅将之视为负担（Abbà S et al.，2015）。其中缘由，主要因为数据共享作为新兴的数据交流行为，还有很多不够完善之处：首先，缺乏数据共享政策。研究数据期刊项目（Journal of Research Data Project，JoRD Project）发现大量期刊并没有数据共享政策，仅能追踪到的共享政策也前后矛盾。这种状况让不少作者心生疑惑，如是否应该共享数据，应该在哪里共享，如何共享等（Sturges P et al.，2015）。其次，数据共享行为缺少训练、信任、责任和数据获取控制。其中，信任是最大的问题。数据自身也还存在数据质量、数据描述、所有权和控制问题（Kirsty Williamson，2015）。再次，缺乏互操作电子基础设施。这些设施本应允许研究者管理整个科学信息数据的生命周期，管理利益相关者检索和利用这些数据。不过，目前业界对制定数据管理计划还缺少经验（Abbà Set al.，2015；LINDE P，2015）。

针对数据共享中存在的问题，有期刊出版商和研究者提出了解决措施。PLOS 期刊计划对先前出版和以后发表论文的作者提出数据共享建议，将数据共享作为出版不可分割的一部分。他们将研讨数据共享政策，支持更加有效的数据共享方式，监管研究者的数据共享行为（Fear K，2015）。Kitchin J R（2015）设计了辅助信息文件（Supporting Information Files），它可以嵌入到 PDF 数据文件中，整合简单的 PDF 文件信息，并被提取和再用。而且大部分情况下，人机均可阅读访问，便于再用和共享。（Kitchin J R，）

有研究者主张，未来学术出版应该将数据置于开放网络平台的核心，改变目前的学术出版文化，利用网络极强的交互性构建适合共享的数据集、元数据以及数据集的元数据，并利用语义为数据集共享服务（MARYDEE OJALA，2015）。

2.3　互动出版

技术进步给人们的阅读方式带来了改变。在教育领域，技术已经在很大程度上延伸了价值链，增强了用户体验。教育出版中，学生与学习内容之间的关系也趋向于互动关系（Broich A，2015）。在在线学习环境中，用户对游戏化数字课本和系统非常感兴趣，但目前此类出版物比较缺乏。Heyvaert P（2015）开发了使用链接数据和 ePub 格式的游戏化框架（Gamification for EPUB using Linked Data，GEL）。GEL 允许将游戏化概念融入数字课本中，同时创立了表示游戏化概念的本体（Gamification Ontology，GO）和 JavaScript 库，用户不仅能够及时发现其他游戏化图书，还可以在应用中分享游戏理念。

互动也体现在其他类型的数字出版中。新颖的"混合图书（Hybrid Book）"就是典型应用之一。它是一种交互式数字叙述（Interactive Digital Narrative，IDN）产品，要求内容和智能设备之间无缝合作，将故事实体和真实世界的要素结合起来。首先，它将故事中的数据提取出来作为链接数据（Linked Data），然后以资源描述框架(Resource Description Framework,RDF)形式和开放标准传播,各种智能设备均可以接收和处理这些数据。用户在翻页时能获得更加愉悦的阅读体验(Sigarchian H G et al.,2015)。图书应用程序(APP)也具有多媒体元素丰富和交互等特点。研究发现,图书APP 中与图书中心主题相关的动画和交互式数字内容,可以让用户更加沉浸其中。因此,设计儿童图书时,增强型图画书可以作为有价值的文化工具(Sargeant B,2015)。同样地,知识库平台使用的互操作(Interoperability)技术也可以帮助研究者实现地区、国家和国际上利益相关者之间的互动,实现研究社群之间的持续对话(Shearer K et al.,2015)。

为了设计交互式数字产品,一些新工具或工具的新功能应运而生。Tableau Public 就是其中之一,它允许作者添加交互数据到任何一篇文章中,也允许实现可视化数字叙事。Tableau Public 易用的可视化创作方式,能够让使用者创作出最高级的图表图形来让读者沉浸其中。这些有趣、交互的可视化数据也能为复杂的文章带来丰富性和活力(Ashley Ohmann,2015)。另外,ePub3.0 标准和KF8.0 格式正从仅支持单一阅读模式向支持交互阅读模式转变。EPUB 格式还在将开放格式视频、图像和声音直接转换成电子书格式中取得了重大进步(Rowberry S,2015)。

随着竞争加剧,尤其在科技与医学出版(Scientific,Technological and Medical,STM)和教育出版领域,竞争赢家往往是那些除了拥有世界级内容和技术,还能将用户体验放在核心位置的出版商。麦克米伦(Macmillan)出版公司就是如此,它将消费者需求作为思考核心,如读者需要什么内容、为什么需要、如何使用内容、在什么场景下使用等(Michaels K,2015)。学术图书出版中要更好地理解产品的终端用户,可以从外部信源如特殊群体研究,到内部信息如公司顾客和销售数据、客户问卷和访谈出发(Dodds F,2015)。在STM 出版中,读者研究是技术流付诸实践前的一个新步骤。数字学术出版正在朝着整合读者评论的方向改变,它允许读者为出版物的知识生产做贡献,并在基于数字文本建立读者社区(Sheffield J P,2015)。目前,在线图书评论已经可以反映一本书的知名度,当学术图书的文化和教育价值难以评价时，可以考虑使用基于在线图书评论的度量方法(Kousha K et al.，2015)。

在大众数字出版中，同人小说和自出版(Self Publishing)领域与读者关系最为密切。活跃读者在这些出版过程中关注文本主题的发展和作品宣传，能发挥同行评议和批评功能，并贯穿创作、出版过程及后期，能协力支持作者和出版者。他们在出版过程中是活性剂，推动读者和作者之间增强联系(Pecoskie J et al.，2015)。但是在年轻的同人小说创作和出版领域，作者与读者的良好关系并未完全建立。从 FanFiction. net 和 Figment. com 网站可以看出，对读者们留下的评论意见，出版商和作者几乎都没有提出明确的反馈意见(Magnifico A M et al.，2015)。

为了评估用户和数字内容共创者之间的交互水平，Väljataga T 提出一种读者与作者共创程度(Levels of Co-Authorship，LoCA)分析架构，从创建、修改、扩展、提交、控制、注释、消费 7 个层次进行评价(Väljataga T et al.，2015)。未来学界除了研究与读者的互动关系，还应该考虑出版主体与其他群体(如数字出版主体相互间、与编辑或评议专家间等)的互动关系，并考虑建立激励机制以鼓励相关群体积极参与。

2.4 质量控制

最近十几年，随着开放存取运动兴起，学术期刊数量呈爆发式增长，这一方面促进了学术繁荣，另一方面也不无增加"垃圾科学"出版之虞。同时，新进入的学术人员被欺骗的现象也有所增加，特别是那些来自非英语国家、对出版过程不熟悉的年轻研究者(McKercher B et al.，2015)。医学出版领域也是如此，印刷和在线产品呈指数增长，这种增长会威胁质量控制吗，准确性、复现性、普适性、还有公平和透明的原则能否坚持(Laux J A，2015)，一些开放存取期刊在同行评议和出版费用方面已经背负上不诚实的名声(Xia J et al.，2015)。

2.4.1 同行评议：作者最为信任的机制

目前，数字出版质量控制的主要方式仍是同行评议，它被认为是决定学术质量最重要的因素和最可信任的方式(Tenopir C et al.，

2015）。正因为同行评议仍然是最值得信赖的方式，所以学者们对开放存取（Open Access，OA）期刊并不太放心，尤其是年长的研究者对 OA 期刊的热情远没有印刷期刊高。他们觉得 OA 期刊没有经过同行评议或者没有自身的评议系统，期刊质量难免会存在问题（Anthony Watkinson，2015）。因此，虽然很多期刊预算收缩，或实行编辑外包服务，但是应坚持向作者提供独立真实的同行评议和可行的修改建议（Mosser G F et al.，2015）。科技发展和日益增大的出版压力正在扩展同行评议的功能。同行评议不仅是评判作品能否发表的"工具"，而且也是一种评判作品能在何处出版的系统（Peres，2015）。尽管同行评议有着近乎神圣的地位，但是随着时间和环境的改变，同行评议不一定是唯一可靠的黄金标准。对出版者而言，同行评议是过程不是结果。学者们虽熟悉同行评议，但是通常对出版范围内更广泛的质量检查机制还很无知（Baverstock A，2015）。

2.4.2　同行评议的新变化

未来技术进步将不会消除同行评议，但是同行评议过程中的评价参数、伦理道德和公共资金优化方案等很多方面将会发生一些改变（Peres，2015）。

（1）应该招募更加合适的评议者。日益增多的评议增加了专家库的负担，导致评议质量降低，出版延迟，甚至为虚假评议带来可能。找到合适评议者虽有挑战，但是它对确保公平健康的学术评议过程是非常重要的。研究表明，鼓励高质量研究、回馈研究社群、找出新颖研究是评议专家最普遍的动机；评议内容与评议者专长相关是专家接受评议请求的最强动机；性别和评议经验显著影响评议动机；学习欲望和为更高评议角色做准备，也对学者是否愿意作为评议专家有影响（Nobarany S et al.，2015）。

（2）评议过程应更加开放、透明。大部分实行匿名同行评议的科学期刊很难证明目前的同行评议是正当合理的，主要因为他们向作者保密了评议者身份。这种读者不知道具体内容的同行评议更像是黑箱操作。开放度和透明度对于科学期刊和研究者都至关重要。开放度主要表现在开放同行评审（open peer review）的实施过程中，读者意见或许也应成为期刊选稿时的重要参考。OA 出版商哥白尼（Copernicus）有两本姊妹期刊《大气测量技术》（Atmospheric Measurement Techniques，AMT）与《大气测量技术讨论》（Atmospheric Measurement Techniques Discussions，AMTD）。稿件经初步审查后会发布在 AMTD 上，吸引读者对稿件进行评论并提供反馈意见。数月之后，经过相应的推荐人、作者的修改，满足条件的论文最终将出版在 AMT 上（Björk B C，2015）。透明度则表现在评审信息和评审报告的公开。学术期刊应该透露论文同行评议者的身份，并且向作者公布更多信息。一些期刊，如开放存取期刊《皮肤医学》（Dermatology）不仅公布同行评审专家，还公布评审内容、作者的回应以及所有修改版本等出版前历史资料（Gjersvik P，2015）。一些 OA 出版商选择将期刊的评审周期、采纳率等关键指标发布在网上，如德福出版社（Dove Press）、公共科学图书馆（PLOS）等。此外，还有出版商提供评审报告原文的阅读与下载，如生物医学中心（BMC）等（Björk and Hedlund，2015）。虽然开放评议可能不是所有期刊的选择，但有些研究者主张，作为最低限度，同行评议者身份应该向作者披露（Gjersvik P，2015）。

（3）同行评议覆盖的学科将更加广泛。电影研究致力于在电影这一特定学科提出新知识和新理论。但是目前，电影研究数字出版领域还缺少同行评议，这非常不利于电影研究发展（Baptiste A K，2015）。

（4）注重研究方法的评审。这主要是由于巨型期刊（Megajournal）的发展所引起的。巨型期刊是学科定位宽泛、出版体量庞大的 OA 期刊，典型代表如 PLOS ONE，它在 2014 年出版了 30054 篇论文。巨型期刊在同行评审过程中不再看重研究成果的贡献程度，而只看重研究方法的可靠性（Soundness）（Björk，2015）。

（5）同行评审的效率得到提升。一些期刊在选择审稿人的过程中，通过算法进行自动匹配，替代了原有的编辑决策流程。以 OA 出版商欣达维（Hindawi）旗下的"科学研究提效网络"（The Improvement Science Research Network，ISRN）系列期刊为例，算法通过比较稿件的参考文献列表与编委会人员的论文发表记录，匹配出 5 位最合适的审稿人选(排除合作发表论文的情况),然后自动发送审稿邀请(Björk and Hedlund,2015)。其他提效机制也被设计出来。典型如 OA 出版商生物医学中心实施的级联评审(cascade review):在征得作者同意后,被拒稿件的评审报告可以与正文一起提交给新期刊,从而减少重复评审活动(Ware M,et al,2015)。

除了算法,辅助评议工具和评议模型标准也得到开发。美国地球物理联盟(American Geophysical Union)和《电子生活科学》(eLife Sciences)已经开始探索使用注释作为新的开放网络工具,以新的介入方式和数据链接形式重构同行评议。通过注释选定文献的词句、图画和片段,评议者可提供更多的细节评论,与编辑、作者之间可以更加专注地讨论著作细节问题。随着新模式应用到实践中,建立描述型和可理解的同行评议机制日益重要。由政府信息研究标准推进联盟(Consortia Advancing Standards in Research Administration Information,CASRAI)支持的同行评议服务工作组创建了同行评议活动数据模型和引用标准,开发了标准的评议引用结构,包括数据字段、描述符等,它在提升效率的同时,也能使评议活动得到更多认可(Paglione L D et al.,2015)。

2.4.3 质量控制的新方法

除了同行评议,还有一些新的评议方法产生,如期刊评议级联系统(review cascade systems)、协作评议方法(collaborative peerreview approaches)、解耦同行评议(decoupled peer review)等。一些非正式的评议处理过程也得到开发,比如出版后评议、印前手稿评议等,而且标注工具的发展方便评议者添加更多详细标记(Paglione L D,2015)。其中,随着社交媒体的兴起,出版后同行评议(Post-Publication Peer Review,PPPR)在学术科学交流和公众科学交流中的重要性日益增加。出版后评议相当于放弃了出版商作为把关人的职责,它的成功取决于在线讨论是否能够顾及、融入整个研究活动的组织架构中。编辑们期待以一种健康的方式拥抱出版后同行评议,但出版后评议到底应该是透明还是匿名的,尚未得到解答(Philip Hunter,2015;MarydeeOjala,2015)。此外,尽管科学家们认为出版后同行评议可以延长文章出版后的生命,获得更多读者和更广泛的宣传，但是对许多人来说，出版后同行评议是以牺牲科学诚信为代价的。PPPR 是新的出版文化不可避免的一部分，但是它使得开放学术和科学理论有逃避严格审查、判断、思考和评价标准的危险，而这些标准（如可靠性、有效性和复制性）却是科学真理和科学客观的基础（Blackman L，2015）。

不管是出版前评议还是出版后评议，对作品质量的评价在学术交流中是不可或缺的。随着语义技术兴起，基于语义出版的关联数据（Linked Data）技术评价模式得到开发，成为提升学术出版水平的新方法。它主要从非语义出版物中提取信息，并且将这些信息与已有的数据集关联进行评价。但是，语义出版评价的最大挑战在于这些数据价值链接的建立（Di Iorio A et al.，2015）。

3. 数字出版产品研究

随着数字出版的发展，其产品形态也在不断发生着变化。研究者们从多个方面对电子书阅读设备进行了研究；并探索电子书内容的增强与发现路径，还探讨了电子书与纸质书的互动关系，以及对电子教科书的实践与理论进行了研究和展望。

3.1 电子书阅读设备

近几年，专用电子书阅读器受欢迎的程度显著下降。根据市场研究机构 IHS iSuppli 的统计，2011 年全球电子书阅读器出货量为2320 万台，2015 年已下滑到 780 万台。[①] 电子书阅读器从设备角度来说或许算不上成功，但它以 APP 方式获得了用户青睐。其功能被可以免费下载到平板、笔记本、手机等移动设备上的 APP 所替代和优化。因此，生产商即便努力降低阅读器价格，为其增加额外功能（如 Kindle Fire），销售仍然不理想。此外，用户对设备复杂性的担心，电子书阅读器以及对纸质书的情感依恋阻碍了他们对电子书阅读器的购买（Shim et al.，2015；Waheed et al.，2015）。

---

① 华夏经纬网. 数据显示电子书在全球销量锐减，业内：需改弦易张［EB/OL］. http：//www. huaxia. com/zhwh/whxx/2016/02/4730189. html，2016-02-18.

2015 年，美国皮尤研究中心调查了 1907 位拥有电子书阅读器的成人后发现，在调查涉及的 7 种设备（电子书阅读器、移动手机、便携式游戏设备、电脑、MP3 播放器、平板电脑和游戏机）中，移动手机用户的比例高达 92%，位列 7 种设备之首，电子书阅读器居第 6 位，用户比例为 19%，仅领先于便携式游戏设备 5 个百分点。①

移动阅读的普及改变了阅读习惯，人们在移动应用上的阅读速度（Optimal Reading Speed，ORS）比在传统纸质书上更快（Kingsnorth&Wolffsohn，2015）。同时移动阅读也更容易引起眼干、眼疲劳、复视、头疼等不适（Gerhart et al.，2015）。针对这种转变，为了让我们在捕获所需信息的同时加快信息消费速度，文本的展示方式成为了一个新问题。Kochurova 等人（2015）建议，应当在电子屏幕上采用 2×文本大小规则。即文本显示大小应至少是人眼视觉灵敏度（人眼能够识别的最小文本）的两倍。另外，根据移动设备的屏幕阅读特性，近来已经有很多适合安卓和苹果平台的基于快速视觉呈现技术（rapid serial visual presentation，RSVP）的商业应用被开发出来（譬如 A Faster Reader、Balto Speed Reading、RapidRead、Speed Book Reader、Speed Reader Spritzer、Speed Reading、Speedy-Speed Reading、Spree、Spritz、Velocity）。RSVP 技术的主要特点是设备一次按顺序显示一个或多个单词，从而最大限度减少跳词和眨眼。根据 RSVP 应用 Spritz 的开发者，减少眼睛跳行可以减少视觉疲劳，增强阅读理解。然而实验结果却恰恰相反，Spritz 抑制了视觉处理和回退阅读（返回重读一些文字），不利于读者对文本的理解，而减少眨眼则反而会增加视觉疲劳（Benedetto et al.，2015）。

除了文本展示，不同年龄层的用户对阅读的照明条件和阅读器亮度都有不同偏好。总体来说，照明条件较好时，各个年龄层的用户都更偏好纸质书；在光照条件不好的情况下，则偏好发光的电子书（Ishii et al.，2015）。但睡前在发光电子设备上阅读电子书会对

① 中国出版传媒商报．美国行业调查：电子书阅读设备持有者数量减少［EB/OL］．http://www.chuban.cc/gjcb/201511/t20151109_170873.html，2015-11-19.

人的身体产生负面影响：与阅读纸质书相比，读者需要更长时间才能入睡，晚上困倦程度降低，褪黑素分泌减少，生物钟推迟（Chang et al.，2015）。

3.2 电子书内容

许多电子书，尤其是学术类或非虚构类电子书，仍然是线性内容，遵循传统编辑实践规范，视觉设计也是由纸质出版范式迁移而来，是网络环境中的"纸质"书，是一种"传统数字化（Tradigital）"（Mrva-montoya，2015；Ingle，2015）。Gary Hall 认为"数字出版的发展至少应该有可能让我们将一本书看作某种不是完全固定、稳定和统一的，有着明确限制和清晰材料边缘的东西，而是一种流动、有生命的系统，打开后就被不断地、协作地编写、编辑、注释、批判、更新、分享、补充、修改、重复、重新排序、重新想象。"因此，许多学者们开始探索增强型、超媒体电子书的模式和架构。Bartalesi 和 Leporini（2015）制作了一种综合多项技术的 ePub 电子书；Aamri 和 Greuter（2015）设计了一个强调互动和参与的交互式阅读应用"故事树"（Trees of Tales）；Figueiredo 和 Bidarra（2015）借助 Unity 3D 平台开发了一本非线性游戏书（gamebook）；Kumnuansin 和 Khlaisang（2015）根据读者反馈理论（reader-response theory）建立了一个泰国文学的超媒体电子书模型。Wu（2015）设计了一个英语阅读电子书（English-reading e-book）系统。翻译、发音、朗读、注释等多种功能都被整合起来满足英语学习者的需要。系统还具有阅读指导机制，根据学生学习特点和学习能力，推荐相关和适当难度的文章。研究结果显示，这类系统有效地帮助学生提高了阅读能力。

随着电子书数量不断增长，数字内容发现成为学者关注的一个话题。如果说"内容为王"，那么没有了内容发现，再好的内容也只是一个孤独的国王。在美国一项针对 2~15 岁儿童的调查中，约有 60% 受访者表示他们在找自己想要的内容时遇到了困难（Kleeman，2016）。目前，许多推荐系统需要在内容得到用户明确评价之后才能判断用户的喜好，这就需要用户时不时地对内容进行评分。为了应对这一问题，推荐系统应当将用户的行为、偏好和阅读背景考虑进来，根据用户先前所提供的个性信息协助其找到心仪的内容。Núñez-Valdez 等人（2015）则根据电子书用户的行为构建了一个电子书推荐平台的架构，并证明通过分析和转化用户行为来确定用户的兴趣是可行的。

3.3 电子教科书

电子教科书用于教学和学习，通常是课程的有机组成部分。韩国教育学术情报院（The Korea Education and Research Information Service，KERIS）将电子教科书定义为"未来的教科书，提供各种交互功能，同时包含了参考书、工具书、学习字典、笔记本和现有教科书，让学习无处不在。"电子教科书有 3 个层次（Jeong 和 Kim，2015）：第一，教科书内容，不仅包括教科书本身，还包括引用参考书（工具书），多媒体内容（包括视频、动画、虚拟现实），以及其他学习资源，比如字典和超链接。第二，电子教科书为学生提供了一个学习管理系统，包括评估工具、学习管理工具、监督工具。这种学习管理系统通过收集、分析单个学生的表现信息（比如测试结果、教师评价等），使得个别化学习成为可能。同样，老师也可以通过学习管理系统，根据不同学生的水平、兴趣和学习方式提供相对应的学习材料，安排适合学生的学习进度。第三，电子教科书支持扩展学习功能，例如可以提供学校之外的学习资源，从而让学生实现自主学习（self-directed learning），自主添加内容，这样他们不仅是知识的接受者也成为了知识的创造者。

在电子教科书的出版和使用实践中，韩国走在前列。作为"智能教育"（Smart Education）计划的一部分，韩国政府启动了数字教科书（digital textbook，DT）项目，宣布将在 2015 年前将所有纸质教科书全部替换为电子教科书。Jang（2015）等人使用元分析（meta-analysis）方法，对 2008—2014 年间研究韩国电子教科书的论文进行了再分析，从而对韩国学生使用电子教材的学习效果有了更加全面的了解。研究结果表明，电子教材明显提高了学生的学习动机。这说明电子教科书可以激发学生的阅读兴趣，提供新鲜的阅读体验，是一个增强学生学习动机的有效工具（Dobler，2015；Korat& Segal-Drori，2015；Union et al.，2015；Ciampa，2015）。此外，研究也表明电子教材在提高实际成绩方面的效果尚不显著。尽管电子教科书尤其优势，但其普及尚有两个需要解决的问题。首先，是设备采购面临的挑战——要营造一个电子学习环境需要购买大量昂贵的设备，这些设备又需要良好的维护。随着技术进步，设备的淘汰率也在增速，学校购买的设备面临着短时间内就会技术过时的风险。另外，还有内容方面的挑战。电子教科书发展刚刚起步，内容和教学方式等方面都还有很大的改进空间，在推广电子教科书的同时结合线下教育可能会更好(Jeong 和 Kim，2015)。

在研究电子教科书接受和选择行为时，TAM 模型被普遍应用于预测和解释。Hsiao 等(2015)对中国台湾大学生电子教科书的使用情况进行了调查，发现对用户态度影响最大的是感知娱乐性(PE)，这说明在使用电子教材时，用户有较强的娱乐动机。Hsiao 和 Chen(2015)在 TAM 模型的基础上加入了技术任务适配模型(task-technology fit，TTF)。他们认为 TTF 对学生电子阅读意愿的影响最大，是理解电子教科书使用的关键。当学生意识到自己的任务(学习和呈现材料)和技术(电子教材)相匹配时，他们才会意识到使用技术的价值以及使用得当会带来更好的收益。这种匹配性越好，学生使用电子教材的意愿就越强；如果没有感知到 TTF 就不会使用，也不会对电子教材的使用抱有期待(Gerhart，2015；Naumann，2015)。

尽管面临诸多挑战和问题，电子教科书的前景仍十分光明，它可以改变和发展现有的教育范式，促进一个更加以学生为中心的教育模式的形成。但是也应当避免技术决定论，因为应用这些技术本身并不会保证这些改变。同时，电子教科书的发展还需要有持续的技术支持、维护和必要的教师训练。

4. 用户偏好与行为研究

用户行为方面，研究者对电子书和纸质书的用户偏好进行了深入探讨，并对两种载体的未来发展进行了预测和展望。同时，学者们也关注并考查了用户阅读电子书时的行为表现。

4.1 电子书 vs 纸质书读者

2016 年，美利坚大学语言学教授内奥米·巴伦（Naomi Baron）调查了美国、日本、德国和斯洛伐克 300 多名大学生的阅读偏好。当他让这些学生从纸质图书和电子书阅读器两者中二选一时，92%的学生选择了前者。2015 年美国纸质书销售回暖也在一定程度上反映了读者的偏好。总的来说，大部分读者都更偏好纸质书。（Yalman，2015；Zabukovec&Vilar，2015；Mizrachi，2015）

诸多原因影响了读者实际的载体选择，这些原因包括：一，阅读目的和阅读内容。比如对学生的调查发现纸质版更容易让其集中注意力，更方便标注和注释，适合深入阅读和学习，电子版则适合休闲和非学术性阅读（Terra，2015）。Srivastava（2015）对印度读者选择数字报纸和纸质报纸的动机进行了研究，发现当读者追求最新信息时，他们会选择数字报纸，而把读新闻作为娱乐和日常习惯的用户则不愿意选择电子版。此外，不同环境下如在班级中、通勤途中、家中、独自一人还是和他人在一起，读者的阅读目的也不尽相同（Farinosi et al.，2016）。第二，阅读体验。纸质书相比于电子书阅读更少出现眼干、眼疲劳等情况。文本长度对读者载体选择的影响十分明显，当文本在 7 页以上时，大部分读者更喜欢阅读纸质版，而少于 7 页时对纸质书的偏好则不是很明显（Terra，2015）。同时，实体书的触觉也是电子书难以比拟的。第三、获得便利性。这种影响在学术文章阅读中尤为突出。过去的十几年中，学者获得信息的来源和阅读的文件格式变化非常大。2000 年和 2003 年，41%的阅读材料是电子形式的，到了 2012 年 76.4%是电子来源；图书馆订阅的文献中，94.5%的文章都是电子版本，超过半数（51.1%）的文章都是在电脑或移动屏幕上阅读的（Tenopir et al.，2015）。第四，习惯。读者使用电子书越多，就越偏好电子书；反之亦然（Gueval，2015；Larson，2015）。第五，技术因素。电子书使用技能、电子书使用环境的缺乏都会导致用户更加偏向选择纸质书（Yalman，2015），而有良好技术环境的读者，比如技术相关专业的学生则更喜爱使用电子书（Kortelainen，2015）。第六、生态环境因素。许多读者选择电子书是因为其环保的宣传，但只有当数字阅读率达到一个非常高的比率，才能对环境有所助益，因为制造电子书阅读器的过程对环境具有较高负面影响。在使用率较低时，电子书阅读器并不比传统纸质书更加环境友好（Jeswani&Azapagic，2015）。此外，还有价格和时间因素等。

因此，尽管读者更喜欢纸质书，但他们仍然会阅读电子书。在对芬兰学生的研究中，只有不到半数的人希望他们阅读的所有材料都是纸质版（Kortelainen，2015）。Nossek 等人（2015）检视读者载体选择时将读者分为 4 类：轻度读者是最大的一类，大约占四分之三，其阅读特征是不专注于某种特定的阅读，阅读时间（每天 77 分钟）几乎平均地分给纸质阅读和数字阅读；非读者，大概有 12% 的比率；重度纸质书阅读读者和重度电子书阅读者的比率非常小。事实上，在线和线下媒体的用户有着很大重叠。例如 44% 的 telegraaf. nl 在线新闻读者同时也阅读纸质版 De Telegraaf as（Trilling& Schoenbach，2015）。

这说明，不同媒介满足不同的心理需求。电子书和纸质书之间的差异让他们产生互补效应，而不是替代关系。这是一种新的出版物职能分工的进化。典型的例子如在巴西，电子书销量的快速增长并没有伴随着纸质书的下降；相反，两个市场同时得到了成长（Sehn&Fragoso，2015）。

4.2　数字阅读行为

用户的一些无意识的与文本互动的行为在阅读中发挥了重要作用，特别是在主动阅读（active reading）中。这是一种知识密集型阅读，不仅包括阅读行为本身，还包括标注文本、注释、在文本中寻找信息以及对文本内容的总结。

读者和纸质版文本互动的方式有两种：与纸的互动和与内容的互动。前者包括前后翻页等；后者则包括注释（下划线、标注符号、做笔记）和无意识的文本触摸。比如，人们用手指指向某个词时可以加强对这个词的印象，同时帮助集中注意力；当用手或笔指向不同的文字或句子时，则方便读者进行对比，此时手和笔起到了定位作用；当用手指划过句子时，读者能在阅读的同时专注于句子中的每个词，同时能控制自己的阅读速度和节奏，且避免跳词或跳行。实验证明通过不停地触碰文本，读者可以持续集中注意力，提高阅读表现。而可触摸的电子设备不太支持用户和文本之间的这种无意识互动。在屏幕上，文本可能会因用户的触碰移动、变大变小、翻页等。用户因而会在避免触碰屏幕的情况下阅读。研究者通过让测试者在有限的时间内校对纸上和屏幕上文本中的语义错误，结果发现在屏幕上人们的触摸行为更少，阅读表现更不理想(Shibata et al.，2015)。尽管电子书具有替代性的标亮功能，但标亮行为并不像在纸质书上画线一样自然，也并不能提升阅读效果(Li et al.，2016)。对学生的调查发现，在数字阅读中一小部分学生大量使用电子书标记高亮功能，大部分学生很少使用；另外，大部分学生不使用笔记或书签功能(Terra，2015，Peng et al.，2015)。

由于数字设备和 LTE 网络服务环境的发展，读者的数字阅读媒介也会发生改变。Kim M C(2015)指出，未来电子书(eBook)会边缘化，出版领域注定会朝着移动阅读环境发展。他之所以得出这种论断，基于 3 方面原因：第一，移动电话屏幕越来越大，可以浏览网页、看电影和电子书，且便于携带，这使得电子书阅读器销量大幅下降；第二，读者们倾向于从移动信息平台获取经过加工整理的短内容，而对通过电子书平台获取电子书的兴趣大减；第三，多媒体内容是读者的兴趣点，而电子书相比较视频和游戏并没有那么强的视觉吸引力。当前，图书应用程序(APP)是移动阅读环境中媒介开发的重点方向。这是因为 APPs 不仅能够通过融入读写机制和游戏机制来提高复杂文本的个人参与程度，还可以像网络一样提供动漫、音视频等多媒体内容，提供注释、笔记等个性化交互工具。目前，它主要应用于教育出版和儿童文学出版领域(Rowberry S，2015；Mrva，2015)。但是在移动阅读媒介和图书 APP 开发过程中也面临一些问题。比如数字时代多元的开发工具和格式，使得业界缺少多方共同议定的标准以及缺少指导数字图书设计和生产的最佳实践范本(Jeanette Zwart，2015)。

5. 开放存取研究

关于开放存取的争鸣已经从"该不该开放存取"转向"如何让开放存取在实践中起作用"(Pinfield，2015)。在这一基调下，研究者对于开放存取的发展现状进行了深入探究。

5.1 开放存取发展模式

金色 OA 与绿色 OA 是开放存取发展的两条主要路径。前者是指开放存取期刊，后者则是指开放存取仓储。尽管学者在优先发展何种模式上一直争论不休，但如何实现发展的可持续性(sustainability)是当前两者共同面临的更为重大的挑战。

5.1.1 金色开放存取

金色 OA 通过向作者收取文章处理费(Article Processing Fees，APCs)维持日常运营，能否有稳健的财务水平成为期刊能否存活的关键。关于作者付费模式的发展现状、存在问题以及可能的替代方法，研究者都进行了深入探究。

总体来看，不同期刊的付费水平存在巨大差异。Morrison 等人(2015)针对开放存取期刊目录(DOAJ)的调查显示，仅 26%的纯 OA 期刊收取 APC 费用。在 1373 个收费样本中，有九成期刊采用多重定价方式。例如，为中低等收入国家的作者提供折扣，按照文章类型差别定价、针对语言编辑服务增收费用，等等。Lawson(2015)对 OA 期刊的费用减免政策进行了更全面的分析。以 32 家大型付费(Toll Access)出版商和 OA 出版商作为样本进行的研究显示，提供减免优惠的占总样本的 68.8%。通过比较期刊的收费水平与引文率，研究发现开放存取期刊的价格与质量之间存在一定的相关关系。按照期刊水平计算出的相关系数为 0.40，按文章水平为 0.67(Björk and Solomon，2015)。原因可能是，高质量期刊有着更高的拒稿率和更严格的编辑标准，这些都推高了生产成本(Pinfield，2015)。

对于付费出版，学术界也有自己的担忧。付费出版背后的争议焦点之一是：出版的文章越多，出版商的收入就越高。因此，如何保证出版社重视学术价值甚于经济利益？有学者提到了白金开放存取（Platinum OA）模式，即由公共机构等赞助方来承担 OA 费用，不再向作者收费。白金 OA 的典型案例是《电子生命》（eLife）杂志，这是一本由英国惠康信托基金（the Wellcome Trust）、德国马普学会（the Max Planck Society）以及美国霍华德·休医学研究所（the Howard Hughes Medical Institute）支持的生命科学期刊（Aguzzi，2015）。付费出版的另一个争议焦点——两处受薪（Double dipping）问题，也受到了外界关注。两处受薪是指出版商通过收取文章处理费与订阅费用，从同一个顾客那儿获得更高收入的情形——此举引发了大学的不满，"出版商既然从文章处理费中获益，就要相应地下调期刊的订阅价格"。为此，Pinfield 等人（2015）调查了 2007—2014 年间 23 所英国高校的"总出版成本"，即订阅费、文章处理费以及因 APC 而产生的行政成本的总和。研究发现，APC 费用已经成为机构支出的重要组成部分，2013 年占总出版成本的 10%（剔除行政成本），且可能继续上涨。此外，较其他 OA 期刊而言，混合出版模式下的文章处理费要昂贵许多，导致大部分 APC 费用最终流向了传统的商业出版商。单纯就行政成本而言，不同的 OA 路径间也存在巨大差异。Johnson 等人（2015）以 29 所英国高校及科研机构为样本，发现相关人员处理金色 OA 的时间成本比绿色 OA 高2.5 倍多，前者从决策制定到实施，一篇文章的作业流程需花费134 分钟，后者仅为 45 分钟。在备受指责的"两处受薪"面前，部分出版商做了相应调整，例如剑桥大学出版社就下调了混合 OA 期刊的订阅费用，在定价时只涵盖非 OA 内容的收费（LaGuardia，2015）。

上述争议推动了付费方式的变革。一个新的趋势是图书馆将购买期刊资源的大宗交易（Big Deals）与开放存取出版活动结合起来。以荷兰大学联盟（VSNU）为例，它与斯普林格（Springer）等出版商达成一项协议，在打包订阅期刊资源后，联盟作者以通讯作者身份在出版商的 OA 期刊上发表论文时，无须再支付任何费用。另一项更激进、彻底的尝试发生在高能物理领域。高能物理开放出版计划（SCOAP3）正试图将该领域内的核心期刊转化为 OA 期刊。SCOAP3

的做法是，将各机构订阅相关期刊的费用集中起来，统一支付给出版商。最终这些期刊不仅全部向读者免费开放，而且作者投稿时也无须付费。不过这种方法也不无缺陷，一方面它能够覆盖到的期刊数量有限。另一方面，资金的可持续性也成问题（Bulock，2015）。

一些小众的付费方式也持续受到了研究者的关注，譬如向公众募捐。Reinsfelder（2015）调查了 1133 种在美国出版的开放存取期刊，结果显示仅 54（4.8%）种期刊呼吁并接受读者捐款。这些通常是由大学、学会等非盈利机构义务运营的出版物，捐款所得仅占资金来源非常微小的一部分。

付费出版模式还带来了新的学术出版理念。有学者指出，在作者支付出版费用的情况下，论文审稿不应该再是免费的服务，而应该将部分收入授予审稿人。加州大学出版社涵盖生命科学与生物医学、生态与环境科学、行为与社会科学等 3 个学科领域的开放存取期刊《克莱博拉》（Collabra）就尝试了这一做法（Kamat，2015）。

5.1.2 绿色开放存取

同金色 OA 一样，绿色 OA 的资金问题同样不容忽视。Kitchin 等人（2015）系统梳理了 14 种开放存取仓储的资金来源，并将其划分为 6 类，分别是机构、慈善、研究、受众、服务与志愿者。另一方面，绿色 OA 如何积累人气、满足研究者的需求，也成为日益凸显的问题。

绿色 OA 的效果分析通常基于对文章可获得性（Availability）的检验。Lee 等人（2015）以美国佛罗里达州立大学的机构仓储为调查对象，在对 100 篇样本文章的检索中，全文获取的成功率为 96%。整体上，机构仓储对于文章的可获得性有积极贡献，但也存在少许问题。譬如，仓储版本由于不是最终的出版版本，中途可能会发生内容变动的情形。在 Lee 等人的检索中，就出现了文章标题改动，甚至作者变动等极端现象。

在推动绿色 OA 的进程中，强制政策（Mandates）一直被视为有力的工具。绿色 OA 的强力支持者 Harnad（2015）表示："实现绿色 OA 在全球普及的方式就是，科研单位和资助机构都要求所资助的研究在手稿一经采纳后便立即存档。"然而，在 Borrego（2015）对西班牙强制政策落实情况的调查中，得到的结果却是强制政策的影响微乎其微，样本中按照政策要求实施绿色 OA 的文章比例仅为22%。由此作者提出，更严格的强制政策、对研究者的培训与支持以及对 OA 出版的激励，是今后应注意的方面。

作者通过社交媒体平台进行自存档的行为也受到了研究者关注。研究发现，即使在拥有机构仓储的情况下，作者似乎更偏爱通过个人网页、社交网络平台来传播文章。一个可能的解释是，如此一来，作者可以避免跟图书馆等中间方接洽，不至于延误时间，同时也不用严格地遵守出版商的存档政策。另一方面，作者可能还没有意识到机构仓储的存在 Borrego（2015）。Kingsley 等人（2015）指出，类似 Academia. edu、ResearchGate 等科研文章分享平台的崛起，提示现有的开放存取仓储存在设计上的不足——应该开发Web2.0 特征的功能，如提供按学科分类或跨学科的社交网络，以更好地服务于研究者的实际需要。

5.2 开放存取的引用优势

与传统出版方式相比，开放存取出版是否具备引用优势（Citation Advantage）？研究者就该问题展开了丰富的实证研究，尚未达成统一意见。引用优势之所以受到关注，是因为这是将科研人员对 OA 的热情转化为实际行动的重要催化剂。对于青年科学家来说，出于迅速建立职业声望的目的，引用优势显得更为重要（Pontika，2015）。

一些研究结果表明，引用优势的确存在。Atchison 等人（2015）对政治学核心期刊的 OA 文章与 TA（Toll Access，付费获取）文章的被引频次进行了比较，结果证明开放存取具有显著的引用优势。文章还发现，许多人违反和出版商的版权协议将出版商版本的 PDF文件上传，可能也是出于提升引用量的目的，因为学术界很少引用非正式出版的内容。不同期刊、学科在引用优势上存在强弱之分。根据 Watson 等人（2015）对美国法学期刊的调查，精英期刊借由开放存取获得的引用优势相对较低。作者猜测，高声望期刊不论是否开放都会获得极高的关注，因此留给 OA 出版的施展空间相对较小。Sotudeh 等人（2015）考察了斯普林格和爱思唯尔旗下开放存取期刊文章的篇均被引频次(Citation Per Paper),结果发现 OA 文章在自然科学(35.95%)、健康科学(33.29%)领域具有更强的引用优势,在生命科学(8.26%)、人文与社会科学(3.14%)领域则相对较低。

从影响因子入手对 OA 期刊进行评价,也是验证引用优势的重要手段。在对科技与医学出版(Scientific,Technological and Medical,STEM)期刊的考察中,Barbaro 等人(2015)发现整体上开放存取期刊的影响因子稍低于平均水平,原因可能是开放存取期刊成立的时间更短。但在大多数 STEM 领域,至少都有一本高影响力的 OA 期刊。

5.3 开放存取接受度分析

研究者同时身兼读者与作者的双重身份,在开放存取的发展进程中扮演着重要角色。不同地域、学科的研究人员对于开放存取的认知、态度和参与行为成为研究热点。

从许多调查研究结果来看,被调查者普遍听说过"开放存取"这一概念,且对其背后代表的价值理念深感认同。以美国爱达荷大学教员的调查结果为例,有 72% 的人表示熟悉"开放存取"这一术语,41% 的受访者有过在 OA 期刊发表论文的经验。研究者在情感上认同 OA 出版的价值,认为向公众开放研究成果十分重要。然而这种价值上的认同并不能打消研究者内心的疑虑。受访者对 OA 出版的同行评审质量、可能带来的对职业晋升的影响持保守意见,仅44% 的人表示更偏爱 OA 出版方式(Gaines,2015)。科研人员为何采纳或不采纳开放存取的出版方式,成为研究者关注的另一重点。更高的显示度(visibility)是 OA 获得认可的主要原因。Masrek 等人(2015)考察了影响研究者向 OA 期刊投稿的 6 个因素,分别是感知期刊声望、感知显示度优势、感知出版速度、感知职业收益、感知主题相关以及熟悉程度。通过分析 114 名马来西亚多媒体大学教员的问卷数据,结果表明研究者有较强的 OA 期刊采纳意愿,且该意愿与感知能见优势、感知职业收益及熟悉程度存在显著相关。在与传统期刊的较量中,引用优势被视为开放存取的重要筹码,那么科研人员是否相信这一说法?在针对美国爱达荷大学教员的研究中,尽管有 67%的人认为 OA 期刊有助于提升文章的显示度，但具体到引用优势，仅 31% 的人表示相信，不认可的有 69% (Gaines，2015)。Peekhaus 等人 (2015) 也得到了否定的结果，受访的北美图书情报学教员中仅 18%的人相信这一结论，47%的人表示不确定，32%的人认为没有。其中，非终身教职人员 (27%) 比终身教职人员更相信 (14%) 存在引用优势。那些自认为对开放存取熟悉的人、或是可能在未来一年内向 OA 期刊投稿的人，也都更认同引用优势的存在。可见，开放存取的引用优势尚待进一步验证。

此外，研究者的学科背景、职称身份也对 OA 出版的采纳施加了一定影响。Eger 等人 (2015) 在德国调查了 2151 名研究人员后发现，不同学科的研究人员在开放存取的参与度上存在显著差异。例如，在大学样本中，54%的健康科学学者至少出版过一篇 OA 期刊论文，生命科学也有 52%，而商业与经济学仅 22%，技术与工程仅 23%。总体而言，相较于其他学科，OA 期刊在自然科学领域内发挥着更重要的作用。在仓储行为上，学科差异同样存在。自存档在数学与统计学、物理与天文学领域更盛行。因此作者提出，许多 OA 政策中对各学科采取"一刀切"的做法并不合适。职称评审政策对 OA 采纳意愿的影响主要与各机构内部的晋升体系有关。在观念上，青年研究者倾向于对 OA 出版方式给予更高评价；但在实际使用中，资深研究者却显示出更高的采纳意愿。这是因为待转正的教员通常会感知到更高的职业风险，因此在没有得到稳定的终身教职前，通常不愿意在 OA 期刊上发表论文 (Peekhaus et al.，2015)。

不使用开放存取的原因则多种多样。开放存取期刊、自存档在学科内的声望有限，是学者拒绝开放存取的重要原因。以期刊为例，仅少数学科如生命科学、物理与天文学拥有高声望的 OA 期刊，其他许多学科的学者没有动力为影响力有限的开放存取期刊付出时间与精力 (Eger et al.，2015)。付费出版的特征也浇灭了一部分人的热情。一方面，有学者从原则上就反对进行付费出版；另一方面，缺乏资金来支付 OA 出版费用也十分常见 (Peekhaus et al.，2015)。对发展中国家而言，资金限制成了更大的挑战。以印度庞迪治里大学 (Pondicherry University) 教员的调查为例，71%的人不同意由作者来承担出版费用。进一步询问得知，55%的人支持由研究资助机构付费，28%的人支持由大学付费（Singson et al.，2015）。

5.4 开放存取新领域

科研产出的表现形式并非只有论文一种。随着开放存取运动的发展，学术专著与科研数据的开放存取问题也日益受到关注。

学术专著的开放存取较论文而言更为复杂、艰难。2015 年 1 月，伦敦大学的 Geoffrey Crossick 教授发布其受英国高等教育基金委员会（HEFCE）委托的关于专著开放存取的研究报告。报告认为，对学术专著来说，OA 意味着向数字出版同时向开放存取转变的双重挑战。从许可到版权，从商业模式到质量控制，有许多棘手的问题亟待解决。例如，谁为 OA 专著的出版买单？一方面专著的体量庞大，且经常涉及第三方的版权内容，进一步推高了生产成本。另一方面，在专著盛行的艺术、人文科学与社会科学领域却少有项目资金的赞助。而显然，开放存取专著的出版成本是许多学者个人无力承担的（Crossick，2015）。一种解决方案是由大学承担更多责任。美国埃默里大学的专家小组经过 6 个月的讨论，表示支持由校方资助的 OA 专著出版模式。在该模式下，大学承担主要的出版费用，大学出版社负责生产高质量、开放存取的数字图书，同时通过按需印刷向读者出售纸质版本；并强调该类出版项目应该向所有教员开放，而不仅限于资深学者（Elliott，2015）。

OA 专著的可发现性也得到了研究者的重视。Dhanavandan 等人（2015）以开放存取图书目录（DOAB）中收录的图书情报学（LIS）著作为例，考察了 OA 图书的作者、出版时间、页数、语言、出版社以及许可条款的分布状况。作者认为，学术出版商应致力于完善 OA 图书的元数据并加入 DOAB 索引，从而提升作品的显示度与影响力。持类似观点的还有 Snijder（2015）。通过持续跟踪图书集成平台 OAPEN Library 上的下载数据，Snijder 试图探究开放许可如知识共享协议（Creative Commons，CC），对 OA 图书的下载是否有促进作用。结果作者在对比 OAPEN Library 在 DOAB 上线之前、之后的下载量发现，开放许可并不会直接推高图书的下载量，相比之下，DOAB 对图书下载量有较大的正面影响。

与论文、图书等正式出版物相比，科研数据的开放共享向学术出版提出了更大挑战。① 开放数据旨在提升科研成果的可验证性与可重用性，由于相关操作规范缺乏，很可能产生新的问题。Silva 等人（2015）就提出了"数据盗用（data theft）"的风险。作者认为"窃取"开放存取的数据文件、据此创建新的数据集，乃至于产出更"原汁原味"的研究论文并不难；尤其当数据经过修饰后，更难被期刊所发现。为此，出版商必须防患于未然，增强安全防护措施，例如数据文件仅提供只读模式、要求密钥访问，等等。抛开潜在的风险不谈，如何切实推进开放数据的实施成为研究者关注的重点。Labastida（2015）指出大学作为重要的研究力量，亟需在数据管理和开放上有所作为。首要问题是成立工作小组，制定出科研数据管理的战略部署：存储何种数据、保存期限多长、如何向公众开放以及基础设施建设、宣传推广、法律问题等都要考虑在内。同科研论文的开放存取一样，开放数据也面临着资金缺乏的难题（Kitchin et al.，2015）。

6. 出版技术研究

技术与内容的联姻是推动出版业向前发展的动力。在激烈的竞争之下，最后的胜者当属"将世界级的内容与世界级的技术"合二为一的人（Michaels，2015）。研究者就新技术在出版业的应用展开了热烈讨论。

6.1 增强现实技术

在增强现实技术（Augmented Reality，AR）的辅助下，数字出版物的疆域已经拓展到三维空间。通过在真实世界中叠加虚拟影像，能为观者营造立体的视觉效果。AR 技术能提升教学材料的有用性，因此在教育领域内的应用较为普遍。这一看法得到了诸多研究人员的支持。以解剖学为例，电脑在识别 AR 专用卡片后会显示相应的三维图像，学生通过自由移动卡片，能观察到不同角度下的人

---

① 开放数据出版与共享的其他相关论述参见本文 2.2。

体构造。相关实验表明，AR 学习方式下学生的注意力控制、学习积极性以及对内容的理解程度均显著高于对照组（Ferrer-Torregrosa et al.，2015）。Alhumaidan 等人（2015）总结了开发 AR 功能教科书的一般流程：一是原型设计，确定 AR 图书的关键概念与设计方向；二是可用性评估，收集参与者对初始模型的反馈与建议；三是成品效果检验，让目标学生为使用体验打分；四是焦点小组讨论，了解学生打出最高（低）分的理由。整个开发流程需要集中学生、老师、教育家以及人际交互专家的智慧。

随着智能手机、平板电脑等终端设备的普及，AR 应用在内容市场有了更大的发挥空间。日本工学院大学的 Zhang 等人（2015）介绍了与小学馆合作的 AR 童书项目。通过 APP 的辅助，用户可以看到 3D 效果的故事角色从纸本上方出现，并支持多角度移动。实验表明，较文本而言，在 AR 阅读模式下儿童的理解力、愉悦度、感知有趣程度、精神集中程度都有相应提升。除了对 AR 应用进行效果分析外，如何在操作层面推动 AR 技术的普及也成了研究者关心的问题。不同于从头开始进行 AR 项目的设计，Gazcón 等人（2015）开发了一种为已出版的图书添加 AR 交互功能的增强现实图书系统（Augmented Reality Book System，ARBS）。用户可以通过 ARBS 为已有图书创建 AR 内容，也可以通过该平台查看、利用他人的作品。实验证明，该系统的使用难度并不高，即使没有技术背景的人，也能容易地操作。

6.2　屏幕阅读技术

数字阅读以屏幕为载体，其用户体验是硬件与软件共同作用的效果。随着技术的不断发展，研究者不再单纯追求对纸张效果的简单复制，而是竭力探索新的可能性。

阅读终端的多样性是数字环境下的常态，这对内容的适应性提出了更高要求。Chebib（2015）认为必须考虑不同设备的特征进行灵活设计，同时保证内容在不同硬件上的可延展性。在小屏幕设备（智能手机、智能手表等）盛行之下，传统阅读方式受到了挑战，新型阅读技术引起了研究者的关注。Dingler 等人（2015）对两类阅读辅助手段展开了实证研究：一是快速视觉呈现技术。屏幕每次仅闪现一个单词，单词核心字母的位置保持固定，并且用特殊颜色予以标记。① 二是动态提示技术。文本下方有实时移动的下划线来提示读者当前的阅读位置。结果显示，在技术的辅助下当阅读速度提升至个人正常阅读速度时的 1.5 倍时，读者仍然能取得较稳定的理解效果。根据读者反馈，快速视觉呈现技术更适合短文本、小屏幕的阅读，动态提示技术更适合长文本、大屏幕的阅读。作者认为，未来的数字设备将有能力监测读者的阅读水平，并据此进行内容呈现的实时优化。

选择合适的视觉元素也成为数字内容设计的重要准则。研究者试图通过定量手段来研究数字阅读背后的规律，从而为实践应用提供指导。以字体为例，Kaspar 等人（2015）比较了在线阅读情况下，衬线体、无衬线体对论文摘要阅读效果的影响。结果显示，衬线体条件下人们的阅读速度更低，但是对内容的总体感知质量、理解程度更优。"不能仅靠经验来进行决策，"是作者对出版业从业人员提出的忠告。

屏幕不仅是承载内容的容器，更代表着无限互动的可能。触屏技术带来的阅读效果优势，在一些研究中得到了证实。Lee（2015）针对 56 名大学生的阅读实验显示，与屏幕的互动提升了学生对所学内容的理解。即使在阅读纸质文本时，用手指向文本的简单交互动作也能提升阅读效果（Shibata et al.，2015）。为此，数字阅读产品的设计更应重视交互功能的建设。

6.3 平台和工具开发

平台和工具是数字出版的中坚力量。由洛桑大学（University of Lausanne）开发的 eTalks 是一个新型数字多媒体编辑平台。这个应用程序由一个易用的编辑界面来创建和编辑原始内容。它允许生产者将图片、声音和带链接的文本材料全部连接在一起，使相关信息更加丰富。它不仅适应多元读写能力（plural literacies），还能实现内容的可引用性（Citability）：演讲的每一部分都可以被精确定位，通过专门的 URL 进行索引，并用特定的标识符引用（Schmidt B et

---

① 快速视觉呈现技术的其他相关讨论参见本文 3.1。

al.，2015）。另外，由于出版学教材很少或完全不能与学生和老师互动，错失了将技术融入教材带来的学习良机，因此为了增强学生和老师的学习体验，弥补纸质教材的不足，David Emblidge（2015）正在建立出版研究数据库，将反映全球出版实践的阅读材料、照片、音频、视频、互动练习、逻辑解析等数据全部纳入统一的数据库平台，用户可以从大型学术出版商处订阅使用。这样，学生们可以在平台上亲自动手制定学习计划，教授则可以从该平台下载教学工具。随着大数据在商业中变得越来越重要，数字出版产业也开始采用合适的大数据平台以实现自己的目标。英国新闻出版组织中已经得到使用并确认的出版产业大数据平台的架构值得借鉴和采纳。该平台以作者、内容、数据提供者、市场和营销、读者/消费者等为主要组成部分，功能层次包括数据挖掘、数据存储、数据处理、微服务、集成服务、分析和可视化等（Kumaresan A，2015）。

除了开发平台，数字出版开发软件也得到了发展。Markdown是适应混合出版（Hybrid Publishing）方式的在线软件工具包，主要以 ePub3.0 作为电子出版物格式。Markdown 允许用户用一种易于阅读和写作的简单文本格式，将内容转换为结构化的 XHTML（或HTML）文档。它同样提供定义列表的标签、嵌入式图片和链接。扩展版 Multi-Markdown 进一步支持附注、表格、数学公式、交叉引用、参考文献和定义列表。用户使用简单的开放资源转换应用程序如 Pandoc，就可以将格式化的 Markdown 文本自动地转换至结构化的 HTML、ePub、PDF、RTF 或其他文件格式，而不需要手动调整（RASCH M et al.，2015）。另外，在 InDesign CC 文件中添加动画和用 OpenGL 实现大型 2 D 和 3 D 数据集的可视化也得到了人们的关注（Cohen S，2015；Lo R C H et al.，2015）。在生物医学数字出版中，有的文章并不提供可获取的图像，为此与生物医学图像相关的替代文本显得非常重要。"图像文本替代决策树"（Image Text Alternatives Decision Tree）和"内容说明检查表"（Checklist for the content of caption）就是两个创建图像替代文本的工具（Emblidge D，2015）。在游戏开发中，基于 Cocos2D 软件和虚幻引擎（Unreal Engine）的 IOS 游戏创建方式得到了较多关注（Feronato E，2015；

Muhammad A, 2015)。

参考文献

[1] Aamri F A, Greuter S. Mise-en-scène: Playful Interactive Mechanics to Enhance Children's Digital Books [J]. Springer International Publishing, 2015,: 211-222.

[2] Abbà S, Birello G, Vallino M, et al. Shall we share? A repository for Open Research Data in agriculture and environmental sciences [J]. EPPO Bulletin, 2015, 45(2): 311-316.

[3] Aguzzi A. Scientific publishing in the times of open access[J/OL]. Swiss medical weekly, 2015, 145: w14118. [2015-02-04]. http://www.smw.ch/content/smw-2015-14118/.

[4] Alhumaidan H, Lo K P Y, Selby A. Co-design of augmented reality book for collaborative learning experience in primary education[C] //SAI Intelligent Systems Conference (IntelliSys), 2015. IEEE, 2015: 427-430.

[5] Anthony Watkinson. Peer review: Still king in the digital age[J]. LEARNED PUBLISHING, 2015(1): 14-22.

[6] Ashley Ohmann. Creating Data Stories with Tableau Public[M]. Birmingham: Packt Publishing Limited, 2015.

[7] Atchison A, Bull J. Will open access get me cited? An analysis of the efficacy of open access publishing in political science[J]. PS: Political Science & Politics, 2015, 48(01): 129-137.

[8] Baptiste A K. Can a research film be considered a stand-alone academic publication? An assessment of the film Climate Change, Voices of the Vulnerable: The Fishers' Plight[J]. Area, 2015.

[9] Barbaro A, Zedda M, Gentili D, et al. The presence of High-impact factor Open Access Journals in Science, Technology, Engineering and Medicine (STEM) disciplines[J]. JLIS. it, 2015, 6(3): 57-75.

[10] Bartalesi V, B. Leporini B. An Enriched ePub eBook for Screen Reader Users [J]. SpringerInternational Publishing, 2015, (9177): 375-386.

[11] Baverstock A. Is peer review still the content industry's upper house? [J]. Learned Publishing, 2015.

[12] Benedetto S, Carbone A, Pedrotti M, Fevre K L, Bey L A Y, Baccino T. Rapid serial visual presentation in reading: The case of Spritz [J]. Computers in Human Behavior, 2015, 45 (45): 352-358.

[13] Björk B C, Hedlund T. Emerging new methods of peer review in scholarly journals[J]. Learned Publishing, 2015, 28(2): 85-91.

[14] Björk B C, Solomon D. Article processing charges in OA journals: relationship between price and quality[J]. Scientometrics, 2015, 103(2): 373-385.

[15] Björk B C. Have the "mega-journals" reached the limits to growth? [J]. PeerJ, 2015, 3: e981.

[16] Blackman L. Social Media and the Politics of Small Data: Post Publication Peer Review and Academic Value[J]. Theory, Culture & Society, 2015: 0263276415590002.

[17] Borrego Á. Measuring compliance with a Spanish Government open access mandate [J]. Journal of the Association for Information Science and Technology, 2015.

[18] Broich A. Not Like Other Media: Digital Technology and the Transformation of Educational Publishing[J]. Publishing Research Quarterly, 2015, 31(4): 237-243.

[19] Bulock C. Open Access and the Big Deal Sharing Space in the Netherlands[J]. Serials Review, 2015, 41(4): 266-268.

[20] Burton A, Koers H, Manghi P, et al. On Bridging Data Centers and Publishers: The Data-Literature Interlinking Service [M]// Metadata and Semantics Research. Springer International Publishing, 2015: 324-335.

[21] Busher C, Kamotsky I. Stories and statistics from library-led publishing[J]. Learned Publishing, 2015, 28(1): 64-68.

[22] Chang A M, Aeschbach D, Duffy J F, Czeisler C A. Evening use of light-emitting eReaders negatively affects sleep, circadian timing, and next-morning alertness [J]. Proceedings of the National Academy of Sciences of the United States of America, 2015, 112(4): 1232-1237.

[23] Chebib L. Transforming the digital textbook: A modified Delphi study[D]. University of Phoenix, 2015.

[24] Ciampa K. Motivating Grade 1 Children to Read: Exploring the Role of Choice, Curiosity, and Challenge in Mobile Ebooks[J]. Reading Psychology, 2015: 1-41.

[25] Cohen S. Creating Animations in Adobe InDesign CC One Step at a Time[M]. Adobe Press, 2015.

[26] Crossick G. Monographs and Open Access A report to HEFCE [EB/OL]. [2015-01-22]. http://www.hefce.ac.uk/media/hefce/content/pubs/indirreports/2015/Monographs, and, open, access/2014_monographs.pdf.

[27] Dhanavandan S, Tamizhchelvan M. Open Access Books for Library and Information Science: A Study Based on DOAB[J]. Indian Journal of Science, 2015, 21(73): 428-436.

[28] DiIorio A, Lange C, Dimou A, et al. Semantic Publishing Challenge-Assessing the Quality of Scientific Output by Information Extraction and Interlinking [M]//Semantic Web Evaluation Challenges. Springer International Publishing, 2015: 65-80.

[29] Dingler T, Shirazi A S, Kunze K, et al. Assessment of stimuli for supporting speed reading on electronic devices[C]//Proceedings of the 6th Augmented Human International Conference. ACM, 2015: 117-124.

[30] Dobler E. E-textbooks: A Personalized Learning Experience or a Digital Distraction[J]? Journal of Adolescent & Adult Literacy,

2015, 58: 482-491.

[31]Dodds F. Understanding end-users in academic book publishing [J]. Learned Publishing, 2015, 28(3): 205-214.

[32]Eger T, Scheufen M, Meierrieks D. The determinants of open access publishing: Survey evidence from Germany[J]. European Journal of Law and Economics, 2015, 39(3): 475-503.

[33]Elliott M A. The Future of The Monograph in the Digital Era: A Report to the Andrew W. Mellon Foundation[J/OL]. Journal of Electronic Publishing, 2015, 18 (4). http://dx. doi. org/10. 3998/3336451. 0018. 407.

[34]Emblidge D. A Publishing Studies Online Academic Database: In-progress Research Project [J]. Publishing Research Quarterly, 2015, 31(3): 178-182.

[35]Farinosi M, Lim C Roll J. Book or screen, pen or keyboard? A cross-cultural sociological analysis of writing and reading habits basing on Germany, Italy and the UK[J]. Telematics & Informatics, 2016, 33(2): 410-421.

[36]Fear K. Building Outreach on Assessment: Researcher Compliance with Journal Policies for Data Sharing[J]. Bulletin of the American Society for Information Science and Technology, 2015, 41 (6): 18-21.

[37]Feronato E. Learning Cocos2d-JS Game Development[M]. Packt Publishing Ltd, 2015.

[38]Ferrer-Torregrosa J, Torralba J, Jimenez M A, et al. ARBOOK: Development and Assessment of a Tool Based on Augmented Reality for Anatomy [J]. Journal of Science Education and Technology, 2015, 24(1): 119-124.

[39]Figueiredo M, Bidarra J. The development of a Gamebook for education[J]. Procedia Computer Science, 2015, 67: 322-331.

[40]Fleming-May R A, Green H. Digital innovations in poetry: Practices of creative writing faculty in online literary publishing

[J]. Journal of the Association for Information Science and Technology, 2015.

[41] Gaines A. From Concerned to Cautiously Optimistic: Assessing Faculty Perceptions and Knowledge of Open Access in a Campus-Wide Study [J]. Journal of Librarianship and Scholarly Communication, 2015, 3(1): 1-40.

[42] Gary Hall, The Unbound Book: Academic Publishing in the Age of the Infinite Archive [J]. Journal of Visual Culture, 2015, 12 (3): 490-507, 491.

[43] Gazcón N, Castro S. ARBS: An Interactive and Collaborative System for Augmented Reality Books [M]//Augmented and Virtual Reality. Springer International Publishing, 2015: 89-108.

[44] Gerhart N, Peak D A, Prybutok V R. Searching for New Answers: The Application of Task-Technology Fit to E-Textbook Usage [J]. Decision Sciences Journal of Innovative Education, 2015, 13(1): 91-111.

[45] Gjersvik P. Conflicts of interest in medical publishing: it's all about trustworthiness [J]. British Journal of Dermatology, 2015, 173(5): 1255-1257.

[46] Gueval J, Tarnow K, Kumm S. Implementing e-books: Faculty and student experiences [J]. Teaching & Learning in Nursing, 2015, 10(4): 181-185.

[47] Harnad S. Optimizing Open Access Policy [J]. The Serials Librarian, 2015, 69(2): 133-141.

[48] Heyvaert P, Verborgh R, Mannens E, et al. Linked Data-enabled Gamification in EPUB 3 for Educational Digital Textbooks [M]//Design for Teaching and Learning in a Networked World. Springer International Publishing, 2015: 587-591.

[49] Hsiao C-H, Tang K-Y, Lin C-H. Exploring College Students' Intention to Adopt e-Textbooks: A Modified Technology Acceptance Model [J]. Libri, 2015, 65(2): 119-128.

[50] Hsiao K-L, Chen C-C. How do we inspire children to learn with e-readers[J]? Library Hi Tech, 2015, 33(4): 584-596.

[51] Hsu L, Martin R L, McElroy B, et al. Data management, sharing, and reuse in experimental geomor、phology: Challenges, strategies, and scientific opportunities [J]. Geomorphology, 2015, 244: 180-189.

[52] Ingle S. What's Going On with Embedded Indexing? Ebooks and the Future of Indexing (—ers) [J]. KEY WORDS, 2015, 23 (11): 137-138.

[53] Ishii Y, Koizuka T, Iwata K, Kojima T, Lege P, Miyao M. Comparison of Age Groups on the Readability of an E-Reader with a Built-in Light[J]. Springer International Publishing Part I, 2015: 449-454.

[54] Jang D-H, Yi P, Shin I-S. Examining the Effectiveness of Digital Textbook use on Students' Learning Outcomes in South Korea: A Meta-analysis[J]. The Asia-Pacific Education Researcher, 2015: 1-12.

[55] Jeanette Zwart. BISG's Field Guide to Fixed Layout for Ebooks[J]. Pub Res Q, 2015(31): 84-86.

[56] Jeffrey R. American Book Review[M]. Victoria: University of Houston, 2015.

[57] Jeong H, Kim A. The Digital Textbook in South Korea: Opportunities and Challenges[J]. Springer Singapore, 2015: 77-91.

[58] Jeswani H K, Azapagic A. Is e-reading environmentally more sustainable than conventional reading[J]? Clean Technologies & Environmental Policy, 2015, 17(3): 803-809.

[59] Johnson R, Pinfield S, Fosci M. Business process costs of implementing "gold" and "green" open access in institutional and national contexts[J]. Journal of the Association for Information Science and Technology, 2015.

[60] Kamat P V. Open Access Debate: On the Flip Side[J]. The

Journal of Physical Chemistry Letters, 2015, 6(7): 1238-1239.

[61] Kaspar K, Wehlitz T, von Knobelsdorff S, et al. A matter of font type: The effect of serifs on the evaluation of scientific abstracts [J]. International Journal of Psychology, 2015, (5): 372-378.

[62] Kim M C. Current eBook Markets and Digital Publishing in South Korea[J]. Publishing Research Quarterly, 2015, 31(1): 9-11.

[63] Kim Y, Stanton J M. Institutional and individual factors affecting scientists' data-sharing behaviors: A multilevel analysis [J]. Journal of the Association for Information Science and Technology, 2015.

[64] Kingsley D A, Kennan M A. Open access: The whipping boy for problems in scholarly publishing[J/OL]. Communications of the Association for Information Systems, 2015, 37. [2015-08-17]. http: //aisel. aisnet. org/cais/vol37/iss1/14.

[65] Kirsty Williamson. Data Sharing for the Advancement of Science: Overcoming Barriers for Citizen Scientists[J]. JOURNAL OF THE ASSOCIATION FOR INFORMATION SCIENCE AND TECHNOLOGY. 2015(7): 1-12.

[66] Kitchin J R. Examples of effective data sharing in scientific publishing[J]. ACS Catalysis, 2015, 5(6): 3894-3899.

[67] Kitchin R, Collins S, Frost D. Funding models for Open Access digital data repositories[J]. Online Information Review, 2015, 39 (5): 664-681.

[68] Kleeman D. Books and Reading are Powerful with Kids, but Content Discovery is Challenging[J]. Publishing Research Quarterly, 2016, 1: 1-6.

[69] Kochurova, O., et al. Is the 3× reading rule appropriate for computer users[J]? Displays, 2015, 38: 38-43.

[70] Korat O, Segal-Drori O. E-Book and Printed Book Reading in Different Contexts as Emergent Literacy Facilitator [J]. Early Education & Development 2015.

[71] Kortelainen T. Reading Format Preferences of Finnish University Students[J]. Springer International Publishing Switzerland 2015: 446-454.

[72] Kousha K, Thelwall M. Can Amazon. com reviews help to assess the wider impacts of books? [J]. Journal of the Association for Information Science and Technology, 2015.

[73] Kumaresan A. Framework for Building a Big Data Platform for Publishing Industry [M]//Knowledge Management in Organizations. Springer International Publishing, 2015: 377-388.

[74] Kumnuansin J, Khlaisang J. Development of a model of Thai literature hypermedia electronic books with social media based on the reader-response theory to enhance reading comprehension of elementary school students [J]. Procedia-Social and Behavioral Sciences, 2015, 174(25): 1700-1706.

[75] Labastida I. The time has come for managing and sharing research data in universities[J]. JCOM: Journal of Science Communication, 2015, 14(4): 1-8.

[76] LaGuardia C. An Interview with Peter Suber on Open Access[J]. Library Journal, 2015, 140(18): 18-19.

[77] Larson L C. E-Books and Audiobooks: Extending the Digital Reading Experience[J]. Reading Teacher, 2015, 69: 169-17.

[78] Laux J A. Senior Scholars: Is the Brave New World of On-line Publishing for Us? [J]. Contemporary Issues in Education Research (Online), 2015, 8(2): 103.

[79] Lawson S. Fee waivers for open access journals[J]. Publications, 2015, 3(3): 155-167.

[80] Lee H W. Does Touch-based Interaction in Learning with Interactive Images Improve Students' Learning? [J]. The Asia-Pacific Education Researcher, 2015, 24(4): 731-735.

[81] Lee J, Burnett G, Vandegrift M, et al. Availability and accessibility in an open access institutional repository: a case study [J/OL].

Information Research, 2015, 20 (1). [2015-03-04]. http: // www. informationr. net/ir/20-1/paper661. html.

[82]Leonardo Candela. Data Journals: A Survey[J]. JOURNAL OF THE ASSOCIATION FOR INFORMATION SCIENCE AND TECHNOLOGY, 2015, 66(9): 1747-1762.

[83]Li L-Y, Tseng S-T, Chen G-D. Effect of hypertext highlighting on browsing, reading, and navigational performance[J]. Computers in Human Behavior, 2016, 54(C): 318-325.

[84]LINDE P, NORLING E, PETTERSSON A, et al. Researchers and Open Data-Attitudes and Culture at Blekinge Institute of Technology[A]. Birgit Schmidt, Milena Dobreva. New Avenues for Electronic Publishing in the Age of Infinite Collections and Citizen Science Scale, Openness and Trust[C]. Amsterdam: IOS Press, 2015: 173.

[85]Lo R C H, Lo W C Y. OpenGL Data Visualization Cookbook[M]. Packt Publishing Ltd, 2015.

[86]Lub J. Astronomy and Astrophysics will move to online-only publication at the start of 2016[J]. Astronomy & Astrophysics, 2015, 581: E1.

[87]Magnifico A M, Curwood J S, Lammers J C. Words on the screen: broadening analyses of interactions among fanfiction writers and reviewers[J]. Literacy, 2015, 49(3): 158-166.

[88]MARYDEE OJALA. The Road Ahead for Academic Publishing [J]. INFORMATION TODAY, 2015(3): 11-12.

[89]Marydee Ojala. Academic Publishing Gets 10 to 25[J]. ONLINE SEARCHER, 2015(4).

[90]Masrek M N, Yaakub M S. Intention to Publish in Open Access Journal: The Case of Multimedia University Malaysia [J]. Procedia-Social and Behavioral Sciences, 2015, 174: 3420-3427.

[91]McKercher B, Tung V. Publishing in tourism and hospitality journals: Is the past a prelude to the future? [J]. Tourism

Management, 2015, 50: 306-315.

[92] Michaels K. The Evolving Challenges and Opportunities in Global Publishing[J]. Publishing Research Quarterly, 2015, 31(1): 1-8.

[93] Mizrachi D. Undergraduates' Academic Reading Format Preferences and Behaviors[J]. The Journal of Academic Librarianship, 2015, 41(3): 301-311.

[94] Morrison H, Salhab J, Calvé-Genest A, et al. Open access article processing charges: DOAJ survey May 2014[J]. Publications, 2015, 3(1): 1-16.

[95] Mosser G F, Wohl H, Fine G A. Alone in Publand: Leaving Academics to Themselves[J]. The American Sociologist, 2015: 1-15.

[96] Moulaison H L, Million A J. E-publishing in libraries: The [digital] preservation imperative[J]. OCLC Systems & Services: International digital library perspectives, 2015, 31(2): 87-98.

[97] Mouromtsev D, Haase P, Cherny E, et al. Towards the russian linked culture cloud: data enrichment and publishing[M]//The Semantic Web. Latest Advances and New Domains. Springer International Publishing, 2015: 637-651.

[98] Mrva-montoya A. Beyond the Monograph: Publishing Research for Multimedia and Multiplatform Delivery[J]. Journal of Scholarly Publishing, 2015, 46: 321-342.

[99] Muhammad A, Moniem. Learning Unreal Engine iOS Game Development[M]. Packt Publishing Ltd, 2015.

[100] Naumann J. A model of online reading engagement: Linking engagement, navigation, and performance in digital reading[J]. Computers in Human Behavior, 2015, 53: 263-277.

[101] Nicholas D, Watkinson A, Jamali H R, et al. Peer review: still king in the digital age[J]. Learned Publishing, 2015, 28(1): 15-21.

[102] Nobarany S, Booth K S, Hsieh G. What motivates people to review articles? The case of the human-computer interaction community[J]. Journal of the Association for Information Science and Technology, 2015.

[103] Nossek H, Adoni H, Nimrod G. Is Print Really Dying? The State of Print Media Use in Europe[J]. International Journal of Communication, 2015, 9: 365-385.

[104] Núñez-Valdez E R, Lovelle J M C, Hernández G I, Fuente A J, Labra-Gayo J E. Creating recommendations on electronic books: A collaborative learning implicit approach [J]. Computers in Human Behavior, 2015, 51: 1320-1330.

[105] Paglione L D, Lawrence R N. Data exchange standards to support and acknowledge peer-review activity [J]. Learned Publishing, 2015, 28(4): 309-316.

[106] Pecoskie J, Hill H. Beyond traditional publishing models: An examination of the relationships between authors, readers, and publishers [J]. Journal of Documentation, 2015, 71 (3): 609-626.

[107] Peekhaus W, Proferes N. How library and information science faculty perceive and engage with open access [J]. Journal of Information Science, 2015, 41(5): 640-661.

[108] Peng W, Ratan R, Khan L. Ebook Uses and Class Performance In A College Course [J]. Hawaii International Conference on System Sciences 2015: 63-71.

[109] Peres-Neto P R. Will technology trample peer review in ecology? Ongoing issues and potential solutions[J]. Oikos, 2015, 125 (1): 3-9.

[110] Philip Hunter. Web 2.0 and academic debate[J]. Science & Society, 2015(7): 786-790.

[111] Pinfield S, Salter J, Bath P A. The "total cost of publication" in a hybrid open-access environment: Institutional approaches to

funding journal article-processing charges in combination with subscriptions [J]. Journal of the Association for Information Science and Technology, 2015.

[112]Pinfield S. Making Open Access work: The "state-of-the-art" in providing Open Access to scholarly literature [J]. Online Information Review, 2015, 39(5): 604-636.

[113]Pontika N. Open Access: What's in it for me as an early career researcher? [J]. JCOM: Journal of Science Communication, 2015, 14(4): 1-12.

[114]RASCH M, CRAMER F. From Print to Ebooks: A Hybrid Publishing Toolkit for the Arts[A]. B. Schmidt and M. Dobreva. New Avenues for Electronic Publishing in the Age of Infinite Collections and Citizen Science[C]. IOS Press, 2015: 47.

[115]Reinsfelder T. Donations as a Source of Income For Open Access Journals: An Option To Consider? [J/OL]. Journal of Electronic Publishing, 2015, 18 (3). http: //dx. doi. org/10. 3998/3336451. 0018. 307.

[116]Ribeiro C J S, Pereira D V. The publication of open government data: A proposal for the revision of class in Social Security Regarding the Controlled Vocabulary of the Electronic Goverment [J]. Transinformação, 2015, 27(1): 73-82.

[117]Rowberry S. Convergence: The International Journal of Research into New Media Technologies.

[118]Sargeant B. What is an ebook? What is a book app? And why should we care? An analysis of contemporary digital picture books [J]. Children's Literature in Education, 2015, 46 (4): 454-466.

[119]Schilit, B. N. , Golovchinsky, G. , Price, M. N. Beyond paper: Supporting active reading with free form digital ink annotations [J]. In: Proceedings of the CHI 1998, pp. 249-256. ACM Press

[120]Schmidt B, Dobreva M. A New Platform for Editing Digital

Multimedia: The eTalks [C]//New Avenues for Electronic Publishing in the Age of Infinite Collections and Citizen Science: Scale, Openness and Trust: Proceedings of the 19th International Conference on Electronic Publishing. IOS Press, 2015: 156.

[121]Sehn T C M, Fragoso S. The synergy between eBooks and printed books in Brazil[J]. Online Information Review, 2015, 39(3): 401-415.

[122]Selzer B. Thriving Among Giants: Self-Publishing in the Digital Age[J]. American journal of public health, 2015, 105(10): 1956.

[123]SHEARER K, MUELLER K, GOTTSCHLING M. Reaching Out to Global Interoperability through Aligning Repository Networks [A]. Birgit Schmidt, Milena Dobreva. New Avenues for Electronic Publishing in the Age of Infinite Collections and Citizen Science Scale, Openness and Trust [C]. Amsterdam: IOS Press, 2015: 165.

[124]Sheffield J P. Digital Scholarship and Interactivity: A Study of Commenting Features in Networked Books [J]. Computers and Composition, 2015, 37: 166-181.

[125]Shibata H, Takano K, Tano S. Text Touching Effects in Active Reading: The Impact of the Use of a Touch-Based Tablet Device [M]//Human-Computer Interaction-INTERACT 2015. Springer International Publishing, 2015: 559-576.

[126]Shim D, Kim J G, Altmann J. Identifying key drivers and bottlenecks in the adoption of E-book readers in Korea [J]. Telematics and Informatics, 2015, 33: 860-871.

[127]Sigarchian H G, De Meester B, Salliau F, et al. Hybrid Books for Interactive Digital Storytelling: Connecting Story Entities and Emotions to Smart Environments [M]//Interactive Storytelling. Springer International Publishing, 2015: 105-116.

[128]Silva J A T D, Dobránszki J. Potential Dangers with Open Access Data Files in the Expanding Open Data Movement[J]. Publishing

Research Quarterly, 2015, 31(4): 298-305.

[129]Singson M, Joy M G, Thiyagarajan S, et al. Perceptions of Open Access Publishing by Faculty at Pondicherry University: A Survey[J]. International Information & Library Review, 2015, 47(1-2): 1-10.

[130]Snijder R. Better Sharing Through Licenses? Measuring the Influence of Creative Commons Licenses on the Usage of Open Access Monographs[J]. Journal of Librarianship and Scholarly Communication, 2015, 3(1): 1-21.

[131]Sotudeh H, Ghasempour Z, Yaghtin M. The citation advantage of author-pays model: the case of Springer and Elsevier OA journals[J]. Scientometrics, 2015, 104(2): 581-608.

[132]Srivastava B, Srivastava A. Electronic versus Print Newspaper: An Indian Readers Approach [J]. Bvimr Management Edge, 2015, 8(1): 57-65.

[133]Sturges P, Bamkin M, Anders J H S, et al. Research data sharing: Developing a stakeholder-driven model for journal policies[J]. Journal of the Association for Information Science and Technology, 2015, 66(12): 2445-2455.

[134]Tenopir C, King D W, Christian L, Volentine R. Scholarly article seeking, reading, and use: a continuing evolution from print to electronic in the sciences and social sciences[J]. Learned Publishing, 2015, 28(2): 93-105.

[135]Tenopir C, Levine K, Allard S, et al. Trustworthiness and authority of scholarly information in a digital age: Results of an international questionnaire [J]. Journal of the Association for Information Science and Technology, 2015.

[136]Terra A L. Students' Reading Behavior: Digital vs. Print Preferences in Portuguese Context [J]. Springer International Publishing Switzerland 2015: 436-445.

[137]The Methods section of primary research papers are now being

published online only[J]. NATURE CLIMATE CHANGE, 2015
(7): 486-487.

[138]Trilling D, Schoenbach K. Investigating people's news diets:
How online users use offline news[J]. Communications, 2015,
40(1): 67-91.

[139]Union C D, Union L W, Green T D. The Use of eReaders in the
Classroom and at Home to Help Third-grade Students Improve
their Reading and English/Language Arts Standardized Test Scores
[J]. Techtrends Linking Research & Practice to Improve
Learning, 2015, 59(5): 71-84.

[140]Väljataga T, Fiedler S H D, Laanpere M. Re-thinking Digital
Textbooks: Students as Co-authors [M]//Advances in Web-
Based Learning—ICWL 2015. Springer International Publishing,
2015: 143-151.

[141]Waheed, M, Kaur K, Ain N, Sanni S A. Emotional attachment
and multidimensional self-efficacy: extension of innovation
diffusion theory in the context of eBook reader[J]. Behaviour&
Information Technology, 2015, 34(12): 1147-1159.

[142]Ware M, Mabe M. The STM report: an overview of scientific and
scholarly journal publishing, STM Association[EB/OL]. [2015-
03-15]. http://www.stm-assoc.org/2015_02_20_STM_Report_
2015.pdf.

[143]Watson C A, Donovan J M, Osborne C. The open access
advantage for American law reviews[EB/OL]. [2015-03-01].
http://digitalcommons.law.uga.edu/fac_artchop/989.

[144]Wu T T. A learning log analysis of an English-reading e-book
system combined with a guidance mechanism [J]. Interactive
Learning Environments, 2015: 1-19.

[145]Xia J, Harmon J L, Connolly K G, et al. Who publishes in
"predatory" journals? [J]. Journal of the Association for Information
Science and Technology, 2015, 66(7): 1406-1417.

［146］Yalman M. Preservice teachers' views about e-book and their levels of use of e-books［J］. Procedia-Social and Behavioral Sciences, 2015, 176: 255-262.

［147］Zabukovec V, Vilar P. Paper or Electronic: Preferences of Slovenian Students［J］. Springer International Publishing Switzerland, 2015: 427-435.

［148］Zhang J, Sasaki Y, Tsuruno T, et al. Investigation of Kansei Added Value in Book Publishing Filed by Using AR Contents［J］. International Journal of Affective Engineering, 2015, 14（3）: 151-155.

近十年国内外社会网络研究的知识图谱分析*

李　纲　詹　星　杜智涛　叶光辉**

社会网络（Social Network）是一种基于"网络"而非"群体"的组织形式，有关其分析是西方社会学从 20 世纪 60 年代兴起的一种分析视角。随着工业化、城市化的进行和新通讯技术的兴起，社会越

＊ 本文系国家自然科学基金面上项目"科研团队动态演化规律研究"（71273196）研究成果之一。

＊＊ 李纲，1966 年生，武汉大学信息管理学院教授，博士生导师，长江学者特聘教授，教育部人文社会科学重点研究基地武汉大学信息资源研究中心副主任。兼任全国高校图书情报专业学位教学指导委员会委员兼秘书长，全国高校管理科学与工程类教学指导委员会委员，中国科技情报学会常务理事/情报理论方法专业委员会主任，湖北省电子商务学会理事长，《情报学报》、《情报科学》杂志编委。近五年围绕竞争情报、科研团队、智慧应急情报体系等领域开展相关的理论研究与实践应用，承担国家社科基金重大项目、自然科学基金面上项目、国家科技支撑计划项目等各类项目 22 项，出版著作 2 部，发表学术论文 75 篇（其中，SSCI、EI 检索论文 4 篇，国内重要权威期刊论文 15 篇），登记软件著作权 4 项，2 次获全国高校科学技术进步一等奖（2014、2009）、第七届高等教育国家级教学成果一等奖（2014）等奖项。

詹星，武汉大学信息管理学院 2011 级管理科学与工程专业博士研究生，研究方向：竞争战略。

杜智涛，中国青年政治学院新闻与传播系副教授，研究方向：竞争情报，媒体与网络传播。

叶光辉，华中师范大学信息管理学院讲师，研究方向：信息检索，信息融合。

来越呈现出网络化的趋势，社会网络革命、移动革命、互联网革命并列为新时期影响人类社会的三大革命。社会网络是社会学的研究焦点，在发展过程中逐渐受到了其他领域学者的关注。近年来，有关社会网络的研究延伸到了经济学、教育学、心理学、管理学等各个领域，很多学者从不同视角、基于不同出发点对此进行了研究。社会网络分析法已经形成了一系列专有术语和概念，被广泛应用于社会学研究中，成为社会科学研究的一种新范式。本文运用共词分析方法对国内外的社会网络研究进行系统梳理，描绘出国内外社会网络研究的知识图谱。

1. 数据来源与数据整理

以中国知网 CNKI、Web of Science 数据库为中、外文检索源，检索关键词为"社会网络"、"社会网"、"社会网络分析"、"社会网分析"、"social network analysis"、"social network"等，时间段为2005 年至 2014 年，得到中文文献 3653 篇、英文文献 4376 篇。将同义词合并，如将 social network 和 social networks 合并为 social network；将语义相同的单词合并，如 cooperation 和 collaboration 合并为 collaboration，将 social network analysis 和 SNA 合并等；去除无关文献，剔除重复关键词，选出高频关键词，得到 60 个中文关键词和 53 个英文关键词，参见表 1 和表 2。

表 1 　　　　国内相关研究去重后高频关键词表（部分）

序号	关键词	序号	关键词	序号	关键词	序号	关键词
1	社会网络分析	7	知识共享	13	网络舆论	19	社会责任
2	社会资本	8	复杂网络	14	网络文化	20	意见领袖
3	大学生	9	产业集群	15	知识管理	21	隐私保护
4	社会支持	10	微博	16	社会管理	22	知识转移
5	社会关系网络	11	中心性	17	社会网络理论	23	农民工
6	网络成瘾	12	网络结构	18	青少年	24	互联网

序号	关键词	序号	关键词	序号	关键词	序号	关键词
25	社区发现	34	信息传播	43	创业企业	52	网络环境
26	社会网络结构	35	虚拟社区	44	社交网络	53	网络关系
27	结构洞	36	企业绩效	45	数据挖掘	54	虚拟学习社区
28	社会工作	37	社会关系	46	共词分析	55	移动社会网络
29	社会主义核心价值观	38	和谐社会	47	隐性知识	56	网络传播
30	网络媒体	39	实证研究	48	网络虚拟社会	57	弱关系
31	可视化	40	中小企业	49	协同过滤	58	竞争情报
32	社会影响	41	网络语言	50	虚拟团队	59	强关系
33	Ucinet	42	创新网络	51	社会心理	60	推荐系统

表2　　　　　国外相关研究去重后高频词表（部分）

NO	Keyword	NO	Keyword	NO	Keyword	NO	Keyword
1	Social network analysis	14	Twitter	27	management	40	Webometrics
2	Social networks	15	Clustering	28	trust	41	Degree centrality
3	analysis	16	Knowledge management	29	information	42	mixed methods
4	Network analysis	17	Bibliometrics	30	Co-authorship	43	Communities of practice
5	Social	18	innovation	31	Algorithms	44	network structure
6	network	19	Learning	32	Link prediction	45	scientific collaboration
7	Centrality	20	Visualization	33	Homophily	46	Information visualization
8	data mining	21	Influence	34	Research	47	Power
9	Collaboration	22	Performance	35	Evaluation	48	Link analysis
10	social media	23	community	36	Graph mining	49	Web 2.0
11	social capital	24	Knowledge sharing	37	China	50	reciprocity
12	Community detection	25	knowledge	38	Content analysis	51	Internet
13	Communication	26	Complex networks	39	Theory	52	Ranking

利用 SATI 软件形成共词矩阵(参见表 3 和表 4),矩阵中单元格中数据代表两个不同关键词之间共现次数。同时,利用 SPSS19.0 将共词矩阵转换为斯皮尔曼相关矩阵(参见表 5 和表 6),消除由词频差异所带来的影响。

表 3　　　　　　　　国内相关研究的共词矩阵(部分)

	社会网络分析	社会资本	大学生	社会支持	社会关系网络	网络成瘾	知识共享
社会网络分析	443	50	15	13	4	1	33
社会资本	50	154	3	4	7	0	8
大学生	15	3	102	17	2	19	0
社会支持	13	4	17	86	3	22	0
社会关系网络	4	7	2	3	66	0	0
网络成瘾	1	0	19	22	0	50	0
知识共享	33	8	0	0	0	0	44

表 4　　　　　　　　国外相关研究的共词矩阵(部分)

	Social network analysis	Social networks	analysis	Network analysis	Social	network
Social network analysis	1709	56	39	7	29	72
Social networks	56	712	212	9	13	23
analysis	39	212	270	1	2	15
Network analysis	7	9	1	256	157	11
Social	29	13	2	157	246	51
network	72	23	15	11	51	228

表5   国内研究的相关系数矩阵(部分)

	社会网络分析	社会资本	大学生	社会支持	社会关系网络	网络成瘾
社会网络分析	1.000	0.309	0.027	0.075	0.203	0.009
社会资本	0.309	1.000	0.205	0.187	0.473	0.084
大学生	0.027	0.205	1.000	0.497	0.294	0.491
社会支持	0.075	0.187	0.497	1.000	0.537	0.667
社会关系网络	0.203	0.473	0.294	0.537	1.000	0.209
网络成瘾	0.009	0.084	0.491	0.667	0.209	1.000

表6   国外研究的相关系数矩阵(部分)

	Social network analysis	Social networks	analysis	Network analysis	Social
Social network analysis	1.000	0.587	0.508	0.533	0.551
Social networks	0.587	1.000	0.635	0.522	0.569
analysis	0.508	0.635	1.000	0.257	0.389
Network analysis	0.533	0.522	0.257	1.000	0.776
Social	0.551	0.569	0.389	0.776	1.000

在相关系数矩阵中，由于选择不同统计方法可能会因为零值的干扰造成较大的分析误差，因此，用"1"减去相关矩阵中各单元数据构造相异矩阵。相异矩阵表征关键词间的差异化程度，值越大则关键词间的联系越小，距离越远，反之亦然。

2. 社会网络分析研究视域

为了解社会网络分析不同的研究视域，本文将上文构造的相关系数矩阵进行聚类分析，采用SPSS19.0系统聚类法，聚类结果参见图1和图2。社会网络分析的国内外研究均可分为4个类团。

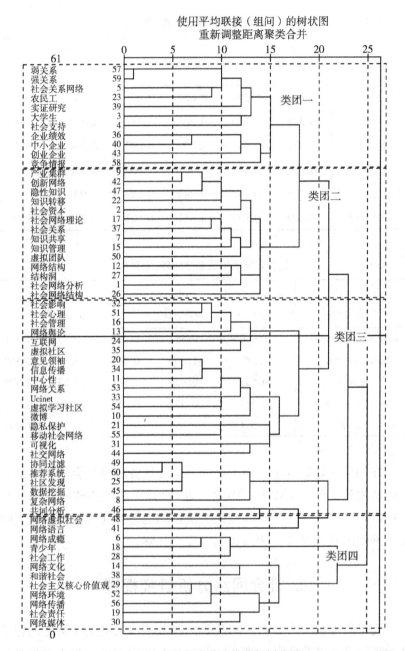

图 1　国内相关研究的聚类分析树状图

使用平均联接（组间）的树状图
重新调整距离聚类合并

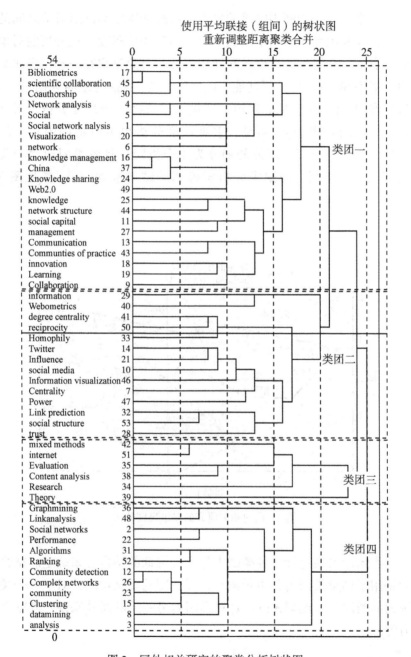

图 2　国外相关研究的聚类分析树状图

多维尺度分析利用降维的思想，通过低维空间展示对象之间的联系，并利用平面距离来反映对象之间的相似程度，被分析的对象以点表示，并将具有高度关联和相似性的对象聚集在一起，形成类团。采用 SPSS 尺度分析功能，距离设置为"数据为距离数据"，度量标准用区间 Euclidean 距离，度量水平选择二维尺度分析，得到对应结果(参见图 3)。可见，多维尺度分析也可以将国内相关研究划分为 4 个类团，国外的划分为 4 个类团，且各类团包含的关键词也基本相同，与聚类分析所得到的结果基本吻合(参见图 3 和图 4)。

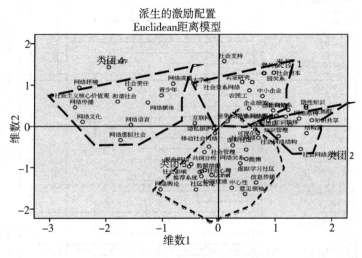

图 3　国内相关研究的多维尺度分析

类团命名通过计算各类团中每个关键词的粘合力来确定。粘合力是用于衡量类团内各主题词对聚类成团的贡献程度，对于 n 个关键词的类团，关键词 $A_i (i \leqslant n)$ 对类团内另一关键词 B_j 来说，其粘合力为：

$$N(A_i) = \frac{1}{n-1} \times \sum_{j=1}^{n \neq i} F(A_i \rightarrow B_j) \qquad (1)$$

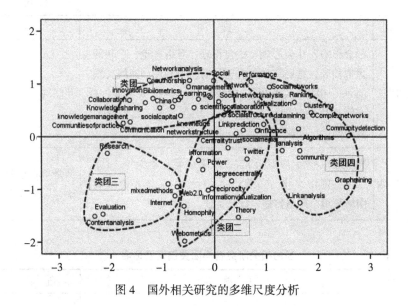

图4　国外相关研究的多维尺度分析

　　粘合力越大,该词在类团中的地位越突出。粘合力最大的词为中心词,可作为确定类团名称的依据,各类团关键词及命名(参见表7和表8)。

表7　　　　　　　国内相关研究各类团关键词及命名

类别	关　键　词	命　名
类团一	强关系、弱关系、社会关系网络、农民工、实证研究、大学生、社会支持、企业绩效、中小企业、创业企业、竞争情报	农民工与企业
类团二	产业集群、创新网络、隐性知识、知识转移、社会资本、社会网络理论、社会关系、知识共享、知识管理、虚拟团队、网络结构、结构洞、社会网络分析、社会网络结构	知识管理与知识共享

续表

类别	关 键 词	命 名
类团三	社会影响、社会心理、社会管理、网络舆论、互联网、虚拟社区、意见领袖、信息传播、中心性、网络关系、ucinet、微博、隐私保护、移动社会网络、可视化、社交网络协同过滤、推荐系统、社会发现、数据挖掘、复杂网络、共词分析	互联网
类团四	网络虚拟社会、网络语言、网络成瘾、青少年、社会工作、网络文化、和谐社会、社会主义核心价值观、网络环境、网络传播、社会责任、网络媒体	网络与心理健康、思想教育

表8　　　　　　　　国内相关研究各类团关键词及命名

类别	关 键 词	命 名
类团一	Bibliometrics, scientific collaboration, Coauthor ship, Network analysis, Social, Social network analysis, Visualization, network, knowledge management, China, Knowledge sharing, Web2.0, knowledge, network structure, social capital, management, Communication, Communities of practice, innovation, Learning, Collaboration,	Social network analysis
类团二	Information, Webometrics, degree centrality, reciprocity, Homophily, Link prediction, social structure, trust, Twitter, Influence, social media, Information visualization, Centrality, Power	Social media
类团三	Mixed methods, Internet, Evaluation, Content analysis, Research, Theory	Mixed methods & Evaluation
类团四	Graph mining, Link analysis, Social networks, Performance, Algorithms, Ranking, Community detection, Complex networks, community, Clustering, data mining, analysis	Community detection

3. 类团的成熟度与向心度

将表7和表8各类团间用战略坐标图(参见图5和图6)描述,可以分析各研究领域的成熟度与核心度。在战略坐标图中,X轴为向心度,表示领域间相互影响的强度;Y轴为密度,表示某一领域内部联系强度;坐标原点是两个轴的中位数或者平均数。X、Y轴把一个二维空间划分为四个象限,第一象限表示研究主题处于核心位置、研究内容较为成熟;第二象限表示研究较为成熟,但处于边缘位置;第三象限表示研究处于边缘位置,且不成熟,第四象限表示研究处于核心位置,但尚不成熟。

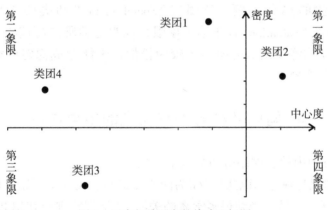

图5　国内相关研究的战略坐标图

国内研究中,类团二"知识管理与知识共享"位于第一象限,说明向心度大,并且与其他类团关系较为密切,占有比较重要的地位,是较受关注的热点主题;类团一"农民工与企业"、类团四(网络与心理健康、思想教育)处于第二象限,说明该类团内部链接紧密,形成了一定规模,但处于边缘化的位置;类团三(互联网)处于第三象限,说明研究主题不成熟,且处于边缘位置。

国外社会网络分析研究(参见图6)中,类团四"Community detection"和类团一"Social network analysis"位于第一象限,说明向

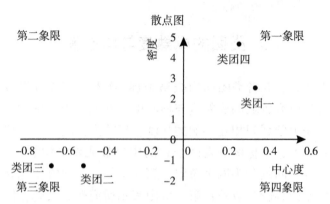

图 6　国内相关研究的战略坐标图

心度大，并且与其他类团关系较为密切，占有比较重要的地位，是较受关注的热点主题；类团二"Social media"和类团三"Mixed methods & Evaluation"处于第三象限，说明这类研究与核心主题较远，处于边缘地位，类团内部较为松散，未能形成稳定的研究体系，尚不成熟。

4. 国内外社会网络研究的主要内容

（1）国内社会网络分析研究的主要内容。

"知识管理与知识共享"作为向心度最高、关联最紧密、成熟度最高的研究领域，受到很多学者的关注。"知识管理与知识共享"的相关研究主要集中在研究社会网络的属性或特性（如强关系、弱关系、结构洞）对企业知识吸收、知识共享、知识扩散与转移、知识创造与创新等的影响，如张志勇等①构建了企业间社会网络与制度网络的双网络模型来研究企业间知识转移的途径，曹欢等②探讨了人

---

① 张志勇，刘益. 企业间知识转移的双网络模型[J]. 科学学与科学技术管理，2007，28(9)：94-97.

② 曹欢，刘炬，李永建. 知识传递中的人际网络效应[J]. 理论与改革，2006(2)：121-122.

际网络中的人际亲疏度、集权性等对研发人员知识吸收能力的影响。

"网络与心理健康、思想教育"方面的研究主要集中在社会网络对一些特殊群体(如唇腭裂患者家长①、农村留守妇女②等)心理健康的影响,通过测量个体中心网来研究个体的社会支持网状况。农民工相关研究主要分析农民工社会网络的特征③④及社会网络对农民工就业⑤⑥、工资水平⑦、婚恋⑧⑨等的影响;企业相关研究主要分析社会网络对企业发展的影响,以及如何运用社会网络来促进企业的发展,如研究企业社会网络或企业家社会网络对企业绩效的影响⑩、社会网络与中小企业成长关系⑪⑫等。

---

① 汪琦,商磊,方云进.社会网络视角下的唇腭裂患者家长心理健康状况及社会影响因素的研究[J].华西口腔医学杂志,2012,30(4):374-379.

② 刘巍.社会支持网络对西北地区农村留守妇女心理健康的影响[D].兰州:兰州大学,2011.

③ 李培林.流动民工的社会网络和社会地位[J].社会学研究,1996(4):42-52.

④ 李树茁,任义科,费尔德曼,等.中国农民工的整体社会网络特征分析[J].中国人口科学,2006(3):19-29.

⑤ 黄晓勇.基于结构化视角的农民工返乡创业研究-以重庆为例[D].重庆:重庆大学,2012.

⑥ 王国猛,黎建新,郑全全.社会网络特征、工作搜索策略对新生代农民工再就业的影响[J].农业经济问题,2011(10):76-82.

⑦ 章元,陆铭.社会网络是否有助于提高农民工的工资水平?[J].管理世界,2009(3):45-54.

⑧ 靳小怡,任峰,悦中山.农民工对婚前和婚外性行为的态度:基于社会网络的研究[J].人口研究,2008(5):67-78.

⑨ 靳小怡,任锋,任义科,等.社会网络与农民工初婚:性别视角的研究[J].人口学刊,2009(4):23-33.

⑩ 邓学军.企业家社会网络对企业绩效的影响研究[D].广州:暨南大学,2009.

⑪ 王晨.成长期中小企业成长与社会网络互构性研究[D].济南:山东大学,2013.

⑫ 蔡凤霞.嵌入社会网络的中小企业竞合战略研究[D].福州:福州大学,2006.

"互联网"相关研究包括：虚拟学习社区或在线课程、微博、微信研究。虚拟学习社区研究通常是对具体的虚拟学习社区进行网络结构的分析，分析类目包括密度、凝聚子群、中心性、角色对等参数等①，从而探讨网络教育的效果②③。微博、微信等社会化媒体的社会网络分析主要是对用户进行分析，如袁园等④分析了微博用户及其关注对象，并从微博关注数据中挖掘关注对象的分布及对象间的关联性；宋恩梅等⑤运用社会网络分析法揭示了新浪微博"时尚"标签领域的权威人物及网络成员之间的关系；除此之外，也有研究者运用社会网络分析对协同推荐方法加以改进，以促进电子商务平台的发展⑥⑦。

（2）国外社会网络分析研究的主要内容。

国外对社会网络分析的研究和应用比较成熟，包含最多关键字的类团一处于第一象限，类团间联系密切，研究较为成熟，处于中心位置。类团一包含了大量关于知识分享和管理、合作等关键字，是国外研究的热点。因为智力关系和合作网络都以知识领域的发展为基础，因此知识网络的可视化研究对了解特定知识领域的整个智

---

① 胡凡刚，包惠民，刘玮．社会网络视角下教育虚拟社区交往效果研究[J].中国电化教育，2013（8）：40-47.

② 陈向东，方群，唐辉云．Blog 虚拟学习社区的社会网络研究—以"东行记"为例[J].电化教育研究，2008（1）：40-44.

③ 梁银英，王海燕．虚拟学习社区社会网络构建策略[J].中国电化教育，2011（10）：64-69.

④ 袁园，孙霄凌，朱庆华．微博用户关注兴趣的社会网络分析[J].现代图书情报技术，2012（2）：68-75.

⑤ 宋恩梅，左慧慧．新浪微博中的"权威"与"人气"：以社会网络分析为方法[J].图书情报知识，2012（3）：43-54.

⑥ 冯勇，李军平，徐红艳，等．基于社会网络分析的协同推荐方法改进[J].计算机应用，2013，33（3）：841-844.

⑦ 俞琰，邱广华．融合社会网络的协同过滤推荐算法研究[J].现代图书情报技术，2012（6）：54-59.

力合作关系具有极大的意义①，较多研究将社会网络分析方法运用于知识管理，如医药界的药物替换②、构建话语资源管理③等。除此之外，也有研究基于关系网络结构和社会资源来研究共同体，如Riikka Borg 等④通过对芬兰岛森林中多样生物合作的社会网络进行研究，充分说明了社会资源和管理的必要性。Laura C. Farrell 等⑤运用社会资源理论和社会网络分析理论分析线上学术交流对整个学术交流结构产生的影响。

　　社群发掘是另一个研究的重点和热点，聚合的关键词主要是量化分析方法与技术。该类研究大多利用聚类方法、数据分析和运算等发现和挖掘社群，如 Badie 等⑥运用给予主题的算法发掘社群的重合部分，Kothari 等⑦运用社会网络分析方法分析公共卫生领域的社群合作。

---

①　Hu C, Racherla P. Visual representation of knowledge networks：A social network analysis of hospitality research domain［J］. International Journal of Hospitality Management，2008，27(2)：302-312.

②　Maier D, Kalus W, Wolff M, et al. Knowledge management for systems biology a general and visually driven framework applied to translational medicine［J］. Bmc Systems Biology，2011，5(73)：38.

③　Oshima J, Oshima R, Matsuzawa Y. Knowledge Building Discourse Explorer：A social network analysis application for knowledge building discourse［J］. Educational Technology Research & Development，2012，60(5)：903-921.

④　Borg R, Toikka A, Primmer E. Social capital and governance：a social network analysis of forest biodiversity collaboration in Central Finland［J］. Forest Policy & Economics，2015，50：90-97.

⑤　Farrell L C, Fudge J. An exploration of a quasi-stable online network：A longitudinal perspective［J］. Computers in Human Behavior，2013，29(3)：681-686.

⑥　Badie R, Aleahmad A, Asadpour M, et al. An efficient agent-based algorithm for overlapping community detection using nodes' closeness［J］. Physica A Statistical Mechanics & Its Applications，2013，392(20)：5231-5247.

⑦　Kothari A, Hamel N, Macdonald J A, et al. Erratum to：Exploring Community Collaborations：Social Network Analysis as a Reflective Tool for Public Health［J］. Systemic Practice & Action Research，2014，27(2)：139.

5. 知识网络及其中心性分析

类团的分析展现了不同研究视域之间的关系，下面运用社会网络分析法对由关键词构成的知识网络进行分析。知识网络以关键词为节点，关键词之间的共现关系为边，也可以以共词矩阵的形式表现。为了简化计算，本文将共词矩阵中的数值转化为 0、1 二分变量，采用 UCINET 软件，对知识网络的中心性进行分析(参见图7和图8)。

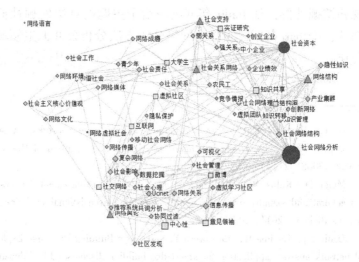

图7　国内相关研究的社会网络分析

注释：图 7 中节点的度越大，则其形状越大。设节点的度为 D，当 10>D≥2，关键词结点以灰色菱形表示；当 15>D≥10，结点以黄色矩形表示；当 20>D≥15，结点以绿色三角形表示；当 25>D≥20，结点以红色圆形表示；当 D≥25，结点以褐色圆形表示。

（1）节点的度数中心度分析。

点的度数中心度用于衡量各节点的中心性，与其他节点连接越多，其点度中心度越高。国内研究中"社会网络分析、社会资本"的点度中心度最高。说明这两个点是国内研究的焦点和热点。国外

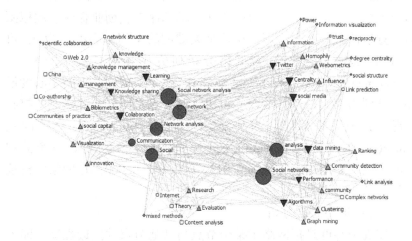

图 8　国外相关研究的社会网络分析

注释：图 8 中节点的度越大，则其形状越大。设节点的度为 D，当 10>D≥2，关键词结点以灰色菱形表示；当 15>D≥10，结点以黄色矩形表示；当 20>D≥15，结点以绿色三角形表示；当 25>D≥20，结点以褐色倒三角形表示；当 D≥25，结点以红色圆形表示。

研究中"Social network analysis、Social network、analysis、Social、network"的点度中心度最高，说明这些点是国外研究的焦点。国内的社会网络分析侧重于社会学中的社会网络、以及由此衍生的社会资本，偏向于最原始意义的社会网；而国外的社会网络分析并不局限于社会学意义上的"社会网"，而是已经开始将社会网络扩展到"网络"，并将其视为一种分析方法。

（2）中间中心度分析。

中间中心度测量某节点对网络中资源的控制程度，即网络中某个节点在多大程度上位于其他节点对的中间位置，起到桥接的角色。一个点的中间中心度越高，表明网络中其他点对它的依赖性越强。

图 7 中，"社会网络分析、社会资本"两个关键词的中间中心度最高，分别为 47.278、12.282，说明这两个点是国内区域人竞争

力相关研究的核心主题，其他研究都以其为基础。而网络语言、网络虚拟社会、社会工作、协同过滤、隐私保护、创业企业、虚拟团退、竞争情报、社会管理，这几个关键词的中间中心度均为 0，可以看到，这几个点在社会网络分析研究中相对孤立。图 8 中，"Social network analysis、Social network"两个关键词的中间中心度最高，分别为 10.867、10.274。说明这两个点是国外相关研究的核心主题，其他研究都以其为基础；而 Social structure（社会结构）、Power（权力/权势）、Scientific collaboration（科学合作）这三个关键词的中间中心度均为分别为 0.013、00.011、0.000，在网络中桥接其他点的作用不大。

（3）接近中心度分析。

接近中心度是指网络中某个节点与其他节点的接近程度，即该点是否通过比较短的路径与其他点相连。路径越短表示该点在信息传递过程中越能较少地依靠其他点，路径较长则多数情况下是需要通过其他点充当媒介来传递信息。在关键词网络中，一个节点的接近度数值越小，说明该关键词离中心越近，自然而然就占据了核心地位。

国内研究中，"社会网络分析、社会资本"的 Farness 最小，分别为 128、148，表明它们可以通过最短的路径与其他关键词相连，这两个节点处于核心位置。而网络语言、网络传播、网络虚拟社会节点值最大，说明这两个点处于边缘位置，需要通过网络中其他的点来传递信息。"social network analysis、Social networks"两个词的 Farness 值最小，分别为 52、53，表明它们可以通过最短的路径与其他关键词相连，处于核心位置；而 Social structure（社会结构）、Power（权力/权势）、Scientific collaboration（科学合作）的节点 Farness 值最大，分别为 97、97、96，说明它们距中心问题较远，处于边缘主题。

（4）知识网络的密度分析。

网络密度反映整个网络中各个节点之间联系的紧密程度，从整体上反映网络的特征。计算公式为：$Density(G) = E/N(N-1)$，N 为节点的总数，E 为点之间实际连接线的条。密度取值范围为[0，

1]，数值越接近 1，密度越大，即网络内节点间联系越紧密。一般认为，网络密度太低，不利于信息的传播；密度太高会使信息交流不具有针对性，容易造成信息泛化。

国内社会网络分析知识网网络密度为 0.1379（参见图 7），比较适中，一方面，显示出关键词之间联系比较紧密，信息交流频繁，体现出知识共享的特点；另一方面，也显示该领域的研究主题正朝着多元化方向发展。从图 8 中可以看到，国外区域人才竞争力知识网络密度为 0.946，较为适中，但高于国内网络密度的 0.3657，说明相关研究在国外比国内受到更多关注，研究也较为成熟。

（5）网络的平均距离与网络凝聚度分析。

共词网络的平均距离是指网络中任意两个关键词大约经过几个关键词产生共现。平均距离与节点之间信息沟通的容易度成反比。距离越长，网络内节点分散，联系较少；相反，则说明节点之间的联系较多，信息交流很频繁。

国内区域人才竞争力的关键词网络平均距离为 2.035，说明大概通过两个关键词就能与其他的词产生联系，说明此网络很好的符合小世界理论特征。国外区域人才竞争力的关键词网络平均距离为 1.634，比国内这一值小，说明国内研究更为松散，国外研究交流较为频繁。距。另外，对网络联接的紧密程度可以用网络凝聚度来表示，该值越大则说明网络内部联系越紧密，凝聚力越强。国内、外区域人才竞争力关键词网络的凝聚度分别为 0.525、0.6835，说明国外研究联系更为密切。可见，国内研究联系度低，而国外研究内部互动交流较多，注重合作。

6. 结　语

社会网络是社会学研究的核心领域，在其发展过程中逐渐受到了其他领域学者的关注。近些年来，有关社会网络的研究延伸到了经济学、教育学、心理学、管理学等各个领域：在经济学领域，社会网络的研究主要集中在经济个体如何选择建立社会网络、社会网络结构对经济个体行为的影响两方面；在教育学领域，将社会网络分析当作一种教育研究方法；在心理学领域，关于社会网络分析的研究包括个体人格特质与其所在的社会网络性质的关系、研究个体毕生发展过程中与周围其他人关系的形成和演化等；在管理学中，主要运用社会网络分析勾勒组织中各种网络结构，观察组织成员在网络中的位置，以便组织在宏观和微观层次上对组织网络结构进行相应的调整，确保组织高效、安全地运转。

社会网络研究包括对"社会网"的研究、以及"社会网络分析"方法。国内学者对社会网络分析的理论研究较为薄弱，对社会网络分析方法的应用性研究较多。目前，国内社会网络分析的对象主要包括农民工、企业、青少年、大学生等。本研究发现，国内研究大体可以分为"农民工与企业"、"知识管理与知识共享"、"互联网"及"网络与心理健康、思想教育"四个类团，在这些类团中，"知识管理与知识共享"受到较大关注，并且研究较为成熟。"网络与心理健康、思想教育"主要是针对青少年和大学生开展的研究。"知识管理与知识共享"、"互联网"研究主要基于计算机技术和在线学习社区的发展而兴起的，社会网络分析方法可以更好地阐释知识管理、知识共享、互联网中的一些传播现象及问题。

国外有专业的社会网络研究学术期刊，整体研究比价成熟。国外研究除了应用性研究外，也注重社会网络分析理论、方法等基础性研究。在应用性研究中，主要有知识分享、知识管理、合作关系、社群发掘、社会化媒体等。其中知识分享和管理、社群发掘的研究更为成熟，并处于中心位置。社会网络分析也被运用于各个学科的研究中，如生物学、医药学、计算机科学、管理学、语言学等等，可能由于国外的学术期刊体系较为发达、细化程度较高，使得这一现象未能在关键字中得到充分体现。

本文主要运用共词分析的方法，对国内外的社会网络的研究状况进行了综合分析，力求能够展现社会网络研究在各个领域的应用以及国内外的研究差别，为之后学者的研究提供基础资料，以为进一步研究做参考。总体来看，国外研究在一定程度上优于国内研究，国内研究集中于运用社会网络分析相关现象，而国外研究也注重社会网络理论和方法等基础性研究，国内研究应在基础研究方面下功夫。

参考文献

[1] Badie R, Aleahmad A, Asadpour M, et al. An efficient agent-based algorithm for overlapping community detection using nodes' closeness[J]. Physica A Statistical Mechanics & Its Applications, 2013, 392(20): 5231-5247.

[2] Borg R, Toikka A, Primmer E. Social capital and governance: a social network analysis of forest biodiversity collaboration in Central Finland[J]. Forest Policy & Economics, 2015, 50: 90-97.

[3] Farrell L C, Fudge J. An exploration of a quasi-stable online network: A longitudinal perspective [J]. Computers in Human Behavior, 2013, 29(3): 681-686.

[4] Hu C, Racherla P. Visual representation of knowledge networks: A social network analysis of hospitality research domain [J]. International Journal of Hospitality Management, 2008, 27(2): 302-312.

[5] Kothari A, Hamel N, Macdonald J A, et al. Erratum to: Exploring Community Collaborations: Social Network Analysis as a Reflective Tool for Public Health[J]. Systemic Practice & Action Research, 2014, 27(2): 139.

[6] Maier D, Kalus W, Wolff M, et al. Knowledge management for systems biology a general and visually driven framework applied to translational medicine[J]. Bmc Systems Biology, 2011, 5(73): 38.

[7] Oshima J, Oshima R, Matsuzawa Y. Knowledge Building Discourse Explorer: A social network analysis application for knowledge building discourse [J]. Educational Technology Research & Development, 2012, 60(5): 903-921.

[8] 蔡凤霞. 嵌入社会网络的中小企业竞合战略研究[D]. 福州: 福州大学, 2006.

[9]曹欢，刘炬，李永建．知识传递中的人际网络效应[J]．理论与改革，2006(2)：121-122.

[10]陈向东，方群，唐辉云．Blog虚拟学习社区的社会网络研究——以"东行记"为例[J]．电化教育研究，2008(1)：40-44.

[11]邓学军．企业家社会网络对企业绩效的影响研究[D]．广州：暨南大学，2009.

[12]冯勇，李军平，徐红艳，等．基于社会网络分析的协同推荐方法改进[J]．计算机应用，2013，33(3)：841-844.

[13]胡凡刚，包惠民，刘玮．社会网络视角下教育虚拟社区交往效果研究[J]．中国电化教育，2013(8)：40-47.

[14]黄晓勇．基于结构化视角的农民工返乡创业研究-以重庆为例[D]．重庆：重庆大学，2012.

[15]靳小怡，任峰，悦中山．农民工对婚前和婚外性行为的态度：基于社会网络的研究[J]．人口研究，2008(5)：67-78.

[16]靳小怡，任锋，任义科，等．社会网络与农民工初婚：性别视角的研究[J]．人口学刊，2009(4)：23-33.

[17]李培林．流动民工的社会网络和社会地位[J]．社会学研究，1996(4)：42-52.

[18]李树苗，任义科，费尔德曼，等．中国农民工的整体社会网络特征分析[J]．中国人口科学，2006(3)：19-29.

[19]梁银英，王海燕．虚拟学习社区社会网络构建策略[J]．中国电化教育，2011(10)：64-69.

[20]刘巍．社会支持网络对西北地区农村留守妇女心理健康的影响[D]．兰州：兰州大学，2011.

[21]宋恩梅，左慧慧．新浪微博中的"权威"与"人气"：以社会网络分析为方法[J]．图书情报知识，2012(3)：43-54.

[22]汪琦，商磊，方云进．社会网络视角下的唇腭裂患者家长心理健康状况及社会影响因素的研究[J]．华西口腔医学杂志，2012，30(4)：374-379.

[23]王晨．成长期中小企业成长与社会网络互构性研究[D]．济南：山东大学，2013.

[24] 王国猛，黎建新，郑全全. 社会网络特征、工作搜索策略对新生代农民工再就业的影响[J]. 农业经济问题，2011(10)：76-82.

[25] 俞琰，邱广华. 融合社会网络的协同过滤推荐算法研究[J]. 现代图书情报技术，2012(6)：54-59.

[26] 袁园，孙霄凌，朱庆华. 微博用户关注兴趣的社会网络分析[J]. 现代图书情报技术，2012(2)：68-75.

[27] 张志勇，刘益. 企业间知识转移的双网络模型[J]. 科学学与科学技术管理，2007，28(9)：94-97.

[28] 章元，陆铭. 社会网络是否有助于提高农民工的工资水平？[J]. 管理世界，2009(3)：45-54.